COLECCIÓN
COMERCIO MARÍTIMO

2

EL CONTRATO DE SALVAMENTO MARÍTIMO

2

EL CONTRATO DE SALVAMENTO MARÍTIMO

Autora
Paula Sáez Álvarez

COLEX 2024

© Editorial Colex, S.L.
Calle Costa Rica, número 5, 3.º B (local comercial)
A Coruña, C.P. 15004
info@colex.es
www.colex.es

I.S.B.N.: 978-84-1194-806-7
Depósito legal: C 1902-2024

A la «Fundación» Sáez Álvarez

SUMARIO

CAPÍTULO SEGUNDO

INTRODUCCIÓN AL CONTRATO DE SALVAMENTO MARÍTIMO

CAPÍTULO TERCERO

LAS PARTES DEL CONTRATO DE SALVAMENTO MARÍTIMO. OTROS SUJETOS QUE INTERVIENEN EN LA OPERACIÓN DE SALVAMENTO MARÍTIMO

CAPÍTULO CUARTO

EL OBJETO DEL CONTRATO DE SALVAMENTO

CAPÍTULO QUINTO

CONTENIDO DEL CONTRATO DE SALVAMENTO MARÍTIMO

CAPÍTULO SEXTO

LA NATURALEZA JURÍDICA DEL CONTRATO DE SALVAMENTO MARÍTIMO

AGRADECIMIENTOS

La realización de este trabajo ha supuesto un esfuerzo en muchos sentidos: económico, social y, sobre todo, personal. De alguna forma, casi cuatro años de investigación, de los cuales, un tiempo se pasa en el extranjero y teñido, además, durante casi dos años por el COVID-19, suponen un coste que, al inicio de este trayecto académico era impensable.

Lo anterior, sin embargo, ha estado acompañado por ciertas personas que han hecho esto, de algún modo, más llevadero. Si bien es cierto que, siempre he tenido claro que esta investigación era vocacional, en muchas ocasiones, la investigación resulta solitaria en el sentido de que, día tras día, es uno mismo quien debe sentarse en la silla y *empollar*, lo anterior no sería lo mismo sin el apoyo de ciertas personas que han ayudado a que permaneciera *empollando* y no decidiera abandonar.

En concreto, quería dedicar unas palabras de agradecimiento a aquellas personas que, en el ámbito más universitario, me han apoyado con palabras, gestos y cariño: a los miembros del Departamento de Derecho mercantil de la Universidad de Cádiz y de otros Departamentos que he conocido durante estos años y que me han dirigido palabras de ánimo. En este mismo grupo, debo dar las gracias especialmente a mis «Compañeros de lágrimas» que, entre memes, han sabido proporcionar risas y apoyos en la etapa doctoral.

Por supuesto, a mayor abundamiento quiero dar las gracias a mi director, el profesor Pendón Meléndez, que lleva enseñándome desde antes de sus clases en el Máster de Gestión Portuaria. También por todo lo que hemos hablado en nuestras «tutorías», para hablar de la tesis y de lo que no era la tesis. Es de menester agradecerle su comprensión y su paciencia en algunos momentos de estos años que han sido más difíciles en el plano personal para mí; y también, en los mejores momentos, cuando me ha alentado a seguir adelante, a celebrar e incluso, a descansar.

Agradezco también su atención a los miembros de la Universidad de Bretaña Occidental, de la Universidad de Cagliari y de la Organización Marítima Internacional, lugares que me han acogido mientras realizaba esta investigación.

Por otro lado, también quiero agradecer a aquellas personas que me han apoyado en estos años, amigos y familiares que, a su manera, comprendían el esfuerzo que un trabajo de investigación requiere. A mi familia, el SARUS, la Asociación Celestino Mutis, Carmen, Álvaro, Elisa y un largo etcétera que no cabría en estas páginas.

Por último, quiero dar las gracias a las personas que, además de apoyarme, me han «soportado» en estos años más de cerca. En concreto, quiero darle las gracias a mi hermana, quien tras estudiar una oposición de judicatura sabía decirme cuándo parar y cuándo decir «no». A Juan, por ser ese haz de luz en la última etapa de la investigación y por su infinita comprensión. Y, por supuesto, quiero dar las gracias a mis padres, a la «Fundación Sáez Álvarez»; ya que sin ellos no hubiera podido hacer esta tesis. Ya sea por los mensajes de ánimo en el pasillo o por los paseos en los que valoraba más la vida más allá del estudio y el trabajo. Gracias a todos.

ABREVIATURAS

A&NZ Mar LJ	Australian and New Zealand Maritime Law Journal
AA	Actualidad administrativa
ACOPS	Advisory Committee on Protection of the Sea
ADC	Anuario de Derecho Civil
ADM	Anuario de Derecho marítimo
ADMA	Annuaire de droit maritime et aéro-spatial
ADMO	Annuaire de Droit Maritime et Océanique
AEDM	Asociación Española de Derecho Marítimo
Aegean Rev Law Sea	Aegean Review of the Law of the Sea and Maritime Law
AJIL	American Journal of International Law
Am J Comp Law	The American Journal of Comparative Law
ANAVE	Asociación de Navieros Españoles
Ann. Surv. Int'l & Comp. L.	Annual Survey of International and Comparative Law International
Arz.	Aranzadi
B.C.L. Rev.	Boston College Law Review
BIMCO	Baltic and International Maritime Council
Cardozo J. Int'l & Comp. L.	Cardozo Journal of International and Comparative Law
CC	Real Decreto de 24 de julio de 1889 por el que se publica el Código Civil
CCom	Código de Comercio
CE	Constitución Española
CGPJ	Consejo General del Poder Judicial
CISG 1980	Convención de las Naciones Unidas sobre los contratos de compraventa internacional de mercaderías de 1980
CISM 1989	Convenio Internacional sobre Salvamento Marítimo de 1989
CMI	Comité Marítimo Internacional

Convenio del Fondo de 1971	Convenio internacional de constitución de un Fondo internacional de indemnización de daños causados por la contaminación de hidrocarburos, hecho en Bruselas el 18 de diciembre de 1971
Convenio OPRC 90	Convenio internacional sobre cooperación, preparación y lucha contra la contaminación por hidrocarburos
Convenio SAR	Convenio internacional sobre búsqueda y salvamento marítimos
Cornell L. Rev.	Cornell Law Review
CP	Ley Orgánica 10/1995, de 23 de noviembre, del Código Penal
CRC 1969	Convenio Internacional sobre Responsabilidad Civil por daños debidos a la Contaminación por Hidrocarburos, hecho en Bruselas el día 29 de noviembre de 1969
CRC 1992	Convenio de Responsabilidad Civil de 1992
CRISTAL	Contract Regarding a Supplement to Tanker Liability for Oil Pollution
DEG	Derecho Especial de Giro
Denv. L. Rev.	Denver Law Review
DePaul L. Rev	DePaul Law Review
DMF	Le Droit Maritime Français
E&P Forum	Oil Industry International Exploration and Production Forum
FIDAC	Fondos internacionales de indemnización de daños debidos a la contaminación por hidrocarburos
FOEI	Friends of the Earth International
GMDSS	Global Maritime Distress Safety System
IADC	International Association of Drilling Contractors
IAPH	International Association of Ports and Harbors
ICLQ	The International and Comparative Law Quaterly
ICS	International Chamber of Shipping
IJMCL	The International Journal of Marine and Coastal Law
IJSL	The International Journal of Shipping Law
ILA	International Law Association
ILU	Institute of London Underwriters
Int.M.L	International Maritime Law
Int'l Rev. Red Cross	International Review of the Red Cross

ISU	International Salvage Union
INTERTANKO	International Association of Independent Tanker *«owners»*
ITOPF	International Tanker *«owners»* Pollution Federation Limited
IUA	International Underwriting Association of London
IUMI	International Union of Marine Insurance
J PROF ISS ENG ED PR.	Journal of Professional Issues in Engineering Education and Practice
J. Hazard. Mater.	Journal of Harzardous Materials
J. Legal Stud.	The Journal of Legal Studies
J. Mar Sci Technol	Journal of Marine Science and Technology
JMLC	Journal of Maritime Law and Commerce
JSE	Japanese Shipping Exchange Salvage Agreement
LAS	Ley 60/1962, de 24 de diciembre, de Auxilios, Salvamentos, Remolques, Hallazgos y Extracciones Marítimos
LCS	Ley 50/1980, de 8 de octubre, de Contrato de Seguro
LEC	Ley 1/2000, de 7 de enero, de Enjuiciamiento Civil
LEF	Ley de 16 de diciembre de 1954 sobre expropiación forzosa
LIRMA	London Insurance and Reinsurance Market Association
LMCLQ	Lloyd's Maritime and Commercial Law Quarterly
LOF	Lloyd's Standard Form of Salvage Agreement o Lloyd's Open Form
LOI	P&I Letter of Indemnity
LOPJ	Ley Orgánica 6/1985, de 1 de julio, del Poder Judicial
LOU	P&I Letter of Undertaking
LPEMM	Real Decreto Legislativo 2/2011, de 5 de septiembre, por el que se aprueba el Texto Refundido de la Ley de Puertos del Estado y de la Marina Mercante.
LPHE	Ley 16/1985, de 25 de junio, del Patrimonio Histórico Español
LSAC	Lloyd's Salvage Arbitration Clauses
LSFO	Low content sulphur fuel oil
Mar. Policy	Marine Policy
Mar. Pollut. Bull.	Marine Pollution Bulletin
MARSALV	U.S. Open Form Salvage Agreement
Mod. L. Rev.	Modern Law Review

Ocean Dev. Int. Law	Ocean Development & International Law
OCIMF	Oil Companies International Marine Forum
OCPIMP	County Operational Centre for the Prevention of Imminent Marine Pollution
OMCI	Organización Marítima Consultiva Internacional
OMI	Organización Marítima Internacional
ONG	Organizaciones No Gubernamentales
OSRO	Oil Spill Removal Organization
PIOPIC	Protection and Indemnity Oil Pollution Indemnity Clause
PPP	Poredbeno pomorsko pravo[1]
R.E.D.A.	Revista Española de Derecho Administrativo
RAP	Revista de Administración Pública
RD	Real Decreto
RDC	Revista de Derecho Civil
RDM	Revista de Derecho Mercantil
RDMC	Revue de Droit Maritime Comparé
RDP	Revista de Derecho Privado
RDPUCV	Revista de Derecho de la Pontificia Universidad Católica de Valparaíso
REDMil	Revista española de derecho militar
RFA	República Federal de Alemania
RGD	Revista general de Derecho
RGM	Revista General de Marina
RGP	Real Decreto 393/1996, de 1 de marzo, por el que se aprueba el Reglamento general de Practicaje, de conformidad con lo establecido en la Ley de Puertos del Estado y de la Marina Mercante
Riv. dir. nav.	Rivista di diritto della navigazione
Roger Williams Univ. Law Rev.	Roger Williams University Law Review
RYA 2016	Reglas de York y Amberes sobre avería gruesa de 2016
SBNA	Scientific Bulletin of Naval Academy
SCOPIC	Special Compensation P&I Club Clause
Scott. J. Political Econ.	Scottish Journal of Political Economy

1 Derecho marítimo comparado.

SCR	Special Casualty Representative
SMSSM	Sistema Mundial de Socorro y Seguridad Marítimos
South Tex. Law J.	South Texas law journal
SydLawRw	Sydney Law Review
TMC	Tribunal Marítimo Central
TOVALOP	Tanker *«owners»* Voluntary Agreement concerning Liability for Oil Pollution
TransNav	International Journal on Marine Navigation and Safety of Sea Transportation
Tul. L. R.	Tulane Law Review
Tul. Mar. L.J.	Tulane Maritime Law Journal
ULCC	Ultra Large Crude Carrier
UNESCO	Organización de las Naciones Unidas para la Educación, la Ciencia y la Cultura
VLCC	Very Large Crude Carrier
Wash. Law Rev.	Washington Law Review
Wes. Res. L. Rev.	Case Western Reserve Law Review
WRC 2007	Convenio Internacional de Nairobi Sobre la Remoción de Restos de Naufragios, hecho en Nairobi el 18 de mayo de 2007
Yale LJ	Yale Law Journal
ZEE	Zona económica exclusiva

ABREVIATURAS REFERIDAS A COLECCIONES DE JURISPRUDENCIA[2]

A.C.	*Law Reports. Appeal Cases.* Decisiones de la House of Lords. Un ejemplo de cita es *China-Pacific SA v Food Corp of India (The Winson)* [1982] A.C. 939.
Asp. M.L.C.	*Aspinall's Maritime Law Cases; Maritime Law Reports (New Series).* Se trata de un repertorio de *cases* en la jurisdicción de Inglaterra y Gales desde 1870 a 1940. Un ejemplo de cita sería *The Spree* (1893) 7 Asp. M.L.C. 197, 198.
Bos & P.	*Bosanquet & Puller's Common Pleas Reports.* Repertorio de *cases* recogido en tres volúmenes sobre decisiones de la Court of Common Pleas y otros tribunales de Inglaterra y Gales desde 1796 hasta 1804. Un ejemplo de cita es *Newman v. Walters* (1804) 3 Bos & P 612.
E.R.	*The English Reports.* Repertorio de *cases* ingleses entre 1220 hasta 1896. Un ejemplo de esta cita es *The "San Bernardo" -(Laretta Master)* [1799] EngR 605; (1799) 1 C Rob 177; 165 E.R. 140 (1 February 1799).
F.	*Federal Reporter.* Repertorio de jurisprudencia de Estados Unidos desde 1880 (desde 1789 a 1880 se compilaron posteriormente en la colección *Federal Cases*). También se encuentra con la abreviatura «F.2d» para hacer referencia a la segunda edición de este repertorio. Un ejemplo de cita es *The Pendragon Castle*, 5 F.2d 56 (2d Cir. 1924).
F. Cas.	*Federal Cases, circuit and district courts.* Se trata de un repertorio de *cases* celebrados ante las cortes de circuito (a partir de 1912, denominadas cortes de apelación) y distrito de Estados Unidos entre 1789 y 1880. Un ejemplo de cita es *Le Tigre*, 15 F. Cas. 404 (C.C.D.N.J. 1820) (No. 8281).

2 Se sigue el esquema propuesto por el profesor Miguel Ángel Pendón Meléndez en su libro *La compraventa C.I.F.*

FSR	*Fleet Street Reports*. Es una publicación periódica de la editorial Sweet & Maxwell desde 1963 relativa a casos de Derecho de propiedad intelectual. Un ejemplo de cita sería *IBM UK Ltd* v. *Rockware Glass Ltd* [1980] FSR 335.
Hag. Adm.	*Haggard's Admiralty Reports*. Es un repertorio de jurisprudencia de Inglaterra y Gales en el periodo de 1822-1838 realizado por John Haggard. Es frecuente citarlo con la abreviatura «Hagg.». Un ejemplo de cita es *The Vine* (1825) 2 Hag Adm 1 at 2-3.
Jur.	*Jurist Reports*. Repertorio de *cases* de todos los tribunales de Inglaterra recogido en dieciocho volúmenes, desde 1837 a 1854. Un ejemplo de cita es *The Florence* (1852)16 Jur. 572.
Lloyd's Rep.	*Lloyd's Law Reports*. Repertorio de decisiones de los tribunales en el ámbito marítimo. Un ejemplo de cita es *The Choko Star* [1990] 1 Lloyd's Rep 516.
L.T.	*Law Times Reports*. Es un repertorio de casos resueltos por la *House of Lords*, el *Privy Council*, todas las secciones de la *Supreme Court*, y otros tribunales especiales entre 1859-1947. Un ejemplo de cita es *The Arthur* (1862) 6 L.T. 556.
Lush.	Lushington's Admiralty Reports. Un ejemplo de cita es *The Undaunted* (1860) Lush. 90 at 92.
P.D.	Law Reports, Probate, Divorce & Admiralty Division. Un ejemplo de cita es *The Livettia* (1883) 8. P.D. 24.
Spinks E. & A.	Spinks' Ecclesiastical & Admiralty Reports, son unos repertorios de casos ante la Arches and Prerogative Courts of Canterbury y el Consistory Court of London (los eclesiásticos) y la High Court of Admiralty y la Admiralty Prize Court (los casos marítimos). El repertorio cuenta con los casos sustanciados entre 1853-1855. Un ejemplo de cita es *The Africa* (1854) 1 Spinks E. & A. 299.
U.S.	*United States Reports*. Repertorios oficiales de la Corte Suprema de Estados Unidos. Un ejemplo de cita es *Houseman v. The Schooner North Carolina*, 40 U.S. (15 Pet.) 40 (1841).
WLR	*The Weekly Law Reports*[3]. Es un repertorio de *cases* que se publican desde 1953 con más de quinientas decisiones al año de los tribunales de Inglaterra y Gales. Actualmente se han publicado cuatro volúmenes, el último de ellos en 2016. Un ejemplo de cita es *Regina* v *Monopolies and Mergers Commission* [1993] 1 WLR 23.

3 Se advierte al lector que esta signatura también se ha utilizado para describir el *Western*

W.N.	*Weekly Notes of Cases*. Repertorio de *cases* en la jurisdicción de Inglaterra y Gales entre 1866 y 1952. Posteriormente fueron continuados por *The Weekly Law Reports*. Un ejemplo de cita sería *The Dunottar Castle*, [1902] W. N. 70.

Law Reporter, de Canadá y el *Washington Law Reporter (D.C.)*, propio de Estados Unidos; ninguno de los dos se encuentra presente en este trabajo por lo que las sentencias dictadas en estas páginas atienden únicamente a *The Weekly Law Reports*.

INTRODUCCIÓN

El salvamento marítimo, tal y como lo entendemos hoy en día, comienza a concebirse a finales del siglo XIX, momento en el que los avances técnicos y tecnológicos en la navegación marítima permiten una perspectiva de éxito en el rescate o auxilio al buque siniestrado y el cargamento. Hasta entonces, cuando se producía un accidente marítimo, era frecuente que no se llegase a proveer una asistencia al buque en peligro, de modo que lo habitual era que el buque naufragase.

Es a partir del momento en el que los avances técnicos en la navegación permitieron una perspectiva de éxito de estas operaciones —es decir, salvar el buque y la carga, al menos parcialmente—, cuando se puede comenzar a hablar de una *superación* del «naufragio» en favor del «salvamento». Es a partir de entonces cuando comienza a desarrollarse una actividad profesional en torno a esta operación marítima.

Hoy en día, el salvamento como actividad profesional ha evolucionado hasta convertirse en un sector relevante en la industria marítima; su expresión más cualificada es la *International Salvage Union* (ISU en adelante)[4], una asociación de empresas de salvamento que tiene por objeto defender los intereses de los salvadores.

A priori, conviene distinguir entre «salvamento público» y «salvamento privado», siendo este último el objeto de esta investigación en su modalidad de salvamento contractual. El salvamento privado se contrata con el propósito de salvar el buque, su carga o el flete ligado a ella, pues las operaciones de salvamento marítimo persiguen el lucro en la actividad. Por supuesto, en el salvamento privado de bienes pueden —y deben, prioritariamente— salvarse las personas, volviéndose esto lo más importante en una operación de salvamento marítimo. El salvamento de vidas humanas resulta igualmente primordial en el salvamento público.

---

4 La ISU es una asociación de empresarios de la industria de salvamento marítimo con el objetivo de defender y representar sus intereses de manera unificada ante los armadores, los navieros, las aseguradoras y otros sujetos interesados en el sector salvamentístico. Su página web actualizada se encuentra disponible en: https://www.marine-salvage.com/.

En la mayoría de las operaciones de salvamento privado se celebra un contrato entre las partes —salvador y salvado—, que es el núcleo de esta investigación: el contrato de salvamento marítimo. El modelo de contrato más utilizado en las operaciones de salvamento es el redactado por Lloyd's: el *Lloyd's Standard Form of Salvage Agreement*, conocido como *Lloyd's Open Form* o simplemente LOF, cuya última versión publicada es de 2020. En el tráfico marítimo internacional es habitual utilizar modelos contractuales (Derecho de formularios[5]), no siendo el salvamento marítimo una excepción.

El interés de esta investigación se fundamenta en incorporar al estudio existente aportaciones sobre principalmente dos aspectos. El primero es que la protección medioambiental en el ámbito del Derecho marítimo es un terreno aún por explorar. Desde los años 60 del siglo XX, ha tenido lugar una serie de accidentes marítimos con graves consecuencias medioambientales. Lo anterior fue el origen del desarrollo de una «conciencia medioambiental» que se ha ido fraguando en las últimas décadas y que ha provocado cambios en la industria del salvamento marítimo. En el ámbito internacional, la Organización Marítima Internacional (OMI en adelante) ha adoptado hasta hoy 51 instrumentos convencionales relacionados con el medio marítimo, de los cuales 23 guardan relación directa con el medioambiente[6]. En contraste con esta perspectiva internacional, en el ámbito nacional, la Ley de Navegación Marítima de 2014 guarda silencio con respecto la protección medioambiental, tema que resulta tan importante en la actualidad.

El segundo aspecto que motiva realizar esta investigación es dejar constancia de que la industria salvamentística está experimentando cambios en uno de sus principios tradicionales: el principio *no cure-no pay*. *Grosso modo*, en virtud de este principio tradicional, el salvador tiene derecho a cobrar un «premio» (precio) únicamente si consigue tener éxito en la operación, es decir, si ha conseguido un resultado útil al salvar el buque o la carga en peligro. En la actualidad, podríamos decir que este principio no es absoluto, sino que encuentra ciertas «limitaciones». Por ejemplo, en el «salvamento medioambiental» se *cuestiona* la existencia del resultado útil como elemento necesario para obtener un premio, ya que, en determinadas circunstancias, los salvadores podrán obtener —al menos— una compensación por los gastos efectuados en la operación de salvamento, aunque no hayan conseguido ningún éxito en la misma en relación con el salvamento del buque, la carga o el flete.

Aunque no sea objeto de estudio en esta investigación, presentaremos la realidad de la industria del salvamento marítimo, sobre la que destacaremos tres ideas. La primera es que el salvamento marítimo se caracteriza por una

5 Véase *infra* en el capítulo primero el epígrafe 1 El Derecho marítimo y el salvamento marítimo.

6 Página web de la OMI, «Medio marino», https://www.imo.org/es/OurWork/Environment/Paginas/Default.aspx.

alta competitividad entre sus operadores: en realidad, no existen más de seis empresas de salvamento que dominen la escena internacional; pese a que, al menos existen 55 empresas salvadoras[7].

La segunda idea es que nos encontramos en un negocio caracterizado por una competitividad que ha crecido en los últimos años, pues el número de operaciones de salvamento marítimo se ha reducido. El número de accidentes marítimos con vertidos en el mar ha disminuido desde los años 70. Mientras que en esa década se produjo una media de 79 accidentes al año, en la década de 2010-2019 este número ha sido sólo de cinco[8]. La cantidad de crudo vertido en accidentes marítimos se ha reducido desde los años 70 hasta hoy en un 90 %: de una media de 78,8 toneladas de vertidos en dicha década, en la década de 2010-2020 la cifra se sitúa en 6,3 toneladas[9]. De hecho, el 99,99 % del petróleo que se transporta por mar llega de manera segura a su destino[10], a pesar de que el volumen del transporte marítimo de esta mercancía sigue al alza[11]. Empero las nuevas tendencias, los accidentes marítimos siguen siendo una gran amenaza para el medioambiente. Algunas rutas marítimas implican pasar por «grandes ecosistemas marinos»: grandes zonas (de 200.000 km^2 o más) tanto marítimas como estuarias y fluviales, cuya profundidad alcanza hasta las plataformas continentales. Suelen ser grandes superficies que abarcan pobla-

---

7 *Vid.* Chiu, Liu, Chang, Tseng, Chen, «Cost of salvage–a comparative form approach», en *J. Mar Sci Technol*, 2017, vol. 25, núm. 6, págs. 742-751, pág. 742; Mudrić, «Liability Salvage – Environmental Award: A New Name for an Old Concept», en *PPP*, 2010, vol. 49, núm. 164, págs. 471-492, pág. 473; Chiu, «The challenges to Lloyd's Open Form salvage contract – from a shipowner's perspective», en *Gard*, 24 de febrero de 2020, disponible en http://www.gard.no/web/updates/content/29246093/the-challenges-to-lloyds-open-form-salvage-contract-from-a-shipowners-perspective; Petrinović, Skorupan Wolff, Mandić, «LOF 2011 – New revision of the Lloyd's Standard Form of Salvage Agreement», en *Book of Proceedings*, 5.ª International Maritime Science Conference, Split, 2013, págs. 254-261, pág. 259.

8 ITOPF, *Oil Tanker Spill Statistics 2021, Londres*, 2022, disponible en: https://www.itopf.org/knowledge-resources/data-statistics/statistics/, pág. 6. En la actualidad, el beneficio global de esta industria se sitúa en 100 millones de dólares por año, de modo que, según la ISU, la totalidad de sus miembros necesitaría más de diez años para obtener el equivalente al coste de un solo gran vertido como el que tuvo lugar a raíz del accidente del *Prestige*; *vid.* ISU, «The future of LOF», página web de la ISU, accesible en: https://www.marine-salvage.com/media-information/the-future-of-lof/.

9 *Ibid.*, pág. 4. En la actualidad, sólo existen datos de 2020 y 2021, contabilizándose un total de 10 toneladas de crudo vertido en accidentes marítimos.

10 *Ibid.*, pág. 11.

11 *Vid.* Burgherr, «In-depth analysis of accidental oil spills from tankers in the context of global spill trends from all sources», en *J. Hazard. Mater.*, 2007, vol. 140, núm. 1-2, págs. 245-256, pág. 254. Para un mayor estudio de los datos puede consultarse UNCTADStats, disponible en: https://stats.unctad.org/handbook/MaritimeTransport/WorldSeaborneTrade.html, consultado a 8 de octubre de 2021.

ciones tróficamente dependientes[12]. Todo siniestro marítimo que implique el vertido de sustancias contaminantes afecta a la población, la fauna, la flora e, incluso, a las actividades económicas de la zona donde se haya producido el accidente.

La tercera idea sobre esta industria salvamentística es que la utilización del contrato más extendido para el salvamento marítimo (el LOF) está en declive. En la mayoría de las operaciones de salvamento privado, las partes celebran un contrato y, en general, utilizan el modelo diseñado por Lloyd's. Sin embargo, el LOF también se enfrenta en la actualidad a algunos desafíos. En primer lugar, el incremento en la seguridad en la navegación, las mejoras técnicas en los buques, la implementación del doble casco, aprobación de nuevas leyes y convenios en pos de la seguridad, etc., han provocado un descenso en el número de siniestros. En segundo lugar, hasta hace unas décadas era habitual utilizar los contratos LOF para operaciones que no necesariamente consistían finalmente en un salvamento. Las especiales circunstancias que caracterizan el peligro y, por ende, el salvamento marítimo, exigían una actuación rápida del capitán sin que éste pudiera comunicarse inmediatamente con el *«owner»*[13] del buque. En ocasiones, esto conllevaba que el capitán firmase un contrato LOF por la urgencia de la situación, aunque finalmente no era necesario. La mejora en los sistemas de comunicación facilitó la transmisión de la información entre los capitanes y el *«owner»* del buque, provocando un descenso en el uso del LOF pues, antes de firmar un contrato de salvamento, el *«owner»* del buque podía ordenar otra forma de proceder distinta a la de solicitar un servicio de salvamento.

Entender la realidad del salvamento marítimo, pasa por conocer también su historia y su marco jurídico. La primera regulación internacional sobre el salvamento marítimo fue el *Convenio para la unificación de ciertas reglas en materia de auxilio y de salvamento marítimo*, hecho en Bruselas, el 23 de septiembre de 1910 (Convenio de Bruselas de 1910, en adelante)[14]. Esta Convención (que

12 Sus recursos se utilizan como fuente de alimentos e ingresos, para actividades recreativas y otros beneficios; *vid.* SHERMAN, «The Large Maine Ecosystems Approach for Assessment and Management of Ocean Coastal Waters», en *Sustaining Large Marine Ecosystems: The Human Dimension*, eds. T. HENNESSEY, J. G. SUTINEN, Ámsterdam, 2005, págs. 3-16, pág. 4.

13 En este trabajo se utilizará el término *«owner»* para hacer referencia a todos aquellos titulares de los intereses a salvar. Se utiliza este término debido a que es el que se utiliza en la versión inglesa del CISM 1989, así como el contrato de salvamento LOF 2020. La traducción por el concepto «propietario», en nuestra opinión, no alcanza a definir la realidad del término *«owner»*, un concepto que no siempre tiene que ver con la propiedad del buque y que atiende a una figura demasiado imprecisa para reducirla únicamente a «propietario».

14 Instrumento de ratificación del Convenio para la unificación de ciertas reglas en materia de auxilio y de salvamento marítimo, *Gaceta de Madrid* de 13 de diciembre de 1923, núm. 347, disponible en: https://www.boe.es/diario_gazeta/comun/pdf.php?p=1923/12/13/pdfs/GMD-1923-347.pdf. La lista de los Estados firmantes de este Convenio proporcionada por el *Ministère des Affaires Etrangères, du Commerce Extérieur et de la Coopération au*

consta de 19 artículos) afianzó el principio *no cure-no pay* como «elemento» necesario en la operación de salvamento marítimo para obtener un premio. Igualmente, unificó todos los conceptos existentes relacionados con esta operación marítima —salvamento, asistencia, auxilio— bajo un mismo término: *salvage*, adoptando así la posición anglosajona del Derecho del salvamento.

El contexto en el que se aprobó la Convención de 1910 poco tuvo que ver con el de 80 años después. Las condiciones técnicas de la navegación —así como las del salvamento marítimo— habían cambiado; por ejemplo, mientras que a principios del siglo XX seguían existiendo buques a vela, a finales de siglo todos los buques utilizaban derivados del petróleo para su propulsión.

En los años anteriores a 1989 —fecha en la que se aprobó este segundo Convenio internacional sobre salvamento— se habían sucedido numerosos accidentes marítimos con grandes vertidos, provocando graves daños en el medioambiente. Desde la segunda mitad del siglo XX, había comenzado a fraguarse una «conciencia medioambiental», a raíz, precisamente, de estos accidentes. En este contexto, se hacía cada vez más necesario *regular* el «salvamento medioambiental». Los problemas causados por los accidentes marítimos y la cada vez más relevante «conciencia medioambiental» —que se desarrollaba no sólo en las instituciones públicas, sino también en las empresas del sector y en la sociedad en general—, exigían una mayor respuesta ante los accidentes marítimos, capaz de proteger las costas y el medioambiente marino.

La primera iniciativa en el salvamento marítimo basada en la protección del medioambiente vino de la mano del sector privado. Lloyd's —relevante en el ámbito de seguro y de transporte— había redactado modelos de contratos de salvamento marítimo (*Lloyd's Open Form* o LOF) desde 1892[15]. Como respuesta a los accidentes marítimos con consecuencias medioambientales y a la protección del medio marino, en el modelo de contrato que aprobó en 1980, el LOF 80, incluyó el concepto de «safety *net*»; esto es, una «red de seguridad» por la cual los salvadores obtendrían un rembolso de los gastos realizados en

Développement de Belgique, es la siguiente: Alemania, Angola, Antigua y Barbuda, Argelia, Argentina, Austria, Bahamas, Barbados, Bélgica, Belice, Brasil, Cabo Verde, Canadá, China, Chipre, Congo, Croacia, Dinamarca, Dominica, Egipto, Eslovenia, España, Estados Unidos, Estonia, Islas Fiji, Finlandia, Francia, Gambia, Ghana, Grecia, Guinea-Bisáu, Haití, Hungría, India, Irán, Irlanda, Italia, Jamaica, Japón, Kenia, Kiribati, Letonia, Luxemburgo, Madagascar, Malasia, Mauricio, México, Mozambique, Nigeria, Noruega, Nueva Zelanda, Países Bajos, Papúa Nueva Guinea, Omán, Paraguay, Polonia, Portugal, Reino Unido, República Dominicana, Rumanía, Rusia, Islas Salomón, Saint Kitts y Nevis, San Vicente y las Granadinas, Santa Lucía, Santo Tomé y Príncipe, Seychelles, Sierra Leona, Singapur, Siria, Somalia, Sri-Lanka, Suecia, Suiza, Timor, Tonga, Trinidad y Tobago, Turquía, Tuvalu, Uruguay.

15 Como se matiza en el capítulo segundo, Lloyd's redactó el primer modelo de contrato de salvamento marítimo en 1890, pero no llegó a publicarse. Propiamente dicho, el primer LOF data de 1892.

la operación de salvamento en la que hubieran evitado o minimizado los daños al medioambiente; pues, de aplicarse únicamente el principio *no cure-no pay*, no hubieran recibido ningún premio.

Casi una década después, se aprobó el *Convenio Internacional sobre Salvamento Marítimo*, hecho en Londres el 28 de abril de 1989 (CISM 1989 en adelante)[16]. Este Convenio responde a las circunstancias de finales del siglo XX, cuando habían evolucionado la técnica, el diseño de los buques, las mejores posibilidades de éxito en la operación de salvamento y, también, la creciente preocupación por la protección medioambiental. En relación con este último elemento y tomando como base la experiencia del uso de la *safety net* contemplada en el LOF 80, se redactó el artículo 14 del CISM 1989, que regula la denominada «compensación especial». En su virtud, los salvadores no sólo podrían llegar a obtener una compensación por los gastos desembolsados en un «salvamento medioambiental», sino que incluso podrían conseguir un «beneficio» —cuando hubieran minimizado o prevenido los daños al medioambiente—, pese a no haber conseguido salvar el buque o su carga. De este modo, el principio *no cure-no pay* quedaba por primera vez «excepcionado» en un instrumento convencional.

En el ámbito nacional, el salvamento marítimo se regula principalmente en la Ley 14/2014, de 24 de julio, *de la Navegación Marítima*[17] (LNM en adelante)[18]. Esta ley considera, a su vez, como régimen de las operaciones de salvamento marítimo, el del Convenio de 1989. Algunos de los artículos en la ley se asemejan o incluso reiteran lo dispuesto en el Convenio; por ello es relevante analizar la relación entre los dos textos normativos.

---

16 La lista actual de naciones que han firmado el CISM 1989 puede consultarse en: https://treaties.un.org/Pages/showDetails.aspx?objid=08000002800a58b3&clang=_en. Estas naciones son: Albania, Alemania, Arabia Saudí, Argelia, Australia, Azerbaiyán, Bélgica, Brasil, Bulgaria, Canadá, China, Congo, Croacia, Dinamarca, Dominica, Ecuador, Egipto, Emiratos Árabes Unidos, Eslovenia, España, Estados Unidos, Estonia, Islas Fiji, Finlandia, Francia, Georgia, Grecia, Guinea, Guyana, India, Irán, Irlanda, Islandia, Italia, Jamaica, Jordania, Kenia, Kiribati, Liberia, Lituania, Marruecos, Islas Marshall, Mauricio, México, Mongolia, Montenegro, Nigeria, Niue, Noruega, Nueva Zelanda, Omán, Países Bajos, Palau, Polonia, Reino Unido, Rumanía, Rusia, Saint Kitts y Nevis, Sierra Leona, Siria, Suecia, Suiza, Tonga, Túnez, Turquía, Vanuatu, Yemen y Yibuti.

17 Ley 14/2014, de 24 de julio, de Navegación Marítima, *BOE* núm. 180, de 25 de julio de 2014, disponible en: https://www.boe.es/eli/es/l/2014/07/24/14.

18 También cabe señalar a este respecto el Real Decreto Legislativo 2/2011, de 5 de septiembre, *por el que se aprueba el Texto Refundido de la Ley de Puertos del Estado y de la Marina Mercante* (LPEMM en adelante), *BOE* núm. 253, de 20 de octubre de 2011, páginas 109456 a 109710, enlace disponible en: https://www.boe.es/eli/es/rdlg/2011/09/05/2; así como el *Convenio Internacional sobre Búsqueda y Salvamento Marítimo 1979* (Convenio SAR en adelante), hecho en Hamburgo el 27 de abril de 1979, *BOE* núm. 103, de 30 de abril de 1993, páginas 12.869 a 12.879, disponible en: https://www.boe.es/diario_boe/txt.php?id=BOE-A-1993-11058.

Sin perjuicio de los textos normativos anteriores, también es relevante, en su caso, el contrato que se celebre entre las partes. El contrato tiene «fuerza de ley»[19] entre las partes, por lo que habrá que atender a su contenido para configurar el marco de una operación de salvamento. En el estudio del contrato de salvamento marítimo se tendrá presente el modelo LOF en su versión más reciente, aprobada en 2020, por ser la más utilizada internacionalmente. Se analizará igualmente el origen de este contrato, especialmente ligado al remolque marítimo; así como su relación con el CISM 1989 y con la LNM.

Antes de avanzar con ello, es preciso realizar una matización. En los trabajos sobre salvamento marítimo, se utilizan indistintamente los términos «salvamento» y «operación de salvamento». Sin embargo, en nuestro trabajo diferenciamos entre ambos conceptos. En primer lugar, cuando hablamos de «salvamento», lo haremos en términos generales, es decir, refiriéndonos a todo el salvamento: la prestación del salvamento, su régimen legal, las relaciones que puedan surgir a raíz de esa operación, etc. En este primer concepto, podremos distinguir entre salvamento privado y salvamento público, siendo el primero el que atiende a una relación entre particulares o entre empresas y particulares; mientras que, en el segundo deberá intervenir una Administración Pública que efectuará el salvamento marítimo. En segundo lugar, cuando hablamos de «operación de salvamento», haremos referencia a la operación marítima en concreto; esto es, todos los actos que se producen para efectuar ese salvamento, desde que surge la situación de peligro (o llamada de auxilio si la hubiera), hasta la *puesta* en un lugar seguro del buque, la carga y el flete que se salvan. Teniendo en cuenta cómo se realizan estas las operaciones de salvamento, podremos diferenciar entre salvamento contractual y no contractual, siendo el primero el que las partes celebran un contrato para regular la operación de salvamento, no celebrando contrato en el segundo caso.

La estructura de esta investigación, al centrarse en un contrato, pasará por analizar, en primer lugar, las partes contratantes, así como otros sujetos que pueden llegar a «intervenir» en la operación de salvamento marítimo. En segundo lugar, nos centraremos en el objeto del contrato entre las partes, que es doble: de un lado, la operación de salvamento y, de otro, el precio. En tercer lugar, analizaremos el conjunto de derechos y obligaciones de las partes contratantes.

El hecho de poder distinguir entre operaciones de salvamento marítimo contractuales y no contractuales, nos permite diferenciar entre las partes que celebran el contrato de salvamento marítimo y aquellos otros sujetos que pueden intervenir en la operación. En este sentido, los intervinientes en la operación marítima no tienen por qué celebrar el contrato. Las partes contratantes se corresponden con el salvador (la empresa de salvamento) y el salvado (a quien

19 Artículo 1.091 del Real Decreto de 24 de julio de 1889 por el que se publica el Código Civil, *Gaceta de Madrid*, núm. 206, de 25/07/1889, disponible en https://www.boe.es/eli/es/rd/1889/07/24/(1)/con (CC en adelante).

se le ha prestado el servicio de salvamento). Sin embargo, pueden existir otros sujetos que intervienen en la operación marítima —no siendo partes contratantes—, tales como los Clubs de Protección e Indemnización (Clubs de P&I) y los Estados ribereños a los que les afecte la operación de salvamento; por ejemplo, en aquellos casos en los que existan consecuencias medioambientales para sus costas.

Esta distinción entre las partes del contrato y todos aquellos sujetos que pueden intervenir en una operación de salvamento marítimo pasa por analizar el concepto de «ajenidad»; esto es, que el salvamento marítimo, para considerarse una actividad profesional mercantil, sea realizado por un tercero. Tradicionalmente, este concepto se ha identificado como un «elemento» del salvamento marítimo denominado «voluntariedad»; traducción propuesta por la doctrina del término del Derecho inglés «voluntariness». No obstante, en esta investigación hemos optado por un término distinto; esto es, ajenidad, por ser más preciso, aspecto relevante por lo que se detallará en el capítulo tercero.

Sin embargo, conviene adelantar que, en nuestra opinión, el concepto de «voluntariedad» no está correctamente delimitado en el salvamento marítimo, lo que induce a ciertos errores. En esta investigación, la voluntariedad se entiende como la posibilidad de que el salvamento se realice de manera voluntaria —lo que permitirá distinguir, a priori, entre salvamentos obligatorios y voluntarios—. Frente a la voluntariedad, la «ajenidad» será la característica que realmente debe darse en el salvador al celebrar un contrato y, por ello, para obtener un premio. En consecuencia, será estudiada junto con las partes que celebran el contrato[20].

En el capítulo cuarto se estudiará el objeto del contrato de salvamento, lo que habitualmente se ha estudiado por la doctrina como los elementos del salvamento marítimo. Sin embargo, en esta investigación seguiremos un esquema algo distinto. Si bien estudiaremos dichos elementos —salvo por la ajenidad, analizada previamente en relación con las partes—, nos centraremos en el objeto del contrato de salvamento marítimo, que es doble. De un lado, comprende la operación de salvamento marítimo al objeto en peligro (el buque, la carga, el flete); y, de otro, el premio por la operación efectuada (el precio del contrato). De la operación de salvamento se estudiarán los «elementos» que lo componen; a saber, el acto de auxilio, el objeto que se salva, el peligro característico de la operación y el medio en el que ésta se desarrolla. Del premio se analizará previamente el principio *no cure-no pay* y el resultado útil, para después poder profundizar sobre los distintos pagos que pueden darse en una operación de salvamento (premio, compensación especial, bono de la «Cláusula» SCOPIC, etc.).

El estudio la operación de salvamento marítimo nos llevará a plantear, de nuevo, la distinción entre salvamento y asistencia. Si bien es cierto que el Con-

20 Véase el capítulo tercero.

venio de Bruselas de 1910 estableció que ambos conceptos se sometieran a un mismo régimen legal —el del *salvage*, adoptando la perspectiva anglosajona del *Maritime Salvage Law*—, en algunos Ordenamientos jurídicos la unificación legal no se llegó a implementar completamente.

En relación con el premio del salvamento marítimo, se analizará la delimitación del principio *no cure-no pay*. Desde el desarrollo de la «conciencia medioambiental» han existido estrategias e iniciativas —tanto de iniciativa privada como pública: el LOF 80, la compensación especial y, más recientemente, la «Cláusula» SCOPIC— que han *revisado* el principio *no cure-no pay*. Por ende, se estudiarán en su conjunto en relación con dicho principio con el propósito de identificar si éste es un principio aún vigente en salvamento marítimo.

Una vez estudiados las partes contratantes y el objeto del contrato, se analizarán las obligaciones y derechos de dichas partes. Para lo anterior, se tendrá en cuenta especialmente el régimen legal del CISM 1989, así como el contrato de salvamento marítimo, siguiendo el modelo LOF 2020.

CAPÍTULO PRIMERO

LA REGULACIÓN DEL SALVAMENTO MARÍTIMO

1. El Derecho marítimo y el salvamento marítimo

Los orígenes del salvamento marítimo, tal y como se concibe hoy en día, no cabe ubicarlos sino hasta el siglo XIX[21], ya que es en este momento cuando las circunstancias técnicas permiten una perspectiva de éxito en esta operación marítima.

---

21 En la misma opinión, *vid.* Bonassies, Scapel, *Traité de Droit Maritime*, París, 2016, pág. 414; Ruiz Soroa, *Manual de derecho de accidentes de la navegación*, Vitoria-Gasteiz, 1992, pág. 113, considera que el salvamento marítimo nace con el desarrollo de la propulsión mecánica. En el mismo sentido, Pulido, «El salvamento marítimo», en *Las averías y los accidentes de la navegación marítima y aérea, Tratado de Derecho Mercantil*, vol. 6, dirs. M. Olivencia, C. Fernández-Nóvoa, R. Jiménez De Parga, R., coord. G. J. Jiménez Sánchez, Madrid, 2003, págs. 225-339, págs. 228-229.
En la jurisprudencia inglesa, las primeras resoluciones judiciales recogidas sobre esta materia datan del siglo XVII; *vid.* Shaw, «The 1989 Salvage Convention and Lloyd's Open Form 1990: Are they working?», en *Marine Policy*, 1992, vol. 16, núm. 2, págs. 127-129, pág. 127. Aunque es a finales del siglo XVIII y especialmente durante el XIX cuando se asientan los principios del salvamento marítimo en los tribunales; *vid.* Brice, *Brice on Maritime Law of Salvage* ed. J. Reeder, Londres, 2011, pág. 4; Clift, Gay, «The Shifting Nature of Salvage Law: A View from a Distance», en *Tul. L. R.*, cit., pág. 1.358. Por su parte, Fujimoto, «The essential features of voluntary salvage», en *The Annals of the Hitotsubashi Academy*, 1956, vol. 7, núm. 1, págs. 1-9, pág. 2, afirma que desde el siglo XVIII se produce un desarrollo gradual en el salvamento en el que se aprecia la intervención de personas que se dedican profesionalmente a esta actividad, lo que se produce especialmente desde la aparición de los barcos de vapor. Igualmente, Pérez Ramírez, *El Tribunal Marítimo Central: 1963-2017*, Madrid, 2017, pág. 63, apunta que el salvamento pudo tener su origen coincidiendo con el desarrollo de la telegrafía sin hilos o TSH, siendo el primer buque en contar con esta tecnología el *Saint Paul*, en 1899.

Algunos autores sitúan, sin embargo, los inicios del salvamento marítimo en un periodo muy anterior, citando como antecedentes a la *lex Rhodia de jactu*[22]. No obstante, es razonable considerar que en ese momento no se estaría realmente ante una operación de salvamento como se concibe en la actualidad, sino ante una operación de naufragio o de hallazgo, debido a que la perspectiva de éxito en la operación marítima era muy reducida o, incluso, nula[23].

Aunque, como veremos a continuación, el salvamento profesional objeto de este trabajo data aproximadamente del siglo XIX, es posible encontrar algunas

22 Aunque el origen del salvamento es aún incierto (TETLEY, *Maritime Liens and Claims*, Montreal, 1998, pág. 330), algunos autores lo han situado en el siglo IX a.C. —aunque otro autor lo sitúa entre el siglo V y III a.C.; *vid.* BRICE, *Brice on Maritime Law of Salvage*, *op. cit.*, pág. 5—, por ciertos preceptos de la *lex Rhodia de jactu*; *ibid.*; BENEDICT, *Benedict on Admiralty*, vol. 3A, ed. M. NORRIS, Nueva York, 1992, pág. 1-2. Incluso, algunos autores señalan que la *lex Rhodia de jactu* regulaba el derecho de retención del salvador sobre lo salvado hasta que se le pagara el correspondiente premio; *vid.* PINK, «Differences between LOF 80, LOF 90 and LOF 95», en *IJSL*, 1997, parte 2, págs. 72-77, pág. 72; CHIU, LIU, CHANG, TSENG, CHEN, «Cost of salvage–a comparative form approach», en *J. Mar Sci Technol*, cit., pág. 742; ATKINSON, PARK, TENTERDEN, *The shipping-laws of the British empire: consisting of Park on marine insurance and Abbott on shipping*, Londres, 1854, págs. 49-50.
Si bien es cierto que cierto contenido de la *lex Rhodia de jactu* podía hacer referencia a qué pagar cuando una parte de la carga o de la nave se hubiera recuperado tras un accidente, no procede hablar de salvamento propiamente dicho, sino de un naufragio en el que se podían recuperar algunos restos. Así, se establecían aspectos como «El que roba algo de un naufragio debe devolverlo cuatro veces», o «Si la nave le acaeciere un naufragio, salvada tanto la mercancía como parte de la nave, los pasajeros, el oro, o bien las perlas o las piedras preciosas de mayor valor que llevasen consigo respondan por la décima parte del oro conservado, la quinta parte de la plata, las piezas totalmente de terciopelo (seda), si fueran conservadas secas, la décima parte es suficiente; y si están húmedas, les sea detraído el daño y el teñido, y así estimados, sean llevados para compensar el daño» («μ '. Εαν πλοίον συμβη ναυάγιον παθείν, και σωθή μέρος του νόμο και πλοία, έαν οι επιβάται βασα ζωσι μεθ ' εαυτών χρυσίον, ή αργύριον, ή όλοσηεχκα, ή μαργαρίτας, ή π των λίθων των πολυή μων, του μιν χυσία η σωζόμενον δεκάτας παρεχέτω, το δε αργύριον πέμπλας επιφερέω: τα δε όλοσηρικα, εαν αβροχα σωθώσι, δεκάτας επιφερέτωσαν, ως όμοια όνια τώ ευσίω (c) : ει δε βραχώσι, κεφιζέσθωσαν την υποτειζην (d) και την υποβροχήν, και ούτως εις συμβολήν έρχεαθωσαν. Οι δε μαργαρίται, καθώς εκτιμηθώσι , χρυσία φόρτον πλείτωσαν την απώλειαν»; «Si navem acciderit perire naufragio, salvâ tam mercium quàm navis parte, siquidem vectores aurum vel argentum vel holoserica, vel uniones, vel magni pretii lapillos, secum portant, aurum conservatum decimas prestet, argentum quintas pendat: holoserica verò, si absque ma defactione conservata fuerint, decimas solvant, velut auro paria, et, si madefacta sint, detrimentum et madefactio detrahantur, atque ita in collationem veniant. Uniones etiam æstimati, ut onus auri exæquantes, amnum resarciant»; *apud.* PARDESSUS, *Collection de Lois Maritimes antérieures au XVIII. Siècle, dédiée au Roi*, Tomo 1, Imprimerie Royale, París, 1828, págs. 257; 255. Otro estudio detallado sobre la *lex Rhodia de jactu* puede encontrarse en DESJARDINS, *Introduction historique à l'étude du droit commercial maritime*, vol. 9, París, 1890, págs. 11-16.

23 En la misma opinión, *vid.* CLIFT, GAY, «The Shifting Nature of Salvage Law: A View from a Distance», en *Tul. L. R.*, 2005, vol. 79, núm. 5-6, págs. 1.355-1.360, pág. 1.357, quienes concluyen que esas operaciones de salvamento anteriores al siglo XIX eran realmente hallazgos, puesto que los bienes que se salvaban habían sido perdidos por sus legítimos propietarios.

otras referencias en normas anteriores sobre figuras próximas a esta operación. Por ejemplo, en pleno desarrollo del Imperio Bizantino, encontramos el *Nomos Rhodion nautikos*, un conjunto de textos jurídicos de Derecho marítimo a los que se le atribuye un origen privado[24] que data de los siglos VII-VIII. En la segunda parte del *Nomos Rhodion nautikos*, dividida en 47 capítulos, los capítulos 45 a 47 tratan de los auxilios y las recompensas a los salvadores del mar[25].

Durante la Edad Media, es característico encontrar conjuntos de costumbres de las propias «corporaciones medievales de mercaderes»[26], que fueron recogiéndose por escrito en distintas ciudades. Entre ellas, podríamos mencionar la *primera* «colección» de costumbres marítimas señaladas por la doctrina[27]: la *Ordinamenta et consuetudo maris edita per consules civitatis* de Trani de 1063, considerado por algunos autores el «código de derecho marítimo más antiguo que se conserva del Occidente Latino»[28]. Si bien esta *Ordinamenta* es ampliamente citada, realmente toma como fundamento el «Estatuto de Venecia», conocido como *Capitulare nauticum*, revisado y corregido en 1256, pero anterior a la *Ordinamenta* de Trani[29]. En ambos ejemplos, realmente no podemos hablar aún de salvamento, sino de «hallazgos», pues la perspectiva de éxito en

---

24 *Vid.* VAN DER WAL, LOKIN, *Historiae iuris Graeco-Romani delineatio*, Groningen, 1985, pág. 74.

25 *Vid.* CECCARELLI, «Norme anti-pirateria nell'Impero Romano d'Oriente? Il "caso" del Nomos Rhodion Nautikos (Νόμος Ῥοδίων Ναυτικός)», en *Rivista Marittima*, 2021, noviembre, págs. 64-73; ANDRÉS, «Los riesgos del mar en el *Nomos Rhodion Nautikos*», en *e-Legal History Review*, 2019, núm. 30.

26 *Vid.* GARRIGUES, «Hacia un nuevo Derecho mercantil», *Revista de estudios políticos*, 1942, núm. 6, págs. 197-226, pág. 199; OLIVENCIA, «Concepto del Derecho Mercantil», en *Lecciones de Derecho Mercantil*, coords. G. JIMÉNEZ SÁNCHEZ, A. DÍAZ MORENO, 2014, Madrid, págs. 41-53, pág. 42; PAVONE DE LA ROSA, «Appunti sull'evoluzione storica della polizza di carico», en *Rivista del Diritto della Navigazione*, 1955, vol. XVI, parte 1, págs. 137-178, pág. 141; PIERGIOVANNI, «Norme, scienza e pratica giuridica tra Genova e l'Occidente medievale e moderno», en *Atti della Società Ligure di Storia Patria*, 2012, vol. LII, núm. CXXVI, fasc. II, págs. 1.231-1.244, pág. 1.241; SCHUPFER, *Manuale di Storia del Diritto italiano*, 1, S. Lapi, Castello, 1895, pág. 418.

27 *Vid.* CAMARDA, CORRIERI, WAGNER, PAPPENHEIM, *Handbuch des Seerechts*, vol. 1, Leipzig, 1884, págs. 61-62; SCOVAZZI, *La formazione del diritto marittimo nella prospettiva storica*, Milán, 2010, pág. 34; SCHUPFER, *Manuale di Storia del Diritto italiano*, *op.cit.*, pág. 418; NISIO, «Ordinamenta et consuetudo maris di Trani», en *Archivio Storico Pugliese*, 1963, volumen XVI, págs. 5-39; PIERANTONI, *Le Tradizioni Italiane e la riforma del codice di comercio*, Florencia, 1870, pág. 17; OLDFIELD, *City and Community in Norman Italy*, Cambridge, 2009, pág. 247; CONIGLIO, «La societa di Trani e gli "ordinamenta"», en *Archivio storico pugliese*, 1981, vol. 24, págs. 75-88.

28 *Vid.* OLDFIELD, *City and Community... op. cit.*, pág. 247; CONIGLIO, «La societa di Trani e gli "ordinamenta"», en *Archivio storico pugliese*, cit.

29 *Vid.* PARDESSUS, *Collection de Lois Maritimes... op. cit.*, 1, pág. 141; GUTIÉRREZ DEL MANZANO, *El salvamento marítimo*, tesis dirigida por G.J. JIMÉNEZ SÁNCHEZ, Universidad de Sevilla, 1996, pág. 37.

la operación era prácticamente nula. El propósito de estas normas también era evitar el pillaje que se solía suceder alrededor de un naufragio de una nave.

Los diversos estatutos marítimos italianos[30] tuvieron «un lugar de aterrizaje común»[31]: el Libro del Consulado del Mar. Esta obra puede definirse como un compendio de leyes marítimas o como la «primera ordenación del Derecho marítimo»[32], que fue publicada en el siglo XV. Tuvo una gran difusión en el mar Mediterráneo y en Europa a lo largo de la Edad Media y la Edad Moderna, destacándose aún en la actualidad por su gran relevancia como «código universal de las ciudades costeras del Mediterráneo»[33]. En esta compilación de leyes marítimas se hace referencia a la situación en la que la nave, habiendo sido capturada por los *enemigos* o por los piratas, haya sido posteriormente recuperada. Las personas que hayan recuperado el *poder* de la nave tendrían derecho a una «recompensa»[34]. Si bien es cierto que, por primera vez se recoge la operación de auxilio independientemente del naufragio[35], no podríamos hablar de un salvamento propiamente dicho, para lo cual habrá que esperar prácticamente al siglo XIX.

El origen del salvamento marítimo como actividad profesional está íntimamente ligado al remolque, que surge como actividad profesional cuando se comienzan a utilizar buques de vapor remolcadores, a principios del siglo XIX[36]. Esto provoca un cambio en la propulsión de los buques pues, antes del desarrollo de los buques de vapor, los barcos eran de vela, por lo que la mala

30 Entre otros, pueden señalarse el *Statuti marittimi di Venezia* del 1255, *Statuti di Marsiglia* del 1253-55, *Breve Curiae marù di Pisa* del 1298, el Estatuto Marítimo de Ancona de 1397, etc.

31 *Vid.* SALVIOLI, «Consolato di mare», en *Il Digesto Italiano*, vol. VIII, parte II-2, Turín, 1895-1898, pág. 381: «Come a noi è pervenuto, non è opera di unico getto, ma messa insieme in diversi periodi, da mani diverse e in vari luoghi: è una raccolta di consuetudini praticate in molti porti, confortate da una lunga osservanza, e perciò circondate da un grande prestigio, probabilmente composta in servizio di una magistratura incaricata di giudicare le contestazioni commerciali, sia per mantenere l'uniformità della giurisprudenza, sia per constatare il diritto che doveva servire di norma ai giudici».

32 *Vid.* DE MONTAGUT, «El llibre del consolat de mar y el ordenamiento jurídico del mar», en *Anuario de Historia del Derecho Español*, 1997, núm. 67, págs. 201-217, pág. 214. Para un mayor estudio sobre el tema, entre otros *vid.* CHINER, «Del "Consolat de mar" al "Libro llamado Consulado de mar": aproximación histórica», en *Libro llamado Consulado de Mar*, Valencia, 2003; GARCÍA I SANZ, «Estudio sobre los orígenes del Derecho marítimo hispano-mediterráneo», en *Anuario de Historia del Derecho Español*, 1969, núm. 39, págs. 213-316; GUTIÉRREZ DEL MANZANO, *El salvamento marítimo*, *cit.*, págs. 42-46.

33 *Vid.* SALVIOLI, *L'assicurazione e il cambio marittimo nella storia del Diritto italiano*, Bolonia, 1884, pág. 226.

34 Libro del Consulado del Mar, capítulo CCXLV.

35 *Vid.* GUTIÉRREZ DEL MANZANO, *El salvamento marítimo*, cit., pág. 52.

36 Por todos, *vid.* RAINEY, *The Law of Tug and Tow and Offshore Contracts*, Londres, 2018, págs. 431-432.

dirección o la falta de viento les afectaba en la navegación. En esas condiciones, el remolque como actividad profesional no podía concebirse, aunque la operación en sí misma, sí. La operación de remolque se producía entonces en un contexto de «asistencia» de un buque a otro. El remolque, en estas ocasiones, solía ser una forma de salvamento[37].

Con la llegada de los buques remolcadores a vapor a principios del siglo XIX, el remolque se convirtió en una actividad profesional, inicialmente practicada en los puertos y en los grandes ríos, poco después también en el mar. En ocasiones, el *«owner»* del buque remolcador se enfrentaba a circunstancias que complicaban la operación y que la caracterizaban por un mayor riesgo, como, por ejemplo, unas condiciones meteorológicas desfavorables; la remuneración estipulada en el contrato —*a priori*, de remolque— no devenía *justa* o proporcional en relación con los servicios prestados. En estos supuestos, el remolcador alegaba que la actividad realizada excedía del objeto del contrato de remolque marítimo, tratándose verdaderamente de un salvamento —pues se habría conseguido poner a salvo el buque, la mercancía o el flete en peligro— lo que le daba derecho a un premio (generalmente superior a la remuneración por la operación de remolque)[38].

Históricamente, la aparición de salvadores profesionales siguió el desarrollo de las grandes empresas de remolque[39], que crecieron inicialmente en los grandes puertos y en zonas fluviales, para más tarde, con el desarrollo de la técnica, realizar recorridos transatlánticos. A finales del siglo XIX, existían algunos *«owners»* de grandes flotas de buques remolcadores, equipados de modo que podían responder a las solicitudes de ayuda de buques en peligro (por lo que, eventualmente, realizar verdaderos salvamentos marítimos). RAINEY afirma así que, «en los lugares donde se encontraban los mayores opera-

---

37 De hecho, los casos de remolque que se planteaban ante los tribunales anglosajones solían producirse en el contexto de una reclamación por los servicios prestados de un buque a otro; concretamente, sobre si los servicios prestados podían considerarse salvamento y, en consecuencia, cuál sería la cuantía que debían obtener los remolcadores o, en su caso, los salvadores. *Ibid.*, pág. 431.

38 Estas operaciones de salvamento eran en ocasiones un «complemento útil» *(useful adjunct)* para los remolcadores que, de otro modo, podían no estar siendo utilizados, dejando así de generar ingresos; *ibid.*, pág. 432.

39 Siendo la primera de ellas la *British Firm of Watkins*; *vid.* BAPTIST, *Salvage operations*, Londres, 1979, pág. 8.
La profesionalidad del salvamento no está regulada en ningún texto legal, por lo que PULIDO, «El salvamento marítimo», en *Las averías y los accidentes..., op.cit.*, págs. 265-266, planteó, bajo el régimen de la LAS, si los remolcadores debieran considerarse también profesionales en el salvamento. La respuesta del autor pasa por explicar que sólo aquellos buques que «reúnan las condiciones técnicas exigidas por la práctica más moderna y que estén equipados con tripulaciones entrenadas para participar en tales operaciones» podrían considerarse salvadores profesionales. *Cfr.* ARROYO, *Curso de Derecho Marítimo, op. cit.*, pág. 733, quien afirma que para considerar los buques y a su tripulación como salvadores, deben dedicarse habitual o reiteradamente a realizar operaciones de salvamento.

dores de remolcadores, surgió un compromiso y una experiencia en operaciones de salvamento que pronto estableció su estatus como "profesional"»[40]. La especialización de la industria de salvamento, sin embargo, conllevó que los contratos de remolque y de salvamento se diferenciaran cada vez más[41].

En virtud de lo anterior, podemos afirmar que el origen del salvamento marítimo como actividad profesional y mercantil, objeto del estudio de este trabajo, se produce cuando existen perspectivas de éxito. Lo cual no se llega a producir hasta el siglo XIX, ya que fue entonces cuando comenzó a desarrollarse suficientes técnicas para abordar el rescate del buque, la carga o el flete de manera exitosa[42]. Igualmente, se produjeron cambios técnicos en la forma de realizar las operaciones y las empresas empezaron a contar con unos medios y con un personal cualificado para llevar a cabo la prestación de salvamento[43]. Es en este momento cuando la actividad de los salvadores comienza a concebirse en un plano profesional, reconociéndoseles, en su virtud, una contrapres-

40 En la versión original, «Where the largest tug operators were situated, there grew up a commitment to and an experience in salvage which soon established their status as "professional"»; *vid.* RAINEY, *The Law of Tug and Tow..., op. cit.*, pág. 432.

41 *Ibid.*, pág. 432, concluye tras este estudio comparativo que la principal característica del salvamento y su principal diferencia con el remolque es que el salvamento existe independientemente de la celebración de un contrato y depende de la concurrencia de varios factores para que se pueda reclamar un premio.

42 Debe tenerse en cuenta que, aunque el primer barco de vapor destinado al tráfico marítimo se construyera en 1813 (*vid.* MALSTER, *Wherries & Waterways*, Lavenham, 1971, pág. 61), no fue hasta mediados del siglo XIX cuando se empezó a utilizar más frecuentemente en el transporte marítimo. Especialmente a partir de 1860 se desarrollaron las calderas cilíndricas de alta presión, que permitieron una capacidad de maniobra nunca experimentada en los buques de propulsión mecánica.
Antes de dicho momento, por tanto, podría hablarse más de «naufragio» que de «salvamento». El término «naufragio» parece corresponderse con la consecuencia de un accidente marítimo; *vid.* PULIDO, «El salvamento marítimo», en *Las averías y los accidentes..., op. cit.*, pág. 228. Por el contrario, otros autores consideran que el concepto de «salvamento» contempla una asistencia al buque y a las mercancías en peligro, no a sus restos; *vid.* PENDÓN, ROMERO MATUTE, «La Special Compensation P&I Club Clause 2014 (Cláusula SCOPIC 2014) en los contratos de salvamento marítimo. Fundamento y contenido», en *Estudios sobre la responsabilidad de los operadores de transporte en la Ley de la Navegación Marítima*, dirs. P.J. BAENA BAENA, N. LÓPEZ SANTANA, Cizur Menor, 2017, págs. 513-638, pág. 517. Desde nuestro punto de vista, coincidimos con estos últimos autores, debiendo distinguir entre el auxilio a un buque o a su carga que se encuentra en peligro en el mar (salvamento) y el rescate de los restos de un accidente o *épaves* (naufragio).

43 En la misma opinión, *vid.* NAFZIGER, «Historic Salvage Law Revisited», en *Ocean Dev. Int. Law*, 2000, vol. 31, núm. 1-2, págs. 81-96, págs. 81-82.
En concreto, MANDARAKA-SHEPPARD, *Modern Maritime Law*, vol. 2, Oxon, 2013, pág. 482, sitúa concretamente el inicio del salvamento marítimo profesional en 1875, aunque sin justificar el porqué: «Before 1875, profesional salvage contractors did not exist, and express contracts were unknown». Antes de esta fecha, afirma la autora que los salvadores no eran profesionales, sino la propia dotación del buque.

tación económica, en atención al resultado de la operación[44]; lo que se conoce como el principio *no cure-no pay*.

Durante el siglo XX, paralelo a este proceso de «profesionalización» del salvamento marítimo, resurge en el Derecho mercantil una tendencia que lo había caracterizado desde sus inicios: la tendencia a la unificación, «como una expresión más de la superación de lo *nacional* que suponen las nuevas coordenadas sociales, políticas y tecnológicas»[45].

Esta tendencia, entre otros aspectos, es habitual en el Derecho marítimo, ya que los conflictos que se plantean no siempre pueden resolverse plenamente por los ordenamientos jurídicos nacionales; lo que no es una excepción en el salvamento marítimo[46]. Con el objetivo de dar respuesta a los problemas que aparecen en una actividad profesional *internacional*[47], en ocasiones, se

44 *Vid.* Pendón, Romero Matute, «La Special Compensation P&I Club Clause 2014 (Cláusula SCOPIC 2014)...», en *Estudios sobre la responsabilidad..., op. cit.*, pág. 517.

45 *Vid.* Pendón, «Preámbulo», en *Comentario a los Principios de Unidroit para los contratos del comercio internacional*, coord. D. Morán Bovio, Cizur Menor, 2003, págs. 23-53, pág. 27.
Por su parte, Ripert, *Droit Maritime*, Tomo I, París, 1930, págs. 79-92, ha señalado que la regulación unitaria es más evidente y necesaria en el Derecho marítimo que en otras disciplinas jurídicas, debido principalmente a la expansión de la navegación marítima y del comercio en un ámbito mucho más amplio que el local. Para un estudio más detallado sobre el tema puede verse Menéndez, «La unificación internacional del Derecho marítimo», en *Estudios de derecho internacional: homenaje al profesor Camilo Barcia Trelles*, Santiago de Compostela, 1958, págs. 485-501.

46 Nótese a este respecto el artículo 2 de la LNM, que establece la aplicación de los usos mercantiles: «1. La presente ley se aplicará en tanto no se oponga a lo dispuesto en los tratados internacionales vigentes en España y en las normas de la Unión Europea que regulen la misma materia. De forma supletoria se estará a las leyes y reglamentos complementarios y a los usos y costumbres relativos a la navegación marítima. A falta de todo ello y en cuanto no se pudiere recurrir a la analogía se aplicará el Derecho común. 2. En todo caso, para la interpretación de las normas de esta ley se atenderá a la regulación contenida en los tratados internacionales vigentes en España y la conveniencia de promover la uniformidad en la regulación de las materias objeto de la misma».
Señalan Darling, Smith, *LOF 90 and the new salvage Convention*, Londres, 1991, pág. 9; Vincenzini, *International Salvage Law*, Londres, 1992, pág. 9, complejidades en el siglo XX en relación con el salvamento marítimo tales como el hecho de que quedaban involucrados buques y naves de diversa bandera, que la operación de salvamento se produjera en aguas de un tercer país —ajeno a las partes involucradas en la operación— o en alta mar, etc.

47 *Vid.* Menéndez, «La unificación internacional del Derecho marítimo», en *Estudios de derecho internacional..., op. cit.*, pág. 485. El comercio marítimo ya había experimentado algunos periodos de *internacionalización*. El primero de ellos, entre los siglos XI a XV con una reforma de la actividad mercantil basada principalmente en la expansión del comercio a países de Oriente; lo que produjo algunos resultados en el Derecho marítimo como la aparición de la figura del seguro marítimo y también en el Derecho mercantil en general, con la creación y desarrollo de empresas mercantiles. El segundo se corresponde con la etapa de la Edad Moderna en la que, con el descubrimiento de América, se potenció el comercio entre las metrópolis y las colonias; *vid.* Pendón, *Los títulos representativos de la mercancía*, Madrid, 1994, págs. 41-43 y bibliografía allí citada.

ha promovido «una amplia labor de unificación» por parte de los organismos especializados del sector[48]. Por lo anterior, se pretendieron armonizar las respuestas a tales dificultades[49], con la aspiración de alcanzar una visión unificada del Derecho marítimo en general y, también, del Derecho del salvamento en particular.

En el ámbito del Derecho del salvamento marítimo, el mayor resultado conseguido en los inicios del siglo XX fue la aprobación del *Convenio para la unificación de ciertas reglas en materia de auxilio y de salvamento marítimo*, acordado en Bruselas el 23 de septiembre de 1910, objeto de estudio a continuación.

1.1. El Convenio para la unificación de ciertas reglas en materia de auxilio y de salvamento marítimo de 1910

Los orígenes de este convenio internacional datan de finales del siglo XIX, cuando las reuniones diplomáticas mantenidas con el objetivo de armonizar el Derecho marítimo[50] dieron como resultado una conferencia diplomática, en

48 *Vid.* PADILLA, «El Derecho de la navegación: Introducción. Estatuto jurídico del buque y de la aeronave», en *Derecho Mercantil*, II, coord. G. J. JIMÉNEZ SÁNCHEZ, Madrid, 2010, págs. 1.039-1.078, pág. 1.043.

49 *Vid.* PENDÓN, *La compraventa C.I.F.*, Cizur Menor, 2011, pág. 67, considera así que, en ocasiones, estas *soluciones* nacionales se encuentran «alejadas entre sí» ya que se deben a sus propios ordenamientos jurídicos.

50 El Derecho marítimo se ha caracterizado históricamente por ser universal e internacional por el propio carácter del comercio; *vid.* GARRIGUES, «Última lección como catedrático pronunciada el día 6 de mayo de 1970», en *Hacia un nuevo derecho mercantil: Escritos, Lecciones y Conferencias*, Madrid, 1971, págs. 333-352, pág. 337; PADILLA, «El Derecho de la navegación: Introducción. Estatuto jurídico del buque y de la aeronave», en *Derecho Mercantil*, II, *op. cit.*, pág. 1.043.
No obstante, esta uniformidad, no es total; sino que, en realidad, podríamos estar ante una uniformidad parcial. Así, GARRIGUES al hablar de los trabajos de unificación realizados por UNCITRAL (*United Nations Commission on International Trade Law* —en español, Comisión de las Naciones Unidas para el Derecho Mercantil Internacional o CNUDMI—), señala que «los resultados eran modestos y parciales, porque cuando se aprobaba algún Convenio, éste se reducía a un pequeño número de Estados de las Naciones Unidas; y lo que era más lamentable, en esos pocos Convenios, los países en desarrollo, siendo los más necesitados de la armonización del Derecho mercantil, no participaban nunca»; *vid.* GARRIGUES, «Última lección como catedrático pronunciada el día 6 de mayo de 1970», en *Hacia un nuevo derecho mercantil..., op. cit.*, pág. 341. Por otro lado, OLIVENCIA considera que la tendencia a la uniformidad es algo «siempre pendiente» en el Derecho mercantil (OLIVENCIA, *De nuevo, la lección 1.ª Sobre el Concepto de la Asignatura*, Discurso leído en la Solemne Apertura del Curso Académico 1999-2000 en la Universidad de Sevilla, Sevilla, 1999, pág. 56) y que encuentra resistencia, tanto por la diversidad de ordenamientos jurídicos nacionales, como por otros «factores políticos, jurídicos, económicos y sociales que presentan fuerzas de resistencia frente al proceso unificador»; *vid.* OLIVENCIA, «La

1885, organizada por el Gobierno de Bélgica en Amberes[51]. Tres años más tarde se celebró en Bruselas una segunda conferencia que contó con un objetivo ciertamente ambicioso: aprobar un código internacional de Derecho marítimo a partir del estudio comparativo de los derechos nacionales marítimos del mundo[52]. Es evidente que este objetivo no fue cumplido; no obstante, lo anterior no impidió que la conferencia produjera resultados positivos[53]. En concreto, cabe destacarse la petición, dirigida a la *International Law Association* (ILA en adelante)[54], para crear una organización internacional que tuviera como objetivo impulsar la unificación del Derecho marítimo mediante la propuesta de tratados internacionales[55]. Esta petición fue aceptada por la ILA en 1896 que, en consecuencia, dio lugar a la Asociación Belga de Derecho Marítimo con sede en Amberes. Un año más tarde, algunas asociaciones nacionales, tomando como modelo la de la Asociación Belga, se unieron para formar el

comisión de las Naciones Unidas para el Derecho mercantil internacional (UNCITRAL): balance de un decenio (1968-1977)», en *Estudios de derecho mercantil en homenaje al profesor Antonio Polo*, Madrid, 1981, págs. 753-782, pág. 764. Por su parte, PENDÓN habla de una «vocación internacional» del Derecho mercantil, de su «tendencia a la uniformidad internacional o universal»; *vid.* PENDÓN, «Preámbulo», en *Comentario a los Principios de Unidroit..., op. cit.*, pág. 26.

51 *Vid.* WISWALL, *A Brief History*, página web del Comité Marítimo Internacional, enlace disponible en https://comitemaritime.org/about-us/history/, págs. 1-10, pág. 1. Otros autores destacan igualmente el Congreso jurídico hispanoamericano que se celebró en Madrid el año 1892, conmemorando los 400 años del descubrimiento de América (*vid.* GARCÍA-PARREÑO Y LÓPEZ, *Diccionario de derecho marítimo*, Cartagena, 1908), «especialmente con relación a la conveniencia y alcance del arbitraje internacional», *vid.* GARCÍA ARIAS, «El primer Congreso hispano-luso-americano de Derecho internacional», en *REDI*, 1950, vol. 3, núm. 3, págs. 933-966, pág. 933.

52 *Vid.* LILAR, VAN DEN BOSCH, *Le Comité Maritime International 1897-1972*, Amberes, 1972, pág. 8.

53 *Ibid.*, pág. 8. En el mismo sentido, WISWALL, *A Brief History*, cit., pág. 1, considera que, gracias a estas dos conferencias internacionales, el Comité Marítimo Internacional consiguió estructurarse formalmente como organización.

54 Con el propósito de unificar la legislación marítima, se creó la Asociación para la Reforma y Codificación de la Ley de las Naciones en 1873, de la que posteriormente surgiría la *International Law Association* (ILA). Esta asociación participó en la conferencia celebrada en Estocolmo en 1924 que adoptaría, por primera vez, el término de «avería gruesa». Igualmente, colaboró en la elaboración de las Reglas de York y Amberes fruto de las conferencias celebradas en 1864 y 1890. Cabe destacar la relevancia de estas reglas, las cuales permitieron en el siglo XIX constituir con un conjunto de normas para regular internacionalmente la avería gruesa; *vid.* ANSIETA, «Las grandes líneas de la historia del derecho marítimo», en *RDPUCV*, 1983, núm. 7, págs. 95-125, págs. 113-114. En la actualidad, la *International Law Association* es una organización no gubernamental cuyo objetivo es el estudio y desarrollo del Derecho tanto privado como público; su página web actualizada puede consultarse en el siguiente enlace: http://www.ila-hq.org/index.php.

55 Planteada por Louis Franck, un abogado de Amberes, según consta en el informe ILA/3/5, *Maritime Law Committee* 1875-1950.

Comité Marítimo Internacional (CMI en adelante)[56]. Posteriormente, en 1897, el CMI comenzó a trabajar en otros dos asuntos: los accidentes marítimos y la limitación de la responsabilidad de los navieros (en las conferencias de Amberes de 1898 y Ámsterdam de 1905, respectivamente).

Entre 1905 y 1909 se sucedieron una serie de reuniones que prepararon la celebración de una conferencia diplomática, de la que resultaría el *Convenio para la unificación de ciertas reglas relativas al auxilio y salvamento marítimo*[57]. Algunos autores consideran que el Convenio de Bruselas de 1910 sobre asistencia y salvamento constituyó «el primer paso hacia la unificación del Derecho marítimo internacional y la primera victoria»[58] o «una de las normas más relevantes del Derecho marítimo internacional»[59]; sin embargo, este éxito fue relativo[60].

---

56 Informe ILA/3/5, *Maritime Law Committee* 1875-1950. El Comité Marítimo Internacional es un organismo internacional que fue creado en 1897 gracias al impulso de la Asociación Belga de Derecho Marítimo. Su objetivo inicial fue y sigue siendo la unificación de esta disciplina jurídica; *vid.* ANSIETA, «Las grandes líneas de la historia del derecho marítimo», en *RDPUCV*, cit., pág. 115.
El CMI no sólo cuenta con la colaboración de académicos y juristas, sino también de profesionales de todos los sectores laborales en el ámbito marítimo. Gracias al impulso de uno de sus fundadores, el ya mencionado Louis Franck —quien es conocido como el progenitor del *Grand Unification of the Law of the Sea, vid.* WISWALL, *A Brief History*, cit., pág. 2—, los fines de esta organización internacional se extendieron a través de comités nacionales afiliados al CMI como sede central. Su página web está disponible a través del siguiente enlace: https://comitemaritime.org/. El CMI desempeñó un relevante papel en esta tendencia a la uniformidad siendo, probablemente, el organismo no gubernamental más importante en la unificación del Derecho marítimo.
Otro resultado a considerar de la segunda conferencia de Bélgica de 1888, fueron las *Brussels Diplomatic Conferences on Maritime Law*, lo que se consiguió gracias a la colaboración entre el Gobierno belga y el Comité Marítimo Internacional. Los trabajos realizados en estas conferencias pueden considerarse un anticipo de lo que posteriormente realizaría la Organización Marítima Internacional y, en concreto, su Comité Legal.

57 *Vid.* BRICE, *Brice on Maritime Law of Salvage, op. cit.*, pág. 13. En concreto, cabe mencionarse el Congreso de París de 1900, el de Hamburgo de 1902 y los de Bruselas de 1902, 1905 y 1909; *vid.* MORRAL, *El salvamento marítimo*, Barcelona, 1997, págs. 130-131; KENNEDY, CARVER, «The Antwerp Conference of the International Law Association, 1903», en *J. Soc. Comp. Legis.*, 1904, vol. 5, núm. 2, págs. 216-229, págs. 220 y 229; CARVER, «International Maritime Committee-Hamburg Conference», en *J. Soc. Comp. Legis.*, 1902, vol. 4, núm. 2, págs. 156-163, pág. 158.

58 «(...) la prima tappa nel cammino verso la unificazione internazionale del diritto marittimo. È la sua prima vittoria»; *vid.* CIVILETTI, «La Convenzione Internazionale di Bruxelles del 23 de settembre 1910 nella storia del Comité Maritime International», en *Studi in onore di Francesco Berlingieri*, Roma, 1933, pág. 183. En opinión de RODIÈRE, LUREAU, *Traité Général de Droit Maritime: Evénements de mer*, Tomo V, París, 1972, págs. 164-165, la aprobación del Convenio de Bruselas de 1910 permitió afirmar un triunfo en el proceso de unificación del Derecho marítimo.

59 *Vid.* PULIDO, «El salvamento marítimo», en *Las averías y los accidentes..., op. cit.*, pág. 229.

60 Si bien el Convenio de 1910 cuenta con 88 firmas —en el momento de su aprobación sólo

En opinión de algún autor[61], el éxito de este Convenio también se debe a que el Convenio de Bruselas de 1910 contribuyó a que muchos países inspiraran su normativa sobre Derecho marítimo en este convenio internacional. Sin embargo, tampoco se podría afirmar que el régimen de este Convenio sea verdaderamente uniforme, ya que hay una fuerte influencia del Derecho inglés[62]. Lo anterior se aprecia, por ejemplo, en el sometimiento de las operaciones de «asistencia» y de «salvamento» al mismo régimen legal, aspecto distinto en el *civil law*. En algunos países que siguen este sistema legal —Francia, Italia—, estas operaciones tenían regulaciones diferentes. La asistencia marítima generalmente estaba relacionada con el auxilio de buques y demás bienes en peligro en el mar; mientras que el salvamento marítimo atendía al rescate de los restos de un buque o su carga tras haber sufrido un accidente. Frente a lo anterior, la «posición anglosajona» no distinguía entre ambos conceptos para su regulación. El Convenio de 1910 adoptó esta posición, propia del *common law*, de modo que todas las operaciones reguladas por el Convenio quedaron subsumidas en el concepto «*salvage*». Sin perjuicio de que este aspecto sea desarrollado más adelante[63], conviene adelantar que, en ciertos países de tradición *civil law*, esta distinción entre «asistencia» y «salvamento» siguió manteniéndose pese a la ratificación del Convenio de Bruselas de 1910, como sucedió en España y en Francia.

El Convenio de Bruselas también reguló el principio *no cure-no pay*, por el que los salvadores tenían derecho a una «remuneración» cuando hubieran conseguido un éxito en la operación, es decir, cuando hubieran salvado total o parcialmente el buque o los bienes en peligro[64]. Este principio sigue siendo fundamental en el salvamento marítimo en la actualidad, aunque, como se

---

fue firmado por 25 Estados (lo que, en opinión de algún autor, es un éxito en «términos numéricos»; *vid.* GRIGGS, «Obstacles to Uniformity of Maritime Law the Nicholas J. Healy Lecture», en *JMLC*, 2003, vol. 34, núm. 2, págs. 191-208, págs. 193-194)—, muchas de ellas se realizaron años (incluso décadas) después de su aprobación.

61 *Vid.* PULIDO, «El salvamento marítimo», en *Las averías y los accidentes..., op. cit.*, pág. 229. Debe tenerse en cuenta que, a principios del siglo XX, muchos países aún no habían regulado en su Ordenamiento jurídico el salvamento marítimo y que, durante el siglo XX, hubo un fuerte proceso de descolonización que conllevó a la independencia de numerosos países.

62 *Vid.* VINCENZINI, *Profili internazionali del soccorso in mare*, Pisa, 1985, pág. 20. La preferencia por una posición más próxima al *common law* en el Convenio de Bruselas de 1910 se explica, entre otros factores, porque el Imperio británico aún existía y controlaba el 40 % del tonelaje mundial, *vid.* KERR, «The International Convention on Salvage 1989: how it came to be», en *LMCLQ*, vol. 39, núm. 3, 1990, págs. 530-556, pág. 531.

63 Véase *infra* en el capítulo cuarto el epígrafe 1 La operación de salvamento marítimo.

64 El artículo 2 del Convenio de Bruselas de 1910 disponía que: «Todo acto de auxilio o salvamento que haya producido un resultado útil, dará lugar a una remuneración equitativa. No se deberá ninguna remuneración si el socorro prestado no llegase a producir resultado útil. La suma que deba pagarse no podrá exceder, en ningún caso, del valor de las cosas salvadas».

verá a lo largo de este trabajo, ya no es un principio «absoluto», sino que con el paso del tiempo y, especialmente, desde la segunda mitad del siglo XX, ha encontrado ciertas «delimitaciones» relacionadas con la protección medioambiental.

No obstante, es posible reconocer un éxito notable con la aprobación de dicho convenio, pues fue la primera regulación *internacional* sobre salvamento marítimo que se había aprobado hasta la fecha. A lo anterior se suma que el Convenio de 1910 era aplicable en todos los casos en los que uno de los buques, ya fuera salvador o salvado, perteneciera a un Estado Parte y se tratara de una operación internacional, según lo dispuesto en su artículo 15[65]. En las operaciones en las que todas las partes pertenecieran al mismo Estado, sería de aplicación la ley nacional de dicho Estado, *ex* artículo 15 del Convenio de 1910:

> «(...) Debe tenerse entendido, sin embargo: (...) 2°—Que cuando todos los interesados sean individuos jurisdiccionados al mismo Estado que el Tribunal que se ha avocado del conocimiento del caso, se aplicará la ley nacional y no la Convención (...)».

Por elegir a un autor destacado que ha criticado aspectos del Convenio de Bruselas de 1910, seguiremos a VINCENZINI[66], quien defendía que dicho Convenio no dejó «ninguna cuestión importante sin resolver», aunque realizó tres críticas principales. En primer lugar, en el Convenio no quedó claramente establecido que los buques hundidos o abandonados fuesen objeto de salvamento marítimo. En efecto, este es un aspecto que no quedó específicamente regulado en dicho Convenio y que, de hecho, siguió planteando dudas en el proceso de elaboración del posterior Convenio sobre salvamento de 1989[67]. Explica el autor que este inconveniente era más notorio en los países del régimen *civil law*, ya que tanto la doctrina como la jurisprudencia debatieron si el salvamento de estos buques debía entrar en la categoría de salvamento o en otro concepto jurídico distinto, como la asistencia[68]. Sin perjuicio de que este

65 Artículo 15 del Convenio de 1910: «Las disposiciones de esta Convención serán aplicables respecto a todos los interesados, cuando, ya sea que el buque de auxilio o de salvamento, ya sea el auxiliado o el salvado, pertenezcan a un Estado de alguna de las Altas Partes Contratantes, lo mismo que en los demás casos previstos por las leyes nacionales (...)».

66 VINCENZINI, *International regulation of salvage at sea*, Londres, 1987, págs. 89-90.

67 Véase *infra* en el capítulo cuarto el epígrafe 1.2.1 El buque como objeto de salvamento.

68 Por ejemplo, Francia —más específicamente, la *escuela francesa*, en la que se hallan también autores belgas— mantuvo esta distinción, aunque sin un criterio único. Autores como LYON-CAEN, RENAULT, *Traité de Droit Commerciale*, Tomo 6, Paris, 1912, párr. 1.066, consideran que la diferencia entre el auxilio y el salvamento es que en este último, además de la situación de peligro, ya se había producido una pérdida o deterioro en el buque o la carga. De un modo similar, *vid.* SMEESTERS, WINKELMOLEN, *Droit maritime et droit fluvial: commentaire de la législation, de la jurisprudence et des usages applicables à la navigation maritime et à la navigation intérieure*, vol. II, Bruselas, 1929, pág. 969 [citado en GAMECHO-

tema sea tratado más adelante, conviene adelantar la reflexión en relación con los buques hundidos. A este respecto, conviene distinguir entre los buques hundidos y los pecios. Consideramos que la crítica no se limita a lo que el autor expone, puesto que la duda sobre el ámbito de aplicación del Convenio de Bruselas se relacionaría, en nuestra opinión, con los pecios y los restos de un naufragio («*wrecks*») más que con los buques hundidos que aún podían tener valor para su *«owner»*, siendo estos objeto de salvamento.

En segundo lugar, señala el autor que tampoco el Convenio de 1910 regulaba ninguna limitación de la responsabilidad del armador del buque salvado, aunque al mismo tiempo reconoce que no existía ninguna norma a nivel internacional al respecto[69]. Desde nuestro punto de vista, que el Convenio de Bruselas de 1910 no regulase la limitación de la responsabilidad del armador no es algo «reprochable» al Convenio, ya que este aspecto no es, necesariamente, una materia que reclame un tratamiento especializado en el salvamento marítimo. En la actualidad, de hecho, existe un convenio internacional sobre la limitación de la responsabilidad de los armadores.

En tercer y último lugar, el autor señala que el Convenio de Bruselas de 1910 no recogía entre los criterios para determinar la cuantía del premio en un supuesto de *«liability salvage»*; es decir, aquellos supuestos en los salvadores habían evitado que el *«owner»* del buque incurriera en algún tipo de responsabilidad. Sin perjuicio de que sea tratado posteriormente, el *liability salvage* podríamos definirlo como una *categoría* de salvamento por la que el premio

GOICOECHEA Y ALEGRÍA, *Tratado de Derecho Marítimo Español, Tomo Tercero: Accidentes Marítimos. Averías. Arribadas. Abordajes. Naufragios. Salvamentos*, Bilbao, 1941, pág. 500] explicaban, que, en el salvamento, a diferencia del auxilio, el peligro era tal que la dotación no tenía control sobre el buque, bien porque lo hubieran abandonado o bien porque no fuera posible controlarlo. Por otro lado, DANJON, *Tratado de Derecho Marítimo*, Tomo IV, Madrid, 1936, pág. 55, consideraba que el auxilio pretendía evitar un accidente inminente, mientras que el salvamento ayudaba a un buque ya siniestrado. Frente a los anteriores, RIPERT, *Droit Maritime*, Tomo III, París, 1930, pág. 2.137, explicó que el auxilio consiste en la ayuda de un buque a otro en peligro, mientras que el salvamento era llevar a un lugar seguro los restos *—épaves—* del buque o su carga.
En contraposición, bajo el régimen jurídico del *common law* este aspecto apenas planteó problemas, por cuanto la institución del salvamento *(salvage)* era unitaria y aunaba ambas posibilidades.

69 No fue hasta 1924 cuando se aprobó el Convenio Internacional para la Unificación de ciertas reglas concernientes a la Limitación de la Responsabilidad de los Propietarios de Buques, hecho en Bruselas el 25 de agosto de 1924. Dicho Convenio fue firmado por España y publicado en la Gaceta de Madrid núm. 213, de 1 de agosto de 1930, cuyo contenido se encuentra disponible en: https://boe.es/datos/pdfs/BOE//1930/213/A00770-00772.pdf.
Posteriormente se aprobó el *Convenio sobre limitación de la responsabilidad nacida de reclamaciones de derecho marítimo*, hecho en Londres el 19 de noviembre de 1976 (CLR 1976 en adelante). El Instrumento de Ratificación del Convenio se publicó en el *BOE* núm. 310, de 27 de diciembre de 1986, accesible a través del siguiente enlace: https://www.boe.es/boe/dias/1986/12/27/pdfs/A42175-42180.pdf.

se determina teniendo en cuenta tanto el valor de los bienes salvados como la responsabilidad civil del *«owner»* del buque accidentado[70]. En nuestra opinión, la crítica no procede con respecto al Convenio de 1910 en tanto en cuanto el concepto de *liability salvage* comenzó a utilizarse posteriormente[71].

El salvamento, propio del Derecho marítimo, es *sensible* a los posibles cambios de la realidad marítima. Por ello, se aprobó el Protocolo para la modificación del Convenio para la unificación de ciertas reglas relativas al auxilio y salvamento marítimo, hecho en Bruselas el 27 de mayo de 1967 para incluir en el ámbito de aplicación del Convenio de Bruselas los buques de guerra o aquellos adscritos a un servicio público[72].

1.2. Los inicios de la «conciencia medioambiental»

Entre finales del siglo XIX y principios del siglo XX[73], así como la Segunda Guerra Mundial, se produjeron una serie de cambios y avances técnicos en la navegación que modificaron la concepción del transporte marítimo, del comercio y, por extensión, del salvamento marítimo. Esto influyó, entre otros aspectos, en el diseño de los buques. Igualmente se introdujeron nuevos métodos de propulsión de los buques, sustituyendo el uso del carbón por

70 *Vid.* BROUGH, «Liability Salvage--By Private Ordering», en *J Legal Stud*, 1990, vol. 19, núm. 1, págs. 95-111, pág. 103; BINNEY, «Protecting the Environment with Salvage Law: Risks, Rewards, and the 1989 Salvage Convention», en *Wash. Law Rev.*, 1990, vol. 65, núm. 3, págs. 639-656, pág. 646.

71 Véanse a este respecto los *cases The Buffalo* [1937] 58 Ll L Law Rep 302 (nota al pie número 1.066) y *The Whippingham* (1934) 48 Ll. L. Rep. 49 (nota al pie 799) que, como se aprecian, datan de una fecha posterior a la aprobación del Convenio de Bruselas de 1910 y que señalan esta *categoría* de salvamento marítimo.

72 Esta última modificación no fue ratificada por España debido a que la Ley 60/1962, de 24 de diciembre, por la que se regulan los auxilios, salvamentos, remolques, hallazgos y extracciones marítimos, publicada en el BOE núm. 310, de 27 de diciembre de 1962, Ley 60/1962, de 24 de diciembre, por la que se regulan los auxilios, salvamentos, remolques, hallazgos y extracciones marítimos: https://www.boe.es/eli/es/l/1962/12/24/60 (LAS en adelante), adoptada cinco años antes a la modificación del convenio internacional, preveía estos aspectos; *vid.* PÉREZ RAMÍREZ, *El Tribunal Marítimo Central: 1963-2017*, *op.cit.*, pág. 171.
El número de países que firmaron este Protocolo modificativo de 1967 fue bastante inferior al que firmaron el Convenio de Bruselas de 1910. La lista que conforman dichos países es la siguiente: Alemania, Argentina, Austria, Bélgica, Brasil, Canadá, China, Croacia, Dinamarca, Egipto, El Vaticano, Eslovenia, Finlandia, Grecia, India, Irán, Israel, Italia, Japón, Líbano, Mónaco, Papúa Nueva-Guinea, Portugal, Reino Unido, Siria, Suecia, Suiza, Uruguay, Yugoslavia, Zaire.

73 *Vid.* GAETA, «La convenzione di Londra 1989 sul soccorso in acqua», en *Il Diritto Marittimo*, 1991, vol. 93, núm. 2, págs. 291-317, pág. 291; REDGWELL, «The Greening of Salvage Law», en *Mar. Policy*, 1990, vol. 14, núm. 2, págs. 142-150, pág. 142; MAKINS, MCQUEEN, WHITE, «Salvage and the environment», en MLAANZ *Journal*, 1987, vol. 4, págs. 227-236, pág. 227.

los hidrocarburos para este fin[74]. Lo anterior provocó tanto un crecimiento de la demanda de crudo y otras sustancias similares, como un aumento de su transporte; lo que, en el peor de los casos, se tradujo en la producción de accidentes marítimos con graves consecuencias medioambientales. Especialmente, entre 1960 y 1980[75] se sucedieron una serie de accidentes marítimos que influyeron en el posterior CISM 1989[76]. La contaminación por hidrocarburos está considerada como el accidente marítimo más grave, pues sus efectos perjudiciales son muy significativos e incuestionables tanto para la vida como para el medioambiente[77].

---

74 *Vid.* LOUZÁN, «La contaminación marina por hidrocarburos procedente de los buques ¿es necesario reducir las descargar permitidas por el Anexo I del Convenio MARPOL 73/78?» en *Estudios de Derecho Marítimo*, dir. J.L. GARCÍA-PITA Y LASTRES, Cizur Menor, 2012, págs. 817-837, pág. 817.

75 Previamente se habían producido diversos accidentes, como el que tuvo lugar en 1942 en la costa este de Estados Unidos con el buque *The E.H. Blum*: el mayor petrolero construido hasta la época con una carga de 11.600 toneladas, sobre el que hubo destacada información en la prensa: *The New York Times*, 19 de febrero de 1942; en el siguiente enlace puede accederse a la versión digitalizada del artículo: https://www.nytimes.com/1942/02/19/archives/tanker-wrecked-off-us-east-coast-by-mines-or-uboat-the-eh-blum-one.html. Sin embargo, las consecuencias de estos accidentes, aunque nefastas, tenían un ámbito más local y menos conocido que otros accidentes posteriores, como el *Torrey Canyon*, el *Exxon Valdez* o el *Prestige*, entre otros.
Por otro lado, cabe destacar que los accidentes de buques no son la única causa de contaminación marítima grave. Antes de la entrada en vigor del Convenio de 1989, el mayor vertido de crudo en el mar se produjo en 1979, con el reventón en un pozo exploratorio de petróleo —*Ixtoc-1*— situado en el Golfo de México. Se produjo un derrame de, aproximadamente, 480.000 toneladas de crudo, que se liberaron durante un periodo de 10 meses; *vid.* BURGHERR, «In-depth analysis of accidental oil spills from tankers in the context of global spill trends from all sources», en *J. Hazard. Mater.*, cit., pág. 246. Más recientemente, en 2010, se produjo el hundimiento de la *Deepwater Horizon*, una plataforma petrolífera situada en este mismo Golfo, produciendo un vertido de unas 779.000 toneladas de crudo. Para más información puede consultarse BEYER, TRANNUM, BAKKE, HODSON, COLLIER, «Environmental effects of the Deepwater Horizon oil spill: A review», en *Mar. Pollut. Bull.*, 2016, vol. 110, núm. 1, págs. 28-51; DE LA RUE, ANDERSON, «The Role of the P&I Clubs in Marine Pollution Incidents», en *Tul. L. R.*, 2011, vol. 85, núm. 5 & 6, págs. 1.258-1.303, págs. 1.258-1.259.

76 De los 20 accidentes de buques con mayor vertido desde 1967 (desde el accidente que involucró al buque *Torrey Canyon*), 14 se produjeron antes de la entrada en vigor del Convenio de 1989. Para un mayor análisis sobre el tema, puede consultarse el informe *Oil tanker spills Statistics 2021* que redacta ITOPF *(International Tanker «owners» Pollution Federation Limited)*, una organización sin ánimo de lucro que constituye la principal asesoría en respuesta a accidentes marítimos de contaminación con crudo; el informe se encuentra disponible en su página web: https://www.itopf.org/knowledge-resources/data-statistics/.

77 *Vid.* MATCZAK, «Maritime Safety in European Concept of the Internalization of External Costs of Transport», en *TransNav Journal*, 2009, vol. 3, núm. 2, págs. 207-211, pág. 210; ROBERTS, MCCLEAN, VERON, HAWKINS, ALLEN, MCALLISTER, MITTERMEIER, SCHUELER, SPALDING, WELLS, VYNNE, WERNER, «Marine biodiversity hotspots and conservation priorities for tropical reefs», en *Science*, 2002, núm. 295, vol. 5.558, págs. 1.280-1.284, pág. 1.281.

El primer accidente marítimo de contaminación que suele citarse como referencia[78] es el *Torrey Canyon* que, en 1967, embarrancó al suroeste de Inglaterra con una carga de más de 100.000 toneladas de crudo[79]. El viaje del buque se inició en Kuwait y tenía por destino, Milford Haven (Gales). Las grandes proporciones de este buque impidieron su paso por el Canal de Suez, por lo que tuvo que bordear el Cabo de Buena Esperanza para llegar a su destino. El *Torrey Canyon* encalló el 18 de marzo de 1967 en Pollard's Rock, situada en el extremo occidental del arrecife de Seven Stones, entre Cornualles y las Islas de Scilly. Tras el encallamiento, se contrató una empresa de salvamento para recuperar el buque, pero para entonces parte del petróleo ya se había vertido al mar. Debido a que todo intento de desencallar el buque fue infructuoso, los esfuerzos de los salvadores se centraron en la contención del crudo. Paralelamente, el Gobierno británico, con el objetivo de evitar que se extendiera aún más el derrame de crudo, decidió prender fuego al *Torrey Canyon* y a su carga[80]. Pese a la intención del Gobierno británico de evitar una mayor contaminación, las consecuencias medioambientales de esta «solución» fueron completamente devastadoras.

A este respecto cabe destacar el *Convenio internacional sobre cooperación, preparación y lucha contra la contaminación por hidrocarburos*, hecho en Londres el 30 de noviembre de 1990; cuyo propósito fue elaborar nuevas medidas para prevenir la contaminación de los buques. El Instrumento de Ratificación de dicho Convenio fue publicado en el *BOE* núm. 133, de 5 de junio de 1995, páginas 16477 a 16482.

78 *Vid.* Pendón, Romero Matute, «La Special Compensation P&I Club Clause 2014 (Cláusula SCOPIC 2014)...», en *Estudios sobre la responsabilidad..., op. cit.*, pág. 521; Gold, «Marine Salvage: Towards a New Regime», en JMLC, 1989, vol. 20, núm. 4, págs. 487-503, pág. 488; de la Rue, Anderson, «Environmental salvage — Plus ça change...?», en *JIML*, 2012, vol. 18, núm. 4, págs. 279-292, pág. 280; Juda, «IMCO and the regulation of ocean pollution from ships», en *ICLQ*, 1977, vol. 26, parte 3, págs. 558-584, pág. 562; Mandaraka-Sheppard, *Modern Maritime Law*, II, *op. cit.*, pág. 484.

79 Para más información, puede consultarse el informe que realizó el CMI sobre este accidente puede consultarse en el siguiente enlace: https://comitemaritime.org/wp-content/uploads/2018/06/TORREY-CANYON-1.pdf.

80 Un día después del accidente, varios buques de la Armada británica comenzaron a pulverizar detergentes para disipar el petróleo que se había derramado. Igualmente, se llevaron a cabo los primeros preparativos para hacer frente a la contaminación en las playas. La situación meteorológica no favoreció el desarrollo de la operación de salvamento; incluso, el buque llegó a partirse por la popa, derramando otras 30.000 toneladas de crudo. Una vez abandonado el buque y despejada la zona, el Gobierno británico, con el fin de incendiar el petróleo que quedaba a bordo, bombardeó con aviones de la Marina y de la Fuerza Aérea lo que quedaba del *Torrey Canyon*; *vid.* Utton, «Protective Measures and the Torrey Canyon», en *B.C.L. Rev.*, 1967, vol. 9, núm. 3, págs. 613-632, págs. 613-614.
El Gobierno británico elaboró un informe, el *White Paper*, sobre el accidente que involucró al buque *Torrey Canyon*, en el que se recogen las intervenciones de los debates parlamentarios que tuvieron lugar como consecuencia del mismo. Este documento puede consultarse en el siguiente enlace: https://api.parliament.uk/historic-hansard/commons/1967/apr/10/torrey-canyon-1.

Apenas un lustro después del accidente del *Torrey Canyon*, el buque *Sea Star* provocó un vertido de aproximadamente 115.000 toneladas de crudo en el Golfo de Omán[81]. Tres años después, el buque *Jakob Maersk* cargado con petróleo procedente de Irán, quedó varado en un banco de arena a la entrada del puerto de Leixoes (Portugal)[82]. No obstante, estos no fueron los únicos accidentes de la década pues, tan sólo un año después, en 1976, un nuevo accidente golpeó la costa española: el petrolero *Urquiola*, con un cargamento de más de 110.000 toneladas de crudo, causó graves daños en las costas de las rías de Ferrol, Ares y A Coruña[83].

En 1978 tuvo lugar el accidente más grave sucedido en Europa hasta entonces, con un vertido de aproximadamente 223.000 toneladas de crudo[84]: el petrolero *Amoco Cádiz*, un VLCC[85], encallaba en la Bahía de Portsall (Francia)[86]. Las malas condiciones meteorológicas en el Canal de la Mancha provocaron este accidente en el que una ola golpeó fuertemente el barco, lo que provocó que el timón, a partir de entonces, no funcionara[87]. El capitán del buque en peligro contrató un servicio de remolque para llevarlo hasta la costa. Se intentó remolcar el buque una primera vez, pero el cable se rompió durante la operación. Hubo posteriores intentos de remolcar el buque, pero el *Amoco Cádiz* terminó encallando en las rocas de la costa de Bretaña sin que tuviera éxito la operación de remolque. Al día siguiente, el buque *Amoco Cádiz* se partió

81 *Vid.* Galieriková, A., Materna, M., «World seaborne trade with oil: One of main cause for oil spills?», en *Transportation research procedia*, 2020, vol. 44, págs. 297-304, págs. 300-301; Oostdam, B. L., «Oil pollution in the Persian Gulf and approaches, 1978», en *Marine Pollution Bulletin*, 1980, vol. 11, núm. 5, págs. 138-144, pág. 143.

82 Tras el encallamiento, se produjo una gran explosión en la sala de máquinas, dando lugar a un incendio en el buque, lo que provocó que el petrolero se partiese en tres partes. Aunque dos de éstas terminaron por un hundirse, la proa se mantuvo a flote, quedando en la tierra. De las aproximadamente 88.000 toneladas de crudo que transportaba, en torno a la mitad ardieron, provocando no sólo contaminación en el agua, sino también en el aire. De la otra mitad, parte se vertió en el mar y parte llegó a la costa; *vid.* Duerden, *Spill in Portugal: A Report of the Jakob Maersk Incident*, Canadá, 1976, págs. 1-32.

83 *Vid.* Niell, *Informe sobre el vertido de crudo de petróleo en la zona de La Coruña - El Ferrol, a causa del accidente del petrolero «Urquiola» el día 12 de mayo de 1976*, Madrid, págs. 1-15, pág 1.

84 *Vid.* de la Rue, Anderson, «Environmental salvage — Plus ça change...?», en *JIML*, cit., pág. 281; Jar, «Amoco Cádiz», en *RGM*, 2000, julio, págs. 1-13, pág. 2.

85 *Very Large Crude Carrier*, es decir, un buque con un peso muerto de entre 150.000 toneladas (máximo tamaño de buque de categoría Suezmax) y 320.000 toneladas (mínimo del tamaño de los buques tipo ULCC o *Ultra Large Crude Carrier*).

86 *Vid.* Kifrier, «Wreck of the Amoco Cadiz Revives Issue of Safety in Transporting Oil», en *N.Y. TIMES*, 23 de marzo de 1978, disponible en https://www.nytimes.com/1978/03/23/archives/wreck-of-the-amoco-cadiz-revives-issue-of-safety-in-transporting.html.

87 *Vid.* Cahill, *Stranding and their causes*, Norwich, 1985, pág. 80.

en dos, vertiéndose por completo su carga de petróleo, lo que provocó serios daños medioambientales en la zona bretona[88].

Un año después se produjo el mayor vertido de crudo por un accidente marítimo hasta la fecha: el *Atlantic Empress* derramó aproximadamente 287.000 toneladas de petróleo en la costa este de la isla de Tobago[89]. Este VLCC colisionó con otro, el *Aegean Captain*, el 19 de julio de 1979[90]. En conjunto, ambos buques transportaban aproximadamente 470.000 toneladas de crudo de las cuales, más de la mitad, terminaron en el mar.

Se ha comentado al inicio de este epígrafe que el aumento del comercio de sustancias peligrosas —como el crudo— tuvo como consecuencia un aumento del número de accidentes marítimos con repercusiones medioambientales. Los daños medioambientales podían agravarse cuando se solicitaba a los salvadores que remolcaran el buque accidentado mar adentro para que se hundiera[91]. Esto sucedió en este accidente entre el *Aegan Captain* y el *Atlantic Empress*, en el que el segundo buque —que era el que transportaba más crudo—, fue remolcado a 300 millas de la costa[92]. Otro accidente en el que se refleja lo anterior fue el *Prestige*, que fue remolcado, quedando aproximadamente a 120 millas de la costa[93]. Además de aspectos como la imagen

---

88 *Vid.* GUNDLACH, BOEHM, MARCHAND, ATLAS, WARD, WOLFE, «The fate of Amoco Cadiz oil», en *Science*, 1983, vol. 221, núm. 4606, págs. 122-129, pág. 122; O'SULLIVAN, «The AMOCO CADIZ oil spill», en *Marine Pollution Bulletin*, 1978, vol. 9, núm. 5, págs. 123-128, pág. 123; JÉZÉQUEL, GUYOMARCH, RECEVEUR, LE FLOCH, «Effect of long term natural weathering on oil composition: study of the 41-years-old Amoco Cadiz and 20-years-old Erika oil spills», en *International Oil Spill Conference*, 2021, págs. 1-18, pág. 1.

89 ITOPF, *Oil Tanker Spill Statistics 2021*, cit., pág. 5.

90 Para un mayor conocimiento sobre el tema, puede consultarse la página web del ITOPF sobre este accidente: https://www.itopf.org/in-action/case-studies/case-study/atlantic-empress-west-indies-1979/; igualmente, *vid.* HOOKE, *Maritime casualties 1963-1996*, Londres, 1997.

91 *Vid.* BISHOP, «Environmental salvage: time for a change?», en *Pollution at Sea, Law and liability*, eds. B. SOYER, A. TETTENBORN, Londres, 2012, págs. 175-180, pág. 175.

92 *Vid.* COULTHARD, «A new cure for Salvors?—A comparative Analysis of the LOF 1980 and the C.M.I. Draft Salvage Convention», en *JMLC*, 1983, vol. 14, núm. 1, págs. 45-67, pág. 50.

93 *Vid.* SOTELO, «Consecuencias medioambientales derivadas del hundimiento del Prestige en las Rías Baixas gallegas», en *Observatorio Medioambiental*, 2003, núm. 6, págs. 195-222, pág. 207.
El caso del *Prestige* es ampliamente conocido en nuestro país; no por ello sin embargo se comentarán brevemente sus hechos. El *Prestige* partió de San Petersburgo y tenía por destino Gibraltar, donde el capitán esperaba recibir nuevas instrucciones. El 13 de noviembre, a menos de 30 millas del Oeste de Finisterre, las máquinas se pararon, pues parte de ellas se quedaron sin lubricación; esto suponía una avería grave, e, incluso, su posible destrucción. En el costado de estribor del buque había un fallo estructural, lo que produjo una gran hendidura por la que se empezó a verter la carga del *Prestige*, que era fueloil. Esto provocó, además, que toda la carga se fuera desplazando progresivamente a

pública, el mayor inconveniente es que la contaminación local está asegurada en la zona portuaria que aceptase el buque; pues existen pocos puertos que pudieran hacer frente a un desastre marítimo como el del *Torrey Canyon*, el del *Prestige* o el de cualquiera de los accidentes mencionados anteriormente. En consecuencia, se puede comprender que los efectos positivos de la decisión de remolcar un buque mar adentro —una mayor contención de la contaminación del buque accidentado— no superan la decisión de acoger un buque en un puerto determinado.

Estos antecedentes constituyeron el origen de lo que se ha denominado por la doctrina[94] como «conciencia medioambiental». Ésta comenzó, inicialmente y de una forma muy *sutil* con el accidente del *Torrey Canyon.* El Gobierno británico fue muy criticado por su actuación en relación con dicho accidente marítimo, en especial por el bombardeo del buque y de la carga. Tras este accidente, algunos autores contemporáneos[95] señalaron la necesidad de alcanzar una solución internacional para anticiparse a situaciones como las que se produjeron a raíz de dicho accidente, con el propósito de que se redujera la probabilidad de que sucedieran.

El Convenio de Bruselas de 1910 se había quedado *desactualizado* en relación con los cambios que la industria del transporte y del salvamento marítimo

este lado del buque, con la posibilidad de hacerlo volcar. Poco después de este suceso, se realizó la primera llamada de socorro que recibió el Centro Zonal de Coordinación de Salvamento Marítimo y Lucha contra la Contaminación Marina de Finisterre, ordenándose, poco después, la evacuación del buque. La siguiente decisión al respecto del *Prestige* tras su evacuación, fue alejarlo de la costa (120 millas), aunque no fue hasta más de dos horas después que se efectuó este remolque, al esperar el capitán instrucciones de su armador. Casi dos días después, la empresa de salvamento Smit Salvage acudió al buque, procediéndose a su remolque en dirección sur tras la negativa de las Autoridades españolas a la petición de un puerto de refugio. El 19 de noviembre de 2002, el *Prestige* se partió en dos, hundiéndose pocas horas después. Véase a este respecto la Sentencia de la Audiencia Provincial de A Coruña, de 13 de noviembre de 2013, ECLI:ES:APC:2013:2641.
En resolución del recurso de casación interpuesto, el Tribunal Supremo en su Sentencia número 11/2016 de 14 de enero de 2016, ECLI:ES:TS:2016:11, condenó al capitán del buque como autor de un delito imprudente contra el medio ambiente en la modalidad agravada de deterioro catastrófico (regulado entonces en los artículos 325, 326, letra e) y 331 del entonces vigente Código Penal. A este respecto, resulta interesante el análisis comparado entre dichos preceptos y los actuales que realiza BETANCOR, *Responsabilidad y aseguramiento por daños medioambientales. El caso Prestige*, Madrid, 2018, pág. 86, en especial nota al pie número 82.

94 Por todos, *vid.* PENDÓN, ROMERO MATUTE, «La Special Compensation P&I Club Clause 2014 (Cláusula SCOPIC 2014)...», en *Estudios sobre la responsabilidad..., op. cit.*, pág. 520.
Por su parte, GAETA, «La convenzione di Londra 1989 sul soccorso in acqua», en *Il Diritto Marittimo*, cit., pág. 292, define la conciencia medioambiental como un «movimiento internacional destinado a la protección del medioambiente marítimo».

95 Entre otros, *vid.* UTTON, «Protective Measures and the Torrey Canyon», en *B.C.L. Rev.,* cit., pág. 630; NANDA, «The Torrey Canyon disaster: some legal aspects», en *Denv. L. Rev.*, 1967, vol. 44, núm. 3, págs. 400-425, pág. 425.

estaba experimentando. Diversos grupos de interés de este sector «demandaban» un nuevo texto internacional que regulase la industria del salvamento marítimo y se adaptase a los cambios y sucesos que acontecían en el sector y tráfico marítimos; especialmente, los avances y el desarrollo tecnológico de la navegación[96]. Tras los accidentes acaecidos en el siglo XX, este nuevo texto legal debía integrar igualmente un nuevo elemento en la ecuación del salvamento marítimo: la protección del medioambiente.

Sin embargo, el nuevo convenio sobre salvamento aún tardaría en llegar. No obstante, lo anterior no impidió el desarrollo de otras estrategias protectoras con el medioambiente, principalmente propuestas desde el sector privado. Desde 1967[97] —fecha del accidente del *Torrey Canyon*— hasta 1989 —fecha de la aprobación del actual Convenio internacional sobre salvamento[98]—, se desarrollaron algunas iniciativas que comenzaron a tener en cuenta la protección medioambiental en el sector marítimo.

En primer lugar, destacan las *Convenciones de Ginebra sobre el Derecho del Mar* de 1958[99], fruto de la Conferencia de Naciones Unidas sobre el Derecho del Mar celebrada en el mismo año. No obstante, de las cuatro convenciones aprobadas, sólo una hace mención de la contaminación del medioambiente marítimo —y, además, de manera residual—: la *Convención*

---

96 Señalan Darling, Smith, *LOF 90 and the new salvage Convention, op. cit.*, págs. 5-6, que estos actores no eran sólo salvadores, sino también Clubs de P&I y compañías de seguros. En este proceso también colaboraron gobiernos locales a través de sus propias iniciativas y *lobbies* no relacionados con el sector marítimo, aunque con intereses relacionados con la protección medioambiental.

97 Sin perjuicio de ello, cabe nombrar que en 1960 el grupo de empresas Royal Dutch Shell se comprometió a investigar otros tipos de crudo no contaminantes e indemnizaciones por la contaminación provocada por hidrocarburos con los representantes de la ISU. El resultado de estas investigaciones fue la redacción de la «Cláusula» SOPIC: *Shell Oil Pollution Indemnity Clause*, aunque nunca llegó a ver la luz; *vid.* Miller, «Lloyd's Standard Form of Salvage Agreement—"LOF 1980": A Commentary», en *JMLC*, 1981, vol. 12, núm. 2, págs. 243-261, págs. 244-245.

98 Véase *infra* el epígrafe en este capítulo 1.4 El Convenio Internacional sobre Salvamento Marítimo de 1989.

99 Las Convenciones de Ginebra sobre el Derecho del Mar son cuatro convenciones que se aprobaron en 1958 con el propósito de regular las aguas territoriales y la alta mar: *La Convención sobre el mar territorial y la zona contigua, la Convención sobre la Alta Mar, la Convención sobre pesca y conservación de los recursos vivos de la alta mar y la Convención sobre la plataforma continental, a lo que hay que añadir el Protocolo de firma facultativo sobre la jurisdicción obligatoria en la solución de controversias*. Puede accederse a todos estos documentos en la página web de la Librería Audiovisual de Derecho Internacional de Naciones Unidas: https://legal.un.org/avl/ha/gclos/gclos.html.

sobre la Alta Mar. En virtud de sus artículos 24[100] y 25[101], los Estados deben desarrollar normas con el fin de prevenir la contaminación y actuar frente a ella cuando exista un accidente marítimo que involucre sustancias contaminantes. Igualmente, los Estados tienen el deber de cooperar con los organismos internacionales competentes para prevenir la contaminación marítima. Pese a su reconocimiento en la esfera internacional, esta Convención no supuso un progreso muy relevante en la protección del medioambiente marítimo (tampoco en el salvamento[102]), especialmente por el limitado número de Estados que la firmaron[103].

En segundo lugar, tras el accidente del buque *Torrey Canyon* y ante las críticas que recibió por su actuación, el Gobierno británico solicitó una reunión de emergencia al Consejo de la entonces denominada Organización Marítima Consultiva Internacional (OMCI en adelante)[104]; posteriormente y hasta la fecha, OMI[105]. En dicha reunión, el Gobierno británico le planteó a la OMCI la posibilidad de que introdujera cambios en la normativa internacional sobre salvamento marítimo[106]. En concreto, dichos cambios debían centrarse en dos aspectos: en primer lugar, la prevención de la contaminación marítima; y en

---

100 Que dispone lo siguiente: «Todo Estado está obligado a dictar disposiciones para evitar la contaminación de las aguas por los hidrocarburos vertidos de los buques, desprendidos de las tuberías submarinas o producidos por la explotación y exploración del suelo y del subsuelo submarinos, teniendo en cuenta las disposiciones de los Convenios existentes en la materia», cursiva añadida.

101 Cuya redacción expone que «1. *Todo Estado está obligado a tomar medidas para evitar la contaminación del mar debida* a la inmersión de desperdicios radiactivos, teniendo en cuenta las normas y reglamentaciones que puedan dictar los Organismos internacionales competentes. 2. *Todos los Estados están obligados a colaborar con los Organismos internacionales competentes en la adopción de medidas para evitar la contaminación del mar* y del espacio aéreo superyacente resultante de cualesquiera actividades realizadas con sustancias radiactivas o con otros agentes nocivos», cursiva añadida.

102 En la misma opinión, *vid.* Boyle, «Marine pollution under the Law of the Sea Convention», en *AJIL*, 1985, vol. 79, núm. 2, págs. 347-372, pág. 347.

103 La Convención sobre el mar territorial y la zona contigua fue firmada por 41 países; la Convención sobre la Alta Mar por 46; un número menor de Estados, 35, firmaron la Convención sobre pesca y conservación de los recursos vivos de la alta mar; y 43 países la Convención sobre la plataforma continental, a lo que hay que añadir el Protocolo de firma facultativo sobre la jurisdicción obligatoria en la solución de controversias, que alcanzó sólo las 14 firmas.

104 *Vid.* Juda, «IMCO and the regulation of ocean pollution from ships», en *ICLQ*, cit., pág. 558.

105 *Vid.* O'Connell, D. M., «Reflections on Brussels: IMCO and the 1969 Pollution Conventions», en *Cornell Int Law J*, vol. 3, núm. 2, 1970, págs. 161-188, pág. 165.

106 IMCO Doc. C/ES, III, 3, *Lessons arising from the incident of the Torrey Canyon*, 18 de abril de 1967, *apud.* de la Rue, «TOVALOP and CRISTAL—a purpose fulfilled», en *IJSL*, 1996, parte 5, págs. 285-295, pág. 286; de la Rue, Anderson, *Shipping and the environment*, Londres, 2009, pág. 12.

segundo lugar, la elaboración de una estrategia a seguir cuando se produjera un derrame de alguna sustancia contaminante[107]. Además, en dicha reunión se acordó revisar el Convenio OILPOL 1954/62[108], antecedente del actual Convenio MARPOL[109]. Al mismo tiempo, la cobertura mediática del accidente del *Torrey Canyon* permitió que la sociedad comenzara a ser consciente de este desastre medioambiental en particular y de los accidentes marítimos con consecuencias medioambientales graves en general[110].

107 Para un análisis más exhaustivo sobre dichos puntos, puede consultarse JUDA, «IMCO and the regulation of ocean pollution from ships», en *ICLQ*, cit., págs. 562-564.

108 El *Convenio internacional para prevenir la contaminación de las aguas del mar por hidrocarburos de 1954*, se encuentra publicado en el *BOE* núm. 258, de 28 de octubre de 1967, páginas 14805 a 14811, disponible en: https://www.boe.es/diario_boe/txt.php?id=-BOE-A-1967-16551.

109 VID. MITCHELL, «Regime design matters: intentional oil pollution and treaty compliance. International organization», 1994, vol. 48, núm. 3, págs. 425-458, pág. 431.
El Convenio MARPOL es un Convenio internacional fruto del esfuerzo realizado por diversas naciones con tradición marítima. En este sentido, la primera norma nacional para la prevención de la contaminación es la *Oil in Navigable Waters Act*, aprobada por el Reino Unido en 1922. Por su parte, Estados Unidos —que por entonces era el primer país productor de petróleo—promulgó en 1924 la *Oil Pollution Act*, que prohibía la descarga de cualquier tipo de hidrocarburos dentro de las tres millas de sus aguas territoriales. Más adelante, este país hizo de anfitrión en la *Oil Pollution of Navigable Waters*, una conferencia internacional sobre el control de la contaminación por hidrocarburos, que se celebró del 8 al 16 de junio de 1926. A esta conferencia fueron invitados los principales países en el sector marítimo para que fueran acompañados por sus expertos en la materia. En ella, el país anfitrión y Reino Unido invitaron al resto de Estados asistentes a acordar ciertas «zonas de control de la contaminación hasta las 50 millas» contadas desde la zona costera más cercana; en localizaciones especiales, esta zona quedaría ampliada hasta las 150 millas. Pese a la redacción de este documento en la conferencia internacional, no se abrió a la firma de ningún país. Posteriormente, en 1935, hubo otro intento de convenio internacional, aunque finalmente no tuvo éxito; *vid.* M'GONIGLE, ZACHER, *Pollution, Politics and International Law*, Berkeley, 1979, págs. 82-83.
Más tarde, después de la Segunda Guerra Mundial, el tráfico de crudo procedente de Oriente Medio aumentó considerablemente y, en consecuencia, igualmente lo hicieron los vertidos de hidrocarburos. En este contexto, Reino Unido organizó una segunda conferencia internacional en 1954, en la que se adoptó el Convenio Internacional para Prevenir la Contaminación de los Buques, comúnmente conocido por sus siglas en inglés: OILPOL *(International Convention for the Prevention of Pollution of the Sea by Oil)*; *vid.* LOUZÁN, «La contaminación marina por hidrocarburos procedente de los buques...», en *Estudios de Derecho Marítimo*, *op.cit.*, págs. 818-820. Este convenio puede considerarse el primer intento real en el ámbito internacional de hacer frente a la contaminación marítima desde el sector jurídico. Igualmente, podría ser considerado como el precedente al Convenio MARPOL vigente hoy en día; *vid.* BOYLE, «Marine pollution under the Law of the Sea Convention», en *AJIL*, cit., pág. 347.

110 Por ejemplo, en Estados Unidos la Guardia Costera creó la *Oil Spill Removal Organization* (OSRO), una organización civil de voluntarios con el objetivo de eliminar los residuos de los vertidos de crudo procedentes de buques accidentados.

En tercer lugar, otro de los pasos para la prevención de la contaminación debida a los derrames de crudo fue la creación de los *Fondos internacionales de indemnización de daños debidos a la contaminación por hidrocarburos* (FIDAC en adelante)[111]. En la actualidad, estos Fondos siguen existiendo, estando compuestos por dos organizaciones intergubernamentales —el Fondo de 1992 y el Fondo Complementario—, cuya labor es colaborar en la indemnización de los daños producidos por los derrames de crudo provocados por accidentes marítimos.

En cuarto lugar y a raíz del accidente que involucró al *Torrey Canyon* en 1967, se aprobaron dos acuerdos voluntarios de iniciativa privada con el propósito de compensar los daños causados al medioambiente y para la ulterior limpieza de las costas; fueron los acuerdos TOVALOP y CRISTAL, objeto de estudio a continuación.

La primera de estas dos estrategias del sector privado es el acuerdo denominado *Tanker «owners» Voluntary Agreement concerning Liability for Oil Pollution* o TOVALOP, que en 1969 nació de la participación de las siete mayores compañías petrolíferas del mundo[112]. Estas empresas elaboraron un acuerdo por el cual se determinó que los *«owners»*[113] de los petroleros reembolsaran a los gobiernos nacionales las cantidades relativas a los «gastos razonables» en que hubieran incurrido al prevenir o contener la contaminación de los daños producidos por los vertidos en el transporte de crudo.

TOVALOP quedó administrado por una organización que se creó en 1968: la *International Tanker «owners» Pollution Federation* (ITOPF), conocida también simplemente como «la Federación». Desde un principio se estableció que TOVALOP debía estar integrada por al menos un 80 % de la representación del tonelaje mundial de buques petroleros[114], contando tanto con los *«owners»* de los petroleros como con sus aseguradoras «tradicionales»: los Clubes de Protección e Indemnización. Igualmente, se creó un Departamento Técnico

111 *Vid.* Pendón, Romero Matute, «La Special Compensation P&I Club Clause 2014 (Cláusula SCOPIC 2014)...», en *Estudios sobre la responsabilidad..., op cit.*, pág. 521. Para más información sobre estos fondos, puede accederse a su página web: https://www.iopcfunds.org/es/.

112 A saber, British Petroleum, ESSO, Gulf Oil, Mobil Oil, Shell, Standard Oil y TEXACO; *vid.* Bekiashev, Serebriakov, *International Marine Organizations*, La Haya-Boston-Londres, 1981, pág. 180.

113 Se recuerda que en este trabajo se utilizará el término *«owner»* para hacer referencia a todos aquellos titulares de los intereses a salvar. Se utiliza este término debido a que es el que se utiliza en la versión inglesa del CISM 1989, así como el contrato de salvamento LOF 2020. La traducción por el concepto «propietario», en nuestra opinión, no alcanza a definir la realidad del término *«owner»*, un concepto que no siempre tiene que ver con la propiedad del buque y que atiende a una figura demasiado imprecisa para reducirla únicamente a «propietario».

114 *Vid.* de la Rue, «TOVALOP and CRISTAL—a purpose fulfilled», en *IJSL*, cit., pág. 287. En 1987 dicho porcentaje ya se situaba en el 98 %; *vid.* Cohen, «Revisions of TOVALOP and CRISTAL: Strong Ships for Stormy Seas», en *JMLC*, 1987, vol. 18, núm. 4, págs. 525-539, pág. 526.

Especializado que pudiera investigar los sucesos y que pudiera proveer asistencia cuando se produjera un accidente con un vertido de hidrocarburos[115]. El acuerdo TOVALOP fue aprobado el 7 de enero de 1969, siendo posible su aplicación desde octubre de ese mismo año[116]. En virtud de dicho acuerdo, la empresa *«owner»* del buque que hubiera causado el vertido retiraría el petróleo vertido o reembolsaría los gastos derivados de la limpieza en los que hubieran incurrido los gobiernos. El *«owner»* del buque petrolero admitiría —salvo excepciones— la responsabilidad del accidente de manera voluntaria, proveyéndose una indemnización limitada por los daños ocasionados con cargo a sus aseguradoras[117]. El abono de dicha indemnización correspondería al *«owner»* del buque petrolero (a través de sus aseguradoras), mientras que la Federación pagaría el importe correspondiente a las medidas preventivas que se hubieran adoptado antes del derramamiento de hidrocarburos[118].

La aprobación del Convenio de 1969 —que se estudiará más adelante en este mismo apartado— tuvo un éxito notorio, aunque tampoco estuvo exenta de crítica. En consecuencia, la *Oil Companies International Marine Forum* (OCIMF en adelante)[119] desarrolló una nueva iniciativa proponiendo unas mejores condiciones para las empresas afectadas. Fruto del trabajo de esta asociación, el 14 de enero de 1971 se aprobó el acuerdo CRISTAL (*Contract Regarding a Supplement to Tanker Liability for Oil Pollution*). El objetivo de este acuerdo era abonar una compensación por los daños producidos por un buque «*property*» de las empresas miembros de CRISTAL cuando la reclamación excediera de lo cubierto por TOVALOP[120].

---

115 *Vid.* DE LA RUE, «TOVALOP and CRISTAL—a purpose fulfilled», en *IJSL*, cit., pág. 287.

116 El porcentaje de tonelaje mundial de petroleros alcanzado en esa fecha se encontraba en el 50 %; DE LA RUE, «TOVALOP and CRISTAL—a purpose fulfilled», en *IJSL*, cit., pág. 287; BECKER, «A Short Cruise on the Good Ships TOVALOP AND CRISTAL», en *JMLC*, 1974, vol. 5, núm. 4, págs. 609-632, pág. 610.

117 En el caso de que dicho vertido se debiera a una actuación negligente del *«owner»* del buque y cuando aquél hubiera provocado un peligro grave e inminente de contaminación en la costa de un Estado soberano, dicho *«owner»* estaba obligado a reembolsar al Estado ribereño afectado los costes de eliminación de los hidrocarburos en los que razonablemente hubieran incurrido hasta un máximo de 100 dólares estadounidenses dependiendo del arqueo del buque *(gross register tonnage o GRT)* o diez millones, abonándose la cantidad que resultase inferior. En caso de que el *«owner»* de la nave hubiera ayudado a limpiar la contaminación, dicha cantidad podría deducirse de la cantidad que debiera pagar al Estado costero.

118 Específicamente se indemnizarían aquellas medidas tomadas por los gobiernos, pues no pagarían aquellos gastos desembolsados por los particulares; *vid.* BECKER, «A Short Cruise on the Good Ships TOVALOP AND CRISTAL», en *JMLC*, cit., pág. 612.

119 En español, el Foro Marítimo Internacional de Compañías Petroleras (FMICP) o, por sus siglas en inglés, OCIMF, es una asociación voluntaria de compañías petrolíferas que se originó como respuesta a la creciente preocupación medioambiental tras el accidente del *Torrey Canyon* en 1967. Su página web puede consultarse en el siguiente enlace: https://www.ocimf.org/.

120 *Vid.* MILLER, «Lloyd's Standard Form of Salvage Agreement—"LOF 1980": A Commen-

A diferencia de TOVALOP, en el acuerdo CRISTAL la responsabilidad recaía directamente sobre el *Oil Companies Institute for Marine Pollution Compensation Ltd.*, conocido simplemente como «*Institute*», una organización creada para administrar el acuerdo CRISTAL, así como sus pagos e indemnizaciones. A través del *Institute*, la obligación de abonar la indemnización por el accidente sufrido se dividía entre sus miembros en proporción a la cantidad de crudo que transportaban al año[121].

En quinto lugar, la OMI aprobó dos convenios internacionales con el objetivo de regular la responsabilidad civil por daños por hidrocarburos: el *Convenio Internacional sobre Responsabilidad Civil por daños debidos a la Contaminación por Hidrocarburos*, hecho en Bruselas el día 29 de noviembre de 1969[122] (CRC 1969 en adelante) y el *Convenio internacional de constitución de un Fondo internacional de indemnización de daños causados por la contaminación de hidrocarburos*, hecho en Bruselas el 18 de diciembre de 1971[123] (Convenio del Fondo de 1971 en adelante).

El primero de estos convenios fue adoptado en la *International Legal Conference on Marine Pollution Damage*, que tuvo lugar en Bruselas del 10 al 28 de noviembre. El objetivo de la conferencia fue analizar y considerar los borradores de los convenios y acuerdos internacionales —propuestos en los ámbitos público y privado respectivamente— para resolver los problemas señalados a partir del accidente del *Torrey Canyon*. El propósito del CRC 1969, era garantizar una indemnización a las víctimas de los accidentes marítimos y regular la responsabilidad del *«owner»* del buque. El ámbito de aplicación de este Convenio comprendía los daños por contaminación causados por un «buque»[124] en el territorio de un Estado contratante, inclusive el mar territorial, así como a las medidas preventivas para prevenir o minimizar esos daños, *ex* artículo II del CRC 1969.

El CRC 1969 definía los daños por contaminación en su artículo 1.6 como

> «pérdidas o daños causados fuera del barco que transporte los hidrocarburos por la contaminación resultante de derrames o descargas procedentes del barco, donde quiera que ocurran tales derrames o descargas, e incluye el costo de las medidas preventivas y las pérdidas o daños causados por tales medidas preventivas».

---

tary», en *JMLC*, cit., pág. 245.

121 *Vid.* DE LA RUE, «TOVALOP and CRISTAL—a purpose fulfilled», en *IJSL*, cit., pág. 289.

122 Cuyo instrumento de ratificación por España se encuentra disponible en https://www.boe.es/buscar/doc.php?id=BOE-A-1976-5133.

123 La historia de estos fondos y otros datos de interés se recogen en la página web de los Fondos internacionales de indemnización de daños debidos a contaminación por hidrocarburos: https://www.iopcfunds.org/es/acerca-de-los-fidac/marco-juridico/el-antiguo-regimen-el-convenio-de-responsabilidad-civil-de-1969-y-el-convenio-del-fondo-de-1971/.

124 Entendido por éste «toda nave apta para la navegación marítima y todo artefacto flotante en el mar que esté transportando hidrocarburos a granel», *ex* artículo I.1 del CRC 1969.

Explica BRICE[125] que en algunos supuestos existía el derecho de los salvadores a cobrar por los gastos incurridos bajo el concepto de estas medidas preventivas[126]. Aunque el autor explica que estos pagos no tenían nada que ver con el salvamento marítimo, confiaba en que, en un futuro, se considerarían como un derecho de los salvadores a recuperar los gastos en los que hubieran incurrido en supuestos de contaminación medioambiental; lo que no excluye que lo anterior pudiera ser un paso más en el «salvamento medioambiental»[127] junto con la aprobación de los acuerdos de iniciativa privada TOVALOP y CRISTAL.

El CRC 1969 guarda ciertas similitudes con el acuerdo TOVALOP; entre otros aspectos, cabe destacar la atribución de la responsabilidad del *«owner»* del buque[128] y su respectiva limitación[129], aunque son dos documentos de natura-

---

125 *Vid.* BRICE, «Salvage and enhanced awards», en *LMCLQ*, 1985, parte 1, págs. 32-41, pág. 36.

126 Entendidas éstas como «todas las medidas razonables tomadas por cualquier persona después de ocurrir un siniestro con objeto de prevenir o minimizar los daños por contaminación», *ex* artículo 1.7 del CRC 1969.

127 A los efectos de este trabajo, este concepto es útil para explicar las situaciones en las que la operación de salvamento se efectúa con el propósito de proteger el medioambiente, pero el «salvamento medioambiental» no existe hoy en día como si fuera una categoría de salvamento marítimo.

128 En virtud del artículo III del CRC 1969: «1. Salvo cuando se den las circunstancias previstas en los párrafos 2 y 3 de este artículo, *el propietario de un barco*, al ocurrir un siniestro o al ocurrir el primer acontecimiento si el siniestro consistiera en una serie de acontecimientos, *será responsable de todos los daños por contaminación causados por los hidrocarburos derramados o descargados desde el barco a resultas del siniestro*, 2. No podrá imputarse responsabilidad alguna al propietario si prueba que los daños por contaminación: a) Resultaron de un acto de guerra, hostilidades, guerra civil e insurrección o de un fenómeno natural de carácter excepcional, inevitable o irresistible, o b) Fue totalmente causado por una acción u omisión intencionada de un tercero para causar daños, o c) Fue totalmente causada por la negligencia u otro acto lesivo de cualquier Gobierno u otra autoridad responsable del mantenimiento de luces u otras ayudas a la navegación en el ejercicio de esa función. 3. Si el propietario prueba que los daños por contaminación resultaron total o parcialmente de una acción u omisión intencionada para causar daños por parte de la persona que sufrió los daños, o de la negligencia de esa persona, el propietario podrá ser exonerado total o parcialmente de su responsabilidad frente a esa persona. 4. No podrá elevarse contra el propietario ninguna reclamación de indemnización para resarcimiento de daños por contaminación que no se atenga a las disposiciones de este Convenio. No podrá elevarse ninguna reclamación basada en daños por contaminación, en virtud de este Convenio o de otro modo, contra los dependientes o agentes del propietario. 5. Ninguna disposición de este Convenio limitará el derecho que ampare al propietario para interponer recurso contra terceros», cursiva añadida.

129 Según el artículo 5 del CRC 1969: «1. El propietario de un barco tendrá derecho a limitar su responsabilidad en virtud de este Convenio, con respecto a cada siniestro, a una cuantía total de 2.000 francos por tonelada de arqueo del barco. Esa cuantía no excederá en ningún caso de 210 millones de francos. 2. Si el siniestro ha sido causado por una falta concreta o culpa del propietario, éste no podrá valerse del derecho a la limitación prevista en el párrafo 1 de este artículo. 3. Para poder beneficiarse de la limitación prevista en el párrafo

leza muy distinta; el primero de ellos convencional y el segundo un acuerdo de iniciativa privada.

A pesar del éxito de este Convenio, que llegó a ser ratificado por casi 100 países[130], no fue posible acordar la constitución de un segundo fondo que contribuyera a pagar las reclamaciones por los daños ocasionados como conse-

1 de este artículo, el propietario tendrá que constituir ante el Tribunal u otra autoridad competente de cualquiera de los Estados contratantes en los que se interponga la acción en virtud del artículo IX un fondo cuya cuantía ascienda al límite de su responsabilidad. El fondo podrá constituirse consignando la suma o depositando una garantía bancaria, o de otra clase reconocida por la legislación del Estado contratante en el que se constituya el fondo y considerada suficiente por el Tribunal u otra autoridad competente. 4. El fondo será distribuido entre los acreedores a prorrata del importe de sus respectivas reclamaciones previamente aceptadas. 5. Si antes de hacerse efectiva la distribución del fondo, el propietario o cualquiera de sus dependientes o agentes, o cualquier persona que le provea el seguro u otra garantía financiera a resultas del siniestro, hubiera pagado indemnización basada en daños por contaminación, esa persona se subrogará, hasta la totalidad del importe pagado a los derechos que la persona indemnizada hubiera recibido en virtud de este Convenio. 6. El derecho de subrogación previsto en el párrafo 5 de este artículo puede también ser ejercitado por una persona distinta de las mencionadas en el mismo respecto de cualquier cuantía de indemnización basada en daños por contaminación que esa persona haya pagado, a condición de que tal subrogación esté permitida por la Ley nacional aplicable al caso. 7. Cuando el propietario o cualquier otra persona demuestre que puede verse obligado a pagar posteriormente, en todo o en parte, una suma respecto de la cual se hubiera beneficiado del derecho de subrogación previsto en los párrafos 5 ó 6 de este artículo si la indemnización hubiera sido pagada antes de distribuirse el fondo, el Tribunal u otra autoridad competente del Estado en que haya sido constituido el fondo podrá ordenar que sea consignada provisionalmente una suma suficiente para permitir que esa persona pueda resarcirse de sus derechos imputables al fondo. 8. Cuando el propietario incurra en gastos razonables o haga voluntariamente sacrificios razonables para prevenir o minimizar los daños por contaminación, su derecho a resarcimiento respecto de los mismos gozará de la misma preferencia que las demás reclamaciones imputables al fondo. 9. El franco mencionado en este artículo será una unidad constituida por sesenta y cinco miligramos y medio de oro fino de novecientas milésimas. La cuantía mencionada en el párrafo 1 de este artículo será convertida en la moneda nacional del Estado en donde se constituya el fondo efectuándose la conversión, según el valor oficial de esa moneda con relación a la unidad definida más arriba, el día de la constitución del fondo. 10. Para los efectos de este artículo se entenderá que el arqueo del barco es el arqueo neto más el volumen que para determinar el arqueo neto se haya deducido del arqueo bruto por concepto del espacio reservado a la sala de máquinas. Cuando se trate de un barco cuyo arqueo no pueda medirse aplicando las reglas corrientes para el cálculo del arqueo se supondrá que el arqueo del barco es el 40 por 100 del peso en toneladas (de 2.240 libras) de los hidrocarburos que pueda transportar el barco. 11. El asegurador u otra persona que provea la garantía financiera podrá, constituir un fondo con arreglo a este artículo en las mismas condiciones y con los mismos efectos que si lo constituyera el propietario. Puede constituirse ese fondo incluso si hubo falta concreta o culpa del propietario, pero dicha constitución no limitará los derechos de resarcimiento de cualquier acreedor frente al propietario».

130 La lista actual de países que han firmado este Convenio se encuentra disponible en el siguiente enlace: https://treaties.un.org/pages/showDetails.aspx?objid=08000002801083db.

cuencia de los accidentes marítimos, lo que se tradujo en un éxito parcial para la protección del medioambiente marítimo. Por otro lado, algunos delegados presentes en la Conferencia que aprobó el CRC 1969, consideraron que los límites de la responsabilidad del *«owner»* eran demasiado bajos y que la cuantía de la indemnización a pagar en virtud de dicho Convenio podía resultar insuficiente para los afectados. A raíz de estos inconvenientes, se organizó una segunda conferencia en Bruselas, en la que se aprobó el Convenio del Fondo de 1971 —entrando en vigor en 1978—. Este Convenio se concibió como un «complemento» al CRC 1969, pues su objetivo fue dar una cobertura económica a los perjudicados por la contaminación de un buque que no hubieran podido obtener una indemnización suficiente[131]. De hecho, durante sus primeros cinco años de vigencia dio cobertura a más de 20 accidentes[132].

Tras la aprobación de los dos instrumentos internacionales —el CRC 1969 y el Convenio del Fondo de 1971—, se hizo oportuno revisar el acuerdo TOVALOP, cuya modificación entraría posteriormente en vigor en junio de 1978. El objetivo de este nuevo acuerdo era promover que los *«owners»* de buques petroleros tomaran medidas urgentes para eliminar la contaminación provocada por los vertidos de sus buques[133].

Pese a los esfuerzos realizados, se manifestó que las indemnizaciones del Fondo no cubrían en ocasiones los daños ocasionados. Sobre la base de lo anterior, la OMI decidió elaborar un nuevo convenio sobre la responsabilidad por hidrocarburos, para lo que tomó como referencia el CRC 1969 y el Convenio del Fondo de 1971, aprobando, años más tarde, el *Convenio de Responsabilidad Civil de 1992* (CRC 1992 en adelante)[134]. Este Convenio es el que, en la actualidad, regula la responsabilidad de los *«owners»* de los buques por los daños ocasionados por la contaminación por hidrocarburos[135].

131 *Vid.* Juda, «IMCO and the regulation of ocean pollution from ships», en *ICLQ*, *cit.*, pág. 567.

132 Folleto conmemorativo de ITOPF, «El Fondo internacional de indemnización de daños debidos a contaminación por hidrocarburos, 1971», disponible en la página web de la organización: https://iopcfunds.org/es/acerca-de-los-fidac/historia/el-primer-fidac-1971/.

133 *Vid.* Bekiashev, Serebriakov, *International Marine Organizations*, *op.cit.*, pág. 180.

134 El Instrumento de adhesión de España al Protocolo de 1992 que enmienda el Convenio Internacional sobre responsabilidad civil nacida de daños debidos a contaminación por hidrocarburos, 1969, hecho en Londres el 27 de noviembre de 1992, se encuentra publicado en el *BOE* núm. 225, de 20 de septiembre de 1995, disponible en: https://www.boe.es/eli/es/ai/1992/11/27/(2).

135 Complementario al anterior es el Convenio del Fondo de 1992, que se aplica cuando la indemnización de los daños provocados regulada por el CRC 1992 por este tipo de accidentes no resulta suficiente. En virtud del Convenio del Fondo de 1992, la indemnización máxima que puede pagarse es de 203 millones de DEG. Para un mayor estudio sobre el tema, puede consultarse Juste-Ruíz, «Compensation for pollution damage caused by oil tanker accidents: from "Erika" to "Prestige"», en *Aegean Rev Law Sea*, 2010, vol. 1, págs. 37-60, págs. 41-45.

El objetivo de las anteriores estrategias internacionales fue indemnizar a aquellos que habían sufrido pérdidas o daños debido a la contaminación del crudo, así como compensar, de algún modo, a aquellos que hubieran incurrido en gastos en su prevención[136]. Sin embargo, los accidentes marítimos siguieron produciéndose. Tras el suceso del *Amoco Cádiz*, el Comité Legal de la OMI, en su 35.ª reunión, encargó a la Secretaría de dicho órgano que preparase un informe sobre las posibles materias legales que pudieran surgir de este accidente[137]. Una de estas cuestiones versaba sobre la revisión del Convenio de Bruselas de 1910 sobre salvamento marítimo o, a mayor abundamiento, sobre si debía redactarse un nuevo convenio internacional que regulara esta materia y que cubriera aquellos accidentes que pudieran causar problemas medioambientales[138].

1.3. El LOF 80 y la *safety net*

En el epígrafe anterior se han señalado las diversas «estrategias» para la protección del medioambiente marítimo que fueron desarrollándose en el plano internacional tras el accidente *Torrey Canyon* en 1967. Estas estrategias o iniciativas causaron cierta reticencia entre los salvadores, pues estos criticaban que, para su aprobación, no se habían tenido en cuenta sus opiniones e intereses[139]. La crítica de los salvadores se centró en la falta de incentivos económicos en las operaciones de «salvamento medioambiental»[140]. Esto había

Desde 2006, el CRC 1992 y el Convenio del Fondo de 1992 han sido complementados por los acuerdos STOPIA y TOPIA. El primero de ellos es el *Acuerdo de indemnización de la contaminación por hidrocarburos procedentes de pequeños buques tanque*. Este compromiso voluntario limita la indemnización a pagar por los buques pequeños (arqueo bruto igual o inferior a 29.548 toneladas) y sus aseguradoras a 20 millones de DEG. El acuerdo TOPIA se corresponde por su parte con el *Acuerdo de indemnización de la contaminación por hidrocarburos procedentes de buques tanque*. Es igualmente un acuerdo voluntario por el que se indica que el Fondo complementario podrá recibir un 50 % del importe de la indemnización por los siniestros provocados por este tipo de buque. Tanto el acuerdo STOPIA como el TOPIA exigen que la responsabilidad de los *«owners»* esté cubierta por Clubs de P&I que formen parte del Grupo Internacional de Clubs de P&I. Las últimas versiones enmendadas de los acuerdos STOPIA y TOPIA entraron en vigor el 20 de febrero de 2017. Un mayor estudio sobre el tema puede encontrarse en *vid.* DE LA RUE, ANDERSON, «The Role of the P&I Clubs in Marine Pollution Incidents», en *Tul. L. R., cit.*, págs. 1.276-1.277.

136 *Vid.* VINCENZINI, *International regulation of salvage at sea*, *op.cit.*, pág. 91.

137 *Vid.* CMI, *The Travaux Préparatoires of the Convention on Salvage, 1989*, Amberes, 2003, pág. 2. Este accidente fue decisivo para que las organizaciones internacionales introdujeran cambios en la normativa relativa al salvamento; *vid.* Redgwell, «The Greening of Salvage Law», en *Mar. Policy*, *cit.*, pág. 142.

138 Legal Committee – Report on the Work of the 35th session (Documento LEG XXXV/4) (Annex 1).

139 Por todos, *vid.* WAYNE, «Liability Salvage--By Private Ordering», en *J. Legal Stud.*, *cit.*, pág. 105.

140 Por ejemplo, en el estudio económico sobre los gastos del accidente *Torrey Canyon* se

provocado en algunos supuestos el retraso en el inicio de las operaciones de salvamento y, en el peor de los casos, que éstas ni siquiera se emprendieran[141].

En el contexto anterior, de nuevo por iniciativa privada, se dio un paso más en la protección medioambiental en la industria salvamentística. Lloyd's redactó una nueva versión de su modelo de contrato de salvamento —el más extendido en todo el mundo—: el *Lloyd's Open Form* o LOF. Sin perjuicio de que este modelo contractual sea analizado más adelante con mayor detalle[142], conviene estudiar aquí el modelo aprobado en 1980 (LOF 80), pues supuso un punto de inflexión en el «salvamento medioambiental».

El principio básico que regía —y rige— el salvamento marítimo es el principio *no cure-no pay*, traducido en español como «no se paga si no se salva»[143] o, en una traducción más aproximada, «si no salva, no cobra»[144]. Este principio establece que los salvadores deben haber conseguido un *resultado* útil en la operación de salvamento efectuada para tener derecho a un premio por su actuación[145]. En consecuencia, en los supuestos en los que no se haya conseguido salvar, ni siquiera parcialmente, el buque o la carga, los salvadores no obtendrán ningún tipo de «contraprestación» económica por la operación, a pesar de los esfuerzos realizados o de los gastos en los que hubieran incurrido.

A partir de los años 60, cuando se sucedieron diversos accidentes marítimos que produjeron daños medioambientales y, sobre todo, cuando empezó a formarse la «conciencia medioambiental» en el sector marítimo, se puso de manifiesto que el principio *no cure-no pay*, por sí solo, era insuficiente para hacer frente a los «nuevos» problemas del salvamento[146].

---

concluyó que el gasto en prevenir y controlar el daño excedía el gasto total del valor de la carga y el buque; *vid.* BURROWS, ROWLEY, OWEN, «Torrey Canyon: A Case Study in Accidental Pollution», en *Scott. J. Political Econ.*, *cit.*, pág. 258.

141 *Vid.* JARVIS, «Salvage and General Average», en *Oil Pollution from Ships*, ed. D.W. ABECASSIS, Londres, 1985, págs. 141-172, pág. 149; VINCENZINI, *International regulation of salvage at sea*, *op.cit.*, pág. 92.

142 Véase *infra* en el capítulo segundo el epígrafe 3 El contrato LOF 2020.

143 Así figura en la página web de la Organización Marítima Internacional: http://www.imo.org/es/about/conventions/listofconventions/paginas/international-convention-on-salvage.aspx.

144 *Vid.* PENDÓN, ROMERO MATUTE, «La Special Compensation P&I Club Clause 2014 (Cláusula SCOPIC 2014)...», en *Estudios sobre la responsabilidad...*, *op.cit.*, pág. 522.

145 Véase *infra* en el capítulo cuarto el epígrafe 2.1 El resultado útil: el principio *no cure-no pay*.

146 En la misma opinión, *vid.* CHEN, «Salvage—Recent Developments in the Law of the Salvage of the Marine Environment», en *IJMCL*, 2001, vol. 16, núm. 4, págs. 686-698, pág. 686. Por su parte, BISHOP, «The Development of Environmental Salvage and Review of the London Salvage Convention 1989», en *Tul. L. R.*, 2012, núm. 67, págs. 65-105, págs. 65-66, considera que esta «conciencia medioambiental» comenzó a desarrollarse a finales del siglo XX y que perdura hasta la actualidad, cuando la cuestión medioambiental ha pasado a ser un elemento central en el salvamento, ya que explica que es difícil concebir

El 16 de enero de 1973, la ISU emitió un comunicado (*«Notice to Shipowners*[147]) a los *«owners»* de los buques por el que anunciaba que, en algunos supuestos en relación con buques petroleros, la ISU no iba a efectuar ninguna operación de salvamento hasta que los Clubs de P&I proveyeran algún tipo de contraprestación económica por los daños de contaminación de los que eran responsables sus asegurados. La ISU afirmó que, en aquellos accidentes en los que un petrolero quedase involucrado, los salvadores no estaban preparados para afrontar esas operaciones de salvamento a menos que se aportara un fondo para cubrir las cantidades indemnizatorias[148].

A raíz de lo anterior, los Clubs de P&I y las mayores empresas de salvamento marítimo alcanzaron un acuerdo conocido como la *Protection and Indemnity Oil Pollution Indemnity Clause*, conocida como *«Cláusula»* PIOPIC[149]. En virtud de esta «Cláusula», el *«owner»* del buque se comprometía a indemnizar al salvador —salvo en los casos en los que hubiera actuado negligentemente— por todas las reclamaciones de daños por contaminación, incluyendo las cantidades relativas a las medidas preventivas por la operación de salvamento efectuada[150].

Debido a algunos términos de la «Cláusula» PIOPIC, en concreto, la responsabilidad ilimitada de los *«owners»* y de sus clubes[151], el acuerdo PIOPIC no tuvo mucho éxito, lo que llevó a la ISU y al Grupo de Clubs de P&I de Londres[152] a efectuar diversas negociaciones que dieron como resultado un nuevo acuerdo el 20 de febrero de 1975[153]. En este nuevo compromiso, los Clubs de P&I modificaron algunos términos de la cobertura P&I; en concreto que

esta prestación ignorando el medioambiente.

147 *Vid*. ABECASSIS, JARASHOW, *Oil Pollution from Ships*, *op.cit.*, pág. 166; Brough, «Liability Salvage--By Private Ordering», en *J Legal Stud*, *cit.*, pág. 105; COHEN, «Travails of the flying Dutchmen: Lloyd's Standard Form of Salvage Agreement and the US salvage industry», en *Marine Policy*, 1982, vol. 6, núm. 4, págs. 265-286, pág. 268.

148 *Vid*. MILLER, «Lloyd's Standard Form of Salvage Agreement—"LOF 1980": A Commentary», en *JMLC*, *cit.*, pág. 245.

149 *Vid.* CAMARDA, «Passato e futuro del diritto. Spunti e riflessioni sparse nell'ottica del marittimista», en *Rivista di Diritto dell'Economia, dei Trasporti e dell'Ambiente*, 2009, vol. VII, págs. 1-47, pág. 33; VINCENZINI, *International Salvage Law*, *op.cit.*, pág. 92; MUDRIĆ, *The Professional Salvor's Liability in the Law of Negligence and the Doctrine of Affirmative Damages*, Hamburgo, 2013, págs. 50-51.

150 *Vid*. ABECASSIS, JARASHOW, *Oil Pollution from Ships*, *op.cit.*, pág. 166.

151 *Vid*. BROUGH, «Liability Salvage--By Private Ordering», en *J Legal Stud*, *cit.*, pág. 105.

152 El London Group es una «asociación» —no en un sentido jurídico, sino entendida como una agrupación—, que tuvo lugar entre los Clubs de P&I sitos en Londres en 1899. Cuando a esta unión de Clubs de P&I se les unieron otros clubes ingleses o extranjeros, esta «asociación» comenzó a denominarse Grupo Internacional de Clubs de P&I. Para mayor detalle véase *infra* en el capítulo tercero el epígrafe 3.2 Los Clubes de Protección e Indemnización.

153 *Vid*. DUBAIS, «The Liability of a Salvor Responsible for Oil Pollution Damage», en *JMLC*, *cit.*, pág. 385.

los salvadores cobraran las indemnizaciones en operaciones de salvamento a buques petroleros y que éstas estuvieran cubiertas por el Club[154]. A cambio, la ISU concedió que los salvadores no solictasen la «Cláusula» PIOPIC salvo cuando las circunstancias fueran «absolutamente excepcionales»; esto era, cuando en la operación de salvamento marítimo hubieran colaborado más de tres buques[155]. Esta revisión de la «Cláusula» PIOPIC contenía una limitación de la indemnización a pagar por el *«owner»* (repercutible posteriormente a los Clubs de P&I) en concepto de responsabilidad civil de los salvadores por daños medioambientales de hasta 20 millones de dólares, con un límite máximo de 40 millones en la situación excepcional anteriormente señalada (más de tres buques salvadores en una única operación de salvamento)[156]. Esta «Cláusula» podía insertarse en los contratos de salvamento[157], aunque no tuvo mucho éxito[158].

A raíz de los accidentes del buque *Amoco Cádiz*[159] y del *Christos Bitas* en 1978, el Comité de Lloyd's decidió en 1979 revisar el contrato LOF (cuya versión, en aquel momento databa de 1972). Los puntos objeto de evaluación en la reunión de dicho Comité fueron principalmente cuatro. En primer lugar, existía la preocupación de que los premios pagados a los salvadores no compensaran los gastos efectuados en el salvamento de un buque contaminante. Los estudios de Lloyd's habían constatado que, a pesar del aumento de valor de los buques y su carga, no se había producido un correspondiente incremento en el premio basado en los bienes salvados[160]. En segundo lugar, el éxito obtenido por haber contenido la contaminación podría verse reflejado en un «premio

154 *Vid.* MILLER, «Lloyd's Standard Form of Salvage Agreement—"LOF 1980": A Commentary», en *JMLC, cit.*, pág. 245.

155 *Vid.* DUBAIS, «The Liability of a Salvor Responsible for Oil Pollution Damage», en *JMLC, cit.*, pág. 385; WAYNE, «Liability Salvage--By Private Ordering», en *J. Legal Stud.*, *cit.*, pág. 106; ABECASSIS, JARASHOW, *Oil Pollution from Ships*, *op.cit.*, pág. 167.

156 *Vid.* DUBAIS, «The Liability of a Salvor Responsible for Oil Pollution Damage», en *JMLC, cit.*, pág. 385; ABECASSIS, JARASHOW, *Oil Pollution from Ships*, *op.cit.*, pág. 166; DEAN, CRICK, «Marine salvage: new laws affecting the jettisoning of oil», en *Purposeful Jettison of Petroleum Cargo*, Washington, 1994, págs. 58-97, pág. 80; VINCENZINI, *International regulation of salvage at sea*, *op.cit.*, pág. 92.

157 *Vid.* VINCENZINI, *International regulation of salvage at sea*, *op.cit.*, pág. 92; CAMARDA, «Passato e futuro del diritto. Spunti e riflessioni sparse nell'ottica del marittimista», en *Rivista di Diritto dell'Economia, dei Trasporti e dell'Ambiente*, *cit.*, pág. 33; GRIMALDI, «Oil Pollution e coperture assicurative P.&I.», en *Studi in memoria di Elio Fanara*, Tomo II, Milán, 2008, págs. 91-102, pág. 96.

158 *Vid.* DUBAIS, «The Liability of a Salvor Responsible for Oil Pollution Damage», en *JMLC, cit.*, pág. 385; Abecassis, Jarashow, *Oil Pollution from Ships*, *op.cit.*, pág. 167.

159 *Vid.* CAHILL, *Stranding and their causes*, *op.cit.*, pág. 84.

160 *Vid.* MAKINS, MCQUEEN, WHITE, «Salvage and the environment», en *MLAANZ Journal*, *cit.*, pág. 231.

mejorado» o «*enhanced award*» complementario[161]. En tercer lugar, cuando un salvador tenía éxito en una operación de «salvamento medioambiental», no obtenía ningún tipo de «contraprestación» económica[162]. En cuarto lugar, la posibilidad de que, en caso de haber conseguido el salvamento de un petrolero siniestrado, uno de los intereses que se había beneficiado de dicho salvamento —a saber, el asegurador de la responsabilidad por contaminación— no estaba contribuyendo al pago del premio[163].

El Comité de Lloyd's encargado de revisar y modificar los contratos LOF contó con la participación de representantes de la *International Chamber of Shipping* [164](ICS en adelante) y del Grupo Internacional de P&I[165] y la OCIMF para la redacción de la siguiente versión del LOF. El objetivo de que estos sujetos participasen fue el de contar con la aprobación de quienes quedaban afectados por el eventual pago de un «premio» por salvamento marítimo en aquellos accidentes de buques petroleros[166] pese a no haber un resultado útil.

161 Este concepto suele ir muy ligado al de «safety net», aunque se refieren a aspectos distintos. El *enhanced award* es el «premio» que se reconocía al salvador cuando, además de salvar la «property», contribuía a la prevención de la contaminación. Por su parte, la expresión *safety net* se refiere a la «red de seguridad» económica reconocida a los salvadores en aquellos casos donde hubieran salvado a un buque petrolero y hubieran firmado un LOF 80; ya que, en estos supuestos, el premio podría verse enriquecido con un 15 % adicional del importe correspondiente a los gastos en los que hubieran incurrido.

162 *Vid.* DE LA RUE, ANDERSON, «Environmental salvage — Plus ça change...?», en *JIML, cit.*, pág. 282.

163 *Vid.* BESSEMER, «The role of Lloyd's Open Form», en *LMCLQ*, 1980, parte 3, págs. 297-303, pág. 298.

164 La ICS es la asociación comercial mundial que representa a las asociaciones nacionales de armadores del mundo y a más del 80 % de la flota mundial. La ICS actúa ante la OMI representando colectivamente los intereses del transporte marítimo internacional. Su objetivo consiste en defender los intereses de los armadores en el sector marítimo; su página web actualizada es: https://www.ics-shipping.org/. En el ámbito nacional cabe destacar la función de la Asociación de Navieros Españoles (ANAVE), una asociación empresarial constituida para la coordinación, representación, gestión, fomento y defensa de los intereses de las empresas navieras españolas. Aunque sus orígenes datan de 1951, se constituyó formalmente en 1977. Sus objetivos se encuentran definidos en su página web — https://www.anave.es/anave/quienes-somos—, entre los que destacan producir informes, estudios y publicaciones técnicas, económicas y formativas para sus socios; organizar jornadas, reuniones, seminarios, etc.; colaborar con la Administración Pública como con otras organizaciones, como las sindicales; y participar en otras asociaciones y organizaciones en representación de sus miembros como la ICS o BIMCO *(Baltic and International Maritime Council)* entre otras.

165 Véase la nota al pie número 771.

166 Realmente, el contrato hace alusión de los buques cargados parcial o completamente con crudo según la cláusula 1 (a) del LOF 80, aunque por facilitar la lectura, en este trabajo nos referiremos a estos buques como «petroleros»: «*The services shall be rendered and accepted as salvage services upon the principle of "no cure-no pay" except that where the property being salved is a tanker laden or partly laden with a cargo of oil* (...)».

La propuesta[167] del Comité de Lloyd's se basó en dos aspectos principales. En primer lugar, los salvadores tendrían la obligación de proteger el medioambiente en las operaciones de salvamento y, a cambio, recibirían un «premio» por los servicios prestados. En segundo lugar, se crearía un fondo específico para los daños causados por los buques petroleros (*Pollution Fund*) con la finalidad de pagar al salvador en caso de que hubiera prevenido, minimizado o controlado la contaminación procedente de dichos buques[168].

No obstante, el borrador del contrato LOF fue rechazado por el Club Internacional de P&I[169], ya que no estaba a favor de pagar un «*liability salvage*»[170]; esto es, un salvamento en el que el interés salvado es que no surja responsabilidad que, finalmente, recaiga sobre el Club de P&I[171]. Así, en el *liability salvage* también se incluían como objeto de salvamento los importes que corresponderían a las reclamaciones por los daños al medioambiente producidos por un buque[172]. El Club Internacional de P&I argumentó diversos motivos para rechazar este tipo de salvamento[173]. En primer lugar, cuestionaban quién pagaría la «contraprestación» económica en un *liability salvage*[174]. En segundo lugar, se planteaba el problema de la limitación del premio de los salvadores, no establecido en ninguna normativa. En tercer lugar, tanto los «*shipowners*» como

167 La cual fue fruto de un acuerdo conocido como *Funding Agreement*; *vid.* Fernández-Guerra, «El salvamento marítimo ambiental», en *RGD*, 1993, núm. 585, págs. 6.033-6.043, pág. 6.041.

168 *Vid.* de la Rue, Anderson, «Environmental salvage — Plus ça change...?», en *JIML*, *cit.*, pág. 282; Jarvis, «Salvage and General Average», en *Oil Pollution from Ships*, *op.cit.*, pág. 150; Bessemer, «The role of Lloyd's Open Form», en *LMCLQ*, *cit.*, pág. 232.

169 *Vid.* Jarvis, «Salvage and General Average», en *Oil Pollution from Ships*, *op.cit.*, pág. 150.

170 *Vid.* Brough, «Liability Salvage--By Private Ordering», en *J Legal Stud*, *cit.*, pág. 103; Friedell, «Salvage and the public interest», en *Cardozo L. Rev.*, 1983, vol. 4, págs. 431-455, págs. 431-436.

171 *Vid.* Binney, «Protecting the Environment with Salvage Law: Risks, Rewards, and the 1989 Salvage Convention», en *Wash. Law Rev.*, *cit.*, pág. 646.

172 Véase a este respecto el *case The Whippingham* (1934) 48 Ll. L. Rep. 49, cuyos hechos se analizan en el capítulo cuarto, epígrafe 1.1 El «acto o la actividad», en especial la nota al pie número 787; *vid.* también Vincenzini, *International regulation of salvage at sea, op.cit.*, pág. 108.

173 *Vid.* Coulthard, «A new cure for Salvors?—A comparative Analysis of the LOF 1980 and the C.M.I. Draft Salvage Convention», en *JMLC*, *cit.*, págs. 51-52.

174 Tradicionalmente debía haber sido el «*shipowner*», puesto que tiene la responsabilidad de trasladar tanto el buque como la carga al lugar de destino. Sin embargo, los «propietarios» —entiéndase por «propietario» de la carga en este caso igualmente a aquellas personas que son titulares de la misma— de las mercancías rechazaron cualquier tipo de responsabilidad. A lo anterior, los «*shipowners*» contestaron que los «propietarios» de la carga solían colaborar en las reclamaciones por avería gruesa, por lo que en el caso del *liability salvage* debía suceder lo mismo, a lo que volvieron a oponerse; *vid. Ibid.*, pág. 51.

los titulares de las mercancías[175] cuestionaron este tipo de salvamento porque lo consideraban contrario al salvamento «tradicional»[176] y, en concreto, al principio *no cure-no pay*.

Pese a las oposiciones anteriores, los Clubs de P&I no podían ignorar la realidad que afectaba al salvamento marítimo, pues el *liability salvage* ganaba cada vez más fuerza en el ámbito internacional[177]. Conscientes de que debían tomar algún tipo de medida —especialmente en aquellas operaciones de salvamento realizadas en circunstancias tan graves como las del accidente del buque *Atlantic Empress* o las del *Amoco Cádiz*[178]—, el Grupo Internacional de P&I accedió a asegurar la cantidad correspondiente bajo el concepto de una *safety net* a los salvadores.

---

175 En el CISM 1989 se hace referencia a los «propietarios» de la carga. No obstante, consideramos que el titular de la mercancía hace referencia a un concepto más amplio en relación con la mercancía; el «interesado» no será, exclusivamente, el propietario de la carga.
Esta reflexión fue defendida en el proceso de elaboración del CISM 1989 por una de las delegaciones, aunque no se especifica cuál en las actas: «One delegation furthermore suggested that some of the concerns expressed could be met by replacing the words "owner of the cargo" with the words "the persons entitled to the cargo"»; *vid*. CMI, *The Travaux Préparatoires of the Convention on Salvage, 1989*, *op.cit.*, pág. 467. No obstante lo anterior, dicha reflexión no se vio reflejada posteriormente en el texto del Convenio.

176 En este trabajo habitualmente se hará referencia al «premio tradicional» (o «salvamento tradicional»), esto es, el premio basado exclusivamente en el principio *no cure-no pay* y al que se refieren los artículos 12 y 13 del CISM 1989. Así, otros autores también han utilizado algún adjetivo para distinguir entre el premio calculable en virtud del artículo 13 del CISM 1989 y la compensación especial del 14. En concreto, PENDÓN, ROMERO MATUTE, «La Special Compensation P&I Club Clause 2014 (Cláusula SCOPIC 2014)...», en *Estudios sobre la responsabilidad...*, *op.cit.*, pág. 552, califican la recompensa calculable en virtud del artículo 13 como «habitual u ordinaria», frente a la especial de la compensación del artículo 14 del CISM 1989.

177 Por ejemplo, el Grupo de Trabajo del Subcomité Internacional del CMI que colaboraba con la OMI para la redacción del Convenio internacional sobre salvamento marítimo, solicitó al profesor Erling Chr. Selvig un informe sobre el salvamento marítimo, donde el autor defendió que el concepto de salvamento debía ampliarse con el fin de incluir un concepto por los daños que se hubieran evitado por los salvadores a terceros. En concreto: *«(...) the concept of salvage should be extended so as to take account of the fact that damage to third party interests has been prevented. Since the ship which created the danger, will have a duty to take preventive measures in order to avoid such damage, this will mean that salvage should refer not only to ship and cargo, but also to the ship's interest in avoiding third party liabilities (liability-salvage). Thus, the ship's liability insurers should be involved in the salvage settlement and pay for benefits obtained by the salvage operations (...) Inclusion of the liability interest within the concept of salvage will undoubtedly provide a more equitable distribution of the overall cost of salvage. It may also provide a beneficial encouragement to salvors to engage in salvage operations where third party interests outside the ship are in danger»*; *vid*. SELVIG, «Report on the revision of the law of salvage», en *The Travaux Préparatoires of the Convention on Salvage, 1989*, *op.cit.*, 1984, Anexo IV, págs. 14-26, pág. 19.

178 *Vid*. SHAW, «The 1989 Salvage Convention and English law», en *LMCLQ*, 1996, parte 2, págs. 202-231, pág. 205.

La *safety net* es, en sus términos más literales, una «red de seguridad» de tipo económico, para que los salvadores realizaran un salvamento con la *seguridad* de que recibirían alguna contraprestación monetaria a cambio. Es decir, podríamos considerarla como un tipo de «recompensa» —realmente, una compensación o un reembolso— reconocida a los salvadores que hubieran realizado operaciones de salvamento en las que hubiera habido algún vertido de crudo u otras sustancias contaminantes. A cambio, las aseguradoras del buque (aseguradoras del casco o *hull underwriters*) seguirían pagando las cantidades relativas a los «premios tradicionales» de salvamento[179], produciéndose un reparto entre los Clubs de P&I y las aseguradoras del casco en el pago de estos conceptos.

El borrador del LOF finalmente se concluyó en mayo de 1980, aprobándose por Lloyd's el 23 de junio del mismo año[180]. El modelo de contrato de salvamento marítimo LOF 1980 introdujo el concepto de *safety net* en su cláusula 1 (a) *delimitando*[181], por primera vez, el principio *no cure-no pay*[182]. En virtud

179 *Vid.* Wooder, «The New Salvage Convention: A Shipowner's Perspective», en *JMLC*, 1990, vol. 21, núm. 1, págs. 81-98, pág. 82; Jarvis, «Salvage and General Average», en *Oil Pollution from Ships*, *op.cit.*, pág. 151; de la Rue, Anderson, «Environmental salvage — Plus ça change...?», en *JIML*, *cit.*, pág. 283.

180 *Vid.* Miller, «Lloyd's Standard Form of Salvage Agreement—"LOF 1980": A Commentary», en *JMLC*, *cit.*, pág. 246.

181 Una «variación» del principio *no cure-no pay* en opinión de Rebora, «Il était une fois l'Artemis», en *Gazette de la Chambre*, 2008, núm. 17, págs. 1-2, pág. 1.

182 En la misma opinión, *vid.* Cupido, «The environment in shipping incidents: salvage contracts and the public interest», en *Corporate Social Responsibility in Developing and Emerging Markets: Institutions*, Cambridge, 2019, págs. 206-231, pág. 213.
Este principio, considerado por algún autor como la «piedra angular» del salvamento marítimo (*vid.* Coulthard, «A new cure for Salvors?—A comparative Analysis of the LOF 1980 and the C.M.I. Draft Salvage Convention», en *JMLC, cit.*, pág. 46), estaba en proceso de revisión, lo que se puede explicar por cuatro factores. En primer lugar, en los 30 años anteriores a esa fecha, el número de buques en la flota mundial había crecido en torno a un 136 % y el tonelaje mundial, un 382 % (*vid.* Coulthard, «A new cure for Salvors?—A comparative Analysis of the LOF 1980 and the C.M.I. Draft Salvage Convention», en *JMLC, cit.*, pág. 46). Además, los buques eran cada vez más grandes, con mayor capacidad de carga. En caso de que hubiera un accidente y la mercancía transportada fuera crudo u otra sustancia similar, éste podría provocar una mayor contaminación que anteriormente pues, cuanto mayor fuera el vertido de crudo, más contaminante sería. Sin embargo, no se había visto reflejado en el premio de los salvadores.
En segundo lugar, el premio de los salvadores está siempre limitado como máximo al valor de los bienes salvados, —actualmente en virtud del artículo 13.3 del CISM 1989 («La recompensa, excluidos los intereses y las costas judiciales exigibles en virtud del fallo, no excederá del valor del buque y demás bienes salvados») y, previamente, del artículo 2 del Convenio de Bruselas de 1910 («Todo acto de auxilio o salvamento que haya producido un resultado útil, dará lugar a una remuneración equitativa. No se deberá ninguna remuneración si el socorro prestado no llegase a producir resultado útil. *La suma que deba pagarse no podrá exceder, en ningún caso, del valor de las cosas salvadas*», cursiva añadida). Pese a que, generalmente, el valor de los buques se había incrementado gracias a los avances

de esta primera cláusula del LOF 80, los salvadores que asistieran a buques petroleros[183] y consiguieran evitar un derrame de la carga contaminante[184], obtendrían una «*compensación*» económica que cubriera los gastos desembolsados por el salvador y un incremento de, como máximo, el 15 % de dichos gastos. Este tipo de contraprestación pagadera al salvador se conoció como *safety net*, pues, como hemos comentado anteriormente, permitía una «*red* de seguridad» económica a los salvadores. De no existir esta red de seguridad, los salvadores que hubieran intervenido en casos en los que se aplicase exclusivamente el principio *no cure-no pay*, no habrían recibido ningún premio (o habrían obtenido uno muy limitado)[185]. El abono de la cantidad de la *safety net* correspondía exclusivamente al «*owner*» del buque.

---

tecnológicos, cuando tenía lugar un accidente, el coste de la reparación podía ser superior al valor del buque una vez reparado. En ocasiones, los «*shipowners*» preferían declarar el accidente como siniestro o pérdida total en lugar de pagar por esa reparación (Coulthard, «A new cure for Salvors?—A comparative Analysis of the LOF 1980 and the C.M.I. Draft Salvage Convention», en *JMLC, cit.*, pág. 47; Wilbrahim, «The salvor's perspective», en *Proceedings of the International Symposium on Marine Salvage, New York*, ed. C.A. Bookman, Washington D.C., 1978, págs. 50-54, pág. 53). En consecuencia, al no haber bien salvado eventualmente, poco se podía recibir de este salvamento.

En tercer lugar, un vertido de petróleo puede hacer más compleja la operación de salvamento por las consecuencias medioambientales que ello conlleva.

En cuarto lugar, los accidentes con efectos medioambientales eran cada vez más frecuentes y los Estados ribereños, así como la sociedad en general, fueron tomando conciencia de la gravedad de ese problema que el principio *no cure-no pay* no llegaba a resolver, como se analizará más adelante; véase *infra* en el capítulo cuarto el epígrafe 2.1 El resultado útil: el principio *no cure-no pay*.

183 Que se limitara exclusivamente a buques que transportaran crudo —véase nota al pie 171—, supuso cierto rechazo por parte de algunos autores por cuanto existen otras sustancias altamente tóxicas para el medioambiente que son igualmente transportadas por buques. Lo anterior, de hecho, había quedado demostrado con el accidente que involucró al buque *El Paso Paul Kayser*, un *liquefied natural gas carrier* (LNG) que en 1979 quedó embarrancado en la costa de Algeciras, que también implicaba «un gran riesgo»; *vid.* Gold, «Marine Salvage: Towards a New Regime», en *JMLC*, cit., pág. 494. Para un mayor estudio de los hechos del caso puede consultarse Jar, «Un paso complicado», en *RGM*, 2018, enero, págs. 61-81, pág. 74 y ss. Sin embargo, en nuestra opinión, no debe menospreciarse el criterio del LOF 1980 siendo el primero y marcando un precedente que posteriormente seguirían las organizaciones internacionales. Posteriormente, este criterio se ampliaría, por ejemplo, en la compensación especial regulada en el artículo 14 del CISM 1989, que se aplica a todos los buques que, por sí mismos o por su carga, constituyan una amenaza de daños al medioambiente.

184 Esta compensación se aplicaría cuando en la operación no se hubiera conseguido un resultado útil o éste fuera parcial y el buque salvado fuera uno cargado total o parcialmente con crudo; véase la nota al pie 171.

185 En la misma opinión, *vid.* Parenthou, «La Convention Internationale du 28 avril 1989 sur l'assistance et ses incidences sur l'avarie commune», en *DMF*, 1990, vol. 497, págs. 459-463, pág. 460, «Le droit a une indemnité pour rémunérer ces efforts doit donc être approuvé dans son principe, soit que l'on en tienne compte à côté des critères classiques (valeur des biens sauvés, danger de l'assisté, risques courus par l'assistant etc.), soit qu'il s'agisse d'une indemnité spéciale permettant de rémunérer l'assistant s'il n'a pu obtenir

Pese a que el LOF 1980 seguía manteniendo el principio *no cure-no pay*, fue la primera vez que se este principio se *excepcionaba*[186] bajo los requisitos anteriores. Ello supuso una destacada relevancia del LOF 80; a la que se le añade el hecho de que inspiró el posterior Convenio internacional sobre salvamento.

1.4. El Convenio Internacional sobre Salvamento Marítimo de 1989

Tras el accidente en 1979 que involucró a los buques *Atlantic Empress* y *Aegean Captain* provocando un vertido de 287.000 toneladas de crudo, el Comité Legal de la OMI, en su 40.ª sesión, celebrada en 1979[187], encargó al CMI revisar los principios de Derecho sobre el salvamento.

Para ello, el CMI creó en septiembre de ese mismo año un Subcomité Internacional en colaboración con la OMI con el objetivo de formular recomendaciones sobre la adecuación del Convenio de 1910 al nuevo contexto salvamentístico[188]. Igualmente, el CMI debía, bajo este encargo, preparar un borrador de un convenio internacional sobre salvamento que sería posteriormente evaluado por el Comité Marítimo de la OMI. Se pretendía proporcionar un instrumento legal con un nuevo enfoque jurídico, con especial atención a la protección del medioambiente marino[189], pues había quedado de manifiesto que el Convenio de 1910 se aprobó en un contexto anterior al desarrollo de la «conciencia medioambiental» y que era necesario modificar el régimen tradicional del contrato de salvamento.

En 1981, el Comité Marítimo Internacional organizó la XXXII Conferencia Internacional del CMI, conocida como Conferencia de Montreal[190], en la que

par l'application des règles habituelles aucune rémunération (cas du navire assisté perdu) ou n'a obtenu qu'une rémunération limitée».

186 En la misma opinión, *vid.* Gold, «Marine Salvage: Towards a New Regime», en *JMLC*, *cit.*, pág. 495; Binney, «Protecting the Environment with Salvage Law: Risks, Rewards, and the 1989 Salvage Convention», en *Wash. Law Rev.*, *cit.*, pág. 645.

187 *Vid.* CMI, *The Travaux Préparatoires of the Convention on Salvage*, 1989, *op. cit.*, pág. 2.

188 *Vid.* Wooder, «The New Salvage Convention: A Shipowner's Perspective», en *JMLC*, 1990, vol. 21, núm. 1, págs. 81-98, pág. 81; O'connell, D. M., «Reflections on Brussels: IMCO and the 1969 Pollution Conventions», en *Cornell Int Law J*, *cit.*, pág. 166.

189 Podríamos decir que la «conciencia medioambiental» se reflejaría primeramente con el CRC 1969. Más tarde, en 1982, se aprobaría la *Convención de las Naciones Unidas sobre el Derecho del Mar* (UNCLOS en adelante), cuya preparación había comenzado en 1973 con la Tercera Conferencia de Naciones Unidas sobre el Derecho del Mar (véase la nota al pie 87 relativa a la primera de estas conferencias). Dicha Convención recoge algunos aspectos relativos a la contaminación marítima, aunque el salvamento marítimo apenas se menciona en el texto.

190 Esta conferencia se desarrolló del 24 al 29 de mayo en el Hotel Bonaventure en Montreal.

propuso a la OMI el borrador del convenio sobre salvamento marítimo realizado por el CMI conocido como «Borrador de Montreal»[191]. Además de adaptar el régimen legal del salvamento, el proyecto introdujo nuevas previsiones para alentar a los salvadores a tener en cuenta el medioambiente marino en la prestación de servicios de salvamento. En concreto, estas previsiones se concretarían en la regulación de una «compensación especial»[192], inspirada en el LOF 80 —que ya estaba en uso—, que «recompensaría», con muchos matices, la protección del medioambiente en la operación de salvamento.

Durante la elaboración del Borrador de Montreal, se produjeron otros seis de los 20 accidentes marítimos con mayor vertido de crudo en el mar[193]. Entre ellos destaca en 1982 el que involucró al *Castillo de Bellver*, convirtiéndose en el tercer accidente con mayor derrame de petróleo de la historia, con más de 252.000 toneladas de vertido[194]. Al tiempo que este Subcomité Internacional

---

En el orden del día se preveía tanto la revisión del Convenio de Bruselas de 1910 como la de la responsabilidad del *«owner»* por los daños del transporte de sustancias peligrosas y nocivas. La OMI cuenta en su página web con documentos de interés, como la documentación de dicha conferencia: https://comitemaritime.org/publications-documents/documents-of-interest/.

191 En este trabajo se hará referencia a este documento como «Borrador de Montreal» basándose en la terminología utilizada en las conferencias sobre el «Montreal Draft».

192 Lo que posteriormente se regularía en el artículo 14 del CISM 1989. Véase *infra* en el capítulo cuarto el epígrafe 2.4 El «salvamento medioambiental» y la compensación especial.

193 Comenzando por el *Irenes Serenade*, que provocó en la Bahía de Navarino (Grecia) un derramamiento de 94.000 toneladas de crudo tras varias explosiones en el castillo de proa del buque. La página web de ITOPF realiza una reseña de este accidente, que puede consultarse en: https://www.itopf.org/in-action/case-studies/case-study/irenes-serena-de-greece-1980/; igualmente, *vid.* Hooke, *Maritime casualties 1963-1996*, *op.cit*. Los años previos al convenio se produjeron más accidentes, entre los que destacan los relacionados con los buques *Nova, Odyssey, Khark 5* y *Exxon Valdez*. Los accidentes reseñados a lo largo de este epígrafe pertenecen a los 20 más graves (tomando como referencia la cantidad de crudo vertido). No obstante, no han sido los únicos; por ejemplo, el *Christos Bitas* se accidentó en su travesía de Rotterdam a Belfast, vertiendo más de cuatro mil toneladas de crudo en 1978; *vid.* Bourne, «The Christos Bitas Affair», en *Mar. Pollut. Bull.*, 1979, vol. 10, núm. 5, págs. 122-123, pág. 122.

194 El buque *Castillo de Bellver* se incendió el 6 de agosto de 1983. A pesar del gran vertido de crudo que se produjo, los daños en el medio ambiente no fueron tan alarmantes como en otros casos tales como el del buque *Amoco Cádiz*; *vid.* Moldan, Jackson, Mcgibbon, Van Der Westhuizen, «Some aspects of the Castillo de Bellver oil spill», en *Mar. Pollut. Bull.*, vol. 16, núm. 3, 1985, págs. 97-102; Wardley-Smith, «The Castillo de Bellver», en *Oil and Petrochemical Pollution*, vol. 1, núm. 4, págs. 291-293. En la valoración de la gravedad de los accidentes marítimos no sólo es relevante la cantidad de producto vertido al mar, sino también el tipo de producto, las características meteorológicas, la capacidad de actuación de las autoridades para evitar los daños, etc. Los perjuicios medioambientales derivados de un accidente marítimo se determinan teniendo en cuenta varios factores, a saber: la cantidad y tipo de crudo vertido, la localización geográfica del accidente, la proximidad a recursos especialmente sensibles y la eficiencia de las estrategias de limpieza y protección del medioambiente; *vid.* Burgherr, «In-depth analysis of accidental oil spills from tankers

del CMI trabajaba en la revisión del Convenio de 1910, la OMI declaró en su 50.ª sesión de marzo de 1983 que el salvamento debía ser una cuestión prioritaria en los años siguientes. Además, se acordó que la investigación que la OMI realizase sobre este tema tendría como fundamento el estudio preparado por el CMI[195].

Nótese que, pese a la situación descrita, los contratos de salvamento marítimo seguían basándose en el principio *no cure-no pay* por el que, para cobrar un premio, el salvador necesitaba haber obtenido un resultado total o parcialmente útil en la operación de salvamento. No existían, por tanto, incentivos económicos que motivaran a los salvadores a arriesgar sus vidas, su equipo y sus recursos para salvar buques accidentados con una carga contaminante de la que no podían recuperar lo suficiente ni siquiera para compensar los gastos incurridos. Fue el contrato LOF 1980 el primero en «excepcionar» el principio *no cure-no pay*. Así, la iniciativa privada había dado un paso al frente en la preocupación por el medioambiente marítimo, quedando reflejada en dicho contrato LOF 80.

En 1984, la OMI celebró dos conferencias internacionales que concluyeron con la aprobación del Protocolo de 1984 para enmendar el CRC 1969 y el Convenio del Fondo de 1971[196]. Sin embargo, no se reunieron los requisitos necesarios para que entraran en vigor[197].

Sólo un mes antes de la aprobación del Convenio de 1989, se produjo el accidente que involucró al buque *Exxon Valdez*. El 24 de marzo de 1989 este buque, en su trayecto desde Alaska a California, encalló en la costa vertiendo 37.000 toneladas de crudo[198]. Dicho accidente tuvo, entre otros resultados, la adopción de la *Oil Pollution Act 1990* en Estados Unidos[199], que permitió un mayor ámbito de actuación de la Agencia de Protección Medioambiental (U.S.

in the context of global spill trends from all sources», en *J. Hazard. Mater.*, cit., pág. 245.

195 Informe del trabajo de la 50.ª sesión, Documento LEG 50/8.

196 *Protocol to amend the International Convention on the Establishment of an International Fund for Compensation for Oil Pollution Damage*, cuyo propósito fue modificar los mecanismos para calcular la responsabilidad por los daños causados y la limitación de la misma, así como extender su aplicación y aumentar las indemnizaciones por contaminación.

197 *Vid.* M'RABET, *El Estrecho de Gibraltar: la protección internacional y nacional de su medio ambiente marino*, Madrid, 2018, pág. 92. Posteriormente, quedaría aprobado el ya mencionado CRC 1992. Puede hallarse más información en la página web de la OMI: http://www.imo.org/en/About/Conventions/ListOfConventions/Pages/International-Convention-on-the-Establishment-of-an-International-Fund-for-Compensation-for-Oil-Pollution-Damage-(FUND).aspx.

198 *Vid.* CROWLEY, «In the Wake of the *Exxon Valdez*: Charting the Course of Pilotage Regulation», en *JMLC*, 1991, vol. 22, núm. 2, págs. 165-224.

199 *Vid.* GOLD, «Marine Pollution Liability After "Exxon Valdez": The U.S. "All-Or-Nothing" Lottery!», en *JMLC*, 1991, vol. 22, núm. 3, págs. 423-444, pág. 425

Environmental Protection Agency o EPA) para prevenir y responder a los vertidos de petróleo en sus costas.

Entre el 17 y el 28 de abril de 1989 se celebró la Conferencia Internacional de Salvamento[200] en la que se aprobó el *Convenio Internacional sobre Salvamento Marítimo* (CISM 1989). Entró en vigor el 14 de julio de 1996, tras la ratificación de 17 países[201], superando el mínimo de 15 necesario según lo dispuesto en el artículo 29.1 del CISM 1989[202].

El CISM 1989 no sólo permitió actualizar el régimen legal del salvamento marítimo, aprovechando la experiencia de los casi ochenta años en los que el anterior convenio estuvo vigente[203], sino que también fue fundamental para introducir la «conciencia medioambiental» en el sector legal marítimo[204].

Podrían destacarse tres objetivos principales del CISM 1989[205]. En primer lugar, incentivar las operaciones de «salvamento medioambiental», de modo que los salvadores pudieran ver «recompensados» sus esfuerzos o, al menos,

---

200 *Vid.* CMI, *The Travaux Préparatoires of the Convention on Salvage*, 1989, *op. cit.*, pág. 3.

201 A saber: Canadá, Dinamarca, Finlandia, República Federal de Alemania, Irlanda, Italia, México, Países Bajos, Nigeria, Noruega, Polonia, España, Suecia, Suiza, la Unión de Repúblicas socialistas soviéticas (URSS), Reino Unido y Estados Unidos.
Este convenio internacional entró en vigor para España mediante Instrumento de Ratificación de 14 de enero de 2005 con pleno efecto desde el 27 de enero de 2006. Este Instrumento se encuentra disponible a través del siguiente enlace: https://www.boe.es/diario_boe/txt.php?id=BOE-A-2005-3766.

202 Cuyo contenido es el siguiente: «El presente Convenio entrará en vigor un año después de la fecha en que quince Estados hayan manifestado su consentimiento en obligarse por dicho Convenio».

203 *Vid.* Pendón, Romero Matute, «La Special Compensation P&I Club Clause 2014 (Cláusula SCOPIC 2014)...», en *Estudios sobre la responsabilidad...*, *op. cit.*, pág. 522.

204 De hecho, desde 1970 los vertidos de crudo han ido reduciéndose no sólo en cantidad (toneladas vertidas) sino también en accidentes. Mientras que en la década de los 70 se vertieron más de tres millones de toneladas crudo, esta cantidad se redujo en los años 80 hasta 1.175.000 toneladas. Una década después, la cifra de vertido se redujo a 1.134.000 toneladas y desde 2000 hasta 2009 esta cantidad quedó por debajo del millón de toneladas, vertiéndose 196.000. Entre 2010 y 2019 esta cifra se situó en 164.000 toneladas de vertido y, en la actualidad —entre 2020 y 2021—, sólo ha habido 11.000 toneladas de crudo vertido.
En cuanto a los accidentes, también se han ido reduciendo; mientras que la década de los 70 estuvo marcada por casi 250 accidentes, este número se ha reducido hasta 65 en la última década (2010 a 2019). En lo que llevamos de la década de 2020 (2020-2021), se han producido diez accidentes con 11.000 toneladas de vertido; *vid.* ITOPF, *Oil Tanker Spill Statistics 2021*, cit., págs. 6-7.

205 *Vid.* Shaw, «The 1989 Salvage Convention and Lloyd's Open Form 1990: Are they working?», en *Marine Policy*, cit., pág. 129. Por su parte, Arroyo, «Comentarios al Convenio de Salvamento de 1989», en *ADM*, cit., págs. 76-77, considera que el Convenio de Londres persigue tres finalidades complementarias; además de la expresada por la protección del medioambiente marino, destaca igualmente la motivación de los salvadores y la unificación internacional del Derecho sobre el salvamento marítimo.

obtuvieran un reembolso por los gastos efectuados en ellas[206]. En segundo lugar, promover la colaboración entre las empresas de salvamento y los Estados ribereños en la protección de sus costas, aunque ello pudiera suponer una mayor duración de los servicios de salvamento o, incluso, la pérdida del buque (como sucedió en el accidente del *Atlantic Empress* o el *Christos Bitas*, que fue hundido por orden del Gobierno británico; los salvadores, por tanto, no recibieron recompensa alguna[207]). En tercer lugar, impulsar la industria del salvamento, asegurando que las empresas salvadoras pudieran prestar sus servicios con mayores garantías en el cobro del premio, incluso en los «salvamentos medioambientales».

Sin perjuicio de que el CISM 1989 sea estudiado a lo largo de esta investigación, debemos centrarnos en un ámbito de especial relevancia, que es la autonomía de las partes para celebrar contratos de salvamento marítimo y su relación con el Convenio.

1.4.1. La autonomía de la voluntad de las partes y el CISM 1989

El artículo segundo del CISM 1989 se redacta bajo la rúbrica «*Aplicación del Convenio*», cuyo contenido es el siguiente: «El presente Convenio será aplicable siempre que en un Estado Parte se inicien procedimientos judiciales o arbitrales relativos a las cuestiones objeto del Convenio». En virtud de este precepto, el ámbito de aplicación del Convenio se determina *a posteriori* de la operación de salvamento; es decir, cuando se ha producido un siniestro y, posteriormente, se hubieran iniciado procedimientos judiciales o arbitrales en relación con el mismo[208].

---

206 El preámbulo del CISM 1989 establece que «Tomando nota de que algunos acontecimientos importantes, en especial la preocupación creciente por la protección del medio ambiente, han demostrado la necesidad de adaptar las reglas internacionales que figuran actualmente (...)».
La relevancia de la protección medioambiental en el CISM 1989 también ha sido destacada por otros autores de la doctrina española, francesa e italiana; *vid.* Pendón, Romero Matute, «La Special Compensation P&I Club Clause 2014 (Cláusula SCOPIC 2014)...», en *Estudios sobre la responsabilidad..., op. cit.*, pág. 522; Bonassies, Scapel, *Traité de Droit Maritime, op. cit.*, pág. 415; Gaeta, «La convenzione di Londra 1989 sul soccorso in acqua», en *Il Diritto Marittimo,* cit., pág. 391.

207 *Vid.* Bessemer, «The role of Lloyd's Open Form», en *LMCLQ*, cit., págs. 297-298.

208 Este precepto del CISM 1989 guarda similitud con el CLR 1976 cuyo artículo 15.1 dispone que «El presente convenio será aplicable siempre que cualquiera de las personas a que se hace referencia en el artículo 1 trate de limitar su responsabilidad ante un tribunal de un Estado Parte (...)»; *vid.* CMI, *The Travaux Préparatoires of the Convention on Salvage, 1989, op. cit.*, págs. 126-127.

También se hace referencia a la aplicación del Convenio en su artículo 6.1[209], que comienza del siguiente modo «El presente Convenio será aplicable a todas las operaciones de salvamento, salvo en la medida que un contrato disponga otra cosa expresa o implícitamente»[210], de modo que se «superpone» al anterior precepto. Nos detendremos en el análisis de este artículo, del que podemos realizar tres reflexiones.

La primera reflexión es que el artículo 6.1 consagra el valor del contrato de salvamento marítimo. Que las partes puedan celebrar un contrato de salva-

209 El artículo 6 del CISM 1989 se estructura en tres apartados, de los cuales el primero y el tercero se estudiarán en este epígrafe, mientras que el segundo será analizado más adelante, en relación con las partes del contrato; véase *infra* en el capítulo tercero el epígrafe 2 Las partes del contrato de salvamento marítimo. El artículo 6.2 del CISM 1989 establece lo siguiente: «El capitán estará facultado para celebrar contratos de operaciones de salvamento en nombre del propietario del buque. El capitán y el propietario del buque estarán facultados para celebrar tales contratos en nombre del propietario de los bienes que se encuentren a bordo del buque».

210 En relación con ello, BONASSIES, SCAPEL, *Traité de Droit Maritime*, *op.cit.*, pág. 417, considera que el CISM 1989 está marcado por un «*universalismo* extremo», pues se aplica independientemente de las aguas en las que se produzca la operación de salvamento o del pabellón del buque. Lo anterior, en opinión del autor, plantea el problema de la supervivencia de las legislaciones nacionales.
Frente a la crítica que hace el autor sobre el «universalismo» que caracteriza el CISM 1989, debemos destacar que, precisamente esta *universalidad* es un aspecto que se buscó intencionadamente por los redactores del Convenio. Tanto la OMI como el CMI tienen entre sus objetivos conseguir la uniformidad del Derecho marítimo. En concreto, también el CISM 1989, persigue la uniformidad del Derecho sobre salvamento marítimo, aunque, como se ha puesto de manifiesto anteriormente, la uniformidad del Derecho marítimo es relativa.
Téngase en cuenta que el CISM 1989 permite a los Estados realizar reservas. De este modo, aplicarán su legislación nacional en aquellos supuestos en los que hayan optado por no aplicar el CISM 1989. Así, el artículo 30.1 del CISM 1989, establece lo siguiente: «1. Todo Estado, en el momento en que se produzcan la firma, la ratificación, la aceptación, la aprobación o la adhesión, podrá hacer reserva de su derecho a no aplicar las disposiciones del presente Convenio: a) cuando la operación de salvamento se desarrolle en aguas interiores y todos los buques afectados sean de navegación interior; b) cuando las operaciones de salvamento se desarrollen en aguas interiores y no se vea afectado ningún buque; c) cuando todas las partes interesadas sean nacionales de ese Estado; d) cuando se trate de un bien marítimo de carácter cultural que presente un interés prehistórico, arqueológico o histórico y que se encuentre en el fondo del mar». Además, el CISM 1989 es aplicable a las operaciones de salvamento, pero existen cuestiones que no quedan resueltas, siendo aplicable la legislación estatal. Por ejemplo, las normas sobre el reparto del premio entre los salvadores, *ex* artículo 15 del CISM 1989: «Artículo 15. Reparto entre los salvadores. 1. El reparto entre los salvadores de la recompensa contemplada en el artículo 13 se hará con arreglo a los criterios establecidos en dicho artículo. 2. El reparto entre el propietario, el capitán y las demás personas que haya al servicio de cada uno de los buques salvadores *se regulará por la ley del país cuyo pabellón enarbole el respectivo buque salvador*. Si el salvamento no se ha efectuado desde un buque, el reparto se regulará por la ley que rija el contrato celebrado entre el salvador y sus empleados», cursiva añadida.

mento es lo que, en este trabajo, denominamos «voluntariedad»[211]. Este contrato celebrado entre las partes podrá ser de aplicación «preferente» al Convenio; lo que podría llevarnos a afirmar la «supremacía»[212] del contrato sobre el CISM 1989, que cedería ante la voluntad de las partes. En consecuencia, el CISM 1989 tendría carácter «dispositivo»[213]; aunque, como veremos a lo largo de este trabajo, contiene preceptos imperativos.

Pese a la —cada vez mayor— intervención de los Estados en las operaciones de salvamento —especialmente, cuando existe una amenaza de daños al medioambiente en aguas de su soberanía—, el salvamento marítimo sigue siendo una actividad eminentemente privada. La voluntariedad de las partes recogida en el artículo 6.1 del CISM 1989, es una expresión más de que el salvamento marítimo es una actividad empresarial. Lo anterior es reflejo de la propia tradición del salvamento marítimo como actividad profesional, que ha sido contractual desde sus inicios, y que continúa siéndolo.

De este modo y sin perjuicio de que sea estudiado más adelante[214], los formularios-tipo de contratos de salvamento existían desde finales del siglo XIX. Además, las empresas del sector han tenido un gran protagonismo en la *historia del salvamento marítimo*, sobre todo cuando ha sido la iniciativa empresarial —principalmente, la de Lloyd's en colaboración con los Clubs de P&I y la ISU— la que ha ido marcando la evolución de esta operación; por ejemplo, con la aprobación del LOF 80 y los primeros matices del «salvamento medioambiental» (que, posteriormente, sirvieron de inspiración para la redacción del artículo 14 del CISM 1989 que regula la compensación especial).

---

211 Sin perjuicio de que sea tratada más adelante, la «voluntariedad», a los efectos de este trabajo, tiene un significado distinto al que habitualmente se ha reconocido por la doctrina española. Por el momento, basta con adelantar que la «voluntariedad» es la expresión de la voluntad de las partes para celebrar un contrato. Esto permitirá, eventualmente, distinguir entre salvamentos públicos y privados. Esta reflexión se estudiará en *infra* en el capítulo tercero el epígrafe 1 Consideraciones previas sobre la *voluntariness*.

212 *Vid.* Pendón, Romero Matute, «La Special Compensation P&I Club Clause 2014 (Cláusula SCOPIC 2014)...», en *Estudios sobre la responsabilidad..., op. cit.*, pág. 566.

213 En la misma opinión, *vid.* Bonassies, «La Convention internationale de 1989 sur l'assistance», en *DMF*, 2003, núm. 635, págs. 239-259, pág. 243.
En relación con lo anterior, Pulido, «El salvamento marítimo», en *Las averías y los accidentes..., op. cit.*, pág. 317, han considerado que debería introducirse una mención o aclaración respecto a qué preceptos del salvamento marítimo serían imperativos y cuáles no, aunque dicha apreciación se realizó antes de la LNM.

214 Véase *infra* el epígrafe del capítulo segundo 1 Orígenes del LOF. En cualquier caso, conviene resaltar esta idea en la Sentencia número 219/2021, de 31 de mayo de 2021, del Juzgado de lo Mercantil de Palma (JUR\2021\342182), que afirma lo siguiente: «En la práctica los contratos de salvamento están dominados por el derecho de los formularios, que se imponen con carácter universal entre otras razones por la situación cartelizada en la que operan este tipo de empresas que exigen gran especialización y también porque en situación de peligro no hay tiempo para negociar y discutir las condiciones del contrato».

El artículo 6.1 del CISM 1989 que recoge, desde nuestro punto de vista, la voluntariedad de las partes no estuvo exento de debate en el momento de elaboración del Convenio. Mientras que algunas delegaciones defendían la relevancia de la autonomía de la voluntad de las partes, otras expresaban que *tanta* libertad contractual no era deseable, especialmente cuando podía afectar a materias como la seguridad en el mar y la preservación del medio marino (aspectos de carácter público más que privado)[215]. Pese a la diferencia de opiniones, el Comité encargado de la redacción del Convenio terminó por mantener el párrafo primero de este artículo conforme a su redacción original del Borrador de Montreal (el cual se corresponde a la versión actual del CISM 1989), pues consideró que existía un equilibrio adecuado entre la voluntad de las partes y la libertad de intervención y acción de las Autoridades públicas en la competencia habitual de sus funciones.

La segunda reflexión es que nos resulta llamativa la traducción de este artículo en la versión española del artículo 6.1 del CISM 1989: «El presente Convenio será aplicable a todas las operaciones de salvamento, salvo en la medida que un contrato disponga otra cosa expresa o *implícitamente*». El término en cursiva tiene mayor peso en Derecho del que puede parecer, sobre todo si se acude a la versión inglesa del CISM 1989, cuyo artículo 6.1 dispone que «*This Convention shall apply to any salvage operations save to the extent that a contract otherwise provides expressly or by implication*»; pues el término «*implication*» hace referencia a los *implied terms* del Derecho anglosajón.

Sin el propósito de hacer una extensa reflexión sobre este aspecto, conviene mencionar que los *implied terms* son aquellos términos o cláusulas deducibles de un contrato, pese a que no figuren en él de manera expresa (ni en el contrato ni en la fase precontractual, que guarda especial relevancia en el sistema de Derecho del *common law*). Estos términos, principios o normas, se imponen por las *courts* a las partes de un contrato, aun no figurando en el mismo, sobre la base de la *custom*, los hechos del supuesto concreto o

215 *Report on the Work of the 52nd Session* (Documento LEG 52/9), realizado por el Comité Legal de la OMI.

de cualquier otra fuente del Derecho[216] y sobre el principio de *equity* entre las partes[217].

La tercera reflexión es que la «supremacía» del contrato sobre el CISM 1989 no es absoluta, puesto que queda «implícito»[218] que el contrato debe respetar las normas imperativas del Convenio internacional y otras que establezca el Ordenamiento jurídico de cada país[219].

Con anterioridad se ha mencionado que el CISM 1989 tenía carácter «dispositivo», aunque ya adelantábamos que esta afirmación es matizable, pues existen preceptos de obligado cumplimiento en el Convenio. El CISM 1989 recoge un acuerdo de las voluntades de los países que intervinieron

---

216 *Vid.* PENDÓN, ROMERO MATUTE, «La Special Compensation P&I Club Clause 2014 (Cláusula SCOPIC 2014)...», en *Estudios sobre la responsabilidad...*, *op. cit.*, pág. 565; CHITTY, BEALE, *Chitty on Contracts*, vol. I, Londres, 2017, párr. 14-001. En el ámbito específico de salvamento, los *implied terms* han sido definidos por MUDRIĆ, «Claiming against a Negligent Salvor: Elements Necessary to Establish a Case of Salvor's Liability», en *New Comparative Perspectives in Maritime, Transport and International Trade Law*, ed. M. MUSI, Bolonia, 2014, págs. 147-164, pág. 154, como «*a term that is applicable to a salvage operation given the nature and circumstances of a specific salvage case, considering the will of parties at the time of commencement of salvage operation, and taking into consideration the customs related to salvage law and statutory provisions concerning a specific type of salvage service*»; esto es, los «términos» aplicables a una operación de salvamento dada la naturaleza y las circunstancias de cada caso específico, teniendo en cuenta la voluntad de las partes en el momento de iniciar la operación de salvamento (fase precontractual), la costumbre del salvamento marítimo y las disposiciones legales relativas a un tipo específico de servicio de salvamento.

217 El concepto *equity* en el Derecho anglosajón podría ser traducido como la *justicia* entre las partes, es decir, que la relación contractual sea justa y equitativa entre ellas, sin que existan abusos de una respecto a la otra. BONASSIES, SCAPEL, *Traité de Droit Maritime*, *op. cit.*, pág. 435, señala así que la «equidad» *(l'équité)* como fundamento del derecho a cobrar una recompensa por los salvadores no se encuentra ni en el CISM 1989 y el *Code des transports*, planteándose si se trata de una influencia de los países del *common law («est-ce l'influence des pays de culture anglaise?»)*. A este respecto, la «equidad» también plantea dudas en el Derecho español, puesto que no es un principio general del Derecho, aunque se percibe la idea de lo que transmite, esto es, la justicia entre las partes. En España, la referencia de la equidad en el Derecho privado la tenemos en el Código Civil, cuyo artículo 3.2 dispone que: «La equidad habrá de ponderarse en la aplicación de las normas, si bien las resoluciones de los Tribunales sólo podrán descansar de manera exclusiva en ella cuando la ley expresamente lo permita». De lo anterior, se deduce que la equidad es doble. De un lado, como prerrequisito para valorar un hecho, de modo que se tengan en cuenta todas sus circunstancias. De otro lado, la equidad afecta también a «la decisión *de consecuencias*, a la hora de determinar qué consecuencias corresponden al caso subsumido en la ley»; *vid.* FALCÓN, *Equidad, Derecho y Justicia*, Madrid, 2005, pág. 291.

218 *Vid.* PULIDO, «El salvamento en la nueva LNM», en *Estudios sobre el futuro Código Mercantil: libro homenaje al profesor Rafael Illescas Ortiz*, Getafe, 2015, págs. 269-285, pág. 277.

219 Así, en España, conviene mencionar el artículo 1255 del CC por el que «Los contratantes pueden establecer los pactos, cláusulas y condiciones que tengan por conveniente, siempre que no sean contrarios a las leyes, a la moral ni al orden público».

en su elaboración, proporcionándole un carácter imperativo[220]. No obstante, como hemos comentado más arriba en la primera reflexión, el Convenio prevé que las partes puedan celebrar un contrato que sea de aplicación «preferente» al Convenio; siendo lo anterior posible porque es el Convenio el que así lo dispone.

Existen preceptos en el CISM 1989 de obligado cumplimiento en toda operación de salvamento, principalmente, referidos al concepto y al contenido del salvamento marítimo (artículo 1 del CISM 1989[221]), a la aplicación del Convenio (artículo 2 del CISM 1989[222]), a la intervención de los Estados parte (artículo 9 del CISM 1989) y a las obligaciones de las partes en el contrato dispuestas por su artículo 8, objeto de análisis más adelante[223]. Así, la «*supremacía*» de la voluntad de las partes a través del contrato se limita, apreciándose cierto equilibrio entre la libertad contractual y la soberanía de los Estados a través del carácter imperativo del Convenio.

---

220 En la misma opinión, *vid.* PENDÓN, ROMERO MATUTE, «La Special Compensation P&I Club Clause 2014 (Cláusula SCOPIC 2014)...», en *Estudios sobre la responsabilidad..., op. cit.*, pág. 566. Igualmente, PULIDO, «Accidentes de la navegación: Abordaje, avería gruesa, salvamento y bienes hundidos y naufragados», en *Ley de Navegación Marítima: balance de su aplicación práctica*, dirs. A. EMPARANZA SOBEJANO, J.M. MARTÍN OSANTE, Madrid, 2019, págs. 507-541, pág. 530, respecto del artículo 8 del CISM 1989. En una línea similar, *vid.* BONASSIES, SCAPEL, *Traité de Droit Maritime*, *op. cit.*, pág. 428, quien establece que las obligaciones del artículo 8 del CISM 1989 son obligatorias a pesar del carácter supletorio del Convenio y del *Code des transports* francés *(«Et ce sont là des obligations que le contrat d'assistance ne peut écarter, malgré le caractère en principe supplétif des dispositions de la Convention ou de celles du Code des transports»)*. También, GAETA, «La convenzione di Londra 1989 sul soccorso in acqua», en *Il Diritto Marittimo*, *cit.*, pág. 303, que expresa que las obligaciones descritas en el artículo 8 del CISM 1989 serán de aplicación haya contrato o no entre las partes.

221 El artículo 1 del CISM 1989 incluye una serie de definiciones, lo que fue una respuesta a las críticas del Convenio de 1910 sobre salvamento. Con lo anterior, este Convenio acercó las posturas entre el *civil law* y el *common law*. Aunque a lo largo de este trabajo se apreciará que la visión del *common law* sigue predominando en el Derecho del salvamento marítimo, pueden apreciarse también caracteres propios del *civil law*. Por ejemplo, en el artículo 1 del CISM 1989 se observa que la definición de «operaciones de salvamento» hace referencia a aquellas operaciones que se produzcan «en aguas navegables o en cualesquiera otras aguas», abandonando así el criterio anglosajón por el que el salvamento debía hacerse exclusivamente en *tidal waters* (esto es, «aguas afectadas por la marea»). Específicamente, el término *tidal waters* se dispone en el precepto 255.1 de la *Merchant Shipping Act 1995*: *«any part of the sea and any part of a river within the ebb and flow of the tide at ordinary spring tides, and not being a harbour»*; en Estados Unidos se especifica que *«tide-water is not limited to water which is salt, but embraces, also, so much of the water of fresh rivers as is propelled backwards by the ingress and pressure of the tide»*; *vid.* BOUVIER, *Bouvier's Law Dictionary*, Boston, 1897.

222 Artículo 2 del CISM 1989 «Aplicación del Convenio. El presente Convenio será aplicable siempre que en un Estado Parte se inicien procedimientos judiciales o arbitrales relativos a las cuestiones objeto del Convenio».

223 Véase *infra* el capítulo quinto.

La cuestión sobre la imperatividad del Convenio internacional —planteada en la discusión sobre el artículo 6.1 del CISM 1989—, también surgió con ocasión del debate sobre la redacción del artículo 6.3 del CISM 1989 que dispone que[224]: «Nada de lo dispuesto en el presente artículo irá en perjuicio de la aplicación del artículo 7 ni de la obligación de evitar o reducir al mínimo los daños al medio ambiente»[225].

De un lado, una postura defendía que las disposiciones del CISM 1989 debían ser dispositivas. De otro lado, otras delegaciones argumentaron que, si se aceptaba que la aplicación del Convenio de Londres fuera facultativa, se aprobarían un conjunto de normas internacionales que carecerían de fuerza normativa. Como solución, el artículo 6 se aprobó reconociendo la «supremacía» del contrato entre las partes sobre el Convenio, aunque con dos salvedades: la protección medioambiental y la *equity* entre las partes[226].

En primer lugar, el artículo 7 del CISM 1989 regula la «*Anulación y modificación de los contratos*» en dos supuestos basados en el principio de *equity*[227] entre las partes disponiendo lo siguiente:

> «Un contrato o cualesquiera de sus condiciones podrán anularse o modificarse si:
> a) en la conclusión del contrato intervino una presión indebida o se concertó bajo la

---

224 Dicho artículo tiene origen en la propuesta de la delegación de Australia, cuya redacción era la siguiente: *«Nothing in this article shall affect the application of the provisions of article 5 nor duties under this Convention to prevent or minimize damage to the environment»*; *vid.* CMI, *The Travaux Préparatoires of the Convention on Salvage*, 1989, *op. cit.*, págs. 206-207. El texto en el artículo 6.3 del CISM 1989 es muy similar al anterior: *«Nothing in this article shall affect the application of article 7 nor duties to prevent or minimize damage to the environment»*.

225 El artículo 7 del CISM 1989 establece que: «Un contrato o cualesquiera de sus condiciones podrán anularse o modificarse si: a) en la conclusión del contrato intervino una presión indebida o se concertó bajo la influencia del peligro y sus condiciones no son equitativas, o b) el pago pactado en el contrato es excesivamente alto o excesivamente bajo en relación con los servicios efectivamente prestados».

226 El debate entre los ámbitos «público» y «privado» estuvo presente en el proceso de elaboración del CISM 1989 no sólo con respecto al artículo 6. Por ejemplo, en la discusión sobre el artículo 8 del CISM 1989 relativo a las obligaciones de los salvadores, de los *«owners»* y del capitán —aspectos que se analizarán en *infra* el capítulo quinto—, la delegación de Polonia defendió que el Derecho público no podía ser excluido de este Convenio que, además, ya estuvo presente en el anterior Convenio de Bruselas de 1910. Así, especificó que «*In the present draft convention, the value to be protected by the public law rule is not only human lives that is protected but also human environment (...)*». De modo que, la norma de Derecho público debe proteger no sólo la vida humana, sino también el medioambiente lo que, de hecho, se convierte en una obligación para los salvadores en virtud del artículo 8.1, letra b), del CISM 1989. En conclusión, no se puede desligar totalmente el Derecho público de este Convenio, aunque destaca que lo privado —en este caso, la voluntad de las partes mediante un contrato—, es tan importante que puede «desplazar» lo dispuesto en el Convenio.

227 *Vid.* Tsimplis, «The liabilities of the vessel», en *Maritime Law*, ed. Y. Baatz, Oxon, 2018, págs. 232-313, pág. 241. Por su parte, Marten, «Third Party Agreements in the Salvage Context», en *Vic. Univ. Wellingt. Law Rev.*, 2018, vol. 8, núm. 1, págs. 1-14, pág. 1, hace referencia a un «"fairness" standard».

influencia del peligro y sus condiciones no son equitativas, o b) el pago pactado en el contrato es excesivamente alto o excesivamente bajo en relación con los servicios efectivamente prestados»[228].

El propósito de este artículo 7 es asegurar unas condiciones equitativas entre las partes[229]. De este modo, si algún Estado firmante no regulase el régimen de modificación o anulación contractual basado en los principios de jus-

228 Además de estos supuestos de anulación o modificación del contrato, habrá de tener en cuenta aquellos regulados por la ley nacional de cada Estado; *vid.* CMI, *The Travaux Préparatoires of the Convention on Salvage, 1989*, *op. cit.*, págs. 209-210; Fernández-Novoa, «Auxilio y salvamento de buques en el mar», en *Foro gallego*, cit., pág. 15. En España la LNM no hace mención alguna de estos aspectos en relación con el contrato de salvamento marítimo por lo que, en virtud de su artículo 357 («El salvamento se regirá por el Convenio Internacional sobre Salvamento Marítimo, hecho en Londres el 28 de abril de 1989...»), será de aplicación lo que disponga el CISM 1989; esto es, su artículo 7. Igualmente, serán de aplicación la teoría general de los contratos que excede del ámbito de estudio de este trabajo.

229 El artículo 7 expone dos causas que permiten no sólo la modificación el contrato, sino también declarar su nulidad, esto es, el supuesto más grave de invalidez de un contrato. Generalmente, cuando este artículo sea aplicado por un tribunal que conozca de un caso de salvamento, éste optará por modificar el contrato y no declararlo nulo ya que, *a posteriori*, no se puede declarar que el contrato no surte efectos, pues no se podrá considerar como si el contrato no hubiera existido.
La Sentencia número 00173/2020 del Juzgado de lo Mercantil número 1 de Palma de Mallorca, de 12 de marzo de 2020 ha tenido la oportunidad de aplicar este artículo. Los hechos que dan lugar a esta sentencia se basan en la reclamación de una cantidad en ejercicio de la acción subrogatoria de un contrato de seguro. Las partes habían firmado, *a priori*, un contrato de salvamento marítimo, aunque, como reconoce la sentencia, ambas partes negaron posteriormente la calificación de dicho contrato como salvamento. De un lado, la demandante sostenía que sí existía un contrato de salvamento, discrepaba en que su régimen aplicable fuera el previsto en la LNM. De otro lado, el demandado negaba la existencia del objeto del contrato «por no ser cierto que la embarcación estuviera en peligro ni pudiera ser "salvada"»; de modo que consideraba improcedente su calificación como salvamento. Tras el análisis de los hechos, principalmente, el tribunal afirmó la existencia del riesgo que corría la embarcación —que afectaba no sólo al buque, sino también a los otros bienes, incluida la probable contaminación y perjuicio en una zona que, por la época del año, se encontraba plagada de bañistas—. En consecuencia, el tribunal concluyó que estaban ante un contrato de salvamento y que, por ende, era aplicable el régimen del CISM 1989.
La existencia o no del contrato era relevante en tanto en cuanto el tribunal consideró que «el régimen de anulación del contrato es completamente diferente según se califique como salvamento o como simple recuperación de un buque naufragado o varado». En relación con lo anterior, la sentencia dispone que el artículo 7 del CISM 1989 «contempla una específica regulación del consentimiento viciado con recurso a la equidad y la rescisión por lesión en el precio». Además, añade que «el Derecho español común abandonó hace tiempo, —salvo en los préstamos usuarios—, la posibilidad de rescindir los contratos por la desproporción en el precio». Finalmente, el tribunal modifica el contrato en tanto en cuanto lo califica como salvamento y aplica el artículo 7 del CISM 1989. A este respecto, dictamina la sentencia que este artículo se aplica en su «vertiente de modificación del contrato».

ticia y equidad que rigen los contratos en general[230], exista este régimen del CISM 1989.

La letra a) del artículo 7 del CISM 1989 reconoce que el contrato no será equitativo entre las partes en dos posibles causas: una presión indebida o la influencia del peligro. Mientras que la primera de estas dos causas no supuso problemas en el proceso de elaboración del CISM 1989[231], la segunda no estuvo exenta de crítica, pues algunas delegaciones señalaron que toda operación de salvamento conlleva un peligro. En consecuencia, consideraron necesario explicar cuándo la amenaza del peligro podía influir en la voluntad de las partes en la conclusión del contrato; aunque finalmente no lo determinaron[232]. A este respecto, algunos autores[233] han considerado que este aspecto únicamente hace referencia a los supuestos en los que el contrato se celebra en el lugar del peligro —*a priori*, el mar— y no admiten los celebrados, por ejemplo, desde tierra; lo cual es erróneo, ya que lo relevante es que el buque, la carga o el flete, se encuentre en peligro.

Sin perjuicio de que estudiemos el peligro más adelante[234], podemos adelantar que es un «elemento» necesario en un salvamento marítimo. No obstante, eso no implica que todos los contratos se hayan celebrado bajo su influencia. En virtud del artículo 7 del CISM 1989, para considerar que un contrato se celebra bajo la influencia del peligro es imprescindible que la persona que fuera a celebrarlo, bajo su criterio técnico (pues será un profesional marítimo), en el momento de su conclusión, se haya visto significativamente afectada o dominada por esta situación; de modo que, como resultado, se produzcan unas condiciones no equitativas entre las partes. El CISM 1989 —y esto será una reflexión constante acerca del texto internacional— es un convenio internacional cuya regulación es muy amplia, de modo que contemple en su regulación todas las posibles situaciones y circunstancias que puedan suceder en una operación de salvamento marítimo. Por supuesto, habrá ocasiones en las que se aprecie claramente que las condiciones contractuales no son equitativas, pero otras muchas ocasiones será difícil evaluar que el peligro, inherente al salvamento, ha conllevado a las partes a firmar unas condiciones poco justas.

230 Nótese que, desde la aprobación del CISM 1989 en 1989, 34 nuevos países se han adherido a las Naciones Unidas. La relación de países puede consultarse en https://www.un.org/es/sections/member-states/growth-united-nations-membership-1945-present/index.html.

231 Esta cuestión no originó ningún debate en el proceso de elaboración del CISM 1989, ya que resulta evidente que, en un proceso de formación de la voluntad contractual, de haber una conducta indebida de una parte provocando una presión indebida en la otra, eso provoca un consentimiento viciado, no una voluntad real.

232 *Vid.* CMI, *The Travaux Préparatoires of the Convention on Salvage, 1989*, *op. cit.*, pág. 210.

233 *Vid.* García Luengo, *La remuneración en el salvamento marítimo*, *op. cit.*, pág. 153; Ruiz Soroa, *Manual de derecho de accidentes de la navegación*, *op.cit.*, pág. 137.

234 Véase *infra* en el capítulo cuarto el epígrafe 1.3 Las situaciones de peligro.

El modelo LOF 2020 intenta limitar esta situación, sometiendo estas cuestiones a arbitraje.

Desde nuestro punto de vista, el supuesto que describe el artículo 7 del CISM 1989 supondría en nuestro Ordenamiento un vicio en el consentimiento entre las partes[235]; en concreto, el dolo. Así, en virtud del artículo 1.269 CC, «Hay dolo cuando, con palabras o maquinaciones insidiosas de parte de uno de los contratantes, es inducido el otro a celebrar un contrato que, sin ellas, no hubiera hecho». El dolo anularía el contrato que se está celebrando, que es a la misma consecuencia que establece el CISM 1989[236].

El segundo motivo por el que el contrato se puede anular o modificar es cuando «el pago pactado en el contrato es excesivamente alto o excesivamente bajo en relación con los servicios efectivamente prestados». La cuantía del premio para los salvadores por los servicios prestados podrá ser fijada en el contrato, aunque podrán modificarse o anularse aquellos contratos cuyo premio sea desproporcionado. Con ello se hace referencia al equilibrio que debe existir entre las prestaciones de las partes.

El premio no suele estar determinado *ab initio*, ya que podrá ser objeto de cálculo en la terminación del contrato, lo que es más frecuente en la práctica[237], ya sea por acuerdo celebrado entre las partes o bien por determinación del tribunal o de la corte arbitral[238]. En ocasiones, será el tribunal que conozca el caso quien deberá valorar cuáles son las circunstancias en las que se celebró el contrato y si éstas fueron justas y equitativas entre las partes[239]. Al igual

235 A la misma conclusión llegan MONTAS, ORTIZ DE ZÁRATE, «La forcé créatrice de Droit du fait de la nature: le risque de mer, fondement du Droit maritime», en *Revue de la Recherche Juridique - Droit prospectif*, 2010, vol. 4, págs. 2.081-2.112, págs. 2.087-2.088, quienes consideran que, según el Derecho común, estaríamos ante dolo o violencia, lo que provocaría la nulidad del contrato.

236 El artículo 1.265 CC dispone que «Será nulo el consentimiento prestado por error, violencia, intimidación o dolo».

237 *Vid.* GABALDÓN GARCÍA, RUIZ SOROA, *Manual de Derecho de la Navegación Marítima*, *op. cit.*, pág. 730; WAYNE, «Liability Salvage--By Private Ordering», en *J. Legal Stud.*, *cit.*, pág. 97. En el caso *The Gregerso* [1971] 1 Lloyd's Rep. 220, citado anteriormente en la nota al pie número 459, se pone manifiesto precisamente esta situación. Las partes ofrecieron asistencia al buque *Kungso* con base en un contrato LOF. A pesar de no haberse dado ninguna respuesta ni haberse completado las formalidades del contrato, el remolcador se dirigió a la zona del accidente debido a la urgencia de la ayuda.

238 Conviene destacar que la rama de Lloyd's encargada del arbitraje de salvamento, la *Salvage Arbitration Branch*, es responsable de la administración del LOF, un contrato que tiene por objetivo «proporcionar un marco para determinar el importe del premio que debe concederse a los salvadores por sus servicios de salvamento», según lo establecido en la página oficial de Lloyd's, disponible en: https://www.lloyds.com/resources-and-services/lloyds-agency/salvage-arbitration-branch.

239 Lo que se entiende generalmente en la doctrina; *vid.* BRICE, *Brice on Maritime Law of Salvage*, *op. cit.*, págs. 364-365, 371; Pulido, «El salvamento marítimo», en *Las averías y los accidentes…*, *op. cit.*, pág. 325; RUIZ SOROA, *Manual de derecho de accidentes de la*

que en el caso anterior, estamos ante un artículo amplio del Convenio, en el que puede resultar difícil determinar qué criterios adoptar para valorar si un premio es excesivamente alto o bajo. Por lo tanto, para su valoración *a posteriori* por la corte arbitral y previa reclamación, habrá que atender a si, en último lugar, esto supone unas condiciones no equitativas en el contrato.

En segundo lugar, la segunda causa que recoge el CISM 1989 para anular y modificar el contrato de salvamento, consiste en la obligación de evitar o reducir al mínimo los daños al medioambiente. Lo anterior vuelve a ser un reflejo de los objetivos propuestos en el Convenio de Londres pues, se vuelve a poner de manifiesto la relevancia de la protección medioambiental, reflejo de la evolución que experimenta el salvamento desde la segunda mitad del siglo XX.

Los dos límites imperativos del CISM 1989 que deben respetar las partes a la hora de celebrar un contrato de salvamento (el artículo 7 del CISM 1989 y la protección del medioambiente) se recogen en la LNM en su artículo 361.1[240]. Lo anterior refuerza lo ya comentado sobre que el CISM 1989 es «dispositivo» en tanto en cuanto permite la celebración de contratos de salvamento marítimo, pero tiene aspectos de obligado cumplimiento por las partes.

1.5. Otros textos internacionales relacionados con la materia

Los regímenes más importantes que regulan las operaciones de salvamento marítimo son tanto el contrato de salvamento —especialmente el LOF— como el CISM 1989[241]. No obstante, el régimen del salvamento marítimo no se agota completamente con el CISM 1989 ni con el contrato, ya que existen otras normas internacionales que también hacen referencia al mismo.

navegación, *op. cit.*, pág. 137.

240 Que establece lo siguiente: «Las partes interesadas podrán contratar las condiciones del salvamento libremente, sin más límite que su obligación inderogable de actuar con la diligencia necesaria para evitar o reducir al máximo los daños al medio ambiente»; *vid.* Morral, «Del salvamento», en *Comentarios a la Ley 14/2014 de 24 de julio, de navegación marítima*, dirs. I. Arroyo Martínez, J.A. Rueda Martínez, Madrid, 2016, págs. 1.113-1.151, pág 1.132, considera que esta obligación ha sido trastada del CISM 1989 y respetada por la LNM cuando consideran que la protección del medioambiente es «inherente a la prestación del auxilio»; Peleteiro, «El salvamento en la Ley de Navegación Marítima», en *Comentarios a la Ley de Navegación Marítima*, *op. cit.*, págs. 330-331, lo describe como una «referencia fundamental que se recoge reiteradamente» en el CISM 1989 y la LNM.

241 *Vid.* Darling, Smith, *LOF 90 and the new salvage Convention*, *op.cit.*, pág. 2; Clift, Gay, «The Shifting Nature of Salvage Law: A View from a Distance», en *Tul. L. R.*, 2005, vol. 79, núm. 5-6, págs. 1355-1360, pág. 1.356 consideran que existe una prevalencia del contrato LOF sobre el Derecho del salvamento marítimo y que este se aplica en los casos en los que no exista acuerdo o no hayan aportado la fianza correspondiente según el contrato.

Aunque sea una norma que regula materias propias del Derecho público, conviene mencionar la Convención de las Naciones Unidas sobre el Derecho del Mar (*United Nations Convention on the Law of the Sea*, UNCLOS), aprobada el 10 de diciembre de 1982, que entró en vigor en 1994[242]. Esta Convención fue aprobada en Naciones Unidas con el propósito de consagrar el régimen legal para los océanos y mares del mundo, incluyendo sus posibles usos y sus recursos[243].

Uno de los aspectos más relevantes que regula el UNCLOS son los límites de las zonas marítimas de un Estado. Estas zonas son las aguas interiores[244], el mar territorial[245], la zona contigua[246], la zona económica exclusiva[247] (ZEE

242 El texto de la *United Nations Convention on the Law of the Sea* puede consultarse en: https://www.un.org/Depts/los/convention_agreements/texts/unclos/convemar_es.pdf. La preparación de esta Convención había comenzado en 1973, con la Tercera Conferencia de Naciones Unidas sobre el Derecho del Mar. Véase la nota al pie 177.
La lista actual de los países que han firmado este convenio han sido: Albania, Alemania, Angola, Antigua y Barbuda, Arabia Saudí, Argelia, Argentina, Armenia, Australia, Austria, Azerbaiyán, Bahamas, Bangladesh, Barbados, Baréin, Bélgica, Belice, Benín, Bielorrusia, Birmania, Bolivia, Bosnia y Herzegovina, Botsuana, Brasil, Brunéi, Bulgaria, Burkina Faso, Cabo Verde, Camerún, Canadá, Chad, Chile, China, Chipre, Comoras, Congo, Costa de Marfil, Costa Rica, Croacia, Cuba, Dinamarca, Dominica, Ecuador, Egipto, Eslovaquia, Eslovenia, España, Estonia, Fiji, Filipinas, Finlandia, Francia, Gabón, Gambia, Georgia, Ghana, Granada, Grecia, Guatemala, Guinea, Guinea Bisáu, Guinea Ecuatorial, Guyana, Haití, Honduras, Hungría, India, Indonesia, Iraq, Irlanda, Islandia, Islas Cook, Islas Marshall, Islas Salomón, Italia, Jamaica, Japón, Jordania, Kenia, Kiribati, Kuwait, Laos, Lesoto, Letonia, Líbano, Liberia, Lituania, Luxemburgo, Macedonia del Norte, Madagascar, Malasia, Malaui, Maldivas, Malí, Malta, Marruecos, Mauricio, Mauritania, México, Micronesia, Mónaco, Mongolia, Montenegro, Mozambique, Namibia, Naurú, Nepal, Nicaragua, Níger, Nigeria, Niue, Noruega, Nueva Zelanda, Omán, Países Bajos, Pakistán, Palau, Palestina, Panamá, Papúa Nueva Guinea, Paraguay, Polonia, Portugal, Qatar, Reino Unido, República Checa, República de Corea, República Dominicana, República de Moldavia, Rumanía, Rusia, Samoa, San Cristóbal y Nieves, San Vicente y las Granadinas, Santa Lucia, Santo Tomás y Príncipe, Senegal, Serbia, Seychelles, Sierra Leona, Singapur, Somalia, Sri Lanka, Suazilandia, Sudáfrica, Sudán, Suecia, Suiza, Suriname, Tailandia, Tanzania, Timor Oriental, Togo, Tonga, Trinidad y Tobago, Túnez, Tuvalu, Ucrania, Uganda, Unión Europea, Uruguay, Vanuatu, Vietnam, Yemen, Yibuti, Zambia y Zimbabue.

243 Por todos, *vid.* NORDQUIST, M.H., NANDAN, S. N., KRASKA, J., *UNCLOS 1982 Commentary: Supplementary Documents*, Leiden, Martinus Nijhoff Publishers, 2012.

244 Son las «aguas situadas en el interior de la línea de base del mar territorial» según el artículo 11 del UNCLOS.

245 Aquél que se extiende hasta un máximo de 12 millas náuticas desde la línea base donde el Estado sigue ejerciendo su plena soberanía según los artículos 2.1 y 3 del UNCLOS.

246 Esto es, la zona de hasta 24 millas náuticas contadas desde la línea de base o 12 millas desde el mar territorial en virtud del artículo 33.2 del UNCLOS. Esta zona podría reconocerse como una *zona de seguridad* aunque no se indique así expresamente en el UNCLOS, por cuanto la soberanía estatal se le reconoce en aspectos fiscales o administrativos en virtud de su artículo 33.1; *vid.* KLEIN, *Maritime security and the Law of the Sea*, Nueva York, 2011, pág. 87.

247 Esta zona se expandirá hasta un máximo de 200 millas náuticas contadas desde la línea

en adelante), la plataforma continental[248] y la alta mar[249]. En este trabajo, se volverá a algunos de estos conceptos, principalmente el de la ZEE y el de las aguas interiores; el primero de ellos en relación con los daños al medioambiente en el salvamento marítimo[250] y, el segundo, que se examinará más adelante en este mismo capítulo, con objeto del estudio de la relación entre el CISM 1989 y la LNM[251].

Además, cabe hacer una breve mención al *Convenio internacional sobre cooperación, preparación y lucha contra la contaminación por hidrocarburos* (Convenio OPRC 90 en adelante), de 30 de noviembre de 1999, con entrada en vigor en España en 1995[252]. El objetivo de dicho Convenio también engloba la cooperación internacional en la lucha contra sucesos de contaminación del mar[253]. Para ello considera la obligación de los Estados de proveer planes de contingencia[254] en virtud de su artículo 6.1, letra b), y la cooperación de los

---

base, *ex* artículo 57 del UNCLOS. En esta zona, el Estado ribereño ostenta algunos derechos referidos a la «exploración, explotación, conservación y administración de los recursos naturales» según el artículo 55 de dicho Convenio.

248 Esta zona comprende según el artículo 76 del UNCLOS «el lecho y el subsuelo de las áreas submarinas que se extienden más allá del mar territorial (de un Estado ribereño) y a todo lo largo de la prolongación natural de su territorio hasta el borde exterior del margen continental, o bien hasta una distancia de 200 millas marinas contadas desde las líneas de base (...)». En la plataforma continental, el Estado ribereño tiene derechos de exploración y de la explotación de los recursos naturales (artículo 77 del referido Convenio).

249 A diferencia de las anteriores zonas, en alta mar, todos los Estados pueden gozar de los derechos recogidos en el artículo 87.1 del UNCLOS. La alta mar es la evolución del tradicional *mare liberum*; *vid.* Klein, *Maritime security and the Law of the Sea*, *op. cit.*, pág. 105 y ss.

250 Así, el artículo 1, letra d), del CISM 1989 los define como los «daños materiales que afecten considerablemente a la salud del ser humano, a la flora o la fauna marinas o a los recursos marinos que se encuentren en *aguas costeras o interiores o en las aguas adyacentes a éstas*, ocasionados por contaminación, impurificación, incendio, explosión u otros sucesos graves de análoga importancia». Véase *infra* en el capítulo quinto el epígrafe 2.3 Obligaciones en relación con la protección del medioambiente.

251 Véase *infra* en este capítulo el epígrafe 2.2 El CISM 1989 en España.

252 El Instrumento de Ratificación del Convenio OPRC 90 puede consultarse en el siguiente enlace: https://www.boe.es/buscar/doc.php?id=BOE-A-1995-13531.

253 http://www.imo.org/es/about/conventions/listofconventions/paginas/international-convention-on-oil-pollution-preparedness,-response-and-co-operation-(oprc).aspx.

254 En España, este plan se regula por el Real Decreto 1695/2012, de 21 de diciembre, *por el que se aprueba el Sistema Nacional de Respuesta ante la contaminación marina*, disponible en: https://www.boe.es/eli/es/rd/2012/12/21/1695. Este plan se aplicará en todos supuestos «(...) de contaminación marina accidental o deliberada, cualquiera que sea su origen o naturaleza, que afecte o pueda afectar tanto a las aguas marítimas sobre las que España ejerce soberanía, derechos soberanos o jurisdicción como a las costas españolas», *ex* artículo 1 de este Real Decreto. El RD 1695/2012 define los planes de contingencia en su artículo 2 como aquel «instrumento jurídico y técnico por el que se regulan los procedimientos de organización y actuación de las administraciones públicas y entidades públicas y privadas, comprensivo de la estructuración, disposición de medios personales

equipos de salvamento estatales, *ex* artículo 6.2, letra b), entre otros aspectos. Finalmente, conviene recordar el CRC 1992, ya comentado anteriormente, que regula actualmente la responsabilidad de los «*shipowners*» por los daños ocasionados por la contaminación por hidrocarburos[255].

2. El salvamento marítimo en el Derecho español

2.1. La regulación previa a la Ley de Navegación Marítima

Antes de la aprobación de la LNM, la regulación del salvamento marítimo en España ha sido bastante dispersa, lo que contrasta con la «homogeneidad»

---

y materiales y la dirección y seguimiento de las operaciones ante un suceso de contaminación marina».

En virtud del artículo 3 del RD 1695/2012, España pueden apreciarse hasta cinco planes de contingencia distintos, según el ámbito de actuación donde se produzca el suceso de contaminación marina. En primer lugar, en el «subsistema marítimo» se distingue el *Plan Marítimo Nacional*, que se aplicará en las aguas en las que España ejerce soberanía, derechos soberanos o jurisdicción, de aquellos *Plan interior marítimo*, cuando se produzca el suceso contaminante en un puerto, un terminal marítimo de manipulación de mercancías, una plataforma marina de exploración o explotación de recursos naturales en el mar, así como cualquier otra instalación marítima situada en zonas donde España ejerce soberanía, derechos soberanos o jurisdicción. En segundo lugar, en el «subsistema costero», se distinguen tres categorías de planes de contingencia. La primera es el *Plan Estatal de Protección de la Ribera del Mar contra la Contaminación*, en aquellos casos en los que la contaminación afecte o pueda afectar a la costa y requiera la intervención de la Administración General del Estado (Ministerio de Agricultura, Alimentación y Medio Ambiente o del Ministerio del Interior). La segunda categoría la componen los Planes territoriales de comunidades autónomas y de ciudades de Ceuta y Melilla de protección de la ribera del mar contra la contaminación o *Planes territoriales*. El tercer tipo de planes de contingencia del «subsistema costero» lo conforman los Planes locales de protección de la ribera del mar contra la contaminación o *Planes locales*, cuando afecten o puedan afectar al ámbito territorial de una entidad local costera.

255 Complementario al anterior es el Convenio del Fondo de 1992 que se aplica cuando la indemnización del CRC 1992 de los daños provocados por este tipo de accidentes no resulta suficiente. En virtud del Convenio del Fondo de 1992, la indemnización máxima que puede pagarse es de 203 millones de DEG. Desde 2006, el CRC 1992 y el Convenio del Fondo de 1992 han sido complementados por los acuerdos STOPIA y TOPIA. El primero de ellos es el *Acuerdo de indemnización de la contaminación por hidrocarburos procedentes de pequeños buques tanque*. Este compromiso voluntario limita la indemnización a pagar por los buques pequeños (arqueo bruto igual o inferior a 29.548) y sus aseguradoras a 20 millones de DEG. El acuerdo TOPIA se corresponde por su parte con el *Acuerdo de indemnización de la contaminación por hidrocarburos procedentes de buques tanque*. Es igualmente un acuerdo voluntario por el que se indica que el Fondo complementario podrá percibir un 50 % de indemnización por los siniestros provocados por este tipo de buque. Tanto el acuerdo STOPIA como el TOPIA exigen que los *«owners»* estén inscritos en Clubs de P&I que formen parte del Grupo Internacional de Clubs de P&I; igualmente, que estén asegurados en virtud de las directrices de reagrupamiento del Grupo. Sus versiones fueron enmendadas posteriormente, entrando en vigor el 20 de febrero de 2017.

de la regulación internacional de esta operación, conformada por el Convenio de Bruselas de 1910 y el posterior CISM 1989 y otros Tratados internacionales.

Teniendo en cuenta como punto de partida el siglo XIX, por ser el momento en el que se desarrolla el salvamento marítimo como actividad profesional, el salvamento marítimo se regulaba en el Código de Comercio de 1885[256] (CCom en adelante). En relación con el Derecho marítimo, el CCom prácticamente había recogido lo dispuesto en el anterior Código de Comercio de 1829[257], aunque también había introducido algunas disposiciones sobre el salvamento marítimo, que apenas se regulaban en el CCom de 1829[258]. Así, el CCom de 1885 no regulaba como tal la operación de salvamento, aunque en la sección sobre los oficiales y la dotación del buque existía alguna referencia. Por ejemplo, el artículo 643[259], que establecía el «derecho al cobro» de estos sujetos por el valor de los bienes que hubieran conseguido salvar. Complementaria a la regulación del CCom, el Ministerio de Marina aprobó la *Instrucción para el cumplimiento del Decreto de 30 de noviembre de 1872*, aprobada en 1873[260].

256 A cuyo contenido se puede acceder en el siguiente enlace: https://www.boe.es/eli/es/rd/1885/08/22/(1)/con.

257 Este Código de 1829 nació en el proceso de codificación característico de principios del siglo XIX a partir de la entrada en vigor del Código de Comercio francés de 1807. Con base en esta norma francesa y las Ordenanzas de Bilbao de 1737, se redacta el Código de Comercio español de 1829; *vid.* Ansieta, «Las grandes líneas de la historia del derecho marítimo», en *RDPUCV*, cit., págs. 95-125. En el ámbito marítimo, el Código de Comercio de 1885 se basó fundamentalmente en el anterior de 1829 sin introducir grandes novedades; *vid.* Rodrigo de Larrucea, «El proyecto de Ley de navegación marítima: justificación y novedades de la reforma del derecho marítimo español», en *AA*, 2009, núm. 20, págs. 1-9, pág. 2.

258 El CCom de 1829 regulaba así las averías marítimas y los naufragios, pero ninguna operación cercana a la asistencia o el salvamento, especialmente teniendo en cuenta que, a principios del siglo XIX, las condiciones técnicas de los buques tampoco permitían una perspectiva de éxito en dichas operaciones. Así, el artículo 982 del CCom de 1829 disponía que: «Encallando ó naufragando la nave, sus dueños y los interesados en el cargamento sufrirán individualmente las pérdidas y desmejoras que ocurran en sus respectivas propiedades, perteneciéndoles los restos de ellas que puedan salvarse».

259 Cuya redacción disponía que: «Si el buque y su carga se perdieren totalmente por apresamiento o naufragio, quedará extinguido todo derecho, así por parte de la tripulación para reclamar salario alguno como por la del naviero para el reembolso de las anticipaciones hechas. *Si se salvare alguna parte del buque o del cargamento*, o de uno y otro, *la tripulación ajustada a sueldo, incluso el capitán, conservará su derecho sobre el salvamento hasta donde alcancen, así los restos del buque como el importe de los fletes de la carga salvada*; más los marineros que naveguen a la parte del flete no tendrán derecho alguno sobre el salvamento del casco, sino sobre la parte del flete salvado. *Si hubieren trabajado para recoger los restos del buque náufrago, se les abonará sobre el valor de lo salvado una gratificación proporcionada a los esfuerzos hechos y a los riesgos arrastrados para conseguir el salvamento*», cursiva añadida.

260 *Gaceta de Madrid*, número 164, de 13 de junio de 1873, contenido disponible en: https://www.boe.es/datos/pdfs/BOE//1873/163/A00704-00706.pdf.
El Real Decreto de 30 de noviembre de 1872 estableciendo reglas para la sustanciación

En el Título V de dicha Instrucción se regulaba el «procedimiento en los expedientes de salvamento» (artículos 189-214).

No obstante, el CCom de 1885 pronto quedó superado en lo que a Derecho de la navegación respectaba[261]. España firmó el Convenio de Bruselas de 1910, pero no lo ratificó hasta el 13 de diciembre de 1923, entrando en vigor el 30 de diciembre de ese mismo año[262]. Durante esos 13 años, el régimen legal del salvamento marítimo era el CCom y la mencionada Instrucción aprobada en 1873. Posteriormente, en 1925 se aprobó la *Ley de Enjuiciamiento Militar de Marina* de 1925[263], que sustituiría la anterior Instrucción de 1873. En el Título Adicional de esta ley se regulaban los abordajes, los naufragios, los salvamentos y los hallazgos en el mar. La sección primera del capítulo III recogía el régimen legal para los salvamentos marítimos. En concreto, los expedientes de salvamento marítimo quedaron regulados en los artículos 18 a 39 de este Título Adicional[264]. Sin pretender realizar un examen profundo sobre esta ley, destacamos que ya se regulaba el premio por el salvamento cuando se hubiera producido un resultado útil; aunque también la posibilidad de pagar a los sal-

---

y terminación de las causas y sumarias de que hoy conocen los Juzgados de las Capitanías ó Comandancias generales de los Departamentos y Apostaderos, hasta tanto que se publique el tratado de procedimientos para los Tribunales de Marina. Fue una norma de Derecho penal de la Marina de Guerra (Código penal de la Marina de Guerra, 1888) que establecía, provisionalmente, la competencia de ciertas cuestiones hasta que no hubiera una norma que regulase los Tribunales de la Marina; *vid.* VON LISZT, *Tratado de Derecho penal*, Tomo Primero, Madrid, 1914, pág. 497; VIGÓN, *Guía del Archivo Museo «D. Álvaro de Bazán»*, Madrid, 1985, pág. 112.

261 La doctrina también se ha pronunciado sobre la desactualización del Código de Comercio, *vid.* ROJO, «El Código Mercantil», en *Revista Otrosí*, núm. 12, 2012, págs. 17-21; CAMPUZANO, SAN JUÁN, «El derecho marítimo en España. La Ley de Navegación Marítima», en *Comentarios a la Ley de Navegación Marítima*, dirs. A. B. CAMPUZANO, E. SAN JUÁN, Valencia, 2016, págs. 5-28, pág. 7; ALCÁNTARA GONZÁLEZ, «Proyecto de Ley General de la Navegación Marítima (I y II)», en *Diario La Ley*, número 8.157, Sección Doctrina, 2013, que indica que el Derecho marítimo no se correspondía a la realidad social y económica del siglo XXI. Por otro lado, la titularidad de las relaciones marítimas se relacionaba con la propiedad del buque, sin que se contemplase la figura del naviero o armador, sin posibilidad de que no fuera propietario del buque según consta en la Memoria explicativa del Anteproyecto de la Ley de Navegación Marítima, 2004, pág. 3.

262 Pese a que la representación de España en la firma del Convenio de Bruselas de 1910 declaró su disposición a firmarlo, lo hizo bajo la reserva de que otros Gobiernos representados en la Conferencia de Bruselas de 1909 que admitían la distinción entre salvamento y asistencia lo firmasen antes; *vid.* ESTASÉN, *Cuestiones de Derecho* Marítimo, *op. cit.*, pág. 129.

263 Real Decreto Ley de 10 de julio de 1925, disponible en https://www.boe.es/datos/pdfs/BOE//1925/193/A00314-00318.pdf. En concreto, la Instrucción de 1873 quedó sustituida por el denominado Título Adicional a la Ley de Enjuiciamiento Militar de Marina de 1925.

264 En este trabajo para denominar este Título Adicional de la Ley de Enjuiciamiento Militar de Marina de 1925 se utilizará simplemente la expresión Ley de 1925, aunque realmente se haga referencia a este Título Adicional que es el que regulaba el salvamento marítimo.

vadores por los gastos ocasionados en el salvamento sin haber obtenido éxito alguno. Ambos supuestos se recogían en el artículo 18 de la Ley de 1925 que disponía lo siguiente:

> «El Capitán o patrón de un buque que con él preste auxilio en el mar a otro buque que lo necesite o lo pida tendrá derecho a que le resarzan los gastos ocasionados y se le indemnicen los perjuicios que acredite haber sufrido con motivo o a consecuencia del auxilio. El buque que los preste consiguiendo resultado positivo, tendrá derecho, además, a un premio qué no podrá exceder de la décima parte del valor del buque salvado y de su cargamento (...)».

En cuanto a la relación entre los dos regímenes legales que regulaban las operaciones de salvamento en este momento, esto es, el Convenio de Bruselas de 1910 y la Ley de Enjuiciamiento Militar de Marina de 1925, algún autor ha señalado sus diferencias[265]. Desde nuestro punto de vista, el «*legislador*» español hizo un esfuerzo por unificar el régimen legal anterior del salvamento marítimo al del Convenio internacional. Así se aprecia en artículos como el 19 de la Ley de 1925[266] en relación con el artículo 4 del Convenio de 1910[267]; o con el artículo 20 de la Ley[268], claramente inspirado en el artículo 3 del Convenio[269].

Posteriormente[270], se aprobó la Ley de 29 de marzo de 1941 que restablece el Código Penal de la Marina de Guerra, la Ley de Organización y Atribucio-

---

265 Entre otros, el premio o el órgano al que dirigirse cuando se tenía noticia de un salvamento; *vid.* PÉREZ RAMÍREZ, *El Tribunal Marítimo Central: 1963-2017*, *op. cit.*, pág. 70.

266 Artículo 19 de la Ley de 1925: «El buque clasificado como remolcador no tiene derecho a remuneración especial por el auxilio o salvamento del buque que remolque o de su carga, a menos que haya prestado servidos excepcionales al buque que no puedan considerarse comprendidos en el contrato de remolque».

267 Artículo 4 del Convenio de 1910: «El remolcador no tiene derecho a remuneración alguna por el auxilio o salvamento del navío remolcado por él, o a su cargamento, sino cuando hubiere prestado servicios excepcionales que no pudieran considerarse como el cumplimiento del contrato de remolque».

268 Artículo 20 de la Ley de 1925: «El auxilio prestado contra la expresa y razonada prohibición del buque socorrido no determinará derecho a premio ni remuneración de ninguna clase».

269 Artículo 3 del Convenio de 1910: «No tendrá derecho a remuneración alguna las personas que, a despecho de la prohibición expresa y razonada del navío socorrido, tomen parte en las operaciones de salvamento».

270 En el periodo comprendido entre 1925 y 1941, la Instrucción de 4 de julio de 1873, el Real Decreto Ley de 10 de julio de 1925 que aprobaba el Título Adicional a la Ley de Enjuiciamiento militar de Marina y la Ley de 29 de marzo de 1941 entraron en vigor y fueron derogados sucesivamente dependiendo de las corrientes y acontecimientos políticos que se sucedieron en España; *vid.* FRANCO, «Consideraciones relativas a los salvamentos, remolques de fortuna y extracciones, tras la aprobación de la Ley de navegación marítima», en *R.E.D.A.*, 2014, núm. 167, págs. 231-265, pág. 234. Con la llegada de la Segunda República en 1931, quedó derogada la Ley de Enjuiciamiento Militar de Marina de 1925, por lo que el salvamento marítimo volvió a quedar regulado por la Instrucción de 1873. Más tarde, en 1945 se aprobó un nuevo Código de Justicia Militar derogando dicha Ley de

nes de los Tribunales de Marina y la Ley de Enjuiciamiento Militar del mismo Ramo[271]; esto fue, una norma de sólo cinco disposiciones en la cual la primera reestablecía una serie de normas procesales militares. Por ello, el salvamento marítimo siguió regulándose por la Ley de Enjuiciamiento Militar de Marina de 1925, ya que ésta se reestableció incluyendo su Título Adicional en el que se regulaban los expedientes de salvamento[272].

Cuatro años más tarde se aprobó la *Ley de 17 de julio de 1945 por la que se aprueba y promulga el Código de Justicia Militar*[273], que derogó la Ley de 1925[274], a excepción de su Título Adicional —que regulaba, como se ha indicado, los expedientes de salvamento y hallazgo en el mar—. Éste fue el último régimen legal que reguló el salvamento marítimo antes de la aprobación de la LAS[275].

En los párrafos anteriores se han expuesto las diversas modificaciones e *inestabilidades* del régimen del salvamento marítimo en España. Los cambios en el contexto político de principios del siglo XX quedaron reflejados en este régimen, que fue continuamente cambiando. Este proceso se estabilizó en los años 60 del siglo XX, con la aprobación de la LAS. No obstante, hubo un procedimiento legislativo anterior para elaborar una nueva norma sobre salvamento que comenzó en 1951[276] y que se desarrolló durante una década, aun-

1925, aunque el Capítulo III, relativo a los expedientes de salvamento marítimo, quedó en vigor. Para un estudio más extenso sobre la legislación entre 1873 y 1945 puede consultarse PÉREZ RAMÍREZ, *El Tribunal Marítimo Central: 1963-2017*, *op. cit.*, págs. 54-58 y págs. 68-72.

271 Publicado en el *BOE* núm. 99, página 2375, disponible en: https://www.boe.es/datos/pdfs/BOE//1941/099/A02375-02375.pdf.

272 *Vid.* CARRERO, «Carácter del Tribunal Marítimo Central y su encuadramiento en la justicia administrativa», en *RAP*, *cit.*, pág. 379.

273 Disponible en el *BOE* número 201, págs. 472-483; https://www.boe.es/datos/pdfs/BOE/1945/201/R00472-00936.pdf.

274 La aprobación de la Ley de 17 de julio de 1945 también derogó diversas normas relacionadas con el Derecho marítimo, especialmente lo relacionado con el ámbito militar. Entre otras, quedaron derogadas el Código de Justicia Militar, el Código Penal de la Marina de guerra y las Leyes de Organización y atribuciones de Tribunales de Marina y Enjuiciamiento Militar de Marina.

275 El 10 de enero de 2005, España a través de la Embajada de España en Bruselas denunció el Convenio mediante Nota Verbal dirigida al Servicio Público Federal de Asuntos Exteriores, Comercio Exterior y Cooperación al Desarrollo del Reino de Bélgica. La Denuncia por España del Convenio para la unificación de ciertas reglas en materia de asistencia y salvamento marítimo, hecho en Bruselas el 23 de septiembre de 1910, *BOE* núm. 58, de 9 de marzo de 2005 puede encontrarse en el siguiente enlace: https://www.boe.es/diario_boe/txt.php?id=BOE-A-2005-3860. Esta denuncia surtiría efectos desde el 19 de enero de 2006.

276 En relación con ello, cabe ser destacada la Orden de 18 de junio de 1951 por la que se dispone quede integrada con los señores que se indican la Comisión Interministerial creada por la de 5 de marzo último para la redacción de un anteproyecto de Ley reguladora de los aspectos sustantivo y procesal en materia de auxilio, salvamento y hallazgos marítimos,

que no llegó a producir ningún texto. En 1961 se creó una Comisión Especial[277] a través del Ministerio de Marina con el fin de aprobar una nueva ley sobre salvamento marítimo, dando lugar, finalmente, a la LAS aprobada el 24 de diciembre de 1962 y, cinco años después, el Reglamento que la desarrolla[278].

En su exposición de motivos, la LAS establece expresamente su «objeto de unificar ciertas reglas en materia de auxilios y salvamentos marítimos» a través de la incorporación a dicha ley el texto del Convenio de 1910, aunque «ampliándolo para incluir la asistencia marítima a aeronaves y la prestada o recibida por buques de guerra o afectos a un servicio público». El texto legislativo se estructura en dos títulos. El Título I dispone el objeto de la ley, esto es, los auxilios y salvamentos[279], el remolque en la mar, los hallazgos, las extracciones y los derechos de propiedad de los efectos salvados o hallados. En particular, la regulación del salvamento marítimo se disponía en los artículos 1 a 14 de la LAS. El Título II de la LAS reguló la jurisdicción y los procedimientos, creando el Tribunal Marítimo Central (TMC en adelante) y los Juzgados Marítimos Permanentes[280].

Realizar un análisis de la LAS —que se encuentra en su mayor parte derogada— en este capítulo excede de los extremos de este trabajo, especialmente cuando la doctrina ha realizado numerosos comentarios al respecto[281]. Por ello, sólo se estudiarán, en su apartado correspondiente, las disposiciones de esta

atribuidos al Tribunal Superior, de Presas Marítimas, accesible en el *BOE* núm. 142, de 25 de junio de 1951, disponible en: https://www.boe.es/datos/pdfs/BOE//1951/174/A02981-02981.pdf.

277 Esta Comisión Especial contaba con 39 procuradores bajo la presidencia del procurador almirante don Salvador Moreno Fernández; *vid.* PÉREZ RAMÍREZ, *El Tribunal Marítimo Central: 1963-2017*, *op. cit.*, pág. 78.

278 Este Reglamento quedó aprobado en virtud del Decreto 984/1967, de 20 de abril, por el que se aprueba el Reglamento para aplicación de la Ley 60/1962, de 24 de diciembre que regula los auxilios, salvamentos, remolques, hallazgos y extracciones marítimos (*BOE* núm. 117, de 17 de mayo de 1967); https://www.boe.es/boe/dias/1967/05/17/pdfs/A06543-06548.pdf. Posterior y parcialmente modificado a su vez por el Decreto 2993/1968, de 26 de noviembre (*BOE* núm. 294, de 7 de diciembre de 1968); https://www.boe.es/boe/dias/1968/12/07/pdfs/A17566-17566.pdf.

279 La LAS unificó así estos dos conceptos en virtud de su artículo 1: «El auxilio y salvamento de los buques de navegación marítimo o aeronaves en el mar que se encuentren en peligro, de las cosas que se hallen a bordo, del flete y del precio del pasaje, así como los servicios del mismo género que se presten entre sí los buques de navegación marítima y los de navegación interior, quedan sometidos a las disposiciones siguientes, *sin que haya lugar a distinguir entre ambas clases de servicios ni a tener en cuenta las aguas en que hayan sido prestados*», cursiva añadida.

280 Véase *infra* en el capítulo segundo el epígrafe 4 El contrato LOF y el arbitraje de Lloyd's.

281 Entre otros, pueden consultarse, RUIZ SOROA, *Manual de derecho de accidentes de la navegación*, *op. cit.*, págs. 116 y ss.; MAYO, *Asistencias marítimas*, Madrid, 1980; PULIDO, «El salvamento marítimo», en *Las averías y los accidentes…*, *op. cit.*; GARCÍA LUENGO, *La remuneración en el salvamento marítimo*, *op. cit.*; MORRAL, *El salvamento marítimo*, *op.cit.*

Ley que aún siguen en vigor relativas al TMC y a los expedientes de auxilio, salvamento y remolque[282].

El nuevo contexto internacional de finales del siglo XX caracterizado por la conciencia medioambiental y los avances tecnológicos puso de manifiesto la inadecuación de la normativa española a las condiciones contemporáneas del tráfico marítimo, especialmente en lo relativo al salvamento: mayor capacidad de carga de los buques, sistemas de comunicación inmediatos, mejores sistemas de seguridad y, por supuesto, la protección del medioambiente que se había instaurado a partir del CISM 1989. Por otro lado, se hacía necesario someter los expedientes de salvamento al orden jurisdiccional civil, separándolos al fin del orden jurisdiccional militar[283].

En virtud de lo anterior y especialmente a partir de la entrada en vigor del CISM 1989, era oportuno concebir un nuevo régimen legal del salvamento marítimo en España, que tuviera en consideración el medioambiente y los cambios producidos en la industria marítima en las últimas décadas. No obstante, esta nueva regulación tardaría aún 25 años en llegar.

2.2. El CISM 1989 en España

El Convenio internacional sobre salvamento marítimo entró en vigor en España con pleno efecto desde el 27 de enero de 2006. Antes de adentrarnos en el estudio del CISM 1989 como derecho aplicable en España, debemos destacar con la entrada en vigor de la LNM su artículo 357 que establece que:

> «El salvamento se regirá por el Convenio Internacional sobre Salvamento Marítimo, hecho en Londres el 28 de abril de 1989, por los Protocolos que lo modifiquen de los que España sea Estado parte y por las disposiciones de este capítulo».

Aunque el artículo no sea extenso incluye dos ideas en las que profundizar. En primer lugar, el artículo menciona el CISM 1989, que es el Convenio que, a nivel internacional, regula esta operación marítima. A este respecto se estudiarán las reservas realizadas por el Estado español al CISM 1989. En segundo lugar, el artículo 357 LNM establece que el salvamento marítimo también se regulará por las propias disposiciones de la LNM, de modo que la regulación no se agotaría con lo dispuesto en el CISM 1989. En relación con lo anterior, se analizará la *relación* entre el Convenio internacional y la Ley española y se manifestará que este precepto no aporta gran contenido, en tanto en cuanto el

282 Véase *infra* en el capítulo segundo el epígrafe 4 El contrato LOF y el arbitraje de Lloyd's.

283 Por todos, *vid*. Pulido, «Accidentes de la navegación: abordaje, avería gruesa, salvamento y bienes hundidos o naufragados», en *Comentarios sobre la Ley de navegación marítima*, dirs. A. Emparanza Sobejano, J. M. Martín Osante, Madrid, 2015, págs. 531-563, pág. 548. A este respecto, *vid.* Guayo, «Problemas jurisdiccionales en materia de salvamento», en *X Jornadas de Derecho Marítimo*..., *op. cit.*, págs. 80-84.

CISM 1989 es un convenio internacional del que España es Estado parte y por tanto se aplica *per se*, sin la necesidad de que un artículo de una ley nacional provea su aplicación.

El Convenio de 1989 entró en vigor para España mediante Instrumento de 14 de enero de 2005[284]; aunque el Estado español realizó algunas reservas, en los términos del 30 del CISM 1989. En el primer apartado de dicho artículo se establece que «Todo Estado, en el momento en que se produzcan la firma, la ratificación, la aceptación, la aprobación o la adhesión, podrá hacer reserva de su derecho a no aplicar las disposiciones del presente Convenio (...)» en los cuatro supuestos recogidos en dicho artículo en las letras a) a d) [285]. España realizó tres reservas por el artículo 30.1(a), 30.1(b) y 30.1(d) del CISM 1989[286].

La primera de estas reservas es la prevista en el artículo 30.1, letra a), del CISM 1989 que establece que los Estados podrán excluir la aplicación del CISM 1989 «cuando la operación de salvamento se desarrolle en aguas interiores y todos los buques afectados sean de navegación interior». La segunda reserva es la de la letra b) de este mismo artículo, expresada en los siguientes términos: «cuando las operaciones de salvamento se desarrollen en aguas interiores y no se vea afectado ningún buque». Por la relación entre ambas reservas, éstas se estudiarán conjuntamente[287].

---

284 Con pleno efecto desde el 27 de enero de 2006; https://www.boe.es/eli/es/ai/1989/04/28/(1).

285 La letra c) de este artículo 30.1 del CISM 1989 hace referencia a la reserva de la aplicación del Convenio «cuando todas las partes interesadas sean nacionales de ese Estado». Esta reserva planteó discrepancias entre las diferentes delegaciones ya que consideraron que este artículo debía suprimirse. El representante del CMI contestó que este apartado se basaba en el principio —que se estableció por las anteriores convenciones firmadas en Bruselas, aunque no se especifica cuáles concretamente— de que debe haber un *elemento extranjero* para aplicar las normas de Derecho internacional uniforme; *vid.* CMI, *The Travaux Préparatoires of the Convention on Salvage, 1989*, *op. cit.*, pág. 546. Pues, en caso contrario, es decir, cuando todas las partes fueran nacionales de un Estado se aplicarían en principio las normas de dicho Estado. Igualmente, el representante matizó que, de no ser necesario este principio, podría suprimirse esta letra c) del artículo 30.1 del CISM 1989; aspecto que finalmente no se produjo.

286 Las reservas al CISM 1989 que se realicen en el momento de la firma «quedarán sujetas a confirmación» hasta que el Estado parte finalmente ratifique, acepte o apruebe el Convenio, *ex* artículo 30.2 del CISM 1989. Finalmente, el artículo 30.3 del CISM 1989 —«Todo Estado que haya hecho una reserva respecto del presente Convenio podrá retirarla en cualquier momento mediante una notificación dirigida al Secretario General. Tal retiro surtirá efecto en la fecha en que se reciba la notificación. Si en la notificación se especifica que el retiro de una reserva va a surtir efecto en una fecha dada y ésta es posterior a la fecha en que el Secretario General reciba la notificación, el retiro surtirá efecto en la fecha posterior»— permite la posibilidad de que una reserva realizada por un Estado se retire. Para ello, dicho Estado deberá dirigir una notificación al Secretario General, produciendo efecto desde la fecha en que se reciba la notificación; salvo que en dicha notificación se especifique fecha distinta posterior a la recepción de la misma por parte del Secretario General.

287 Esta letra a) del artículo 30.1 del Convenio difiere así de la b) que también hace referencia

Por «aguas interiores» España entiende «exclusivamente las aguas continentales que no están en comunicación con las aguas del mar y no son utilizadas por buques de navegación marítima», según lo dispuesto en el texto Instrumento de Ratificación del CISM 1989[288]. Esta exclusión de la aplicación del CISM 1989 se ha acogido favorablemente por la doctrina[289] que consideraba que el Convenio de Londres era más «acuático» que «marítimo».

La reserva que hace el Estado Español y que se refleja en la LNM se refiere a aquellas masas de agua que sean continentales, que no tengan comunicación con el mar y que no sean utilizadas por buques de navegación marítima. Resulta difícil encontrar una masa de agua que reúna estos tres requisitos en España[290],

---

a las aguas interiores; no obstante, este apartado exige que en el salvamento «no se vea afectado ningún buque». Esta reserva fue muy criticada, especialmente por Reino Unido y Francia; las delegaciones de estos países trabajaron conjuntamente para realizar una propuesta de letra a) más amplia que la que se aprobó, que no contemplase la necesidad de que los buques fueran de navegación interior. Como ejemplo, la delegación de Reino Unido expresó que en aquellos supuestos en los que en un canal o un río un camión o un coche cayesen al río y fuesen asistidos y rescatados por otro camión o una grúa, no se estaría en presencia de ningún buque. En consecuencia, no se podría aplicar a este supuesto la reserva del artículo 30.1, letra a), y sería aplicable por ende el Convenio de 1989 pese a ser aguas interiores. La propuesta de ambas delegaciones pasaba por incluir la siguiente frase: «or when no vessel is involved and the salvage operations take place in inland waters»; es decir, o cuando no se haya involucrado ningún buque y la operación de salvamento se produzca en aguas interiores. En la votación finalmente se optó por incluir esta propuesta que consta como letra b) de este apartado 1 del artículo 30 del CISM 1989.

288 Este tema que coincide con el artículo 358.1 de la LNM se analizará más adelante; véase *infra* en el capítulo cuarto el epígrafe 1.4 El salvamento «en cualesquiera aguas».

289 *Vid.* Arroyo, «Comentarios al Convenio de Salvamento de 1989», en *ADM*, cit., pág. 82; Pulido, «Accidentes de la navegación: abordaje, avería gruesa, salvamento y bienes hundidos o naufragados», en *Comentarios sobre la Ley de navegación marítima*, *op. cit.*, pág. 549.

290 Es decir, aguas que no sean continentales, aguas que no estén comunicadas con el mar y aguas que no se utilicen por buques de navegación marítima.
En el caso *Provost v. Huber* (1979) 594 F.2d 717 (8th Cir.) se plantea una situación, sin duda, curiosa en relación con las aguas en las que se realizó una operación de salvamento. En el supuesto, Huber compró una casa móvil de dos módulos en Bayfield County, Wisconsin; su intención era trasladarla desde tierra firme a un terreno situado en Madeline Island, una isla situada en el Lago Superior, uno de los Grandes Lagos de Estados Unidos. Para ello, Huber contrató un transportista que utilizó un camión articulado con el que circuló por la superficie helada del Lago Superior hasta alcanzar el destino. Cuando llevaba recorridas aproximadamente tres cuartas partes del trayecto, el hielo se rompió y el camión y su carga cayeron al agua helada.
Mientras que la casa se hundió parcialmente, un *contratista marítimo (underwater contractor)* —Provost— se acercó a Huber y le sugirió hundir la estructura por completo para preservarla y protegerla del daño que pudiera hacerle el hielo. cuando mejorara el tiempo, podrían alzarla a la superficie. Tanto Huber como su aseguradora aceptaron la sugerencia y en consecuencia hundieron la casa colocándole algunos sacos de arena para añadirle peso. Dos meses después, el demandante asistió a Huber para sacar la casa del lago, aunque los servicios prestados no tuvieron éxito pues la casa terminó por romperse. Pese a ello, el demandante le tramitó una factura a Huber por la asistencia valorada en 500

máxime cuando la doctrina que ha tratado el tema no se ha pronunciado sobre el alcance de la exclusión[291].

---

dólares pero ésta no llegó a pagarse. En consecuencia, Provost planteó una demanda por salvamento marítimo donde pidió un pago de 10.000 dólares por los servicios prestados. El caso se sustanció ante la Corte del Distrito, que desestimó la demanda por no tener conexión alguna con el salvamento marítimo; posteriormente, la *Supreme Court* rechazó la existencia de salvamento marítimo pues el objeto de la asistencia no había sido un buque. Frente a lo anterior, el demandante consideró que aun así podría ser considerado objeto de salvamento tanto el camión como la casa y los enseres en ella, por lo que planteó el caso ante la jurisdicción marítima en las cortes federales. Ante ello, la Corte determinó que la asistencia no podía considerarse salvamento marítimo puesto que no existía relación con ninguna «aventura marítima». En otras palabras, el lugar donde se desarrolla el salvamento debe ser considerado y es incluso decisivo para determinar el mismo. El hecho de que una cosa pueda ser objeto de salvamento no confirió el conocimiento del supuesto a la jurisdicción marítima. En consecuencia, fue necesario que existiera un nexo con las «actividades marítimas tradicionales».

291 *Vid.* ARROYO, RUEDA, *Comentarios a la Ley 14/2014 de 24 de julio, de navegación marítima*, Madrid, 2016, pág. 387; PULIDO, «El salvamento en la nueva LNM», en *Estudios sobre el futuro Código Mercantil..., op. cit.*, págs. 274-275; MARTÍN OSANTE, «Los accidentes de la navegación», en *Comentarios a la Ley de navegación marítima*, dirs. A. B. CAMPUZANO, E. SAN JUÁN, Valencia, 2016, págs. 351-415, pág. 402; PULIDO, «Accidentes de la navegación: abordaje, avería gruesa, salvamento y bienes hundidos o naufragados», en *Comentarios sobre la Ley de navegación marítima, op.cit.*, págs. 549-550; PELETEIRO, «El salvamento en la Ley de Navegación Marítima», en *Comentarios a la Ley de Navegación Marítima, op. cit.*, pág. 330.

Con el propósito de aportar claridad a esta exclusión que realiza la LNM, se ha acudido a otras normas fuera del ámbito del salvamento marítimo que pudieran dar alguna definición al respecto. Así, el Real Decreto 817/2015, de 11 de septiembre, *por el que se establecen los criterios de seguimiento y evaluación del estado de las aguas superficiales y las normas de calidad ambiental*, recoge en su artículo 3, apartados 1 a 6, un conjunto de definiciones relacionadas con las diversas masas de agua. Todas ellas —aguas continentales, costeras, de transición, superficiales y superficiales continentales— parecen encajar con los requisitos exigidos por la LNM a excepción de las aguas subterráneas o acuíferos, donde las operaciones de salvamento, en el dudoso caso de que se produjeran, no quedarían reguladas por el régimen legal del CISM 1989 y la LNM.

A continuación se incluyen dichas definiciones a efectos meramente ilustrativos «A los efectos de la protección de las aguas objeto del texto refundido de la Ley de Aguas, aprobado por el Real Decreto Legislativo 1/2001, de 20 de julio (TRLA), y desarrollado por este real decreto se entiende por: 1. Aguas continentales: Todas las aguas en la superficie del suelo, y todas las aguas subterráneas situadas hacia tierra desde la línea que sirve de base para medir la anchura de las aguas territoriales. 2. Aguas costeras: Las aguas superficiales situadas hacia tierra desde una línea cuya totalidad de puntos se encuentren a una distancia de una milla náutica mar adentro desde el punto más próximo de la línea de base que sirve para medir la anchura de las aguas territoriales y que se extienden, en su caso, hasta el límite exterior de las aguas de transición. 3. Aguas de transición: Masas de agua superficiales próximas a las desembocaduras de los ríos y que son parcialmente salinas como consecuencia de su proximidad a las aguas costeras, pero que reciben una notable influencia de flujos de agua dulce. 4. Aguas subterráneas: Todas las aguas que se encuentran bajo la superficie del suelo en la zona de saturación y en contacto directo con el suelo o el subsuelo. 5. Aguas superficiales: Las aguas continentales, excepto las aguas subterráneas; las aguas de transición y las aguas costeras, y, en lo que se refiere al estado

Desde nuestro punto de vista, esta exclusión de la LNM recoge una casuística que no aporta claridad en la regulación del salvamento marítimo. En conclusión, en España se aplicaría el CISM 1989 en todas las operaciones de salvamento que se realicen en el mar o en otras masas de agua conectadas al mar por las que naveguen buques de navegación marítima. Consideramos, pues, que esta exclusión del CISM 1989 atiende más a los vehículos que pueden navegar en unas zonas u otras que por la zona en sí.

La tercera reserva que realiza el Estado español sobre la aplicación del CISM 1989 se refiere en el artículo 30.1, letra d), que dispone lo siguiente: «cuando se trate de un bien marítimo de carácter cultural que presente un interés prehistórico, arqueológico o histórico y que se encuentre en el fondo del mar». Esta reserva se incluyó en el CISM 1989 gracias a la propuesta de la delegación francesa[292] —apoyada especialmente por la delegación de España[293]— que quería excluir el salvamento de los pecios con carácter histórico o cultural, lo que finalmente se aprobó por la Asamblea. En su razonamiento, la delegación de Francia puntualizó que debería excluirse de la aplicación del Convenio de Londres la «propiedad marítimo-cultural» («*maritime culture property*»). Esta «propiedad» incluía aquellos bienes con un interés arqueológico o histórico que se encontraban, generalmente, en el fondo del mar. Para defender su postura, la delegación francesa explicó que las características de estos bienes y su valor exigían que debieran ser manipulados con extrema precaución, por lo que esta delegación consideró que debían ser excluidos del ulterior convenio internacional sobre el salvamento marítimo.

En el Derecho español, la extracción de bienes culturales —patrimonio cultural subacuático— se regula principalmente por la *Convención sobre la protección del Patrimonio cultural subacuático*, aprobada por la Organización de las Naciones Unidas para la Educación, la Ciencia y la Cultura (por sus siglas en inglés, UNESCO[294]) en París el 2 de noviembre de 2001[295]; por la Ley

---

químico, también las aguas territoriales. 6. Aguas superficiales continentales: Todas las aguas quietas o corrientes en la superficie de la tierra que no entran en las categorías de aguas costeras ni de aguas de transición. Incluyen ríos y lagos y las masas de agua artificiales o muy modificadas asimilables a estas categorías (...)».

292 *Vid.* CMI, *The Travaux Préparatoires of the Convention on Salvage, 1989*, *op. cit.*, pág. 546.

293 *Ibid.*, pág. 547.

294 *United Nations Educational, Scientific and Cultural Organization*.

295 El Instrumento de Ratificación de la Convención sobre la protección del Patrimonio cultural subacuático, se encuentra publicado en el *BOE* núm. 55, de 5 de marzo de 2009 y disponible en el siguiente enlace: https://www.boe.es/eli/es/ai/2001/11/02/(1).
En esta Convención conviene destacar especialmente su artículo 4 que establece el régimen legal en relación con las normas sobre salvamento y hallazgos: «Ninguna actividad relacionada con el patrimonio cultural subacuático a la que se aplica la presente Convención estará sujeta a las normas sobre salvamento y hallazgos» salvo que, simultáneamente, esté autorizada por las autoridades competentes, esté en plena conformidad con lo dispuesto en la Convención y asegure que toda operación de recuperación de patrimo-

16/1985, de 25 de junio, *del Patrimonio Histórico Español* (LPHE en adelante)[296], en concreto artículos 40 y siguientes; y por el Real Decreto 371/2020, de 18 de febrero, *por el que se aprueba el Reglamento de Extracciones Marítimas*[297], en especial, los artículos 30 y 36.

Una vez estudiadas las reservas realizadas por España al CISM 1989, se analiza la relación entre dicho Convenio y la LNM. El artículo 357 de la LNM expone que

> «El salvamento se regirá por el Convenio Internacional sobre Salvamento Marítimo, hecho en Londres el 28 de abril de 1989, por los Protocolos que lo modifiquen de los que España sea Estado parte y por las disposiciones de este capítulo».

A nuestro modo de ver, lo que establece el artículo 357 de la LNM parece atender a una mala técnica legislativa[298], pues el CISM 1989 es un convenio internacional del que España es Estado parte. Por tanto, resulta aplicable por dicha condición de convención internacional, sin que ninguna ley de rango inferior en la jerarquía normativa a un convenio tenga que especificarlo. De

---

nio cultural subacuático se realice con guardando su máxima protección.
En otro ámbito de las Naciones Unidas, en el Convenio UNCLOS caben ser destacados al menos dos preceptos relacionados con el patrimonio cultural subacuático. En primer lugar, el artículo 149 de esta Convención que regula los objetos arqueológicos e históricos: «Todos los objetos de carácter arqueológico e histórico hallados en la Zona serán conservados o se dispondrá de ellos en beneficio de toda la humanidad, teniendo particularmente en cuenta los derechos preferentes del Estado o país de origen, del Estado de origen cultural o del Estado de origen histórico y arqueológico»; régimen aplicable en la «Zona», esto es, «los fondos marinos y oceánicos y su subsuelo fuera de los límites de la jurisdicción nacional UNCLOS», *ex* artículo 1 de UNCLOS. En virtud del artículo 136 de esta Convención, «La Zona y sus recursos son patrimonio común de la humanidad». En segundo lugar, el artículo 303, por el que «1. Los Estados tienen la obligación de proteger los objetos de carácter arqueológico e histórico hallados en el mar y cooperarán a tal efecto. 2. A fin de fiscalizar el tráfico de tales objetos, el Estado ribereño, al aplicar el artículo 33, podrá presumir que la remoción de aquellos de los fondos marinos de la zona a que se refiere ese artículo sin su autorización constituye una infracción, cometida en su territorio o en su mar territorial, de las leyes y reglamentos mencionados en dicho artículo. 3. Nada de lo dispuesto en este artículo afectará a los derechos de los propietarios identificables, a las normas sobre salvamento u otras normas del derecho marítimo o a las leyes y prácticas en materia de intercambios culturales. 4. Este artículo se entenderá sin perjuicio de otros acuerdos internacionales y demás normas de derecho internacional relativos a la protección de los objetos de carácter arqueológico e histórico».

296 Ley 16/1985, de 25 de junio, del Patrimonio Histórico Español, publicada en el *BOE* núm. 155, de 29/06/1985, disponible en: https://www.boe.es/eli/es/l/1985/06/25/16/con.

297 *BOE* número 51, de 28 de febrero de 2020, páginas 18501 a 18516, cuyo enlace se encuentra disponible en: https://www.boe.es/eli/es/rd/2020/02/18/371.

298 En una interpretación útil de la norma, podría pensarse, también, en un esfuerzo uniformador e internacional de la LNM, que recuerda la aplicación del CISM 1989 en las operaciones de salvamento marítimo.

hecho, el artículo 96.1 de la Constitución Española (CE en adelante)[299] dispone que «Los tratados internacionales válidamente celebrados, una vez publicados oficialmente en España, formarán parte del ordenamiento interno (...)». En virtud de lo expuesto, la LNM no debería expresar que es aplicable el CISM 1989, pues éste se aplica *per se*, no porque una ley nacional así lo indique[300].

Lo anterior plantea alguna cuestión sobre el ámbito de aplicación de la LNM cuando existe un convenio que ya regula esta operación. Al ratificar España el CISM 1989, el régimen aplicable a esta operación internacional será el del Convenio. Aun así, el «legislador» de la LNM opta por regular el salvamento marítimo, por lo que se esperaría que incluyese un régimen legal «novedoso», distinto o que «especializara», de algún modo, lo dispuesto en el Convenio. Ello, además, cobra aún más sentido cuando el CISM 1989 es un Convenio unificador o «universal»[301] en el sentido de que regula esta operación marítima en el ámbito internacional, cuya finalidad es ser aplicable a todos los Estados Parte por muy distintas que sean sus realidades. Por tanto, es de esperar que la regulación de la LNM complemente o enriquezca lo dispuesto en el CISM 1989. No obstante, se apreciará a lo largo de este trabajo que, en ocasiones, esto no sucede así. De hecho, es frecuente que el régimen legal español reitere lo dispuesto en el CISM 1989, de modo que un mismo aspecto aparece regulado en dos disposiciones distintas. A diferencia de algún autor[302], con-

299 Constitución Española de 1978, https://www.boe.es/eli/es/c/1978/12/27/(1)/con.

300 Este artículo de la CE es ampliamente citado por el Tribunal Constitucional cuando un tratado internacional es aplicable al caso correspondiente. Entre otros ejemplos, puede citarse la Sentencia del Tribunal Constitucional, número 51/2011, de 14 de abril de 2011, en que se utiliza la siguiente expresión «un tratado internacional que forma parte del ordenamiento jurídico español en virtud del artículo 96 CE»; igualmente, la Sentencia del Tribunal Constitucional, número 207/2013, de 5 de diciembre de 2013, que establece lo siguiente: «Este acuerdo tiene rango de tratado internacional (...), siendo "una norma con rango de Ley" (...) que, en virtud de lo dispuesto en el art. 96 CE, "forma parte de nuestro ordenamiento jurídico interno"».

301 Distingue así GIRGADO, «Reforma del Derecho de la navegación en España (i). Normativa aplicable y fuentes», en *AJI,* 2016, núm. 5, págs. 365-373, pág. 370, estos convenios de otros que califica «de alcance limitado» que prescinden de regular una institución a nivel nacional.

302 *Cfr.* RUIZ SOROA, «El Derecho uniforme en la Ley de Navegación Marítima», en *Comentarios sobre la Ley de Navegación Marítima*, dirs. A. EMPARANZA SOBEJANO, J. M. MARTÍN OSANTE, Madrid, 2015, págs. 49-60, págs. 53-54, quien considera que lo anterior constituye una «doble regulación». Igualmente, este autor defiende que los preceptos de la norma nacional que reiteren lo dispuesto en el CISM 1989, carecerían «de fuerza normativa», aunque en nuestra opinión, carecerían de efectiva aplicación por la primacía del Convenio a la ley nacional.
Por ejemplo, véanse artículos como el 361 de la LNM, «1. Las partes interesadas podrán contratar las condiciones del salvamento libremente, sin más límite que su obligación inderogable de actuar con la diligencia necesaria para evitar o reducir al máximo los daños al medio ambiente. 2. El capitán y el armador del buque están facultados para celebrar un contrato de salvamento en nombre del propietario de los bienes que se encuentren a

sideramos que no se produce propiamente una doble regulación, ya que la regulación viene de dos ámbitos de aplicación distintos; de un lado, el CISM 1989 y, de otro lado, la LNM. Aunque lo dispuesto en ambos textos normativos tenga el mismo contenido, el CISM 1989 se superpondrá frente a lo establecido en la LNM.

Sin perjuicio de que sean tratados más adelante, los artículos 357 a 368 de la LNM que regulan el salvamento marítimo están íntimamente relacionados con el CISM 1989, sin conformar una regulación ni extensa ni novedosa. Lo más destacable de la regulación del salvamento marítimo en la LNM es que apenas se menciona la protección del medioambiente en estos preceptos, así como tampoco se hace referencia a la compensación especial. De hecho, la protección medioambiental sólo aparece mencionada en dos de los 12 artículos que regulan el salvamento. El primero es el artículo 361 de la LNM sobre el contrato de salvamento que recoge la «obligación inderogable [de las partes] de actuar con la diligencia necesaria para evitar o reducir al máximo los daños

---

bordo», en comparación con el artículo 6 del CISM 1989, 1. El presente Convenio será aplicable a todas las operaciones de salvamento, salvo en la medida que un contrato disponga otra cosa expresa o implícitamente. 2. El capitán estará facultado para celebrar contratos de operaciones de salvamento en nombre del propietario del buque. El capitán y el propietario del buque estarán facultados para celebrar tales contratos en nombre del propietario de los bienes que se encuentren a bordo del buque. 3. Nada de lo dispuesto en el presente artículo irá en perjuicio de la aplicación del artículo 7 ni de la obligación de evitar o reducir al mínimo los daños al medio ambiente». Igualmente, el artículo 362 de la LNM, «1. Las operaciones de salvamento que hayan producido un resultado útil darán derecho a un premio a favor de los salvadores, cuyo importe no podrá exceder del valor del buque y demás bienes salvados. (...) 3. Se deberá premio incluso si los buques salvador y salvado pertenecen al mismo propietario», y el artículo 12 del CISM 1989: «1. Las operaciones de salvamento que hayan producido un resultado útil darán derecho a recompensa. (...) 3. Las disposiciones del presente capítulo serán aplicables aun cuando el buque salvado y el buque que emprenda las operaciones de salvamento pertenezcan al mismo propietario».

De manera evidente, apreciamos una coincidencia entre la regulación de la LNM y del CISM 1989, aunque no consideramos que no estemos ante una doble regulación, ya que realmente sólo se aplicaría una regulación: la del Convenio internacional sobre salvamento de 1989. En la misma línea expresa GABALDÓN GARCÍA, *Compendio de Derecho marítimo español*, Madrid, 2016, pág. 191 que «Ha de entenderse (...) que las normas de la LNM sólo serán de aplicación supletoria en todo aquello no previsto de otro modo [en el CISM 1989], lo cual está en plena sintonía con el sistema de fuentes propio del Derecho de la navegación marítima»; para lo cual recuerda el autor el artículo 2 de la LNM, cuya redacción se incluye aquí: «1. La presente ley se aplicará en tanto no se oponga a lo dispuesto en los tratados internacionales vigentes en España y en las normas de la Unión Europea que regulen la misma materia. De forma supletoria se estará a las leyes y reglamentos complementarios y a los usos y costumbres relativos a la navegación marítima. A falta de todo ello y en cuanto no se pudiere recurrir a la analogía se aplicará el Derecho común. 2. En todo caso, para la interpretación de las normas de esta ley se atenderá a la regulación contenida en los tratados internacionales vigentes en España y la conveniencia de promover la uniformidad en la regulación de las materias objeto de la misma».

al medio ambiente»[303]. El segundo es el artículo 367 de la LNM, que faculta a la Administración Marítima a intervenir en las «operaciones de salvamento (...) a fin de salvaguardar (...) el medio ambiente contra la contaminación marina»[304]. Sobre la base de lo anterior, podría decirse que la LNM prácticamente guarda *silencio* sobre el medioambiente marítimo o, al menos, que éste queda relegado a un segundo plano[305], pese a haber sido la pieza clave en la elaboración y aprobación del CISM 1989, así como en la historia de esta operación marítima desde la segunda mitad del siglo XX[306]. A mayor abundamiento, lo anterior destaca cuando las costas españolas se han visto afectadas por acciden-

303 Precepto que se estudiará con más detalle en *infra* en el capítulo quinto el epígrafe 1.2. Obligaciones en relación con la protección del medioambiente.

304 Véase *infra* en el capítulo tercero el epígrafe 1.1 La voluntariedad.

305 Lo que ha resultado «insatisfactorio» en la opinión, que compartimos, de PENDÓN, ROMERO MATUTE, «La Special Compensation P&I Club Clause 2014 (Cláusula SCOPIC 2014)...», en *Estudios sobre la responsabilidad..., op. cit.*, pág. 545.

306 También en el proceso de elaboración de la LNM cabe destacar que una de las pocas menciones que se realizan sobre el salvamento marítimo la realiza la señora Marra Domínguez, senadora del Partido Socialista Obrero Español (PSOE) tras la presentación del dictamen de la Comisión de Justicia sobre el Proyecto de Ley de Navegación Marítima, en la sesión número 56 del Pleno del Senado celebrada el miércoles, 25 de junio de 2014, página 11.143. En su discurso, explicó lo siguiente: «(...) Un segundo grupo de enmiendas pretende mejorar la regulación de los contratos de utilización de buques y los contratos auxiliares con el objetivo de allanar el camino a la entrada en vigor de las nuevas reglas de Rotterdam, que tienen como objeto fundamental la regulación del transporte internacional por mar de líneas regulares y que debería incorporarse, a no mucho tardar, a la normativa nacional. Consideramos que estas enmiendas son de central importancia *al hacer referencia* a la mejora de la protección del pasajero marítimo y a *incrementar la necesaria regulación sobre la contaminación de la mar o salvamento marítimo, que en el proyecto resulta completamente incoherente*. Son muchas las razones justificativas de las mismas si hacemos una síntesis del conjunto de accidentes marítimos que han traído el deterioro del medioambiente marino en nuestro país en los últimos 40 años, desde el buque *Urquiola*, cuando se produce la rotura del casco y el vaciado del combustible que transportaba en la bahía de La Coruña, hasta la última catástrofe ambiental, la del *Prestige*, cuando 63 000 toneladas de chapapote, 14 000 afectados, produjeron el mayor desastre ambiental que ha sufrido España en las costas de Galicia (...)», cursiva añadida.
Estas enmiendas se encuentran recogidas en el Boletín Oficial de las Cortes Generales, Senado, núm. 364, de 11 de junio de 2014, pág. 208. Aunque estemos de acuerdo con el discurso presentado por la senadora, las enmiendas presentadas por el PSOE no versan concretamente sobre el salvamento marítimo, sino sobre la lucha contra la contaminación —sin perjuicio de la relación entre ambos aspectos—. Específicamente, la propuesta hacía referencia a la redacción de «un título específico en este capítulo VI de este título I, con la denominación de "De la lucha contra la contaminación"» (véanse págs. 222-232). El contenido de este título se correspondería, entre otros aspectos, con los preceptos sobre diversas definiciones —contaminación, contaminación operacional, contaminación por vertimiento, contaminación accidental—, una «Prohibición general de contaminación» con excepciones de fuerza mayor, «Deberes de la Administración marítima», etc.
Como comentábamos, si bien las materias expuestas están relacionadas con el «salvamento medioambiental» no contemplan específicamente una regulación sobre el salvamento marítimo.

tes tan graves como el *Urquiola*, el *Andros Patria*, el *Aegan Sea*, el *Prestige*, etc. Este silencio normativo denota[307], en primer lugar, que el Ordenamiento jurídico español no ha puesto en valor el principio de la protección del medioambiente. En segundo lugar, tampoco ha considerado como un valor propio la que consideramos una de las aportaciones más significativas y relevantes del salvamento marítimo en el siglo XX; esto es, la protección medioambiental. Por último, la LNM se ha limitado a enunciar el régimen del CISM 1989, resultando *inútil* al convertirse prácticamente en una mera reiteración del Convenio. En este sentido, no aporta novedad legislativa alguna o, al menos, carácter nacional al salvamento marítimo, mostrando con esta redacción poca capacidad innovadora y, sobre todo, cierta desconexión con la realidad del comercio y las operaciones marítimas. En este sentido, podía haber previsto una mejor regulación de la compensación especial regulada en el artículo 14 del CISM 1989, o al menos una mención sobre la «Cláusula» SCOPIC.

2.3. La Ley de Navegación Marítima

2.3.1. El proceso de elaboración de la ley

En 1980, la Asociación Española de Derecho Marítimo (AEDM)[308] redactó un borrador sobre diversas materias del sector marítimo, principalmente, sobre contratos de utilización del buque. Este documento se unió junto con otro borrador que la Asociación había preparado sobre seguros marítimos y se enviaron al Ministerio de Justicia de España conjuntamente como propuesta de «Anteproyecto de Ley General de la Navegación Marítima»[309].

---

307 *Vid.* Pendón, Romero Matute, «La Special Compensation P&I Club Clause 2014 (Cláusula SCOPIC 2014)...», en *Estudios sobre la responsabilidad..., op. cit.*, págs. 545-546.

308 La AEDM se creó en 1949 con la intención de participar en el proceso de armonización del Derecho marítimo internacional. Nació gracias a la idea de un grupo variado que incluía juristas, navieros y aseguradores, bajo la dirección del letrado del Consejo de Estado D. Pelegrín de Benito y del armador D. Ernesto Anastasio. Grandes autores de la doctrina mercantilista española participaron en la AEDM, entre los que destacan Joaquín Garrigues, Jesús Rubio, Rodrigo Uría o Antonio Polo.
En la actualidad, la asociación guarda una estrecha relación con el CMI, así como otras instituciones y organismos internacionales y nacionales del sector jurídico y marítimo. Entre sus tareas destacan labores de estudio y divulgación, propuestas, informes, publicaciones, seminarios, conferencias o reuniones, así como colaboraciones con personas, entidades y organismos públicos y privados; igualmente, propicia el recurso a la solución arbitral de los asuntos y controversias marítimas. Su página web actualizada se encuentra disponible en el siguiente enlace: https://www.aedm.es/.

309 *Vid.* Arroyo, «La Ley de Navegación Marítima: Consideraciones generales», en *ADM*, 2014, núm. XXXI, págs. 23-35, pág. 26; Girgado, «Reforma del Derecho de la navegación en España (i). Normativa aplicable y fuentes», en *AJI, cit.*, pág. 365.

A partir de lo anterior, el 18 de mayo de 1999 se constituyó en el seno de la Comisión General de la Codificación —dependiente del Ministerio de Justicia— una Sección Especial para la Reforma del Derecho de la Navegación[310]. A esta Sección Especial se le encomendó la elaboración de la propuesta de anteproyecto de la Ley para la Navegación y de la modificación, en su caso, del Código de Comercio y de cuantas normas especiales resultare necesario. Igualmente, a este órgano se le encomendó la realización de una memoria explicativa de su propuesta, de la exposición de motivos de la ley y de los informes que se considerasen oportunos en relación con dicho texto legal[311].

Una vez presentada la propuesta de esta Sección Especial, fue objeto de un trámite de audiencia pública. A continuación, fue sometida a una primera observación por parte tanto de navieros representados por la ANAVE[312] como de peritos del Ministerio de Justicia, que realizaron críticas sobre la incorporación de los convenios internacionales (normalmente de manera parcial y ligeramente modificada)[313], en especial cuando el artículo 96.1 de la CE establece, como ya se ha comentado, que «Los tratados internacionales válidamente celebrados, una vez publicados oficialmente en España, formarán parte del ordenamiento interno (...)». A raíz de lo anterior, la propuesta se revisó, de modo que en el nuevo borrador se suprimieran aquellos preceptos que simplemente reproducían un texto internacional, limitando la ley a «aspectos no meramente repetitivos»[314]. Una vez realizadas todas las modificaciones a esta propuesta de Ley de Navegación Marítima, se procedió a su traslado desde el Ministerio de Justicia a los restantes ministerios cuyas competencias se veían afectadas[315]. Tras ello, el proyecto fue aprobado como Anteproyecto por

---

310 *Vid.* ZURUTUZA, «La Modernización del Derecho Marítimo Español: la Propuesta de Anteproyecto de Ley General de Navegación Marítima», en *Huarte de San Juan, Anales de Derecho*, Pamplona, 2005, núm. 6, págs. 151-204, pág. 152.
La presidencia de la Sección Especial la ostentaba D. Justino Duque Domínguez; los vocales fueron Dña. Carmen Alonso Ledesma, D. Enrique Albert Piñolé, D. José Luis Gabaldón García, D. Manuel Ángel Rueda Pérez, D. José María Ruiz Soroa y D. Aníbal Sánchez Andrés.

311 Memoria del Anteproyecto de Ley General de la Navegación Marítima, pág. 5.

312 Véase la nota al pie número 164.

313 *Vid.* FUENTES, «El largo proceso de elaboración de la Ley de Navegación Marítima», en *Comentarios a la Ley de Navegación Marítima*, Madrid, 2015, págs. 29-44, pág. 31.

314 No obstante, ésta no fue la única crítica que hizo modificar la propuesta; para un mayor conocimiento sobre el tema, *vid. Ibid.*, págs. 31-36.
Puede apreciarse, tras lo comentado anteriormente, que al menos en el supuesto del salvamento marítimo, no se realizaron todas las modificaciones debidas pues existen artículos que vuelven a regular lo mismo que dispone el CISM 1989. Por ejemplo, el artículo 361 de la LNM y el 6 del CISM 1989; el artículo 362.1 de la LNM y el 12.1 del Convenio Internacional; el artículo 362.3 de la LNM y el 12.3 del CISM 1989, etc.

315 En este sentido, destaca FUENTES, «El largo proceso de elaboración de la Ley de Navegación Marítima», en AA. VV., *Comentarios a la Ley de Navegación Marítima...op. cit.*, pág. 36, el Ministerio de Trabajo y Asuntos Sociales (hoy Ministerio de Trabajo y Economía

el Ministerio de Justicia y presentado a información pública el 21 de febrero de 2005[316], aunque un año más tarde figuró como Ley *General* de Navegación Marítima. Sin embargo, esta propuesta no prosperó, pues no se aprobó en el Congreso de los Diputados en su debido plazo.

Con el inicio de la siguiente legislatura[317], se recuperó el proceso legislativo, produciéndose más modificaciones al texto del proyecto de ley, especialmente relacionadas con la adaptación a otros convenios internacionales, al Derecho de la Unión Europea[318] y a las reformas de algunos textos legislativos nacionales[319]. Una vez modificada la propuesta, se remitió a los ministerios oportunos y al Consejo General del Poder Judicial (CGPJ en adelante), en cuyo informe criticó la atribución de la competencia de salvamento a los tribunales ordinarios y abogó por la constitución de órganos especializados[320]. Igualmente, el CGPJ destacó la poca claridad del régimen de las Juntas Arbitrales Marítimas, de las cuales, en el anteproyecto de ley sólo se recogía su denominación, su creación y su finalidad, dejando para el desarrollo reglamentario posterior asuntos —relevantes para el CGPJ— como «su composición, ámbito territorial y demás extremos necesarios para su funcionamiento»[321]. Como respuesta, el

---

Social) con la cuestión de la «inmigración ilegal» relativo a los polizones.

316 *Vid*. Arroyo, «La Ley de Navegación Marítima: Consideraciones generales», en *ADM*, *cit.*, pág. 26.

317 Desde el 1 de abril de 2008 al 12 de diciembre de 2011.

318 Una gran diversidad de cuestiones fue tratada en este segundo proyecto de ley; para más información, *vid.* Fuentes, «El largo proceso de elaboración de la Ley de Navegación Marítima», en *Comentarios a la Ley de Navegación Marítima*, *op. cit.*, págs. 38-41.

319 En concreto, se descartaron las disposiciones finales primera a cuarta que incluían las reformas a las siguientes leyes: *Ley 1/2000 de Enjuiciamiento Civil, Ley 27/1992 de Puertos del Estado y de la Marina Mercante, Ley 22/2003 Concursal y Ley 22/1998 de Costas*. En el mismo sentido, en este proyecto de ley no se imponía al Ministerio de Fomento el hecho de organizar las juntas arbitrales, lo que sí constaba en el proyecto de 2008; *vid.* Pérez Ramírez, *El Tribunal Marítimo Central: 1963-2017*, *op.cit.*, pág. 187.

320 Informe del Consejo General del Poder Judicial al anteproyecto de ley de Navegación Marítima, 20 de diciembre de 2012, pág. 81: «Al menos, el prelegislador debería hacer un esfuerzo por explicitar los motivos que llevan a atribuir ahora a los órganos judiciales una materia tan altamente especializada que se venía desarrollando de forma satisfactoria y muy dilatada en el tiempo por órganos de naturaleza administrativa (...)». De hecho, el CGPJ recomendó en su informe mantener los procedimientos marítimos dispuestos en la LAS hasta la creación de las Juntas Arbitrales Marítimas (Informe del Consejo General del Poder Judicial al anteproyecto de ley de Navegación Marítima, 20 de diciembre de 2012, pág. 95); https://www.poderjudicial.es/stfls/CGPJ/COMISI%C3%93N%20DE%20ESTUDIOS%20E%20INFORMES/INFORMES%20DE%20LEY/FICHERO/Informe%20Anteproyecto%20de%20Ley%20de%20Navegaci%C3%B3n%20Mar%C3%ADtima.pdf.
Esta crítica, como se verá más adelante, *infra* en este capítulo el epígrafe 4 El contrato LOF y el arbitraje de Lloyd's, aún sigue vigente debido a que la competencia en materia de salvamento marítimo se reparte entre los órganos jurisdiccionales civiles y el TMC.

321 Informe del Consejo General del Poder Judicial al anteproyecto de Ley de Navegación Marítima, 20 de diciembre de 2012, pág. 82.

Ministerio de Justicia redactó un informe en 2013 proponiendo que tribunales ordinarios fueran competentes en materia de asuntos marítimos. Por otro lado, sustituía las Juntas Arbitrales Marítimas por órganos competentes de la Armada[322].

El Anteproyecto de Ley de Navegación Marítima fue remitido al Consejo de Estado con las nuevas modificaciones, entre las que destaca la supresión de la competencia de la Armada y la vuelta al régimen transitorio del Tribunal Marítimo Central. El texto final se presentó ante la Comisión de Justicia. Tras la resolución de las enmiendas pertinentes[323] —ya en la nueva legislatura[324]— el texto de Ley de Navegación Marítima[325] se aprobó el 14 de julio de 2014. El Preámbulo de la LNM expone que esta ley no sólo se redactó con el objetivo de actualizar y codificar el Derecho de la navegación, sino que también responde a su imprescindible coordinación con el Derecho marítimo internacional y su adecuación a la práctica actual marítima[326].

---

322 Dependientes de la Junta Central de Arbitrajes Marítimos y los auditores y comisarios de Arbitrajes Marítimos. Tras el informe del Consejo de Estado, estos órganos pasarían a denominarse Consejo de Arbitrajes Marítimos y de los Auditores de Arbitrajes Marítimos; *vid.* PÉREZ RAMÍREZ, *El Tribunal Marítimo Central: 1963-2017*, *op. cit.*, págs. 189-191.

323 En un plazo inicialmente previsto para quince días hasta ser prorrogado casi cinco meses (hasta el 24 de abril de 2014). De las 272 enmiendas presentadas, sólo seis fueron relativas al salvamento marítimo; *Ibid.*, págs. 191-192.

324 Desde el 13 de diciembre de 2011 hasta el 12 de enero de 2016. En las dos legislaturas anteriores el proyecto se tramitó a través de la Comisión de Justicia del Congreso de los Diputados, pero en ninguno de los dos casos llegó a aprobarse como ley.

325 Debido a las modificaciones que se introdujeron con la aprobación de Ley de Puertos del Estado y de la Marina Mercante de 1992, así como la Ley 41/2010 *de protección del medio marino* en el Título Preliminar y del Título I se dejó de hablar de Ley General para comenzar a identificarla como Ley de Navegación Marítima. Entre las materias que dejaron de regularse por la LNM destacan las siguientes: lucha contra la contaminación, seguridad, búsqueda, definiciones de las zonas de interés para la navegación, etc.; *vid.* FUENTES, «El largo proceso de elaboración de la Ley de Navegación Marítima», en *Comentarios a la Ley de Navegación Marítima*, *op. cit.*, pág. 42. A pesar de ello, la Ley de Navegación Marítima no es particularmente distinta al anterior proyecto ya que el contenido es substancialmente «idéntico»; *vid.* ARROYO, «La Ley de Navegación Marítima: Consideraciones generales», en *ADM*, cit., pág. 27.

326 Con motivo de lo anterior, en el proceso de elaboración de la LNM también se han tenido en cuenta otras legislaciones nacionales tales como el *Codice della navigazione* italiano de 1942 o leyes francesas del Derecho marítimo que se han promulgado desde 1966 con la intención de modificar el contenido decimonónico del *Code de Commerce*. En concreto, la LNM tomando como referencia la norma italiana, comienza con un Título preliminar, *vid.* DE EIZAGUIRRE, «Las fuentes del Derecho marítimo proyectado (Título Preliminar. Disposiciones Generales), en *Estudio sistemático de la Propuesta de Anteproyecto de Ley General de la Navegación Marítima*, coords. A. EMPARANZA SOBEJANO, J. M. MARTÍN OSANTE, San Sebastián-Vitoria, 2006, págs. 25-36, pág. 32.
El Derecho marítimo inglés ha tenido especial influencia en el Derecho marítimo español y, por ende, en la LNM de 2014. En palabras de ARROYO, «La Ley de Navegación Marítima: Consideraciones generales», en *ADM*, cit., pág. 27, en la LNM es posible observar

2.3.2. El salvamento marítimo en la LNM. Planteamiento

El salvamento marítimo se regula en la LNM en el Título VI, Capítulo III, «De los accidentes de la navegación»; en concreto en los artículos 357 a 368. Conforme se avance en este trabajo se irán analizando los correspondientes artículos de la LNM; sin embargo, se adelantarán algunas breves reflexiones al respecto.

El artículo 358.1 de la LNM establece que el salvamento marítimo es

> «todo acto emprendido para auxiliar o asistir a un buque, embarcación o artefacto naval, o para salvaguardar o recuperar cualesquiera otros bienes que se encuentren en peligro en cualesquiera aguas navegables, con excepción de las continentales que no están en comunicación con las aguas del mar y no son utilizadas por buques de navegación marítima».

A diferencia del CISM 1989, la LNM define el salvamento marítimo[327]. Pese a que el CISM 1989 recoge una definición de «operaciones de salvamento» no

---

una «integración armónica» entre el *common law* y el *civil law*. Sin embargo, el Derecho inglés suele quedar fuera del proceso de codificación propio de Europa debido a las propias características del sistema *common law*. Este régimen se desarrolla con carácter «empírico», basado en los *cases* que conocían los tribunales. Sin embargo, es innegable la influencia del Derecho inglés en el Derecho marítimo en general, principalmente debido a que Inglaterra contaba durante el siglo XIX y XX —principios de la *«unificación»* del Derecho marítimo— con un gran poder marítimo, y a que la Ley de Navegación de 1660 había tenido gran influencia en las prácticas comerciales de todo el mundo; *vid*. ANSIETA, «Las grandes líneas de la historia del derecho marítimo», en *RDPUCV*, *cit*., págs. 110-111, SÁENZ, *La innavegabilidad del buque en el transporte marítimo*, Madrid, 1992, pág. 108.
Fuera del ámbito europeo, se tuvieron en consideración para la elaboración de la LNM algunas normas iberoamericanas, como la Ley de Navegación de la República Argentina de 1973, fuertemente influida por el Derecho italiano, la Ley de Navegación de Chile de 1978 y, finalmente, la Ley de Navegación de México de 1994.

327 A pesar de incluir esta definición al inicio de la regulación del salvamento marítimo, algunos autores consideran que ello no es suficiente y que sería necesario establecer algunos «principios comunes» a todas las instituciones que comprende la categoría de accidentes de la navegación. PULIDO, «El salvamento en la nueva LNM», en *Estudios sobre el futuro Código Mercantil…*, *op. cit.*, pág. 270, considera que podría incluirse una definición genérica de accidente de la navegación o sus aspectos principales, ya que permitiría al lector comprender más fácilmente estas operaciones y permitir una mejor aplicación de las mismas. A pesar de ello, este autor tiene presente que esto es tarea difícil por cuanto dichas operaciones, en muchos casos, no cuentan con unos principios genéricos comunes como señala RUIZ SOROA, «Reforma del Derecho español en materia de accidentes de la navegación marítima», en *Estudios jurídicos en homenaje al profesor Aurelio Menéndez*, coord. J. L. IGLESIAS PRADA, Madrid, págs. 4.117-4.133, pág. 4.117.
De hecho, tampoco lo hizo el Convenio de 1910 ni, en el caso de España, la Ley 60/1962, de 24 de diciembre, *de Auxilios, Salvamentos, Remolques, Hallazgos y Extracciones Marítimos* (citada en la nota al pie número 72), lo que algunos autores han considerado como una laguna jurídica; *vid*. PULIDO, «Accidentes de la navegación: Abordaje, avería gruesa, salvamento y bienes naufragados o hundidos», en *Estudio sistemático…*, *op. cit.*, pág. 506.
El salvamento marítimo tampoco se define en la jurisprudencia inglesa, lo que se puso de

dispone ninguna sobre el «salvamento marítimo» en sí. No obstante, la LNM básicamente recoge lo dispuesto por el Convenio de 1989 como «operaciones de salvamento» para definir el salvamento con algunas puntualizaciones. La primera hace referencia al objeto del salvamento, pues el CISM 1989[328] recoge que el *buque* es el bien que se salva, además de *cualesquiera otros bienes*. La LNM hace referencia no sólo al buque, sino también a «embarcaciones o artefactos navales», así como a «otros bienes». La diferencia del objeto a salvar en ambos textos parece sutil, pero aun así la norma española ha optado por incluir esa matización, reflexión en la que se profundizará más adelante[329]. La segunda puntualización que establece la LNM es que excluye de su definición las operaciones de salvamento que se produzcan en las «aguas que no están en comunicación con las aguas del mar y no son utilizadas por buques de navegación marítima», en virtud de las reservas del artículo 30.1, letras a) y b), del CISM 1989, que ya se han analizado previamente.

Muchos autores[330] han definido el salvamento marítimo sobre la base de los «elementos» que lo componen. Otros incluso han considerado que la relevancia de establecer un concepto de salvamento no radica en la necesidad de obtener una definición que limite la operación de salvamento, sino de identificar qué conceptos son necesarios para exigir una retribución por parte de los salvadores[331]; reflexión que compartimos, pues, desde el punto de vista

---

manifiesto en el caso *The Governor Raffles* (1818) 2 Dods 14 at p. 17, cuando Lord Stowell consideró lo siguiente: «It has been said that no exact definition of salvage is given in any of the books. *I do not know that it has, and I should be sorry to limit it by any definition now»*.

328 En virtud de su artículo 1.A, letra a), que dispone lo siguiente: «Operación de salvamento: todo acto o actividad emprendido para auxiliar o asistir a un buque o para salvaguardar cualesquiera otros bienes que se encuentren en peligro en aguas navegables o en cualesquiera otras aguas».

329 Véase *infra* en el capítulo cuarto el epígrafe 1.2.1 El buque como objeto de salvamento marítimo.

330 *Vid*. Gamechogoicoechea y Alegría, *Tratado de Derecho Marítimo Español*, III, *op. cit.*, pág. 502; Morral, *El salvamento marítimo*, *op. cit.*, pág. 145; Stroud, *The judicial dictionary, of words and phrases judicially interpreted: to which has been added statutory definitions*, Londres, 1903, pág. 1.786; Anderson, *A dictionary of law: consisting of judicial definitions and explanations of words, phrases, and maxims: and an exposition of the principles of law: comprising a dictionary and compendium of American and English jurisprudence*, Chicago, 1889, págs. 917-918; Rainey, *The Law of Tug and Tow...*, *op.cit.*, pág. 433.
Por otro lado, Pulido, «El salvamento marítimo», en *Las averías y los accidentes...*, *op. cit.*, pág. 234, aunque recoge una definición próxima a lo considerado, también afirma que el salvamento es «una institución de Derecho privado, destinada a regular las consecuencias jurídicas de la prestación por un sujeto de una determinada actividad en favor de una tercera persona».

331 *Vid*. Gabaldón García, Ruiz Soroa, *Manual de Derecho de la Navegación Marítima*, *op. cit.*, pág. 720. En la misma opinión, Zabaleta, «El salvamento marítimo: normativa vigente en España, nuevo Convenio Internacional y posible reforma de nuestro Derecho», en *La reforma del Derecho Marítimo, Congreso de Bilbao 1993*, Bilbao, 1995, págs. 185-212, pág. 190, considera que para considerar una operación como salvamento marítimo basta

mercantil, es necesario que se persiga un lucro en la actividad, que lo refleje y contemple el contrato. No obstante, ese planteamiento no agota la definición, sino los elementos que componen la operación de salvamento[332]. El salvamento marítimo es una operación «en el dominio del Derecho marítimo»[333] que, entendida como actividad *conceptual* tiene siempre por prioridad la vida humana; pero que, en el ámbito puramente mercantil, que no puede transigir con la vida, tiene por objeto salvar la «propiedad» en un medio hostil para obtener un premio.

En cuanto a los elementos que *componen* el salvamento marítimo, pueden distinguirse aquellos que los textos legales consideran en los conceptos de «operaciones de salvamento» o «salvamento» —tomando como referencia el CISM 1989[334] y la LNM[335] respectivamente— y aquellos otros señalados por la doctrina[336]. En concreto, los primeros comprenderían el acto de auxilio o

con reunir sus características.

332 En la misma opinión, *vid.* Ruiz Soroa, *Manual de derecho de accidentes de la navegación*, *op. cit.*, pág. 118.

333 *Vid.* Bonnecase, *Le Particularisme du droit commercial maritime. Aperçu d'ensemble sur la nature spécifique, le domaine d'application et la méthode d'interprétation du droit commercial maritime*, París, 1921, pág. 62.

334 Artículo 1 del CISM 1989: «A los efectos del presente Convenio regirán las siguientes definiciones: a) Operación de salvamento: todo acto o actividad emprendido para auxiliar o asistir a un buque o para salvaguardar cualesquiera otros bienes que se encuentren en peligro en aguas navegables o en cualesquiera otras aguas».

335 Artículo 358.1 de la LNM: «Concepto. 1. Se considera salvamento todo acto emprendido para auxiliar o asistir a un buque, embarcación o artefacto naval, o para salvaguardar o recuperar cualesquiera otros bienes que se encuentren en peligro en cualesquiera aguas navegables, con excepción de las continentales que no están en comunicación con las aguas del mar y no son utilizadas por buques de navegación marítima».

336 Cabe destacar que la doctrina que ha estudiado el salvamento marítimo señala diferentes elementos *esenciales* de entre los que pueden conformar esta prestación. Padilla, «Las averías, los riesgos y los accidentes de la navegación marítima y aérea», en *Derecho Mercantil*, coord. G. J. Jiménez Sánchez, Barcelona, 2005, págs. 1.124-1.138, pág. 1.130, considera salvamento aquella «actividad desarrollada en ayuda de un buque, persona o cosa que se encuentre en peligro en el mar». Por su parte, Arroyo, *Curso de Derecho Marítimo*, Cizur Menor, 2015, pág. 735, señala como requisitos fundamentales dos: el peligro y el resultado útil. De otro lado, Broseta, *Manual de Derecho Mercantil*, Madrid, 1991, págs. 815-816, indica como fundamentales tres: el peligro, la voluntariedad y que el buque salvado no se oponga al salvamento. A diferencia de este último autor, Rodière considera que el salvamento no puede imponerse al buque en peligro, por lo que ha reconocido como elemento clave la voluntariedad; *vid.* Rodière, *Événements de mer. Accidents de mer, assistance maritime et sauvetage. Averies communes*, París, 1972, págs. 179-188. En la doctrina inglesa, *vid.* por todos Brice, *Brice on Maritime Law of Salvage*, *op.cit.*, pág. 2, los elementos del salvamento marítimo son: la voluntariedad, la circunstancia del peligro, la prestación o servicio del salvamento y el éxito junto con la recompensa. Por su parte, Tetley, *Maritime Liens and Claims*, *op. cit.*, pág. 331 considera que hay tres requisitos necesarios para que tenga lugar el premio del salvamento: que los bienes se hallen en peligro, que se produzca un resultado útil y que el servicio se realice con voluntariedad.

asistencia, el objeto salvado, el peligro y el medio en el que se desarrolla la actividad del salvamento. La doctrina ha señalado, por su parte, otros tres adicionales: la voluntariedad, el premio de los salvadores y el resultado útil.

A estos tres se le unen dos relacionados con el tipo de bien a salvar y el lugar donde se produce la asistencia. De otro lado, en Francia se ha considerado que el salvamento *(assistance)* debía reunir las siguientes condiciones: en primer lugar, que se diera un acto de asistencia; a continuación, los objetos de salvamento (generalmente un buque, aunque también las mercancías por él transportadas); en tercer lugar, el carácter (parcialmente) marítimo de la operación; adicionalmente, la circunstancia del peligro, necesaria en cualquier salvamento.

CAPÍTULO SEGUNDO

INTRODUCCIÓN AL CONTRATO DE SALVAMENTO MARÍTIMO

Las operaciones de salvamento marítimo pueden configurarse a través de un contrato o de manera extracontractual. La mayoría de las operaciones de salvamento marítimo privado se realizan a través de un contrato[337]; en cualquier caso, el derecho al premio de los salvadores nace independientemente de la existencia de un contrato entre las partes[338].

---

337 *Vid.* BRICE, *Brice on Maritime Law of Salvage*, *op. cit.*, pág. 321.

338 Como consta en la jurisprudencia anglosajona, en *cases* tan antiguos como, por ejemplo, *The Five Steel Barges* (1890) 15 P.D. 142 at 146. En este supuesto, las partes habían firmado un contrato de remolque para llevar cinco barcazas de acero a su destino. Sin embargo, los servicios que finalmente se prestaron no se consideraron exclusivamente remolque pues, hasta en dos ocasiones los remolcadores se enfrentaron a unas condiciones meteorológicas tan adversas que tuvieron que buscar refugio; incluso, dos de las barcazas quedaron a la deriva. A mayor abundamiento, el peligro fue tal que se llegó a salvar la vida de dos personas. El tribunal consideró que los servicios excedieron de lo que se fijó inicialmente en el contrato de remolque, constituyendo un salvamento, que no es lo mismo que reconocer o asentar un salvamento no contractual. En nuestra opinión los hechos del caso no atienden a un salvamento no contractual, sino a unos servicios que, aun siendo inicialmente remolque, pasaron a considerarse salvamento, aspecto que será tratado más adelante; véase *infra* en el capítulo tercero el epígrafe 1.2.2 Los remolcadores. Por tanto, aunque los hechos del caso no sean aplicables a los salvamentos no contractuales sí es relevante la argumentación del tribunal puesto que se reconoce que el derecho al premio del salvamento no nace del contrato.
El Derecho inglés distingue así el *«pure»* o *«merit» salvage*, donde no existe un contrato de salvamento del *«contract salvage»*; *vid.* SCHOENBAUM, *Admiralty and Maritime Law*, Saint Paul, 1994, pág. 793; BRICE, *Brice on Maritime Law of Salvage, op. cit.*, pág. 34; CHIU, LIU, CHANG, TSENG, CHEN, «Cost of salvage–a comparative form approach», en *J. Mar Sci Technol,* cit., pág. 743; BENEDICT, *Benedict on Admiralty, op. cit.*, párr. 12-1.

El contrato de salvamento marítimo se regula expresamente en los artículos 6 y 7 del CISM 1989[339]; también existiendo una referencia expresa en el artículo 361 de la LNM[340]. El mandato de este artículo se ciñe principalmente a dos aspectos. En primer lugar, a la libertad de las partes para celebrar el contrato de salvamento. Así, el artículo 6.1 del CISM 1989 establece el ámbito de aplicación del Convenio a todas las operaciones de salvamento, salvo que el contrato disponga lo contrario. De este modo, las partes pueden excluir en su operación la aplicación de este régimen convencional. Como se ha estudiado previamente, esta autonomía queda delimitada por la obligación de las partes de actuar con la máxima diligencia para evitar o reducir los daños al medioambiente —según lo dispuesto en el artículo 6.3 del CISM 1989[341] y en el artículo 361.1 LNM—.

Sin perjuicio de que sea estudiado más adelante[342], en el Derecho común, en virtud del artículo 1.254 del Código Civil[343], existirá contrato desde el momento en el que una o varias personas consienten obligarse con respecto de otras.

El contrato de salvamento es aquél que se celebra con el objeto de llevar a cabo una prestación del salvamento marítimo[344] a cambio de una contraprestación económica, generalmente denominada «premio»; pues, sin ánimo de

339 Véase *supra* en el capítulo primero el epígrafe 1.4.1 La autonomía de la voluntad de las partes y el CISM 1989.

340 Cuya regulación dispone que: «Artículo 361. Contratos de salvamento. 1. Las partes interesadas podrán contratar las condiciones del salvamento libremente, sin más límite que su obligación inderogable de actuar con la diligencia necesaria para evitar o reducir al máximo los daños al medio ambiente. 2. El capitán y el armador del buque están facultados para celebrar un contrato de salvamento en nombre del propietario de los bienes que se encuentren a bordo».

341 Artículo 6.3 del CISM 1989: «Nada de lo dispuesto en el presente artículo irá en perjuicio de la aplicación del artículo 7 ni de la obligación de evitar o reducir al mínimo los daños al medio ambiente».

342 Véase *infra* en este capítulo el epígrafe 2 Características del contrato de salvamento marítimo.

343 Enlace al *BOE*: https://www.boe.es/eli/es/rd/1889/07/24/(1)/con.

344 Se adelanta que, por el concepto «prestación del salvamento marítimo», se entiende en esta investigación, siguiendo lo dispuesto en el artículo 1, letra a), del CISM 1989, «todo acto o actividad emprendido para auxiliar o asistir a un buque o para salvaguardar cualesquiera otros bienes que se encuentren en peligro en aguas navegables o en cualesquiera otras aguas». De este modo se estaría ante una operación de la que pueden señalarse, *a priori*, cuatro «elementos»: primero, el acto o la actividad; segundo, el objeto del salvamento, es decir, qué se salva: el buque u otros bienes; tercero, la circunstancia en la que debe encontrarse dicho objeto, esto es, en peligro; y cuarto, el medio o el «lugar» donde deben hallarse: aguas navegables o cualesquiera otras aguas. Un estudio más detallado sobre el tema se llevará a cabo en *infra* el capítulo cuarto, en concreto, el epígrafe 1 La prestación de salvamento.

lucro, no existiría contrato mercantil[345]. En un número relevante de casos[346], los contratos de salvamento siguen el modelo de Lloyd's: el ya mencionado *Lloyd's Standard Form of Salvage Agreement*, conocido como *Lloyd's Open Form* o LOF[347].

Además del modelo de Lloyd's, existen otros modelos de contrato de salvamento que se utilizan en la práctica internacional, aunque con menor difusión que el LOF. Por ejemplo, *Le Contrat d'Assistance Maritime*, de Francia[348]; el *Turks — Turks Salvage Agreement—* de Turquía; el MARSALV —*U.S. Open Form Salvage Agreement—*, de Estados Unidos; el JSE —*Japanese Shipping Exchange Salvage Agreement—*, de Japón; o el *Standard Form of the Maritime Arbitration Commission*[349], de China. Existen pequeñas diferencias entre unos modelos y otros, aunque la más destacada es el *Beijing Form*, que no

345 De hecho, algún autor de la doctrina inglesa considera que el contrato de salvamento marítimo debe especificar la recompensa o premio debido a los salvadores o el método para calcularlo; la falta de lo anterior implicaría que el contrato no pudiera considerarse como salvamento marítimo; por todos, Thomas, «Lloyd's Standard Form of Salvage Agreement—A descriptive and analytical scrutiny», en *LMCLQ*, 1978, parte 2, págs. 276-283, pág. 277. Lo anterior, en nuestra opinión, no se sostiene porque el precio puede fijarse *a posteriori*. En relación con lo anterior, el sistema de *common law* diferencia entre *«contract salvage»* y *«salvage agreement»* siendo el primero de ellos el que fija las condiciones del contrato, pero no así la recompensa o el modo de calcularla; *vid.* Benedict, *Benedict on Admiralty*, *op. cit.*, párr. 12-1 y 12-2.
Lo habitual es que la recompensa se obtenga cuando se consiga éxito en la operación de salvamento en virtud del principio *no cure-no pay*; véase *infra* en el capítulo cuarto el epígrafe 2.1 El resultado útil: el principio *no cure-no pay*. No obstante, es posible que el contrato de salvamento considere otro supuesto de pago además o en defecto del resultado útil.

346 Al menos un tercio en todo el mundo; *vid.* Bishop, «Environmental salvage: time for a change?», en *Pollution at Sea...*, *op. cit.*, pág. 176. En opinión de Kennedy, Rose, *Law of Salvage*, Londres, 2021, pág. 346, y de Miller, «Lloyd's Standard Form of Salvage Agreement—"LOF 1980": A Commentary», en *JMLC*, *cit.*, pág. 243; afirman que son la base de la mayoría de las operaciones de salvamento. No se han encontrado datos globales del número de operaciones de salvamento y el uso del LOF, pero en 2020, la ISU efectuó 182 operaciones de salvamento, de las cuales 40, es decir, casi un 22 % utilizaron el LOF. Para más información pueden consultarse las estadísticas de la ISU del último año en el siguiente enlace: https://www.marine-salvage.com/2020-isu-salvage-industry-statistics-show-significantly-weaker-revenues-with-dramatic-fall-in-wreck-removal-income-and-services/.

347 En el Derecho marítimo es muy frecuente la utilización de formularios-tipo, de hecho, la mayoría de la contratación marítima se realiza a través de los mismos; *vid.* Padilla, Pendón, Clavero, «Transportes», en *Lecciones de Derecho Mercantil*, págs. 668-669.
A lo largo de este trabajo se hará referencia a este modelo como «el contrato»; no obstante, ha de tenerse presente que el LOF no es el contrato como tal, sino un modelo contractual de salvamento marítimo.

348 Conocido como la *«formule Villeneau»* por su autor, el maritimista francés, Jacques Villeneau; *vid.* Bonassies, Scapel, *Traité de Droit Maritime*, *op.cit.*, pág. 425.

349 *Vid.* Zhao, «Maritime salvage under contract: a comparative study of Chinese law and the International Salvage Convention», en *LMLCQ*, 2017, parte 2, págs. 286-302, págs. 287-291.

se rige exclusivamente por el principio *no cure-no pay*[350]. Pese a las posibles circunstancias que puedan justificar la utilización de otros modelos[351], el LOF sigue siendo el más extendido en todo el mundo.

1. Orígenes del LOF

El empleo de los formularios tipo («*forms*») en el salvamento marítimo se remonta a mediados del siglo XIX[352]. En esta época existían diversos modelos de contrato de salvamento, entre los que destacan los realizados por Lloyd's.

El primer contrato estandarizado de Lloyd's se publicó en 1892[353] bajo el nombre de *—Lloyd's Standard Form of Salvage Agreement— No cure-No pay*. Este contrato se redactó por Sir Henry Hozier, entonces secretario de Lloyd's, quien lo diseñó para un salvador que operaba en Los Dardanelos. Dicho salvador solicitó que el Comité de Lloyd's o un árbitro designado por él determinara el premio por sus operaciones de salvamento marítimo. El objetivo inicial de este modelo contractual fue ser utilizado en aquellos casos en los que un buque estuviera abandonado o se hubiese hundido y toda la operación de salvamento dependiera de una única empresa de salvamento[354], lo que era lógico teniendo en cuenta los medios que había en el contexto de finales del siglo XIX.

---

350 Chiu, «The challenges to Lloyd's Open Form salvage contract – from a shipowner's perspective», en *Gard*, *cit*.

351 Por ejemplo, el elevado transporte de mercancías en China, el relevante tráfico de mercancías en el Canal de la Mancha o la importancia del Estrecho de Estambul pueden explicar la creación de los modelos chino, el francés y el turco respectivamente.

352 Pues así lo permitieron los avances tecnológicos; en concreto, el desarrollo de sistemas de comunicación que facilitaban el contacto inmediato entre ambas partes para la celebración de un contrato; *vid.* Mandaraka-Sheppard, *Modern Maritime Law*, II, *op.cit.*, pág. 483.

353 En concreto, el primero realizado por Lloyd's fue en 1890 por petición de un salvador, aunque no llegó a publicarse; *vid.* Bessemer, «The role of Lloyd's Open Form», en *LMCLQ*, *cit.*, pág. 297. En dicho acuerdo se estableció que el premio del salvador debía fijarse a través de un procedimiento arbitral. Desde 1890 hasta 1892 se realizaron otros modelos de contratos de salvamento por otras empresas que, en colaboración con Lloyd's finalmente elaboraron el LOF de 1892; *vid.* Kennedy, *Civil Salvage*, Londres, 1907, págs. 270-274 y pág. 401.

354 *Vid.* Petrinović, Skorupan Wolff, Mandić, «LOF 2011 – New revision of the Lloyd's Standard Form of Salvage Agreement», en *Book of Proceedings*, *op.cit.*, pág. 255; Miller, «Lloyd's Standard Form of Salvage Agreement—"LOF 1980": A Commentary», en *JMLC*, *cit.*, pág. 244; Brough, «Liability Salvage—By Private Ordering», en *J Legal Stud*, *cit.*, pág. 104; Enescu, «The juridical regime of the salvage agreement LOF 2000», en *SBNA*, 2010, vol. XIII, págs. 63-67, pág. 63; Griggs, «An examination on Lloyd's Standard Form of Salvage Agreement», en *LMCLQ*, 1974, parte 2, págs. 138-150, pág. 138; Brice, *Brice on Maritime Law of Salvage*, *op.cit.*, pág. 531.

La versión del contrato de salvamento desarrollada en 1892 tuvo revisiones en 1896 y 1897[355]. En esta última versión de 1897, Lloyd's intentó incorporar a la ISU a sus modelos contractuales a través de una modificación en la cláusula sobre arbitraje. Esta enmienda proponía que el salvador pudiera acudir al arbitraje del Comité de Lloyd's —o a uno de sus árbitros— o bien que su premio se determinara por un panel compuesto por árbitros designados por los salvadores y los *«owners»* (en caso de desacuerdo, habría un tercer árbitro designado por el Comité de Lloyd's). No obstante, dicha enmienda no fue aceptada por la ISU[356]. Una década después, en 1907, Lloyd's y la ISU llegaron a un acuerdo con respecto al arbitraje, cuando Lloyd's modificó sus condiciones para adaptarse a las sugerencias de la ISU. Así pues, el Comité de Lloyd's decidió que, en el futuro, debería haber un solo modelo contractual, aprobándose en 1908, con su denominación original, el *Lloyd's Standard Form of Salvage Agreement – No cure-No pay* (*Lloyd's Open Form*[357] o LOF).

La intención de Lloyd's fue crear un modelo contractual que fuera sencillo para las partes, que permitiese fijar rápidamente las condiciones del contrato de salvamento en situaciones complejas, afectadas por los riesgos propios de esta actividad[358]. El LOF por tanto se convirtió en un instrumento que regulaba la operación de salvamento entre el salvador (*«contractor»*) y el *«owner»* del buque y los demás titulares de las mercancías a bordo.

El Derecho marítimo es «Derecho vivo»[359], en el sentido de que es cambiante y debe estar atento a la realidad y a las novedades tecnológicas, socia-

---

355 *Vid.* Kennedy, Rose, *Law of Salvage*, *op.cit.*, pág. 346.

356 *Vid.* Enescu, «The juridical regime of the salvage agreement LOF 2000», en *SBNA*, *cit.*, pág. 65.

357 Con *«open»* se hace referencia a que la cuantía del premio a pagar al salvador es un aspecto flexible o no establecido previamente a la protección de los servicios de salvamento marítimo; igualmente, significa que podrá ser el árbitro o el tribunal quien determine finalmente dicha cuantía; *vid.* Gaskell, «The Lloyd's Open Form and contractual remedies», en *LMCLQ*, 1986, parte 3, págs. 306-349, pág. 306.

358 *Vid.* Gabaldón García, Ruiz Soroa, *Manual de Derecho de la Navegación Marítima*, *op. cit.*, pág. 748; Fariña, Alfin y Delgado, *Nueva ley sobre salvamentos y hallazgos en la mar*, Madrid, 1964, págs. 87-88; Darling, Smith, *LOF 90 and the new salvage Convention*, *op.cit.*, pág. 5; Pulido, «El salvamento marítimo», en *Las averías y los accidentes…*, *op.cit.*, pág. 319.
Por otra parte, Kennedy, Rose, *Law of Salvage*, *op.cit.*, pág. 346, consideran que éste es el motivo que justifica que, en la actualidad, los contratos estandarizados sean los más utilizados en el salvamento marítimo.

359 Expresión también utilizada por Menéndez, «La unificación internacional del Derecho marítimo», en *Estudios de derecho internacional…*, *op.cit.*, pág. 488, cuando explica que se produce un desajuste entre este Derecho y el «Derecho codificado» cuando comienza la navegación a vapor pues se crea toda una nueva realidad en la navegación marítima. En palabras de Garrigues, *Temas de Derecho vivo*, Madrid, 1978, pág. 46, «El Derecho mercantil es un Derecho flexible y elástico»; y en Garrigues, «En torno a la reforma del Derecho Mercantil», en *La reforma de la legislación mercantil*, Madrid, 1979, págs. 371-

les, económicas, etc., para ofrecer soluciones reales[360]. Lo anterior explica las distintas versiones del LOF[361], pues Lloyd's ha querido adaptarse constantemente a los cambios introducidos en la legislación internacional a lo largo de los años[362] y a los *nuevos contextos* que se han ido sucediendo en el tráfico marítimo. Este hecho ha provocado, entre otros, el éxito de este modelo contractual[363]. Su última versión es la denominada como «LOF 2020», cuya aprobación se produjo el 1 de enero de 2020.

2. Características del contrato de salvamento marítimo

Atendiendo a la teoría general de los contratos en el Ordenamiento español, el contrato de salvamento marítimo es un contrato nominado, ya que la ley que lo regula lo reconoce bajo la denominación de «contrato de salvamento marítimo», según la rúbrica del artículo 361 LNM. Para considerar que un contrato es típico, su regulación ha de versar sobre sus «características esenciales, nacimiento y efectos»[364]. La regulación del contrato de salvamento marítimo en nuestro Derecho se encuentra tanto en el CISM 1989 como en la LNM; aunque deben tenerse en cuenta igualmente la perspectiva contractual que reclama prestar atención a los modelos contractuales utilizados en la práctica internacional, especialmente el LOF. Así, LASARTE[365] considera que la mayoría de las disposiciones que regulan los contratos

392, pág. 373, «el Derecho mercantil (...) es un Derecho reformista por naturaleza (...) porque está muy en contacto con la economía y acusa siempre los latidos de la materia económica, fluida e incandescente».

360 El Derecho marítimo no puede estar «*petrificado*», sino que debe responder a las exigencias de un tráfico en movimiento, como opina BROSETA, *Manual de Derecho Mercantil*, *op.cit.*, pág. 750.

361 Lloyd's ha publicado diversas versiones del LOF en los años anteriores: 1896, 1897, 1908, 1924, 1926, 1950, 1953, 1967, 1972, 1980, 1990, 1995, 2000, 2011, 2020.

362 No sólo se ha adaptado a los cambios legales, sino también técnicos en el mundo marítimo. La mayor influencia en su redacción ha sido el principio *no cure-no pay*, mantenido aún en la actualidad; *vid.* MILLER, «Lloyd's Standard Form of Salvage Agreement—"LOF 1980": A Commentary», en *JMLC*, *cit.*, pág. 244.

363 *Vid.* PENDÓN, ROMERO MATUTE, «La Special Compensation P&I Club Clause 2014 (Cláusula SCOPIC 2014)...», en *Estudios sobre la responsabilidad...*, *op.cit.*, pág. 748.

364 Por todos, *vid.* BERCOVITZ, «Introducción al derecho de contratos», en *Tratado de Contratos*, dir. R. BERCOVITZ RODRÍGUEZ-CANO, coords. N. MORALEJO IMBERNON, S. QUICIOS MOLINA, Valencia, 2013, págs. 107-138, pág. 114.

365 *Vid.* LASARTE, *Contratos. Principios de Derecho Civil III*, Madrid, 2021, pág. 10. Debe tenerse presente el artículo 1.255 CC, que permite a las partes negociar y establecer una reglamentación distinta a la que la ley tenía prevista para el contrato en cuestión, siempre y cuando cumpla con las normas imperativas que lo rigen; *vid.* DÍEZ-PICAZO, GULLÓN BALLESTEROS, *Sistema de derecho civil. El contrato en general. La relación obligatoria*, vol. II, tomo 1, Madrid, 2017, pág. 27.

típicos suelen ofrecer unas nociones contractuales, de modo que se posibilita a las partes mediante su voluntad establecer el resto de la disciplina que lo regule. El contrato de salvamento marítimo es un contrato típico[366], de modo que los aspectos básicos y propios de su régimen está regulado en una norma legal.

Pese a que la mayoría de los contratos de salvamento se celebran a través de alguno de los modelos o formularios consagrados en la práctica —y, en especial, a través del LOF—, el contrato de salvamento marítimo no es un contrato formal por cuanto para su perfección, no tiene que ceñirse a una forma determinada[367]. El contrato de salvamento marítimo es un contrato consensual, como sucede generalmente en los contratos mercantiles en sentido estricto. En particular, para el salvamento marítimo, la Sentencia número 308/1925 del Tribunal Supremo, de 14 de noviembre de 1925[368], establece así en sus fundamentos de Derecho que

366 Así también lo indican GABALDÓN GARCÍA, RUIZ SOROA, *Manual de Derecho de la Navegación* Marítima, *op.cit.*, pág. 747; GARCÍA LUENGO, *La remuneración en el salvamento marítimo*, Salamanca, 1976, pág. 56; SIERRA NOGUERO, «Tercero. El contrato de salvamento», en *Contratos: civiles, mercantiles, públicos, laborales e internacionales, con sus implicaciones tributarias, IV. Contratos de prestación de servicios y realización de obras (I)*, Cizur Menor, 2014, págs. 1.052-1.080, pág. 1052.
Sin embargo, en opinión DE GONZÁLEZ LEBRERO, *Curso de Derecho de la Navegación*, Madrid, 2018, pág. 741, pese a que el contrato de salvamento marítimo queda regulado en el Convenio de 1989 así como en la LNM de 2014, considera que esta modalidad contractual responde a un contrato atípico.

367 *Vid.* DÍEZ-PICAZO, GULLÓN BALLESTEROS, *Sistema de Derecho civil... op.cit.*, II, 1, pág. 24; MORRAL, «Del salvamento», en *Comentarios a la Ley 14/2014... op.cit.*, pág. 1.131; BERCOVITZ, «Introducción al derecho de contratos», en *Tratado de Contratos, op.cit.*, pág. 118; ESTASÉN, *Cuestiones de Derecho* Marítimo, *op.cit.*, pág. 174. Para la perfección del contrato sería necesario que cumpliese con los elementos esenciales del mismo: consentimiento, objeto y causa, *ex* artículo 1.261 CC.

368 Sala de lo Civil, Sección 1.ª, ponente: José García Valdecasas. Los hechos que dieron lugar a esta sentencia son los siguientes. El buque de vapor propiedad de la empresa demandada, se dirigía el 21 de julio de 1918 al puerto de Torrevieja, para recibir un cargamento de sal y conducirlo a Calcuta. En la noche del 21 al 22 de julio sufrió un accidente, quedando varado el buque en la playa de La Mata. El capitán del buque solicitó salvamento a la empresa demandante, requiriendo «con toda rapidez barcazas para descargar las carboneras y ayudar con los anclotes». La empresa de salvamento mandó dos veleros, *Salinero* y *Saltón*, llevando este último cuatro barcazas a remolque más unos 100 trabajadores que consideraron necesarios para la operación. Tras varias actuaciones sin éxito para remolcar el buque, decidieron alijar el carbón de las carboneras (aproximadamente, 200 toneladas de las 900 que transportaba el buque) para aligerar el peso del buque; así, se consiguió poner el buque a flote en la mañana del día 23.
El 20 de agosto de ese año, la empresa salvadora reclamó el premio a la propietaria del buque demandado por la operación desarrollada, debido a que no se había producido ningún pago por el buque salvado. El 31 de agosto, contestó negando que los servicios prestados fueran de salvamento. La empresa salvadora volvió a escribir fijando su reclamación en la cantidad de 350.000 pesetas —que consideraba inferior a lo que correspon-

> «existe contrato desde que una o varias personas consienten en obligarse respecto de otras u otras a dar alguna cosa o prestar algún servicio, siendo obligatorios, cualquiera que sea la forma en que se hayan celebrado, siempre que concurran las condiciones esenciales para su validez».

Igualmente, dictamina que el hecho de

> «haber requerido el Capitán del buque (...) a la Sociedad demandante para que le prestase los auxilios necesarios a evitar su pérdida inminente por el peligro en que se hallaba, la aceptación y compromiso de efectuarlo, como lo hizo la misma, originó un contrato perfecto, con derechos y obligaciones recíprocas entre las partes actora y demandada» (Considerando 7.º).

El contrato de salvamento es un contrato bilateral y sinalagmático, por cuanto las dos partes que celebran el contrato tienen obligaciones recíprocas —el pago del premio a cambio de la prestación de salvamento—.

En los contratos onerosos, el beneficio que espera obtener una parte implica una contraprestación de la otra que consista en un «sacrificio» previo, simultáneo o posterior en el tiempo; *ergo*, el contrato de salvamento es un contrato oneroso[369], en el que los salvadores tienen derecho a un premio por la operación de salvamento efectuada.

En el caso de que las obligaciones de las partes estén fijadas previamente a la prestación en sí misma, se habla de un contrato conmutativo[370]. Frente a este tipo contractual, existen los contratos aleatorios (artículo 1.790 CC[371]), en los que la alea determina el contenido de las obligaciones entre las partes. Algunos autores[372] han considerado que el contrato de salvamento es aleatorio

---

día en realidad—. La naviera de la empresa salvada rechazó que la operación que había sido prestada fuera un salvamento, considerando, además, que la suma excesiva. Sin embargo, manifestó que daba cuenta de lo anterior a sus aseguradoras del casco. También consideró que la controversia debía someterse al arbitraje del Comité del Lloyd's en Londres. A este respecto, la demandante —la empresa de salvamento— replicó que no tenían por qué intervenir la compañía aseguradora y que era inaceptable la proposición de someter la cuestión a Lloyd's (debido a que el hecho había ocurrido en España y a las dificultades que surgían de someter la controversia a otro idioma distinto al español, así como por el desplazamiento a unos órganos situados en el extranjero). Debido a la imposibilidad de acuerdo entre las partes, la empresa de salvamento interpuso demanda solicitando al juzgado la suma de 350.000 pesetas, más los intereses legales desde la fecha de presentación de la demanda y costas.

369 *Vid.* Pulido, «El salvamento marítimo», en *Las averías y los accidentes..., op.cit.*, pág. 235.

370 *Vid.* Lasarte, *Contratos. Principios de Derecho Civil* III...*op.cit.*, pág. 9.

371 Cuya redacción dispone que: «Por el contrato aleatorio, una de las partes, o ambas recíprocamente, se obligan a dar o hacer alguna cosa en equivalencia de lo que la otra parte ha de dar o hacer para el caso de un acontecimiento incierto, o que ha de ocurrir en tiempo indeterminado».

372 *Vid.* Lyon-Caen, Renault, *Traité de Droit Commerciale*, 6, *op.cit.*, párr. 1.072; Gaeta, «La

en tanto en cuanto las obligaciones de una o de las dos partes dependen de un evento que se producirá o no según el alea o azar; esto implica la eventualidad de que suceda o no un acontecimiento. En los contratos aleatorios, es la exigibilidad de la prestación la que no está previamente determinada[373]. Sin embargo, el contrato de salvamento marítimo es un contrato conmutativo, ya que las partes están obligadas a realizar sus prestaciones: prestar el salvamento y pagar el premio.

3. El contrato LOF 2020

El contrato LOF 2020 sigue un diseño particular, por lo que se analizarán brevemente sus peculiaridades. Para comenzar, está estructurado en dos carillas. En la primera, bajo el título *—Lloyd's Standard Form of Salvage Agreement—*, destaca que el contrato se ha aprobado y publicado por el Consejo de Lloyd's[374]; lo que supondría una «atribución» de responsabilidad por la elaboración del modelo y el prestigio y rigor de la institución que lo aprueba. Con ello se consigue la estandarización del contrato.

Tras el encabezamiento del contrato, le sigue la enunciación del principio *no cure-no pay*, con una tipografía llamativa, en negrita, dejando claramente establecido que este principio rige el contrato de salvamento LOF 2020 y que está consagrado en el salvamento marítimo. Por ende, los salvadores que utilicen el LOF sólo cobrarán cuando hubieran conseguido un resultado útil —a excepción de la compensación especial del artículo 14 del CISM 1989 y de la «Cláusula» SCOPIC—.

A continuación, se dispone una tabla con casillas o *boxes*, en las que las «condiciones particulares» del contrato quedarían reflejadas de manera esquemática[375]. Tras la cual se establecen las 12 cláusulas que componen el contrato

convenzione di Londra 1989 sul soccorso in acqua», en *Il Diritto Marittimo*, *cit.*, pág. 302; Fariña, Alfin y Delgado, *Nueva ley sobre salvamentos... op.cit.*, pág. 7.

373 *Vid.* Lacruz, *Elementos de Derecho civil. Tomo II: derecho de obligaciones*. Volumen 2: contratos y cuasicontratos, Madrid, 2013, pág. 292.

374 El Consejo de Lloyd's es el órgano de administración y gestión de la aseguradora que se compone de hasta 18 miembros (seis internos, seis externos y seis nominados, siendo los dos primeros tipos elegidos por los miembros de Lloyd's). Su presidente y su vicepresidente son elegidos anualmente por el Consejo de entre sus miembros. Junto con los otros órganos de gestión (*The Board* y los comités) se encarga de la supervisión del mercado de seguros para asegurar que tanto la empresa como los agentes que la representan cuenten con unos sistemas de gestión y control sólidos. El objetivo final del Consejo es que la empresa y el mercado en el que actúa, así como las licencias e índices que desarrollan pueda asumir y controlar los riesgos y que sean lo suficientemente rentables para asegurar unos resultados positivos a sus asegurados.

375 A este respecto, *vid.* Pendón, «La incidencia del COVID-19 en el transporte marítimo. Notas a propósito de la BIMCO COVID-19 Crew Change Clause For Time Charter Parties

enumeradas de la «A» a la «L». Finalmente se incluyen cuatro *avisos importantes* (*«important notices»*). Estos avisos guardan información relevante para las partes, como se verá más abajo.

La tabla con la información particular del contrato se estructura en dos columnas y cinco filas, con nueve casillas o *boxes* en total[376]. Estas nueve *boxes* identifican y por las firmas atribuyen las partes del contrato (*box* 1[377] y *boxes* números 8[378] y 9[379]). El objeto, es decir, lo que se ha de salvar en la operación de salvamento figura en la casilla 2[380] y el «lugar de seguridad» acordado por las partes se reflejará en la *box* número 3[381]. A continuación, la casilla 4 del

2020», *El Derecho mercantil y la pandemia: algunos problemas del pasado, la crisis coyuntural y las perspectivas futuras*, A Coruña, 2023, págs. 777-795, pág. 782: «En general, los modelos de formularios se componen de dos partes bien diferenciadas: las "condiciones particulares", formalmente boxes (en las primeras páginas del contrato, o en su anverso) que las partes completan para cada contrato y permiten su adaptación (o aplicación) a la concreta operación; y las "condiciones generales", el contenido contractual que fija el estándar del contrato».

376 En este trabajo se propone, junto con el estudio de los apartados y las cláusulas del LOF 2020, una traducción libre de los mismos.

377 Box 1: *«Name of the salvage Contractors:(referred to in this agreement as "the Contractors")»*; en su traducción al español: «Nombre de la parte que realiza el salvamento: (denominados en este contrato "los Salvadores"). Véase *infra* en el capítulo tercero el epígrafe 2 Las partes del contrato de salvamento marítimo. A pesar de que el término en inglés es «*contractor*», a lo largo de este trabajo se traducirá por «salvador», teniendo en cuenta que así lo identifica tanto el CISM 1989 como la LNM. Además, explican Pendón, Romero Matute, «La Special Compensation P&I Club Clause 2014 (Cláusula SCOPIC 2014)...», en *Estudios sobre la responsabilidad..., op.cit.*, pág. 572, que «la figura es designada como *salvor* en la práctica jurídica inglesa», lo que también se incluye en la versión inglesa del CISM 1989.

378 Box 8: «*Person signing for and on behalf of the Contractors* (...) *Signature*». En la traducción propuesta: «Persona que firma por y en nombre de los salvadores (...) Firma». Véase *infra* en el capítulo tercero el epígrafe 2 Las partes del contrato de salvamento marítimo.

379 Box 9: «*Captain or other person signing for and on behalf of the property* (...) *Signature*»; en español, «Capitán u otra persona que firme por y en nombre de los "*owners*" (...) Firma». Véase *infra* en el capítulo tercero el epígrafe 2 Las partes del contrato de salvamento marítimo.

380 Box 2: «*Property to be salved: The vessel: her cargo freight bunkers stores and any other property thereon but excluding the personal effects or baggage of passengers master or crew (referred to in this agreement as "the property")*». En su versión en español, «"Propiedad" a salvar: El buque: su carga, búnkeres, almacenes y cualquier otro bien que se encuentre en él, excluyendo los efectos personales y el equipaje de los pasajeros, del capitán o de la tripulación (denominados en este contrato "la propiedad"). Véase infra en el capítulo cuarto el epígrafe 1.2 El objeto de la operación de salvamento: el buque y otros bienes en peligro.

381 Box 3: *«Agreed place of safety»*; o «Lugar de seguridad acordado». Véase *infra* en el capítulo quinto el epígrafe 1.1 La prestación profesional del salvamento marítimo: la "debida diligencia" y los *best endevours*.

contrato LOF[382] hace referencia a la moneda o divisa en la que las partes han acordado el precio de la operación de salvamento, que será fijada *a posteriori* por el laudo arbitral y a la fianza; esta casilla habrá que completarse en caso de que no se utilice como moneda el dólar de Estados Unidos (previsión que se recogió por primera vez en el LOF 2000). Las *boxes* número 5[383] y número 6[384] hacen referencia a la fecha y el lugar donde se celebra el contrato, respectivamente. En cuanto a la fecha, guarda especial relación con la Cláusula E, objeto de análisis más adelante[385]. Para finalizar, la casilla número 7[386] (introducida igualmente en la versión del LOF 2000) quizá sea una de las más relevantes, ya que en ella las partes habrán de especificar si será de aplicación o no la «Cláusula» SCOPIC[387].

Seguidamente tras esta primera tabla, se disponen las 12 cláusulas del contrato, que se encuentran relacionadas de la «A» a la «L» en mayúsculas, para distinguirlas de los cuatro *avisos importantes*. Sin perjuicio de que se analicen a lo largo de este trabajo, conviene hacer una breve mención de su contenido.

En primer lugar, existen cláusulas en relación con el contenido del contrato. Por un lado, existen cláusulas relativas a las obligaciones de las partes, como la A[388], sobre la obligación básica de los salvadores; la B[389], en relación con

382 Box 4: *«Agreed currency of any arbitral award and security (if other than United States dollars)»*; o «Moneda del laudo arbitral y fianza acordada (si es otra que el dólar estadounidense)».

383 Box 5: *«Date of this agreement»*; o «Fecha de este acuerdo».

384 Box 6: *«Place of agreement»*; o «Lugar de este acuerdo».

385 Véase *infra* en el capítulo tercero el epígrafe 1.2 La ajenidad.

386 Box 7: *«Is the Scopic Clause incorporated into this agreement? State alternative: Yes/No»*; en español, «¿Se incorpora la "Cláusula" SCOPIC a este contrato? Indique alternativamente: Sí/No». Véase *infra* en el capítulo cuarto el epígrafe 2.5 La «Cláusula» SCOPIC.

387 *Vid.* PENDÓN, ROMERO MATUTE, «La Special Compensation P&I Club Clause 2014 (Cláusula SCOPIC 2014)...», en *Estudios sobre la responsabilidad..., op.cit.*, pág. 575.

388 Cláusula A: *«Contractors' basic obligation: The Contractors identified in Box 1 hereby agree to use their best endeavours to salve the property specified in Box 2 and to take the property to the place stated in Box 3 or to such other place as may hereafter be agreed. If no place is inserted in Box 3 and in the absence of any subsequent agreement as to the place where the property is to be taken the Contractors shall take the property to a place of safety»*. Se propone la siguiente traducción para esta cláusula: «Obligación básica de los salvadores: Los Salvadores identificados en la casilla 1 se comprometen a hacer todo lo posible para el salvamento de la "propiedad" especificada en la casilla 2 y a llevarla al lugar indicado en la casilla 3 o a cualquier otro lugar que se acuerde en lo sucesivo. Si no se inserta ningún lugar en la casilla 3 y en ausencia de cualquier acuerdo posterior en cuanto al lugar al que deben llevarse la "propiedad", los Salvadores los llevarán a un lugar seguro».

389 Cláusula B del contrato LOF 2020: *«Environmental protection: While performing the salvage services the Contractors shall also use their best endeavours to prevent or minimise damage to the environment»* a la que se propone la siguiente traducción: «Protección del medioambiente: Durante la realización de los servicios de salvamento, los Salvadores también harán todo lo posible para evitar o minimizar los daños al medioambiente».

la protección marítima medioambiental; la F[390], que describe las obligaciones básicas de las partes; así como la L[391], que prohíbe a las partes del contrato dar «incentivos», en general cualquier aliciente económico que pudiera inclinar la balanza sobre alguna de las partes. Por otro lado, las cláusulas G[392] y la H[393] versan sobre la terminación de la operación de salvamento.

390 Cláusula F: *«Duties of property owners: Each of the owners of the property shall cooperate fully with the Contractors. In particular: (i) the Contractors may make reasonable use of the vessel's machinery gear and equipment free of expense provided that the Contractors shall not unnecessarily damage abandon or sacrifice any property on board; (ii) the Contractors shall be entitled to all such information as they may reasonably require relating to the vessel or the remainder of the property provided such information is relevant to the performance of the services and is capable of being provided without undue difficulty or delay; (iii) the owners of the property shall co-operate fully with the Contractors in obtaining entry to the place of safety stated in Box 3 or agreed or determined in accordance with Clause A»*; que traducida sería «Deberes de los "*owners*" del buque y de la carga: Cada uno de los "*owners*" de los bienes salvados deberá cooperar plenamente con los Salvadores. En particular: (i) los Salvadores podrán hacer un uso razonable de la maquinaria y del equipo del buque sin coste alguno, siempre y cuando los salvadores no dañen, abandonen o sacrifiquen innecesariamente ningún bien a bordo; (ii) los Salvadores tendrán derecho a obtener toda la información que razonablemente puedan requerir en relación con el buque o cualquier otro bienes a salvar, siempre que dicha información sea relevante para la ejecución de la operación y pueda ser proporcionada sin dificultades o retrasos indebidos; (iii) los "*owners*" cooperarán plenamente con los Salvadores para obtener la entrada al lugar de seguridad indicado en la casilla 3 o acordado o determinado de acuerdo con la cláusula A».

391 Cláusula L: *«Inducements prohibited: No person signing this agreement or any party on whose behalf it is signed shall at any time or in any manner whatsoever offer provide make give or promise to provide or demand or take any form of inducement for entering into this agreement»*. La traducción que se propone es la siguiente: «Se prohíben los incentivos: Ninguna persona que firme este acuerdo o cualquier parte en cuyo nombre se firme podrá en ningún momento ni de ninguna manera ofrecer, dar, prometer proporcionar o exigir o aceptar cualquier forma de incentivo para celebrar este acuerdo».

392 Cláusula G: *«Rights of termination: When there is no longer any reasonable prospect of a useful result leading to a salvage reward in accordance with Convention Articles 12 and/or 13 either the owners of the vessel or the Contractors shall be entitled to terminate the services hereunder by giving reasonable prior written notice to the other»*. Esta cláusula podría entenderse en español como «Terminación del contrato: Cuando ya no hay perspectivas razonables de obtener un resultado útil que conduzca a un premio de salvamento de conformidad con los artículos 12 y/o 13 del Convenio, los "*owners*" del buque o los Salvadores tendrán derecho a poner fin a los servicios que se prestan en virtud del presente contrato mediante una notificación previa razonable por escrito a la otra parte».

393 Cláusula H: *«Deemed performance: The Contractors' services shall be deemed to have been performed when the property is in a safe condition in the place of safety stated in Box 3 or agreed or determined in accordance with clause A. For the purpose of this provision the property shall be regarded as being in safe condition even though that property (or part thereof) is damaged or in need of maintenance provided that (i) the Contractors are not obliged to remain in attendance to satisfy the requirements of any port or harbour authority, governmental agency or similar authority and (ii) the continuation of skilled salvage services from the Contractors or other salvors is no longer necessary to avoid the property becoming lost or significantly further damaged or delayed»*. Cuya traducción se corresponde con: «Se

En segundo lugar, se encuentran cláusulas relativas al procedimiento arbitral para determinar el precio de la operación de salvamento —Cláusula I[394], que somete a las partes al procedimiento arbitral regulado por las *Lloyd's Salvage Arbitration Clauses* (LSAC en adelante)— y a la ley aplicable al contrato y al proceso —Cláusula J[395]—.

En tercer lugar, existen dos cláusulas relacionadas con el premio de los salvadores: la C[396], aludiendo la primera a la «Cláusula» SCOPIC; y la D[397], relativa

considerará que los servicios del Salvador se han realizado cuando la "propiedad" esté en condiciones seguras en el lugar de seguridad indicado en la casilla 3 o el acordado o el determinado de acuerdo con la cláusula A. A efectos de esta disposición, se considerará que el bien está en condiciones seguras aunque dicha "propiedad" (o parte de ella) esté dañada o necesite mantenimiento siempre que (i) los Salvadores no estén obligados a permanecer en el lugar para satisfacer los requisitos de cualquier autoridad portuaria, organismo gubernamental o autoridad similar y (ii) la continuación de los servicios de salvamento cualificados de los Salvadores u otros salvamentos ya no sean necesarios para evitar que los bienes se pierdan o sufran daños significativos adicionales o se retrasen».

394 Cláusula I: *«Arbitration and the LSA Clauses: The Contractors' remuneration and/or special compensation shall be determined by arbitration in London in the manner prescribed by Lloyd's Salvage Arbitration Clauses ("the LSAC") in force at the date of this agreement. The provisions of the said LSAC are deemed to be incorporated in this agreement and form an integral part hereof. Any other difference arising out of this agreement or the operations hereunder shall be referred to arbitration in the same way»*. En español podría entenderse: «Arbitraje y las cláusulas del LSAC: El premio y/o compensación especial de los Salvadores serán determinadas mediante arbitraje en Londres en la forma prescrita por las Lloyd's Salvage Arbitration Clauses ("las LSAC") en vigor en la fecha de este acuerdo. Las disposiciones de dichas LSAC se consideran incorporadas al presente contrato y forman parte integrante del mismo. Cualquier otra diferencia que surja de este contrato o de las operaciones realizadas en virtud del mismo se someterá a arbitraje de la misma manera.

395 Cláusula J: *«Governing law: This agreement and any arbitration hereunder shall be governed by English law»*; esto es, «Ley aplicable: El presente contrato y cualquier arbitraje que se realice en virtud del mismo se regirán por la legislación inglesa».

396 Cláusula C: *«Scopic Clause: Unless the word "No" in Box 7 has been deleted this agreement shall be deemed to have been made on the basis that the Scopic Clause is not incorporated and forms no part of this agreement. If the word "No" is deleted in Box 7 this shall not of itself be construed as a notice invoking the Scopic Clause within the meaning of sub-clause 2 thereof»*. En la versión propuesta en español, «"Cláusula" SCOPIC: A menos que se haya suprimido la palabra "No" en la casilla 7, este acuerdo se considerará hecho sobre la base de que la "Cláusula" SCOPIC no se incorpora y no forma parte de este contrato. Si la palabra "No" se borra en la casilla 7, lo anterior no se interpretará como una notificación de la incorporación de la "Cláusula" SCOPIC en virtud de su subcláusula 2».

397 Cláusula D: *«Effect of other remedies: Subject to the provisions of the International Convention on Salvage 1989 as incorporated into English law ("the Convention") relating to special compensation and to the Scopic Clause if incorporated the Contractors services shall be rendered and accepted as salvage services upon the principle of "no cure - no pay" and any salvage remuneration to which the Contractors become entitled shall not be diminished by reason of the exception to the principle of "no cure - no pay" in the form of special compensation or remuneration payable to the Contractors under a Scopic Clause»*.
En cuanto a la rúbrica de esta cláusula no es fácil proponer una traducción en español

al principio *no cure-no pay*. El propósito de esta última Cláusula D es que los salvadores siempre puedan acogerse a la compensación especial del artículo 14 del CISM 1989 o a la «Cláusula» SCOPIC[398].

En cuarto lugar, encontramos otras cláusulas diversas sobre el contrato LOF. La Cláusula E[399] hace referencia a los servicios que se hayan realizado previamente a la operación de salvamento; la K[400], a la representación de los «intereses» en el contrato de salvamento.

Una vez mencionadas las anteriores cláusulas, el formulario finaliza incluyendo cuatro avisos importantes o *important notices.* El primero hace referencia a la fianza que debe constituirse por la operación de salvamento[401]; el

---

de «Effect of other remedies», pero a lo que se hace referencia es a los efectos que se producen cuando el contrato de salvamento no se rige por el principio *no cure-no pay*, es decir, cuando tiene lugar la compensación especial y la «Cláusula» SCOPIC. La traducción en español para la cláusula sería la siguiente: «Los servicios de los Salvadores bajo las disposiciones del Convenio Internacional de Salvamento de 1989 —incorporado a la legislación inglesa ("Convenio")— relativas a la compensación especial y a la "Cláusula" SCOPIC, serán prestados y aceptados como servicios de salvamento bajo el principio *no cure-no pay*; cualquier premio de salvamento a la que los Salvadores tengan derecho no se verá disminuido por la excepción al principio *no cure-no pay* en forma de compensación especial o premio pagadero a los salvadores en virtud de la "Cláusula" SCOPIC».

398 *Vid.* PENDÓN, ROMERO MATUTE, «La Special Compensation P&I Club Clause 2014 (Cláusula SCOPIC 2014)...», en *Estudios sobre la responsabilidad...*, *op.cit.*, pág. 576.

399 Cláusula E: *«Prior services: Any salvage services rendered by the Contractors to the property before and up to the date of this agreement shall be deemed to be covered by this agreement»*, cuya traducción sería «Servicios realizados anteriormente: Los servicios de salvamento prestados por los Salvadores a la "propiedad" antes y hasta la fecha de este contrato se considerarán cubiertos por éste».

400 Cláusula K: *«Scope of authority: The Master or other person signing this agreement on behalf of the property identified in Box 2 enters into this agreement as agent for the respective owners thereof and binds each (but not the one for the other or himself personally) to the due performance thereof»*. La traducción propuesta para dicha cláusula es la siguiente: «Alcance de la representación: El capitán u otra persona que firme este contrato en nombre de la "propiedad" identificada en la casilla 2 celebra este acuerdo como representante de los respectivos "*owners*" de los mismos y obliga a cada uno (pero no a uno por el otro o él mismo personalmente) a su debido cumplimiento. Véase infra en el capítulo tercero el epígrafe 2 Las partes del contrato de salvamento marítimo.

401 *Important notice* 1*: «Salvage security. As soon as possible the owners of the vessel should notify the owners of other property on board that this agreement has been made. If the Contractors are successful the owners of such property should note that it will become necessary to provide the Contractors with salvage security promptly in accordance with Clause 4 of the LSAC referred to in Clause I. The provision of General Average security does not relieve the salved interests of their separate obligation to provide salvage security to the Contractors»*. En una traducción libre al español, este primer aviso importante establece que «Tan pronto como sea posible, los "*owners*" del buque deberán notificar a los titulares de otros bienes a bordo que han celebrado el contrato LOF. Si los Salvadores tienen éxito, los titulares de dichos bienes deben tener en cuenta que será necesario proporcionarles una garantía o fianza con rapidez, de acuerdo con la Cláusula 4 de la LSAC mencionada

segundo, a las copias de las que se pueden valer las partes en relación con el contrato LOF, es decir, copias de la «Cláusula» SCOPIC y las LSAC[402]; el tercero es relativo al laudo arbitral[403]; y el cuarto hace referencia a la notificación de las partes a Lloyd's[404].

El contrato diseñado por Lloyd's se ha utilizado durante más de un siglo. Durante ese tiempo se ha modificado, aprobándose nuevas versiones del mismo, para atender las necesidades de la industria de salvamento[405]. Aun-

en la Cláusula I del LOF 2020. La provisión de la garantía de Avería Gruesa no exime a los intereses salvados de su obligación separada de proporcionar una garantía de salvamento a los Salvadores». Véase infra en el capítulo quinto el epígrafe 3 Los derechos del salvador y sus garantías.

402 *Important notice* 2*: «Incorporated provisions. Copies of the applicable Scopic Clause and LSAC in force at the date of this agreement may be obtained from (i) the Contractors or (ii) the Salvage Arbitration Branch at Lloyd's, One Lime Street, London EC3M 7HA».* En la traducción libre del aviso: «Cláusulas incorporadas. Se pueden obtener copias de la "Cláusula" SCOPIC y las LSAC aplicables en vigor en la fecha de este contrato de (i) los Salvadores o (ii) de la Salvage Arbitration Branch en Lloyd's, One Lime Street, Londres EC3M 7HA».

403 *Important notice* 3: *«Awards. The Council of Lloyd's is entitled to make available the Award, Appeal Award and Reasons on www.lloydsagency.com (the website) subject to the conditions set out in Clause 13 of the LSAC».* En español, «Laudos. El Consejo de Lloyd's está obligado a facilitar el laudo, el laudo de apelación y la fundamentación de los mismos en www.lloydsagency.com (el sitio web) con arreglo a las condiciones establecidas en la cláusula 13 de la LSAC».

404 *Important notice* 4: *«Notification to Lloyd's. The Contractors shall within 14 days of their engagement to render services under this Agreement notify the Council of Lloyd's of their engagement and forward the signed agreement or a true copy thereof to the Council as soon as possible. A copy of any other agreement that amends or varies the provisions or terms of this Agreement must also be provided to the Council as soon as possible. The Council will not charge for such notification».* En su versión española, «Notificación a Lloyd's. Los Salvadores deberán, en un plazo de 14 días a partir de su contratación para prestar servicios en virtud de este contrato, notificarlo al Consejo de Lloyd's y enviar el contrato firmado o una copia fiel del mismo al Consejo lo antes posible. Una copia de cualquier otro acuerdo que modifique o varíe las disposiciones o términos de este contrato también deberá ser proporcionada al Consejo lo antes posible. El Consejo no cobrará por dicha notificación».

405 Aunque las cláusulas mencionadas se explicarán con detalle a lo largo de este trabajo, cabe destacar dos aspectos modificados en relación con la versión anterior del LOF, la de 2011. En primer lugar, la cláusula H se ha redactado de una manera algo más sencilla para facilitar su comprensión, aunque no existen diferencias en su contenido. Así, en la versión de 2011, se establecía que la «propiedad» se encontraría *en condiciones seguras a pesar de que los bienes (o parte de ellos) estuvieran dañados o necesitaran mantenimiento si* (i) los salvadores no están obligados a permanecer en el lugar para satisfacer los requisitos de cualquier autoridad portuaria, organismo gubernamental o autoridad similar y (ii) la continuación de los servicios de salvamento especializados de los salvadores ya no es necesaria para evitar que los bienes se pierdan o sufran daños o retrasos significativos, cursiva añadida. En la versión auténtica del contrato: «Deemed performance: The Contractors' services shall be deemed to have been performed when the *property is in a*

que algunos medios han alertado de que el uso de este modelo contractual es cada vez menor[406], atendiendo a los datos, las diferencias en el uso no son significativas. Por ejemplo, en 1999 el 24 % de las operaciones de salvamento se realizaron a través de un LOF[407], mientras que en 2020 esta cifra se ha situado en 40 casos de los 182 realizados por la ISU (casi un 22 %)[408]. No obstante, Lloyd's ha constatado que en 2018 —últimos datos disponibles— se consiguieron únicamente 3.46 millones de dólares en premios de salvamento marítimo, el resultado más bajo jamás registrado[409].

---

safe condition in the place of safety stated in Box 3 or agreed or determined in accordance with clause A. For the purpose of this provision the property shall be regarded as being in safe condition notwithstanding that the property (or part thereof) is damaged or in need of maintenance if *(i) the Contractors are not obliged to remain in attendance to satisfy the requirements of any port or habour authority, governmental agency or similar authority and (ii) the continuation of skilled salvage services from the Contractors or other salvors is no longer necessary to avoid the property becoming lost or significantly further damaged or delayed*». Se recuerda que la traducción que figura en el texto es libre.

En la versión de 2020 este texto ha cambiado ligeramente por el siguiente: se considerará que los bienes están en condiciones seguras *aunque dichos bienes (o parte de ellos) estén dañados o necesiten mantenimiento, siempre que* (i) los salvadores no estén obligados a permanecer en el lugar para satisfacer los requisitos de cualquier autoridad portuaria, organismo gubernamental o autoridad similar y (ii) la continuación de los servicios de salvamento especializados de los salvadores ya no sea necesaria para evitar que los bienes se pierdan o sufran daños o retrasos significativos. El propósito de modificar dicha Cláusula H fue simplificar cuándo se considera que se han prestado los servicios de salvamento marítimo. Lo que será estudiado con mayor detalle más adelante; véase *infra* en el capítulo quinto el epígrafe 2.4 La recepción de los bienes salvados.

En segundo lugar, en el LOF 2011 —con respecto a la anterior versión del contrato LOF que era de 2000— se incluyó un *important notice* (número 4) por el que los salvadores que actuasen bajo el contrato LOF debían notificar al *Council* de Lloyd's que prestarían sus servicios bajo las condiciones de este contrato en los 14 días siguientes a su celebración. En el LOF 2020 se ha añadido a este aviso que deberá facilitarse al Consejo de Lloyd's, a la mayor brevedad posible, una copia de cualquier otro acuerdo que modifique o varíe las disposiciones o términos del LOF firmado entre las partes. A este respecto se pretendía dar una mayor transparencia en el proceso de Lloyd's en cuestiones de salvamento.

406 *Vid.* Chiu, «The challenges to Lloyd's Open Form salvage contract – from a shipowner's perspective», en *Gard*, *cit.*; Lloyd, Boyle-Smith, «Is Lloyd's Open Form on borrowed time?», en *Kennedys*, 2021, disponible en: https://kennedyslaw.com/thought-leadership/article/is-lloyds-open-form-on-borrowed-time/.

407 International Salvage Union Annual Review 2015, accesible en: https://www.iims.org.uk/wp-content/uploads/2016/07/ISUAnnualReview2015.pdf.

408 Datos oficiales de la ISU disponibles en el siguiente enlace: https://www.marine-salvage.com/2020-isu-salvage-industry-statistics-show-significantly-weaker-revenues-with-dramatic-fall-in-wreck-removal-income-and-services/.

409 Datos oficiales de Lloyd's, disponibles en: https://www.lloyds.com/resources-and-services/lloyds-agency/salvage-arbitration-branch/lof-statistics.

Uno de los factores que explica la disminución de los siniestros es la mejora de las condiciones técnicas y de comunicación entre los buques. Por ejemplo, en la década de los 70 la comunicación inmediata entre los buques, los armadores y las compañías de seguros era muy limitada. En ese contexto, el capitán del buque en peligro solía acabar firmando un contrato LOF, aun cuando no se requiriera realmente un salvamento marítimo para atender al buque[410]. En la actualidad, la explotación del buque y, en su caso, la fluida e inmediata comunicación entre el capitán y otros sujetos interesados en la operación de salvamento, posibilita que los capitanes no tengan que tomar solos las decisiones en situaciones de riesgo.

Otra de las críticas sobre el LOF que plantea la ISU es que este contrato no es adecuado para el «salvamento medioambiental». Pese a contemplar la posibilidad de aplicar la «Cláusula» SCOPIC o la compensación especial del artículo 14 del CISM 1989, sigue siendo un contrato basado en el principio *no cure-no pay*. La ISU considera que este principio es insuficiente para sustentar la industria del salvamento marítimo[411].

Existen también otras críticas centradas en el alto coste que supone utilizar el LOF en una operación de salvamento. Frente a ello, la ISU ha defendido que éstas se han debido a una mala comprensión de cómo funciona realmente este modelo de contrato de salvamento marítimo[412]. En torno al 30 % de los contratos LOF finalizan en un arbitraje[413], mientras que una importante mayoría se resuelven amistosamente, sin acudir al procedimiento arbitral (transacción). Igualmente, Lloyd's ha ofrecido soluciones a esta crítica; por ejemplo, a través de la introducción de la «*short form*» del arbitraje de salvamento marítimo que reduce el tiempo y, por ende, los costes del proceso[414].

410 *Vid.* CHIU, «The challenges to Lloyd's Open Form salvage contract – from a shipowner's perspective», en *Gard*, http://www.gard.no/web/updates/content/29246093/the-challenges-to-lloyds-open-form-salvage-contract-from-a-shipowners-perspective.

411 *Vid.* ISU, «The future of LOF», página web de la ISU, accesible en: https://www.marine-salvage.com/media-information/the-future-of-lof/.

412 También *vid.* HALL, «UK: Is The Salvage Industry In Terminal Decline? LOF v Commercial Contracts», en *mondaq*, *cit.*

413 Datos ofrecidos por ISU, «The future of LOF», página web de la ISU, accesible en: https://www.marine-salvage.com/media-information/the-future-of-lof/. En 2015, este porcentaje era ligeramente menor, un 22 %; LLOYD'S, «LOF statistics: Lloyd's Open Form Report 2015», informe realizado por Lloyd's, disponible en: https://www.lloyds.com/market-resources/lloyds-agency/salvage-arbitration-branch/lof-statistics

414 Este procedimiento se aplica exclusivamente a aquellos procesos cuya fianza no supere el millón de dólares. La ISU ha propuesto aumentar esta cantidad a dos millones para permitir que más casos se beneficien de este método abreviado de arbitraje, aunque aún no se ha dado un paso decisivo por parte de la empresa Lloyd's.

4. El contrato LOF y el arbitraje de Lloyd's

Cuando las partes celebran un contrato LOF aceptan, *a priori*, que se produce una operación de salvamento[415]. Cualquier diferencia que surja del acuerdo o de las operaciones que se realicen en su virtud se someterá a arbitraje, en concreto, al procedimiento planteado ante Lloyd's en su sede de Londres. Sin embargo, el arbitraje de Lloyd's tiene por objetivo principal determinar la cuantía del premio de los salvadores[416].

Las disposiciones de las cláusulas LSAC se consideran incorporadas al contrato LOF y forman parte del mismo[417]. Así lo dispone el convenio arbitral reflejado en su Cláusula I[418], por el que las partes someten la determinación de la cuantía del premio o de la compensación especial al arbitraje en Londres en la forma prevista por las LSAC vigentes en la fecha del contrato firmado. Además, las partes aceptan que la ley aplicable a dicho contrato y al proceso de arbitraje es la ley inglesa que, en cuestión de salvamento, desde el año 1995, incluye el CISM 1989[419].

Lloyd's cuenta con una rama dedicada al Arbitraje de Salvamento —*The Salvage Arbitration Branch*—, responsable de los procesos de arbitraje relacionados con el contrato LOF. Las resoluciones de los laudos quedan a cargo de profesionales especializados[420], familiarizados con la industria del salvamento marítimo. De hecho, ésta es una de las razones del éxito del LOF. En ellos, el

415 En la misma opinión, *vid.* PENDÓN, ROMERO MATUTE, «La Special Compensation P&I Club Clause 2014 (Cláusula SCOPIC 2014)...», en *Estudios sobre la responsabilidad..., op.cit.*, pág. 576; BAUGHEN, *Shipping Law*, Oxon, 2009, pág. 308; CLIFT, GAY, «The Shifting Nature of Salvage Law: A View from a Distance», en *Tul. L. R., cit.*, pág. 1.367. De hecho, nótese que la cláusula D del LOF 2020 expresamente expone que en virtud de ese contrato los servicios serán considerados salvamento marítimo: «*the Contractors services shall be rendered and accepted as salvage services*».

416 En la misma opinión; *vid.* BONASSIES, SCAPEL, *Traité de Droit Maritime*, *op.cit.*, pág. 430. Véase también la Cláusula I del contrato LOF.

417 Cláusula I del LOF 2020; véase la nota al pie número 394.

418 Véase la nota al pie número 394.

419 La *Merchant Shipping Act* de 1995 dispone en su artículo 224.1 que «*The provisions of the International Convention on Salvage, 1989 as set out in Part I of Schedule 11 (in this Chapter referred to as "the Salvage Convention") shall have the force of law in the United Kingdom*»; entendido como «Las disposiciones del Convenio Internacional sobre Salvamento, 1989, tal y como se establece en la Parte I del Anexo 11 (en este capítulo denominado "el Convenio de Salvamento") tendrán fuerza de ley en el Reino Unido».

420 Característica igualmente destacada por GARCÍA-PITA Y LASTRES, «Arbitraje y derecho marítimo (con especial referencia a la práctica de los formularios y a la Reforma del Derecho Marítimo Español)», en *Foro galego: revista xurídica*, 2006-2007, núm. 196-197, págs. 7-124, pág. 39.

Comité de Lloyd's no participa directamente, aunque provee seguridad administrativa al proceso y lo supervisa[421].

Los procedimientos arbitrales de Lloyd's se caracterizan por desarrollarse con rapidez[422], destacando también la velocidad con la que se efectúan los pagos relacionados con el procedimiento[423]. Otra de las ventajas con las que cuenta el sistema de arbitraje de Lloyd's es su menor coste, fundamentado en un sistema de coste fijo. Igualmente, en Lloyd's, aproximadamente la mitad de los casos que se plantean se resuelven antes del procedimiento arbitral, a través de una transacción[424].

El procedimiento de arbitraje se sustancia ante un solo árbitro designado entre un panel de seis árbitros pertenecientes al *English Admiralty Bar*. Uno de estos seis será designado, en su caso, como Árbitro *de Apelación* para garantizar la uniformidad en los laudos[425].

En relación con lo anterior, el artículo 27 del CISM 1989 hace una mención a los laudos arbitrales. En concreto, especifica que «Los Estados Partes fomentarán, en la medida de lo posible y con el consentimiento de las partes, la publicación de los laudos arbitrales pronunciados en casos de salvamento»[426]. En el proceso de elaboración del CISM 1989 el CMI señaló en relación con este artículo que, «Esta norma [el artículo 27 del CISM 1989] reconoce el hecho de que la mayor parte de las decisiones en materia de salvamento son laudos

421 *Vid.* THOMAS, «Lloyd's Standard Form of Salvage Agreement—A descriptive and analytical scrutiny», en *LMCLQ, cit.*, pág. 283.

422 En el último informe realizado por Lloyd's, del año 2015, se recogen los días del procedimiento en dos tandas. La primera, desde la fecha de la firma de la LOF hasta el nombramiento de un árbitro; la segunda, desde ese nombramiento hasta la publicación del laudo arbitral. Esta última cifra se sitúa, de media, entre los 258 y los 345 días, dependiendo del tipo de buque. Para más información, puede consultarse este informe disponible en la página web de Lloyd's, https://assets.lloyds.com/assets/pdf-lof-statistics-lloyds-open-form-report-2015-final/1/Lloyds-Open-Form-Report-2015-Final.pdf.

423 *Vid.* GASKELL, «The 1989 Salvage Convention and the Lloyd's Open Form (LOF) Salvage Agreement 1990», en *Tul. Mar. L.J.*, *cit.*, pág. 12.

424 En 2018, últimos datos disponibles en Lloyd's, el porcentaje de transacciones superó el 67 % del total de conflictos planteados ante el Comité de Lloyd's; una cifra que se ha mantenido constante en la década de 2010. Los datos se encuentran accesibles en: https://www.lloyds.com/resources-and-services/lloyds-agency/salvage-arbitration-branch/lof-statistics. En la década anterior, esta ventaja también fue destacada por BROUGH, «Liability Salvage--By Private Ordering», en *J Legal Stud*, *cit.*, pág. 109.

425 *Vid.* PENDÓN, ROMERO MATUTE, «La Special Compensation P&I Club Clause 2014 (Cláusula SCOPIC 2014)...», en *Estudios sobre la responsabilidad...*, *op.cit.*, pág. 572.

426 A propuesta de la delegación de Francia en la elaboración del Convenio; *vid.* CMI, *The Travaux Préparatoires of the Convention on Salvage, 1989*, *op.cit.*, pág. 503.

arbitrales»[427]. El arbitraje guardaba tanta relevancia en el salvamento marítimo que el CISM 1989 no fue ajeno a ello[428].

---

427 *Ibid.*, pág. 499. Este artículo fue muy discutido en el proceso de elaboración del CISM 1989, pues las diferentes delegaciones debatieron sobre la confidencialidad de los acuerdos. En este debate se señaló que, en la práctica, a las partes les resulta difícil conocer el grado de uniformidad internacional que existe, de modo que la publicidad de los laudos arbitrales podría fomentar un mayor conocimiento a este respecto. Igualmente, este artículo planteó algunas dudas en tanto en cuanto no incluía ninguna obligación en concreto para los Estados Parte, sino que parecía más una recomendación. Por ello, se propuso —se desconoce qué delegación o qué asociación realizó dicha propuesta; *ibid.*, pág. 500— que el CISM 1989 contemplara una disposición imperativa en el sentido de que los Estados contratantes tomaran las medidas necesarias para hacer públicos los laudos arbitrales en los casos de salvamento. Frente a lo anterior, la delegación de Francia argumentó que, de ser obligatoria la publicación de los laudos arbitrales, ésta debería contar con el consentimiento de las partes, ya que las partes habrían recurrido al arbitraje aprovechando todas sus ventajas, incluyendo la confidencialidad. Igualmente, consideró que un laudo arbitral es algo que concierne esencialmente a las partes; por lo tanto, éste no podría ser publicado salvo que las partes así lo acuerden. Esta posición fue seguida por algunas delegaciones, como la de Irán, Zaire, Italia, Brasil o Grecia. No obstante, dicha propuesta no fue finalmente aprobada. Otras delegaciones incluso propusieron eliminar el precepto, pues consideraron que el Convenio no debía pronunciarse sobre los acuerdos arbitrales, lo que tampoco prosperó; *ibid.*, págs. 503-509.
En relación con lo anterior, cabe señalar que el artículo 27 del CISM 1989 no se opone a la confidencialidad característica del arbitraje —recogida en la normativa española en el artículo 24.2 de la *Ley 60/2003, de 23 de diciembre, de Arbitraje*; cuya redacción dispone lo siguiente: «Los árbitros, las partes y las instituciones arbitrales, en su caso, están obligadas a guardar la confidencialidad de las informaciones que conozcan a través de las actuaciones arbitrales». No obstante, anima a los Estados a que, aun respetándola, promuevan su publicación. De hecho, en los trabajos preparatorios del Convenio se pone de manifiesto esta circunstancia ya que reconoce que una de las ventajas del arbitraje es que las partes puedan mantener tanto el laudo arbitral como cualquier otra información del proceso como privada y confidencial; *ibid.*, pág. 499.

428 De hecho, no sólo el LOF, sino también otros modelos de contratos de salvamento hacen referencia al arbitraje. Por ejemplo, en el *Turks* se establece lo siguiente: «(...) *Where an amicable settlement cannot be reached between the parties, the conflict related with the determination, designation and collection of the salvage award arising from the salvage services rendered to the property salved and the special compensation amount specified in Article 6, shall be resolved by reference to arbitration in Istanbul at the request of either party within the legal period. The parties may not bring separate court actions for determination, designation and collection. Any other conflicts other than the determination, designation and collection of the salvage award or special compensation shall be resolved and settled by the Istanbul Courts in accordance with the general provisions* (...)», según lo dispuesto en su artículo 7. La traducción propuesta para esta cláusula es la siguiente: «(...) Cuando no se pueda llegar a un acuerdo amistoso entre las partes, el conflicto relacionado con la determinación, designación y cobro del premio por salvamento derivado de los servicios de salvamento prestados a la "propiedad" y el importe de la compensación especial especificado en el artículo 6, se resolverá mediante arbitraje en Estambul a petición de cualquiera de las partes dentro del plazo legal estipulado para ello. Las partes no podrán interponer acciones judiciales separadas para la determinación, designación y cobro del premio o de la compensación especial. Cualquier otro conflicto que no sea la determinación, designación y cobro del premio por salvamento o de la compensación especial será

Aunque se ha destacado la relevancia del arbitraje a nivel internacional en los conflictos que deriven de los contratos de salvamento marítimo, en España la tendencia no ha sido la misma en las últimas décadas. Por el contrario, durante años los conflictos sobre salvamento marítimo han sido resueltos por los órganos españoles que han tenido dicha competencia, en concreto, el TMC y los Juzgados Marítimos Permanentes, regulados en la LAS[429]. La LAS no hizo mención del sistema de arbitraje como resolución de conflictos, sino que directamente atribuyó la competencia a los citados órganos. Ha sido la LNM la que, años después, ha recogido alguna disposición sobre el arbitraje en relación con el salvamento, aunque, se adelanta, que no ha sido de una forma satisfactoria.

En efecto, la LNM recoge en su disposición adicional segunda cuáles son los «órganos competentes para la determinación de los premios y remuneraciones por salvamentos y remolques». En virtud de este precepto,

> «Los órganos competentes de la Armada que conocerán de las acciones relativas a los premios por salvamento y a las remuneraciones por remolques de fortuna son el *Consejo de Arbitrajes Marítimos y los auditores de arbitrajes marítimos* (...)»[430].

---

resuelto y solucionado por los Tribunales de Estambul de acuerdo con las disposiciones generales (...)».

Igualmente, en el modelo de Estados Unidos, el MARSALV, en virtud de su cláusula quinta, «(...) Any dispute arising out of this Agreement shall be referred to arbitration in the United States in accordance with the applicable Arbitration Rules of The Society of Maritime Arbitrators, Inc. (...)»; para la que se propone la siguiente traducción: «(...) Cualquier disputa que surja de este Contrato se someterá a arbitraje en los Estados Unidos de acuerdo con las Reglas de Arbitraje de The Society of Maritime Arbitrators, Inc. (...)».

Así mismo, en el modelo JSE, propio de Japón, los conflictos podrán resolverse por mediación o por arbitraje, tal y como se dispone en su Cláusula 12: «When the amount of the salvage remuneration prescribed in Clause 8 and/oro f the special compensation in Clause 9 is fixed finally by amicable settlement between the parties, mediation or arbitration (...)»; cuya traducción sería la siguiente: «Cuando el importe del premio de salvamento previsto en la cláusula 8 y/o de la compensación especial de la cláusula 9 se fije definitivamente por acuerdo amistoso entre las partes, mediación o arbitraje (...)».

429 Anteriormente a ello, cabe destacar el artículo 989 del CCom de 1829 en relación con el naufragio, que disponía lo siguiente: «Todos los gastos de la arribada que se hagan con el fin indicado en el artículo antecedente [depósitos de restos de un naufragio], serán de cuenta de los dueños de los efectos naufragados, además de pagar los fletes correspondientes, que en defecto de convenio entre las parles se regularán a juicio de árbitros en el puerto de la descarga , teniendo en consideración la distancia que haya porteado los electos el buque que los recogió, la dilación que sufrió, las dificultades que tuvo que vencer para recogerlos, y los riesgos que en ello corrió».

430 Cursiva añadida. En la Sesión número 56 del Senado de 25 de junio de 2014, el senador del Partido Socialista, González Bethencourt expuso algunas de las enmiendas al Proyecto de Ley de Navegación Marítima. Entre ellas, la enmienda número 375 criticaba la estructura administrativa militarizada del Título II de la LAS y, en contraposición, proponía «un cambio secuenciado en 2 fases. La primera consistente en hacer civil lo que es inopinadamente militar, y la segunda en hacer jurisdiccional lo que es dudosamente administrativo»

Además de lo anterior, la disposición adicional segunda también establece que la «composición, régimen jurídico, ámbito territorial [de estos órganos] y demás extremos necesarios para su funcionamiento se establecerán reglamentariamente (...)». Sin embargo, aún no se ha aprobado ningún reglamento que complemente lo dispuesto en la LNM[431].

Pese a que la competencia de estos órganos se disponga exclusivamente en relación con los premios del salvamento, cabe esperar que en el futuro conozcan de otros aspectos jurídicos relacionados con el servicio prestado[432]: la determinación del premio, su reparto, el depósito judicial de los bienes salvados, la responsabilidad del incumplimiento contractual, etc.

La disposición adicional segunda de la LNM introduce, además, en nuestra opinión, una «gran anomalía legal», al establecer que

> «Los interesados en tales procedimientos podrán optar por acudir a los citados órganos de la Armada o a la jurisdicción civil ordinaria. Si no hubiere acuerdo entre los interesados, prevalecerá la jurisdicción civil ordinaria, que se sustanciará con arreglo al procedimiento declarativo ordinario o verbal previsto en la Ley de Enjuiciamiento Civil, según corresponda en razón de la cuantía reclamada»[433].

Sin embargo y, al mismo tiempo, los órganos de la Armada que tienen jurisdicción en materia de salvamento marítimo son los Juzgados Marítimos Per-

---

(página 11.135). No obstante, estas enmiendas fueron finalmente rechazadas (página 11.148).

431 En relación con ello, cabe destacar una idea del Congreso Nacional de la AEDM, celebrado en 2017: «sigue siendo el Juez Marítimo Permanente quien conoce de estos asuntos (...) no hay señales de que el Juez Marítimo Permanente vaya a desaparecer. (...) [El Juez Marítimo Permanente] se encuentra *limitado en sus competencias, puesto que no puede ordenar el embargo del buque salvado, sólo su retención*» cursiva añadida. Resumen del Congreso disponible en: https://aedm.es/es/resumen-del-congreso-nacional-2017-de-la-asociacion-espanola-de-derecho-maritimo.

432 *Vid.* Pulido, «Accidentes de la navegación: Abordaje, avería gruesa, salvamento y bienes hundidos y naufragados», en *Ley de Navegación Marítima..., op.cit.*, pág. 529.

433 Esto es, 6.000€ en virtud del artículo 250.2 de la Ley 1/2000, de 7 de enero, de Enjuiciamiento Civil (LEC en adelante).
El artículo 86 ter. 2, letra c), de la Ley Orgánica 6/1985, de 1 de julio, *del Poder Judicial* (LOPJ en adelante), publicada en el *BOE* núm. 157, de 02/07/1985, disponible en: https://www.boe.es/eli/es/lo/1985/07/01/6/con, establece que «Los Juzgados de lo Mercantil conocerán, asimismo, de cuantas cuestiones sean de la competencia del orden jurisdiccional civil, respecto de aquellas pretensiones relativas a la aplicación del Derecho marítimo», entre las que se halla el salvamento marítimo. Este reconocimiento de competencias le da una «incipiente autonomía» al Derecho marítimo; *vid*. Pulido, «El Derecho marítimo: concepto y fuentes», en *Estudios de Derecho Marítimo*, dir. J.L. García-Pita y Lastres, Cizur Menor, 2012, págs. 53-77, pág. 63.

manentes y el TMC[434], que se encuentran adscritos al Ministerio de Defensa, como establecía la anterior LAS en sus artículos 31[435] y 32[436], aún en vigor.

En relación con estos órganos, la disposición final décima de la LNM establece en su primer apartado que

> «Dentro de los dieciocho meses siguientes a la entrada en vigor de esta ley, el Gobierno procederá a modificar las disposiciones de carácter reglamentario contenidas en el Título II de la Ley 60/1962, de 24 de diciembre, sobre el régimen de auxilios, salvamentos, remolques, hallazgos y extracciones marítimos, a fin de recomponer la actual estructura del Tribunal Marítimo Central, de los Juzgados Marítimos Permanentes y demás órganos allí previstos, adscribiéndolos orgánica y funcionalmente a la Administración Marítima».

A este respecto conviene decir que, años después, tal modificación no se ha producido, sino que la LAS sigue en vigor en lo referente al Título II; esto es, las normas relativas a la jurisdicción y al procedimiento —Tribunal Marítimo Central, expedientes de auxilio, salvamento y remolque y expedientes de hallazgo— de salvamento marítimo. La atribución de la competencia de los expedientes de salvamento marítimo ha sido extensamente cuestionada por la doctrina[437].

---

434 Este tribunal se caracteriza por tener una naturaleza independiente, en el sentido de que es un órgano jurisdiccional contextualizado en la Administración Pública (Ministerio de Defensa); los procedimientos de su competencia son procesos administrativo-jurisdiccionales; por lo que algún autor —*vid.* Carrero, «Carácter del Tribunal Marítimo Central y su encuadramiento en la justicia administrativa», en *RAP*, 1965, núm. 48, págs. 377-390, pág. 378— lo compara con otros tribunales de naturaleza administrativa, como el Tribunal de Cuentas o los Tribunales Económico-Administrativos.
En relación con el salvamento marítimo, la LAS le reconoce expresamente al TMC la competencia en materia de aportación de pruebas (artículo 44 LAS), el premio por la prestación de salvamento (artículos 6 y 7 LAS) —en opinión de Carrero, «Carácter del Tribunal Marítimo Central y su encuadramiento en la justicia administrativa», en *RAP*, *cit.*, pág. 382, con un «amplísimo (carácter) arbitrio»— y la modificación o anulación de los contratos celebrados entre las partes tanto por vicios en el contrato como por una desproporción en la retribución (artículos 8 y 9 LAS).

435 Cuya redacción es la que sigue: «Dependiendo del Ministerio de Marina radicará en Madrid el *Tribunal Marítimo Central*, al que competerá el conocimiento y resolución de cuantas materias le atribuye la presente Ley».

436 En su virtud: «En las capitales de los Departamentos Marítimos, Bases Navales y puertos principales en que se estime necesario, existirá un *Juzgado Marítimo Permanente* a cargo de un Jefe u Oficial del Cuerpo Jurídico de la Armada, que tramitará los expedientes de auxilio, salvamento y remolque y que a tales efectos dependerá del Tribunal Marítimo Central. No obstante, el Ministro de Marina podrá nombrar un Juez Marítimo Especial para la instrucción de aquellos expedientes que por sus circunstancias le requieran».

437 Entre otros *vid.* Arroyo, *Curso de Derecho Marítimo…*, *op.cit.*, págs. 733-735; Ruiz Soroa, «Reforma del Derecho español en materia de accidentes de la navegación marítima», en *Estudios jurídicos en homenaje al profesor Aurelio Menéndez*, *op.cit.*, págs. 4.117-4.133, pág. 4.132; Pulido, «El salvamento en la nueva LNM», en *Estudios sobre el futuro*

A este respecto, MARTÍN OSANTE considera que la atribución de la competencia para conocer de las materias derivadas del salvamento a los órganos de la Armada —estos son, los Juzgados Marítimos Permanentes y Tribunal Marítimo Central— «viola el principio constitucional de reserva de jurisdicción del artículo 117.3.° de la Constitución Española»[438]. Este artículo de la CE expresa que

> «El ejercicio de la potestad jurisdiccional en todo tipo de procesos, juzgando y haciendo ejecutar lo juzgado, corresponde exclusivamente a los Juzgados y Tribunales determinados por las leyes, según las normas de competencia y procedimiento que las mismas establezcan».

Analizando lo anterior, la postura de MARTÍN OSANTE no resulta concluyente, ya que la LNM reconoce al TMC como competente en asuntos sobre salvamento marítimo[439]. Esto no obsta para que se abra un debate sobre el tema. En este sentido, no podemos afirmar que se incumpla o se *viole* este principio constitucional, principalmente porque la competencia de los conflictos relativos a salvamento marítimo está atribuida, por el momento, por la LAS a los órganos que ésta ha determinado. Por lo tanto, *a priori*, se cumpliría este principio de reserva de jurisdicción, aunque no sea lo más oportuno.

Ciertamente, la experiencia de los Juzgados Marítimos Permanentes y del Tribunal Marítimo Central los hacen «competentes» —entiéndase, desde un punto de vista técnico— para resolver los posibles conflictos que puedan surgir en salvamentos marítimos. La Sentencia del Tribunal Supremo, número

Código Mercantil..., *op.cit.*, pág. 273; GUAYO, «Problemas jurisdiccionales en materia de salvamento», en *X Jornadas de Derecho Marítimo de San Sebastian*, Vitoria, 2003, págs. 55-104, págs. 75-77.

438 *Vid.* MARTÍN OSANTE, «Los accidentes de la navegación», en *Comentarios a la Ley de navegación marítima*, *op.cit.*, pág. 401. Aspecto que también se mencionó en la Memoria del Anteproyecto de la LNM: «En efecto, hasta ahora el conocimiento y decisión de las reclamaciones por salvamento marítimo estaba atribuido a la Administración, (...) en contradicción patente con el principio de reserva de jurisdicción del art. 117-3.° C.E. y de una amplia doctrina del Tribunal Constitucional» (página 51).
La misma línea puede seguirse en la reflexión de GUAYO, «Problemas jurisdiccionales en materia de salvamento», en *X Jornadas de Derecho Marítimo...*, *op.cit.*, pág. 80.

439 En concreto, a través de la Disposición transitoria primera, que establece lo siguiente: «(...) Hasta la constitución del Consejo de Arbitrajes Marítimos y de los Auditores de Arbitrajes Marítimos, continuarán desempeñando sus actuales funciones el Tribunal Marítimo Central y los Juzgados Marítimos Permanentes con arreglo a lo dispuesto en la Ley 60/1962, de 24 de diciembre, por la que se regulan los auxilios, salvamentos, remolques, hallazgos y extracciones marítimas».

5770/1991, de 28 de octubre de 1991[440] y previamente en la Sentencia del Tribunal Supremo, número 3469/1978, de 31 de mayo de 1978[441], establece que

> «La Ley 60/1962, de 24 de diciembre, constituye un singular ordenamiento por virtud del cual una materia de naturaleza privada por afectar a cuestiones meramente patrimoniales entre particulares derivada de el premio o resarcimiento por operaciones de auxilio a otros bienes patrimoniales es sometida a la intervención decisoria de órganos administrativos sin duda por consecuencia de las especiales circunstancias y riesgos que lleva consigo la navegación y las operaciones de auxilio a los siniestros producidos en ella».

De hecho, las resoluciones del TMC cuentan con una «presunción de certeza» fundamentado en «la preparación técnica y especialización de sus miembros», tal y como recoge la Sentencia del Tribunal Supremo, número 7251/2003, de 18 noviembre 2003[442], entre otras[443].

---

440 Sala de lo Contencioso, ponente: Francisco José Hernando Santiago, ECLI: ES:TS:1991:5770. Para más información sobre los hechos de esta sentencia, véase la nota al pie número 996, en la que se estudia con mayor detalle.

441 Sala de lo Contencioso, José Gabaldón López, ECLI: ES:TS:1978:3469. Esta sentencia analiza la «asistencia prestada al buque español "Leyre" por los remolcadores "Don Ilde" y otros cuando aquél se encontraba atracado en un muelle del puerto de Cádiz». El objetivo del Tribunal era determinar si las operaciones llevadas a cabo por los remolcadores constituían o no auxilio o salvamento.

442 Sala de lo Contencioso-Administrativo, ponente: Juan Antonio Xiol Rios, ECLI: ES:TS:2003:7251. Los hechos que dieron lugar a esta sentencia no se recogen, pero sí que se recurrió la resolución del Tribunal Marítimo Central, que declaraba los hechos como constitutivos de salvamento marítimo y que y fijaba como premio la cantidad de diez millones de pesetas. En la sentencia del Tribunal Supremo no se discuten los hechos ya que se afirma que hubo salvamento en tanto en cuanto el «resultado obtenido fue totalmente favorable para el buque, pues se salvó tanto él como su cargamento». El problema reside en que la pretensión de que se fije un importe del 20 % del valor de lo salvado como premio por la operación efectuada carece de justificación.

443 A este respecto, pueden señalarse las siguientes: Sentencia del Tribunal Supremo, número 1496/1979, de 20 de abril de 1979, Sala de lo Contencioso, ponente: José Luis Ponce de León y Belloso, ECLI: ES:TS:1979:1496; Sentencia del Tribunal Supremo, número 6255/2005, de 18 de octubre de 2005, Sala Tercera, Sección Cuarta, número del recurso: 1575/2003, ponente: Octavio Juan Herrero Pina, ECLI: ES:TS:2005:6255; Sentencia del Tribunal Supremo, número 939/2006, de 9 octubre de 2006, Sala de lo Civil, Sección Primera, número del recurso 3757/1999, ponente: Juan Antonio Xiol Ríos, (RJ 2006/7634); Sentencia del Tribunal Supremo, número 6541/2011, de 18 de octubre de 2011, Sala de lo Contencioso, ponente: Antonio Martí García, ECLI: ES:TS:2011:6541.
En este sentido, la Sentencia del Tribunal Supremo, número 6541/2011, Sala de lo Contencioso, ponente: Antonio Martí García, ECLI: ES:TS:2011:6541, recuerda la invariada jurisprudencia según la cual «el Tribunal Marítimo Central es un Órgano permanente con competencia para todo el territorio nacional, cuyos componentes además de altamente especializados son ajenos a los intereses de las partes, (artículos 31 a 34 de la citada Ley 60/62), es claro que con base en esa regulación hay que reconocer, como así lo ha declarado la Sala 3.ª del Tribunal Supremo en sentencias de 18-1-82, que recoge doctrina de las anteriores de 16-3-1963, 10-5-1965 y 19-10-1981 y en la de 10-5-83, *que las resoluciones*

Así, no procede que una materia marítima y ligada al Derecho mercantil siga siendo conocida por órganos de la Armada Española, tal y como establece la LNM[444]. Resulta paradójico, además, que en la Memoria del Anteproyecto de la LNM se indicase que

> «la sustitución de la Ley de 1.962 no lo es sólo en cuanto a su parte substantiva, sino que también en materia jurisdiccional se produce un giro copernicano. (...) Esta anómala situación queda corregida en el nuevo texto, en el que se parte de la base de la competencia plena de la jurisdicción civil para conocer de las reclamaciones por salvamento».

Ciertamente, existe una preferencia del orden jurisdiccional civil frente a los órganos de la Armada de no haber acuerdo entre las partes a este respecto, pero tampoco se considera que estos tribunales tengan la competencia plena para conocer del salvamento marítimo, en tanto en cuanto la competencia se comparte con los Juzgados Marítimos Permanentes y el Tribunal Marítimo Central. Estamos ante una anomalía institucional, cuya solución pasa por cumplir lo dispuesto en la Disposición adicional segunda de la LNM por la que los órganos competentes para la resolución de conflictos en materia de salvamento marítimo sean el Consejo de Arbitrajes Marítimos y los auditores de arbitrajes marítimos; debiéndose, por tanto y con ello, derogar la LAS. Resulta inoportuno que una materia de Derecho privado como es el salvamento de bienes sea juzgada por órganos adscritos al Ministerio de Defensa; debiendo ser, únicamente, los juzgados mercantiles los competentes para conocer de dicha materia[445].

El segundo apartado de la disposición final de la LNM establece que

> «En el mismo plazo establecido en el apartado anterior, el Gobierno, a través del Ministerio de Justicia, y oído el Consejo General del Poder Judicial, realizará un estudio sobre la viabilidad de atribuir competencia objetiva a la Audiencia Nacional para el conocimiento de todos aquellos asuntos de especial trascendencia y gravedad que puedan someterse a la jurisdicción en las indicadas materias y en cualesquiera otras relativas a la navegación marítima. Dicho estudio será remitido a las Cortes Generales»;

aunque no consta que se haya realizado. Esta disposición final fue redactada en ocasión del accidente del *Prestige*[446].

---

del Tribunal Marítimo Central gozan de la presunción de acierto, fundada en la preparación técnica y especialización de sus miembros, y, que *solo cabe o bien rectificar si se aporta prueba en contrario o bien moderando el importe total del premio*, si se acreditase que la Administración no haya apreciado en forma o modo conveniente los hechos o circunstancias determinantes del tema discutido, o haya desconocido las exigencias del principio de proporcionalidad facilitando enriquecimientos injustificados que son rechazables (...)», cursiva añadida para destacar al lector la idea.

444 En la misma opinión, *vid.* Guayo, «Problemas jurisdiccionales en materia de salvamento», en *X Jornadas de Derecho Marítimo..., op.cit.*, pág. 77.

445 En la misma opinión, *vid.* Martín Osante, «Los accidentes de la navegación», en *Comentarios a la Ley de navegación marítima*, *op.cit.*, págs. 385-386.

446 *Vid.* Quiroga, Fernández Quirós, De Bustos, «La nueva Ley de Navegación Marítima», en *Actualidad Jurídica Uría Menéndez*, 2014, núm. 38, págs. 44-72, pág. 68.

CAPÍTULO TERCERO

LAS PARTES DEL CONTRATO DE SALVAMENTO MARÍTIMO. OTROS SUJETOS QUE INTERVIENEN EN LA OPERACIÓN DE SALVAMENTO MARÍTIMO

El objeto central de esta investigación es el contrato de salvamento marítimo. El concepto de contrato[447] nos traslada inmediatamente al estudio de las partes que en él intervienen. Como se ha señalado, existen operaciones de salvamento que se efectúan al margen de un contrato. En este capítulo se diferenciarán, por un lado, las partes contratantes y, por otro, los otros sujetos que pueden intervenir en la operación de salvamento marítimo, pero no son parte del contrato; en concreto, los Estados ribereños y los Clubs de Protección e Indemnización (Clubs de P&I).

Las partes que celebran el contrato serán las titulares de los derechos y las obligaciones que se derivan del contrato; estas son, de un lado, la empresa que efectúe la operación de salvamento y, de otro lado, los *«owners»*[448] del buque, los bienes y el flete en peligro. Además, por las circunstancias en las que se efectúa un salvamento, podrán «intervenir» en la operación —sin ser parte del contrato— otros sujetos; de los que estudiaremos los ya mencionados Estados ribereños y los Clubs de P&I.

Además de las partes y de los sujetos de la operación de salvamento, se estudiará en este capítulo uno de los «elementos»[449] que, en opinión de la doc-

447 Véase *supra* el capítulo segundo.

448 Se recuerda que, en este trabajo, el término *«owner»* hace referencia a todos los titulares de los intereses a salvar y no únicamente a los propietarios del buque o de otros bienes objeto de salvamento; véase la nota al pie número 13.

449 Téngase presente que algunos autores habían definido el salvamento marítimo en función de los «elementos» que lo conformaban; véase, en el capítulo primero, el epígrafe 2.3.2 El salvamento marítimo en la LNM, en especial la nota al pie 317. Entre estos «elementos», pueden diferenciarse aquellos que la norma legal regula en su definición de «salvamento

trina, conforman el objeto del contrato, esto es, la operación de salvamento marítimo: la «voluntariness»[450]. No obstante, desde nuestro punto de vista, adelantamos que no lo consideramos como un elemento relacionado con el objeto contractual, sino con las partes. Al analizar el contrato de salvamento marítimo, se comprueba que la «ajenidad» —que es como traducimos en este trabajo el término en inglés *voluntariness*— es un aspecto que atañe a las partes directamente; por ello debe ser estudiada en relación con ellas. Empezaremos por este último.

1. La «ajenidad» en el contrato de salvamento marítimo *(voluntariness)*

La doctrina anglosajona relaciona la *voluntariness* con el artículo 17 del CISM 1989[451]. De hecho, en el proceso de elaboración del Convenio se puso

marítimo» (el acto de auxilio o salvamento, el objeto de salvamento, el lugar donde éste se produce, el riesgo) y aquellos que la doctrina ha señalado: la *voluntariness*, el resultado útil y el premio.

450 Entre otros, *vid.* BRICE, *Brice on Maritime Law of Salvage, op.cit.*, pág. 2; ARROYO, *Curso de Derecho Marítimo, op.cit.*, pág. 722; GABALDÓN GARCÍA, RUIZ SOROA, *Manual de Derecho de la Navegación Marítima, op.cit.*, pág. 723; BENSING, «The Law of Admiralty—A Primer», en *Wes. Res. L. Rev.*, 1959, vol. 11, núm. 1, págs. 21-53, pág. 37; GARCÍA LUENGO, *La remuneración en el salvamento marítimo, op.cit.*, pág. 83; PULIDO, «El salvamento marítimo», en *Las averías y los accidentes..., op.cit.*, pág. 243; MORRAL, *El salvamento marítimo, op.cit.*, pág. 255; FUJIMOTO, «The essential features of voluntary salvage», en *The Annals of the Hitotsubashi Academy, cit.*, pág. 4; GONZÁLEZ LEBRERO, *Curso de Derecho de la Navegación, op.cit.*, pág. 742; ABANGWU, «The maritime salvor as a volunteer adventurer», en *International Journal of Law*, 2017, vol. 3, núm. 5, págs. 24-28, pág. 24; CUPIDO, «The environment in shipping incidents: salvage contracts and the public interest», en *Corporate Social Responsibility..., op.cit.*, pág. 211.
Igualmente, algunos autores —*vid.* ZUBIC, «Pure versus Contract Salvage-Narrowing the Scope of an Agreement to Volunteer Bar to Pure Salvage», en *Loy. Mar. LJ*, 2011, vol. 10, págs. 145-171, pág. 155; DALY, «Has the Antiquities Act Gone Down With the Ship? A Preemption Analysis of Rhode Island's Shipwreck Laws», en *Roger Williams Univ. Law Rev.*, 2001, vol. 6, núm. 2, págs. 539-564, pág. 556; LOHREY, «Sunker vessels, their cargoes, and the casual salvor», en *The JAG Journal*, 1965, vols. 20-21, págs. 25-31, pág. 25; TUCK, «Salvage-What Effect Does a Towing Contract between *«owners»* Have on the Liability of a Vessel for Crew Salvage», en *Rutgers L. Rev.*, 1951, núm. 6, págs. 591-600, pág. 592— suelen citar el caso de la jurisprudencia norteamericana, The *Sabine*, 101 U.S. 384 (1879), debido a que define el salvamento como: *«the compensation allowed to persons by whose voluntary assistance a ship at sea or her cargo or both (...)»*. Igualmente, la *Court* dictamina que el salvamento marítimo se caracteriza por tres elementos: *«1. A marine peril. 2. Service voluntarily rendered when not required as an existing duty or from a special contract. 3. Success (...)»*. Este mismo argumento ha sido citado por otras resoluciones más recientes, entre otras, en la del caso *West Coast Shipping Brokers Co.* v. *The Ferry (Chuchequero)*, 582, F.2d 959 (5th Cir. 1978).

451 *Vid.* BRICE, *Brice on Maritime Law of Salvage, op.cit.*, págs. 93-94; KENNEDY, ROSE, *Law of Salvage, op.cit.*, pág. 230. Este artículo dispone que «No nace obligación de pago alguno

de manifiesto que este artículo era una expresión de que las operaciones de salvamento debían ser «voluntary»[452].

Este artículo supuso una reformulación y ampliación del artículo 4 del Convenio de Bruselas de 1910, que disponía lo siguiente:

> «El remolcador no tiene derecho a remuneración alguna por el auxilio o salvamento del navío remolcado por él, o a su cargamento, sino cuando hubiere prestado servicios excepcionales que no pudieran considerarse como el cumplimiento del contrato de remolque».

Con la nueva formulación del artículo 17 del CISM 1989, se extendió la regla de la «voluntariness» a todo contrato anterior a la operación de salvamento marítimo, no limitándose únicamente al remolque, como lo establecía el artículo 4 del Convenio de 1910.

De modo similar, la Cláusula E del LOF 2020 establece lo siguiente: «Prior services: Any salvage services rendered by the Contractors to the property before and up to the date of this agreement shall be deemed to be covered by this agreement»[453]. Tanto esta cláusula del contrato LOF como el artículo

---

en virtud de lo dispuesto en el presente Convenio a menos que los servicios prestados excedan de lo que razonablemente quepa considerar como el debido cumplimiento de un contrato celebrado con anterioridad a la aparición del peligro», cursiva añadida.
A este respecto, la delegación australiana propuso una redacción distinta para este precepto que establecía que: «Las disposiciones del presente Convenio no prevén el pago de servicios realizados únicamente con fines de autoconservación»; en las actas, *«No payment is due under the provisions of this Convention for services undertaken solely for the purposes of self-preservation»*, *vid.* CMI, *The Travaux Préparatoires of the Convention on Salvage*, 1989, *op.cit.*, pág. 431. Sin embargo, la propuesta finalmente no se aceptó en tanto en cuanto diversas delegaciones se opusieron basándose en que no era necesario añadirla al texto del artículo; aunque en los trabajos preparatorios del CISM 1989 no consta qué delegaciones se opusieron a la propuesta de la delegación australiana; *vid.* CMI, *The Travaux Préparatoires of the Convention on Salvage*, 1989, *op.cit.*, pág. 431. Igualmente, argumentaron que no existía relación entre la disposición propuesta y el fundamento del artículo 17, opinión que compartimos.
Por otro lado, algunas delegaciones consideraron que era mejor dejar la cuestión en manos de la legislación nacional, ya que dudaban de que fuera apropiado tratar esta cuestión concreta en el convenio sobre salvamento; *ibid.*, pág. 431: «(...) *They also considered that the matter would be best left to determination under national law. It was noted in this connection that the proposed convention was not intended to constitute an exhaustive codification of salvage law, and it seemed doubtful whether it was appropriate to deal with this particular question in the proposed convention»*.

452 *Ibid.*, pág. 430: *«This is a general restatement of the principle in the 1910 Convention, Art.4. As mentioned above, the rule forms part of the important principle under which a salvage service must be* ***voluntary*** *to give right to the remedies of the Convention»*, en negrita añadida para resaltar el término.

453 Como en otras ocasiones, se propone una traducción libre de dicha Cláusula: «Servicios realizados anteriormente: Todos los servicios de salvamento prestados por los Salvadores a la "propiedad" antes y hasta la fecha de este contrato se considerarán cubiertos por éste».

17 del CISM 1989 regulan una situación frecuente en la práctica; ésta es la de un buque que queda inmovilizado y solicita servicios de remolque. Una vez que la empresa de remolque ha dispuesto los medios y recursos para ayudar a este buque, sobreviene una situación de peligro. Para evitar dificultades a la hora de determinar si la operación es un salvamento, un remolque o ambas, el artículo 17 del CISM 1989 y la Cláusula E del LOF 2020 proponen una «solución». Aunque antes de la aparición del peligro se hubiera celebrado «otro contrato»[454], si los servicios prestados en virtud de éste exceden de su objeto —entendemos que, al final, llegan a reunir las características de una operación de salvamento—, la operación se considera en conjunto salvamento marítimo (la operación se «extiende»), dando lugar a un premio distinto y superior de la que resultaría del mero remolque.

De acuerdo con lo anterior, hay que entender que en la visión del *common law*, la *voluntariness* significaría que el salvamento no se preste en ejecución de un contrato previo distinto[455]. Podríamos definirla, *a priori*, como la ausencia de una *relación* previa entre el salvador y el salvado.

Como se ha adelantado, tradicionalmente la doctrina española[456], así como la jurisprudencia[457], ha identificado este concepto de *voluntariness* como «voluntariedad», aunque en este trabajo se propone utilizar otro, en tanto en cuanto consideramos que «voluntariedad» es un concepto insuficientemente definido y que puede inducir a confusión.

A fin de clarificar la figura, procede dar los siguientes pasos. En primer lugar, delimitar la *voluntariness* como «elemento» en el salvamento marítimo; en segundo lugar, explicar las razones por las cuales la traducción «voluntariedad» no agota lo que sucede en una operación de salvamento marítimo; en tercer y último lugar, exponer nuestra propuesta por la que la *voluntariness* debe ser entendida realmente como la «ajenidad» entre el salvador y el salvado.

---

454 Aunque la redacción del artículo 17 CISM 1989 no se limita a los contratos de remolque, es lógico pensar que ese otro contrato celebrado con anterioridad a la situación del peligro será un contrato de remolque.

455 General, pero no exclusivamente, un contrato de remolque.

456 Entre otros, *vid*. Arroyo, *Curso de Derecho Marítimo, op.cit.*, pág. 722; Gabaldón García, Ruiz Soroa, *Manual de Derecho de la Navegación Marítima, op.cit.*, pág. 723; García Luengo, *La remuneración en el salvamento marítimo, op.cit.*, pág. 83; Pulido, «El salvamento marítimo», en *Las averías y los accidentes..., op.cit.*, pág. 243; Morral, *El salvamento marítimo, op.cit.*, págs. 145-151.

457 Por ejemplo, en la sentencia del Tribunal Supremo de 1 de junio de 1973, ponente: Aurelio Botella y Taza (RJ 1973/2996), se planteó si los servicios prestados al buque *San Miguel* para que pudiera entrar en el puerto de Barcelona debían ser considerados salvamento o remolque. El Tribunal Supremo en esta resolución dispone que los elementos para caracterizar y distinguir el salvamento del remolque son los siguientes: la situación del buque en peligro, el resultado útil, la *voluntariedad* y el peligro afrontado por el buque salvador y esfuerzos, méritos y riesgos extraordinarios de su tripulación.

La doctrina acepta la *voluntariness* como «elemento» del salvamento marítimo[458]; sin embargo, existen distintas posturas a la hora de entender este concepto, lo que genera, desde nuestro punto de vista, cierta confusión. En primer lugar, algunos autores la definen como la situación en la que el salvador efectúa la operación de salvamento en ausencia de un contrato previo u otra obligación legal[459]. Esta visión, próxima a la del artículo 17 del CISM 1989, no

458 *Cfr.* Ruiz Soroa, «Público y privado en el salvamento marítimo», en *X Jornadas de Derecho Marítimo de San Sebastián 2002*, Donostia-San Sebastián, 2003, págs. 105-121, pág. 114, quien expone que «En nuestra opinión, la pretendida nota de voluntariedad no es en absoluto un elemento del concepto de salvamento».

459 *Vid.* Brice, *Brice on Maritime Law of Salvage*, *op.cit.*, pág. 64, expone que «the services to the property in peril are rendered voluntary, that is without any pre-existing contractual or other legal duty (...)»; Benedict, *Benedict on Admiralty*, *op.cit.*, pág. 6-1; Bishop, «Law of salvage», en *The IMLI Manual on International Maritime Law*, II, ed. D.J. Attard, *Oxford*, págs. 474-501, pág. 478; Gilmore, Black, *The Law of admiralty*, Mineola, 1975, págs. 534-535; Friedell, «Compensation and Reward for Saving Life at Sea», en *Michigan Law Review*, 1979, vol. 77, núm. 5, págs. 1.218-1.289, pág. 1.221; Fujimoto, «The essential features of voluntary salvage», en *The Annals of the Hitotsubashi Academy*, *cit.*, pág. 5; Wayne, «Liability Salvage—By Private Ordering», en *J. Legal Stud.*, *cit.*, pág. 96; Abangwu, «The maritime salvor as a volunteer adventurer», en *International Journal of Law*, *cit.*, pág. 25; Bederman, Spielman, «Refusing Salvage», en *Loyola Maritime Law Journal*, 2008, vol. 6, págs. 31-58, pág. 34.
En relación con esta «definición» de *voluntariness*, algunos autores hacen referencia al *case The Gregerso* [1971] 1 Lloyd's Rep. 220; *vid.* Brice, *Brice on Maritime Law of Salvage*, *op.cit.*, pág. 73; Baughen, *Shipping Law*, *op.cit.*, pág. 300; Mandaraka-Sheppard, *Modern Maritime Law*, II, *op.cit.*, pág. 505. En este supuesto, el buque *Kungs*, que salía del puerto de Boston (Reino Unido), encalló en el río Witham, obstruyendo la entrada y salida del puerto y no pudiendo salir por sus propios medios. El *Kungs* solicitó ayuda a la Autoridad Portuaria de Boston que le envió el remolcador *Bostonian*. Al encontrarse el buque *Gregerso* varado, tuvieron que esperar a que subiera la marea al día siguiente, cuando se procedió a su remolque por segunda vez tras un primer intento el día anterior. El *Bostonian* consiguió liberar al otro buque y lo remolcó hasta que tuvo suficiente autonomía y espacio para continuar por sí mismo con completa seguridad. Con base en estos hechos, la Autoridad Portuaria de Boston, como *«owner»* del remolcador, así como su capitán y su tripulación, solicitaron un premio por los servicios (en el *case*, *«the assistance»*) prestados. En opinión del tribunal, si los servicios se hubieran prestado por un remolcador que no fuera portuario —esto es, perteneciente a una empresa privada— la reclamación por el premio del salvamento se hubiera aceptado. No obstante, era obligación del Puerto retirar el buque que obstruía la salida y la entrada, faltando por tanto la voluntariedad exigida en el salvamento. La operación realizada (remolcar el buque para liberar la entrada al puerto) era, además, una obligación de los portuarios según constaba en el reglamento específico de este puerto de Boston: «the corporation is given power to remove any vessel stranded in the River Witham or the Boston Dock, and recover the expenses of doing so from the *«owners»* of such vessel» (sección 26 de la *Boston Corporation Act*, 1935).
Además, resulta llamativo en este *case* que la Autoridad Portuaria del puerto de Boston quería realizar esta operación a través de un contrato LOF, contrato que los auxiliados estuvieron de acuerdo en celebrar. En el caso se plantea si esta actuación se corresponde con un acto *ultra vires*; la cuestión es si una autoridad portuaria, ante una situación que exige el ejercicio de sus facultades legales para retirar un buque —por constituir una obstrucción en el puerto—, está facultada para hacer frente a dicha situación mediante

incluía la *voluntariness* en aquellas situaciones en las que existía un interés sobre la «propiedad» a salvar, pero no hubiera un contrato u obligación legal para hacerlo. Por ello, y en segundo lugar, otros autores añaden que, para que haya «voluntariedad», el salvamento se debe prestar en ausencia de interés de las partes en salvar la «propiedad»; es decir, que no exista un interés propio en la «supervivencia» de los bienes que se salvan[460]. Además, para KENNEDY[461], la *voluntariness* excluye el carácter profesional del salvamento marítimo, pues ésta significa que la persona que presta el servicio lo hace de manera gratuita. Nótese que precisamente por ser el salvamento una actividad mercantil que se desarrolla por empresarios, existe un ánimo lucro; esto es, que exista un precio (premio) y que éste se pague. Además, el salvamento marítimo se rige por el principio *no cure-no pay* —que se analizará más adelante[462]— por el cual si se ha salvado la «propiedad»[463], el salvador cobrará por ello. En definitiva, son posturas distintas casi incompatibles.

Teniendo en cuenta lo anterior y con el propósito de clarificar el concepto, vamos a distinguir entre la voluntariedad, como posibilidad de que el salva-

---

la celebración de un contrato Lloyd's. El tribunal dictaminó que la autoridad portuaria no tenía ese poder. Sin ánimo de agotar el tema, se pretende realizar un resumen de los tres motivos que da el tribunal como fundamento para esa decisión. En primer lugar, porque el estatuto o reglamento del puerto (y también de las *Merchant Shipping Acts* vigentes entre 1894 y 1970) preveían únicamente la recuperación de los gastos de la operación, lo que excluye el premio del salvamento. En segundo lugar, porque un contrato *no cure-no pay* es un contrato inapropiado para que una autoridad pública lo utilice como herramienta para cumplir con un servicio público. En tercer lugar, porque la autoridad, al celebrar dicho contrato, puede crear una situación en la que exista un conflicto entre su obligación contractual privada con los *«owners»* del buque (es decir, hacer todo lo posible por moverlo) y su deber público con los usuarios del puerto en general de despejar el puerto con toda la rapidez razonable. Por todo lo anterior, desde nuestro punto de vista, la *voluntariness* no es en este *case* objeto de debate, ya que realmente estaríamos ante un caso de salvamento público, no privado, en el que, realmente, lo que se presta es un servicio público, con independencia de que exista o no *voluntariness*.

460 *Vid.* MANDARAKA-SHEPPARD, *Modern Maritime Law*, II, *op.cit.*, pág. 497; BENSING, «The Law of Admiralty--A Primer», en *Wes. Res. L. Rev.*, *cit.*, pág. 37; PULIDO, «El salvamento marítimo», en *Las averías y los accidentes...*, *op.cit.*, pág. 243; GONZÁLEZ LEBRERO, *Curso de Derecho de la Navegación*, *op.cit.*, pág. 742; MORRAL, *El salvamento marítimo*, *op.cit.*, pág. 256; GARCÍA LUENGO, *La remuneración en el salvamento marítimo*, *op.cit.*, pág. 83; EKHATOR, «Protection of the Environment and the International Salvage Convention, 1989: An Assessment», en *Mizan Law Review*, 2016, vol. 10, núm. 1, págs. 73-99, pág. 7.

461 *Vid.* KENNEDY, ROSE, *Law of Salvage*, *op.cit.*, pág. 229, *«that the person rendering the service is doing so gratuitously, i.e. with the intention that he will not be paid for doing so»*.

462 Véase, *infra* el epígrafe del capítulo cuarto, 2.1 El resultado útil: el principio *no cure-no pay*.

463 De un modo similar al que sucede con el término *«owner»* —véase nota al pie número 13—, con el término «propiedad» se hace referencia a todo objeto que puede salvarse en una operación de salvamento, ya sea el buque, la carga o el flete. El objeto de la operación de salvamento se analizará en *infra*, el capítulo cuarto, el epígrafe 1.2 El objeto de salvamento: el buque y otros bienes en peligro.

mento se realice de manera voluntaria —lo que permitirá distinguir, *a priori*, entre salvamentos obligatorios y voluntarios—, y la «ajenidad», que es el «elemento» necesario que afecta a las partes para que puedan celebrar un contrato —o, en su caso, no celebrarlo produciéndose un salvamento no contractual[464]— con la finalidad de que se preste un salvamento y se cobre un premio.

1.1. La voluntariedad

Procedemos, en este apartado, a analizar la voluntariedad correspondiéndose con la voluntad de las partes («libertad») para realizar una operación de salvamento. El salvamento es objeto de una industria marítima, en la que las empresas que intervienen alcanzan una gran profesionalidad técnica, estando muy especializadas en el desarrollo de esta operación. Las empresas de salvamento disponen de los recursos y medios técnicos y humanos para poder realizar las operaciones de salvamento, de modo que, *voluntariamente*, se prestan a celebrar contratos o, en su caso, a efectuar el salvamento porque tienen los medios para hacerlo. Estamos ante la expresión misma de la libertad de empresa (artículo 38 CE[465]), que permite el ejercicio de una actividad económica o empresarial, en este caso, la del salvamento marítimo. De otra parte, la parte que se encuentra en peligro y que solicita la ayuda, tiene libertad para solicitarla e incluso rechazarla, como veremos más adelante[466].

La voluntariedad, así, permite distinguir entre dos clases o «categorías» de salvamento marítimo: público y privado. De hecho, esta idea no es del todo ajena en nuestra doctrina, pues se ha utilizado la voluntariedad como criterio para distinguir entre el salvamento obligatorio o forzoso y el salvamento privado. El primero de ellos sería el que se realizaría en virtud de un mandato expreso de la ley o de la Administración o autoridad competente, mientras que el segundo salvamento atendería al salvamento mercantil en sentido estricto[467].

464 Tanto en uno como en otro caso, como se verá más adelante en este capítulo, surgirían entre las partes derechos y obligaciones; *grosso modo*: efectuar la operación de salvamento y pagar el premio.
Nótese que la relevancia de la ajenidad guarda con el premio en el sentido de que el salvamento objeto de este trabajo —regulado por el CISM 1989 y en muchas ocasiones concebido por el LOF—, es el salvamento mercantil, privado, cuya finalidad comercial explica que las partes necesiten este «elemento» de ajenidad, *extrañeza*, entre ellas para que puedan pagar, eventualmente, un premio. En virtud de la ajenidad, las partes no podrán estar *vinculadas* o tener un *interés* —es decir, más allá del interés profesional de realizar el salvamento para obtener un premio— con respecto a lo salvado, ni podrán realizar un salvamento por una obligación previa. El buque que preste el salvamento debe ser *ajeno* o *extraño* al salvado; en la misma opinión, *vid.* Fernández-Novoa, «Auxilio y salvamento de buques en el mar», en *Foro gallego*, *cit.*, pág. 14.

465 Cuya redacción dispone que: «Se reconoce la libertad de empresa en el marco de la economía de mercado. Los poderes públicos garantizan y protegen su ejercicio y la defensa de la productividad, de acuerdo con las exigencias de la economía general y, en su caso, de la planificación».

466 Véase *infra* el epígrafe en este capítulo 1.1.2.2 El salvamento prestado pese a la prohibición expresa y no razonable de los «interesados».

467 *Vid.* Pulido, «El salvamento marítimo», en *Las averías y los accidentes...*, *op.cit.*, pág. 243, sujeto al régimen del salvamento marítimo de la LAS. Como señala Ruiz Soroa, «Público

Sin embargo[468], resulta más oportuno diferenciar entre salvamento público[469]

y privado en el salvamento marítimo», en *X Jornadas de Derecho Marítimo…, op.cit.*, pág. 113, «la Administración está facultada para imponer el salvamento en un doble sentido». Así, puede obligar a los sujetos tanto a realizar el salvamento, como a aceptarlo.

468 Podemos comprender esta distinción antes de la entrada en vigor del Convenio de 1989 en España, pues existían operaciones de salvamento obligatorio. En este contexto se distinguían diversos tipos de salvamentos obligatorios, a saber: auxilios a náufragos en el mar o de personas a bordo de un buque en peligro (en virtud del artículo 13 de la Ley de 22 de diciembre de 1955 *por la que se aprueba el texto articulado de la Ley Penal y disciplinaria de la Marina Mercante*); auxilios ordenados por las Autoridades de Marina (artículo 14 LAS); salvamento de un buque abordado y su carga (artículo 15 de la Ley Penal y Disciplinaria Marina Mercante de 1955); auxilios de submarinos hundidos (con base en el artículo 16 Ley Penal y Disciplinaria Marina Mercante de 1955); finalmente, obligación de salvamento para los marinos de guerra o aviadores militares que se encontrase en cualquier buque o aeronave en peligro (artículo 385 del Ley de 17 de julio de 1945 por la que se aprueba y promulga el Código de Justicia Militar); *vid.* GARCÍA LUENGO, *La remuneración en el salvamento marítimo, op.cit.*, págs. 42-43.
Más recientemente, ARROYO, «Asistencias, salvamento, extracciones y hallazgos», en *Curso de Derecho mercantil, op.cit.*, pág. 1.697, establece que la clasificación de los salvamentos obligatorios atiende al origen de la obligación, existiendo salvamentos legales (cuya obligación está en una ley) o administrativos (si proviene de una orden de la autoridad administrativa). De manera evidente, los salvamentos administrativos también tienen su origen en una norma, por lo que el autor explica que en los primeros casos la obligación de prestar salvamento emana directamente de la ley, sin que deba existir una «orden o mandato expreso de la autoridad marítima».

469 De hecho, en algún *case* se ha reconocido que los trabajadores de servicios públicos tenían derecho a un premio por una operación de salvamento marítimo, independientemente de su condición como trabajador público, debido a que estos trabajadores han realizado un servicio extraordinario, que iba más allá de los «límites ordinarios» del deber exigido para el salvamento. Ejemplo de lo anterior es el caso *Le Tigre*, 15 F. Cas. 404 (C.C.D.N.J. 1820) (No. 8281); el caso data de principios del siglo XIX, por lo que las circunstancias del mismo —el peligro, los medios y recursos de los salvadores, etc.— hacen que sea un salvamento distinto al que podría suceder en la actualidad, aunque sirve de ejemplo. En 1819 el buque *Le Tigre* fue capturado por el *Constitution* por encargo del Gobierno de Buenos Aires, ya que España se encontraba en ese momento en el periodo de Guerras de independencia hispanoamericanas. El buque capturado puso rumbo a Buenos Aires, pero debido a la falta de provisiones, volvieron a atracar en Estados Unidos.
Cuando el capitán llegó a tierra informó a un funcionario estatal (un recaudador, *deputy-collector* en concreto), llamado Stevens, de que su tripulación se había amotinado y que pretendía atracar el buque para practicar el contrabando de los bienes —propiedad de la Corona española— que se cargaban en él. En consecuencia, Stevens contrató a varios oficiales y tomaron posesión del barco sin encontrar resistencia por parte de la dotación. El cónsul español presentó una reclamación («libel») en nombre de los propietarios del bergantín y la carga, con el fin de obtener la restitución de la propiedad. Stevens y los oficiales que había contratado, presentaron una reclamación por el salvamento del buque. El tribunal finalmente se la concedió basado en que «He acts in the performance of an ordinary duty, imposed upon him by the law and the nature of his employment; and he is therefore not entitled to salvage, unless in a case where he goes beyond the ordinary duties attached to his employment». De este modo, sólo obtendrían un premio por el salvamento en caso de que hubieran actuado más allá de sus deberes ordinarios.
En otro *case* posterior, *The Citos*, (1925) 22 Ll.L.Rep. 275, el juez dictaminó que no existían dudas acerca de que, en lo que exceda de su deber, las Autoridades pueden reclamar y obtener un premio por un salvamento: *«His Lordship did not doubt, however, that a salvage award*

y salvamento privado[470], puesto que existen situaciones en las que la línea entre lo obligatorio y lo voluntario no resulta tan clara. Sin perjuicio de que sea tratado más adelante, piénsese por ejemplo en el salvamento de bienes que ha sido ordenado por una Administración Pública. La orden de la Administración permitiría pensar que se está ante un salvamento obligatorio; no obstante, la empresa de salvamento que ha aceptado efectuar la operación, la realizará y cobrará por ello un premio, siendo así un salvamento «voluntario». De este modo vemos cómo la distinción entre salvamento obligatorio y voluntario no agota todas las situaciones de salvamento marítimo que pueden producirse tomando como criterio la voluntariedad. Lo anterior podría verse resuelto con una división entre salvamento público y privado, en el que en el primero la Administración Pública efectúa la operación de salvamento y en el segundo, no la hace.

En cuanto a las operaciones de salvamento marítimo de salvamento público, definidas por su realización por la Administración Pública, pueden venir referidas al salvamento de vidas humanas de manera exclusiva[471] o al salvamento de bienes cuando el servicio sea prestado por las Administraciones Públicas. En el primer caso, aunque el salvamento de vidas humanas no se realizara por un organismo público, quedaría enmarcado en este tipo de salvamento en tanto en cuanto supone una actuación obligatoria para toda persona y, además, impide el pago de un premio, por lo que no estaríamos ante un salvamento mercantil.

Lo que define que las operaciones de salvamento marítimo sean salvamento privado (mercantil) es que las realizan sujetos privados, es decir, empresas (salvamento profesional) o, en menor medida, particulares. La característica de este salvamento privado es la voluntariedad, en el sentido de que el salvamento mercantil es voluntario; esto es, que las partes expresan su voluntad (son libres) de celebrar un contrato de salvamento o, en su caso, de realizar extracontractualmente la operación o de rehusar efectuarla.

---

might be earned for services rendered outwith or in excess of a duty owed by the salvors to the salved vessel». Sin embargo, expone el tribunal que hay distinguir específicamente entre los servicios y lo que excede de ello, algo que debe evaluarse en cada caso concreto.

Estos *cases* ilustran el concepto anglosajón de *voluntariness* que ha sido, a nuestro entender, erróneamente traducido al español como «voluntariedad» y ha dado lugar a estos equívocos.

470 En una opinión similar, *vid.* Arroyo, «Accidentes marítimos y contaminación», en *Lecciones de Derecho Mercantil*, vol. II, dirs. A. Menéndez, Á. Rojo, Cizur Menor, págs. 927-961, pág. 943, considera que en virtud de la voluntariedad se puede distinguir entre salvamento obligatorio, salvamento espontáneo y salvamento contractual (voluntario). Cabe destacar que este autor, sin embargo, utiliza el término «voluntariedad» igualmente para hacer referencia a lo que en este trabajo se define como «ajenidad»; es decir, mientras que en este estudio se distingue entre ambos conceptos, el profesor Arroyo considera que es el mismo «elemento».

471 Esto es, sin que concurran con el buque u otros «objetos» de salvamento —sin perjuicio de que, en el salvamento privado si hay vidas en riesgo, evidentemente su auxilio será una prioridad; lo que no impide que siga considerándose un salvamento mercantil—.

El salvamento privado es principalmente contractual, basado en que las partes han celebrado un contrato que fija las condiciones de la prestación de salvamento marítimo y el premio por estos servicios. Lo habitual es que, si hay un contrato, éste se formalice a través de un documento, normalmente, uno de los modelos de contrato, siendo el más utilizado internacionalmente el contrato LOF (*Lloyd's Open Form*)[472]. Aunque generalmente el salvamento privado será contractual, también existen situaciones de salvamento no contractual o «espontáneo» en las que también será aplicable el régimen del CISM 1989[473].

1.1.1. El salvamento público

1.1.1.1. El salvamento de vidas humanas en el mar

El salvamento de personas se fundamenta en el interés de la protección de las vidas humanas. Esta categoría de salvamento constituye una actuación obligatoria para todo sujeto que navegue por el mar[474]. Como hemos adelantado, estas operaciones de salvamento por las que exclusivamente se salvan personas constituyen un salvamento público en la medida en que se realiza principalmente por la Administración y, en cualquier caso, aunque no se realice por este sujeto de carácter público, constituye una actuación obligatoria para toda persona que rechaza el pago de un premio; por lo que no estaríamos ante un salvamento mercantil.

---

472 Véase, *supra* el capítulo segundo.

473 Como quedó expresamente establecido en el proceso de elaboración del CISM 1989 (Documento LEG/CONF.7/VR.80-82). En el debate del artículo 6.1 del CISM 1989, la República Federal de Alemania propuso la redacción del precepto: «*This Convention shall apply to* ***any contractual as well as non-contractual*** *salvage operations, save to the extent that the contract otherwise provides expressly or by implication*», en negrita añadida para señalar la diferencia frente al texto inicialmente planteado («*This Convention shall apply to any salvage operations save to the extent that the contract otherwise provides expressly or by implication*»). La delegación de Suecia señaló entonces que probablemente la confusión del texto del artículo venía de un error gramatical y propuso la sustitución de «the contract» por «a contract», de modo que el Convenio sobre salvamento se aplicara a cualquier operación de salvamento, se hubiera celebrado un contrato o no. El artículo fue aprobado con la modificación propuesta por Suecia, de modo que el CISM 1989 se aplica tanto a salvamentos contractuales como a los no contractuales.

474 Así, Bonassies, Scapel, *Traité de Droit Maritime*, *op.cit.*, pág. 413, la definen como una *«obligation impérieuse en cas de péril des personnes»*; en el mismo sentido se expresan Montas, Ortiz de Zárate, «La forcé créatrice de Droit du fait de la nature: le risque de mer, fondement du Droit maritime», en *Revue de la Recherche Juridique-Droit prospectif*, 2010, *cit.*, pág. 2.085. Por ello, algún autor lo considera como una categoría especial de salvamento obligatorio, *vid.* Morral, *El salvamento marítimo*, *op.cit.*, pág. 166. En nuestra opinión, es un salvamento obligatorio, aunque no de un tipo especial, sino basado en el interés indiscutible de la protección de la vida humana.

Tiene como fundamento el principio de solidaridad humana «consustancial» a la persona, anterior y necesario en cualquier actividad marítima[475]. La solidaridad ha sido una característica desde los orígenes del salvamento cuando el acto de salvar atendía a un acto de humanidad en cumplimiento de un deber natural y moral que se lleva reconociendo, al menos, desde el siglo XVI. En concreto, se considera que la primera vez que fue decretada la asistencia marítima como obligatoria fue con la bula papal *Cum nobis* de Pío V en 1566[476] y ampliada posteriormente por el papa Benedicto XIV en el siglo XVIII[477].

Hoy en día la seguridad de la vida humana en el mar está regulada por el *Convenio Internacional para la Seguridad de la Vida Humana en el Mar* o Convenio SOLAS (por su denominación en inglés, *International Convention for the Safety of Life at Sea*)[478]. Probablemente, el Convenio SOLAS sea el Convenio con mayor trascendencia internacional en el ámbito marítimo[479], cuyo origen se encuentra en la catástrofe del *Titanic*. Este Convenio es considerado por la OMI como el más importante de todos los tratados internacionales relativos a la seguridad de la navegación. Desde su aprobación en 1914, se ha modificado

475 *Vid.* PENDÓN, ROMERO MATUTE, «La Special Compensation P&I Club Clause 2014 (Cláusula SCOPIC 2014)...», en *Estudios sobre la responsabilidad...*, *op.cit.*, pág. 517; BONASSIES, SCAPEL, *Traité de Droit Maritime*, *op.cit.*, pág. 415; ZUNARELLI, COMENALE, *Manuale di diritto della navigazione e dei trasporti*, I, Vicenza, 2016, pág. 593; MONTAS, ORTIZ DE ZÁRATE, «La forcé créatrice de Droit du fait de la nature: le risque de mer, fondement du Droit maritime», en *Revue de la Recherche Juridique - Droit prospectif*, 2010, *cit.*, pág. 2.084.

476 *Vid.* GAMECHOGOICOECHEA Y ALEGRÍA, *Tratado de Derecho Marítimo Español*, III, *op.cit.*, pág. 498.

477 *Vid.* FIORE, *Tratado de Derecho Internacional Público*, II, trad. por A. GARCÍA MORENO, Madrid, 1879, pág. 246.

478 Instrumento de Ratificación de 16 de agosto de 1978 del Convenio Internacional para la Seguridad de la Vida Humana en el Mar, hecho en Londres el 1 de noviembre de 1974 disponible en https://www.boe.es/datos/pdfs/BOE/1980/144/R13380-13601.pdf.

479 Firmado por los siguientes países: Alemania, Angola, Antigua y Barbuda, Arabia Saudí, Argelia, Argentina, Australia, Austria, Azerbaiyán, Bahamas, Baréin, Bangladesh, Barbados, Bélgica, Belice, Benín, Bielorrusia, Birmania, Brasil, Brunéi, Bulgaria, Cabo Verde, Camboya, Camerún, Canadá, Chile, China, Chipre, Colombia, Congo, Costa de Marfil, Croacia, Cuba, Dinamarca, Ecuador, Egipto, Emiratos Árabes Unidos, Eritrea, Eslovaquia, Eslovenia, España, Estados Unidos, Estonia, Etiopía, Finlandia, Fiyi, Francia, Gabón, Gambia, Georgia, Ghana, Grecia, Guinea, Guinea Ecuatorial, Guyana, Haití, Honduras, Hong Kong, Hungría, India, Indonesia, Irán, Iraq, Irlanda, Islandia, Islas Marshall, Israel, Italia, Jamaica, Japón, Jordania, Kazajistán, Kiribati, Letonia, Líbano, Liberia, Libia, Lituania, Luxemburgo, Madagascar, Malawi, Malasia, Maldivas, Malta, Marruecos, Mauricio, Mauritania, México, Mónaco, Mozambique, Nigeria, Noruega, Nueva Zelanda, Omán, Países Bajos, Panamá, Papúa Nueva Guinea, Paquistán, Perú, Polonia, Portugal, Qatar, Reino Unido, República Checa, República de Corea, República Dominicana, Rumanía, Rusia, Samoa, San Vicente y las Granadinas, Santo Tomás y Príncipe, Senegal, Seychelles, Sierra Leona, Singapur, Sri Lanka, Sudáfrica, Sudán, Suecia, Suiza, Surinam, Tailandia, Togo, Tonga, Trinidad y Tobago, Túnez, Turquía, Tuvalu, Ucrania, Uruguay, Vanuatu, Venezuela, Vietnam, Yemen, Yibuti, Yugoslavia.

hasta en cinco ocasiones, siendo la última versión de 1974, a partir de la cual se ha seguido un procedimiento de aceptación tácita[480].

El principal objetivo del Convenio SOLAS es aumentar y mejorar la seguridad de la vida humana en el mar. Sus disposiciones suelen tener una orientación preventiva de los riesgos, es decir, buscan mejorar la seguridad en los buques mercantes con reglas para el correcto aprovisionamiento de los buques, de los medios y recursos de salvamento, para la prevención, detección y extinción de incendios, etc. Así, sus capítulos versan sobre los distintos aspectos de los buques y la seguridad[481]. Por ejemplo, el Capítulo V del Convenio SOLAS regula la «seguridad en la navegación». Los temas que incluye este capítulo comprenden la obligación de los Estados Parte de organizar los servicios de búsqueda y salvamento, aunque también otros aspectos como el mantenimiento de servicios meteorológicos para buques, el servicio de vigilancia de hielos o la organización del tráfico. En concreto, la regla 33 de este Capítulo V incluye las obligaciones y procedimientos a seguir en situaciones de riesgo y peligro[482].

La prioridad en la navegación es la protección de las personas que se encuentren en riesgo y que esto puede afectar a otras actividades marítimas[483].

Igualmente, relacionado con el salvamento y la protección de vidas humanas en el mar, conviene destacar el ya mencionado Convenio SAR. Aunque este convenio no esté relacionado con el salvamento mercantil del buque y otros bienes, sí es necesario situarlo en este salvamento público de vidas humanas en el mar. El Convenio SAR se desarrolló para coordinar las operaciones de búsqueda y salvamento, así como para asegurar la cooperación entre organizaciones en la zona del accidente. Antes de la aprobación de este Convenio no existía un sistema internacional encargado de las operaciones

480 Es decir, un procedimiento por el cual las enmiendas del Convenio entrarán en vigor en la fecha determinada a menos que los Estados Parte formulen objeciones antes de esa fecha.

481 Por ejemplo, instalaciones de máquinas e instalaciones eléctricas (capítulo 1) o radiocomunicaciones (capítulo 4).

482 El apartado 1 de esta Regulation 33 dispone que: «*The master of a ship at sea which is in a position to be able to provide assistance on receiving information from any source that persons are in distress at sea, is bound to proceed with all speed to their assistance, if possible informing them or the search and rescue service that the ship is doing so (...)* ».
Entre otras obras, pueden consultarse las siguientes: Dalaklis, «Safety and security in shipping operations», en *Shipping operations management*, eds. I.D. Visvikis, P.M. Panayides, Suiza, 2017, págs. 197-213; Hesse, Charalambous, «New security measures for the international shipping community», en *WMU Journal of Maritime Affairs*, 2004, vol. 3, núm. 2, págs. 123-138.

483 En la misma opinión, vid. Treves, «La navigation», en Traité du Nouveau Droit de la mer, dirs. R.J. Dupuy, D. Vignes, París, 1985, págs. 688-755, pág. 717, « *[D]ans la plupart des cas, l'élément décisif qui détermine les priorités entre les activités en mer* (...) *est la sauvegarde de la vie humaine*».

de búsqueda y rescate en el mar[484]; la OMI, en la actualidad, garantiza que «independientemente del lugar en donde ocurra un accidente, el salvamento de las personas que necesiten auxilio sea coordinado por una organización de búsqueda y salvamento»[485].

Una vez planteado el régimen del salvamento de vidas humanas en el mar, conviene mencionar su relación con el objeto de este trabajo, es decir, el contrato de salvamento marítimo; lo que nos lleva de nuevo al CISM 1989, que también contempla como referente la atención a la vida de las personas. El salvamento de personas se enuncia en los artículos 10[486] y 16[487] del CISM 1989.

---

484 *Vid.* MULQUEEN, SANDERS, SPELLER, *Small Navies: Strategy and Policy for Small Navies in War and Peace*, New York, 2014, pág. 137, *apud*. JIMÉNEZ, «Small Island, Big Issue: Malta and its Search and Rescue Region – SAR», en *Paix et Securite Internationales*, 2019, núm. 7, págs. 299-321, pág. 300.

485 Página web de la OMI sobre el Convenio SAR disponible en: https://www.imo.org/es/About/Conventions/Pages/International-Convention-on-Maritime-Search-and-Rescue-(SAR).aspx.

486 Cuya redacción dispone lo siguiente: «Artículo 10. Obligación de prestar auxilio. 1. Todo capitán tiene el deber de prestar auxilio a cualquier persona que se halle en peligro de desaparecer en la mar, siempre que ello no entrañe grave peligro para su buque y para las personas que se encuentren a bordo. 2. Los Estados Partes adoptarán las medidas necesarias para dar efectividad al deber enunciado en el párrafo 1. 3. El propietario del buque no incurrirá en responsabilidad en caso de incumplimiento por el capitán del deber estipulado en el párrafo 1».
En relación con lo anterior, se señala el artículo 98 del UNCLOS, cuya redacción estable que: «1. Todo Estado exigirá al capitán de un buque que enarbole su pabellón que, siempre que pueda hacerlo sin grave peligro para el buque, su tripulación o sus pasajeros: a) Preste auxilio a toda persona que se encuentre en peligro de desaparecer en el mar; b) Se dirija a toda la velocidad posible a prestar auxilio a las personas que estén en peligro, en cuanto sepa que necesitan socorro y siempre que tenga una posibilidad razonable de hacerlo; c) Caso de abordaje, preste auxilio al otro buque, a su tripulación y a sus pasajeros y, cuando sea posible, comunique al otro buque el nombre del suyo, su puerto de registro y el puerto más próximo en que hará escala. 2. Todo Estado ribereño fomentará la creación, el funcionamiento y el mantenimiento de un servicio de búsqueda y salvamento adecuado y eficaz para garantizar la seguridad marítima y aérea y, cuando las circunstancias lo exijan, cooperará para ello con los Estados vecinos mediante acuerdos mutuos regionales».
Con ello, el Estado de abanderamiento impone la obligación al capitán de cualquier buque —incluyendo así a los buques de guerra o adscritos a un Estado—, (siempre y cuando no suponga un grave peligro para el buque, su tripulación o sus pasajeros) de prestar auxilio a toda persona que se encuentre en peligro en el mar, entendido éste como cualquier zona marítima; *vid.* TREVISANUT, «The Principle of Non-Refoulement at Sea and the Effectiveness of Asylum Protection», en *Max Planck Yearbook of United Nations Law*, *op.cit.*, pág. 235; PAPANICOLOPULU, «The duty to rescue at sea, in peacetime and in war: A general overview», en *Int'l Rev. Red Cross*, 2016, vol. 98, núm. 2, págs. 491-514, págs. 495-496.

487 Artículo 16 del CISM 1989: «1. Las personas salvadas no están obligadas al pago de ninguna remuneración, pero nada de lo dispuesto en el presente artículo afectará a las disposiciones de las leyes nacionales sobre esta materia. 2. El salvador de vidas humanas que haya participado en los servicios prestados con ocasión del accidente que haya dado lugar al salvamento tendrá derecho a una parte equitativa del pago adjudicado al salvador

El primero de estos dos artículos impone la obligación al capitán de prestar auxilio a cualquier persona que se halle en peligro de desaparecer en la mar. Aunque en el primer apartado del artículo se haga referencia únicamente al capitán del buque, «Todo capitán tiene el deber de prestar auxilio a cualquier persona que se halle en peligro de desaparecer en la mar (...)», todo sujeto que esté navegando tiene el deber de prestar auxilio. Por ello, aunque la obligación del CISM 1989 hace mención exclusiva del capitán, existe el deber moral e inexcusable que atañe a toda persona de salvar a otra que se encuentre en peligro. Con ello se obliga *exclusivamente* a prestar auxilio a las personas, sin que sea una obligación asistir la «propiedad». En aplicación de lo anterior, el Convenio de 1989 también obliga a los Estados Parte a adoptar las medidas necesarias para cumplir lo anterior, *ex* artículo 10.2 del CISM 1989[488], de nuevo también en relación con el capitán. Atendiendo a este precepto, la ley nacional expresa esta obligación del capitán en el artículo 183.3 LNM[489]. Dicha obligación sólo puede verse excepcionada en caso de poner en peligro grave el buque o las personas que lleve a bordo (artículos 10.1 CISM 1989 y 183.3 LNM)[490]

---

por salvar el buque u otros bienes o por haber evitado o reducido al mínimo los daños al medio ambiente».

488 Cuya redacción es la que sigue: «(...) 2. Los Estados Partes adoptarán las medidas necesarias para dar efectividad al deber enunciado en el párrafo 1 (...)».

489 El artículo dispone lo siguiente: «El capitán está obligado a acudir en auxilio de las vidas humanas que se encuentren en peligro en el mar, siempre que pueda hacerlo sin grave peligro para el buque, su dotación o sus pasajeros, y dejando en todo caso constancia de lo actuado en el Diario de Navegación»; lo cual será objeto de análisis más adelante con la figura del capitán. Véase *infra* en el capítulo segundo el epígrafe 1.2.1 El capitán y la dotación del buque salvado.
Por su parte, el artículo 264.1 de la LPEMM, regula que el servicio público de salvamento de la vida humana en la mar y de la lucha contra la contaminación del medio marino se prestará por la Administración Pública; *BOE* núm. 253, de 20 de octubre de 2011, https://www.boe.es/eli/es/rdlg/2011/09/05/2/con.

490 El incumplimiento de esta obligación podría conllevar una infracción administrativa de carácter muy grave, *ex* artículo 308.2, apartado j) de la LPEMM; la sanción por esta infracción constituye una multa de hasta 901.000€, en virtud del artículo 312.3, letra b), sin perjuicio de las responsabilidades penales que se deriven de ella.
Eventualmente, también podría incurrirse en un delito de omisión del deber de socorro, tipificado en el artículo 195 de la Ley Orgánica 10/1995, de 23 de noviembre, *del Código Penal* (CP en adelante), o de denegación de auxilio en el supuesto en el que el salvador sea una autoridad o funcionario público (artículo 412.3 del CP, cuyos contenidos son los siguientes:
Artículo 195 del CP: «1. El que no socorriere a una persona que se halle desamparada y en peligro manifiesto y grave, cuando pudiere hacerlo sin riesgo propio ni de terceros, será castigado con la pena de multa de tres a doce meses. 2. En las mismas penas incurrirá el que, impedido de prestar socorro, no demande con urgencia auxilio ajeno. 3. Si la víctima lo fuere por accidente ocasionado fortuitamente por el que omitió el auxilio, la pena será de prisión de seis meses a 18 meses, y si el accidente se debiere a imprudencia, la de prisión de seis meses a cuatro años».

Por su parte, como se ha visto anteriormente, el artículo 16.1 del CISM 1989 establece que «Las personas salvadas no están obligadas al pago de ninguna remuneración, pero nada de lo dispuesto en el presente artículo afectará a las disposiciones de las leyes nacionales sobre esta materia (...)»[491]. Este artículo se inspira claramente en el anterior artículo 9 del Convenio de 1910, que establecía lo siguiente: «Las personas salvadas no tendrán obligación de dar remuneración alguna, sin que esto afecte las prescripciones de las leyes nacionales sobre el particular (...)»[492].

Respecto a este artículo 16 del CISM 1989 debe matizarse que no existe el derecho al premio por haber efectuado un salvamento en el que exclusivamente se hubieran salvado personas[493]. En el caso de que el salvador de vidas humanas además salvare bienes, sí tendría derecho a un premio, pero éste no será pagado por quien haya sido salvado.

Artículo 412 del CP: «(...) 3. La autoridad o funcionario público que, requerido por un particular a prestar algún auxilio a que venga obligado por razón de su cargo para evitar un delito contra la vida de las personas, se abstuviera de prestarlo, será castigado con la pena de multa de dieciocho a veinticuatro meses e inhabilitación especial para empleo o cargo público por tiempo de tres a seis años. (...) En el caso de que tal requerimiento lo fuera para evitar cualquier otro delito u otro mal, se castigará con la pena de multa de tres a doce meses y suspensión de empleo o cargo público por tiempo de seis meses a dos años».

491 Véase la nota al pie número 487.

492 Nos resulta llamativo la redacción de este artículo en el Convenio de 1910 con respecto a «Las personas salvadas no tendrán obligación de dar remuneración alguna, sin que esto afecte las prescripciones de las leyes nacionales sobre el *particular* (...)» cursiva añadida; debido a que se permitiría, por las leyes nacionales, un premio por el salvamento de vidas humanas en el mar.
Al respecto, conviene destacar que este artículo se dispuso así ya que, en el proceso de elaboración de dicho Convenio no existía un consenso con respecto a si los salvadores debían recibir un premio por el salvamento de personas; *vid.* WILDEBOER, *The Brussels Salvage Convention: Its Unifying Effect in England, France, Germany, Belgium and the Netherlands*, Leyden, 1965, pág. 243.
En España, cabe destacar que dicho aspecto no se reguló en la Ley de Enjuiciamiento Militar de Marina de 1925 —véase la nota al pie número 263—. Posteriormente a esta ley, los salvamentos se regularon por la LAS, cuyo artículo 10 disponía expresamente «Las personas salvadas no están obligadas al pago de ninguna remuneración».

493 Así se ha recogido tradicionalmente por la jurisprudencia como en el caso *The Zephyrus*, 166 Eng. Rep. 596 (Adm. 1842), por el cual los salvadores únicamente pudieron ayudar a la tripulación del buque debido al mal estado en que se encontraba éste y debido a los infructuosos esfuerzos que se habían realizado para salvarlo. Los salvadores pidieron un premio por el servicio prestado por haber sido «instrumental», crucial, en el salvamento del capitán y su tripulación (*«for having been iustrumental in saving and having saved the lives of the crew and the master»*). Sin embargo, el tribunal rechazó el premio debido a que el mero intento por salvar la nave y la carga, por muy meritorio que fuera, o a pesar de cualquier grado de riesgo o peligro en el que se haya incurrido, no podría ser considerado por el tribunal como un salvamento marítimo con derecho a premio debido a la aplicación del principio *no cure-no pay*.

El salvamento de vidas es una obligación «humanamente exigible» a todas las personas, más aún cuando se produce en el mar, siendo éste un medio hostil. Esto ha sido así tradicionalmente por el propio deber moral de acudir en ayuda de las personas que necesitan auxilio en el mar. Cuando en una operación de salvamento diferentes empresas acudan y exista colaboración entre ellas, es probable que alguna destine sus medios a salvar a las personas mientras que otras se centren en la «propiedad». Lo que queremos decir es que en esta colaboración habrá un reparto en el premio entre ambas empresas. No parece equitativo que en el caso de un salvamento en el que unos salvadores salven exclusivamente mercancías y otros, exclusivamente personas —especialmente cuando las empresas salvadoras no lleguen a un acuerdo para ello—, los primeros tengan derecho a cobrar un premio y los segundos no. Por ello, el segundo apartado del artículo 16 del CISM 1989 establece lo siguiente:

> «El salvador de vidas humanas que haya participado en los servicios prestados con ocasión del accidente que haya dado lugar al salvamento tendrá derecho a una parte equitativa del pago adjudicado al salvador por salvar el buque u otros bienes o por haber evitado o reducido al mínimo los daños al medio ambiente»[494].

Para que se tenga en cuenta el salvamento de vidas humanas en la determinación del premio de los salvadores, deberá haberse auxiliado igualmente el buque u otros bienes, pues serán sus titulares los que paguen el premio[495]. Se trataría esta operación de un salvamento marítimo, en el que la prioridad habría sido el salvamento de vidas, pero que al salvar también la «propiedad», sería privado y mercantil[496].

---

494 Lo cual recuerda, de nuevo, al artículo 9 del anterior Convenio de 1910: «(...) Los que hayan rescatado vidas humanas e intervenido cuando ocurrió el accidente que dio origen al salvamento o al auxilio, tendrán derecho a una parte equitativa de la remuneración concedida a los salvadores del navío, del cargamento y de sus accesorios».

495 Véase el artículo 16.2 del CISM 1989: «El salvador de vidas humanas que haya participado en los servicios prestados con ocasión del accidente que haya dado lugar al salvamento tendrá derecho a una parte equitativa del pago adjudicado al salvador por salvar el buque u otros bienes o por haber evitado o reducido al mínimo los daños al medio ambiente». La doctrina también se ha pronunciado en este sentido; entre otros, *vid.* Rodríguez Carrión, «El salvamento marítimo de vidas humanas en el Convenio Internacional de Naciones Unidas de 1989», en *Estudios de Derecho Mercantil en homenaje al profesor Manuel Broseta Pont*, vol. III, Valencia, 1995, págs. 3.221-3.246, pág. 3.234; Fariña, Alfín y Delgado, *Nueva ley sobre salvamentos..., op.cit.*, pág. 106.

496 Es más, el premio puede verse afectado (positivamente) por haber salvado vidas humanas según lo dispuesto en el artículo 13.1, letra e) del CISM 1989: «1. La recompensa se determinará con miras a alentar las operaciones de salvamento, teniendo en cuenta los siguientes criterios sin atender al orden en que aparecen enumerados: (...) e) la pericia y los esfuerzos desplegados por los salvadores para salvar el buque, otros bienes o vidas humanas». Este aspecto será estudiado con mayor detalle en *infra* el epígrafe del capítulo cuarto, 2.2 Los criterios para determinar el premio.

En relación con lo anterior, cabe plantear una reflexión. Resulta llamativo que existan en el CISM 1989 y en la práctica internacional mecanismos para cobrar un premio por salvar el medioambiente y no haya sistemas de «compensación especial» para el salvamento de vidas humanas. Esta misma *inquietud* se ha planteado en ocasiones por algunos autores[497], pues consideran que existen situaciones que son injustas para los salvadores en los que llegan a salvar vidas humanas[498] y que esas situaciones desalentarían a los salvadores a realizar determinados salvamentos en los que el valor del buque y la carga a salvar era muy bajo o nulo. El autor expone que algunos salvadores «no son altruistas» y que, por ende, es mejor prever una recompensa para el salvamento de personas para garantizar el salvamento de las vidas humanas en el mar sin que éste quede *eclipsado* por el salvamento de la «propiedad» y su correspondiente premio[499].

No queremos decir con ello que estemos de acuerdo con el pago de un premio cuando se hayan salvado vidas humanas, pues no puede existir un negocio que se base en la vida de las personas. No obstante, pueden plantearse situaciones como las descritas anteriormente, en las que podría reconocerse un derecho a una «*compensación*» —que no premio—, cuando concurren el salvamento de bienes con el prioritario de las personas. Por ejemplo, piénsese en el supuesto en el que en un siniestro algunos salvadores rescaten a las personas, mientras que otros salven únicamente la «propiedad» en peligro[500]. En estos supuestos se ha planteado si a estos «salvadores independientes» deben recompensarles como a los salvadores de bienes o si deben negarle

497 *Vid.* FRIEDELL, «Salvage and the public interest», en *Cardozo L. Rev.*, *cit.*, pág. 431; JACOBSON, «Restitution for Life Salvage at Sea in the Wake of Peninsular & Oriental Steam Navigation Co. v. Overseas Oil Carriers, Inc.», en *Hastings L.J.*, 1978, vol. 30, núm. 1, págs. 227-247, pág. 227; BOCKRATH, «The American Law of Lite Salvage», en *JMLC*, 1975-1976, vol. 7, págs. 207-216, pág. 215; O'MAY, «Lloyd's Form and the Montreal Convention», en *Tul. L. Rev.*, 1983, vol. 57, núm. 5, págs. 1.412-1.456, pág. 1.435.

498 Por ejemplo, FRIEDELL señala el supuesto concreto en el que los salvadores salvan la vida de las personas antes que la carga, evitando así que el armador incurra en responsabilidad por homicidio imprudente, considerándolo un tipo de *liability salvage*: «*Also, in most circumstances, a salvor who saves life and thereby saves a shipowner from incurring liability for wrongful death receives no reward*»; *vid.* FRIEDELL, «Salvage and the public interest», en *Cardozo L. Rev.*, *cit.*, págs. 431, 440.

499 En palabras del autor, «*But some life salvors are not altruistic and it would be better to err on the side of offering an unnecessary award than risk the possibility that lives will be lost because a potential salvor could not afford the expense of rescue*»; *ibid.*, pág. 452.

500 En la doctrina anglosajona, al primer tipo de salvadores lo han denominado «salvadores independientes de personas» («*independent life salvors*»); *vid.* FRIEDELL, «Compensation and Reward for Saving Life at Sea», en *Michigan Law Review*, *cit.*, pág. 1.230; CARTNER, FISKE, LEITER, *The International Law of the shipmaster*, Londres, 2009, pág. 149; BURSTEIN, «Saving Steel over Souls: The Human Cost of U.S. Salvage Law», en *Tul. Mar. L.J.*, 2002-2003, vol. 27, págs. 307-333, pág. 312; LEJUNE, «Life salvage then and now», en *South Tex. Law J.*, 1982, vol. 22, núm. 3, págs. 579-586, págs. 581-583.

la recompensa como a los salvadores de vidas[501]. El verdadero problema se plantea cuando se correspondan con empresas de salvamento distintas, pues quizá, el éxito de los salvadores para salvar los bienes se deba precisamente a que la otra empresa de salvamento se ha centrado en el salvamento de personas. En nuestra opinión, cuando hablamos de personas, no podemos hablar propiamente de «salvamento marítimo» —ligado éste con la idea de salvamento privado y mercantil—, sino de salvamento de personas que se encuentran en peligro en el mar y a las que hay que auxiliar. No existen los mismos criterios en una y otra situación, pues son dos realidades distintas, aunque se siguen estudiando conjuntamente. Es decir, no concebimos que pudieran existir empresas que se dedicasen al salvamento de personas, que además es una actividad sobre la que existe un «*monopolio*» estatal (Convenio SAR), ya que el Estado es quien dispone de los medios y recursos para realizarla, además de tener la obligación de hacerlo. Fuera del ámbito público, los otros sujetos que realizan el salvamento de personas en el mar (generalmente fuera de las aguas jurisdiccionales) son Organizaciones No Gubernamentales (ONG). Por ello, cabría plantearse una compensación no por el salvamento de personas, sino porque al salvarlas, se «libera» a otros salvadores de hacerlo, pudiendo centrarse exclusivamente en el salvamento de la «propiedad».

Frente a ello, otros autores[502] han propuesto remunerar al salvador por el salvamento de vidas humanas aun sin concurrir con el del buque u otros bie-

501 Véase el análisis de la jurisprudencia de Estados Unidos y Reino Unido que al respecto realiza FRIEDELL, «Compensation and Reward for Saving Life at Sea», en *Michigan Law Review*, *cit.*, págs. 1.230-1.240. Igualmente, *vid.* KNAUTH, «Aviation and Salvage: The Application of Salvage Principles to Aircraft», en *Columbia Law Review*, 1936, vol. 36, núm. 2, págs. 224-249, pág. 228.

502 *Vid.* Parent, «No duty to save lives, no reward for rescue: is that truly the current state of International Salvage Law», en *Ann. Surv. Int'l & Comp. L.*, 2006, vol. 12, págs. 87-139, pág. 118, con afirmaciones tales como «*the omission of awards for pure life salvage, especially given such policies, is contrary to logic and sound judgment*»; FRIEDELL, «Compensation and Reward for Saving Life at Sea», en *Michigan Law Review*, *cit.*, págs. 1.263, 1.269-1.271; BROWN, «Compensation for Life Salvage at Sea», en *Hastings Law Journal*, 1951, vol. 2, núm. 2, págs. 53-56, pág. 55; JARRET, «The life salvor problem in admiralty», en *Yale LJ*, vol. 63, págs. 778-791, pág. 790. Por su parte, LANDES, POSNER, «Salvors, Finders, Good Samaritans, and Other Rescuers: An Economic Study of Law and Altruism», en *J. Legal Stud.*, 1978, vol. 7, núm. 1, págs. 83-128, realizan un estudio económico sobre el salvamento de vidas humanas.

Por su parte, REUTER, «Life salvage: another call for reimbursement», en *Loyola Law Review*, 1995, vol. 41, núm. 1, págs. 23-42, págs. 34 y ss., comenta diversas formas en las que los salvadores puedan obtener una compensación en las operaciones de salvamento en las que hayan asistido a personas; por ejemplo, la de que los Estados constituyan un fondo para pagarlas; a este respecto, igualmente *vid.* BURSTEIN, «Saving Steel over Souls: The Human Cost of U.S. Salvage Law», en *Tul. Mar. L.J.*, *cit.*, págs. 332-333.

También en el proceso de elaboración del CISM 1989, al parecer existieron propuestas de países escandinavos para remunerar al salvador por el salvamento de vidas humanas, aun sin concurrir con el de bienes (*vid.* RODRÍGUEZ CARRIÓN, «El salvamento marítimo de vidas humanas en el Convenio Internacional de Naciones Unidas de 1989», en *ADM*, 1994, vol.

nes. Esta postura ha sido criticada[503], precisamente, por no respetar el principio de solidaridad humana inherente al salvamento de personas; postura que compartimos, pues no puede existir un negocio cuando hay vidas de personas en juego. Esta parece ser la postura en la que se pronuncia el CISM 1989 con el salvamento de vidas humanas en el mar. No obstante, como se ha adelantado, el Convenio deja «la puerta abierta» a que los Estados Parte regulen un «premio» —en todo caso, a nuestro modo de ver, sería una «compensación»— para el salvamento de personas. En nuestra opinión, en todo caso, debemos criticar la postura defendida por aquellos autores, además, porque plantear la remuneración del salvamento de vidas humanas en el mar contrasta totalmente con la realidad que se aprecia en nuestras costas y en las de otros países cercanos del sur de Europa.

1.1.1.2. El salvamento marítimo realizado por la Administración Pública

El segundo conjunto de operaciones que constituyen un salvamento público se corresponde con aquél que realizan las Administraciones Públicas. En el CISM 1989 esta categoría de salvamento se regula en sus artículos 5 y 9, objeto de análisis a continuación.

En primer lugar, el artículo 5.1 del CISM 1989 establece lo siguiente: «El presente Convenio no afectará a ninguna disposición establecida en leyes nacionales o en cualquier convenio internacional relativa a operaciones de salvamento efectuadas por las autoridades públicas o bajo su supervisión»[504]. El artículo hace alusión a dos operaciones posibles de la Administración: efectuar la operación de salvamento marítimo (utilizando medios propios) y que ésta se realice bajo su supervisión (la operación se realiza por otro sujeto distinto a la Administración, es decir, *a priori*, con medios ajenos a ella), se someten a dos regímenes distintos. En el primer caso, cuando la Administración Pública es quien realiza el salvamento, esta operación será calificada como «salva-

XI, págs. 137-158, pág. 137); aunque en los trabajos preparatorios del Convenio no se recogen.

503 Entre otros, *vid.* Wooder, «The New Salvage Convention: A Shipowner's Perspective», en *JMLC, cit.*, pág. 88 sobre la crítica al *pure life salvage*; Thomas, «Life salvage in anglo-american law», en *JMLC*, 1978, vol. 10, núm. 1, págs. 79-104, pág. 104. Para un mayor estudio de la crítica a la gratuidad del salvamento de personas; *vid.* Vialard, «La gratuité du sauvetage maritime des personnes. Étude critique d'un tabou», en *ADMA*, 1989, tomo X, págs. 133-149; Montas, *Le quasi-contrat d'assistance*, Paris, 2007, en especial, págs. 39-72.

504 Cuya redacción continúa del siguiente modo: «(...) 2. No obstante, los salvadores que efectúen tales operaciones de salvamento podrán hacer valer los derechos y excepciones contemplados en el presente Convenio respecto de las operaciones de salvamento. 3. La medida en que una autoridad pública obligada a efectuar operaciones de salvamento pueda hacer valer los derechos y excepciones contemplados en el presente Convenio será determinada por la ley del Estado en que esté radicada dicha autoridad».

mento público»; mientras que, en el segundo supuesto, será un «salvamento privado» en tanto en cuanto será otro sujeto, generalmente una empresa de salvamento, el que realice esta operación, aunque la Administración la vigile. Así, en este epígrafe nos centraremos en el primer supuesto de manera exclusiva, ya que el segundo caso se tratará más adelante[505].

El salvamento marítimo realizado por la Administración Pública se regula por el Derecho público, en ejercicio de la soberanía de los Estados sobre sus aguas territoriales. En expresión de lo anterior, el artículo 367 de la LNM dispone que

> «La Administración Marítima estará en todo caso facultada para *intervenir* en las operaciones de salvamento realizadas en los espacios marítimos españoles, a fin de salvaguardar la seguridad de la navegación, la vida humana en la mar y el medio ambiente contra la contaminación marina»[506].

Nótese que las operaciones de salvamento en las que la Administración Pública podría «intervenir» atienden, exclusivamente, a esos tres objetivos: la seguridad marítima, el salvamento de personas en el mar y la protección del medioambiente marítimo[507].

La Administración Pública puede participar en la operación de salvamento según el artículo 360 de la LNM de dos formas[508]: podrá ordenar el salvamento a otro sujeto o podrá supervisar la operación; siendo éstas dos operaciones de salvamento privado. A nuestro modo de ver, existen otros modos en los que la Administración interviene en la operación de salvamento. En primer lugar, podrá colaborar en la operación que efectúe otro sujeto, por ejemplo, «dando instrucciones» como figura en el artículo 9 del CISM 1989[509] y en el 367.1 de

505 Véase *infra* el epígrafe en el capítulo tercero 1.1.3 El salvamento supervisado por la Administración Pública. Sin perjuicio de las operaciones de salvamento «ordenadas» por la Administración Pública, que serán un salvamento de tipo privado.

506 Cursiva añadida. Igualmente, el artículo 260.2 de la LPEMM, establece que «la Administración competente podrá establecer obligaciones específicas a las empresas navieras que realicen servicios regulares o no regulares de navegación interior, de cabotaje, exterior o extranacional por motivos de salvamento, seguridad marítima, lucha contra la contaminación (...)».

507 Resulta llamativo el «orden» en el artículo 367.1 de la LNM dispone los tres supuestos en los que la Administración Pública puede intervenir en una operación de salvamento marítimo, destacando, en primer lugar, la seguridad de la navegación antes que incluso la vida de las personas. Lo anterior, en nuestra opinión es desacertado ya que, aunque sea una cuestión de política legislativa y de redacción, hubiera sido oportuno mostrar cierta «*sensibilidad*» en la norma, sobre todo cuando el salvamento de personas en el mar es, desgraciadamente, una realidad en España.

508 Artículo 360 de la LNM: «Las autoridades públicas que *ordenen* o *supervisen* un salvamento, o sus funcionarios, no tendrán derecho a premio alguno. Sin embargo, los salvadores que efectúen las operaciones ordenadas o supervisadas por aquellas tendrán derecho a premio de acuerdo con lo dispuesto en esta ley», cursiva añadida.

509 Cuya redacción dispone lo siguiente «Nada de lo dispuesto en el presente Convenio afec-

la LNM[510]. En segundo lugar, también podrá realizar propiamente la operación de salvamento, siendo éste un salvamento público como hemos adelantado[511].

Centrándonos exclusivamente en el salvamento que hemos considerado público, cuando la Administración Pública efectúe la operación de salvamento y obtenga éxito, los «premios o compensaciones» que se obtengan «se ingresarán directamente en el Tesoro, pudiendo generar crédito para el desarrollo de las actividades que hayan producido el citado ingreso», *ex* artículo 367.2 de la LNM[512]. Al ser un salvamento público no habría premio, como así lo indica el artículo 360 de la LNM: «Las autoridades públicas que ordenen o supervisen un salvamento, o sus funcionarios, no tendrán derecho a premio alguno (...)». Por ello, los premios o compensaciones a los que hace alusión el artículo 367.2 de la LNM hacen referencia a aquellos que se hubieran producido de haber sido la operación privada.

En segundo lugar, y sin perjuicio de que el artículo 9 del CISM 1989 sea analizado más adelante[513], conviene señalar que en su virtud el Estado ribereño tiene derecho a «tomar medidas» para proteger sus costas o intereses conexos, incluyendo entre esas medidas la de dar instrucciones relacionadas con las operaciones de salvamento[514].

---

tará al derecho del Estado ribereño interesado a tomar medidas, de conformidad con los principios generalmente reconocidos de derecho internacional, para proteger sus costas o intereses conexos contra la contaminación o la amenaza de contaminación resultante de un siniestro marítimo o de actos relacionados con dicho siniestro, de los que quepa prever razonablemente que tendrán graves consecuencias perjudiciales, incluido el derecho de un Estado ribereño a dar instrucciones relacionadas con las operaciones de salvamento».

510 En virtud del artículo 367.1 de la LNM: «La Administración Marítima estará en todo caso facultada para intervenir en las operaciones de salvamento realizadas en los espacios marítimos españoles, a fin de salvaguardar la seguridad de la navegación, la vida humana en la mar y el medio ambiente contra la contaminación marina. A tal efecto, la Administración podrá dirigir o impartir instrucciones relacionadas con las operaciones de salvamento que serán de obligado cumplimiento por el capitán, el armador o su representante, el *cargador* y el salvador», cursiva añadida para señalar la figura del cargador, a quien, según este precepto, se le pueden dar instrucciones en relación con la operación de salvamento, aunque no esté a bordo del buque. De lo anterior se deduce, por tanto, que lo relevante es que quien puede recibir estas instrucciones es cualquier persona que tenga un interés en la «propiedad» que puede salvarse.

511 Véase en este capítulo, las reflexiones de este mismo epígrafe, especialmente en relación con el salvamento de personas. Ténganse en cuenta, además, las situaciones intermedias que pueden producirse en estas operaciones; por ejemplo, que la Administración Pública, además de ordenar un salvamento, lo realice colaborando con una empresa de salvamento marítimo.

512 Previamente se deducirán del importe los gastos acreditados en el expediente, lo que se ha puesto de manifiesto en alguna sentencia como la del Tribunal Supremo número 19162/1992, de 22 de diciembre de 1992, ECLI: ES:TS:1992:19162. Esta sentencia se estudiará en *infra* en el capítulo cuarto, el epígrafe 1. 1.1. La diferencia entre la asistencia y el salvamento; en concreto en la nota al pie número 960.

513 Véase *infra* el epígrafe en este capítulo 3.1 Los Estados ribereños.

514 Relacionado con ello también cabe destacar el artículo 221.1 de UNCLOS que dispone

La Administración Marítima es el conjunto de órganos que tiene competencias estatales en materia de marina mercante[515]. Según el Título II del Libro II de la LPEMM, ésta comprende una administración central, una periférica (Capitanía Marítima), la Sociedad de Salvamento y Seguridad Marítima y los Cuerpos de la Marina Civil. La Administración Marítima, según el artículo señalado de la LNM, podrá intervenir en las operaciones de salvamento realizadas en los espacios marítimos españoles. Este artículo 367 de la LNM sólo dispone que la Administración podrá dirigir o impartir instrucciones relacionadas con las operaciones de salvamento no siendo éstas las únicas actuaciones que pueda realizar dicha Administración[516].

Estas operaciones de salvamento público serán realizadas por la Sociedad de Salvamento y Seguridad Marítima, conocida simplemente como «Salvamento Marítimo» o SASEMAR[517], una entidad pública empresarial[518] adscrita

que: «Ninguna de las disposiciones de esta Parte menoscabará el derecho de los Estados con arreglo al derecho internacional, tanto consuetudinario como convencional, a tomar y hacer cumplir más allá del mar territorial medidas que guarden proporción con el daño real o potencial a fin de proteger sus costas o intereses conexos, incluida la pesca, de la contaminación o la amenaza de contaminación resultante de un accidente marítimo o de actos relacionados con ese accidente, de los que quepa prever razonablemente que tendrán graves consecuencias perjudiciales».

515 *Vid.* Zambonino, *Régimen Jurídico de la marina mercante*, Valencia, 2008, pág. 53. Algún otro autor ha considerado la Administración Marítima no como un conjunto de órganos, sino de actividades marítimas, «que agrupa a todos los órganos de la Administración del Estado implicados, cuyo fin es ejercer la dirección, el control y la coordinación de la acción del Estado en la mar»; *vid.* Frutos, Antequera, «La Administración Marítima, alcance y dimensiones: "*ut omnes unum sint*"», en *bie3: Boletín IEEE*, 2017, núm. 5, págs. 924-936, pág. 930.

516 Desde nuestro punto de vista, resulta llamativo que el salvamento público quede regulado en la LNM cuando existe una norma jurídica que regula aspectos públicos de la navegación marítima (LPEMM). Acudiendo al artículo 1 de la LNM, que regula el ámbito de aplicación de dicha ley, se aprecia que se ha optado por una aplicación expansionista de la misma: «Artículo 1. Objeto y ámbito de aplicación. 1. El objeto de esta ley es la regulación de las situaciones y relaciones jurídicas nacidas con ocasión de la navegación marítima. 2. Además de la que se realiza por las aguas del mar, también se considera navegación marítima la que se lleva a cabo por las aguas de los ríos, canales, lagos, o embalses naturales o artificiales, cuando sean accesibles para los buques desde el mar, pero sólo hasta donde se haga sensible el efecto de las mareas, así como en los tramos navegables de los ríos hasta donde existan puertos de interés general. 3. Fuera de los casos contemplados en el apartado anterior, la navegación por las aguas interiores se regirá por la legislación reguladora del dominio público hidráulico y por las demás disposiciones que le sean de aplicación». En otro orden de cosas, podría haberse planteado que el salvamento de tipo público se hubiese regulado en otra norma y quedase excluido del ámbito de aplicación de la LNM.

517 Cuya página web actualizada es accesible en http://www.salvamentomaritimo.es/.

518 El artículo 103.1 de la Ley 40/2015, de 1 de octubre, *de Régimen Jurídico del Sector Público* define las entidades públicas empresariales como aquellas «(...) entidades de Derecho público, con personalidad jurídica propia, patrimonio propio y autonomía en su

actualmente al Ministerio de Transportes, Movilidad y Agenda Urbana, a través de la Dirección General de la Marina Mercante. Su regulación se recoge en los artículos 269 a 277 de la LPEMM. La actividad de SASEMAR se divide en tres grandes bloques: salvamento de vidas humanas en el mar[519], protección del medioambiente marítimo frente a la contaminación y ayuda al tráfico marítimo. Las operaciones de salvamento realizadas por SASEMAR se regirán por lo dispuesto en la LNM respecto del salvamento marítimo, en virtud de su artículo 359.2[520].

1.1.2. El salvamento privado no contractual

El salvamento privado mayoritariamente se desarrolla a través de un contrato. De manera residual[521], existen también salvamentos no contractuales,[522]

gestión, que se financian con ingresos de mercado, (...) y que junto con el ejercicio de potestades administrativas desarrollan actividades prestacionales, de gestión de servicios o de producción de bienes de interés público, susceptibles de contraprestación».

519 En 2021, más de 46.000 personas en peligro en el mar fueron salvadas gracias a los esfuerzos del personal de SASEMAR según figura en su Informe Anual (2021) disponible en http://www.salvamentomaritimo.es/sala-de-comunicacion/informe-anual.

520 Este artículo dispone que: «Asimismo se regirán por estas normas los salvamentos efectuados por los buques y embarcaciones de Estado (...)». Lo más destacado a este respecto es que el premio se pondrá a disposición de la Administración u organismo del que dependan; esto es, la Subdirección General de Seguridad, Contaminación e Inspección Marítima, dependiente de la Dirección General de la Marina Mercante. El Real Decreto 645/2020, de 7 de julio, *por el que se desarrolla la estructura orgánica básica del Ministerio de Transportes, Movilidad y Agenda Urbana*, establece en su artículo 8.1 las funciones de la Dirección General de la Marina Mercante. A la Subdirección General de Seguridad, Contaminación e Inspección Marítima le corresponden las funciones indicadas en este artículo en la letra a), que son: «(...) las instrucciones respecto del auxilio, salvamento, remolque, hallazgos y extracciones marítimas y la ejecución y control de la normativa de protección marítima, la seguridad de la navegación y del salvamento de la vida humana en la mar, (...) la coordinación de las emergencias marítimas, la activación de los equipos de evaluación de emergencias y el seguimiento y control de su actividad, así como de su formación y adiestramiento. Igualmente, las funciones descritas en la letra g): «La ordenación del establecimiento y aplicación del régimen tarifario y de prestación de servicios marítimos (...)». Este órgano proveerá su equitativa aplicación.

521 Entiéndase «residual» no por el número de operaciones de salvamento que pueden darse sin contrato, sino por las operaciones de salvamento *mercantiles* extracontractuales. Consideramos que los salvamentos no contractuales se producen, por ejemplo, entre navegaciones de recreo, cuando un barco *particular* le presta ayuda a otro; en la misma opinión, *vid.* BONASSIES, SCAPEL, *Traité de Droit Maritime*, *op.cit.*, pág. 425. Pero no será habitual entre buques mercantes, que generalmente celebrarán un contrato.

522 En ocasiones también denominados por la doctrina como «espontáneos»; *vid.* FERNÁNDEZ-NOVOA, «Auxilio y salvamento de buques en el mar», en *Foro gallego*, *cit.*, pág. 15; GAETA, «La convenzione di Londra 1989 sul soccorso in acqua», en *Il Diritto Marittimo*, *cit.*, pág. 299.

siendo aquellos que se producen en ausencia de un contrato[523]. Consideramos que existen dos situaciones *particulares* de salvamento no contractual. La primera de ellas se corresponde con aquella operación de salvamento que se produce «al margen de cualquier relación»[524] con los «interesados». La segunda comprende aquellas operaciones de salvamento que se realizarían pese a la prohibición expresa y no razonable de los «interesados» (artículo 19 del CISM 1989[525]).

Antes de analizar cada una de ellas, recogeremos algunas reflexiones sobre la naturaleza jurídica del salvamento extracontractual, por haber sido un tema especialmente estudiado por la doctrina. En este trabajo, la naturaleza jurídica del contrato de salvamento se estudiará más adelante[526], aunque conviene realizar una reflexión sobre la naturaleza de aquellas operaciones de salvamento que se realizan al margen de un contrato.

En cuanto a calificación de la naturaleza de las relaciones que surgen en un salvamento en ausencia de un contrato, podrían señalarse tres corrientes doctrinales. En primer lugar, el sector doctrinal mayoritario enmarca este tipo de salvamento extracontractual en la figura de la gestión de negocios ajenos[527].

---

523 Conviene por otro lado destacar que, en aquellos casos en los que no exista una petición expresa de la prestación de salvamento, así como tampoco una oposición a tal solicitud, podría igualmente estarse ante una relación contractual como expresa la Sentencia del Tribunal Supremo, número 1084/2015, de 24 de febrero de 2015, ECLI:ES:TS:2015:1084, sobre la doctrina de los actos concluyentes. En virtud de esta doctrina, «el que la oferta y la aceptación se expresen, normalmente, por medio de declaraciones no significa que la voluntad de contratar no pueda exteriorizarse por actos concluyentes, esto es, mediante comportamientos distintos de la declaración, a los que se les atribuye socialmente el mismo significado — la jurisprudencia no duda en admitir, con carácter general, la naturaleza expresiva de los *«facta concludentia»*: sentencias 621/2002 de 20 de junio, 564/2009 de 16 de julio, 67/2010 de 11 de febrero, entre otras muchas. Uno de esos actos concluyentes o actuaciones de voluntad jurídico negocial a los que cabe atribuir el significado de una propia aceptación, es el consistente en la apropiación o utilización de la prestación realizada por otro en interés de quien actúa». En esta sentencia se hace referencia a un contrato de remolque, aunque lo anterior parece ser extrapolable al salvamento marítimo; en la misma opinión, *vid.* SOUTO, «El contrato de salvamento», en *Los contratos sobre el buque en derecho español: análisis práctico*, Madrid, 2018, págs. 413-430, págs. 419-420. En este supuesto, el buque asistido, pese a no solicitar tal servicio, no negó ni se opuso a su prestación, por lo que el Tribunal Supremo entendió que prestó su consentimiento implícitamente a que tales servicios se produjeran.

524 *Vid.* FERNÁNDEZ-NOVOA, «Auxilio y salvamento de buques en el mar», en *Foro gallego*, *cit.*, pág. 15.

525 Sin perjuicio de que sea analizado más adelante, la redacción de este artículo es la siguiente: «Los servicios que se presten no obstante la prohibición expresa y razonable del propietario o del capitán del buque, o del propietario de cualesquiera otros bienes en peligro que no estén ni hayan estado a bordo del buque, no darán lugar a pagos en virtud del presente Convenio».

526 Véase *infra* el capítulo sexto.

527 *Vid.* FERNÁNDEZ-NOVOA, «Auxilio y salvamento de buques en el mar», en *Foro gallego*,

La gestión de negocios ajenos se regula en el artículo 1.888 del CC[528], de la cual, pueden señalarse las siguientes características. En primer lugar, la falta de obligación —ya sea legal o voluntaria— de asumir la gestión; aunque lo anterior no impide que «el gestor y el *dominus* [estén] unidos por algún vínculo contractual»[529]. En segundo lugar, es necesario que el negocio que se gestione, como el propio nombre de esta figura indica, sea ajeno. En tercer lugar, requiere la asunción voluntaria de la gestión del negocio, sin que haya existido mandato. En cuarto lugar, el negocio que se gestiona ha de ser lícito. En quinto y último lugar, debe existir utilidad en la gestión efectuada; es decir, que con ella se evite un perjuicio inminente y manifiesto, esto es, una situación de urgencia.

A priori, los salvamentos extracontractuales parecen poder incluirse en la gestión de negocios ajenos; sin embargo, existen inconvenientes con respecto a los premios que de estas operaciones se deriven. Esto se debe a que, en virtud del artículo 1.893 del CC,

> «(...) el dueño de bienes o negocios que aproveche las ventajas de la misma será responsable de las obligaciones contraídas en su interés, e indemnizará al gestor los gastos necesarios y útiles que hubiese hecho y los perjuicios que hubiese sufrido en el desempeño de su cargo (...)».

Así, el salvador no tendría derecho a recibir un premio por el servicio prestado: únicamente se indemnizarían los gastos, necesarios y útiles, y los perjuicios derivados de la prestación del servicio; sino que, en todo caso, tendría derecho a un reembolso. Este punto no es compatible con el salvamento mercantil de bienes[530]. Por ello, la propuesta de la gestión de negocios ajenos del artículo 1.893 del CC no encaja en el Derecho español que, en cualquier caso, debe reconsiderarse para que el salvador pudiera obtener un premio[531].

Sería necesario, por tanto, proponer una «modalidad» o una reinterpretación de la figura de la gestión de negocios ajenos que quedó regulada en el Código Civil en el siglo XIX, con el fin de adaptarla a la realidad práctica de

---

cit., pág. 15; GONZÁLEZ LEBRERO, *Curso de Derecho de la Navegación*, *op.cit.*, pág. 739; MORRAL, *El salvamento marítimo*, *op.cit.*, pág. 207.

528 Cuya redacción es la siguiente: «El que se encarga voluntariamente de la agencia o administración de los negocios de otro, sin mandato de éste, está obligado a continuar su gestión hasta el término del asunto y sus incidencias, o a requerir al interesado para que le sustituya en la gestión, si se hallase en estado de poder hacerlo por sí».

529 *Vid.* DÍEZ-PICAZO, GULLÓN BALLESTEROS, *Sistema de Derecho civil...*, *op.cit.*, II, 2, pág. 294.

530 Aunque esta figura jurídica podría aplicarse en otro tipo de situaciones en las que el salvamento no busque un beneficio. Por ejemplo, «salvamentos» —a nuestro entender, «asistencias»—; véase *infra* en el capítulo cuarto el epígrafe 1 La operación de salvamento marítimo.

531 *Vid.* FERNÁNDEZ-NOVOA, «Auxilio y salvamento de buques en el mar», en *Foro gallego*, *cit.*, pág. 15; GONZÁLEZ LEBRERO, *Curso de Derecho de la Navegación*, *op.cit.*, pág. 739.

la actualidad. De hecho, lo anterior se aprecia en otros países como Francia, cuya doctrina[532] expone que el salvamento marítimo no contractual atiende a la figura de un cuasicontrato de carácter especial, con la particularidad de que el salvador pueda recibir un premio —y no sólo un reembolso por los gastos efectuados, como sería propio de un cuasicontrato general—.

En segundo lugar, otros autores[533] consideran que este tipo de salvamento es un cuasicontrato[534]; ya que, en su opinión, el régimen jurídico de la gestión de negocios ajenos y del salvamento marítimo no coincide (aunque esta reflexión se produjo bajo la vigencia del Convenio de Bruselas de 1910 y de la LAS).

En tercer lugar, GARCÍA LUENGO[535], considera que la pretensión de clasificar el salvamento marítimo voluntario como un cuasicontrato civil resulta «errónea e inútil». La alternativa que propone el autor es considerar que la actividad del salvador se corresponde con un acto unilateral dotado de un contenido patrimonial, pues el salvador presta la asistencia sin que exista o surja una relación obligacional entre las partes. No obstante, sí que surgen obligaciones del acto del salvador, al menos una: la del pago del premio. Debe tenerse en cuenta que para realizar una operación de salvamento que se produce en un contexto de peligro y en la que se necesitan unos medios y un personal cualificado, no siendo ésta una «mera asistencia»[536]. De este modo, existe la obligación de pagar los servicios efectuados, no pudiendo ser un acto unilateral.

El contrato no es necesario para que la parte que haya realizado el salvamento tenga derecho a cobrar un premio. Así lo lleva reconociendo la jurisprudencia anglosajona desde el siglo XIX. El *case* más citado al respecto es *The Five Steel Barges*[537], en el que se afirma que «*The right to salvage may arise out*

---

532 Por todos, *vid.* RIPERT, *Droit Maritime*, III, *op.cit.*, pág. 142.

533 Por todos, *vid.* PULIDO, «El salvamento marítimo», en *Las averías y los accidentes…*, *op.cit.*, pág. 235, en el marco de la LAS.

534 En virtud del artículo 1.887 del CC, «Son cuasi contratos los hechos lícitos y puramente voluntarios, de los que resulta obligado su autor para con un tercero y a veces una obligación recíproca entre los interesados».

535 *Vid.* GARCÍA LUENGO, *La remuneración en el salvamento marítimo*, *op.cit.*, pág. 50.

536 Véase *infra* en el capítulo cuarto el epígrafe 1 La operación de salvamento marítimo.

537 Véase la nota al pie número 338; *apud.* BRICE, *Brice on Maritime Law of Salvage*, *op.cit.*, pág. 39; RAINEY, *The Law of Tug and Tow…*, *op.cit.*, pág. 432; JOHANSSON, «An Exposé of Canadian "Abandoned Vessels & Derelicts" Through a Legal Analysis of Doctrinal Silos», en *Maritime Law in Motion*, eds. P.K. MUKHERJEE, M.Q. MEJIA, J. XU, *Cham*, 2020, págs. 341-375, pág. 367.
BRICE, *Brice on Maritime Law of Salvage*, *op.cit.*, pág. 39, nota al pie 191, también menciona el caso *The Samuel* (1851) 15 Jur. 407. En este supuesto, existían dos contratos de salvamento que finalizaron por diversas circunstancias. Aun así, los salvadores siguieron prestando servicios aunque el contrato había finalizado. Por ello, el tribunal admitió que los salvadores tenían derecho a obtener un premio por un salvamento *ex contractu*.

of an actual contract; but it does not necessarily do so»[538]. Con ello se afirma que el derecho al premio del salvamento no nace necesariamente de un contrato, sino de haber salvado la «propiedad». De hecho, así se consagra en el artículo 12.1 del CISM 1989, que dispone que «Las operaciones de salvamento que hayan producido un resultado útil darán derecho a recompensa», sin distinción entre salvamento contractual o no contractual[539]. Las operaciones de salvamento marítimo realizadas en ausencia de un contrato también quedarán sujetas a las disposiciones del CISM 1989 en virtud de su artículo 2[540].

1.1.2.1. El salvamento prescindiendo de la relación con los «interesados»

Existen algunos supuestos particulares y poco frecuentes en la práctica que la LNM considera «salvamento marítimo». Así, el artículo 358.4 de la LNM dispone que «El hallazgo y recuperación inmediata de bienes abandonados en las aguas o sus costas se considerará como salvamento, salvo que sean producto del mismo mar o de las aguas navegables».

Este artículo describe dos operaciones (hallazgo y recuperación inmediata de bienes) que, adelantando nuestra opinión, son distintas del salvamento y deberían estar sometidas a regímenes legales diferentes. De hecho, la LNM determina que no son salvamento en este artículo 358.4, pero las considera como tal y, por ende, las somete a su régimen[541].

Respecto a la primera de estas operaciones, el hallazgo, puede definirse como el encuentro fortuito de los objetos que se encuentren en el mar. El

538 La sentencia continúa desarrollando esta idea sobre el derecho al premio del salvamento así: Es una «carga» que le corresponde al *«owner»* derivada de que hayan salvado su «propiedad» a pesar de que no haya celebrado ningún contrato al respecto (*«It is a legal liability arising out of the fact that property has been saved, that the owner of the property has had the benefit of it shall make remuneration to those who have conferred the benefit upon him, notwithstanding that he has not entered into any contract on the subject»*). Aunque no figure en la sentencia, el argumento de lo anterior se basa en que ha habido una puesta a disposición de la parte en peligro medios y recursos, así como se han asumido gastos que no podrían beneficiar «ilícitamente» a un tercero, de modo que se le reconoce un premio.

539 *Cfr.* Gaeta, «La convenzione di Londra 1989 sul soccorso in acqua», en *Il Diritto Marittimo, cit.*, págs. 299 y 303, que considera que *«con l'insuccesso non si verifica alcunche che abbia rilevanza giuridica»*; es decir, con el éxito surge el derecho al premio, con el fracaso no hay trascendencia jurídica.

540 Cuya redacción es la siguiente: «El presente Convenio será aplicable siempre que en un Estado Parte se inicien procedimientos judiciales o arbitrales relativos a las cuestiones objeto del Convenio».

541 En la misma opinión, *vid.* Martín Osante, «Los accidentes de la navegación», en *Comentarios a la Ley de navegación marítima, op.cit.*, págs. 387-388; Serrano, «La propiedad del hallazgo abandonado su atribución al estado con la Ley de Navegación Marítima», en *REDMil*, 2016, núm. 106, págs. 155-185, pág. 158.

hallazgo marítimo se encontraba anteriormente regulado en los artículos 19 a 22 de la LAS[542]. Con la entrada en vigor de la LNM, los anteriores preceptos quedaron derogados, sometiendo el régimen legal de esta operación al del salvamento marítimo. La LNM ha «abandonado» la regulación propia del hallazgo, considerándolo como una «modalidad» de salvamento marítimo[543].

En nuestra opinión, esta opción del «*legislador*» no es acertada[544], en tanto en cuanto la esencia de ambas operaciones —salvamento y hallazgo— es distinta. Esta diferencia principalmente radica en que en el salvamento es necesario que el buque o los otros bienes a salvar se encuentren en peligro, una característica que no es inherente al hallazgo. En consecuencia, debería haberse recogido, independientemente del salvamento marítimo, la regulación para las operaciones de hallazgos marítimos. De hecho, relacionado con lo anterior, cabe destacar el ya mencionado Real Decreto 371/2020 que desarrolla el régimen de las extracciones marítimas (y del hallazgo) regulado en la LNM como una operación independiente al salvamento marítimo.

542 Cuyo contenido es el que sigue: Artículo 19: «El que encontrase cosas abandonadas en la mar o arrojadas por ella en la costa que no sean producto de la misma mar deberá ponerlas a disposición de la Autoridad de Marina en el plazo más breve posible. La misma obligación tendrá el que extrajese casualmente cosas hundidas o le haga inmediatamente después de haberlas descubierto».
Artículo 20: «Las cosas halladas serán entregas a su propietario cuando éste comparezca y acredite su derecho de propiedad, previo pago de los gastos y del tercio de valor de las cosas halladas».
Artículo 21: «Si transcurrido el plazo de seis meses establecido en el apartado b) del artículo veintinueve no se hubiese presentado el propietario y el valor en tasación de la cosa no fuese superior a diez mil pesetas, se entregará al hallador, previo pago de los gastos. Cuando el valor de la tasación fuese superior a diez mil pesetas el hallador tendrá derecho a esta suma y además a una tercera parte del exceso que sobre las mismas se haya obtenido en la subasta. El remanente se ingresará en el Tesoro.
Artículo 22 «Los preceptos de este capítulo no son aplicables: Primero. A los buques y aeronaves abandonados en la mar y sus cargamentos. Segundo. A los efectos arrojados a la mar para aligerar el buque o aeronave en caso de peligro, cuando fueren salvados inmediatamente. Tercero. A las cosas que, por su naturaleza o por precepto legales, estén exceptuadas del libre comercio, las cuales, se regirán por las disposiciones especiales sobre la materia. En los casos previstos en los apartados primero y segundo se aplican lo dispuesto en el capítulo primero».

543 En la misma opinión, *vid.* Morral, «Del salvamento», en *Comentarios a la Ley 14/2014...*, *op.cit.*, pág. 1.149; Martín Osante, «Los accidentes de la navegación», en *Comentarios a la Ley de navegación marítima*, *op.cit.*, pág. 402; Pulido, «Accidentes de la navegación: abordaje, avería gruesa, salvamento y bienes hundidos o naufragados», en *Comentarios sobre la Ley de navegación marítima*, *op.cit.*, pág. 558.

544 *Cfr.* Pulido, «Accidentes de la navegación: abordaje, avería gruesa, salvamento y bienes hundidos o naufragados», en *Comentarios sobre la Ley de navegación marítima*, *op.cit.*, pág. 558, quien opina que el hallazgo era una «figura equívoca» en España, ya que comprendía algunos supuestos de extracciones marítimas y se confundía con otras figuras fines.

Respecto a la segunda operación que contempla el artículo 358.4 de la LNM —la recuperación inmediata de bienes abandonados—, la LNM hace referencia a aquellos buques y otros bienes que se encuentran abandonados en el mar.

Conviene analizar qué permite diferenciar que una operación sea un salvamento o un abandono[545]. Para comenzar, para que se produzca «abandono», la LNM exige la voluntad expresa de su titular, *ex* artículo 373.1 de la LNM[546]. Lo que diferenciaría, por tanto, esta operación de recuperación inmediata de bienes abandonados y de hallazgo, es que en el segundo caso el objeto se encuentra desprovisto de titular. En la recuperación inmediata de bienes abandonados, según la LNM, existe la voluntad expresa de su titular, por lo que éste se conoce.

Sin perjuicio del criterio legal, desde nuestro punto de vista, lo relevante para determinar que un buque se considere o no abandonado, es que el buque tenga valor o no (pecios) para su —ahora— «extitular». A nuestro modo de ver, no es relevante que el buque se encuentre flotando o en el fondo marino, sino el interés que subyace sobre ese buque. En caso de que el titular quiera recuperar el buque, hablaríamos de un buque no abandonado, realizando, en consecuencia, una operación de extracción o, si hay peligro, un salvamento marítimo. En caso de que no haya valor para su titular y éste no tenga interés

545 A este respecto, debemos señalar el *case* de la jurisprudencia inglesa *The Pergo* [1987] 1 Lloyd's Rep. 582. En este supuesto, el buque *Pergo* había sido abandonado por su capitán y su tripulación. No obstante, su piloto automático seguía funcionando, de modo que terminó por encallar en una zona rocosa en el este de Lothian (Reino Unido). Los salvadores acudieron en su auxilio, consiguiendo remolcar el buque a Leith tras nueve horas de trabajo, por lo que solicitaron un premio por salvamento marítimo. En este supuesto el tribunal consideró que si los salvadores no hubieran intervenido se hubiera producido muy probablemente la pérdida total del buque. Así, se les reconoció el premio por el salvamento, para lo que tuvieron en cuenta dos aspectos principalmente: la gran habilidad de los salvadores demostrada en la operación y el riesgo en el que se encontraba el buque, especialmente grave por el abandono de su tripulación.
Lo anterior podría servir de base para entender mejor el artículo 358.4 de la LNM, en el sentido de que un buque abandonado puede ser objeto de salvamento marítimo. Lo anterior podría tener sentido en tanto cuanto, pese al abandono del buque por la dotación, sus titulares seguían teniendo interés en él, de modo que podían pagar el premio por el salvamento marítimo.

546 Que establece lo siguiente: «La propiedad de los buques u otros bienes naufragados o hundidos no se verá afectada por el solo hecho de su naufragio o hundimiento, *no produciéndose su abandono sino por voluntad expresa de su titular*», cursiva añadida.
En opinión de Morral, «De los bienes naufragados o hundidos», en *Comentarios a la Ley 14/2014 de 24 de julio, de navegación marítima*, dirs. I. Arroyo Martínez, J.A. Rueda Martínez, Madrid, 2016, págs. 1.151-1.171, pág. 1.152, la diferencia entre los buques hundidos o naufragados a los que se les aplica este régimen y aquellos a los que se les aplica el del salvamento, es que los primeros se encuentran en el «fondo de las zonas de navegación».

en recuperarlo, estaríamos hablando de un abandono[547]. Estos supuestos son

---

547 El tema de los buques abandonados ha sido especialmente tratado en la jurisprudencia inglesa, siendo el caso más destacado por la doctrina —entre otros, BRICE, *Brice on Maritime Law of Salvage, op.cit.*, págs. 85-86; KENNEDY, ROSE, *Law of Salvage, op.cit.*, pág. 253— aquél que involucraba al buque *Florence*: *The Florence* (1852)16 Jur. 572.
Aunque data de mediados del siglo XIX, la sentencia que resolvió este supuesto guarda relevancia en el Derecho inglés en tanto en cuanto el tribunal señaló cuatro requisitos que debían cumplirse para entender abandonado el buque. En primer lugar, el abandono debe haberse realizado sin esperanza por recuperar nada *(sine spe recuperandi)*. En segundo lugar, que dicha decisión se haya producido en el mar y no sobre la costa ya que, si el abandono se realiza cerca de tierra podría considerarse que aún hay esperanzas en salvar al buque total o parcialmente —el *spes recuperandi* es probable— como justifica la jurisprudencia inglesa en el *case The Albionic* [1941] 70 L1.L.Rep.257, objeto de análisis a continuación. En tercer lugar, el salvamento ha de ser *bona fide* —de buena fe— y con el propósito de salvar la vida humana a bordo del buque. En cuarto lugar, debe haberse realizado por orden del capitán en consecuencia del peligro en el que se ve involucrado al buque. La necesidad de abandonar el buque debe estar justificada con una situación de peligro más grave que la que concierne el salvamento. Esta gravedad es difícil de matizar, aunque se han señalado dos aspectos necesarios: el buque debe estar dañado y la vida humana debe encontrarse en peligro o amenazada; *vid.* KENNEDY, ROSE, *Law of Salvage, op.cit.*, pág. 253. El capitán es el indicado para evaluar la situación —incluyendo su obligación de proteger y salvar las vidas de las personas— y decidir en última instancia si el abandono es o no necesario. En el momento en el que se cumplen los anteriores cuatro requisitos, el buque se entiende abandonado, por tanto, en el *common law*, las operaciones o actuaciones de salvamento que se produzca a continuación por parte de la tripulación, se considerarían salvamento y por las que se podrá pedir un premio.
Este *case*, aun habiendo sido resuelto en un contexto muy distinto al actual, sigue siendo tomado como referencia en la doctrina inglesa y en la jurisprudencia posterior. A este respecto se cita el *case The Albionic* [1941] 70 L1.L.Rep.257. En este supuesto, el buque *Albionic* partió de Cardiff con destino Túnez cargado de carbón. Un día después de su partida, el motor se prendió de pronto en llamas que, en poco tiempo, se expandieron por todo el buque. A la vista de lo anterior, el capitán dio la orden de bajar los botes salvavidas de donde estaban para protegerlos del fuego y así, poder salvar las vidas de los que estaban a bordo del barco. Las condiciones meterológicas tampoco ayudaron pues había mucha marejada y viento. Parte de la tripulación se subió a los botes salvavidas y llegó al mar pero el capitán, dos ingenieros y otras dos personas subieron al barco salvavidas ofrecido por el puerto, con el propósito de retomar el control del *Albionic* que había comenzado a girar en torno a sí mismo. El capitán se percató de que, sin embargo, aún en el buque había doce personas por lo que él les gritó que se tiraran al mar y que posteriormente, serían rescatados por uno de los botes salvavidas.
El primer oficial, que había tomado el mando del buque desde que el capitán había salido de él, prohibió a los demás saltar por el riesgo que suponía dicha acción. Las doce personas que quedarone n el buque permanecieron en él intentando apagar las llamas y retomar el control del barco. De hecho, al tiempo llegó otro buque de salvamento para llevarles a puerto y el primer oficial se quedó en el *Albionic* con el propósito de salvarlo junto con los otros once marineros que lo acompañaban. Finalmente consiguieron apagar el fuego y dos buques consiguieron remolcar al *Albionic* hasta puerto.
El juez finalmente consideró que, en ningún momento constó una orden expresa del capitán para abandonar el buque, por lo que las actuaciones que llevaron a cabo esos miembros de la dotación consituían parte de sus obligaciones.

asimilados al salvamento marítimo, *ex* artículo 358.4 de la LNM, aunque en realidad no lo son.

De esta operación «asimilada» al salvamento sobre la recuperación inmediata de bienes, se excluyen expresamente aquellas cosas «producto del mismo mar o de las aguas navegables»; algo que, en nuestra opinión, carece de sentido. Es decir, si algo es producto del medio acuático en el que se encuentra un buque, parece que lo más razonable es que no se haya «perdido» ni, por ende, que haya que recuperarlo, pues es propio del mar (o del agua en la que navegue el buque). Lógicamente, este tipo de «bienes» quedaría excluido de cualquier operación, pues son de dominio público, no pudiendo ser «recuperados».

Concebir la recuperación «inmediata» de bienes abandonados en el sentido de recuperarlos inmediatamente —en el seno de una operación—, supone que el abandono se ha producido también inmediatamente antes de la recuperación, lo que implica, a su vez, conocer el titular. Una interpretación literal del artículo 358.4 de la LNM haría alusión únicamente a aquellos supuestos en los que el titular del bien manifiesta su voluntad de abandonarlo y, otro sujeto —por ejemplo, un particular o una empresa de salvamento— lo recuperan de manera inmediata[548].

En opinión de la doctrina[549], estos bienes pueden ser aquellos que se «echan» del buque por necesidad. No obstante, esto no es un salvamento, sino una avería gruesa, regulada en los artículos 347 a 356 de la LNM y, en el ámbito internacional, por las Reglas de York y Amberes sobre avería gruesa de 2016 (RYA 2016 en adelante). Según el artículo A.1 de las RYA 2016, existe avería gruesa cuando se incurre en cualquier sacrificio o gasto extraordinario de forma intencionada y razonable para la seguridad con el fin de preservar del peligro los bienes implicados en una aventura marítima[550]. En un sentido similar, el artículo 347 de la LNM dispone que

> «Existe acto de avería gruesa cuando, intencionada y razonablemente, se causa un daño o gasto extraordinario para la salvación común de los bienes comprometidos en un viaje marítimo con ocasión de estar todos ellos amenazados por un peligro»[551].

---

548 En opinión de algunos autores, la *inmediatez* se corresponde debe entenderse con el momento antes en que los bienes hubieran podido dispersarse o perderse en el mar; *vid.* GUTIÉRREZ DE LA CÁMARA, *Ley reguladora de los auxilios, salvamentos, remolques, hallazgos y extracciones marítimas*, Madrid, 1966, pág. 113; Reuter, *La notion d'assistance en mer*, París, 1973, págs. 93 y siguientes.

549 Por todos, MORRAL, «Del salvamento», en *Comentarios a la Ley 14/2014... op.cit.*, pág. 1.125.

550 En la versión auténtica, *«There is a general average act when, and only when, any extraordinary sacrifice or expenditure is intentionally and reasonably made or incurred for the common safety for the purpose of preserving from peril the property involved in a common maritime adventure»*.

551 En el ámbito del transporte marítimo destaca la «cláusula» 12 del CONLINEBILL 2016 de

Desde nuestro punto de vista, la recuperación inmediata de bienes abandonados que regula la LNM atiende a una casuística que no tiene relación con el salvamento marítimo y que no debe someterse a su régimen. Además, si el buque o los bienes son abandonados por sus propietarios, no serían objeto de salvamento, pues no existirían «interesados» a los que pudiera «beneficiar» la operación y que, eventualmente, estuvieran obligados a pagar el premio. En caso de encontrarse estos bienes, la operación que se realizaría realmente sería un hallazgo; ya que puede que el buque o el bien se halle en peligro, pero existe un problema respecto a la titularidad del bien, ya que no hay a quién reclamarle el premio por el servicio efectuado.

En los párrafos precedentes se han señalado numerosas incoherenicias del artículo 358.4 de la LNM, por lo que probablemente sería necesario una interpretación jurisprudencial del mismo que aclarase los extremos dudosos de este precepto.

Otro supuesto distinto a los del hallazgo y la recuperación inmediata de bienes es el regulado por la LNM en su artículo 368[552]: el «salvamento de bie-

---

BIMCO, cuya redacción es la que sigue: «*General Average shall be adjusted, stated and settled in London according to the York-Antwerp Rules 2016, in respect of all cargo, whether carried on or under deck. In the event of accident, danger, damage or disaster before or after commencement of the voyage resulting from any cause whatsoever, whether due to negligence or not, for which or for the consequence of which the Carrier is not responsible by statute, contract or otherwise, the Merchant shall contribute with the Carrier in General Average to the payment of any sacrifice, losses or expenses of a General Average nature that may be made or incurred, and shall pay salvage and special charges incurred in respect of the cargo. If a salving vessel is owned or operated by the Carrier, salvage shall be paid for as fully as if the salving vessel or vessels belonged to strangers*»; para la que proponemos la siguiente traducción: «La Avería Gruesa se ajustará, declarará y establecerá en Londres de acuerdo con las Reglas York-Amberes 2016, con respecto a toda la carga, ya sea transportada sobre o bajo cubierta. En caso de accidente, peligro, daño o desastre antes o después del comienzo del viaje resultantes de cualquier causa, debida o no a negligencia, por la cual o como consecuencia de la cual el porteador no sea responsable por ley, contrato o por cualquier otro motivo, el comerciante contribuirá con el porteador al pago de cualquier daño, pérdida o gastos en concepto de Avería Gruesa que puedan realizarse o en los que se pueda incurrir, y pagará el salvamento y los cargos especiales ocasionados con respecto de la carga. Si un buque de salvamento es propiedad o está operado por el porteador, el salvamento se pagará íntegramente como si el o los buques de salvamento pertenecieran a extraños». El CONLINEBILL 2016 conduce a las RYA 2016, mencionadas previamente y que serán estudiadas en relación con la compensación especial en *infra* en el capítulo cuarto el epígrafe 2.5 La «Cláusula» SCOPIC.

552 El artículo 368 de la LNM se irá desglosando en este epígrafe conforme se analicen sus apartados; aun así, se incluye aquí completo para facilitar su lectura: «1. Quienes durante la navegación o desde la costa salvaren bienes que encontraren desposeídos y fueren de propiedad desconocida estarán obligados a comunicarlo a la Armada en el primer puerto de escala. 2. La Armada incoará un expediente tendente a la averiguación de los legítimos propietarios, en la forma que reglamentariamente se determine, que necesariamente deberá incluir la notificación al cónsul de pabellón si se tratare de buques o embarcaciones matriculadas. El salvador podrá mientras tanto retener los bienes salvados, adoptando las medidas necesarias para su adecuada conservación. 3. Localizado quien fuere el pro-

nes de propiedad desconocida». Este tema ha sido generalmente obviado en nuestro país; sin embargo, MORRAL[553] considera que este tipo de salvamento (o hallazgo) tiene entidad propia y es distinto al regulado en el Código Civil, puesto que en éste existe una posibilidad de adquirir la *res derelictae* por ocupación, *ex* artículo 610 CC[554], y que en la LNM la expresión de «bienes abandonados» no debe entenderse en el mismo sentido.

En nuestra opinión, cabe esperar que el hallazgo contemplado en una y otra norma sean distintos, ya que pertenecen a ámbitos distintos. El Derecho civil es Derecho común, mientras que el Derecho marítimo es especial. En efecto, el hallazgo recogido en la LNM es diferente al del artículo 610 del CC, ya que el artículo 368 de la LNM no regula principalmente la ocupación del bien abandonado, sino el procedimiento que ha de seguirse para conocer quién es su propietario. Mientras tanto, el salvador podrá retener los bienes «salvados» (en nuestra opinión, recuperados), adoptando las medidas necesarias para su adecuada conservación, como si lo estuviera «guardando» para dárselo, ulteriormente, a su legítimo propietario o para obtener un premio[555].

---

pietario, el órgano competente de la Armada procederá a notificar su identidad al salvador, asistiendo entonces a este los derechos previstos en el artículo 8.2.c) del Convenio Internacional de Salvamento Marítimo y en el artículo 365, sin perjuicio de las acciones que le correspondan para resarcirse de los gastos de conservación y para obtener el precio que por el salvamento proceda. 4. En el supuesto de que el propietario no fuere localizado en el plazo de seis meses desde el inicio del expediente administrativo, la Armada adoptará las medidas pertinentes para la tasación de los bienes salvados. Si el valor no excediera de tres mil euros, el salvador hará suyos los bienes una vez pagados los gastos del expediente. Si el valor superase la referida cantidad se venderán los bienes en pública subasta, siendo para el salvador, una vez pagados los gastos del expediente, además de dicho importe un tercio de la parte del precio obtenido que exceda de tres mil euros más los gastos en que haya incurrido. El resto, si lo hubiere, se ingresará en el Tesoro Público. 5. Lo previsto en este artículo se entiende, en todo caso, sin perjuicio de lo dispuesto para los bienes de comercio prohibido o restringido en el artículo 381, en cuyo caso la Armada procederá a dar a dichos bienes el destino que corresponda conforme a la legislación que resulte aplicable. 6. Las autoridades de los puertos vienen obligadas a facilitar la entrada y estancia de los bienes salvados pudiendo no obstante repercutir su legítimo titular los gastos en que hubiera incurrido. En todo caso, los bienes salvados por buques de titularidad pública, armados y equipados para el salvamento, estarán exentos de gastos y carga alguna».

553 *Vid.* MORRAL, «Del salvamento», en *Comentarios a la Ley 14/2014...*, *op.cit.*, págs. 1.124-1.125.

554 Cuyo texto es el siguiente: «Se adquieren por la ocupación los bienes apropiables por su naturaleza que carecen de dueño, como los animales que son objeto de la caza y pesca, el tesoro oculto y las cosas muebles abandonadas».

555 Por todo lo anterior, de comparar el salvamento de bienes de propiedad desconocida recogido en la LNM con las disposiciones de la norma común, habría que hacerlo con el de los artículos 615 y 616 del CC, más próximos a esta figura de la ley marítima. En virtud del primer párrafo del artículo 615 del CC, «El que encontrare una cosa mueble, que no sea tesoro, debe restituirla a su anterior poseedor. Si éste no fuere conocido, deberá consignarla inmediatamente en poder del Alcalde del pueblo donde se hubiese verificado

El primer apartado del artículo 368 de la LNM establece que «Quienes durante la navegación o desde la costa salvaren bienes que encontraren desposeídos y fueren de propiedad desconocida estarán obligados a comunicarlo a la Armada en el primer puerto de escala»; en concreto, a las Comandancias Navales del ámbito geográfico al que correspondan.

Una vez producida la notificación a la Comandancia Naval por parte de quien lo ha hallado, este órgano incoará un expediente con el propósito de averiguar quiénes son sus legítimos propietarios. La LNM indica que este expediente seguirá la forma que reglamentariamente se determine en virtud de su artículo 368.2, aunque aún no se ha aprobado ninguna regulación al respecto. Por lo tanto, seguirá aplicándose el vigente Capítulo III de la LAS relativo a los expedientes de hallazgo (artículos 47 a 50). Lo que sí se ha establecido en la LNM es que necesariamente la Comandancia Naval que conozca de este procedimiento deberá incluir la notificación al cónsul del pabellón si se tratare de buques o embarcaciones matriculadas. Mientras se sustancia el procedimiento, la LNM reconoce al salvador su derecho de retención sobre los bienes «salvados» (recuperados)[556].

En el caso de que el propietario no fuere localizado en el plazo de seis meses desde el inicio del expediente administrativo, la Armada procederá a la tasación de los bienes salvados. Si el valor de los bienes no excede de 3.000 euros, el salvador hará suyos los bienes una vez pagados los gastos del expediente[557].

---

el hallazgo». El articulo 615 CC continúa exponiendo el procedimiento que habrá que seguirse en estos casos para averiguar el propietario del bien abandonado: «El Alcalde hará publicar éste, en la forma acostumbrada, dos domingos consecutivos. Si la cosa mueble no pudiere conservarse sin deterioro o sin hacer gastos que disminuyan notablemente su valor, se venderá en pública subasta luego que hubiesen pasado ocho días desde el segundo anuncio sin haberse presentado el dueño, y se depositará su precio. Pasados dos años, a contar desde el día de la segunda publicación, sin haberse presentado el dueño, se adjudicará la cosa encontrada o su valor al que la hubiese hallado. Tanto éste como el propietario estarán obligados, cada cual en su caso, a satisfacer los gastos». Igualmente, el artículo 616 CC dispone que: «Si se presentare a tiempo el propietario, estará obligado a abonar, a título de premio, al que hubiese hecho el hallazgo, la décima parte de la suma o del precio de la cosa encontrada. Cuando el valor del hallazgo excediese de 2.000 pesetas, el premio se reducirá a la vigésima parte en cuanto al exceso». De un modo similar, el artículo 368 de la LNM, indica que quienes encuentren bienes en el mar, estarán obligados a comunicarlo a la Armada. Las Comandancias Navales son el órgano de la Armada al que habría que comunicar estos hechos. Evidentemente, si se está en la costa, no se hará escala en ningún puerto, sino que habrá que acudir directamente al órgano señalado. Las Comandancias Navales forman parte de la estructura orgánica de la Fuerza de Acción Marítima, órgano competente en materia de tramitación y resolución de los expedientes de hallazgos marítimos. Actualmente, España cuenta con 20; puede accederse a este listado en la página web de la Armada española: *https://armada.defensa.gob.es/ArmadaPortal/page/Portal/ArmadaEspannola/conocenosorganizacion/prefLang-es/03Flota--03Flota-Fuerza-Accion-Maritima--06Comandancias-Ayudantias-Navales*.

556 Véase *infra* en el capítulo quinto el epígrafe 3 Los derechos del salvador y sus garantías.

557 *Ergo*, en los supuestos en los que el valor de los bienes no exceda de 3.000 euros, enten-

En caso de que el valor supere esa cantidad, se venderán los bienes en pública subasta, siendo para el salvador, una vez pagados los gastos del expediente, además de dicho importe, un tercio de la parte del precio obtenido que exceda de 3.000 euros, más los gastos en que haya incurrido. El resto, si lo hubiere, se ingresará en el Tesoro Público, *ex* artículo 368.4 de la LNM.

En caso contrario, es decir, si se identifica al propietario, este hecho se notificará al salvador para que devuelva los bienes hallados en virtud del artículo 8.2, letra c, del CISM 1989; esto es, la obligación de aceptar la entrega de los bienes salvados. El salvador podrá ejercer sus derechos y las acciones que le correspondan para resarcirse de los gastos de conservación y para obtener el precio que por el salvamento proceda[558], caso que sería competencia del Juzgado Marítimo Permanente. A este respecto, la LNM no establece quién debe asumir los gastos del expediente del precepto, únicamente haciendo referencia al salvador.

1.1.2.2. El salvamento prestado pese a la prohibición expresa y no razonable de los «interesados»

La última situación de salvamento privado no contractual es aquélla que se realiza contra la prohibición expresa, y no razonable, del capitán del buque afectado[559]. Este tipo de salvamento se regula en el artículo 19 del CISM 1989, que dispone que

> «Los servicios que se presten no obstante la prohibición expresa y razonable del propietario o del capitán del buque, o del propietario de cualesquiera otros bienes en

demos aplicable el régimen del hallazgo civil regulado en el anteriormente citado artículo 610 del CC.

558 Igualmente, *vid.* Morral, «Del salvamento», en *Comentarios a la Ley 14/2014..., op.cit.*, págs. 1.124-1.125, quien opina que, si aparece el propietario y concurren «los requisitos del salvamento, el salvador tendrá derecho al premio correspondiente». Por «requisitos del salvamento» deben entenderse aquellos del artículo 358.1 de la LNM —esto es, todo acto emprendido para auxiliar o asistir los bienes, el peligro y encontrarse en aguas navegables con sus matizaciones—, generalmente, los bienes de propiedad desconocida no cumplirán estos requisitos puesto que no se encontrarán en peligro. De ahí que sea erróneo que la LNM considere la figura del hallazgo o, actualmente llamado, salvamento de bienes de propiedad desconocida, se encuentra subsumida en el salvamento marítimo. *Cfr.* Pulido, «Accidentes de la navegación: abordaje, avería gruesa, salvamento y bienes hundidos o naufragados», en *Comentarios sobre la Ley de navegación marítima, op.cit.*, pág. 558.

559 Hemos realizado al comienzo de este epígrafe una reflexión acerca de la naturaleza jurídica que tienen las situaciones de salvamento no contractual. En concreto, la naturaleza jurídica de los salvamentos prestados pese a la prohibición expresa y no razonable de los «interesados» ha sido especialmente estudiada por Cupido, «The environment in shipping incidents: salvage contracts and the public interest», en *Corporate Social Responsibility..., op.cit.*, págs. 224-229, quien concluye que se trata de una *stipulatio alteri*; que, en sus orígenes en Derecho romano supuso un concepto amplio, comprendiendo hipótesis muy diversas, entre ellas los actuales contratos a favor de terceros o la representación indirecta; entre otros, *vid.* Tartufari, *Dei contratti a favore di terzi*, Verona, 1889, pág. 16; López Richart, *Los contratos a favor de terceros*, Madrid, 2003, pág. 3.

peligro que no estén ni hayan estado a bordo del buque, no darán lugar a pagos en virtud del presente Convenio»[560].

Pese a que, desde nuestro punto de vista, es un artículo que, por su redacción, induce a confusión, ha suscitado poco debate en las actas del Convenio de Londres[561] y en la doctrina más reciente[562].

El Convenio de Bruselas de 1910 en su artículo 3 disponía que «No tendrá derecho a remuneración alguna las personas que, a despecho de la prohibición expresa y razonada del navío socorrido, tomen parte en las operaciones de salvamento»[563]. De lo anterior se deduce un primer supuesto de este pre-

560 De igual modo, el artículo 364 de la LNM expresa que «Los servicios prestados a pesar de la prohibición expresa y razonable del armador o del capitán del buque asistido, o del propietario de cualesquiera otros bienes en peligro que no estén ni hayan estado a bordo del buque, no darán derecho a premio». La doctrina que ha estudiado este artículo, *vid.* Morral, «Del salvamento», en *Comentarios a la Ley 14/2014..., op.cit.*, págs. 1.139-1.140; Peleteiro, «El salvamento en la Ley de Navegación Marítima», en *Comentarios a la Ley de Navegación Marítima, op.cit.*, pág. 334, recoge la justificación de la prohibición del capitán, basada en motivos históricos, por los cuales los salvadores eran «cazadores de oportunidades», queriendo evitar «situaciones oportunistas».

561 *Vid.* CMI, *The Travaux Préparatoires of the Convention on Salvage, 1989, op.cit.*, págs. 444-459.

562 Véanse los escasos comentarios en la doctrina española: Morral, «Del salvamento», en *Comentarios a la Ley 14/2014..., op.cit.*, págs. 1.139-1.140; Peleteiro, «El salvamento en la Ley de Navegación Marítima», en *Comentarios a la Ley de Navegación Marítima, op.cit.*, pág. 334; Pulido, «Accidentes de la navegación: abordaje, avería gruesa, salvamento y bienes hundidos o naufragados», en *Comentarios sobre la Ley de navegación marítima, op. cit.*, págs. 546-559; Martín Osante, «Los accidentes de la navegación», en *Comentarios a la Ley de navegación marítima, op.cit.*, págs. 400-403.

563 En opinión de Mandaraka-Sheppard, *Modern Maritime Law. With Risk Management Aspects*, Londres, 2001, págs. 719-721, el artículo 19 del CISM 1989 —como el anterior de la versión de 1910— se fundamenta en uno de los principios del *common law* por el cual, salvo por circunstancias excepcionales, un segundo salvador no tiene derecho a *dispossess* al primero, pues éste cuenta con la expectativa de realizar el salvamento con sus propios medios y recursos.

En relación con lo anterior, la autora ha señalado la sentencia del *The American Farmer* (1947) 80 LIL Rep 672. Sin embargo, este *case* si bien analiza el principio señalado del *common law*, no trata un salvamento que cuente con la negativa del *owner* o cualquier otro interesado en el salvamento, sino con la del capitán de la empresa de salvamento que había llegado en primer lugar al accidente. El *American Farmer* colisionó con otro buque de vapor en el norte del océano Atlántico, dando como resultado una rotura en el lado de babor y quedando parcialmente sumergido. La petición de rescate fue en primer lugar atendida por el buque *Elizabete*, que comenzó a remolcarlo, aunque sin éxito, pues los cables utilizados para el remolque terminaron por romperse. En esta operación de remolque intervino un segundo buque, el *American Ranger*, que acudió al lugar del accidente y ofreció su asistencia pese a que el primer oficial del buque *Elizabete* había informado de que no necesitaba más auxilio.

Pese a ello, el capitán del *American Ranger* mandó a su tripulación e ingenieros embarcar en el *American Farmer*. El capitán del *Elizabete* rechazó de nuevo la ayuda del *American Ranger*, pero esta objeción no fue atendida por la dotación del *American Ranger*. De cepto, es decir, que el capitán del buque en peligro decida no aceptar la ayuda tras haber realizado un balance de la situación.

Por otro lado, puede existir un segundo supuesto que comprendería las situaciones de salvamento en las que aparezcan salvadores más competentes o baratos que los que ya estaban en el lugar del siniestro, queriendo el capitán o el armador sustituirlos por los primeros. En el caso de que exista un contrato de salvamento en esta situación de «concurrencia» de salvadores[564], se resolvería el contrato con los primeros salvadores pudiendo firmarse uno nuevo con los siguientes que han llegado al lugar del siniestro.

Sin perjuicio de que sea tratado con mayor detalle más adelante[565], conviene adelantar que el peligro que debe existir para considerar una situación salvamento debe ser un peligro «evaluado» conforme a criterios objetivos. En este sentido, podríamos decir, que el riesgo es objetivo en tanto en cuanto puede ser «evaluado» desde el punto de vista técnico; esto es, que una situación pueda calificarse como de peligro por el personal profesional y técnico que realiza las operaciones de salvamento. Partiendo de esta base, cabe esperar que, en una situación de riesgo real y objetivo, el salvador tome la decisión de intervenir para salvaguardar el buque u otros bienes que se hallen en peligro[566]. En esta situación en la que se presta un salvamento pese a la negativa

---

hecho, su tripulación estaba más familiarizada con el mecanismo de dirección del *American Farmer*, por lo que consiguió arreglar el motor del buque.

A continuación, un buque de la marina que se había acercado a la zona del accidente y estaba a la espera, intentó persuadir al primer salvador —el buque *Elizabete*— de dejar la asistencia en manos del *American Ranger*, a lo que se negó. De hecho, comenzó a remolcar el buque con éxito. Cuando había recorrido cierta distancia, el *American Ranger* amenazó al *Elizabete* con cortar los cables de remolque, lo que terminó por persuadir al primer salvador de abandonar la operación. Finalmente, el *American Farmer* fue remolcado entre el *American Ranger* y el navío militar a un puerto seguro.

El tribunal consideró que, en efecto, en este caso, el capitán del *American Ranger* había «dispossessed» al del *Elizabete*. Aun así, consideraron que había actuado como debía pues había intentado, en primer lugar, persuadir al capitán del *Elizabete* y, posteriormente, cuando lo anterior no había funcionado, había actuado evitando la violencia («blodily violence»). Ante los anteriores hechos, el tribunal consideró que no se hubiera podido conseguir éxito en la operación de no haber sido por la intervención del segundo salvador, aunque reconoció los esfuerzos del primero. En consecuencia, ambos buques recibieron una remuneración por salvamento que fue superior en el caso del *American Ranger* por los servicios prestados.

564 En la misma opinión, *vid*. Bonassies, Scapel, *Traité de Droit Maritime*, *op.cit.*, pág. 435, que hablan de «*concurrence*».

565 Véase *infra*, el epígrafe del capítulo cuarto, 1.3 Las situaciones de peligro.

566 En el caso de vidas humanas, además, porque están obligados como ya se ha analizado previamente en *infra* el epígrafe de este capítulo 1.1.1.1 El salvamento de vidas humanas en el mar, basados en los artículos 10 y 16 del CISM 1989 entre otros.

expresa[567] y no razonable del salvado, los salvadores *sí* tendrían derecho a obtener un premio por los servicios prestados[568].

Así, cabe plantearse qué debe entenderse por «razonable». De nuevo, el Convenio sobre salvamento se apoya en un término ambiguo. El término «*reasonable*», propio del *common law*[569], fue incluido en el Convenio sin que figure en las actas cuál era su significado o la extensión de dicho concepto. Tampoco la doctrina anglosajona[570] se ha pronunciado sobre qué debe entenderse por «razonable»[571].

En el proceso de elaboración del CISM 1989, algunas delegaciones[572] consideraron que el elemento de «*reasonableness*» era suficiente para atender las preocupaciones de los salvadores. Lo relevante, como en otros aspectos del salvamento marítimo, vuelve a ser el premio pues, si gracias a la intervención del salvador pese a la prohibición —expresa y no razonable— del salvado, se consigue un resultado útil, el salvador tendrá derecho a un premio.

Por otro lado, la «autoridad» para prohibir la intervención del salvador se reconoce únicamente a aquellas personas mencionadas en el artículo 19 del

---

567 El artículo 19 del CISM 1989, exige que la prohibición sea, además de razonable, «expresa». A este respecto, es lógico pensar que, generalmente en estos supuestos no se dará una oposición «por escrito» a la otra parte; sin embargo, la expresión de la prohibición debe ser inequívoca.

568 En la misma opinión, *vid.* FERNÁNDEZ-NOVOA, «Auxilio y salvamento de buques en el mar», en *Foro gallego*, *cit.*, pág. 15.

569 *Vid.* SINGH, «The Philosophy of Reasonability in Law», en *J PROF ISS ENG ED PR.*, 2006, vol. 132, núm. 2, págs. 145-148, pág. 145.

570 *Vid.* BRICE, *Brice on Maritime Law of Salvage*, *op.cit.*, pág. 42; KENNEDY, ROSE, *Law of Salvage*, *op.cit.*, pág. 29.

571 Puede ser útil a los efectos de esta reflexión en sede del contrato de compraventa —*Convención de las Naciones Unidas sobre los contratos de compraventa internacional de mercaderías*, de 1980 (CISG 1980 en adelante)— o en la teoría general de los contratos acudir a la doctrina anglosajona de referencia.
El término «*reasonableness*» debe ser interpretado para promover la buena fe en el comercio internacional, según lo que es aceptado en el comercio, tomando como referencia los usos mercantiles conocidos internacionalmente; *vid.* SMYTHE, «Reasonable Standards for Contract Interpretations under the CISG», en *Cardozo J. Int'l & Comp. L.*, *cit.*, pág. 24.
Entre otras obras, pueden consultarse las siguientes: SCHLECHTRIEM, *Uniform Sales Law-The UN-Convention on Contracts for the International Sale of Goods*, Viena, 1986; SMYTHE, «Reasonable Standards for Contract Interpretations under the CISG», en *Cardozo J. Int'l & Comp. L.*, 2016, vol. 25, págs. 1-28; SCHWENZER, HACHEM, «The CISG—Successes and Pitfalls», en *Am J Comp Law*, 2009, vol. 57, núm. 2, págs. 457-478.
El Instrumento de Adhesión de España a la Convención de las Naciones Unidas sobre los contratos de compraventa internacional de mercaderías, hecha en Viena el 11 de abril de 1980 se publicó en el *BOE* núm. 26, de 30 de enero de 1991, cuyo texto puede consultarse en: https://www.boe.es/eli/es/ai/1980/04/11/(1).

572 Aunque no se especifica cuáles, *vid.* CMI, *The Travaux Préparatoires of the Convention on Salvage, 1989*, *op.cit.*, pág. 445.

CISM 1989: el armador, el capitán o el titular de cualesquiera otros bienes en peligro que «no estén ni hayan estado a bordo del buque». En consecuencia, los *owners* de contenedores, carga o cualquier mercancía a granel que esté siendo transportada por el buque en peligro están legitimados para prohibir la intervención de otros salvadores. En un principio en la redacción del Convenio, las personas facultadas para prohibir el salvamento eran el capitán y el *«shipowner»*, pero varias delegaciones[573] pusieron de manifiesto que el titular de la mercancía también debía tener derecho a oponerse al salvamento. El fundamento de esta idea se basó *a priori* en aquellos supuestos en los que la operación de salvamento estaba dirigida a salvar la carga que estaba en riesgo[574], lo que finalmente se incluyó en el artículo[575]. Por tanto, habrá que confiar en el criterio de quien haya negado el salvamento que, para que sea razonable el rechazo de las operaciones de salvamento, habrán de haberse guiado por el estándar de diligencia profesional[576].

La expresión del artículo sobre que el titular de cualesquiera otros bienes en peligro que «no estén ni hayan estado a bordo del buque» pudiera rechazar el salvamento, planteó una serie de debates durante el proceso de elaboración del Convenio. Puede apreciarse *a priori* que la redacción no resulta muy esclarecedora, sobre todo si se desconocen las propuestas y los debates de los países en la redacción de este artículo. La expresión «*owner of any other property in danger which is not and has not been on board the vessel*» no era com-

573 No se recoge cuáles fueron dichas delegaciones en las actas del Convenio; *ibid.*, pág. 445.

574 *Ibid.*, pág. 445.

575 No obstante, planteó cierto debate entre los países. En concreto, la delegación de Italia proponía que la facultad de prohibir el salvamento debía otorgarse únicamente al capitán del buque («*the power to prohibit the salvage service should be given to the master of the ship only*»), lo que fue ampliamente respaldado por España y Francia por estar el capitán en una mejor posición que el armador o el titular de la mercancía para decidir en una operación tan compleja como un salvamento marítimo. En contra, la delegación de Polonia —posteriormente secundada por Reino Unido— apuntó que, en ocasiones, el capitán y la tripulación pueden abandonar el buque mientras que éste y la mercancía (así como el flete) podrían permanecer aún en peligro. Por ello, optaban por dejar la redacción del artículo como estaba; es decir, permitiendo que el armador y el titular de la carga pudieran rehusar la intervención de un salvador. Esta misma postura fue apoyada por el CMI, que recordaba los casos de los buques abandonados. Tras ello, Italia volvió a reformular su propuesta, de modo que aceptaba los comentarios anteriores; sin embargo, consideraba oportuno introducir que el armador y el titular de la carga podían intervenir sólo cuando el capitán y la tripulación no estuvieran a bordo, lo que finalmente no fue aprobado; *ibid.*, págs. 448-453.

576 En una opinión similar, *vid.* BEDERMAN, SPIELMAN, «Refusing Salvage», en *Loyola Maritime Law Journal*, *cit.*, pág. 42, quienes hablan del criterio de un «marino prudente»: *«The essential insight of the prudent mariner test is that an owner may remain in actual possession of his vessel, but still be under an obligation to take all necessary steps not only to preserve his property, but also to ensure against hazards of navigation. If an owner-in-possession of a vessel cannot accomplish those objectives, but a rescuer could, then a reasonably prudent mariner would not decline the proffered salvage services»*.

prensible para algunas delegaciones[577], por lo que tanto la República Federal de Alemania como Hong Kong realizaron propuestas de modificación[578]. No

577 En el proceso de elaboración del CISM 1989, la delegación de Alemania expresó lo siguiente «(...) *I myself understand this language but when we asked for comments in our country on the present draft convention, there were distinguished institutions who commented on it in a way that said* ***the addition was not understandable*** *to them and should therefore be removed (...)»*, en negrita añadida; *ibid*., pág. 454.

578 En primer lugar, la delegación de la República Federal de Alemania consideró que debía sustituirse esa expresión del artículo por «*owner of other property* ***not appurtenant to any vessel or her cargo***», en negrita añadida; *ibid*., págs. 453-454. Esto era, aquella mercancía no «anexa» o accesoria al buque o su carga (sus aparejos) pues, en caso contrario, era al «shipowner» a quien le correspondería rechazar la intervención de los salvadores. Esta propuesta no fue apoyada por ninguna delegación y, de hecho, Reino Unido rechazó la expresión en tanto en cuanto no era clara en inglés y no sabía a qué hacía referencia.
En segundo lugar, la propuesta de la delegación de Hong Kong suscitó un mayor debate. Para esta delegación, lo que no podía estar ni haber estado a bordo del buque eran la «propiedad». En palabras de la delegación de Hong Kong, «(...) we are not sure what the sense was or intent was behind the original ***but it does seem to us that so far as the second half of the clause is concerned, which relates to property*** *(...)»*, en negrita añadida; *ibid*., pág. 454. En consecuencia, su propuesta se basó en que el «*shipowner*» o el capitán pudieran rechazar el salvamento sólo en aquellos supuestos en los que la operación se realizase sobre aquella «propiedad» que se encontrase a bordo del buque. Según lo que consta en las actas, la propuesta de Hong Kong en lo referente al titular de la mercancía consideraba que «or, in the case of salvage services to property not on board a vessel, of the owner of the property» (Documento LEG/CONF.7/CW/WP.26, Propuesta de la delegación de Hong Kong). Para justificar lo anterior, esta delegación explicó que el salvamento sobre la mercancía podía producirse en hasta cuatro situaciones. En primer lugar, los bienes que estén y estuvieran a bordo del buque en el momento de la operación de salvamento. En segundo lugar, que los bienes estén y estuvieran a bordo del buque, pero se hubieran caído al mar antes de que los salvadores llegaran al lugar del accidente. En tercer lugar, que los bienes formasen parte de los aparejos del buque. En cuarto y último lugar, que los bienes no tengan nada que ver con el buque en peligro y se encuentren en el lecho marino *(seabed)*; por ejemplo, una parte que haya pertenecido a una tubería y se haya desligado de ésta.
La delegación de Hong Kong asumió que la prohibición del artículo 19 del CISM 1989 sólo debía darse a las últimas tres categorías. Es decir, que el «owner», no podía prohibir el salvamento en el supuesto en que los bienes estuvieran a bordo del buque («In other words, the owner of property was not allowed to prohibit in the case where salvage services were already under way to ship and cargo, and where that cargo was on the ship»); *ibid*., pág. 455. Desde nuestro punto de vista, el «owner» del buque no tiene autoridad para decidir, e incluso prohibir, el salvamento de bienes sobre los que no tiene ningún derecho. Por ejemplo, siguiendo el razonamiento de la delegación de Hong Kong, en relación con los bienes que no tienen nada que ver con el buque o los bienes en peligro y que se encuentran en el mar —por ejemplo, una tubería— el «owner» del buque no tiene autoridad para decidir sobre ellas.
En cualquier caso, la propuesta de la delegación de Hong Kong se fundamentaba en restringir la autoridad del capitán para prohibir el salvamento —en relación con la «propiedad»— a la carga que aún estaba a bordo del buque, excluyendo aquélla que ya hubiera caído al mar y que anteriormente sí estaba a bordo. El *Chairman* así resume la delegación de la propuesta hongkonesa del siguiente modo «(...) *That gives me the impression that you have changed the substance of the basic draft, your explanation clearly indicates that, in*

obstante, ninguna de las propuestas prosperó. En cualquier caso, en las actas puede apreciarse la confusión que la expresión del artículo 19 del CISM 1989 con respecto al «propietario de cualesquiera otros bienes en peligro que no estén ni hayan estado a bordo del buque». La doctrina, de hecho, se ha pronunciado al respecto. En opinión de BRICE[579] la prohibición de realizar el salvamento se justifica porque en el salvamento marítimo, debido a las circunstancias en las que se desarrolla, alguien debe tomar decisiones en relación con el buque, las vidas a bordo y la carga; evitando así las posibles contradicciones y confusiones entre los diversos titulares de la mercancía a bordo de un buque.

Por el contrario, otros autores[580] consideran que el CISM 1989 se encuentra errado en su redacción. En sentido literal, ningún propietario que haya transportado o transporte mercancía en el buque podría razonablemente prohibir la asistencia de otros salvadores[581]. Por ello, sugieren que con la expresión «a bordo *del* buque» se haga referencia realmente a «a bordo de *un* buque»[582]. Con ello, se pretendería que la prohibición del artículo 19 del CISM de efectuar las operaciones de salvamento no incluya los bienes no fijados de manera permanente e intencional a la costa, como boyas o ayudas a la navegación[583], lo que tendría coherencia con el artículo 1, letra c), del CISM 1989. No obstante, si se hubiera querido lo anterior, consideramos que —sobre todo teniendo en cuenta el debate sobre la redacción del precepto en este punto— se habría redactado de la forma propuesta por la doctrina, y no por la redacción que figura en el CISM 1989.

En una interpretación literal del artículo, el *«owner»* de los bienes «que no estén ni hayan estado a bordo del buque» puede rechazar el salvamento. Por tanto, lo que ni está o ni ha estado a bordo del buque haría referencia a la

---

my opinion, because ***the basic draft tries to cover both situations, giving the authority to the master to act even for the property which has been on board and is no longer there, and you restrict that authority of the master, as I understood it, to the cargo which is still on board, only to that part of the cargo*** *(...)»*, en negrita añadida; *ibid.*, pág. 456. Esta idea era contraria a los aspectos sustanciales del CISM 1989, ya que el capitán debía poder pronunciarse en todos los supuestos, por lo que Hong Kong introdujo diversas modificaciones para mantenerse fiel al texto original del Convenio. Aunque intentó aclarar esta redacción, finalmente no llegó a aprobarse en la votación, de modo que el texto quedó como originalmente estaba redactado; *ibid.*, págs. 458.

579 *Vid.* BRICE, *Brice on Maritime Law of Salvage*, *op.cit.*, pág. 42.

580 *Vid.* SHAW, «The 1989 Salvage Convention and English law», en *LMCLQ*, 1996, parte 2, págs. 202-231, pág. 226; BAUGHEN, *Shipping Law*, *op.cit.*, pág. 298.

581 En consecuencia, estos autores consideran que el artículo debía haberse redactado del siguiente modo: «Los servicios que se presten no obstante la prohibición expresa y razonable del propietario o del capitán del buque, (~~o del propietario de cualesquiera otros bienes en peligro que no estén ni hayan estado a bordo del buque~~,) no darán lugar a pagos en virtud del presente Convenio».

582 *Vid.* SHAW, «The 1989 Salvage Convention and English law», en *LMCLQ*, *cit.*, pág. 226.

583 *Vid.* BAUGHEN, *Shipping Law*, *op.cit.*, pág. 298.

«propiedad»[584]. No obstante, existen pocos supuestos en los que la carga no está ni ha estado a bordo del buque. Así, conviene plantearse cuáles son estos bienes. Por ejemplo, podría tratarse de la mercancía que esté siendo transportada en una gabarra y que, por ende, no se encuentra a bordo del buque ni lo ha estado; pero ni en el Convenio, ni en los debates previos a su aprobación, se hace referencia a esa mercancía. Por otro lado, siendo bienes que no están ya a bordo del buque, pueden ser aquellos que se hayan tenido que echar para aligerar el peso del buque y contribuir a su salvamento (avería gruesa); aunque lo anterior implica que estos bienes sí estuvieron en algún momento anterior en el buque. No obstante, el hecho de que los bienes no hayan podido estar a bordo del buque, resulta ilógico en tanto en cuanto si los bienes nunca han estado en ese buque no pueden ser salvados, ni tampoco el salvador tendría la legitimidad para buscarlos y salvarlos.

Se evidencia que éste es un artículo de difícil comprensión, lo que nos conduce a una interpretación en los términos del *Convenio de Viena sobre el Derecho de los Tratados*, adoptado en Viena el 23 de mayo de 1969[585]; esto es, una interpretación «(...) de buena fe conforme al sentido corriente que haya de atribuirse a los términos del tratado en el contexto de éstos y teniendo en cuenta su objeto y fin», según su artículo 31. Aun así, sigue siendo difícil comprender el precepto del CISM 1989, en tanto en cuanto no existe un fundamento que se encuentre en las actas ni en el proceso de elaboración de dicho Convenio[586].

Tampoco las versiones del Convenio inglesa y francesa, ambas auténticas, contribuyen a aclarar este artículo. Así, la versión inglesa, ya analizada —

> *«Services rendered notwithstanding the express and reasonable prohibition of the owner or master of the vessel or the owner of any other property in danger* ***which*** *is not and has not been on board the vessel shall not give rise to payment under this Convention»*[587] —

584 Así, por ejemplo, se pone de manifiesto en el proceso de elaboración del Convenio por parte de la delegación hongkonesa sin que ninguna otra delegación o cualquier otra organización, asociación o entidad allí presente expresase lo contrario; véase la nota al pie número 578.

585 El Instrumento de adhesión de 2 de mayo de 1972, del Convenio de Viena sobre el Derecho de los Tratados, adoptado en Viena el 23 de mayo de 1969, se publicó en el *BOE* núm. 142, de 13 de junio de 1980 disponible en: https://www.boe.es/boe/dias/1980/06/13/pdfs/A13099-13110.pdf.

586 Por lo que acudimos al artículo 32 del Convenio de Viena de 1969 que establece lo siguiente: «Medios de interpretación complementarios. Se podrán acudir a medios de interpretación complementarios, en particular a los trabajos preparatorios del tratado y a las circunstancias de su celebración, para confirmar el sentido resultante de la aplicación del artículo 31, o para determinar el sentido cuando la interpretación dada de conformidad con el artículo 31: a) deje ambiguo u oscuro el sentido; o b) conduzca a un resultado manifiestamente absurdo o irrazonable».

587 En negrita añadida.

fue objeto de muchos debates, que no consiguieron modificar —ni aclarar— el artículo; que mantuvo su redacción inicial del borrador del Convenio. Por su parte, la versión francesa del precepto —

> *«Des services rendus malgré la défense expresse et raisonnable du propriétaire ou du capitaine du navire ou du propriétaire de tout autre bien en danger* ***qui*** *n'est pas et n'a pas été à bord du navire ne donnent pas droit à paiement en vertu de la présente Convention»*[588]

repite las mismas ideas, en nuestra opinión, equívocas del artículo en español, por lo que tampoco ayuda a esclarecer su interpretación.

Como puede apreciarse, ninguna de las aportaciones anteriores es satisfactoria. De ahí que deba concluirse que realmente el artículo 19 del CISM 1989 no está bien redactado; y que quien no esté o haya estado a bordo del buque sea el titular de la mercancía y no la mercancía misma[589]. De este modo, el artículo quedaría redactado de la siguiente manera: «Los servicios que se presten no obstante la prohibición expresa y razonable del (...) titular de cualesquiera otros bienes *a bordo del buque* en peligro, no darán lugar a pagos en virtud del presente Convenio»[590].

Lo anterior, además, es coherente con lo dispuesto en el artículo 6.2 del CISM 1989, ya estudiado previamente[591]. El artículo 19 del CISM 1989 reconoce que el titular de la mercancía —que no esté ni haya estado a bordo del buque— pueda prohibir la operación de salvamento. Al mismo tiempo, el artículo 6.2 del Convenio autoriza únicamente al capitán y al *«owner»* del buque a firmar contratos de salvamento también en nombre de los titulares de la carga[592].

Sobre la base de todo lo anteriormente expuesto, en el caso de que se cumplan los «requisitos» que recoge el artículo 19 del CISM —esto es, una negativa expresa, dada por los sujetos señalados y razonable—, el salvador no tendría derecho a un premio. No obstante, y desde nuestro punto de vista, en caso de

588 En negrita añadida.

589 En el mismo sentido, *vid.* FOGARTY, *Merchant Shipping Legislation*, Oxon, 2017, pág. 285, quien explica que el propósito de ello es asegurar que no se producen conflictos entre el *«owner»* de la carga que esté a bordo con el capitán o con el *«owner»* del buque.

590 Cursiva añadida para resaltar la propuesta de redacción del precepto.

591 Véase *supra* en el capítulo primero el epígrafe 1.4.1 La autonomía de la voluntad de las partes y el CISM 1989. Artículo 6.2 del CISM 1989: «El capitán estará facultado para celebrar contratos de operaciones de salvamento en nombre del propietario del buque. El capitán y el propietario del buque estarán facultados para celebrar tales contratos en nombre del propietario de los bienes que se encuentren a bordo del buque».

592 Explica FOGARTY, *Merchant Shipping Legislation*, *op.cit.*, pág. 285, que el artículo 19 del CISM 1989 es suplementario al artículo 6.2 del CISM 1989, de modo que el capitán y el *«owner»* del buque tienen la facultad celebrar el contrato de salvamento en nombre de los titulares de la mercancía.

que, tras una valoración del peligro, se considere que éste es objetivo y que la prohibición del salvado no es razonable, si el salvador interviene y consigue éxito, debería tener derecho, al menos, a una compensación por los gastos incurridos; especialmente cuando no sólo sus intereses están en peligro, sino también los de terceros, por ejemplo, la carga a bordo del buque[593].

1.1.3. El salvamento marítimo supervisado por la Administración Pública

El artículo 5 del CISM 1989, establece en su primer apartado que: «El presente Convenio no afectará a ninguna disposición establecida en leyes nacionales o en cualquier convenio internacional relativa a operaciones de salvamento efectuadas por las autoridades públicas *o bajo su supervisión*»[594]. La cursiva se añade para mostrar cómo el precepto de la ley señala que, además de que la Administración Pública efectúe las operaciones de salvamento, puede también supervisarlas. Cuando la operación es realizada por la Administración, se corresponde con un salvamento público, analizado previamente. La segunda operación que se enuncia en este artículo 5.1 del CISM 1989 se produce cuando el salvamento lo supervisa la Administración, pero no será realizada por ella, sino por otro sujeto —entendemos, *privado*—.

En este epígrafe nos centramos en estas operaciones de salvamento marítimo que no realiza la Administración Pública, pero que, de algún modo, participa en ellas; bien porque lo supervise, bien porque lo ordene, como dispone el artículo 360 de la LNM:

> «Las autoridades públicas que *ordenen* o *supervisen* un salvamento, o sus funcionarios, no tendrán derecho a premio alguno. Sin embargo, los salvadores que efectúen las operaciones ordenadas o supervisadas por aquellas tendrán derecho a premio de acuerdo con lo dispuesto en esta ley»[595].

593 En la misma opinión, *vid.* BEDERMAN, SPIELMAN, «Refusing Salvage», en *Loyola Maritime Law Journal*, *cit.*, págs. 43-45.

594 Artículo 5 del CISM 1989 «(...) 2. No obstante, los salvadores que efectúen tales operaciones de salvamento podrán hacer valer los derechos y excepciones contemplados en el presente Convenio respecto de las operaciones de salvamento. 3. La medida en que una autoridad pública obligada a efectuar operaciones de salvamento pueda hacer valer los derechos y excepciones contemplados en el presente Convenio será determinada por la ley del Estado en que esté radicada dicha autoridad».

595 Cursiva añadida para resaltar en el texto estas dos formas de intervención de la Administración Pública en operaciones de salvamento que serán privadas.
Frente a lo anterior, *cfr.* RUIZ SOROA, «Público y privado en el salvamento marítimo», en *X Jornadas de Derecho Marítimo...*, *op.cit.*, págs. 115-116, quien niega la autoridad de la Administración para ordenar una operación de salvamento fuera de los supuestos en que estén en riesgo las vidas humanas; aunque excluye aquellas operaciones de prestación de servicios portuarios de remolque y practicaje. No obstante, cabe destacar que las reflexiones del autor son previas a la LNM, siendo el precepto de la misma claro al recoger

Cuando la Administración ordena realizar el salvamento, la empresa que lo realiza, quedará obligada a ello. En este caso, parece que la Administración es «ajena» a la operación, pues su función es la de mandar efectuar la operación de salvamento marítimo, aunque, por supuesto, efectuará funciones de control. Cuando la operación es supervisada por la autoridad pública, el salvamento sería privado y, en la mayoría de las ocasiones, existiría un contrato de salvamento que se realice entre las empresas que intervienen en él. En este segundo supuesto, parece entenderse del precepto que la Administración tiene o podría tener una mayor participación en la operación de salvamento, pudiendo dar instrucciones o, incluso, hallándose en una situación de «socorro potencial»[596], llegando a intervenir en caso de que lo considere necesario.

En cualquier caso, tanto si el salvamento es supervisado como si es ordenado por la Administración, la operación se corresponde con un tipo de salvamento privado que podrá ser contractual o no, por lo que los salvadores tendrán derecho a recibir un premio[597]. Así, el artículo 5.2 del CISM 1989 dispone que «(...) los salvadores que efectúen tales operaciones de salvamento podrán hacer valer los derechos y excepciones contemplados en el presente Convenio respecto de las operaciones de salvamento». Por el contrario, cuando el salvamento haya sido *ejecutado* por la Administración Pública, es decir, cuando el salvamento es público, se recuerda que los premios y compensaciones que se produzcan se integrarán directamente en el Tesoro Público[598]. Finalmente,

---

expresamente que Las autoridades públicas pueden ordenar o supervisar una operación de salvamento.

596 Término que será estudiado con mayor detalle en *infra* en el capítulo cuarto el epígrafe 1.1.1 La diferencia entre la asistencia y el salvamento.

597 En la misma opinión, *vid.* PULIDO, «El salvamento marítimo», en *Las averías y los accidentes..., op.cit.*, pág. 260; RUIZ SOROA, «Público y privado en el salvamento marítimo», en *X Jornadas de Derecho Marítimo..., op.cit.*, pág. 117, quien afirma que el premio corresponde a «los titulares de los medios» que prestan el salvamento.
Cfr. MORRAL, *El salvamento marítimo, op.cit.*, pág. 332, quien considera que en estos supuestos en los que la Administración Pública «canaliza sus actuaciones mediante convenios con otras entidades de Derecho Privado», ésta debe considerarse la acreedora «del éxito obtenido».

598 Artículo 367.2 de la LNM: «Cuando, como resultado de la actuación directa de la Administración Marítima, se produjesen premios o compensaciones, éstos se ingresarán directamente en el Tesoro, pudiendo generar crédito para el desarrollo de las actividades que hayan producido el citado ingreso. Cuando la Administración realice las actividades a que se hace referencia anteriormente a través de entidades privadas o públicas, podrá convenir fórmulas de reparto de los citados premios o compensaciones en los oportunos contratos de prestación de los servicios».
En la situación en que la Administración Pública comience ordenando o supervisando la operación pero termine por intervenir *activamente* en la operación —esto es, que la realice—, sí se estaría ante un salvamento público en lo que concierne a la operación efectuada por la Administración. El régimen de esta operación es el ya analizado previamente en *supra* en este capítulo el epígrafe 1.1.1.2 El salvamento marítimo realizado por la Administración Pública.

cuando sea *supervisado* u *ordenado* por la Administración, ni ésta ni sus funcionarios o personal tendrán derecho a ningún premio[599].

Este salvamento obligatorio regulado en el artículo 360 LNM, plantea algunas incertidumbres que la ley nacional no ha regulado. Por ejemplo, en aquellos casos en los que la Administración haya ordenado el salvamento a una empresa y éste no haya producido éxito alguno, cabría preguntarse si el salvador tiene derecho a alguna recompensa o compensación. En opinión de PULIDO[600], los salvadores tendrán derecho a una «compensación económica», lo cual quedaría amparado por la Ley de 16 de diciembre de 1954 *sobre expropiación forzosa* (LEF en adelante)[601], aunque no queda claro qué precepto fundamentaría esa pretensión. Por su parte, RUIZ SOROA, considera que en estos casos en los que la Administración Pública ha ordenado un salvamento y no ha habido un resultado útil, no existe derecho al premio[602].

599 Artículo 360 de la LNM: «Las autoridades públicas que ordenen o supervisen un salvamento, o sus funcionarios, no tendrán derecho a premio alguno. Sin embargo, los salvadores que efectúen las operaciones ordenadas o supervisadas por aquellas tendrán derecho a premio de acuerdo con lo dispuesto en esta ley».

600 *Vid.* PULIDO, «Accidentes de la navegación: abordaje, avería gruesa, salvamento y bienes hundidos o naufragados», en *Comentarios sobre la Ley de navegación marítima*, *op.cit.*, pág. 551.

601 Ley de 16 de diciembre de 1954 sobre expropiación forzosa, disponible en: https://www.boe.es/eli/es/l/1954/12/16/(1)/con.

602 *Vid.* RUIZ SOROA, «Público y privado en el salvamento marítimo», en *X Jornadas de Derecho Marítimo...*, *op.cit.*, págs. 118-119.
No obstante, señala el autor que en aquellos supuestos en los quienes hayan efectuado el salvamento ordenado por la Administración sean los «titulares de la prestación de servicios portuarios y la actividad prestada se corresponda con la de tal servicio», podría ser de aplicación el artículo 67 de la LPEMM: «1. *La prestación de los servicios portuarios podrá ser realizada directamente por las Autoridades Portuarias o mediante gestión indirecta* por cualquier procedimiento reconocido en las leyes, siempre que no implique ejercicio de autoridad. *Los contratos que se celebren por la Autoridad Portuaria para la prestación por gestión indirecta de los servicios portuarios estarán sujetos al ordenamiento privado*, excepto en lo que se refiere a los aspectos que garanticen la publicidad y concurrencia en su preparación y adjudicación, que se ajustarán a los criterios que dicte Puertos del Estado y, en su defecto, a los contenidos en la legislación de contratos del Estado relativos al contrato de gestión de servicios públicos, para los actos preparatorios. 2. Cuando la gestión indirecta del servicio precise el otorgamiento de concesión o autorización de ocupación de dominio público portuario, ambas relaciones serán objeto de expediente único, y su eficacia quedará vinculada recíprocamente. 3. Con anterioridad a la celebración del contrato para la prestación por particulares de los servicios portuarios que se estimen convenientes, la Autoridad Portuaria deberá aprobar los respectivos pliegos de cláusulas de los servicios, previo informe de Puertos del Estado, en los que deberán figurar las condiciones, garantías, precios y, en su caso, la productividad mínima exigible para cada actividad o tipo de operación portuaria, así como las penalidades que se establezcan por su incumplimiento, debiendo asegurarse el libre acceso a la prestación del servicio, siempre que se cumplan los requisitos que se establezcan en dicho pliego», cursiva añadida.
En la versión en vigor de la LPEMM, el régimen de prestación de los servicios portuarios se encuentra regulado en el artículo 109 de la ley. No obstante, el artículo no es igual que

Desde nuestro punto de vista, coincidimos con este último autor en que,

---

el anterior puesto que en éste se reconoce que el régimen de prestación de los servicios portuarios se llevará a cabo por la iniciativa privada a diferencia del anterior que contemplaba las dos opciones pública y privada. El actual artículo 109 de la LPEEM, establece lo siguiente: «1. La prestación de los servicios portuarios se llevará a cabo por la iniciativa privada, rigiéndose por el principio de libre concurrencia, con las excepciones establecidas en esta ley. 2. La prestación de los servicios portuarios requerirá la obtención de la correspondiente licencia otorgada por la Autoridad Portuaria, la cual solo puede otorgarse previa aprobación del correspondiente Pliego de Prescripciones Particulares del servicio correspondiente. La licencia no otorgará el derecho a prestar el servicio en exclusiva. La licencia se otorgará con carácter reglado, previa acreditación del cumplimiento por el solicitante de las condiciones y requisitos previstos en esta ley, y en las prescripciones particulares del servicio. No obstante, cuando esté limitado el número de prestadores, las licencias se otorgarán por concurso. Las convocatorias de estos concursos y su adjudicación se publicarán, cuando fuera exigible, en el Diario Oficial de la Unión Europea. Podrán ser titulares de licencias las personas físicas o jurídicas, de la Unión Europea o de terceros países, condicionadas estas últimas a la prueba de reciprocidad, salvo en los supuestos en que los compromisos de la Unión Europea con la Organización Mundial del Comercio no exijan dicho requisito, que tengan capacidad de obrar, y no estén incursas en causas de incompatibilidad. Las licencias serán de carácter específico, otorgándose para cada uno de los servicios portuarios relacionados en el artículo 108.2. No obstante, para los servicios incluidos en la letra c) de dicho precepto, podrá otorgarse una licencia de carácter general que habilitará para la recepción de varios o de todos los desechos generados por buques. Asimismo, las licencias para la prestación de servicios al pasaje y de manipulación de mercancías podrán otorgarse para uno o varios tipos de tráfico o de mercancía. La Autoridad Portuaria podrá autorizar licencias de autoprestación y de integración de servicios portuarios en los términos y en las condiciones previstas en esta ley. 3. *Las Autoridades Portuarias deberán adoptar las medidas precisas para garantizar una adecuada cobertura de las necesidades de servicios portuarios en el puerto. A tal fin, podrán excepcionalmente asumir*, previo informe favorable de Puertos del Estado, *la prestación directa o indirecta de un servicio portuario cuando por ausencia o insuficiencia de la iniciativa privada sea necesario garantizar una adecuada cobertura de las necesidades del servicio*. A tal efecto, se entenderá como existencia de insuficiencia de la iniciativa privada cuando las licencias otorgadas no puedan atender toda la demanda existente en el puerto con los indicadores de calidad exigidos en el Pliego de Prescripciones Particulares del servicio. La prestación por parte de la Autoridad Portuaria de un servicio portuario, por ausencia o insuficiencia de iniciativa privada, no implica la extinción, en su caso, de las licencias en vigor ni impide la solicitud de nuevas licencias. En este caso, las competencias reguladoras del servicio, incluida la aprobación del Pliego de Prescripciones Particulares, corresponderán a Puertos del Estado y el plazo de prestación del servicio no podrá ser superior a cinco años, salvo que subsistan las circunstancias que hayan motivado la asunción de la prestación. 4. La Autoridad Portuaria, en caso de impago del servicio, podrá autorizar a los prestadores la suspensión temporal del servicio hasta que se efectúe el pago o se garantice suficientemente la deuda que generó la suspensión. 5. Tanto en el caso de que esté limitado como que no esté limitado el número de prestadores, cuando los prestadores del servicio con licencia otorgada no pudieran atender conjuntamente con los medios que tengan adscritos al servicio, a juicio de la Autoridad Portuaria, la cobertura total de la demanda con los indicadores de calidad establecidos en las prescripciones particulares del servicio, la Autoridad Portuaria se lo comunicará a los titulares del servicio con el objeto de que tengan la posibilidad de poner medios adicionales a los exigidos por su licencia para cumplir dichos indicadores de calidad. Si persistiera esta situación, la Autoridad Portuaria considerará que existe insuficiencia de la iniciativa privada y se aplicará lo dispuesto para estos casos en el apartado 3 anterior», cursiva añadida.

siguiendo el principio *no cure-no pay*, al no conseguirse resultado útil, los salvadores no tendrían derecho al premio. No obstante, como expondremos más adelante, existen supuestos en los que, aun no habiendo conseguido éxito, los salvadores tienen derecho a una «*recompensa*» —principalmente, supuestos de protección medioambiental en los que sean aplicables el artículo 14 del CISM 1989, cuando sea aplicable la «Cláusula» SCOPIC o cuando las partes así lo hayan pactado[603]— en la que sí tendrán derecho, al menos, a una compensación por los gastos efectuados.

En virtud del artículo 67, la prestación de los servicios portuarios podía ser realizada mediante gestión indirecta. Los contratos que se celebrasen por la Autoridad Portuaria para la prestación de los servicios portuarios a través de esta gestión indirecta quedarían sujetos al ordenamiento privado. El autor precisa que la empresa sí tiene derecho a un pago por los servicios prestados y que la única posibilidad de cobrarlo es «dirigirse contra la Autoridad Marítima que le ordenó la prestación coactiva» del servicio; *vid*. Ruiz Soroa, «Público y privado en el salvamento marítimo», en *X Jornadas de Derecho Marítimo...*, *op.cit.*, pág. 119.

Esta operación ordenada por la Administración Pública la considera el autor una requisión de servicios que es calificada, a su vez, como una modalidad de expropiación forzosa en virtud del artículo 105 de la LEF. Este artículo dispone que: «1. Toda prestación por requisa da derecho a una indemnización por el importe del servicio prestado, del valor objetivo de lo requisado, o de los daños y desperfectos que por su causa se produzcan. 2. Las cantidades que hayan de abonarse por este concepto y cuyo pago no se haya verificado en un plazo de tres meses, a partir de la fecha en que se efectuó la requisa, devengarán el interés legal. 3. No será indemnizable la prestación de alojamiento, tanto en casas particulares como en edificios públicos, de las fuerzas de los Ejércitos de Tierra, Mar y Aire y demás personas afectas a los mismos».

A este respecto, en nuestra opinión, no se considera que esta actuación deba calificarse como una requisa en virtud de este artículo, ya que éste se corresponde con las requisas militares, muy distinto de las actuaciones de la Administración Pública en salvamento marítimo. De hecho, deben realizarse por «autoridades militares» y en «tiempo de guerra y en caso de movilización total o parcial que no sea para maniobras», *ex* artículo 101 de la LEF.

Frente a las requisas militares, la LEF también regula las requisas civiles en su artículo 120, que podrán realizarse sobre bienes o derechos de particulares; el contenido de este artículo es el siguiente: «Cuando por consecuencias de graves razones de orden o seguridad públicos, epidemias, inundaciones u otras calamidades, hubiesen de adoptarse por las Autoridades civiles medidas que implicasen destrucción, detrimento efectivo o requisas de bienes o derechos de particulares sin las formalidades que para los diversos tipos de expropiación exige esta Ley, el particular dañado tendrá derecho a indemnización de acuerdo con las normas que se señalan en los preceptos relativos a los daños de la ocupación temporal de inmuebles y al justiprecio de los muebles, debiendo iniciarse el expediente a instancia del perjudicado y de acuerdo con tales normas». No obstante, el supuesto que se analiza es una orden de la Administración pública a los salvadores, no una requisa propiamente dicha sobre los bienes o estos derechos, ya que no será la Administración la que requise los buques, por ejemplo, para realizar la operación de salvamento. Además de lo anterior, el antiguo artículo 67 de la LPEEM, que podría amparar la situación anteriormente descrita, no se encuentra ya vigente; y el artículo 109 de la LPEEM, en vigor, no regula la misma situación anterior. *Ergo* no sería, *a priori*, aplicable.

603 Véase *infra* en el capítulo cuarto el epígrafe 2.1 El resultado útil: el principio *no cure-no pay*.

1.2. La ajenidad

A los efectos de este trabajo, la «ajenidad» se considera un requisito esencial en el salvamento marítimo, haciendo referencia con él al término anglosajón *voluntariness*, que tradicionalmente ha sido traducido por la doctrina patria como «voluntariedad»[604]. No se pretende cambiar años de tradición en la terminología del salvamento, aunque sí salvar posibles dificultades derivadas de la elección de este concepto.

Desde nuestro punto de vista, la palabra «*ajenidad*» tiene dos proyecciones que atienden a realidades distintas; ambas con matizaciones, como se verá más adelante. La primera de ellas se relaciona con el contrato. La ajenidad se aprecia en que las partes que celebran un contrato de salvamento marítimo son sujetos independientes uno respecto del otro, de modo que el salvador debe ser un tercero con respecto al buque y los demás bienes sometidos a riesgo que serán objeto de salvamento.

Como sucede con la voluntariedad —tal y como se entiende en este trabajo, es decir, que el salvamento se realice de manera voluntaria[605]—, exigir este «elemento» en el salvamento privado y mercantil parece *evidente*. Sin pretender realizar una reflexión sobre la naturaleza del Derecho mercantil, sí conviene señalar que esta disciplina jurídica que regula el tráfico empresarial[606], se caracteriza por tener ánimo de lucro; es decir, en el ámbito comercial se producen relaciones entre empresarios, en las que existirá el objetivo de conseguir beneficios, lo que también sucede en el salvamento marítimo[607]. Así, la ajenidad, es inherente a toda relación mercantil, en tanto en cuanto los sujetos que participan en ella son independientes y buscan, precisamente, lucrarse con la actividad que realizan[608].

---

604 Entre otros, *vid.* ARROYO, *Curso de Derecho Marítimo, op.cit.*, pág. 722; GABALDÓN GARCÍA, RUIZ SOROA, *Manual de Derecho de la Navegación Marítima, op.cit.*, pág. 723; GARCÍA LUENGO, *La remuneración en el salvamento marítimo, op.cit.*, pág. 83; PULIDO, «El salvamento marítimo», en *Las averías y los accidentes..., op.cit.*, pág. 243; MORRAL, *El salvamento marítimo, op.cit.*, págs. 145-151.

605 Véase *supra* en este capítulo el epígrafe 1.1 La voluntariedad.

606 Por todos, *vid.* OLIVENCIA, *De nuevo, la lección 1.ª..., op.cit.*, pág. 20; JIMÉNEZ SÁNCHEZ, DÍAZ MORENO, «Concepto del Derecho mercantil», en *Lecciones de Derecho Mercantil*, coords. G.J. JIMÉNEZ SÁNCHEZ, A. DÍAZ MORENO, Madrid, 2020, págs. 41-50, en especial págs. 45-47.

607 En la misma opinión, *vid.* MARTIN, «La nature juridique de l'assistance en mer», en *Revue Trimestrielle de Droit Comparé*, 1961, vol. XI, págs. 555-576, pág. 557.

608 Lo mismo sucede en el transporte mercantil. El transporte, entendido como el mero hecho del desplazamiento —en palabras de OLIVENCIA, «La tarea unificadora en materia de transporte», en *Derecho uniforme del transporte internacional: cuestiones de actualidad*, coord. A. MADRID PARRA, Madrid, 1998, págs. 1-22, pág. 1, «salva[r] la distancia entre dos puntos físicos, dos lugares»—, que así es como lo concibe el Derecho civil, sin aportar ninguna calificación ni de la actividad ni del sujeto, surge para el Derecho mercantil en el siglo

La segunda proyección de este «elemento» hace referencia a todos los demás sujetos que pueden «participar» del algún modo en la relación entre salvador y salvado. Estos sujetos, ajenos o terceros, que colaboran o participan en la operación en alguna medida por una cuestión de oportunidad, prestando unos «servicios» —en realidad, una colaboración, una participación— excepcionales, quedan fuera del vínculo entre los salvadores y los interesados en la «propiedad» a salvar; por ejemplo, un pasajero que se encuentra en el buque y colabora en la operación con los salvadores.

A estos sujetos, por una cuestión de equidad, se les reconoce un premio por los actos efectuados cuando den lugar a un resultado útil, de forma que, de algún modo, se les compense o «recompense» por sus actuaciones extraordinarias, por haber hecho más de lo que cabría esperar de ellos.

Centrándonos en esta segunda proyección de la ajenidad, la doctrina plantea varias posturas con respecto a estos sujetos. En primer lugar, algunos autores[609] defienden que existen distintas categorías de salvadores; en segundo lugar, hay quien considera que estos sujetos suponen un límite a la *voluntariness*[610]; en tercer lugar, algún autor defiende que, en estas situaciones, no existe *voluntariness*[611]. Desde nuestro punto de vista, consideramos que estos sujetos —la tripulación, remolcadores, prácticos, etc.— no cumplen con el requisito de la «ajenidad», en tanto en cuanto tienen un deber o una obligación de realizar el salvamento, pero, en atención a sus actuaciones excepcionales, en razón de los principios de justicia y equidad, se les reconoce un premio.

Con ello, se podrá distinguir, por un lado, la ajenidad en el contrato de salvamento marítimo (primera proyección de ajenidad), que incumbe a los salvadores profesionales —ajenos— al buque, bienes o flete salvado, que dan derecho a un premio[612]. Por otro lado, la «ajenidad» en situaciones de salvamento no contractual y, en el sentido más puramente espontáneo, que dan lugar a la intervención de sujetos en el salvamento marítimo (segunda proyección de ajenidad), a las que se les puede reconocer un premio por los «servicios» excepcionales que hayan realizado. Estos sujetos no son ajenos al buque o los otros bienes que están en peligro por tener algún interés o vínculo con ellos; por ejemplo, el capitán, el *owner* del buque, el titular de la mercancía, etc. A continuación, se estudiarán las situaciones más comunes en las que se «cuestiona» la «ajenidad».

XVIII, cuando se separa la titularidad de las mercancías y las pretensiones del comercio de la titularidad de los medios de transporte. Surgen así los empresarios de transporte, un tercero, comprometido a trasladar las mercancías de origen a destino.

609 Por todos, *vid.* BRICE, *Brice on Maritime Law of Salvage*, *op.cit.*, pág. 58.

610 *Vid.* PULIDO, «El salvamento marítimo», en *Las averías y los accidentes…*, *op.cit.*, pág. 245, sujeto a la LAS, vigente en el momento.

611 *Vid.* MORRAL, *El salvamento marítimo*, *op.cit.*, pág. 257.

612 Véase *infra* el capítulo cuarto.

1.2.1. El capitán y la dotación del buque salvado

El capitán es uno de los sujetos más analizados por la doctrina[613] en relación con la ajenidad y el salvamento, en tanto en cuanto, en ocasiones ha podido realizar conductas que se han considerado «extraordinarias», de modo que le podría corresponder un premio.

El *Convenio Internacional sobre normas de Formación, Titulación y Guardia para la Gente del Mar*, 1978, hecho en Londres el 7 de julio de 1978 (Convenio STCW en adelante)[614], define al capitán como «la persona que tiene el mando de un buque» según su Regla I/1, letra c). La figura del capitán es una de las que más destaca entre los sujetos de la navegación siendo, para algunos autores, el más importante de los auxiliares dependientes del armador[615].

En la legislación nacional, el artículo 171 de la LNM establece que «Desde que sea designado como tal, el capitán ostenta el mando y la dirección del buque, así como la jefatura de su dotación y representa a bordo la autoridad pública». En el salvamento marítimo, lo relevante será analizar el «salto» entre la figura del capitán en el contrato y la figura de su autoridad para mantener el orden y la seguridad a bordo[616].

---

613 *Vid.* Kennedy, Rose, *Law of Salvage*, *op.cit.*, págs. 251-260; Brice, *Brice on Maritime Law of Salvage*, *op.cit.*, págs. 60-61; Zubic, «Pure versus Contract Salvage-Narrowing the Scope of an Agreement to Volunteer Bar to Pure Salvage», en *Loy. Mar. LJ*, *cit.*, págs. 156-157.

614 Este Convenio, conocido por sus siglas en inglés, *International Convention on Standards of Training, Certification and Watchkeeping for Seafarers* (STCW), establece los requisitos básicos de formación y titulación para la gente que trabaja en el mar. Las últimas enmiendas a este Convenio se realizaron en 2010, conocidas bajo el nombre «Enmiendas de Manila».
El Instrumento de adhesión de 11 de octubre de 1980 de España al Convenio Internacional sobre normas de Formación, Titulación y Guardia para la Gente del Mar, 1978, hecho en Londres el 7 de julio de 1978, se encuentra publicado en el *BOE* núm. 267, de 7 de noviembre de 1984, accesible en el siguiente enlace: https://www.boe.es/diario_boe/txt.php?id=BOE-A-1984-24729.

615 *Vid.* García-Pita y Lastres, Díaz de la Rosa, «Los sujetos de la navegación en la Ley de Navegación Marítima», en *Comentarios a la Ley de navegación marítima*, dirs. A.B. Campuzano, E. San Juán, Valencia, 2016, págs. 153-238, pág. 226; Alba Fernández, «Las normas sobre el capitán del buque en la Ley de Navegación Marítima», en *Comentarios a la Ley de Navegación Marítima*, Madrid, 2015, págs. 109-126, pág. 109.

616 Así, el artículo 176 de la LNM especifica que el capitán «deberá cumplir y hacer cumplir toda obligación que legal o reglamentariamente se le imponga en razón del cargo, en especial la de mantener el orden y la seguridad a bordo».
Las disposiciones de la LNM relativas al capitán se aplicarán a aquellos que lo sean en «buques nacionales destinados a la navegación marítima con una finalidad empresarial», en virtud del artículo 157.1 de la LNM.
Algún autor ha precisado que las normas que dispone la LNM relativas al capitán no se aplicarán en «los buques nacionales destinados a la navegación con fines diferentes de los empresariales, como tampoco serán aplicables en las embarcaciones y artefactos navales

Ya que el estudio de la figura del capitán excede del objeto de estudio de este trabajo, nos basaremos en la definición de ARROYO y RUEDA; ésta es,

> «la persona que, estando en posesión del correspondiente título profesional y refrendo, manda la tripulación y dirige el buque, en representación del naviero, ejerciendo las funciones públicas y privadas que legalmente tiene encomendadas»[617].

El capitán desempeña tanto un rol técnico —mando y dirección del buque— como uno comercial —en representación del naviero, quien explota económicamente el buque[618]—, por lo que necesita una determinada cualificación técnica[619]. Puesto que el capitán es quien ostenta el mando del buque podrá

---

con independencia de su finalidad»; *cfr.* ALBA FERNÁNDEZ, «Las normas sobre el capitán del buque en la Ley de Navegación Marítima», en *Comentarios a la Ley de Navegación Marítima, op.cit.*, pág. 110. Lo anterior tiene como base que los que ostentan el mando y la dirección de las embarcaciones y los otros artefactos navales se corresponden con otros títulos y licencias distintos regulados en el Real Decreto 875/2014, de 10 de octubre, *por el que se regulan las titulaciones náuticas para el gobierno de las embarcaciones de recreo*; *BOE* núm. 247, de 11 de octubre de 2014, páginas 82978 a 83097, contenido disponible en: https://www.boe.es/eli/es/rd/2014/10/10/875.

617 *Cfr.* ARROYO, RUEDA, *Comentarios a la Ley 14/2014..., op.cit.*, pág. 528. Para un mayor estudio de esta figura puede consultarse ALBA FERNÁNDEZ, *Régimen jurídico privado del capitán del buque*, Valencia, 2006.

618 En este sentido, dispone el artículo 145.2 de la LNM que «Se entiende por naviero o empresa naviera la persona física o jurídica que, utilizando buques mercantes propios o ajenos, *se dedique a la explotación de los mismos*, aun cuando ello no constituya su actividad principal, bajo cualquier modalidad admitida por los usos internacionales».

619 Como dispone el artículo 173.1 de la LNM, los capitanes «habrán de poseer el título profesional que acredite su pericia, capacidad y condiciones necesarias para mandar y dirigir el buque (...)». En el plano internacional, estos aspectos se regulan en el mencionado Convenio STCW sobre las normas de formación, titulación y guardia para la gente del mar, Regla II/2.
En virtud del artículo 5 del RD 973/2009, de 12 de junio, *por el que se regulan las titulaciones profesionales de la marina mercante*, publicado en el *BOE* núm. 159, de 02/07/2009 y se encuentra disponible en el siguiente enlace: https://www.boe.es/eli/es/rd/2009/06/12/973/ con, «El título profesional de capitán de la marina mercante es un título de competencia expedido de acuerdo con lo establecido en la regla II/2 del anexo del Convenio STCW y en la sección A-II/2 del código STCW, aplicable a la titulación de los capitanes y primeros oficiales de puente de buques de arqueo bruto igual o superior a 3000 GT, cuyos requisitos de obtención y atribuciones profesionales son los siguientes: 1. Requisitos de obtención: a) Estar en posesión del título universitario oficial de licenciado en náutica y transporte marítimo o de los correspondientes títulos de grado y máster en dicho ámbito. b) Estar en posesión del título profesional de piloto de primera de la marina mercante o de piloto de segunda de la marina mercante. c) Acreditar un período de embarque no inferior a 36 meses como oficial de puente. Este período podrá reducirse a no menos de 24 meses si se acredita el ejercicio profesional de capitán o de primer oficial de puente durante un período de embarco de al menos 12 meses. d) Tener en vigor el reconocimiento médico realizado por el Instituto Social de la Marina conforme a la regla I/9 del anexo del Convenio STCW y la sección A-I/9 del código STCW, en el momento de la solicitud del título. El anterior certificado no será necesario si el interesado ya dispone de un certificado médico

dar cualesquiera órdenes necesarias en la navegación ordinaria del buque para mantener el control a bordo.

El capitán será quien tome las decisiones en una situación de peligro, que la dotación tendrá que obedecer[620]. De hecho, el capitán es quien organiza todos los servicios del buque[621], incluidos aquellos necesarios para salvarlo; así, el capitán «cuida de la conservación del buque»[622]. En la literatura anglosajona

de aptitud para el embarque, en vigor, expedido por el Instituto Social de la Marina. 2. Atribuciones: a) Mando de buques mercantes dedicados a cualquier clase de navegación sin limitación. Para el mando de buques pesqueros se estará a la legislación vigente. b) Ejercer de primer oficial de puente u oficial de puente en buques mercantes sin limitación. c) Ejercer profesionalmente todas las actividades vinculadas a su profesión marítima».
Por otro lado, cabe destacar el trabajo que a este respecto realiza la OMI, la cual revisa los procedimientos de los cursos de formación, con el propósito de ayudar a los institutos de formación marítima y a su personal docente en la organización o en la mejora de los cursos de formación. La última resolución a este respecto es la Nota de la Secretaría, de 25 de enero de 2019, sobre la «validación de los cursos modelo de formación proyecto de nuevo curso modelo sobre formación básica para capitanes, oficiales, marineros y demás personal a bordo de los buques regidos por el Código IGF», Documento HTW 6/3/1/Add.1.

620 Su facultad de mando en el buque justifica que los miembros de la dotación y demás personas embarcadas deban acatar las órdenes del capitán, *ex* artículo 176.2 LNM: «A tal efecto, el capitán podrá adoptar cuantas medidas de policía estime necesarias para mantener el orden en el buque, así como para garantizar la seguridad de cuantos se encuentren a bordo. Los miembros de la dotación y demás personas embarcadas deberán acatar las órdenes del capitán, sin perjuicio de su derecho a efectuar las reclamaciones que estimen pertinentes ante la autoridad administrativa o judicial competente una vez llegado el buque a puerto».
Así, el artículo 14.4 de la Resolución de 29 de diciembre de 2004, de la Dirección General de Trabajo, por la que se dispone la inscripción en el registro y publicación del laudo arbitral para el sector de Marina Mercante, por el que se establecen las disposiciones reguladoras de la estructura profesional, estructura salarial, formación profesional y económica y régimen disciplinario, en sustitución de la Ordenanza Laboral de 20 de mayo de 1969, para dicho sector, publicada en el *BOE* núm. 18, de 21 de enero de 2005, accesible en: https://www.boe.es/eli/es/res/2004/12/29/(4), bajo la dirección del capitán, «el trabajador se encuentra obligado a realizar el trabajo convenido, así como cualesquiera otras tareas profesionalmente equivalentes». Por lo anterior, tanto el capitán como el resto de la dotación tienen el deber de preservar el buque, el cual es inherente a sus obligaciones laborales. De modo que, si se produce una operación de salvamento, estos sujetos deben participar en ella. Cabe añadir que, en virtud del artículo 149 de la LNM, el *«owner»* del buque es responsable ante terceros de los actos y omisiones del capitán y dotación del buque, incluyendo las relacionadas con el salvamento marítimo: «El armador es responsable ante terceros de los actos y omisiones del capitán y dotación del buque, así como de las obligaciones contraídas por el capitán de acuerdo con lo establecido en el artículo 185, sin perjuicio de su derecho a limitar su responsabilidad en los supuestos establecidos en el título VII».

621 *Vid.* Pulido, «Accidentes de la navegación: abordaje, avería gruesa, salvamento y bienes hundidos o naufragados», en *Comentarios sobre la Ley de navegación marítima*, *op.cit.*, pág. 74.

622 *Vid.* Matilla, *El naviero y sus auxiliares. El buque*, Barcelona, 1995, pág. 88.

sobre la figura del capitán, los estudios se centran en su *authority*, que destaca de entre sus otras funciones debido a que es particular o característica[623].

Recaen sobre el capitán obligaciones relacionadas con la seguridad del buque, tanto de las mercancías transportadas como de la dotación que se halle a bordo[624]. La función de dirección del buque del capitán hace referencia a su capacidad de manejo y gobierno desde un punto de vista náutico, puesto que desde un punto de vista comercial la dirección del buque la ostenta el naviero (explotación). La dirección técnica de la navegación del buque es una de las obligaciones del capitán, que deberá desempeñar «con la diligencia exigible a un marino competente», *ex* artículo 182.3 de la LNM; expresión que algún autor ha identificado con el estándar del buen padre de familia[625]. En nuestra opinión, sin embargo, consideramos que el capitán debe cumplir con un mayor nivel de diligencia: la profesional del marino experto[626].

En el salvamento marítimo, la diligencia con la de que debe prestarse el mando y la dirección del buque está, si cabe, aún más acentuada debido a la

623 Entre otros, *vid.* CARTNER, FISKE, LEITER, *The International Law of the shipmaster*, *op.cit.*, págs. 121-124. Por su parte, STEVENSON, «Maritime Labour Law», en *The IMLI Manual on International Maritime Law*, vol. II: Shipping Law, ed. D.J. ATTARD, *Oxford*, 2016, págs. 209-236, pág. 212, afirma sobre el capitán «*No other commercial occupation is recognized in lore and law as having as much authority and responsibility as that of a ship's master*».
De hecho, en el Derecho anglosajón el capitán es conocido como el *«next after God»*. El capitán William Morris Barnes exponía así en su biografía: *«A captain when he's at sea, he's judge, jury and everything else; he has the law in his own hands. If a mutiny starts he can shoot every man of them down to save the ship. And, of course, in some cases we may be called on to do it»*; *vid.* DELEBECQUE, *Droit Maritime*, París, 2014, pág. 325.

624 En relación con ello, el artículo 183 de la LNM dispone que: «1. En caso de mal tiempo o de riesgo de naufragio, el capitán adoptará cuantas medidas crea necesarias para procurar la seguridad del buque y la salvación de las personas y de los bienes, buscando resguardo, efectuando arribada forzosa o recurriendo sin demora a la solicitud de salvamento, pudiendo contratarlo si fuere necesario. 2. El capitán no abandonará el buque en peligro sino después de haber perdido la esperanza de salvarlo y una vez adoptadas las medidas oportunas para salvar las personas, los bienes y los documentos oficiales que se encuentren a bordo. 3. El capitán está obligado a acudir en auxilio de las vidas humanas que se encuentren en peligro en el mar, siempre que pueda hacerlo sin grave peligro para el buque, su dotación o sus pasajeros, y dejando en todo caso constancia de lo actuado en el Diario de Navegación».
Igualmente, en el plano internacional conviene destacar el Código internacional de gestión de la seguridad operacional del buque y la prevención de la contaminación (Código IGS en adelante) cuyo artículo 5 regula el régimen de responsabilidad y autoridad del capitán. El segundo apartado de este artículo subraya que el capitán ostenta la autoridad primordial para la toma de decisiones que sean precisas en materia de seguridad y prevención de la contaminación.

625 *Vid.* ALBA FERNÁNDEZ, «Las normas sobre el capitán del buque en la Ley de Navegación Marítima», en *Comentarios a la Ley de Navegación Marítima*, *op.cit.*, pág. 115.

626 Lo que también se extendería a todos los miembros de la dotación. La diligencia en el salvamento será tratada con más detalle en *infra* en el capítulo quinto el epígrafe 1.1 Prestar el salvamento con la debida diligencia y los mejores esfuerzos.

situación de peligro en la que se encuentra. Cuando el capitán lo es del buque salvador, la diligencia debida ha de ser máxima en poner a salvo el buque, los bienes y el flete en riesgo. En el caso de que el capitán lo sea del buque auxiliado, debe actuar con la diligencia debida como para solicitar o aceptar el salvamento y colaborar con el otro capitán.

Aunque el capitán es un auxiliar dependiente del armador o del naviero[627], la LNM le reconoce en su artículo 184.1[628] la primacía de su criterio profesional en el desarrollo de sus funciones técnicas cuando sean necesarias para «la seguridad de la vida humana en el mar y la protección del medio marino».

En cuanto a las obligaciones del capitán se establecen en los artículos 174 y siguientes de la LNM[629]; aunque las más relevantes en relación con el salvamento marítimo se disponen en los artículos 33 y 183 de la LNM, objeto de análisis a continuación.

En primer lugar, el artículo 33 de la LNM establece la «obligación de notificar actos de contaminación» por la que el capitán del buque —español o extranjero que navegue por los espacios marítimos españoles— tiene la obligación de notificar sin demora a la Administración Marítima española y a la Autoridad competente del Estado ribereño más próximo todo evento de contaminación del que tengan conocimiento durante la navegación[630].

627 El capitán es un «auxiliar dependiente del naviero» —*vid.* ARROYO, RUEDA, *Comentarios a la Ley 14/2014...*, *op.cit.*, pág. 528— a los efectos de la gestión comercial del buque. En lo relativo a su gestión náutica, será auxiliar del armador, pues dependiendo de la naturaleza del contrato puede que dependa exclusivamente del naviero o, en su caso, del armador (contratos de *time charter*)— de su máxima confianza que, además, ostenta la representación del armador para contraer por su cuenta cuantas obligaciones se refieran a las necesidades ordinarias del buque, *ex* artículo 185.1 de la LNM: «El capitán ostenta la representación del armador para contraer por cuenta de éste cuantas obligaciones se refieran a las necesidades ordinarias del buque».

628 Cuya redacción establece que: «Ni el armador, ni el fletador ni cualquier otra persona con interés en el buque o en su carga pondrán impedimentos o restricciones al capitán del buque para que adopte o ejecute cualquier decisión que, según su juicio profesional, sea necesaria para la seguridad de la vida humana en el mar y la protección del medio marino».

629 Debido a que un análisis de dichas obligaciones excede del objeto de esta investigación, pueden acudirse a otras obras de referencia que estudian dichos artículos de la LNM; entre ellas, *vid.* ARROYO, RUEDA, *Comentarios a la Ley 14/2014...*, *op.cit.*, págs. 539-559; GARCÍA-PITA Y LASTRES, DÍAZ DE LA ROSA, «Los sujetos de la navegación en la Ley de Navegación Marítima», en *Comentarios a la Ley de navegación marítima*, *op.cit.*, págs. 228-231; ALBA FERNÁNDEZ, «Las normas sobre el capitán del buque en la Ley de Navegación Marítima», en *Comentarios a la Ley de Navegación Marítima*, *op.cit.*, págs. 114-117.

630 Artículo 33 de la LNM: «1. Los capitanes de los buques nacionales deberán notificar sin demora a la Administración Marítima española y a la autoridad competente del Estado ribereño más próximo, todo evento de contaminación por hidrocarburos o por sustancias nocivas o potencialmente peligrosas de los que tengan conocimiento durante la navegación, de conformidad con los procedimientos que se determinen reglamentariamente. 2. La misma obligación tendrán los capitanes de los buques extranjeros que naveguen por los espacios marítimos españoles».

Este artículo es uno de los escasos resultados que el desarrollo de la «conciencia medioambiental» halla en la LNM. Los graves accidentes, ya mencionados, que se produjeron sobre todo a partir de los años 60, mostraron la faceta más desafortunada del transporte de mercancías. Desde nuestro punto de vista, este precepto se redacta por una cuestión de seguridad de la navegación, no con ocasión del salvamento marítimo. De hecho, la obligación del artículo 33 de la LNM se contemplaba en el artículo 8 del Convenio MARPOL[631], que a su vez se complementaba con lo dispuesto en el Protocolo I de dicho Convenio[632].

---

631 Cuya redacción establece que: «1) Se hará informe del suceso y sin demora aplicando en todo lo posible las disposiciones del Protocolo I del presente Convenio. 2) Toda Parte en el Convenio deberá: a) tomar las providencias necesarias para que un funcionario u órgano competente reciba y tramite todos los informes relativos a los sucesos; b) notificar a la Organización, dándole detalles completos de tales providencias, para que las ponga en conocimiento de las demás Partes y Estados Miembros de la Organización. 3) Siempre que una Parte reciba un informe en virtud de lo dispuesto en el presente artículo, lo retransmitirá sin demora a: a) la Administración del buque interesado; b) todo otro Estado que pueda resultar afectado. 4) Toda Parte en el Convenio se compromete a cursar instrucciones a sus naves y aeronaves de inspección marítima y demás servicios competentes para que comuniquen a sus autoridades cualquiera de los sucesos que se mencionan en el Protocolo I del presente Convenio. Dicha Parte, si lo considera apropiado, transmitirá un informe a la Organización y a toda otra Parte interesada».

632 Cuyo contenido se facilita a continuación: «PROTOCOLO I. DISPOSICIONES PARA FORMULAR LOS INFORMES SOBRE SUCESOS RELACIONADOS CON SUSTANCIAS PERJUDICIALES (de conformidad con el Artículo 8 del Convenio). ARTICULO I. Obligación de informar. 1) El Capitán de un buque que se encuentre en uno de los casos previstos en el Artículo III de este Protocolo, o toda persona que este a cargo del buque, comunicará los pormenores del suceso sin demora y, en todo lo posible, con arreglo a las disposiciones de este Protocolo. 2) Si el buque mencionado en el párrafo 1) de este Artículo fuera abandonado, o si el informe procedente de tal buque fuera incompleto o no se hubiera podido recibir, el propietario, fletador, naviero o armador de tal buque, o sus agentes, asumirán, en todo lo posible, las obligaciones que imponen al Capitán las disposiciones de este Protocolo. ARTICULO II. Método para informar. 1) El informe se transmitirá por radio siempre que sea posible, pero desde luego por la vía más rápida disponible al tiempo de informar. Tendrán la máxima prioridad posible los informes transmitidos por radio. 2) Los informes irán dirigidos al funcionario u órgano competente que se especifica en el párrafo 2) a) del Artículo 8 del Convenio. ARTICULO III. Casos en que se informará. Se hará informe cada vez que un suceso entrañe: a) una descarga distinta de las permitidas por el presente Convenio; o b) una descarga permitida por el presente Convenio en virtud de que: i) Se realiza para proteger la seguridad de un buque o salvar vidas en el mar, o ii) es resultado de averías sufridas por el buque o por sus equipos; o c) una descarga de una sustancia perjudicial con objeto de combatir un accidente concreto de contaminación o de efectuar trabajos lícitos de investigación científica acerca de la reducción o control de la contaminación; d) La probabilidad de una cualquiera de las descargas mencionadas en los apartados a), b) o c) de este Artículo. ARTICULO IV. Contenido del informe. 1) El informe contendrá, en términos generales: a) La identificación del buque; b) La hora y fecha del suceso; c) La situación del buque cuando ocurrió el suceso; d) Las condiciones de mar y viento reinantes a la hora del suceso; y e) todo detalle pertinente sobre la condición del buque. 2) El informe contendrá, en particular: a) una clara indicación o descripción de las sustancias perjudiciales de que se trate, incluidos, a ser posible, los nombres técnicos correctos de tales sustancias(no deben utilizarse las denominaciones, comerciales en lugar de los nom-

En este sentido se ha pronunciado nuestra doctrina[633], ya que el artículo 33 de la LNM se regula en el capítulo sobre el régimen general de navegación marítima, siendo una cuestión más de ordenación.

Muy similar al artículo 33 de la LNM, se encuentra el artículo 186.1 de esta misma ley, que impone al capitán la obligación de

> «comunicar, de inmediato y por el medio más rápido posible (...) todo accidente de navegación ocurrido al buque o causado por él, todo episodio de contaminación producido u observado y cualquier otra novedad extraordinaria y de importancia que afecte a la seguridad de la navegación o del medio ambiente marino».

Puede apreciarse que este artículo comprende, aunque no de manera exclusiva, una ampliación del mandato anterior. La obligación del capitán de notificar los accidentes no sólo se ciñe a los supuestos de contaminación, sino a todo siniestro. Esta obligación se justifica por la necesidad de salvaguardar la seguridad en la navegación[634].

---

bres técnicos correctos); b) La indicación precisa o estimada de las cantidades, concentraciones y Estado probable de las sustancias perjudiciales que se hayan descargado o que posiblemente vayan a descargarse en el mar y, cuando sea pertinente, c) una descripción de los embalajes y marcas de identificación; y a ser posible, d) el nombre del consignador, consignatario o fabricante. 3) En el informe se indicará con claridad si la sustancia perjudicial que se haya descargado o que posiblemente vaya a descargarse es un hidrocarburo, una sustancia nociva líquida, una sustancia nociva sólida o una sustancia nociva gaseosa y si tal sustancia era o es transportada a granel o en paquetes, contenedores, tanques portátiles, camiones-cisterna o vagones-tanque. 4) El informe se complementará, cuando sea oportuno, con cualesquiera otros datos pertinentes que solicite el destinatario o que estime apropiados la persona que lo transmita. ARTICULO V. Informe suplementario. Toda persona obligada a informar en virtud de las disposiciones de este Protocolo hará lo posible para: a) suplementar el primer informe, cuando sea oportuno, con datos relativos a la evolución de la situación; y b) satisfacer, en todo lo posible, las solicitudes de información adicional que hagan los Estados afectados acerca del suceso».

633 *Vid.* Palomar, «La ordenación administrativa de la navegación marítima», en *Comentarios a la Ley de Navegación Marítima*, dirs. A.B. Campuzano, E. San Juán, Valencia, 2016, págs. 41-95, pág. 84; De Melo, «Artículo 33. Obligación de notificar actos de contaminación.», en *Comentarios a la Ley 14/2014 de 24 de julio, de navegación marítima*, dirs. I. Arroyo Martínez, J.A., Rueda Martínez, Madrid, 2016, págs. 174-178, págs. 176-177.

634 En la misma opinión, *vid.* Arroyo, Rueda, *Comentarios a la Ley 14/2014...*, *op.cit.*, págs. 567-569.
El incumplimiento de esta obligación constituiría una infracción grave en virtud del artículo 307.2, letra n), de la LPEMM, cuyo contenido es el siguiente: «Son infracciones graves las acciones u omisiones tipificadas en el artículo anterior, cuando supongan lesión a alguna persona que motive baja por incapacidad laboral no superior a siete días, o daños o perjuicios superiores a 1.200 euros e inferiores a 6.000 euros, las que pongan en peligro la seguridad del buque o de la navegación, la reincidencia en cualquiera de las faltas tipificadas como leves antes del plazo establecido para su prescripción y, en todo caso, las siguientes: (...) 2. Infracciones contra la seguridad y protección marítimas: (...) n) El incumplimiento del deber de comunicación de los accidentes e incidentes marítimos; la obstaculización de las investigaciones de la Comisión Permanente de Accidentes e Inci-

En segundo lugar, el artículo 183.1 de la LNM establece que

> «En caso de mal tiempo o de riesgo de naufragio, el capitán adoptará cuantas medidas crea necesarias para procurar la seguridad del buque y la salvación de las personas y de los bienes, buscando resguardo, efectuando arribada forzosa o recurriendo sin demora a la solicitud de salvamento, pudiendo contratarlo si fuere necesario»[635].

Tras lo expuesto en los párrafos precedentes, el capitán se encuentra no sólo vinculado al buque por las funciones de mando y dirección de éste, sino también porque representa a su armador[636]. En virtud de lo anterior, *a priori*, ni el capitán ni la tripulación podrían considerarse sujetos ajenos a la operación de salvamento, *ergo* no tendrían derecho a un premio[637]. No obstante,

---

dentes Marítimos; la simulación, ocultación, alteración o destrucción de datos, registros, grabaciones, materiales, informaciones y documentos útiles para las investigaciones de la Comisión de Investigación de Accidentes e Incidentes Marítimos».

635 En aplicación del artículo 1.255 del CC: «Los contratantes pueden establecer los pactos, cláusulas y condiciones que tengan por conveniente, siempre que no sean contrarios a las leyes, a la moral ni al orden público».
Por su parte el artículo 303 de la LPEMM establece, de un modo más limitado, que: «Los capitanes de buques o quienes hagan sus veces podrán adoptar, con carácter extraordinario, cuantas medidas de policía estimen necesarias para el buen régimen de a bordo en caso de peligro».
En relación con el salvamento de personas se recuerda que el artículo 98 del UNCLOS —véase la nota al pie número 823—, regula esta obligación del capitán, ya que éste tendrá que realizar cuanto sea posible para proteger la vida de las personas en peligro. En relación con lo anterior, cabe ser destacado el trabajo que a este respecto realiza la OMI. Existen numerosas directrices sobre cómo proceder en caso de buques en peligro, recomendaciones para realizar las operaciones propias del capitán, etc. Por ejemplo, véanse las «Directrices sobre la información operacional destinada a los capitanes en caso de inundación para los buques de pasaje construidos antes del 1 de enero de 2014», Documento MSC.1/Circ.1589, de 24 de mayo de 2018, publicadas con el objetivo de proporcionar orientaciones adicionales para la implantación uniforme de la regla II-1/8-1 del Convenio SOLAS, sobre el soporte informático para ayudar al capitán a calcular la estabilidad en caso de inundación en los buques de pasaje existentes. Igualmente, las «Directrices revisadas sobre la información operacional facilitada a los capitanes de buques de pasaje para el regreso a puerto del buque en condiciones de seguridad», Documento MSC.1/Circ.1532, de 6 de junio de 2016.

636 En virtud del ya mencionado artículo 185 de la LNM: «1. El capitán ostenta la representación del armador para contraer por cuenta de éste cuantas obligaciones se refieran a las necesidades ordinarias del buque. 2. El armador quedará obligado al cumplimiento de tales obligaciones sin que quepa alegar abuso de confianza o transgresión de las facultades conferidas. 3. Queda a salvo la responsabilidad que incumba al capitán frente al armador por los actos y contratos realizados contraviniendo las legítimas y expresas instrucciones impartidas por éste. 4. El capitán estará activa y pasivamente legitimado para comparecer como representante del armador en todos los procedimientos judiciales o administrativos concernientes al buque de su mando».

637 A este respecto, se señala el *case The Neptune* (1824) 1 Hagg 227, donde se planteó qué era un salvador («*What is a salvor?*»). El tribunal argumentó que un salvador es una per-

sí podrán —y deberán— colaborar en las operaciones de salvamento que se realicen en su buque. Pese a lo anterior, en alguna ocasión, se ha aceptado que el capitán o los miembros de la tripulación obtuvieran un premio pese al requisito de la ajenidad por haber prestado unos «servicios» excepcionales; es decir, excediendo de lo que estaban obligados[638], difícilmente aceptable en nuestro Derecho.

1.2.2. Los remolcadores

El remolque es una operación marítima por la que «un buque se obliga, mediante un precio, a proporcionar a otro la fuerza de tracción que necesita para su desplazamiento, bien por carecer de ella, bien por ser insuficiente, bien por no estar en condiciones de utilizarla»[639].

---

sona que, sin tener ninguna relación particular con el buque en riesgo, ofrece un servicio útil y lo hace como aventurero voluntario, sin ningún pacto preexistente que le vincule con el deber de emplearse en la preservación de dicho buque («*A person who, without any particular relation to a ship in distress, proffers useful service, and gives it as a* ***volunteer*** *adventurer, without any pre-existing covenant that connected him with the duty of employing himself for the preservation of that ship; — not so the crew, whose stipulated duty is (to be compensated by payment of wages) to protect that ship through all perils*», en negrita añadida para resaltar el requisito de la ajenidad. El juez recalca que la tripulación no podría ser salvadora, puesto que su deber es, entre otros, (*recompensado* a través del pago de los salarios) proteger ese barco de todo peligro. También en la doctrina; por todos, BENEDICT, *Benedict on Admiralty*, *op.cit.*, párr. 6-3, 69.

Por otro lado, en el *judgement* que se realiza de este *case*, el tribunal considera que, pese a lo anterior, pueden darse ciertas circunstancias en las que los miembros de la dotación pudiesen reclamar un premio por el salvamento, pero, especifica el tribunal, deben darse circunstancias extraordinarias. En la resolución: *«Accordingly, we see in the numerous salvage cases that come into this Court the crew never claim as joint salvors, although they have contributed as much as (and perhaps more than) the volunteer salvors themselves. I will not say that in the infinite range of possible events that may happen in the intercourse of men, circumstances might not present themselves that might induce the Court to open itself to their claim of a persona standi in judicio. But they must be very extraordinary circumstances indeed (...)»*.

Lo que nos interesa de este *case* es que se aprecia cómo en el *common law* se pone de manifiesto que el salvador ha de ser un *volunteer*, así como que la dotación, *a priori*, no lo es en tanto en cuanto es su deber actuar salvaguardar el buque y los otros bienes en peligro. No obstante, en presencia de circunstancias muy excepcionales, el capitán y la tripulación podrían obtener un premio por el salvamento.

638 *Vid.* MANDARAKA-SHEPPARD, *Modern Maritime Law*, *op.cit.*, pág. 498.

639 *Vid.* MENÉNDEZ, *El contrato de remolque*, Madrid, 1964, pág. 33. Otra definición del remolque, bastante descriptiva a nuestro parecer, se encuentra En BACARDÍ Y JANER, *Diccionario del Derecho marítimo de España en sus relaciones con la marina mercante, escrito en vista de la lejislación marítima, mercantil, rentística e internacional*, Barcelona, 1861, pág. 105, es la siguiente: «la maniobra de transportar a una nave a través de un cabo que se echa por la proa para que tiren de él y lo conduzcan una o más embarcaciones».

En nuestro Ordenamiento jurídico, el remolque se regula en los artículos 301 a 305 de la LNM. Esta operación marítima se divide principalmente en dos categorías[640] que han quedado recogidas en la LNM: el «remolque maniobra» y el «remolque transporte». El primero de los dos tipos de remolque se regula en el artículo 303 de la LNM[641] y hace referencia a aquellos remolques que tienen por objeto prestar asistencia al buque para realizar una determinada operación. Esta «asistencia» podrá consistir, por ejemplo, en maniobras a la entrada y salida del puerto, en facilitar la movilidad del buque remolcado en una zona angosta, en servicios de escolta o de guía, etc.[642]. El remolque maniobra tradicionalmente ha estado ligado al ámbito portuario, por lo que esta modalidad también se ha conocido como «remolque portuario»[643]. La segunda «categoría» de remolque es la definida en el artículo 302.1 de la LNM[644]: el remolque-transporte, cuya finalidad es el desplazamiento de un buque y, en su caso, de las mercancías que en él están cargadas, siendo responsable de ellas y de su custodia, *ex* artículo 302.2 de la LNM[645].

Por su parte, RAINEY[646] explica que, además del remolque de buques y otros objetos acuáticos —como, por ejemplo, las plataformas petrolíferas y de

640 *Vid.* PADILLA GONZÁLEZ, GÓMEZ PRIETO, «El contrato de remolque. Otros contratos de asistencia para la explotación comercial del buque», *Derecho Mercantil*, coords. G. JIMÉNEZ SÁNCHEZ, A. DÍAZ MORENO, vol. 8.°, Madrid, 2013, págs. 449-462, pág. 449; GABALDÓN GARCÍA, RUIZ SOROA, *Manual de Derecho de la Navegación Marítima, op.cit.*, pág. 627.

641 Cuya redacción dispone que: «Cuando el remolque tenga por objeto la asistencia del remolcador a la maniobra del remolcado, se entenderá que, salvo pacto en contrario, la dirección de la maniobra recae sobre el mando del buque remolcado».

642 *Vid.* ARROYO, RUEDA, *Comentarios a la Ley 14/2014..., op.cit.*, pág. 972.

643 Éste encuentra su definición en el artículo 127.1 de la LPEMM, que dice así: «1. Se entiende por servicio de remolque portuario aquél cuyo objeto es la operación náutica de ayuda a la maniobra de un buque, denominado remolcado, siguiendo las instrucciones de su capitán, mediante el auxilio de otro u otros buques, denominados remolcadores, que proporcionan su fuerza motriz o, en su caso, el acompañamiento o su puesta a disposición dentro de los límites de las aguas incluidas en la zona de servicio del puerto. 2. Las Prescripciones Particulares del servicio contendrán las características técnicas exigibles a los remolcadores y los medios que deban incorporar para colaborar con las Administraciones competentes en los servicios de extinción de incendios, salvamento marítimo y lucha contra la contaminación marina».

644 Cuyo primer apartado dispone que «Cuando el armador del buque remolcador se haya comprometido al desplazamiento del buque o artefacto remolcado se entenderá que, salvo pacto expreso en contrario, la dirección de la maniobra corresponde al capitán del remolcador. Serán de aplicación en tanto sean congruentes con el objeto del contrato las normas del capítulo II relativas a la puesta a disposición del buque en el contrato de fletamento».

645 En su redacción en la ley, «En los casos en que los elementos remolcados hayan sido entregados al remolcador se entenderá que este asume la custodia de ellos, con la consiguiente responsabilidad».

646 *Vid.* RAINEY, *The Law of Tug and Tow..., op.cit.*, pág. 1.

gas—, los remolcadores suelen prestar una amplia gama de servicios, tanto de manipulación de maquinaria como de suministro a las industrias de alta mar.

En ocasiones, las líneas entre el salvamento y el remolque-maniobra pueden encontrarse difuminadas, pues este tipo de remolque se *acerca* a una asistencia que, en determinadas circunstancias, puede parecer un salvamento. Sin embargo, el riesgo que puede existir en un remolque es distinto al que caracteriza un salvamento[647]; lo que ha llevado a algunos autores a afirmar que el peligro es un «elemento» incompatible con el remolque[648].

Pese a la anterior diferencia, en la práctica existen situaciones de remolque que se aproximan al salvamento marítimo. Por ejemplo, cuando en una operación de salvamento se remolca un buque en peligro a un lugar seguro[649]; pese a ello, teniendo en cuenta que el salvamento no sólo implica el rescate del bien en peligro, sino también su transporte a un lugar seguro, en nuestra opinión la operación debería calificarse más de salvamento que de remolque en el ejemplo descrito por los autores. También cuando se lleva a cabo un remolque en circunstancias peligrosas[650]. Igualmente, en el remolque pueden sobrevenir riesgos «externos» que someten al buque una situación de peligro que podrían aproximar la operación al salvamento. Por ello, la LNM —así como la anterior LAS en su artículo 4[651]— regula el denominado «remolque extraordinario» o «de fortuna» en su artículo 305[652]; esto es, una categoría de remolque

647 *Vid.* Lombardo, *Il diritto marittimo di assistenza e salvataggio*, Tívoli, 1932, págs. 37-38, realiza una distinción muy descriptiva, aunque demasiado *simple* desde nuestro punto de vista: el contrato de remolque es aquél que se celebra con un clima tranquilo, mientras que la asistencia tendría lugar con un ambiente «*cattivo tempo di mare*».

648 *Vid.* Fariña, *Auxilios y salvamentos en la mar*, Madrid, 1960, págs. 159-160; Uría, *Derecho mercantil*, Madrid, 2001, pág. 1.227; Ripert, *Droit Maritime*, III, *op.cit.*, pág. 116; Lombardo, *Il diritto marittimo di assistenza e salvataggio*, *op.cit.*, pág. 37; Arroyo, «Asistencias, salvamento, extracciones y hallazgos», en *Curso de Derecho mercantil*, dirs. R. Uría, A. Menéndez, tomo II, Cizur Menor, 2007, págs. 1.687-1.717, pág. 1.692; Pulido, *Los contratos de remolque marítimo*, Barcelona, 1996, págs. 88-89; Le Clère, *L'assistance aux navires et le sauvetage des épaves*, París, 1954, pág. 154.

649 *Vid.* Arroyo, Rueda, *Comentarios a la Ley 14/2014..., op.cit.*, pág. 979.

650 *Vid.* Menéndez, «La distinción entre remolque y asistencia», en *RDM*, 1962, núm. 84, págs. 241-262, pág. 243.

651 Cuya redacción disponía lo siguiente: «El remolcador no tendrá derecho a una remuneración por auxilio o salvamento del buque por él remolcado o de su cargamento, sino cuando haya prestado servicios excepcionales que no puedan ser considerados como el cumplimiento del contrato de remolque. Tampoco se reconocerá derecho a remuneración en los auxilios prestados entre sí por embarcaciones que naveguen o pesquen formando unidad pesquera, pertenezcan o no a un mismo propietario, a menos que se presten en condiciones de excepcional dificultad y riesgo».

652 Cuyo contenido es el siguiente: «Cuando se soliciten servicios de remolque en situación extraordinaria, que no lleguen a constituir un supuesto de salvamento marítimo, sin haberse fijado previamente las condiciones de su prestación y precio, el armador del buque remolcador tendrá derecho a una remuneración adecuada por los servicios presta-

caracterizado por un peligro y unas circunstancias extraordinarias, la cual se estudiará más adelante. El artículo 305 de la LNM establece las condiciones por las cuales el armador del buque remolcador tiene derecho a un premio por los servicios de remolque de fortuna; esto es, servicios de remolque en una situación extraordinaria[653]. En virtud de lo anterior, aquellos remolcadores que hubieran prestado unos servicios extraordinarios o excepcionales de remolque podrían tener derecho a un premio, pero no por el salvamento, sino a través de la figura del remolque de fortuna.

1.2.3. Los prácticos

El práctico es la persona que «se obliga, a cambio de un precio, a asesorar al capitán en la realización de las diversas operaciones y maniobras para la segura navegación de buques por aguas portuarias o adyacentes», *ex* artículo 325 de la LNM[654]. El práctico es un asesor técnico del capitán, un «consejero náutico»[655], que lo informa sobre todas las condiciones que puedan influir en la seguridad de la navegación en una determinada zona[656]. De ello se extrae

dos. Esta remuneración incluirá los daños y perjuicios sufridos por su buque con ocasión del remolque, la ganancia dejada de obtener durante el tiempo de prestación, y un precio adecuado al servicio prestado. Esta remuneración no estará condicionada al éxito de la operación».

653 El artículo 305 de la LNM establece que: «Cuando se soliciten servicios de remolque en situación extraordinaria, que no lleguen a constituir un supuesto de salvamento marítimo, sin haberse fijado previamente las condiciones de su prestación y precio, el armador del buque remolcador tendrá derecho a una remuneración adecuada por los servicios prestados. Esta remuneración incluirá los daños y perjuicios sufridos por su buque con ocasión del remolque, la ganancia dejada de obtener durante el tiempo de prestación, y un precio adecuado al servicio prestado. Esta remuneración no estará condicionada al éxito de la operación».

654 Además de la LNM, el Real Decreto 393/1996, de 1 de marzo, por el que se aprueba el Reglamento general de Practicaje, de conformidad con lo establecido en la Ley de Puertos del Estado y de la Marina Mercante (RGP en adelante), define en su artículo 2.2, letra e), al práctico como aquél «que previa su correspondiente habilitación y nombramiento, asesora a los capitanes de buques y artefactos flotantes para facilitar su entrada y salida de los puertos, ríos, rías o barras, fondeaderos, boyas, cargaderos exteriores y diques, en los movimientos tanto interiores como exteriores de los buques, en fondeos, atraques y desatraques, así como en otras áreas, indicando la derrota conveniente de la nave y las maniobras náuticas necesarias para una mayor seguridad de la navegación».

655 *Vid.* Fernández-Guerra, *El contrato de practicaje*, Barcelona, 1997, pág. 82.

656 Esto es, en opinión de Padilla, «Aproximación a las figuras del práctico y del practicaje a la luz de la ley de Puertos del Estado y la Marina Mercante», en *Estudios de Derecho Mercantil en homenaje al profesor Manuel Broseta Pont*, vol. 3, Valencia, 1995, págs. 2.731-2.778, pág. 2.739, lo que caracteriza al práctico, puesto que existen otros sujetos que pueden asesorar al capitán (empezando por sus propios oficiales).

que el práctico es un profesional náutico, tan cualificado o más, que el propio capitán del buque en la zona en la que realiza sus servicios[657].

La jurisprudencia anglosajona, en alguna ocasión, ha llegado a reconocer una *reward* por los servicios realizados por el práctico; por ejemplo, en el *case The Sandefjord*[658]. En este supuesto, pese a que el tribunal negó que la operación realizada por el práctico fuera un salvamento marítimo, sí reconoció una *reward* por el riesgo que había corrido.

Sin embargo, la visión sobre la relación entre los servicios del práctico como un salvamento y su correspondiente premio tomó una nueva dirección en la jurisprudencia anglosajona dos décadas más tarde, con el *case The Hudson Light*[659]. En este *case*, la cuestión que se planteó fue qué premio le corres-

657 *Vid.* CROWLEY, «In the Wake of the *Exxon Valdez*: Charting the Course of Pilotage Regulation», en *JMLC*, *cit.*, pág. 171, basándose en la jurisprudencia norteamericana. En concreto, en el caso *Bunge Corporation* v. *MJV Furness Bridge*, 558 F.2d 790, 1977 AMC 2109 (5th Cir. 1977), que expresa que el práctico debe tener un nivel de cuidado inusualmente alto, porque es precisamente seleccionado por su conocimiento de la topografía a través de la cual dirige el barco. El práctico debe estar familiarizado con todos los riesgos que se encuentran en la zona donde trabaja ([*the pilot*] *«must be held to an unusually high standard of care because he "is selected for his personal knowledge of the topography through which he steers his vessel (...) He must (...) be familiar with all dangers that are permanently located" »*).

658 [1953] 2 Lloyd's Rep. 557. En este supuesto, el buque *Sandefjord* encalló en Goodwin Sands (Reino Unido). Varios remolcadores acudieron a ayudar al buque en peligro, pero finalmente y debido a la intervención del práctico, ninguno de ellos fue necesario.
El práctico planteó que, al asesorar al capitán sobre cómo realizar las maniobras náuticas para que el buque volviera a navegar, los *«owners»* habían evitado contratar los servicios de salvamento y el pago del eventual premio. El práctico reclamó un premio por salvamento, ya que entendía que las actuaciones que había realizado excedían de los servicios ordinarios de practicaje. En el *judgement* del tribunal, se reconoce que el práctico corrió un gran riesgo en su prestación y que estos eran meritorios de una compensación generosa —*«(...) I think the pilot is entitled to be favourably considered»*—. Justifica el tribunal lo anterior por haber aceptado el práctico una responsabilidad extraordinaria —consistente en ofrecer asesoramiento—, debido a que había seguido una estrategia arriesgada; y, en caso de haberse equivocado, hubiera incurrido en responsabilidad: *«the plaintiff took upon himself excepcional responsability and ran the risk that his advice should prove wrong he would be blamed for the consequences»*.
Pese a lo anterior, sus servicios no constituían un salvamento, opinión que compartimos. De hecho, el tribunal consideró que no era función del tribunal promover que los prácticos (o a cualquier otro tipo de «gente de mar») corrieran riesgos pensando que así pudieran obtener un premio por salvamento: *«But it is, I think, no part of the business of this Court to encourage pilots, or any other class of seafaring folk, to take undue risks such as may arise if it is thought that they are to be highly rewarded for refusing to accept the assistance of tugs which are offering help»*. Aunque, por una razón de equidad, le reconocieron al práctico una «compensación», como decía el tribunal, generosa, por el peligro y riesgo corridos, sin que lo anterior llegara a constituir un salvamento marítimo.

659 [1970] 1 Lloyd's Rep. 166. En este supuesto, el buque *Hudson Light* estaba anclado en Gravesend Reach (Reino Unido) pero las fuertes corrientes arrastraron tanto el ancla como al buque, hasta que éste encalló. Aunque intentaron reflotarlo, no pudieron por lo que

pondía al práctico por los servicios realizados[660]. En principio, al práctico le pagaron 20 libras por sus servicios, pero cuando se planteó el caso ante el tribunal, éste le reconoció un premio por salvamento por un valor total de 325 libras. El argumento que utilizó el tribunal para lo anterior fue que el práctico había demostrado mayor destreza que los remolcadores; consideración que no compartimos.

Cinco años después de esta sentencia, en el *case The Aldora*[661] el tribunal dictaminó que para que un práctico o los remolcadores tuvieran derecho a reclamar un premio por salvamento tenían que concurrir dos factores. En primer lugar, el tribunal especificó que el barco estuviera en una situación de peligro —propia del salvamento— que no hubiera podido ser razonablemente prevista por las partes, cuando se celebraron los contratos de practicaje o remolque. En segundo lugar, que el peligro que hubiera tenido finalmente lugar o que los servicios que se hubieran prestado excedieran de lo razonablemente previsto en el marco de esos contratos de practicaje o remolque. En consecuencia, cuando concurrieran estas dos circunstancias, la operación sería un salvamento y no un remolque o practicaje; de modo que los remolcadores o el práctico serían considerados «salvadores» y se les reconocería un premio por los servicios (de salvamento) prestados[662].

---

solicitaron servicios de remolque. Acudieron cinco remolcadores, pero no consiguieron mover el buque. Finalmente, fue gracias a la intervención de un práctico, que ordenó a los remolcadores cómo realizar las operaciones como consiguieron reflotar el buque.

660 Según lo dispuesto en la sentencia: «Salvage is admitted, and the only question for decision is the amount which the plaintiff is entitled to be paid for his services».

661 [1975] 1 Lloyd's Rep. 617. En este supuesto, el buque *Aldora* llegó antes de lo previsto al puerto y el capitán, viendo que el práctico no estaba, optó por esperarlo en la entrada del puerto. El buque encalló en un banco de arena y, cuando momentos después el práctico llegó, comentó con el capitán la situación del buque y ambos acordaron que para reflotarlo se necesitaría disponer de cuatro remolques tan rápido como fuera posible. Apenas quince minutos después de que llegaran los remolcadores, el barco fue completamente reflotado y remolcado hasta el puerto. Tanto el práctico como los remolcadores solicitaron un premio por salvamento por los servicios realizados.

662 El tribunal consideró que ambos factores concurrían en el caso del *Aldora* pues, en primer lugar, el buque encallado estaba expuesto a peligros que no podían ser razonablemente previstos cuando el práctico y los remolcadores fueron contratados. En segundo lugar, que el práctico, al dirigir las operaciones para reflotar el buque, asumió responsabilidades más allá de las que se prevén en el desarrollo de su actividad; y que los remolcadores, al llevar a cabo esas operaciones, realizaron tareas que no podían preverse razonablemente dentro del ámbito de sus contratos iniciales. En la sentencia, «(...) *that the Aldora, by reason of being aground, was exposed to dangers which could not reasonably have been contemplated when the pilot and the tugs were originally engaged; and, secondly, that the pilot, in directing the refloating operations, undertook responsibilities, and the tugs, in carrying out those operations, performed duties, which could not reasonably be regarded as being within the scope of their original engagements*».
A mayor abundamiento, el tribunal argumenta que, en lo que respecta al práctico, asumió una gran responsabilidad al controlar y dirigir las operaciones para reflotar el buque.

En virtud de lo anterior[663], se aprecia que la jurisprudencia anglosajona en general cuestiona que los servicios realizados por un práctico puedan llegar a ser considerados como salvamento. No obstante, en caso de que los prácticos realicen actuaciones extraordinarias, que exceden de sus funciones habituales, tendrían derecho a obtener un premio. Este criterio, consagrado en la jurisprudencia anglosajona, resulta dudoso en la práctica ordinaria, en el sentido de que tendríamos que esperar a determinar si se pasa de un remolque a un salvamento en función de la actuación del remolcador y no con base en si existe riesgo o no.

Por su parte, la doctrina española[664] ha considerado que cuando en la prestación de servicio de practicaje sobreviene un peligro grave, que requiera de la prestación de unos servicios excepcionales, el práctico podrá reclamar un premio.

Desde nuestro punto de vista, partimos de la idea de que la «ajenidad» se sigue exigiendo para las partes en una operación de salvamento marítimo. En España, el servicio de practicaje es un servicio público[665], de modo que nos resulta residual concebir una situación en la que el práctico llegue a cobrar

---

Además, en el ejercicio de esa responsabilidad, hizo buen uso de sus conocimientos y demostró un alto grado de destreza profesional. En palabras del tribunal, *«So far as the pilot is concerned, he undertook a serious responsibility in controlling and directing the refloating operations. Further in discharging that responsibility he made good use of his local knowledge and experience and played a high degree of professional skill»*.

En cuanto a los remolcadores, no destaca nada en especial de sus actuaciones, salvo su rapidez, ya que, el tribunal reconoce que no corrieron peligro y que las operaciones realizadas no fueron especialmente complejas. Pese a lo anterior, el tribunal reconoce estos servicios, pero no los califica de salvamento pues, los dos factores que implicarían un salvamento habían cesado.

663 Para más información sobre casos en los que se plantea la consideración de los servicios del práctico como un salvamento, véase Brice, *Brice on Maritime Law of Salvage*, *op.cit.*, págs. 89-91 y *cases* allí citados.

664 *Vid.* García Luengo, *La remuneración en el salvamento marítimo*, *op.cit.*, pág. 90; Ruiz Soroa, *Manual de derecho de accidentes de la navegación*, *op.cit.*, pág. 121; Morral, *El salvamento marítimo*, *op.cit.*, págs. 265-267.
Si durante la operación de practicaje se produjera un riesgo inminente de daño al buque y el práctico lo mitigara con su asesoramiento o actuación, no hay unanimidad en la doctrina sobre si estas actuaciones deberían ser consideradas salvamento o no; *cfr.* Ripert, *Droit Maritime*, III, *op.cit.*, pág. 130; Rodière, Lureau, *Traité Général de Droit Maritime...*, *op.cit.*, V, pág. 190. Por otro lado, García Luengo, *La remuneración en el salvamento marítimo*, *op.cit.*, págs. 89-91, considera que sí podrían ser susceptibles de ser salvamento marítimo.

665 A este respecto, conviene destacar el artículo 108.2, letra a), de la LPEMM que lo considera un «servicio portuario», así como el Real Decreto 393/1996, de 1 de marzo, por el que se aprueba el Reglamento general de Practicaje, de conformidad con lo establecido en la Ley de Puertos del Estado y de la Marina Mercante, publicado en el *BOE* núm. 66, de 16 de marzo de 1996, páginas 10509 a 10520, disponible en: https://www.boe.es/eli/es/rd/1996/03/01/393.

un premio por salvamento marítimo. Sin duda, nada impide que el práctico participe en el salvamento, pero existe una diferencia entre colaborar con una empresa salvadora y realizar el salvamento con los medios de los que dispone. Se nos antoja difícil que el práctico pueda desligarse del ejercicio de la profesión de practicaje y cuente con otros recursos para realizar la operación de salvamento marítimo.

Esto no impide que, en circunstancias muy excepcionales, cuando el práctico realice funciones que exceden de las que le son propias y, en efecto, la operación pueda calificarse como un salvamento, pudiera cobrar un premio por los servicios o la colaboración prestada. Por ello, si la operación excede de tal forma que se considera salvamento, sería, obviamente salvamento y tendría derecho a un premio. En caso de que no pueda considerarse propiamente un salvamento, pero aun así la actuación del práctico excede de sus funciones habituales, consideramos que los tribunales, atendiendo a las circunstancias de cada caso, podrían reconocerles una «recompensa», ya que no estamos ante un salvamento, sino a unos servicios excepcionales.

1.2.4. El *«owner»* del buque salvado

Puede suceder que el salvamento de un buque se realice por otro buque que sea de la misma «propiedad» que la del buque en riesgo. *A priori*, según la regla de la ajenidad, este «*owner*» no tendría derecho a obtener un premio por el salvamento efectuado. No obstante, esta afirmación debe matizarse.

Ya en el Convenio de 1910 sobre salvamento[666], el artículo 5 disponía que «Corresponde una remuneración, aun en el caso de que el auxilio o el salvamento hayan tenido lugar entre navíos que pertenezcan al mismo dueño». De modo similar, el artículo 12.3 del CISM 1989 establece lo siguiente: «Las disposiciones del presente capítulo serán aplicables aun cuando el buque salvado y el buque que emprenda las operaciones de salvamento pertenezcan al mismo propietario».

Este artículo planteó cierto debate en lo relativo a que únicamente fuera el «*owner*» del buque —y no así de otros bienes— el que pudiera beneficiarse de las disposiciones del Convenio de 1989[667]. Así, determinadas delegaciones consideraron que utilizar únicamente la palabra «buque» podría suponer problemas[668], si bien era cierto que utilizar el término «propiedad» tampoco agotaría todas las ocasiones a las que se refiere el artículo. En virtud de lo anterior, se sugirió que el artículo 12.3 del CISM 1989 estableciera la expresión «(...)

666 Véase *supra* en el capítulo primero el epígrafe 1.1 El Convenio para la unificación de ciertas reglas en materia de auxilio y de salvamento marítimo de 1910.

667 *Vid*. CMI, *The Travaux Préparatoires of the Convention on Salvage, 1989*, *op.cit.*, págs. 290-291.

668 Por ejemplo, cuando la empresa de salvamento lo realizara a través de un helicóptero.

cuando el buque o los bienes salvados (...)». Otra de las propuestas pasaba por incluir el «buque que emprenda, o equipo utilizado en operaciones de salvamento (...)»[669]. Pese al debate anterior, al final se optó por que este artículo sólo hiciera referencia a las operaciones realizadas desde un buque, de modo que se mantenía lo estipulado en el anterior Convenio de 1910[670]. Aun así, como se verá más adelante[671], al titular de las mercancías, pese a ser un sujeto que no cumple con la ajenidad con respecto a la «propiedad» salvada, se le ha reconocido alguna recompensa por sus actuaciones.

En concordancia con el CISM 1989, la LNM reconoce que los salvadores tendrán el derecho de obtener un premio, aunque el buque salvado sea del mismo «*owner*», *ex* artículo 362.3 LNM[672].

La regla de la ajenidad se cumple en tanto en cuanto se considera a los dos buques —el auxiliado y el salvador— con ámbitos de actividad distintos, aunque tengan el mismo «*owner*»[673]. Como se verá más adelante, las dudas

---

669 En la versión auténtica: «vessel undertaking, or equipment used in salvage operations...»; *vid*. CMI, *The Travaux Préparatoires of the Convention on Salvage, 1989*, *op.cit*., pág. 290.

670 De hecho, lo anterior se puso de manifiesto en el *case «owners» of Beaverford* v. *«owners» of Kafiristain* (1938), A.C. 136. En este supuesto, se produjo un accidente entre el buque *Empress of Britain* y el *Kafiristain* en 1935. El segundo buque había quedado gravemente dañado, por lo que necesitaba auxilio. La ayuda vino del buque *Beaverford* —propiedad de la misma compañía del *Empress of Britain*— seis horas más tarde, periodo durante el cual el *Empress of Britain acompañó* al otro buque afectado. El *Kafiristain* fue trasladado a Nueva Escocia como lugar seguro por petición de su capitán.
La cuestión planteada al tribunal comprendía si el armador del *Beaverford* tenía derecho a cobrar el premio por los servicios prestados, ya que había sido otro buque de su propiedad el que había causado el accidente. El tribunal entendió que ambos buques eran independientes y que las actuaciones realizadas por uno no estaban relacionados con las del otro. De este modo, admitió el premio por los servicios prestados por el buque *Beaverford*; *vid.* Hill, Kulkarni, *Maritime Law*, Londres, 2017, pág. 379; Hodges, Hill, *Principles of Maritime Law*, Londres-Hong Kong, 2001, pág. 195.

671 Véase *infra* en este capítulo el epígrafe 1.2.5 Otros sujetos en relación con la ajenidad.

672 Que dispone que «Se deberá premio incluso si los buques salvador y salvado pertenecen al mismo propietario».

673 En el ámbito de los transportes, por ejemplo, empiezan a generalizarse el uso de cláusulas como la «New Jason Clause» (Cláusula 4) en el modelo CONGENBILL o la «Sister Ship Clause».
La redacción que BIMCO realiza para la primera de ellas es la siguiente: «In the event of accident, danger, damage or disaster before or after the commencement of the voyage, resulting from any cause whatsoever, whether due to negligence or not, for which, or for the consequence of which, the Carrier is not responsible, by statute, contract or otherwise, ***the goods, Shippers, Consignees or «owners» of the goods shall contribute*** *with the Carrier in general average to the payment of any sacrifices, losses or expenses of a general average nature that may be made or incurred and shall pay salvage and special charges incurred in respect of the goods. If a salving ship is owned or operated by the Carrier, salvage shall be paid for as fully as if the said salving ship or ships belonged to strangers. Such deposit as the Carrier or his agents may deem sufficient to cover the estimated contribution of the goods and any salvage and special charges thereon shall, if required, be made*

que puede plantear este precepto son relativas al reparto del premio, pues el artículo 363.1 de la LNM dispone que:

> «El premio por el salvamento, excluida la parte que corresponda al resarcimiento de daños, gastos o perjuicios del salvador, se repartirá entre el armador del buque salvador y su dotación en la proporción de un tercio y dos tercios respectivamente, salvo pacto en contrario (...)»[674].

---

by the goods, Shippers, Consignees or «owners» of the goods to the Carrier before delivery», en negrita añadida. Para la cual se propone la siguiente traducción libre: «En caso de accidente, peligro, daño o desastre antes o después del comienzo del viaje, resultante de cualquier causa, debida o no a la negligencia, de la cual, o de cuyas consecuencias, el porteador no es responsable, ni por ley, ni por contrato o por otra forma, las mercancías, los cargadores, destinatarios o titulares de las mercancías contribuirán con el porteador en la avería gruesa al pago de los sacrificios, pérdidas o gastos que sean, por su naturaleza, de avería gruesa que puedan realizarse o incurrirse y pagarán el salvamento y los gastos especiales incurridos con respecto a las mercancías. Si un buque de salvamento es propiedad del porteador o es operado por él, el salvamento será pagado como si dicho buque o buques de salvamento pertenecieran a extraños. El depósito que el porteador o sus representantes consideren suficiente para cubrir la contribución estimada de las mercancías y cualquier salvamento y cargos especiales sobre las mismas será, si se requiere, hecho por las mercancías, los cargadores, destinatarios o titulares de las mercancías al porteador antes de la entrega».

La Nordic Association of Marine Insurers la redacta así: *«Should the vessel hereby insured come into collision with or receive salvage services from another vessel belonging wholly or in part to the same «owners» or under the same management, the Assured shall have the same rights under this insurance as they would have were the other vessel entirely the property of «owners» not interested in the vessel hereby insured; but in such cases the liability for the collision or the amount payable for the services rendered shall be referred to a sole arbitrator to be agreed upon between the Underwriters and the Assured»*. La traducción propuesta para esta cláusula es la siguiente: «Si el buque asegurado por el presente documento entra en colisión o recibe servicios de salvamento de otro buque que pertenezca total o parcialmente a los mismos propietarios o esté bajo la misma dirección, el asegurado tendrá los mismos derechos en virtud de este seguro que tendría si el otro buque perteneciera a extraños. No obstante, en tales casos, la responsabilidad por la colisión o la cantidad pagadera por los servicios de salvamento prestados se someterá a un árbitro único que se acordará entre los aseguradores y el asegurado».

En virtud de esta cláusula 4, los titulares de la mercancía participan en los gastos de salvamento; planteamiento que coincide con el enfoque del CISM 1989 y de la LNM. Así, la cuestión de que los titulares de la carga participen en el pago del premio por el salvamento se lleva también a los modelos de conocimientos de embarque, tanto en el fletamento como en el transporte de línea regular.

674 Se acude a la ley nacional, ya que el artículo 15.2 del CISM 1989 la señala como aplicable con respecto al reparto del premio entre los salvadores: «El reparto entre el propietario, el capitán y las demás personas que haya al servicio de cada uno de los buques salvadores se regulará por la ley del país cuyo pabellón enarbole el respectivo buque salvador (...)». El reparto del premio se estudiará con mayor detalle en *infra* el capítulo cuarto epígrafe 2.3 El reparto del premio.

A este respecto, la doctrina anglosajona[675] suele citar el caso *The "San Bernardo"*[676], en el que se afirmó que el capitán y la tripulación del buque salvador no eran los únicos salvadores, pues también los *«owners»* del buque podían considerarse salvadores[677].

1.2.5. Otros sujetos en relación con la ajenidad.

Existen otros sujetos que, de manera similar a los anteriores, han llegado a recibir una «recompensa» por realizar actuaciones excepcionales en una operación de salvamento, pese a no ser ajenos a la «propiedad» salvada. Como en las situaciones anteriores, la base para que estos sujetos recibieran una «recompensa» ha sido la *equity*; lo cual no parece aplicable en España al no tener base legal que justifique la «recompensa»[678]. Debido a que estos casos son muy residuales, se ha querido incluir en este epígrafe tanto a los pasajeros como a los titulares de la mercancía, sin perjuicio de que haya otras figuras a

675 Por todos, *vid.* Brice, *Brice on Maritime Law of Salvage*, *op.cit.*, pág. 59.

676 *(Laretta Master)* [1799] EngR 605; (1799) 1 C Rob 177; 165 E.R. 140 (1 February 1799).

677 Los hechos que dieron lugar a este caso se sitúan en 1799, cuando el buque español *San Bernardo* fue salvado de sus captores por un buque inglés, por lo que a los salvadores se les reconoció un premio. El valor total de los bienes salvados se estimó en 12.000 libras esterlinas y el premio se fijó en un tercio de dicha cantidad, esto es, 4.000 libras. Se solicitó al tribunal que, en el reparto del premio, se diera una parte a los *«owners»* del buque inglés por el riesgo que había corrido al realizar el salvamento. El tribunal estableció que, estrictamente los salvadores eran el capitán y la tripulación, y que los *«owners»* no tenían derecho a reclamar ningún premio. Sin embargo, finalmente el tribunal les reconoció, por el riesgo corrido, una parte equitativa del premio, principalmente porque las partes estaban también de acuerdo: *«in the present case, as the parties seem to have agreed upon the matter, I shall do what I shall not be disposed to do in other cases»*. En virtud de lo anterior, se concedieron 2.000 libras a los *«owners»* del buque, 1.000 al capitán y el resto se distribuyó entre la dotación. No se especifica en la sentencia, pero el fallo del tribunal parece justificarse en aplicación del principio de equidad para «compensar» a aquellas partes que habían corrido un riesgo por salvar la «propiedad» de otros.

678 Una propuesta podría ser entender que existe un enriquecimiento injusto que permitiría considerar que el salvado ha conseguido un beneficio (el salvamento de la «propiedad») sin que le hubiera costado nada, aunque se necesitaría un procedimiento jurisprudencial al respecto para tener algún fundamento legal. Como señala Díez-Picazo, *Fundamentos del Derecho Civil Patrimonial*, I: *Los contratos, Teoría general de obligaciones y contratos, consentimiento, objeto y causa. Vicios contractuales, interpretación y eficacia negocial*, Cizur Menor, 2010, págs. 81-82, cuando se produce cualquier desplazamiento patrimonial, debe fundamentarse en alguna causa para ser considerada lícita; es decir, conforme con el Ordenamiento jurídico. Con base en ello, podría tomarse como una posible opción la doctrina del enriquecimiento injusto para que el práctico —o cualquiera de estos sujetos descritos en el epígrafe— obtuviese alguna «recompensa» por los servicios extraordinarios realizados.

las que se les haya reconocido esta «recompensa» que no serán estudiadas en este trabajo[679].

En relación con los pasajeros, cabe recordar que el contrato de transporte marítimo de pasajeros o pasaje[680] se encuentra definido en el *Convenio relativo al Transporte de Pasajeros y sus Equipajes por Mar*, hecho en Atenas el 13 de diciembre de 1974 (Convenio de Atenas en adelante)[681]. En virtud de su artículo 1.2, el contrato de transporte «es todo contrato concertado por un transportista o en nombre de un transportista para el transporte por mar de un pasajero o de un pasajero y su equipaje, según sea el caso». En el Ordenamiento español, el contrato de pasaje se regula en el artículo 287 de la LNM, cuyo apartado primero dispone lo siguiente: «Por el contrato de pasaje marítimo el porteador se obliga, a cambio del pago de un precio, a transportar por mar a una persona y, en su caso, su equipaje»[682].

En virtud del artículo anterior, los pasajeros tienen la obligación de pagar el precio del transporte. Por su parte, el artículo 293.2 de la LNM dispone que «El pasajero deberá pagar el precio del pasaje, presentarse oportunamente para su embarque y observar las disposiciones establecidas para mantener el buen orden y la seguridad a bordo». En consecuencia, la obligación principal del pasajero es la del pago del precio del transporte. Todo aquello que exceda de esta obligación, supondrá algo «fuera de lo ordinario».

La doctrina anglosajona[683] reconoce la posibilidad de que los pasajeros puedan obtener una «recompensa» por salvamento cuando hubieran prestado un

---

679 Por ejemplo, el consignatario del buque; *vid.* BENEDICT, *Benedict on Admiralty*, *op.cit.*, párr. 4-25-4-27; BRICE, *Brice on Maritime Law of Salvage*, *op.cit.*, págs. 91-92 y *cases* allí citados. Por ejemplo, cuando hubieran ofrecido asistencia en una situación de peligro, normalmente relacionadas con dar consejos, comunicaciones o celebrar contratos. Aunque ha habido algunos caos en los que se ha admitido una remuneración por ello (*The Happy Return* (1828) 2 Hagg. 198; *The Favorite* (1844) 2 W. Rob. 255; *The Crusader* [1907] P. 196; *apud.* BRICE, *Brice on Maritime Law of Salvage, op.cit.*, pág. 92), en la actualidad no se conocen supuestos.

680 *Vid.* PULIDO, «Del contrato de pasaje», en *Comentarios a la Ley 14/2014 de 24 de julio, de navegación marítima*, dirs. I. ARROYO MARTÍNEZ, J.A., RUEDA MARTÍNEZ, Cizur Menor, 2016, págs. 923-961, pág. 924.

681 El Instrumento de Adhesión de España al Convenio relativo al Transporte de Pasajeros y sus Equipajes por Mar, hecho en Atenas el 13 de diciembre de 1974, se publicó en el *BOE* núm. 108, de 6 de mayo de 1987, accesible en el siguiente enlace: https://www.boe.es/diario_boe/txt.php?id=BOE-A-1987-10821.

682 El segundo apartado de este precepto continúa del siguiente modo: «Las disposiciones de este capítulo no se aplicarán al transporte amistoso ni al pasaje clandestino. No obstante, se aplicarán a los transportes gratuitos realizados por un porteador marítimo de pasajeros».

683 *Vid.* BRICE, *Brice on Maritime Law of Salvage*, *op.cit.*, págs. 92-93; KENNEDY, ROSE, *Law of Salvage*, *op.cit.*, págs. 280-282. Este último autor también ha señalado que aquellos pasajeros que hayan conseguido abandonar el buque en peligro, pero posteriormente hayan vuelto para asistirlo, tienen mayor probabilidad de obtener una recompensa por

servicio más allá de su propio interés y de lo esperado de ellos en su condición de pasajeros.

Por otro lado, en algunas ocasiones los miembros de la dotación del buque en peligro han llegado a recibir una «recompensa» por su actuación en una operación de salvamento marítimo. A este respecto, la doctrina anglosajona[684] suele citar los *cases Newman v. Walters*[685] y *The San Demetrio*[686] como supuestos en los que, como excepción, la tripulación recibió una «recompensa».

---

salvamento que aquellos que hayan ayudado desde un principio. No obstante, no se comparte esta visión, puesto que lo relevante es que los servicios que hayan podido prestar los pasajeros tengan ese carácter extraordinario, no cuándo los han realizado. De hecho, en contra de lo anterior, se ha considerado que si un pasajero opta por permanecer a bordo para salvar el buque, podría considerarse un salvador; *vid.* CHORLEY, GILES, *Derecho Marítimo*, trad. F. SÁNCHEZ CALERO, Barcelona, 1961, pág. 379, en especial nota al pie 40; ROSCOE, *Admiralty Jurisdiction and Practice*, Londres, 1931, pág. 141. Igualmente, cuando el pasajero haya tenido oportunidad de escapar y, en esa situación, haya optado por quedarse a auxiliar al resto de pasajeros y al buque; *vid.* CARVER, *Carriage by sea*, vol. 1, Londres, 1982, pág. 943.

684 *Vid.* HODGES, HILL, *Principles of Maritime Law*, *op.cit.*, pág. 179; WISWALL, *The Development of Admiralty Jurisdiction and Practice Since 1800*, Londres, 1970, pág. 72.

685 (1804) 3 Bos & P 612. Antes de analizar el supuesto, conviene situarlo en su contexto, debido a que es un caso que data de principios del siglo XIX (1804); de modo que las circunstancias del caso —el tipo de barco, las cualificaciones profesionales de la dotación y el capitán, etc.— no serían en principio trasladables a la actualidad. Advertido lo anterior, en este supuesto el velero *Betsey*, que partió de Gravesend (Reino Unido) con destino a la Isla de San Cristóbal (San Cristóbal y Nieves), encalló poco después de partir en las rocas de Chichester, al sur de la costa de Inglaterra. Tras ello, el capitán dio la orden de abandonar el barco, lo que hizo él mismo y otros tres miembros de la tripulación, aunque no todos. El práctico que había acudido a la llamada de socorro estaba ebrio, de modo que no pudo dar indicaciones para preservar el barco. El primer oficial, junto con el resto de la tripulación que había quedado a bordo del buque, tomó el control del buque y solicitó a un pasajero que había sido capitán de buques mercantes que tomara el mando del velero, lo que hizo. Este pasajero consiguió llevar el barco al puerto de Ramsgate (Reino Unido), donde atracó debidamente.
El tribunal consideró que el demandante —el pasajero que había asumido la dirección del buque— se había «excedido» de sus obligaciones al asumir el control del barco, como si fuera propiamente su capitán. Por ello, le reconocieron una «recompensa» por su actuación: «I think, that if he goes beyond those duties he is entitled to a reward (...). In this case the Plaintiff did not act as a passenger when he took upon himself the direction of the ship; he did more than was required of him in that situation, and having saved the ship by his exertions is entitled to retain his verdict in this action».

686 (1941) 69 LIL Rep 5. No obstante, en este caso el capitán había dado la orden de abandonar el buque. Desde ese momento, ya no se podría considerar que la tripulación seguía teniendo un interés ni un deber para con el buque; por lo que, si el contrato de estos trabajadores finaliza, podrían tener derecho a obtener un premio.
Así lo recogía el Código de Comercio en su artículo 643 antes de ser derogado: «Si el buque y su carga se perdieren totalmente por apresamiento o naufragio, quedará extinguido todo derecho, así por parte de la tripulación para reclamar salario alguno como por la del naviero para el reembolso de las anticipaciones hechas. Si se salvare alguna parte del buque o del cargamento, o de uno y otro, la tripulación ajustada a sueldo, incluso el

Además, también se les ha reconocido una «recompensa» a los titulares de la mercancía, porque han realizado algunos servicios que excedían de lo que legalmente se les exigía o se esperaba de ellos; como, por ejemplo, en el caso *The Sava Star*[687]. Este buque transportaba fertilizante NPK desde Noruega hasta Inglaterra. Durante el transporte, el capitán se dio cuenta de que había humo provocado por una fuga del gas en la bodega[688]. Cuando descubrieron que se debía a que el producto que transportaban estaba en descomposición, el capitán llamó a los titulares de la mercancía con la finalidad de que les facilitaran asesoramiento y consejo sobre cómo enfriar el producto y así detener su descomposición. Los titulares de la mercancía iniciaron el plan de emergencia que tenían previsto y, entre sus actuaciones, alertaron a una brigada de extinción de incendios que movilizó un helicóptero, un remolcador con equipo de extinción de incendios y un buque de salvamento. El tribunal que conoció el caso aplicó los mismos principios que se han expuesto anteriormente en relación con los pasajeros. En concreto, tomó como referencia el caso *The Great Eastern*[689], en el que el juez dictaminó: primero, que un pasajero podía prestar servicios de salvamento en el buque en el que se encontraba si éste estaba en peligro; segundo, que para hacerlo no tenía que, previamente, haberse «*personally disconnected*» del buque en el que se encontraba; tercero, que, para considerarlo salvador, estos servicios debían ser de carácter extraordinario, más allá de su deber. En el caso *The Sava Star*, el tribunal constató que, desde 1860 aproximadamente, no se habían sustanciado casos en relación con los pasajeros que reclamasen un premio por salvamento marítimo; pero que, si eso se aceptaba en relación con los pasajeros, también podía aceptarse para con los titulares de la carga.

Además, el tribunal reconoció la «recompensa» sobre la base de que las actuaciones realizadas por los titulares de la carga en este caso habían ido más allá de los habituales, como dar instrucciones específicas para proteger o salvar la mercancía; por tanto, pone como ejemplos de esta actuación extraordinaria proveer un remolque, un buque de salvamento o prestar servicios de extinción de incendios. El tribunal concluye que, salvo por los casos específicos en los que el titular no hace más de lo que se espera de él, el titular debe

capitán, conservará su derecho sobre el salvamento hasta donde alcancen, así los restos del buque como el importe de los fletes de la carga salvada; más los marineros que naveguen a la parte del flete no tendrán derecho alguno sobre el salvamento del casco, sino sobre la parte del flete salvado. «*Si hubieren trabajado para recoger los restos del buque náufrago, se les abonará sobre el valor de lo salvado una gratificación proporcionada a los esfuerzos hechos y a los riesgos arrastrados para conseguir el salvamento*».

687 [1995] 2 Lloyd's Rep 134.

688 En el *case*, «*At about 21 00 hours on Oct. 7, 1993 the master noticed smoke and gas escaping from the holds*».

689 (1864) F. Cas. 14.

ser considerado como «*volunteer*» (ajeno) y, por ende, entiende que tiene derecho a una «recompensa» por el salvamento.

En conclusión, la ajenidad es exigible para que a los sujetos que realizan una operación de salvamento se les reconozca un premio. No obstante, con base en la *equity*, se podrá recompensar a aquellas personas que, aun no siendo ajenas al buque o la carga salvada, hayan realizado esfuerzos o actuaciones que exceden de sus obligaciones para con las mismas. Desde nuestro punto de vista, sin embargo, y pese a que algunos *cases* citados sean relativamente recientes, nos resultan de difícil aplicación hoy en día.

Consideramos que, al menos en el Ordenamiento español, no existe una base legal que permitiera reconocer un premio a los sujetos anteriormente mencionados por haber realizado una operación de salvamento, ya que tampoco consideramos que estos sujetos dispongan de los medios propios para realizarla. A este respecto, señalamos que los contratos en Derecho español se rigen por el principio de relatividad de los contratos (artículo 1.257 del CC):

> «Los contratos sólo producen efecto entre las partes que los otorgan y sus herederos; salvo, en cuanto a éstos, el caso en que los derechos y obligaciones que proceden del contrato no sean transmisibles, o por su naturaleza, o por pacto, o por disposición de la ley (...)»[690].

De este modo, cualquier persona que no sea parte contratante es ajena al contrato. Sin embargo, se han señalado en este epígrafe diversas situaciones en las que partes, en principio ajenas al contrato de salvamento marítimo, llegan a participar en él, concretamente, del premio. Esta idea, que en el Derecho anglosajón se ha fundamentado a través de los *cases*, tomando como fundamento la *equity*, en Derecho español es difícil de concebir, ya que necesitamos un fundamento legal para ello.

2. Las partes del contrato de salvamento marítimo

Las partes contratantes son las que quedan vinculadas por el contrato y asumen las obligaciones del mismo[691]. Las partes del contrato son el salvador y el salvado. El salvador es quien realiza la operación de salvamento y recibe, a cambio, un premio. El salvado es quien tiene una *relación* con el buque u otros

690 Continuando el contenido así: «(...) Si el contrato contuviere alguna estipulación en favor de un tercero, éste podrá exigir su cumplimiento, siempre que hubiese hecho saber su aceptación al obligado antes de que haya sido aquélla revocada».

691 A este respecto se recuerda el recién mencionado principio de relatividad de los contratos. Aquellas circunstancias de consentimiento, capacidad y cualesquiera otras necesarias para celebrar el contrato se regirán por las normas generales del Código Civil, *ex* artículo 1.261 y siguientes del CC.

bienes en peligro que serán objeto de salvamento; es decir, tiene *interés* en que su «propiedad» se salve y, a cambio, pagará un premio.

En el «salvamento privado» el salvador[692] es generalmente[693] un empresario que tiene los medios y recursos necesarios para efectuar las operaciones de salvamento marítimo. Estas empresas cuentan con salvadores profesionales, buques y equipos especializados para su actividad. Esta profesionalización del salvamento marítimo implica también que las empresas salvadoras no cuenten únicamente con marinos expertos, sino también con ingenieros de distintas ramas y otros especialistas técnicos como, por ejemplo, nadadores de rescate. Sin perjuicio de mayores detalles más adelante[694], la actividad de salvamento marítimo *exige* contar con los medios adecuados para poder realizarlo y prevenir riesgos más graves de los que se producen en un accidente (por ejemplo, cuando la carga es contaminante y se intenta evitar un perjuicio mayor del causado). De ahí que las empresas salvadoras tengan que invertir en equipos especializados (grúas, lanchas de desembarco, pontones, herramientas de dragado, etc.) y en formación y entrenamiento de su personal, ya que el salvamento marítimo es una actividad técnica y compleja[695], que necesitará de una debida organización empresarial. Un buque que no sea de salvamento profesional, generalmente, no contará con los medios necesarios para realizarlo, así como tampoco con una dotación capacitada para efectuarlo (al menos, en situaciones de peligro)[696], con la matización de que existen empresas remol-

692 En el modelo de contrato LOF 2020, el salvador se identifica con el término *contractor*, no utilizándose «*salvor*», lo cual lleva a pensar que el contrato de Lloyd's pretende distinguir entre quién es parte del contrato (*contractor*), quien asume el compromiso de salvar; y el salvador «a secas» (*salvor*), quien efectúa el salvamento propiamente dicho. A mayor abundamiento, el contrato LOF 2020 se contempla que la firma la realice aquella persona que firme en nombre de los *contractors*. En la misma opinión, *vid.* CUPIDO, «The environment in shipping incidents: salvage contracts and the public interest», en *Corporate Social Responsibility..., op.cit.*, pág. 216.

693 Históricamente, al no existir esta concepción de empresario, los salvadores eran principalmente la dotación del buque salvador que había efectuado la operación de salvamento. En la actualidad, se recuerda que en el salvamento no contractual o «espontáneo» salvador puede ser cualquier persona que, por una razón de oportunidad, se acerca a ayudar al buque u otros bienes en peligro. No obstante, en el salvamento mercantil —como se ha visto, contractual—, se contratan los servicios de una empresa de salvamento, de unos profesionales para salvar «la propiedad» que se encuentra en peligro.

694 Véase *infra* el epígrafe del capítulo cuarto 1 La prestación de salvamento marítimo.

695 Entre otras actividades, las operaciones de salvamento pueden comprender la evaluación y el seguimiento, la búsqueda y recuperación en aguas profundas, el reflotamiento de un buque varado, el remolque de rescate, reparaciones temporales, la lucha contra incendios, las maniobras y actuaciones necesarias para asegurar la estabilidad del buque, y la evaluación del riesgo tras el siniestro; *vid.* BUIE, «Some thoughts on salvage operations during oil spills», en *International Oil Spill Conference*, Washington, 1999, págs. 1.205-1.209, pág. 1.205; NOBLE, «Salvage techniques: case histories of specific spills», en *International Oil Spill Conference*, Washington, 1999, págs. 137-141.

696 Así mismo, aunque no existen unos requisitos estandarizados para ser salvador marí-

cadoras que cuentan con los recursos necesarios, aunque no dedicadas a la industria del salvamento marítimo, sino al remolque (sin perjuicio del remolque de fortuna). La empresa de salvamento profesional es la que organiza las operaciones de salvamento y a la que, en su caso, se le reconoce el derecho al premio por su ejecución en virtud del principio *no cure-no pay* —como, ya se ha anunciado, con matices[697]—. La profesionalización de la actividad requiere una serie de recursos y medios que, en el salvamento privado, se organizan bajo una forma mercantil.

La empresa de salvamento podrá colaborar con otras para la realización de la operación de salvamento marítimo; sin que la contratación de estos servicios se regule bajo el principio *no cure-no pay*[698]. En esta práctica, es frecuente recurrir a algún modelo o formulario, especialmente aquellos diseñados por la ISU: el *International Salvage Union Sub-Contract (Award Sharing)* cuyo modelo más reciente es de 2001[699].

timo a escala internacional, sí pueden tenerse como referencia en España los requisitos de titulación y formación marítima que se requieren para ser marinero en SASEMAR. En primer lugar, es necesario tener un título o tarjeta profesional. Para obtener dicho título es necesaria una formación académica, que dependerá en función de los diferentes cargos y niveles de responsabilidad a bordo de un buque. Puede ser una formación académica universitaria, una formación profesional marítimo-pesquera o a través de la realización de cursos al margen de los estudios académicos o de formación profesional. En segundo lugar, es necesario tener cierta experiencia profesional (días de mar), cuya duración dependerá, igualmente, del cargo o nivel de responsabilidad a bordo. A parte de los requisitos anteriores, existen otros requisitos en caso de querer obtener un certificado profesional de seguridad y especialidad marítima (Formación Básica en Seguridad, Avanzado en lucha contra incendios, Embarcaciones de supervivencia y botes de rescate, Operador general del sistema mundial de socorro y seguridad marítima, etc.), para lo que deberán haber realizado un curso de formación en un centro homologado por la Dirección General de la Marina Mercante.

Estos requisitos y más información sobre el tema se encuentran disponibles en el siguiente enlace del Ministerio de Transportes, Movilidad y Agenda urbana disponible en: https://www.mitma.gob.es/marina-mercante/titulaciones/profesionales.

697 Véase *infra* en el capítulo cuarto el epígrafe 2.1 El resultado útil: el principio *no cure-no pay*.

698 *Vid*. Brice, *Brice on Maritime Law of Salvage*, *op.cit.*, pág. 81.

699 Disponible en https://www.marine-salvage.com/isu-documents/. Esta forma contractual regula la división del premio entre el salvador y las otras empresas que hayan participado en la operación de salvamento. En caso de discrepancia, se deberá acudir al procedimiento arbitral designado para ello según la Cláusula 5 del *International Salvage Union Sub-Contract (Award Sharing)*.

En relación con lo anterior, conviene mencionar la cláusula 17 de las LSAC 2020, en cuya virtud, los salvadores podrán reclamar el pago por el salvamento en nombre de sus empleados, trabajadores o representantes que participe en los servicios de salvamento. La cláusula 17.1 LSAC establece en su versión original lo siguiente: *«The Contractors may claim salvage on behalf of their employees and any other servants or agents who participate in the services and shall upon request provide the «owners» with a reasonably satisfactory indemnity against all claims by or liabilities to such employees, servants or agents»*.

Tradicionalmente, se concibe al salvador como aquella persona que salvaba el buque, los bienes o el flete en peligro; aunque en las últimas décadas su ámbito de actuación se ha ampliado, pues el salvamento marítimo también lo ha hecho. Desde el surgimiento de la «conciencia medioambiental», el salvamento igualmente concibe una protección de un interés público como es el medioambiente. De este modo, al salvador también ha asumido funciones de protección del medioambiente marítimo (interés público) frente a los intereses privados, que ha constituido el salvamento tradicional. En este sentido, la ISU constata que «Hoy en día, el salvador cuenta con el equipo y los conocimientos especializados necesarios para minimizar las consecuencias medioambientales derivadas de un siniestro»[700].

La posición contractual de «salvado» la «ocupan» todos aquellos sujetos que tengan interés en el buque y demás bienes salvados por el salvamento prestado. El artículo 13.2 del CISM 1989 dispone que, en virtud del principio *no cure-no pay*, el pago de la recompensa «se efectuará por todos los intereses vinculados al buque y a los demás bienes salvados». Los salvados, por tanto, son aquellos *«owners»* de los bienes objeto de salvamento: el buque, la carga o el flete en peligro[701].

La redacción española del CISM 1989 hace referencia al «propietario del buque» como traducción del concepto «*owner of the vessel*»[702]. El «propietario» del buque es quien tiene su propiedad; mientras que el «*owner of the vessel*» en el Derecho anglosajón no se ciñe únicamente a quien ostenta la propiedad del buque, sino que realmente hace referencia a cualquier sujeto que tenga un interés en él. Por ello, cuando el Convenio de Londres utiliza la

---

El segundo apartado de dicha cláusula establece que los salvadores podrán subcontratar los servicios de otras empresas con el fin de cumplir sus obligaciones en virtud de las cláusulas A y B del LOF 2020, pero seguirán siendo responsables ante los *«owners»* del buque y de la mercancía del debido cumplimiento de dichas obligaciones; un estudio más detallado del *ISU Sub-Contract* lo realiza Brice, *Brice on Maritime Law of Salvage, op.cit.*, págs. 631-643.

700 *Vid.* Isu, «New demands on the salvor's skill», en la página web de la *International Salvage Union*, enlace disponible en: https://www.marine-salvage.com/overview/new-demands-on-the-salvors-skill/.

701 Los cuáles serán objeto de estudio en *infra* el capítulo cuarto epígrafe 1.2 El objeto de la operación de salvamento: el buque y otros bienes en peligro.

702 En la versión francesa, también auténtica, del CISM 1989, se hace referencia al *«propriétaire du navire»*.
Se recuerda que, en este trabajo se utilizará el término *«owner»* para aludir a todos aquellos titulares de los intereses a salvar. Se utiliza este término debido a que es el que se utiliza en la versión inglesa del CISM 1989, así como el contrato de salvamento LOF 2020. La traducción por el concepto «propietario», en nuestra opinión, no alcanza a definir la realidad del término *«owner»*, un concepto que no siempre tiene que ver con la propiedad del buque y que atiende a una figura demasiado imprecisa para reducirla únicamente a «propietario».

expresión «propietario del buque»[703], generalmente en nuestro Ordenamiento jurídico se debe entender no sólo el propietario, sino también el armador[704] o el naviero dependiendo de los sujetos que tengan unas relaciones u otras con el buque. Por todo lo anterior, en este trabajo, se optará por utilizar el concepto del Derecho anglosajón —*«owner»*— para designar aquel sujeto que tiene vínculo e interés con el buque. Se sigue con ello la línea del CISM 1989, por la que se adoptó el término *«owner»* del *common law*, por procurar una mayor amplitud que en el *civil law*; haciendo referencia a las diversas situaciones que, en virtud de los distintos contratos que se celebraran, podían considerar al titular del interés buque[705].

De forma similar a lo que sucede con *«owner»* del buque, la versión española del CISM 1989 hace referencia a los «propietarios» de la carga (*«owners» of the cargo*), cuando en realidad se incluirían otros sujetos interesados en ella[706]. Es parte del contrato de salvamento quien tiene interés en la mercancía y en el flete, lo que dependerá de los sujetos y las relaciones que estos tengan con aquélla. Por ejemplo, cuando se haya emitido un conocimiento de embarque, generalmente tendrá interés quien esté legitimado para retirar la mercan-

703 También en los diversos modelos contractuales, como en el LOF 2020.

704 El armador, en los términos del artículo 145.1 de la LNM, es «quien, siendo o no su propietario, tiene la posesión de un buque o embarcación, directamente o a través de sus dependientes, y lo dedica a la navegación en su propio nombre y bajo su responsabilidad». En virtud de este artículo, los requisitos para ser armador son, de un lado, la posesión del buque y, de otro, su dedicación a la navegación, esto es, quien lo utiliza. El armamento de un buque es una actividad preparatoria de la navegación que exige dotarlo de los instrumentos necesarios para garantizar su navegabilidad; *vid.* Arroyo, Rueda, *Comentarios a la Ley 14/2014..., op.cit.*, pág. 414. De ahí que el salvado suela corresponderse con la figura del armador más frecuentemente que con la del naviero. El armador no tiene por qué ser el propietario del buque; éste es quien lo tiene en propiedad y podrá coincidir o no con el armador y con el naviero. Nótese, además, que el armador puede ser una sola persona o varias; esto es, un condominio naval. En estos supuestos, la copropiedad del buque tiene por finalidad su explotación mercantil; *vid.* Pérez-Serrabona, Roca, «El empresario mercantil», en *Lecciones de Derecho Mercantil*, coords. G.J. Jiménez Sánchez, A. Díaz Moreno, Madrid, págs. 103-123, pág. 110. En el condominio naval, la condición de armador en cada uno de los condóminos.
Se entiende por naviero la «persona física o jurídica que, utilizando buques mercantes propios o ajenos, se dedique a la explotación de los mismos, aun cuando ello no constituya su actividad principal (...)», *ex* artículo 145.2 de la LNM. Si el naviero, además, tiene la posesión del buque, se considerará armador.

705 Así, por ejemplo, la delegación de Francia consideró que no debía diferenciarse en los debates entre *owner* y *charterer*, pues «I do not think we should go into the charter business. *We do believe that the term "owner" is sufficient in order to cover charterers and any other situation (...)»*.

706 Consideramos, pues, que con «propietarios» de la carga no se agotan todas las realidades que pueden existir entre los interesados en la carga y las propias mercancías. Por ejemplo, en un buque en el que las mercancías que se transportan lo hacen en régimen de conocimiento de embarque, el interesado en esa mercancía podrá ser, bien el cargador, bien el destinatario, no teniendo por qué ser ninguno de los dos propietarios de la carga.

cía. En este supuesto, el interés o la titularidad sobre la carga se vincula con su posesión mediata[707]. Por ello, por «propietario de la carga» (*owner of the cargo*) se entiende más correcto hacer referencia al «titular» de la carga.

Igualmente, también tendrá interés en el salvamento quien tenga interés en el flete, lo que dependerá de las concretas relaciones existentes en el contrato de transporte de mercancías. A modo de ilustración, el ya derogado artículo 746 del CCom, establecía que «El seguro sobre flete podrá hacerse por el cargador, por el fletante o el capitán (...)», manifestando así algunos de los sujetos que podían estar interesados en buscar la cobertura del riesgo al que estaba sometido el flete. En cualquier caso, a los efectos de este trabajo, nos referiremos a esta variedad de personas que pudieran estar interesados en el salvamento del flete en la figura de quien realiza el transporte.

Un aspecto relevante y muy estudiado en el ámbito del *common law* es el que se refiere a la representación de las partes en los contratos de salvamento[708]. Si bien en el ámbito del *civil law* este tema ha sido visto sin demasiada profundidad, en el *common law* se le ha prestado mayor atención tanto a la representación de las partes —por las circunstancias excepcionales del salvamento marítimo— como a su legitimación para celebrar el contrato[709].

Antes de estudiar con mayor detenimiento la figura del capitán y su legitimación para celebrar el contrato de salvamento en el *common law*, analizaremos el régimen que consta en el CISM 1989.

El artículo 6.2 del CISM 1989 establece que

> «El capitán estará facultado para celebrar contratos de operaciones de salvamento en nombre del propietario del buque. El capitán y el propietario del buque estarán facultados para celebrar tales contratos en nombre del propietario de los bienes que se encuentren a bordo del buque».

---

707 Ampliamente estudiado en nuestra doctrina; por todos, *vid.* PENDÓN, *Los títulos representativos de la mercancía*, *op.cit.*, págs. 62-64.

708 Entre otros, *vid.* BRICE, *Brice on Maritime Law of Salvage*, *op.cit.*, págs. 336-338; MANDARAKA-SHEPPARD, *Modern Maritime Law*, *op.cit.*, págs. 516-524; GASKELL, «The 1989 Salvage Convention and the Lloyd's Open Form (LOF) Salvage Agreement 1990», en *Tul. Mar. L.J.*, *cit.*, págs. 15-18; DAVIES, «Whatever Happened to the Salvage Convention 1989? », en *JMLC*, 2008, vol. 39, núm. 4, págs. 463-504; GODDARD, «Salvage agreements: the master's authority», en *LMCLQ*, 1984, parte 2, págs. 255-262.

709 En el sistema de *common law* las partes del contrato se «identifican» en virtud de quién lo firma, por lo que no hay un tratamiento doctrinal sobre las partes del contrato de salvamento porque tampoco es necesario en la concepción del modelo contractual anglosajón —aunque en los sistemas de Derecho del *civil law* sí sea importante hacer estos planteamientos—. Por ello, el estudio de las partes del contrato no suscita grandes reflexiones en el derecho anglosajón y, probablemente, no sean necesarias en el Derecho del *civil law*. No obstante, teniendo en cuenta las distintas realidades de uno y otro sistema, en este trabajo se estudiarán algunas notas de teoría general de los contratos que nos ayuden a «acercarnos» a las partes del contrato de salvamento.

Este artículo menciona la legitimación de las partes para celebrar el contrato, lo que también figura en el contrato LOF[710]. Según lo dispuesto en este artículo del Convenio de Londres, el capitán puede celebrar el contrato de salvamento en nombre y representación del «*owner*» del buque y tanto éste como el capitán podrán celebrarlo en representación de los titulares de la mercancía (y del flete); ya que, en virtud del contrato de transporte de mercancías, el capitán recibe la su posesión y tiene la obligación de custodiarlas[711].

No es ésta la única obligación del capitán que se deriva del contrato de transporte, pues también tiene la obligación de custodia de las mercancías que son transportadas en el buque[712]. Ambas obligaciones, de hecho, están relacionadas en tanto en cuanto el capitán puede firmar el conocimiento de embarque, pues, en consecuencia, tiene la custodia de estas mercancías.

El artículo 6.2 del CISM 1989, a diferencia del Convenio de 1910, recogió que el capitán puede firmar el contrato de salvamento. El Convenio de Bruselas de 1910 no se pronunciaba sobre este extremo, por lo que, hasta la aprobación del CISM 1989, esta cuestión había quedado regulada por la ley nacional de cada Estado.

Según las actas del Convenio sobre salvamento, el motivo principal por el que quedó constancia en el CISM 1989 que el capitán podía celebrar el contrato en nombre y representación de los *«owners»* del buque y de los titulares de la carga fue agilizar y asegurar la rápida celebración de los con-

710 En el contrato LOF 2020, las partes se identifican a través de la celebración del contrato. En este sentido, se dispone que la firma la realizará, de un lado, la persona que represente a los salvadores («person signing for and on behalf of the Contractors») y el capitán u otra persona que represente a la «propiedad».

711 En virtud del artículo 249 de la LNM, «El conocimiento de embarque deberá ser firmado por el porteador o por un agente del porteador que actúe en su nombre con poder suficiente. Si estuviera firmado por el capitán del buque, se presumirá que lo hace en nombre del porteador mencionado en el conocimiento». Por tanto, el capitán puede firmar el conocimiento de embarque, lo que implicará que ha recibido las mercancías y que éstas se han cargado a bordo del buque, de lo que el conocimiento de embarque hace prueba; *vid*. Recalde, *El conocimiento de embarque y otros documentos del transporte. Función representativa*, Madrid, 1992, pág. 287.

712 La obligación de la recepción de las mercancías «especifica el objeto de la obligación de entrega como cuerpo cierto, en particular de la obligación de custodia y restitución»; *vid*. Recalde, *El conocimiento de embarque*..., *op.cit.*, pág. 288; Pavone de la Rosa, *Studi sulla polizza di carico*, Milán, 1958, pág. 178.
Recalde expone así que, en el Derecho comparado, existen dos sistemas de responsabilidad del porteador. El primero hace referencia a la responsabilidad del porteador por la custodia y entrega de lo que «realmente *recibió*», lo que considera la responsabilidad *ex recepto*. El segundo hace alusión de la responsabilidad del porteador en relación con lo que el porteador «*declaró haber recibido* a bordo», denominada responsabilidad *ex scripto; vid.* Recalde, *El conocimiento de embarque*..., *op.cit.*, pág. 288; Recalde, «Nota crítica: Crédito, posesión mediata y tradición en la teoría de los títulos representativos», en *ADC*, 1996, Fascículo 4, págs. 1.617-1.657, págs. 1.634-1.637.

tratos de salvamento marítimo y la consecuente prestación de los servicios de salvamento[713].

De manera similar a lo que establece el artículo 6.2 del CISM 1989, el artículo 361.2 de la LNM dispone que «El capitán y el armador del buque están facultados para celebrar un contrato de salvamento en nombre del propietario de los bienes que se encuentren a bordo». La LNM especifica que es el armador y no el «*owner*» del buque, quien puede celebrar el contrato; aunque, haciendo una interpretación útil de la ley, consideramos que por «armador» también debiera entenderse naviero, propietario, o cualquier otro sujeto legitimado en relación con el buque; por ejemplo, su fletador[714]. De este modo, el contrato de salvamento marítimo podrá ser celebrado por todos estos sujetos, aunque la LNM únicamente haga alusión al armador[715].

En el caso de España, la posición contractual tampoco estaba regulada en la LAS, lo cual es coherente con el sistema de *civil law*, teniendo en cuenta que la firma del contrato la realizarán aquellas personas que tengan capacidad, legitimidad y voluntad de celebrar un contrato.

Esta «intervención autónoma» del capitán, actuado como representante, ha sido cuestionada por Arroyo y Rueda, especialmente en el ámbito comercial, lo que los ha llevado a admitir cambios en su figura («fisonomía»)[716]. Para estos autores, las circunstancias técnicas —especialmente las mejoras en la comunicación— de finales del siglo XIX y gran parte del XX han provocado que el capitán haya tenido que tomar las decisiones en las operaciones de salva-

713 *Vid.* Cmi, *The Travaux Préparatoires of the Convention on Salvage, 1989*, *op.cit.*, pág. 189; Brice, *Brice on Maritime Law of Salvage*, *op.cit.*, pág. 341.
En opinión de Gaskell, «The 1989 Salvage Convention and the Lloyd's Open Form (LOF) Salvage Agreement 1990», en *Tul. Mar. L.J.*, 1991, vol. 16, núm. 1, págs. 1-103, pág. 16, este artículo facilitó, además, la ventaja de simplificar a los salvadores la celebración de los contratos de salvamento, pues en un solo contrato reúnen a todos los interesados, tanto del buque como de la mercancía, sin tener que hacer trámites específicos para cada uno de ellos

714 En una interpretación literal de la ley, se excluirían a todos aquellos sujetos que no tengan la categoría de «armador» de celebrar el contrato de salvamento marítimo en nombre de los titulares de la mercancía; *vid.* Morral, «Del salvamento», en *Comentarios a la Ley 14/2014...*, *op.cit.*, pág. 1.131.

715 *Ibid.*, pág. 1.131: «(...) esa diferencia no ha de ser problemática porque el Convenio de Londres es de aplicación a nivel interno. Por tanto, capitán, propietario o armador están facultados para pactar un salvamento en nombre de los propietarios de bienes que se encuentren a bordo».
A este respecto, cabe citar la Exposición de Motivos de la LNM, en la que se establece que: «la figura del armador, que no excluye pero sí desplaza a un plano secundario la del propietario del buque», cuya regulación se contempla en los artículos 145 y siguientes de esta ley.

716 *Vid.* Arroyo, Rueda, *Comentarios a la Ley 14/2014...*, *op.cit.*, pág. 521, consideran que los avances tecnológicos y a la calidad e inmediatez de las comunicaciones, cuestionan la autonomía del capitán.

mento marítimo, especialmente cuando el buque no se encontraba cerca de la costa; funciones que se han ido difuminando en la actualidad.

Desde nuestro punto de vista, podemos admitir que el protagonismo del capitán ha disminuido en favor del armador y de los titulares de la mercancía, gracias a las mejoras en las comunicaciones entre el capitán y los demás interesados en los bienes en peligro, que han permitido una mayor inmediatez en el intercambio de información[717]. Sin embargo, reconocemos que, en el salvamento marítimo, muchas decisiones deben tomarse con rapidez debido a la situación de peligro en la que se encuentra el buque y la «propiedad». Puede que, en otras operaciones marítimas —remolque, practicaje, etc.— el capitán pueda esperar respuesta del «*owner*» del buque o de otros sujetos interesados para tomar una decisión, no estando ante las mismas circunstancias en el salvamento, en el que una respuesta inmediata puede suponer la salvaguarda de los bienes y del buque. En muchas ocasiones, el capitán tomará decisiones tras haber contactado con el armador, el Club de P&I e, incluso los titulares de la carga de ser conveniente y tener ocasión para ello. Pero el capitán sigue teniendo autonomía en la toma de decisiones, basada en su condición de técnico marítimo cualificado para ello que, además, representa al armador y al naviero[718]. En cualquier caso, el capitán está facultado para celebrar contratos de salvamento marítimo, lo cual se fundamenta, como hemos indicado, en el artículo 185.1 de la LNM.

El análisis de la figura del capitán como representante en el ámbito del *common law*, que analizaremos a continuación, está muy ligados al concepto de *authority*[719]. Es éste un término que abarca tanto la legitimación para actuar como representante del «*owner*» del buque, como en el ámbito de dicha representación (facultades y límites). La causa de ese interés por vincular el concepto de *authority* con la representación tiene como causa un cambio normativo. Con la aprobación del CISM 1989 y, en concreto de la *Merchant Shipping Act* de 1995 que dio fuerza de ley al Convenio sobre salvamento en aquel país[720], se introdujo un cambio en el Derecho del salvamento marítimo inglés.

717 En la actualidad, el Sistema Mundial de Socorro y Seguridad Marítimos (SMSSM) —conocido por sus siglas en inglés, GMDSS *(Global Maritime Distress Safety System)*— se implantó en los buques mercantes y de pasaje en 1999. Desde esa fecha, el capitán tiene generalmente la posibilidad de comunicarse rápidamente con el «*owner*» del buque, los titulares de la mercancía y otros sujetos relacionados con el salvamento, especialmente, con los Clubs de P&I analizados más adelante; véase *infra* en este capítulo el epígrafe 3.2 Los Clubes de Protección e Indemnización.

718 También en la doctrina inglesa se reconoce esta misma capacidad de representación; por ejemplo, en palabras de GODDARD, «Salvage agreements: the master's authority», en *LMCLQ*, *cit.*, pág. 256, «*The master of a ship is the agent of his owners*».

719 En este trabajo sustituiremos el término «*authority*» por «legitimidad», por ser, desde nuestro punto de vista el más próximo en significado. La *authority* no sólo implica en *common law* la capacidad de representación de la parte, sino también la actuación en su nombre.

720 En concreto, el artículo 224 de la Merchant Shipping Act establece que: «*The provisions*

Antes de la entrada en vigor del CISM 1989, en el Reino Unido el capitán sólo podía firmar los contratos de salvamento en nombre de los titulares de la carga en el contexto de la *agency of necessity*[721]. Una vez que el CISM 1989 fue aplicable en Reino Unido, el capitán del buque en peligro podría celebrar los contratos de salvamento con los salvadores tanto en nombre de los *«owners»* —lo que ya estaba reconocido, al menos desde el siglo XIX—, como en nombre de los titulares de las mercancías, sin necesidad de concurrencia de esta circunstancia de la *agency of necessity*.

En virtud de la *agency of necessity*, el capitán sólo tenía la facultad de celebrar el contrato de salvamento en nombre de los titulares de la carga en caso de necesidad o cuando las dificultades para comunicarse con dichos titulares pudieran empeorar la situación en la que se encontraban las mercancías o el flete ligado a ellas[722]. No obstante, encontramos ya en algún *case* la excepción a esta regla general, cuando la jurisprudencia anglosajona del siglo XIX le ha reconocido al capitán la «legitimación» para celebrar contratos de salvamento marítimo en nombre de los titulares de la carga, sin necesidad del requisito de la *agency of necessity*[723]; lo que quedó confirmado en el siglo XX en el *case*

of the International Convention on Salvage, 1989 as set out in Part I of Schedule 11 (in this Chapter referred to as "the Salvage Convention") shall have the force of law in the United Kingdom».

721 Como se manifestó, por ejemplo, en el caso *The Africa* (1854) 1 Spinks E. & A. 299. Este barco a vapor encalló en el río Calabar (Nigeria), permaneciendo inmóvil durante cuatro días. Los salvadores celebraron un contrato con el capitán del buque por un precio de 132 libras esterlinas. El objeto del *judgement*, en realidad, versa sobre la validez o no del contrato; pero el tribunal estableció que, siendo válido el contrato, éste obliga a sus partes y que los capitanes (del buque salvado y del salvador), puesto que son representantes de los *«owners»* de los buques, los vinculaban.
De modo similar, en el caso *The Arthur* (1862) 6 L.T. 556, el barco pesquero *Thomas and Ann*, asistió al buque prusiano *Arthur*, cargado de madera, que había sufrido una fisura en el casco por donde se filtraba el agua. Los salvadores, que iban embarcados en una sumaca —según la Real Academia Española: «Embarcación pequeña y planuda de dos palos, el de proa aparejado de polacra, y el de popa de goleta, con solo cangreja, empleada en Hispanoamérica y en el Brasil para el cabotaje»—, consiguieron remolcarlo hasta tierra después de 36 horas de servicio. El tribunal consideró que siempre que el capitán hubiera celebrado el acuerdo debía obligar a los *«owners»* del buque: «(...) *it is competent to the master to make an agreement with the salvors, which, provided it be consistent with justice and equity, shall bind his owners»*.

722 *Vid.* Brice, «Salvage: Present and future», en *LMCLQ*, 1984, parte 3, págs. 394-402, pág. 400; Davies, «Whatever Happened to the Salvage Convention 1989?», en *JMLC, cit.*, pág. 488; Goddard, «Salvage agreements: the master's authority», en *LMCLQ, cit.*, pág. 260; Mandaraka-Sheppard, *Modern Maritime Law*, *op.cit.*, pág. 517.

723 Por ejemplo, en el caso *Houseman v. The Schooner North Carolina* 40 U.S. (15 Pet.) 40 (1841). En este supuesto, el buque *North Carolina* salió de la ciudad de Apalachicola (Florida) con destino en Charleston (Carolina del Sur) para transportar un cargamento de algodón. El buque encalló al inicio del trayecto, en un arrecife a 95 millas de Key West. A la mañana siguiente, parte de la carga fue desembarcada para aligerar su peso, de modo que el buque pudiera reflotar. Esa carga fue transportada por el buque salvador hasta la

The Unique Mariner (No. 1)[724]. Pese a algunos supuestos en los que la jurisprudencia anglosajona ha admitido la legitimación del capitán para actuar en representación de los titulares de la carga, este argumento ha seguido siendo la excepción pues existen *cases* recientes que mantienen la regla general sobre la *agency of necessity* y que no cambiaría hasta la entrada en vigor en Reino Unido del CISM 1989.

---

isla de Indian Key, al suroeste de Florida, depositándose la mayor parte de la mercancía en un almacén.

En este supuesto se planteaba al tribunal si el capitán, al haber celebrado este contrato, vinculaba a los titulares de la carga. A ello, el Tribunal de Apelación que conoció el supuesto, dictaminó que existían casos en los que los contratos que celebra el capitán vinculaban a los *«owners»* del buque y a los titulares de la mercancía. En concreto, especificó que, en situaciones de «desastre», es siempre su deber emplear el mejor juicio para el beneficio de los *«owners»*, tanto del buque como de la carga; y cuando en dichas situaciones no sea posible consultarles a ellos o a su representante, está en sus facultades la de comprometerlos al salvamento. Siguiendo la expresión literal de la sentencia: *«In times of disaster it is always his duty to exercise his best judgment, and to use his best exertions for the benefit. of the «owners» of both vessel and cargo; and when, from his situation, he is unable to consult them or their agent, without an inconvenient and injurious delay, it is in his power to compromise a question of salvage»*. Sin embargo, en este caso el Tribunal también manifestó que el capitán tenía esta *authority* cuando la situación fuera, efectivamente, peligrosa y se necesitaran los servicios de salvamento, lo que no se produjo en el supuesto.

724 [1978] 1 Lloyd's Rep 438. En este supuesto, el buque *Unique Mariner* realizaba una travesía desde el puerto de Kenlang (Malasia) hasta Samarinda (Indonesia) cuando encalló en el arrecife Nipa, a 13 kilómetros al suroeste de Singapur. Todos los intentos por reflotar el buque fracasaron, de modo que se solicitaron servicios de salvamento. Paralelamente, el buque remolcador *Salvaliant*, observando la situación en la que se encontraba el *Unique Mariner*, se ofreció para salvarlo. El capitán del buque en peligro, pensando que el *Salvaliant* era el salvador que les enviaba la empresa de salvamento con la que habían hablado (*Sea Trade*), firmó con ellos un contrato LOF y procedieron a prepararse para las operaciones necesarias. Posteriormente, *Sea Trade* avisó por telegrama al capitán del buque en peligro de que el buque salvador no llegaría hasta el día siguiente, de modo que el capitán del *Unique Mariner* le pidió al capitán del *Salvaliant* que paralizara y finalizara las operaciones de salvamento iniciadas. Además, le pidió que retirase los medios y recursos desplegados, así como que ordenara volver a su tripulación, a lo que finalmente accedió. Al día siguiente, el *Unique Mariner* fue reflotado con la ayuda del buque que envió *Sea Trade*.

Los demandados —los salvadores del *Unique Mariner*— cuestionaban la validez del contrato LOF firmado con los demandantes, la empresa salvadora del *Salvaliant* que reclamaba un premio por las actuaciones desarrolladas. Aunque en este supuesto no se analizaba la legitimidad del capitán para celebrar contratos en nombre de los titulares de las mercancías o del buque, se examinó la *authority* del capitán para celebrar el contrato de salvamento. El juez sostuvo que esta *authority* se extendía a cualquier operación —ya sea incidental o necesaria— para asegurar el trayecto, la seguridad y la preservación del buque, salvo que el capitán recibiera instrucciones expresas legítimamente dadas por las personas a quienes está representando. En el texto original de la sentencia, *«The implied actual authority of a master, unless restricted by such instructions lawfully given, extends to doing whatever is incidental to, or necessary for, the successful prosecution of the voyage and safety and preservation of the ship»*.

El caso de jurisprudencia más notable sobre el principio de *agency of necessity* es, con probabilidad, *The Choko Star*[725]. La sentencia dictada en este caso establece la diferencia, en *common law*, entre la relación entre el capitán y el *«owner»* del buque y entre el capitán y los titulares de la mercancía. Mientras que en la primera relación la *necessity* justifica la *authority* del capitán para vincular al *«owner»* del buque a las obligaciones del contrato de salvamento, en la segunda, se cuestionaba que el principio de *agency of necessity* fuera *suficiente* para vincular a los titulares de la carga.

El buque *Choko Star* partió del puerto fluvial de Rosario (Argentina) transportando principalmente, granos de soja y semillas de girasol, con destino en Italia. El buque encalló en el río Paraná, de manera que no podía reflotar sin ayuda externa. Por ello, el capitán firmó un contrato-tipo de Lloyd's (LOF 80) —pensando que, con ello, vincularía a los titulares de la mercancía— un día después de que se hubiera concertado el contrato de manera verbal con los salvadores. La empresa de salvamento desarrolló las operaciones con éxito, pues reflotó el buque y éste pudo seguir su viaje hasta Italia.

Los titulares de la carga consideraban que no habían autorizado al capitán a celebrar el contrato de salvamento y, por ende, que no quedaban obligados por sus términos, especialmente, en lo relativo al premio. Sin embargo, el tribunal de primera instancia les condenó a pagarlo. Los titulares de la mercancía apelaron la sentencia basándose en dos argumentos. En primer lugar, que el capitán no contaba con su autorización para firmar el contrato. En segundo lugar, que el capitán podía haberlo firmado en caso de necesidad *(agency of necessity)*. No obstante, que, en estas circunstancias, el capitán (o el *«owner»* del buque, quien también puede firmar el contrato en su nombre) debían haberse comunicado con ellos; pero, no habiéndolo hecho, el contrato no los vinculaba. Frente a ello, los salvadores argumentaron que, aunque hubieran podido comunicarse con ellos sin dificultad e, incluso que, aunque el representante de los titulares de la mercancía hubiera estado en el buque para preguntarle, el capitán y el *«owner»* del buque podían contratar un salvamento marítimo en su nombre (en términos razonables), sin consultarles y sin necesidad de obtener instrucciones o directrices de su parte.

Uno de los jueces de la Corte de Apelación consideró tres ideas para resolver el conflicto. En primer lugar, que en el transporte marítimo de mercancías, pueden suceder circunstancias en las que tanto el buque como la carga requieran de unos servicios de salvamento marítimo y que, en esos casos, los titulares de la mercancía deben pagar la parte correspondiente del premio. En segundo lugar, que la misma *authority* que el capitán tiene en representación de los *«owners»* de los buques, la ostenta frente a los titulares de la mercancía. En tercer lugar, que la *necessity* era la condición para que el capitán tuviera la legitimidad para celebrar dicho contrato en nombre de los titulares de la

725 [1990] 1 Lloyd's Rep 516.

carga pero que los casos deben valorarse en su contexto (las circunstancias de peligro, el buque, la carga transportada, etc.). El juez determinó que, incluso con las comunicaciones modernas, no era práctico ponerse en contacto con los titulares de cada mercancía que se trasladaba, especialmente cuando ésta podía cambiar de titular durante el viaje. Pese a la velocidad y certeza de las comunicaciones de la época y a que las comunicaciones fueran practicables, el capitán seguía siendo la única persona capaz de juzgar si, en unas circunstancias determinadas, se necesitaban unos servicios de salvamento.

A pesar de los argumentos anteriores, la Corte de Apelación revocó la sentencia dictada en primera instancia y dictaminó que el capitán no tenía «legitimidad» para celebrar un contrato de salvamento que vinculase a los titulares de la carga. Los argumentos para tomar esta decisión se basaron en que la distinción entre la relación del capitán con los *«owners»* del buque y con los titulares de la carga era crucial, identificando que no existía *«agency»* del capitán para con estos últimos. En este sentido, el titular de la mercancía tiene un contrato de transporte con el *«owner»* del buque, que impone a este último ciertas obligaciones que debe cumplir el capitán en su nombre[726]. Por ello, concluyó la Corte de Apelación que la única forma de celebrar un contrato de salvamento por el capitán en nombre de los titulares de las mercancías era a través de la *agency of necessity*[727]. En conclusión, en los supuestos en los que exista autorización expresa o cuando el *«owner»* del buque se encuentre «at *hand»*[728], la *«legitimidad»* del capitán quedaría subordinada a lo que considerase el *«owner»* del buque y el titular de la carga. Cuando no existiera dicha autorización expresa, la *«legitimidad»* del capitán en relación con los titulares de la mercancía quedaría supeditada a la *agency of necessity*[729].

---

726 Según se recoge en la sentencia, *«the cargo-owner has merely a contract of carriage with the shipowner, which casts upon the latter certain duties which must be carried out by the master on his behalf»*.

727 La Corte de Apelación dictaminó que la necesidad real de proteger los bienes en peligro justifica la *agency of necessity* que se produce en el salvamento cuando se cumplan cuatro requisitos: primero, solicitar estos servicios; segundo, la imposibilidad de obtener instrucciones por el titular de las mercancías o que éstas no se adecúen a la situación; tercero, la actuación de buena fe del capitán que actúa en beneficio de los intereses del titular de la carga; y cuarto, que sea razonable que el capitán o el representante *(agent)* contrate los servicios necesarios en nombre del titular de la mercancía (por ejemplo, un depósito para preservar el estado de la mercancía). El tribunal concluyó que el capitán o el *«owner»* del buque no tendrían *authority* para firmar el contrato en nombre del titular de la mercancía a menos que se cumplieran los cuatro requisitos citados.

728 *Vid.* SCRUTTON, *Scrutton on Charterparties and Bills of lading*, eds. S.C. BOYD, A.S. BURROWS y D. FOXTON, Londres, 1996, pág. 252.

729 Este caso ha sido citado en otros, por ejemplo, en *Tsavliris Salvage (International) Ltd. v. Guangdong Shantou Overseas Chinese Materials Marketing Co. (The Pa Mar)*, [1999] 1 Lloyd's Rep. 338. En este supuesto, el buque *Pa Mar* tenía previsto un transporte desde Tuapsé (Rusia) hasta China, pasando por los Dardanelos y el Canal de Suez. No obstante, tuvo que desviarse de su recorrido a la altura de El Pireo, en Grecia, debido a un fallo en

Como hemos adelantado, una vez que entró en vigor el CISM 1989 en Reino Unido en 1996, al capitán se le reconoció la legitimidad para celebrar los contratos de salvamento, tanto por el *«owner»* del buque como de los titulares de la carga en virtud de su artículo 6.2

> *«The master shall have the authority to conclude contracts for salvage operations on behalf of the owner of the vessel The master or the owner of the vessel shall have the authority to conclude such contracts on behalf of the owner of the property on board the vessel».*

Frente a esta reflexión del *common law*, en el *civil law* la representación del capitán suele ser un tema menos conflictivo. En España, el capitán representa al armador (*«owner»*) por su propio cargo[730].

Para finalizar con las partes, conviene señalar que en el contrato LOF 2020, la cláusula K[731] también contempla la «legitimidad» del capitán para firmar dicho contrato y la «capacity» de las personas enunciadas para celebrarlo[732]. Se especifica que el capitán o la otra persona que celebre el contrato en representación de los titulares de la «propiedad» objeto de salvamento —especificada en su casilla número 2—, se considera, a los efectos del contrato, su «agent» y los vincula (pero no a uno por el otro ni a él mismo personalmente) a cumplir el contrato con la debida diligencia. El *agent* tiene la «legitimidad» para ocupar la posición del representado (en el salvamento, el *«owner»* del buque o los titulares de la carga) con respecto a terceros[733].

---

sus generadores. Una vez reparados, continuaron la travesía, pero una vez pasado el Canal de Suez, volvieron a tener problemas con el motor y de nuevo, con los generadores. Pararon de nuevo y procedieron a las reparaciones, pero varios días después se comprobó que los problemas no se habían solucionado de modo que se procedió a solicitar salvamento. Días después se firmó un contrato LOF 90 con *Tsavliris*, el buque proporcionado por la empresa salvadora. Sus trabajadores efectuaron las operaciones necesarias y, en consecuencia, solicitaron un premio. No obstante, los titulares de la carga que también estaban obligados al pago rehusaron hacerlo en tanto en cuanto consideraron que el contrato LOF 90 no podía obligarlos a ello. El tribunal reconoció que el capitán podía firmar contratos en nombre de los titulares de la mercancía en casos de la *agency of necessity* cuyos requisitos ya se habían analizado en el caso anterior *The Choko Star*. Cumpliéndose dichos requisitos en este supuesto, el tribunal reconoció que los titulares de la carga quedaban obligados por el contrato de salvamento firmado por el capitán.

730 Se recuerda, a este respecto, el artículo 185.1 de la LNM: «El capitán ostenta la representación del armador para contraer por cuenta de éste cuantas obligaciones se refieran a las necesidades ordinarias del buque».

731 En concreto esta cláusula dispone que: «The Master or other person signing this agreement on behalf of the property identified in Box 2 enters into this agreement as agent for the respective *«owners»* thereof and binds each (but not the one for the other or himself personally) to the due performance thereof».

732 *Vid*. Brice, *Brice on Maritime Law of Salvage*, *op.cit.*, pág. 537.

733 *China-Pacific SA v Food Corp of India (The Winson)* [1982] A.C. 939; para mayor detalle de la sentencia, véase la nota al pie número 1.257.

3. Otros sujetos que intervienen en las operaciones de salvamento marítimo

3.1. Los Estados ribereños

A lo largo de este capítulo se ha puesto de manifiesto que en una operación de salvamento las partes contratantes no tienen por qué ser las únicas que intervengan en dicha operación, de modo que participen otros sujetos aun no siendo parte contractual de la misma[734].

En el salvamento privado de bienes, la Autoridad pública puede intervenir cuando la operación se realice en aguas de la jurisdicción de un Estado o cuando sus intereses se vean afectados. Los Estados ribereños —en la versión inglesa del Convenio, los *«coastal States»*— serían aquellos Estados que tienen costa y cuya soberanía se extiende hasta «la franja de mar adyacente designada con el nombre de mar territorial», *ex* artículo 2.1 del UNCLOS[735].

Con los inicios de la «conciencia medioambiental», especialmente a partir de los accidentes con vertidos contaminantes a partir de los años 60, los Estados ribereños han controlado y han llevado a cabo un mayor seguimiento de las operaciones de salvamento marítimo próximas a sus costas. Mientras que en el contexto del Convenio de 1910 el salvamento era una relación exclusiva entre el salvador y el *«owner»* de lo salvado (así como sus aseguradoras), con el nacimiento de la «conciencia medioambiental» los Estados ribereños comenzaron a desempeñar un papel más activo en las operaciones de salvamento[736].

Los Estados ribereños se mencionan en los artículos 9 y 11 del CISM 1989. El primero de ellos versa sobre los «Derechos de los Estados ribereños» y,

734 En este epígrafe se estudiarán los Estados ribereños y, en el siguiente, los Clubs de P&I.

735 Se recuerda que el mar territorial es considerado como aquella zona que se extiende hasta un máximo de 12 millas náuticas desde la línea base según el artículo 3 del UNCLOS: «Todo Estado tiene derecho a establecer la anchura de su mar territorial hasta un límite que no exceda de 12 millas marinas medidas a partir de líneas de base determinadas de conformidad con esta Convención».

736 En la misma opinión, *vid.* REDGWELL, «The Greening of Salvage Law», en *Mar. Policy*, *cit.*, pág. 144. Por su parte, CUPIDO, «The environment in shipping incidents: salvage contracts and the public interest», en *Corporate Social Responsibility...*, *op.cit.*, pág. 209, sitúa el comienzo de la intervención de los Estados en el salvamento marítimo después de la colisión entre el *Atlantic Empress* y el *Aegean Captain*. En este accidente, mientras que el *Aegean Captain* fue exitosamente remolcado por los salvadores, la entrada del *Atlantic Empress* que iba cargado con más de 470.000 toneladas de crudo —que habían comenzado ya a derramarse— fue rechazada por los países próximos, de modo que finalmente los salvadores trasladaron el buque a más de 300 millas en alta mar y dejaron que se hundiera; igualmente, *vid.* GOLD, «Marine Salvage: Towards a New Regime», en *JMLC*, *cit.*, pág. 491.

el segundo, sobre la cooperación de los mismos; ambos objeto de análisis a continuación.

El artículo 9 del CISM 1989, bajo la rúbrica «Derechos de los Estados ribereños», establece que

> «Nada de lo dispuesto en el presente Convenio afectará al derecho del Estado ribereño interesado a tomar medidas, (...) para proteger sus costas o intereses conexos contra la contaminación o la amenaza de contaminación resultante de un siniestro marítimo o de actos relacionados con dicho siniestro, de los que quepa prever razonablemente que tendrán graves consecuencias perjudiciales, incluido el derecho de un Estado ribereño a dar instrucciones relacionadas con las operaciones de salvamento».

En primer lugar, este artículo trata una materia «propia» del Derecho público, por lo que este precepto no estuvo exento de debate en el proceso de elaboración del CISM 1989. El punto de partida de este debate fue que algunas delegaciones consideraban que el contenido del precepto no se correspondía con una materia propia de un Convenio sobre salvamento privado[737]. Principalmente pueden observarse dos tendencias en dicho debate[738]. La primera, presentada por la delegación de Libia, consideraba que un convenio internacional como el CISM 1989 sobre salvamento debía incluir alguna disposición obligatoria para que la cooperación entre los Estados del pabellón y los Estados ribereños, desde el momento del siniestro hasta la conclusión de la investigación subsiguiente sobre el siniestro y sus efectos e intervención, aunque no se justifica el porqué de esta proposición. La segunda tendencia defendía que, en lugar de incluir dichas disposiciones en el CISM 1989, resultaba más oportuno examinar los convenios ya existentes —Convenio MARPOL, CRC de 1969— con el fin de decidir si podían incorporarse a ellos propuestas de Derecho público nuevas y deseables. En caso de que lo anterior resultara inviable, proponían estudiar la posibilidad de crear nuevos instrumentos internacionales que solventaran este inconveniente.

En el seno de este debate, la delegación australiana señaló que ni el Convenio Internacional relativo a la Intervención en Alta Mar en Casos de Accidentes que causen o puedan causar una Contaminación por Hidrocarburos, de 1969[739] (Convenio de Intervención de 1969 en adelante), ni el UNCLOS reco-

737 *Vid*. CMI, *The Travaux Préparatoires of the Convention on Salvage, 1989*, *op.cit*., págs. 672-683.

738 *Ibid*., pág. 672.

739 El Instrumento de Ratificación de España del Convenio Internacional relativo a la Intervención en Alta Mar en Casos de Accidentes que causen o puedan causar una Contaminación por Hidrocarburos, hecho en Bruselas el día 29 de noviembre de 1969, se encuentra publicado en el BOE núm. 49, de 26 de febrero de 1976 y accesible en el siguiente enlace: https://www.boe.es/diario_boe/txt.php?id=BOE-A-1976-4404.
El artículo 1.1 de dicho Convenio dispone lo siguiente: «Las Partes del presente Convenio

nocían el derecho de los Estados ribereños a intervenir en las operaciones de salvamento privado cuando sus costas estaban en peligro por una amenaza importante por contaminación. Esta delegación consideraba que, ya que el UNCLOS no establece ninguna previsión específica en relación con la intervención de los Estados en las operaciones de salvamento cuando sus costas se ven afectadas por un daño contaminante, el CISM 1989 debía prever que el salvador tuviera el deber de cumplir las directrices del Estado ribereño amenazado[740]. Esta obligación se relacionaría con las ya previstas para el salvador en el actual artículo 8 del CISM 1989[741]; en concreto, con la obligación de actuar

---

pueden tomar en alta mar las medidas necesarias para prevenir, atenuar o eliminar los peligros graves e inminentes que representan para sus costas o intereses conexos una contaminación o una amenaza de contaminación de las aguas del mar por los hidrocarburos, a consecuencia de un accidente de mar u otros actos relacionados con tal accidente, que puedan con toda probabilidad tener consecuencias dañosas muy importantes». En relación con lo anterior, el artículo 2.4 hace referencia a los intereses conexos, siendo aquellos «intereses de un Estado ribereño directamente afectados o amenazados por el accidente de mar, y que se refieren especialmente: a) A las actividades marítimas costeras, portuarias o de estuarios, incluidas las actividades de pesquerías que constituyen un medio de subsistencia esencial para los interesados. b) Al atractivo turístico de la región considerada. c) A la salud de las poblaciones ribereñas y al bienestar de la región considerada, incluida la conservación de los recursos biológicos marinos de la fauna, y de la flora».

Esta obligación se incluyó por primera vez en un convenio internacional en la *Convención sobre la alta mar*, hecha en Ginebra el 29 de abril de 1958, cuyo artículo 24 establece lo siguiente: «Todo Estado está obligado a dictar disposiciones para evitar la contaminación de las aguas por los hidrocarburos vertidos de los buques, desprendidos de las tuberías submarinas o producidos por la explotación y exploración del suelo y del subsuelo submarinos, teniendo en cuenta las disposiciones de los Convenios existentes en la materia». El texto disponible de esta Convención se encuentra disponible en el *BOE* núm. 309, de 27 diciembre de 1971, disponible en: https://www.boe.es/boe/dias/1971/12/27/pdfs/A20994-20997.pdf.

740 La propuesta de la delegación fue la siguiente para el artículo 9: «*The salvor shall owe a duty to comply with a direction of a coastal State, given in accordance with international law, to take measures to protect its coastline or related interests from pollution or the threat of pollution following upon a maritime casualty or acts relating to such a casualty which may reasonably be expected to result in major harmful consequences*», en el Documento LEG/CONF.7/9: *Proposals on duties of salvors in relation to protection of the environment*; Submission by the Government of Australia.

741 Sin perjuicio de que este artículo sea analizado en *infra* el capítulo quinto, se adelanta aquí su contenido: «1. El salvador tendrá obligación para con el propietario del buque o de otros bienes en peligro: a) de efectuar las operaciones de salvamento con la debida diligencia; b) de actuar, en el cumplimiento de la obligación especificada en a), con la debida diligencia para evitar o reducir al mínimo los daños al medio ambiente; c) de recabar, cuando las circunstancias razonablemente lo exijan, el auxilio de otros salvadores; y d) de aceptar la intervención de otros salvadores cuando razonablemente así lo pidan el propietario o el capitán del buque o el propietario de otros bienes en peligro; no obstante, la cuantía de su recompensa no resultará afectada si se demuestra que tal petición no era razonable. 2. El propietario y el capitán del buque o el propietario de otros bienes en peligro tendrán obligación para con el salvador: a) de colaborar plenamente con él mientras se

«con la debida diligencia para evitar o reducir al mínimo los daños al medio ambiente», *ex* artículo 8.1, letra b), del CISM 1989. Igualmente, expusieron que, en estos supuestos, consideraban que el Estado ribereño debía poder tomar todas las medidas que estimara razonables para evitar estas amenazas medioambientales, incluyendo dar órdenes e instrucciones en una operación de salvamento marítimo.

Frente a esta postura de la delegación de Australia, Reino Unido consideró que este «derecho» era una cuestión de *public Law*, no debiendo estar recogido en el CISM 1989; esto es, un convenio internacional que regula el salvamento *privado* de bienes. Esta delegación se basó en que este *«right»* ya estaba recogido en otros convenios, en concreto, en el Convenio de Intervención de 1969, de aplicación preferente al Convenio sobre salvamento, al ser Derecho público[742]. En consecuencia, Reino Unido propuso eliminar del artículo parte de la propuesta que había hecho Australia sobre el artículo 9, —«The *taking of any action at the direction of a coastal State issued in accordance with article ... shall not prejudice any payment that may be paid to a salvor pursuant to articles 10 to 12»*— sustituyéndolo por el siguiente comienzo: *«Nothing in this convention shall prejudice the right of the coastal State to intervene (...)»*[743]. Tras las diversas intervenciones

desarrollen las operaciones de salvamento; b) de actuar, cuando presten su colaboración, con la debida diligencia para evitar o reducir al mínimo los daños al medio ambiente; y c) de aceptar, una vez llevados a lugar seguro el buque u otros bienes, la entrega de éstos, cuando así lo pida el salvador y ello sea razonable».

742 Según lo recogido en las actas, *«(...) We would be prepared to do anything that would assist in clarifying our understanding that the intervention convention, which is a public law, would prevail over the salvage convention. In other words, that nothing in the salvage convention prejudices the right of coastal States to intervene (...)»*; *vid.* CMI, *The Travaux Préparatoires of the Convention on Salvage, 1989*, *op.cit.*, pág. 258.

743 El debate, sin trascendencia final en el CISM 1989, puede consultarse en CMI, *The Travaux Préparatoires of the Convention on Salvage, 1989*, *op.cit.*, pág. 262, del cual se destacan algunas ideas a continuación.
A lo largo de las intervenciones que se realizaron sobre este artículo, se señala la que realizó la ISU, ya que ofreció el punto de vista de los salvadores con respecto a la introducción de una nueva obligación en el salvamento marítimo. La ISU explicó que la propuesta de Australia podría crear un conflicto con el resto de las obligaciones que tienen los salvadores con el capitán, el *«owner»* del buque y los titulares de la carga al efectuar las operaciones de salvamento. En caso de conflicto, no habría duda de que los salvadores tendrían que cumplir con las directrices de la Autoridad pública, pero al imponer una obligación «pública» en un Convenio cuyo objeto es el salvamento privado de bienes, se podría estar dejando de cumplir la otra obligación «privada». La ISU explicaba que no era lo mismo atender dos obligaciones recogidas en dos Convenios internacionales distintos que atender un solo convenio, puesto que los deberes recogidos en él podrían solaparse. Por ello consideraron que lo más oportuno sería no incluir esta obligación en el CISM 1989 y, que ésta estuviera únicamente formulada sobre la base del citado Convenio Internacional relativo a la intervención de 1969, separando las dos «categorías» de salvamento marítimo: público y privado. Según figura en el proceso de elaboración del CISM 1989, «(...) *Salvors would feel a little uncomfortable with this proposal whilst they fully understand*

de las delegaciones y de otros organismos sobre el artículo 9 del CISM 1989, el Grupo de Trabajo encargado del desarrollo del Convenio elaboró una nueva redacción del artículo con la postura expresada por Reino Unido, compartida por diversos Estados, que fue la que finalmente se aprobó en el Convenio sobre salvamento.

En segundo lugar, el contenido del artículo 9 del CISM 1989 se dispone bajo la rúbrica «Derechos de los Estados ribereños» que puedan quedar afectados debido a un siniestro marítimo[744]. La rúbrica del artículo reconoce así la autoridad y soberanía de los Estados. En nuestra opinión, este artículo es una expresión de la vertiente «pública» del salvamento marítimo, esto es, relacionada con la protección de las personas, del mar y del medioambiente marítimo. Así pues, destaca en este artículo la «intromisión» de los Estados en la esfera privada.

El artículo dispone que, entre las medidas que puede tomar un Estado, está la de «dar instrucciones relacionadas con las operaciones de salvamento». Así lo expresaban diversas delegaciones en el proceso de elaboración del CISM 1989[745]:

> *«from the outset it was agreed by all delegations that it was not the intention of this article to create any new right of intervention for coastal States. Its purpose was to highlight, at the request of a certain group of delegations, the fact that such powers existed in view of the circumstances, which I think are fairly obvious, that those powers might become exercisable in circumstances where there were salvage operations».*

Sin embargo, finalmente el artículo se aprobó con una redacción que, en nuestra opinión, no es acertada, porque parecería que el CISM 1989 «reconoce» o contempla unos «derechos» a los Estados sin que lo anterior

it, because it imposes on them possibly a conflicting duty under article 6, one to the masters and the «owners» which obliges them to use due care to salvage the vessel, and then this duty which is imposed here. We have no doubt which duty would have to win at the end of the day but we could be in breach of one if we comply with this. We would feel very much happier if we are given instructions under the Intervention Convention which has been clearly thought out to deal with this sort of situation, and will be much better from the salvors' point of view».

744 En realidad, «sus costas o intereses conexos»; esto es, aquellos intereses relacionados con el Estado que no tienen por qué situarse únicamente en la costa. Por ejemplo, la pesca, la navegación deportiva o el turismo.

745 Las delegaciones de los países de Argentina, México, Países Bajos, Canadá, la URSS, Hong Kong, Francia, Australia, Estados Unidos, Suecia, Finlandia, Kiribati, República Federal de Alemania, Noruega, Irlanda, Reino Unido y Yemen crearon un Grupo de Trabajo «informal» para estudiar este tema; *vid.* CMI, *The Travaux Préparatoires of the Convention on Salvage, 1989*, *op.cit.*, pág. 265.

sea ni oportuno ni necesario, ya que la soberanía estatal es plena. No obstante, el artículo 9 del CISM 1989 exige que del daño o de su mera amenaza puedan preverse, «razonablemente, graves consecuencias perjudiciales», lo cual recuerda a la definición que dispone el CISM 1989 para «daños al medio ambiente» en su artículo 1, letra d)[746].

No obstante, consideramos que el debate de las delegaciones respecto a este precepto era infructuoso, en tanto en cuanto, el Estado que vea afectado sus intereses puede tomar cualquier medida en ejercicio de su soberanía.

A continuación, el artículo 11 del CISM 1989 es el segundo de los artículos que hace referencia a los Estados ribereños. En su virtud,

> «Todo Estado Parte, al dictar reglas o adoptar decisiones acerca de cuestiones relacionadas con operaciones de salvamento, tales como la admisión en puerto de buques necesitados de socorro o la prestación de servicios a los salvadores, tendrá en cuenta la necesidad de que exista cooperación entre los salvadores, las otras partes interesadas y las autoridades públicas con el fin de asegurar la ejecución eficaz y satisfactoria de las operaciones de salvamento encaminadas a salvar vidas humanas o bienes en peligro, así como a evitar daños al medio ambiente en general»[747].

---

746 En concreto: «daños materiales que afecten considerablemente a la salud del ser humano, a la flora o la fauna marinas o a los recursos marinos que se encuentren en aguas costeras o interiores o en las aguas adyacentes a éstas, ocasionados por contaminación, impurificación, incendio, explosión u otros sucesos graves de análoga importancia», objeto de análisis en, *infra*, el capítulo quinto.

747 Este artículo se podría relacionar, de un modo más amplio, con el artículo 24 del UNCLOS, que lo siguiente: «1. El Estado ribereño no pondrá dificultades al paso inocente de buques extranjeros por el mar territorial salvo de conformidad con esta Convención. En especial, en lo que atañe a la aplicación de esta Convención o de cualesquiera leyes o reglamentos dictados de conformidad con ella, el Estado ribereño se abstendrá de: a) Imponer a los buques extranjeros requisitos que produzcan el efecto práctico de denegar u obstaculizar el derecho de paso inocente; o b) Discriminar de hecho o de derecho contra los buques de un Estado determinado o contra los buques que transporten mercancías hacia o desde un Estado determinado o por cuenta de éste. 2. El Estado ribereño dará a conocer de manera apropiada todos los peligros que, según su conocimiento, amenacen a la navegación en su mar territorial».
En el proceso de elaboración del CISM 1989, algunas delegaciones —aunque no figuran cuáles— propusieron que debía figurar en el CISM 1989 una obligación de aceptar a los buques en peligro en los puertos de cada Estado. No obstante, finalmente se optó por no incluir dicha obligación ya que era un aspecto público que quedaría regulado en un Convenio privado: *«It was suggested that there should be an obligation of States to admit vessels in distress into their ports and that this might be spelled out more clearly. This suggestion was endorsed by some delegations, but some delegations expressed doubt on the desirability of including such a "public law" rule in a private law convention. It was also pointed out that the interests of coastal States would need to be duly taken into account in any such provision. Doubt was also expressed whether such a provision would in fact affect the decisions by the authorities of coastal States in specific cases»*; CMI, *The Travaux Préparatoires of the Convention on Salvage, 1989*, *op.cit.*, pág. 283.

En opinión de KENNEDY[748], el propósito de este artículo fue poner de manifiesto el «espíritu de compromiso», apreciación que nos resulta un tanto estéril en tanto que todo Convenio requiere, efectivamente, un compromiso entre Estados.

Desde nuestro punto de vista, adelantamos que este artículo tiene un gran peso pues «solicita» a los Estados a que se «adecúen» a las ideas del propio Convenio. En concreto, a que tengan en cuenta todos los intereses que se pueden ver afectados por una operación de salvamento (vidas humanas, medioambiente, «propiedad»). Esto nos lleva, a su vez, a distinguir dos proyecciones del mandato del artículo 11 del CISM 1989. De un lado, cuando se trata de la protección de personas y del medioambiente, este artículo «exige», en el ejercicio de su soberanía, a tomar medidas y a disponer sus propios recursos para las operaciones de salvamento. De otro lado, cuando se trata de operaciones de salvamento marítimo que atañen a la «propiedad», se les «pide» a los Estados que «condicione» o dirija la actuación de sujetos privados (es decir, las empresas de salvamento). En esta segunda proyección del artículo 11 del CISM 1989, el mandato va dirigido a los Estados parte, pero el contenido, va dirigido, generalmente, a las empresas de salvamento que serán las que realicen dichas operaciones.

En las intervenciones realizadas sobre el artículo 11 del CISM 1989 en su proceso de elaboración, destaca la recomendación que realizaron conjuntamente la ICS, la OCIMF[749], la *International Association of Independent Tanker «owners»* (INTERTANKO en adelante) y *Friends of the Earth International*[750] (FOEI en adelante), con el objetivo de establecer una disposición más «fuerte»[751], más contundente, que exigiera a los Estados parte proporcionar puertos de refugio[752].

---

748 *Vid.* KENNEDY, ROSE, *Law of Salvage*, *op.cit.*, pág. 454.

749 Véase *supra* la nota al pie número 119.

750 *Friends of the Earth International*, Red Amigos de la Tierra en español, es una ONG fundada en 1971 por cuatro organizaciones de Francia, Suecia, Inglaterra y Estados Unidos. Actualmente se consideran la «mayor red medioambiental de base del mundo», con la participación de 73 grupos nacionales y la colaboración, aproximada, de cinco mil grupos locales de activistas en todo el mundo. En el proceso de elaboración del CISM 1989 fue invitada como observadora. Su página web actualizada puede consultarse en: https://www.foei.org/.

751 *Vid.* CMI, *The Travaux Préparatoires of the Convention on Salvage, 1989*, *op.cit.*, págs. 283-284.

752 La regulación de los puertos de refugió comenzó, a nivel internacional, con la Resolución A. 949 (23) de la OMI, «Directrices relativas a los lugares de refugio para los buques necesitados de asistencia», cuyo contenido se encuentra disponible en: https://wwwcdn.imo.org/localresources/en/KnowledgeCentre/IndexofIMOResolutions/AssemblyDocuments/A.949(23).pdf.
En España, los lugares de refugio se regulan en el Real Decreto 210/2004, de 6 de febrero, *por el que se establece un sistema de seguimiento y de información sobre el tráfico marí-*

Pese a la recomendación de la ICS y de los otros observadores mencio-

---

timo, publicado en el *BOE* núm. 39, de 14 de febrero de 2004; su contenido se encuentra disponible en: https://www.boe.es/eli/es/rd/2004/02/06/210. En este RD, el artículo 3, letra n), define el lugar de refugio como «un puerto o parte del puerto, cualquier atracadero o fondeadero sea natural o artificial, o bien cualquiera otra zona que se establezca por la Administración marítima para acoger buques necesitados de asistencia».
Este RD prácticamente traslada esta definición de la Directiva 2002/59/CE del Parlamento Europeo y del Consejo de 27 de junio de 2002 *relativa al establecimiento de un sistema comunitario de seguimiento y de información sobre el tráfico marítimo*, por la que se deroga la Directiva 93/75/CEE del Consejo, cuyo texto se encuentra disponible en: https://eur-lex.europa.eu/legal-content/ES/TXT/?uri=CELEX:32002L0059, en cuyo artículo 3, letra m), define este término como «el puerto, la parte del puerto o todo atracadero o fondeadero de protección o cualquier otra zona protegida definida por un Estado miembro para acoger buques en peligro».
Esta Directiva 2002/59/CE se incorporó por la Ley 62/2003, de 30 de diciembre, *de medidas fiscales, administrativas y del orden social*, que exclusivamente dedicó un artículo a este respecto, en concreto a la garantía financiera a buques que solicitasen acceso a lugares de refugio (artículo 108). Posteriormente, este artículo fue derogado por la Ley 33/2010, de 5 de agosto, *de modificación de la Ley 48/2003, de 26 de noviembre, de régimen económico y de prestación de servicios en los puertos de interés general*, cuya Disposición adicional vigesimoquinta regulaba los lugares de refugio, aunque sin proporcionar una definición de los mismos.
Esta ley fue derogada por la LPEMM, cuyo artículo 299 regula la asistencia y refugio de buques, cuya redacción es la siguiente: «1. El Director General de la Marina Mercante es la Autoridad competente para *la toma de decisiones respecto de los buques necesitados de asistencia, entendiendo por tales aquellos que, por su propia situación o por circunstancias externas, se encuentren en peligro de naufragar o que, en general, supongan una amenaza para la navegación o la integridad del medio ambiente marino*. El citado órgano directivo, que podrá recabar asesoramiento de un Comité técnico, adoptará, con plena independencia de criterio, cualesquiera medidas que considere pertinentes ante buques necesitados de asistencia para: a) Eliminar o disminuir el riesgo de naufragio de tales buques. b) Salvaguardar la seguridad de la navegación y de la vida humana en la mar. c) Prevenir o luchar contra la contaminación del medio ambiente marino. Lo dispuesto en los párrafos anteriores se entiende sin perjuicio de la normativa nacional e internacional sobre salvamento de vidas humanas en la mar. 2. El Director General de la Marina Mercante adoptará la decisión que estime pertinente sobre la acogida de buques necesitados de asistencia en lugares de refugio, pudiendo imponerla, si considera que tal acogida es la mejor solución para la protección de la vida humana y el medio ambiente marino. De no ser así se denegará o condicionará dicha acogida a la concurrencia de determinadas circunstancias que hagan de esta medida la más adecuada para la seguridad e integridad de las personas, de los buques, del tráfico marítimo y del medio ambiente marino. Sin embargo, no podrá condicionar dicha acogida a la existencia de un seguro o a la prestación de una garantía por parte del propietario, operador o cargador del buque para indemnizar los posibles daños que el buque pueda ocasionar. A tal efecto, la Administración marítima, previa consulta con los sectores afectados, elaborará planes para la acogida de buques necesitados de asistencia con el fin de preservar la seguridad marítima y de la vida humana en la mar, así como la integridad del medio ambiente marino. El contenido de dichos planes se determinará reglamentariamente y en su elaboración y ejecución participará el Director General de la Marina Mercante. 3. La información que se facilite a los Estados Miembros de la Unión Europea que por ser vecinos puedan resultar afectados por las consecuencias de las decisiones que se adopten, así como a las partes implicadas en los procedimientos previstos en los planes de acogida de buques necesitados de asistencia, estará sometida a la obligación de confidencialidad», cursiva añadida.

nados, la opinión general de las delegaciones, así como la de la *International Association of Ports and Harbors*[753] (IAPH en adelante), fue la de rechazar tal extremo[754]. En concreto, la delegación de Estados Unidos señaló que tal disposición no sería deseable y propuso que el problema para acceder a los puertos por parte de los buques en peligro podría abordarse —al menos parcialmente— haciendo que los Estados adoptasen planes de contingencia[755] específicos para cada puerto. Con ello, esta delegación argumentó que su propuesta era una opción más realista que la de los puertos de refugio, debido a que consideraba que la esencia de un plan de contingencia era garantizar una respuesta eficaz a cada caso en particular incluyendo, entre sus previsiones, la autorización de entrada de los buques en los puertos de refugio[756]. En las actas del proceso de elaboración del CISM 1989 consta que las delegaciones que habían estudiado el tema de los puertos de refugio[757] finalmente concluyeron que la experiencia había demostrado que una determinación anticipada de los puertos no era, por lo general, satisfactoria. Por el contrario, opinaban que era mejor dirigir los buques en peligro a los puertos según las circunstancias de cada caso y evaluando los planes de contingencia adecuados desarrollados por los Estados ribereños.

Frente a lo anterior, algunos observadores presentes en el proceso de elaboración del CISM 1989, opinaron que los planes de contingencia no resolvían satisfactoriamente todos los problemas planteados. Para ello se sustentaban

753 La Asociación Internacional de Puertos y Terminales es una ONG que se inició en 1955, cuando un centenar de representantes relevantes puertos mundiales se reunieron con el propósito de representar sus intereses a nivel normativo ante la OMI, la Organización Mundial de Aduanas (OMA en adelante) y otras alianzas y organizaciones internacionales. Actualmente representa a 160 puertos y 120 empresas del ámbito portuario radicadas en 87 países. Los puertos miembros gestionan conjuntamente más del 60 % del comercio marítimo mundial y del tráfico mundial de contenedores. Su página web actualizada puede consultarse en el siguiente enlace: https://www.iaphworldports.org/.

754 *Vid*. CMI, *The Travaux Préparatoires of the Convention on Salvage, 1989, op.cit.*, págs. 283-284.

755 Entendidos estos como aquellos planes que identifican los equipos de protección adecuados, el personal capacitado para actuar en estas situaciones y los procedimientos adecuados en caso de emergencia para para evitar los daños al medio ambiente y minimizar la pérdida de recursos, según exponía Estados Unidos en el Documento LEG/CONF.7/16; *vid*. CMI, *The Travaux Préparatoires of the Convention on Salvage, 1989*, *op.cit.*, pág. 284.

756 Así, «*In introducing its proposal in document LEG 56/4/6, the delegation of the United States stated that an essential element in a State's ability to deal with vessels in distress off its coast would be the presence of a sound contingency plan. A mechanism of this kind would be a realistic alternative to the pre-designation of ports of refuge, since the essence of a contingency plan was to ensure effective response to particular cases, including permitting vessels to enter ports of refuge on a case-by-case basis. The United States felt that to oblige a coastal State to provide assistance to distressed vessels would be too onerous*», *ibid*., pág. 284.

757 Aunque no se especifica en las actas cuáles fueron; *ibid*., pág. 283.

en que la experiencia práctica había demostrado que, en ausencia de puertos de refugio preparados, siempre existía el riesgo de que las autoridades locales rechazasen la entrada en un puerto determinado. De hecho, éste fue un problema que se señaló durante el debate del Convenio de 1989 y que, años después, se ha comprobado con algunos de los accidentes marítimos más graves de las costas europeas, por ejemplo, con el *Prestige*[758]. Con base en lo anterior, estos observadores consideraron relevante designar una autoridad a nivel nacional que se encargase de dirigir a los buques en peligro a los puertos o lugares adecuados.

En el año 2003, la OMI aprobó la Resolución A.949 (23) sobre Directrices relativas a los lugares de refugio para los buques necesitados de asistencia[759], que dio pie a la regulación de los puertos de refugio en numerosos países[760]; entre ellos, España. Por su parte, el artículo 17 de la ya mencionada Directiva 2002/59/CE[761] impone la obligación a los Estados Miembros de hacer un seguimiento de los incidentes y accidentes en el mar, así como tomar «las medidas adecuadas para asegurar que el capitán de todo buque advierta inmediatamente a la estación costera competente en esa zona sobre el accidente producido». Todo ello con vistas a prevenir o reducir cualquier riesgo significativo para la seguridad marítima, la seguridad de las personas o el medioambiente[762].

Los párrafos anteriores explican por qué los Estados ribereños pueden y deben intervenir en algunas operaciones de salvamento marítimo basándose

758 *Vid.* García-Pita y Lastres, «Las sentencias "Prestige": último acto (¿una gloriosa primavera, un breve estío o el invierno de nuestro descontento?)», en *RDT*, 2016, núm. 17, págs. 11-57; Acinas, «Puertos de refugio y contaminación accidental en el mar», en *El impacto del Prestige: análisis y evaluación de los daños causados por el accidente del Prestige y dispositivos para la regeneración medioambiental y recuperación económica de Galicia*, coord. F. González Laxe, A Coruña, 2003, págs. 525-584, pág. 543.

759 Resolution A. 949(23), Adopted on 5 December 2003 (Agenda item 17), *GUIDELINES ON PLACES OF REFUGE FOR SHIPS IN NEED OF ASSISTANCE*, disponible en: https://wwwcdn.imo.org/localresources/en/KnowledgeCentre/IndexofIMOResolutions/AssemblyDocuments/A.949(23).pdf.

760 Véase la nota al pie número 752.

761 *Ibid.*

762 El apartado segundo de dicho artículo indica el contenido del mensaje de aviso, que deberá incluir, al menos: la identidad del buque, su posición, el puerto de origen, el puerto de destino, la dirección en la que pueda obtenerse información sobre mercancías peligrosas y contaminantes transportadas a bordo, el número de personas a bordo, detalles del incidente y cualquier información pertinente mencionada en la Resolución A. 851(20) de la OMI. Esta resolución hace referencia a los principios generales que deben seguirse en los sistemas de información de los buques. Incluye también una guía para reportar accidentes que involucren bienes o sustancias peligrosas y/o contaminantes. Dicho documento puede consultarse en el siguiente enlace: http://www.imo.org/en/KnowledgeCentre/IndexofIMOResolutions/Assembly/Documents/A.851(20).pdf.

en la protección de sus intereses y costas. Pese a ello, no serían parte contractual[763], sino un sujeto afectado que interviene en la operación de salvamento.

3.2. Los Clubes de Protección e Indemnización

Los Clubs de P&I han participado en el proceso de redacción del CISM 1989, en las estrategias previas que se desarrollaron como «antesala» de lo que posteriormente sería este Convenio[764]; también en la aprobación de la «Cláusula» SCOPIC, actual complemento en muchas ocasiones del contrato LOF en operaciones de salvamento en las que el medioambiente se ve especialmente afectado[765]. Igualmente, en la práctica, cuando se produce una operación de salvamento marítimo, la opinión del Club de P&I es muy valorada a la hora de tomar decisiones, tanto por parte de los salvadores como de los salvados. Los Clubs de P&I están formados por especialistas que asesoran, ayudan, apoyan y establecen las garantías de cobertura. En esas circunstancias van a cubrir, porque así lo establecen sus reglas *(rules)* —esto es, el conjunto de disposiciones acerca del funcionamiento del Club—, la responsabilidad que se derive de los *«owners»*. Por lo cual, estos confiarán en lo que considere el Club. Por todos los anteriores factores, es difícil concebir el ejercicio de la actividad marítima —y del salvamento— sin la presencia de los Clubs de P&I.

Los Clubs de Protección e Indemnización o Clubs de P&I son asociaciones de armadores y navieros que ofrecen protección frente al riesgo propios del sector marítimo[766]. Los Clubs de P&I son sujetos protagonistas en el Derecho marítimo, particularmente en el ámbito del seguro que, en el salvamento marítimo ofrecen seguridad y cobertura a la responsabilidad civil de los *«owners»*.

Ante los riesgos asociados con el mar y la *aventura marítima*, los empresarios relacionados con la navegación se han organizado con la finalidad de proporcionar una cobertura recíproca a sus riesgos. Mientras que el seguro marítimo tradicional se ha centrado en los bienes expuestos al riesgo —el buque, las mercancías y el flete—, a partir de mediados del siglo XIX el naviero también comenzó a necesitar protección por la responsabilidad de los daños causados por sus buques a terceros[767].

---

763 Véase la excepción anteriormente planteada en relación con el salvamento público en *supra* en este capítulo, el epígrafe 1.1.1.2 El salvamento marítimo realizado por la Administración Pública.

764 Por ejemplo, el acuerdo TOVALOP o la Cláusula PIOPIC, estudiados en *supra* el capítulo primero, epígrafe 1.2 Los inicios de la «conciencia medioambiental».

765 Véase *infra* en el capítulo cuarto el epígrafe 2.5 La «Cláusula» SCOPIC.

766 *Vid.* HAZELWOOD, SEMARK, *P&I Clubs Law and Practice*, Londres, 2010, pág. 46.

767 *Vid.* ARROYO, *Protection and indemnity club*, Cambridge Massachusetts, 1975, pág. 10, *apud.* CLAVERO, *Clubs de P. & I.*, Madrid, 1992, pág. 80.

Los Clubs de P&I responden a un tipo de organización del seguro mutuo, es decir, los intereses de los asegurados y de la mutua se identifican ya que aquellos son, al mismo tiempo, los aseguradores[768]. El origen de este tipo de seguro se encuentra en Inglaterra —funcionando el primero de ellos en 1855[769]—, cuando a las agrupaciones de navieros, debido a que carecían de personalidad

768 *Vid.* Clavero, *Clubs de P. & I.*, Madrid, 1992, pág. 70; Pendón, Romero Matute, «Los seguros marítimos y aéreos», en *Derecho Mercantil*, vol. 9, Transportes mercantiles, coords. G.J. Jiménez Sánchez, A. Díaz Moreno, Madrid, págs. 317-394, pág. 328; Caballero, «El aseguramiento de la responsabilidad civil marítima. Los clubes de Protección e Indemnización (P & I)», en *Los contratos sobre el buque en Derecho español: análisis práctico*, 2018, Madrid, págs. 493-504, pág. 498; Kimball, «The Central Role of P&I Insurance in Maritime Law», en *Tul. L. Rev.*, 2012, vol. 87, págs. 1.147-1.163, pág. 1.148.

769 En un primer momento, estos clubes aseguraron principalmente los cascos de los buques *(hull clubs)*. En 1720 en Inglaterra se promulgó la conocida como *«Bubble Act»* —realmente, *An Act for better securing certain Powers and Privileges intended to be granted by His Majesty by Two Charters for Assurance of Ships and Merchandizes at Sea, and for lending Money on Bottomry; and for restraining several extravagant and unwarrantable Practices therein mentioned*, 6 Geo I, c. 18—, que regularía las únicas dos compañías responsables del «monopolio» asegurador en el Reino Unido a cambio de un pago anual a la corona: la *Royal Exchange* y la *London Assurance*. Esta ley no permitía ninguna otra forma social de aseguradora, aunque no impedía la existencia de aseguradores individuales, lo que produjo un «reforzamiento del seguro marítimo», por parte de estos comerciantes en los cafés de Londres, especialmente en el *Lloyd's Coffee House*; *vid.* Clavero, *Clubs de P. & I.*, *op.cit.*, pág. 108; de la Rue, Anderson, «The Role of the P&I Clubs in Marine Pollution Incidents», en *Tul. L. R.*, *cit.*, pág. 1.259.
A partir de la entrada en vigor de este «monopolio», —*cfr.* Hazelwood, Semark, *P&I Clubs Law and Practice*, *op.cit.*, pág. 46—, se produjo un aumento de la cuantía de las primas. Por su parte, los aseguradores cubrían aquellos riesgos menos graves, pudiendo imponer las condiciones más convenientes para ellos en el mercado. No obstante, las dos compañías aseguradoras creadas por la *Bubble Act* comenzaron pronto a enfocarse al seguro terrestre, viendo que los aseguradores individuales del *Lloyd's Coffee House* demostraban una mayor destreza en el ámbito marítimo. Este factor propició que el mercado de seguros quedara relativamente paralizado, de modo que los navieros comenzaron a organizarse en unas asociaciones, conocidas como *clubs*; *vid.* Clavero, *Clubs de P. & I.*, *op.cit.*, pág. 109.
Debido a las restricciones impuestas por la *Bubble Act* de 1720, los aseguradores del *Lloyd's Coffee House* se organizaron en una forma empresarial particular: cada naviero era un asegurador individual en el club, en proporción a las toneladas que tuviera en relación con las totales de la asociación. De esta forma, no era la asociación la aseguradora, sino cada uno de los navieros en su condición de asegurador individual. De este modo, con el seguro mutuo los navieros eran al mismo tiempo asegurados y aseguradores.
Una vez derogada la *Bubble Act* en 1824, el mercado asegurador se liberalizó en Inglaterra. Al aparecer nuevas compañías aseguradoras, los precios de las primas se redujeron y estabilizaron, y comenzaron a cubrirse nuevos riesgos. La necesidad de asegurar nuevos riesgos provocó el declive de los *hull clubs*, centrándose entonces en las coberturas originadas por las responsabilidades de los navieros; *vid.* Hazelwood, Semark, *P&I Clubs Law and Practice*, *op.cit.*, pág. 49; De La Rue, Anderson, «The Role of the P&I Clubs in Marine Pollution Incidents», en *Tul. L. R.*, *cit.*, pág. 1.260.

jurídica propia, se las comenzó a llamar «clubs»[770]; denominación que se mantiene en la actualidad[771].

Aunque en un principio existían dos tipos de clubes —los *Protection Clubs* y los *Indemnity Clubs*[772]—, esta división resultó, con el tiempo, innecesaria, pues algunos clubes entraban en ambas categorías por ofrecer la misma cobertura[773]. La cobertura de estas organizaciones es muy variada, ya que se va adaptando a medida que surgen las distintas necesidades de los *«owners»*; en todo caso, los riesgos cubiertos únicamente serán aquellos que vengan establecidos en las *Rules* aprobadas por cada Club[774]. Los riesgos cubiertos por los Clubs de P&I pueden agruparse en diversas categorías, siendo, las dos principales *protection* (aquellas que «se derivan de la propiedad del buque») e *indemnity* (derivadas «de la utilización y explotación del buque»)[775].

Estos «protagonistas» del Derecho marítimo tienen una presencia relevante también en el salvamento. Como se estudiará más adelante[776], los gastos que supone para el «*owner*» el salvamento, incluyen el premio, aunque en determinados accidentes, incluye también la compensación especial regulada en el artículo 14 del CISM 1989 o el bono de SCOPIC; mientras que la cobertura del

---

770 Realmente, este término se utilizaba para definir aquellas entidades —tanto benéficas como culturales y deportivas— que no tenían ánimo de lucro ni adoptaban un modelo de sociedad típico; *vid.* Clavero, *Clubs de P. & I.*, *op.cit.*, pág. 73.

771 En 1899 los *clubs* ingleses formaron el *London Group* con el propósito de repartirse las pérdidas que tuviera que indemnizar alguno de ellos; *ibid.*, pág. 86. A medida que se crearon nuevos *clubs* ingleses o extranjeros, fueron solicitando la entrada a este grupo, de modo que éste comenzó a denominarse Grupo Internacional de Clubs de P&I (conocido simplemente como «*the Group*», cuya página web actualizada puede consultarse en el siguiente enlace: https://www.igpandi.org/). El Grupo Internacional de Clubs de P&I cubre hoy en día aproximadamente el 90 % del tonelaje mundial y cuenta con 13 clubes, a cuya lista puede accederse en https://www.igpandi.org/group-clubs.

772 En un primer momento, los *clubs* fueron de «protección», ya que la «indemnización» se cubría por otro club distinto. Con el paso del tiempo, la mayoría de los clubes de protección empezaron a cubrir diversos aspectos de la responsabilidad del naviero: por ejemplo, frente a los cargadores o por los daños producidos a consecuencia de un abordaje; *vid.* Arroyo, *Protection and Indemnity Club*, *op.cit.*, pág. 35; Clavero, *Clubs de P. & I.*, *op.cit.*, págs. 124-128. A finales del siglo XIX, algunas compañías aseguradoras comenzaron a cubrir algunos riesgos relacionados con la navegación que afectaban esencialmente a la carga transportada. La actividad de estas empresas aumentó paralelamente a las responsabilidades de los navieros, de modo que muchos «*Protection Clubs*» se transformaron en «*Protection & Indemnity Clubs*»; *vid.* Hill, *Los Clubs de Protección e Indemnización en el campo del seguro marítimo*, Barcelona, 1992, págs. 64-66.

773 *Vid.* Hill, *Los Clubs de Protección e Indemnización...*, *op.cit.*, pág. 143.

774 *Ibid.*, pág. 145; AA VV, *Los Clubs de P&I*, 1994, pág. 45.

775 *Vid.* Hill, *Los Clubs de Protección e Indemnización...*, *op.cit.*, pág. 145.

776 Véase *infra* en el capítulo cuarto el epígrafe 2 El premio.

premio no está incluida en las *Rules* de los Clubs P&I, la cobertura de las otras «contraprestaciones» mencionadas entrarían en la categoría de *indemnity*[777].

Como hemos visto, en el LOF 80, el premio de los salvadores (en virtud del principio *no cure-no pay*) se repercutía por el *«owner»* del buque a las aseguradoras del casco *(hull underwriters)*, mientras que la cobertura de la *safety net* estaba finalmente cubierta por el Club de P&I. De un modo similar, aunque teniendo en cuenta las diferentes naturalezas de uno y otro documento (contractual en el LOF 80 y convencional en el CISM 1989) en la actualidad, la compensación especial del artículo 14 del CISM 1989 —así como el bono de SCOPIC— se cubren por los Clubs de P&I, mientras que las aseguradoras del casco siguen los premios «tradicionales» del salvamento marítimo (los del artículo 13 del CISM 1989, basados en el principio *no cure-no pay*). Así, la involucración de los Clubs de P&I en el salvamento marítimo tiene relación, en buena medida, con el medioambiente[778]. Con la aprobación del CISM 1989, la *safety net* evolucionaría hasta ser la compensación especial del artículo 14 del Convenio. La cobertura de esta «compensación especial» también quedaría «atribuida» a los Clubs de P&I, tal y como acordaron el Grupo Internacional de Clubs de P&I, el Instituto de Aseguradores de Londres *(Institute of London Underwriters)*[779] y la Asociación de Aseguradores de Lloyd's *(Lloyd's Underwriters' Association)*.

777 El resto de los gastos de salvamento están cubiertos por las RYA 2016, como se establece en su Rule VI – Salvage Remuneration, en concreto sus apartados (a) y (c). En virtud del apartado (a), «*Expenditure incurred by the parties to the common maritime adventure in the nature of salvage, whether under contract or otherwise, shall be allowed in general average provided that the salvage operations were carried out for the purpose of preserving from peril the property involved in the common maritime adventure and subject to the provisions of paragraphs (b), (c) and (d)*». Por su parte, el apartado (c) dispone que: «*Salvage expenditures referred to in paragraph (a) above shall include any salvage remuneration in which the skill and efforts of the salvors in preventing or minimising damage to the environment such as is referred to in Article 13 paragraph 1(b) of the International Convention on Salvage, 1989 have been taken into account*».

778 Lo anterior se pone de manifiesto cuando los Clubs de P&I han estado presente en las iniciativas para la protección medioambiental; véase supra en el capítulo primero, el epígrafe 1.3 El LOF 80 y la *safety net*.

779 El Instituto de Aseguradores de Londres o ILU, por sus siglas en inglés, se creó en 1884 como asociación para empresas especializadas en seguros marítimos, de aviación y de transporte. Inspirados por el modelo de Lloyd's, en 1986, las compañías que formaban parte de la asociación se unieron para que los *brokers* negociaran con ellas en lugar de con otras compañías de seguros. En 1998, la ILU se fusionó con la *London Insurance and Reinsurance Market Association* (LIRMA), la asociación que representaba a las compañías aseguradoras no marítimas que no pertenezcan a Lloyd's. Como consecuencia, el 1 de enero de 1999, se creó la IUA (*International Underwriting Association of London*). A partir de entonces, los miembros de la ILU dejaron de pertenecer al *Institute* para convertirse en miembros de la IUA. Es por ello por lo que, la página web de la ILU hoy en día sólo hace referencia a la historia de esta asociación, accesible en http://www.ilu.org.uk/index.html. En la actualidad, es la página web de la IUA la que cuenta con mayor información sobre el *London market*: https://iua.co.uk/.

Esta cobertura se regula en las Reglas de los Clubs de P&I; por ejemplo, en las *Rules* del Gard P&I[780] de 2023, la Regla 42 establece lo siguiente: «The *Association shall cover liability for special compensation awarded to a salvor a) pursuant to Article 14 of the International Convention on Salvage 1989; or b) pursuant to Article 14 of the International Convention on Salvage 1989, as incorporated into Lloyd's Open Form of Salvage Agreement or into any other salvage contract approved by the Association: or c) pursuant to Special Compensation P&I Clubs Clause (SCOPIC) as incorporated into Lloyd's Open Form of Salvage Agreement or any other 'No Cure-No Pay' salvage contract approved by the Association»*[781]. De la redacción anterior, se aprecia que la cobertura del Club de P&I no sólo incluye la «compensación especial» —cualquiera que sea su redacción en el LOF (también en anteriores versiones a la de 2020[782]) o en otro contrato tipo[783]—, sino también la «Cláusula» SCOPIC, objeto de análisis más adelante[784].

---

780 En la actualidad el Club de P&I de los 13 que forma parte del Grupo Internacional de Clubs de P&I con mayor cobertura en términos de tonelaje total (aproximadamente el 19 %), seguido del North P&I Club, con el 12 %; información disponible en la página web de North: https://www.nepia.com/our-news/north-pi-faces-up-to-global-turbulence-with-premiums-rise-for-2023-24/.

781 Para la cual se propone la siguiente traducción: «La Asociación cubrirá la responsabilidad por la compensación especial concedida a un salvador a) de acuerdo con el artículo 14 del Convenio Internacional de Salvamento de 1989; o b) de acuerdo con el artículo 14 del Convenio Internacional de Salvamento de 1989, tal y como se incorpora en el Lloyd's Open Form of Salvage Agreement o en cualquier otro contrato de salvamento aprobado por la Asociación; o c) de acuerdo con la Special Compensation P&I Clubs Clause (SCOPIC) tal y como se incorpora en el Lloyd's Open Form of Salvage Agreement o en cualquier otro contrato de salvamento "No Cure-No Pay" aprobado por la Asociación». Estas *Rules* están disponibles en: https://www.gard.no/web/publications/document/781871/gard-rules-2022.

782 Por ilustrar un ejemplo, en las Rules del club The North of England Protecting & Indemnity Association Limited, se admite la cobertura por los gastos de los salvadores en virtud del LOF 80: «*liability of the Member to reimburse a salvor of an Entered Ship for: (i) his reasonably incurred expenses (together with any increment awarded thereon) under Clause 1(a) of the Lloyd's Standard Form of Salvage Agreement (1980)*», según su Regla 19 (13) letra (e), apartado (i). Igualmente, cabe mencionar la rule 13, letra B, apartado i, que establece: «*Liability arising out of, or under the terms of a contract for towage of an entered ship other than the customary towage covered under paragraph (A) of this Section but only if and to the extent that cover for such liability has been agreed with the Managers upon such terms as the Managers may require. Note: For the purpose of this paragraph B, the Managers will approve contracts for towage of an entered ship on terms not less favourable to the entered ship than: i. The Lloyds standard form of salvage agreement (1980, 1990, 1995, 2000, 2011 or 2020, whether or not incorporating SCOPIC) (...)* ».

783 Aunque destaca que este modelo de contrato es relevante en la esfera internacional y profesional, en tanto en cuanto se menciona en casi todas las *Rules* de los 13 Clubs de P&I del Grupo Internacional. Las únicas excepciones son el Club *The Britannia Steam Ship Insurance Association Limited* y *Sveriges Ångfartygs Assurans Förening (The Swedish Club)* que no lo distinguen de otros contratos tipo de salvamento marítimo.

784 Véase *infra* el epígrafe del capítulo cuarto 2.5 La «Cláusula» SCOPIC. Los únicos Clubes

Además de los gastos derivados de la compensación especial del artículo 14 del CISM 1989 o de la «Cláusula» SCOPIC, los Clubs de P&I también cubrirán todas aquellas cantidades derivadas del salvamento o de haber intentado salvar la vida de cualquier persona en el buque o desde el mismo, siempre y cuando estos gastos cuando no estén cubiertos por las aseguradoras del casco *(hull insurances)*[785].

Todos los demás gastos derivados del salvamento no se incluyen, *a priori*, de la cobertura de los Clubs de Protección e Indemnización. Así, la *rule* 63 de las Reglas de Gard P&I[786], establece lo siguiente:

> *«The Association shall not cover under a P&I entry, (...): e) costs of salvage or services in the nature of salvage, rendered to the Ship and any expenses in connection therewith except to the extent that they form part of a claim recoverable under Rule 33 (Life salvage), Rule 41 (General average) or Rule 42 (Salvage); f) liabilities, losses, costs or expenses arising out of salvage operations (including for the purpose of this sub-paragraph f, wreck removal) conducted by the Ship or provided by the Member, other than: i) liabilities, costs and expenses arising out of salvage operations conducted by the Ship for the purpose of saving or attempting to save life at sea; and ii) liabilities, costs and expenses incurred by a professional salvor which are covered by a special*

---

que no la mencionan son el *Sveriges Ångfartygs Assurans Förening (The Swedish Club)* y el *Standard Club*, pero, aun así, sí cubre cualquier tipo de compensación especial.

785 En las Rules de The North of England Protecting & Indemnity Association, The Steamship Mutual Underwriting Association, se recoge en la regla 19(7) para el salvamento de personas: *«Sums legally due to third parties by reason of the fact that they have saved or attempted to save the life of any person on or from an Entered Ship but only if and to the extent that such payments are not recoverable under the Hull Policies of the Entered Ship or from cargo «owners» or underwriters»; y para el salvamento de bienes en la regla 19(18) a discreción de los miembros del Club: «If the Members Board in its discretion so authorises, the Entered Ship's proportion of general average, special charges or salvage not recoverable under the Hull Policies by reason of the value of the Ship being assessed for contribution to general average or salvage at a sound value in excess of the insured value under the Hull Policies (...)».*
Lo anterior es común a todos los Clubs de P&I del Grupo Internacional a excepción del *American Steamship «owners» Mutual Protection and Indemnity Association (American Club)* y el *Standard Club*, el cual no especifica si lo incluye o no según lo dispuesto en su *Rule* 3.5 lo siguiente: *«Sums due to a third party because he has saved or attempted to save the life of any person on or from the ship»*.

786 La misma línea se sigue en las Reglas de los otros 12 Clubs de P&I que forman parte del Grupo Internacional: United Kingdom Mutual Steam Ship Assurance Association, The North of England Protecting & Indemnity Association, The Steamship Mutual Underwriting Association, Standard Club, The West of England Ship *«owners»* Mutual Insurance Association, The Britannia Steam Ship Insurance Association, The Japan Ship *«owners»'* Mutual Protection & Indemnity Association, Skuld P&I, The Swedish Club, The London P&I Club, The Shipowners' Mutual Protection & Indemnity Association y The American Club.

agreement between the Member and the Association, and which arise out of the operation of, and in respect of the Member's interest *in the Ship»*[787].

787 Para lo que se facilita la siguiente traducción libre: «La Asociación no cubrirá (...): e) costes de salvamento o servicios de esta naturaleza, prestados al Buque y cualquier gasto relacionado con ellos, excepto en la medida en que formen parte de una reclamación recuperable bajo la Regla 33 (Salvamento de personas), la Regla 41 (Avería gruesa) o la Regla 42 (Salvamento); f) responsabilidades, pérdidas, costes o gastos derivados de operaciones de salvamento (incluyendo, a efectos de este subpárrafo f, la remoción de restos de naufragio) conducidas por el Buque o proporcionadas por el Miembro, que no sean: i) responsabilidades, costes y gastos derivados de las operaciones de salvamento realizadas por el buque con el fin de salvar o intentar salvar vidas en el mar; y ii) responsabilidades, costes y gastos incurridos por un salvador profesional que estén cubiertos por un acuerdo especial entre el Miembro y la Asociación, y que se deriven de la explotación y del interés del Miembro en el buque».

CAPÍTULO CUARTO

EL OBJETO DEL CONTRATO DE SALVAMENTO

El objeto del contrato podemos entenderlo en dos sentidos. En primer lugar, la finalidad a la que está dirigida una acción; en segundo lugar, la prestación sobre la que recae el acuerdo entre las partes. En este capítulo nos centraremos en esta segunda interpretación del objeto[788], ya que estudiaremos todos aquellos elementos que conciernen al contrato y, en consecuencia, quedan recogidos en él. En este segundo sentido, podemos observar que el objeto del contrato de salvamento marítimo es doble. De un lado, comprende el salvamento del buque y otros bienes en peligro en el mar; esto es, la operación de salvamento. De otro, se hace referencia al pago del premio si hay éxito en la operación.

1. La operación de salvamento marítimo

El artículo 1, letra a), del CISM 1989 define las operaciones de salvamento como «todo acto o actividad emprendido para auxiliar o asistir a un buque o para salvaguardar cualesquiera otros bienes que se encuentren en peligro en aguas navegables o en cualesquiera otras aguas»[789]. En este precepto se aprecia cuáles son los «elementos» de la operación de salvamento: primero, el acto o la actividad en la que se materializa esa operación de salvamento; segundo, el objeto del salvamento, es decir, qué se salva: el buque u otros bienes; tercero, la circunstancia en la que debe encontrarse dicho objeto, esto es, el peli-

788 El objeto contractual es el segundo requisito que exige el artículo 1.261 del CC para la existencia de un contrato, junto al consentimiento de los contratantes y la causa, y comprende las prestaciones que las partes están obligadas a dar o hacer.

789 En la redacción auténtica del CISM 1989 el artículo dispone que *«Salvage operation means any act or activity undertaken to assist a vessel or any other property in danger in navigable waters or in any other waters whatsoever»*.

gro; y cuarto, el medio o el «lugar» donde deben hallarse: aguas navegables o cualesquiera otras aguas.

En España, la LNM define el salvamento marítimo como

> «todo acto emprendido para auxiliar o asistir a un buque, embarcación o artefacto naval, o para salvaguardar o recuperar cualesquiera otros bienes que se encuentren en peligro en cualesquiera aguas navegables, con excepción de las continentales que no están en comunicación con las aguas del mar y no son utilizadas por buques de navegación marítima»

, *ex* artículo 358.1 de la LNM. Los «elementos» que se recogen en esta definición son los establecidos por el CISM 1989: el acto, el objeto, el peligro y el «lugar» donde se produce el salvamento marítimo, aunque con matices; lo que se estudiará en los siguientes apartados.

Además, pueden señalarse otros tres elementos que se entienden necesarios para considerar que una operación es de salvamento marítimo: el resultado útil y el premio. El primero de ellos, ya estudiado, —se recuerda que la ajenidad ha sido denominada habitualmente por la doctrina como «voluntariedad»[790]— no se incluyó en la definición de operación de salvamento en el CISM 1989 debido a que era un término muy «ambiguo»[791]; no obstante, su relevancia como elemento del salvamento fue reconocida en los trabajos preparatorios del mismo, así como por la doctrina[792]. En cuanto al segundo «elemento» —el resultado útil—, se dispone en el artículo 12.1 del CISM 1989[793], del cual cabe destacar su importancia en relación con uno de los principios sobre el que se estructura el salvamento «tradicional»: el principio *no cure-no pay*. Finalmente, el tercero —el premio— aparece en el artículo 1, letra e), del CISM 1989 en la definición de «pago», entendido éste como «toda recompensa, remuneración o compensación pagaderas en virtud del presente Convenio».

---

790 Véase *supra* en el capítulo tercero el epígrafe 1 La «ajenidad» en el contrato de salvamento marítimo *(voluntariness)*.

791 *Vid.* CMI, *The Travaux Préparatoires of the Convention on Salvage, 1989*, *op.cit.*, pág. 45.

792 Entre otros, *vid.* Brice, *Brice on Maritime Law of Salvage*, *op.cit.*, pág. 2; Arroyo, *Curso de Derecho Marítimo*, *op.cit.*, pág. 722; Gabaldón García, Ruiz Soroa, *Manual de Derecho de la Navegación Marítima*, *op.cit.*, pág. 723; Bensing, «The Law of Admiralty-A Primer», en *Wes. Res. L. Rev.*, *cit.*, pág. 37; García Luengo, *La remuneración en el salvamento marítimo*, *op.cit.*, pág. 83; Pulido, «El salvamento marítimo», en *Las averías y los accidentes...*, *op.cit.*, pág. 243; Morral, *El salvamento marítimo*, *op.cit.*, pág. 255; Fujimoto, «The essential features of voluntary salvage», en *The Annals of the Hitotsubashi Academy*, *cit.*, pág. 4; González Lebrero, *Curso de Derecho de la Navegación*, *op.cit.*, pág. 742; Abangwu, «The maritime salvor as a volunteer adventurer», en *International Journal of Law*, *cit.*, págs. 24-28, pág. 24; Cupido, «The environment in shipping incidents: salvage contracts and the public interest», en *Corporate Social Responsibility...*, *op.cit.*, pág. 211.

793 Cuya redacción establece lo siguiente: «1. Las operaciones de salvamento que hayan producido un resultado útil darán derecho a recompensa».

1.1. El «acto o actividad»

El Convenio de 1989 considera como «operación de salvamento» cualquier «acto o actividad», *ex* artículo 1, letra a). En la versión auténtica del Convenio de Londres, se establece que el salvamento se producirá por *«any act or activity»*. Así, el CISM 1989 parte de que existe un concepto amplio de lo que debía entenderse por «operaciones de salvamento».

La LNM, en su artículo 358.1, dispone, sin embargo, que «Se considera salvamento todo acto (...)»[794]. De este modo, mientras que el Convenio adopta la formulación más amplia —*«any act or activity»*—, la ley española parece adoptar un término más acotado —«acto»—. En el Anteproyecto de LNM se defendió que se había propuesto un «concepto omnicomprensivo del salvamento»; sin embargo, al establecer que el salvamento puede ser solamente un «acto» —y no también «actividad»—, parece que la operación se agota en una sola acción. Esta diferencia en la redacción entre el CISM 1989 y la LNM ha sido comentada por algún autor[795], que la ha calificado de «insignificante tanto desde el punto de vista material como por la circunstancia de que el Convenio es ley interna». Frente a esta postura y aunque el análisis etimológico no proporciona diferencias claras a este respecto[796], es posible asociar el término «acto» a una acción determinada y acotada, mientras que «actividad» expresa una situación extendida en el tiempo[797]. Lo anterior podría llevarnos quizá, en

794 Artículo 358.1 de la LNM: «Se considera salvamento todo acto emprendido para auxiliar o asistir a un buque, embarcación o artefacto naval, o para salvaguardar o recuperar cualesquiera otros bienes que se encuentren en peligro en cualesquiera aguas navegables, con excepción de las continentales que no están en comunicación con las aguas del mar y no son utilizadas por buques de navegación marítima».

795 *Vid.* Morral, «Del salvamento», en *Comentarios a la Ley 14/2014..., op.cit.*, pág. 1.115.

796 Según la RAE, «acto» se define como «acción (ejercicio de la posibilidad de hacer)»; y, «actividad» como «Facultad de obrar».

797 En nuestra opinión, la redacción del CISM 1989 es más acertada que la de la LNM, pues cualquier acto o actividad, de cualquier naturaleza, que contribuya al auxilio de un buque, bien o flete en peligro es salvamento. Precisamente, que el CISM 1989 recoja en su redacción los dos términos para definir una operación de salvamento, facilita que tanto actos aislados como —en la mayoría de los casos debido a la complejidad técnica que guarda esta operación que necesitará generalmente de un conjunto de actos— una actividad más duradera, se consideren una prestación de salvamento. En todo caso, tanto la LNM como el Convenio, con mejor o peor acierto en las palabras utilizadas, lo que pretenden es darle una interpretación para que cualquier actuación de cualquier naturaleza que pueda conseguir el efecto de salvar el buque u cualesquiera otros bienes que se hallaban en peligro en el mar, se consideren una operación de salvamento marítimo.
Como un ejemplo de lo anterior, véase la Cláusula A del contrato LOF 2020, dispone que los salvadores realizarán sus «mejores esfuerzos» para salvar la propiedad y llevarla a un lugar seguro: *«to use their best endeavours to salve the property specified in Box 2 and to take the property to the place stated in Box 3»*; véase *infra* en el capítulo quinto el epígrafe 1.1 La prestación profesional del salvamento marítimo: la "debida diligencia" y los *best endevours*. De hecho, el contrato LOF 2020 establece en su Cláusula H, que los servicios

el ámbito del Derecho común, a una diferencia entre «obras» y «servicios» lo que, de hecho, ha planteado un debate en la doctrina sobre la naturaleza jurídica del contrato de salvamento, objeto de estudio más adelante[798].

El CISM 1989 permite que el salvamento pueda consistir tanto en actos materiales (el remolque del buque, extinción de incendios, operaciones para recuperar la estabilidad del buque, levantamiento de barcos, traslado de los objetos salvados a un lugar seguro, suministro de combustible y otros enseres, recuperar el control de un buque[799], etc.) como otros *inmateriales*[800] (organización de la actividad de salvamento, asesoramiento en la forma de prestación del servicio...). Igualmente, formarán parte de la operación de salvamento aquellos actos preparatorios que se hayan llevado a cabo para ejecutar correctamente la asistencia. De hecho, estos actos preparatorios guardan especial relevancia en el salvamento marítimo, siendo una operación que comprende muchos aspectos técnicos relacionados con la coordinación de los medios, recursos y personal para realizar la prestación. Preparar la operación de salvamento implica disponer del buque, de su tripulación, del equipo necesario para efectuar la operación, así como llevar a cabo todas las actuaciones necesarias para asegurar el traslado de lo salvado a un lugar seguro. La operación del salvamento no se realiza en un acto concreto, sino que requiere de una actividad organizada de ellos. Lo relevante no es qué «actos» compongan la operación, sino que con ellos ordenadamente «ejecutados» sea posible salvar el buque y los otros bienes en peligro.

Debido a las circunstancias que caracterizaban la navegación durante el siglo pasado —por ejemplo, la poca inmediatez de medios de comunicación con las personas que se hallaban en tierra, o no emplear helicópteros, que no se utilizaron fuera del ámbito militar hasta mediados del siglo XX— el salvamento marítimo se concebía únicamente como aquella operación pres-

---

de los salvadores se entenderán debidamente cumplidos cuando la propiedad esté en este lugar seguro; éste es, el especificado en la *box* o casilla número 3 u otro acordado por las partes en consonancia con la Cláusula A del contrato LOF. Esta cláusula se detallará más adelante en *infra* el capítulo quinto el epígrafe 2.4 Aceptación de los bienes salvados.

798 Véase *infra* el capítulo sexto.

799 Como en el caso *The Whippingham* (1934) 48 Ll. L. Rep. 49. En este supuesto, el buque *Whippingham*, al intentar evitar una colisión con un buque, perdió el control en un fondeadero atestado. Un buque remolcador —cuyo *«owner»* sería posteriormente el demandante— se hizo rápidamente con el control del buque para que no provocara un accidente. El tribunal consideró que el *acto* de controlar el buque y evitar que éste produjera daños a otros se consideraba salvamento. No obstante, este argumento ha de ser considerado de manera restrictiva; sólo se aplicaría en aquellos casos en los que se haya evitado un peligro muy grave, como el riesgo de pérdida del buque u otros bienes en riesgo; *vid.* BRICE, *Brice on Maritime Law of Salvage*, *op.cit.*, pág. 401.

800 *Vid.* GAETA, «La convenzione di Londra 1989 sul soccorso in acqua», en *Il Diritto Marittimo*, *cit.*, pág. 298.

tada por mar desde un buque[801]. Tras el desarrollo de las comunicaciones, comenzó a concebirse que una operación de salvamento no se prestase exclusivamente desde el mar; puesto que la ayuda también podía ser aérea[802] o prestarse desde tierra.

En el siglo XIX, los términos «asistencia» y «salvamento» hacían referencia a operaciones distintas. Mientras que la asistencia comprendía actos para evitar o disminuir los daños, averías o peligros a los que estaba sometido un buque (o cualquier objeto flotante en el mar)[803], el salvamento marítimo se correspondía con toda aquella acción destinada a recuperar los objetos perdidos en el mar por accidente y los restos de un naufragio en la costa *(épaves)*, así como el salvamento de las personas *(life salvage)*[804]. Esta distinción entre la asistencia y el salvamento tiene lugar tradicionalmente en el «Derecho continental europeo»[805] debido, en parte, a la evolución histórica

801 *Vid.* Ferrarini, «Assistenza e salvataggio senza mezzi nautici», en *Scritti in onore de Francesco Carletti*, III, Padua, 1950, págs. 223-240, pág. 227; Gutiérrez de la Cámara, *Ley reguladora de los auxilios..., op.cit.*, pág. 36.

802 En estos supuestos en el Derecho inglés, el «propietario» de la aeronave que había prestado asistencia debía ser considerado —también a efectos del premio— en la misma posición que el *«owner»* de un buque, según lo recogido en la *Civil Aviation Act 1982*, sección 87 (2), que explica que cuando los servicios de salvamento sean prestados por una aeronave, su «propietario» tendrá derecho a la misma recompensa por esos servicios que le correspondería si la aeronave hubiera sido un buque *«Where salvage services are rendered by an aircraft to any property or person, the owner of the aircraft shall be entitled to the same reward for those services as he would have been entitled to if the aircraft had been a vessel»*.
El caso más destacado por la doctrina inglesa —*vid.* Meeson, Kimbell, *Admiralty Jurisdiction and Practice*, Londres, 2013, pág. 57; Hudson, Harvey, *The York-Antwerp Rules: The Principles and Practice of General Average Adjustment*, Oxon, 2017, párr. 6-13; Mandaraka-Sheppard, *Modern Maritime Law, op.cit.*, pág. 504— relacionado con el salvamento de buques realizado con asistencia aérea es *The American Farmer* (1947) 80 Ll. L. Rep. 672. En este caso, el buque *American Farmer* había resultado gravemente dañado en un accidente con otro buque acontecido en el Atlántico. Su capitán y su tripulación fueron llevados a bordo del barco con el que había colisionado para ser trasladados a un tercer buque, quedando el *American Farmer* abandonado. En este accidente, el avión *Liberator KN 753* siguió al *American Farmer* y proporcionó su posición al equipo de salvamento, incurriendo en un gasto de 2.856 libras. El tribunal le reconoció finalmente una cantidad por dicho importe.
En opinión de Gaskell, «The 1989 Salvage Convention and the Lloyd's Open Form (LOF) Salvage Agreement 1990», en *Tul. Mar. L.J.*, *cit.*, pág. 26, también se considerará salvamento también aquella asistencia otorgada por un radioperador o un piloto de avión.

803 *Vid.* Estasén, *Cuestiones de Derecho Marítimo*, Madrid, 1911, págs. 72, 78, 121.

804 *Vid.* de Juglart, Villeneau, *Répertoire méthodique et pratique de l'assistance en mer*, París, 1962, págs. 147, 345.

805 En el Derecho francés: *assistance* y *sauvetage*; en el italiano: *assistenza* y *salvataggio*; o en el Derecho alemán: *hilfleistung* y *bergung*. Lo anterior se manifestó especialmente en Francia, lo que se recogió en los diferentes textos legales franceses. En 1681, la *Ordonnance de la marine relative à la police des ports, côtes et rivages de la mer* regulaba los naufragios, roturas y encallamientos *(naufrages, bris et échouements)*. Dos siglos más tarde,

desde la operación de recuperación de los «restos de un naufragio *[épaves]* a la asistencia preventiva»[806].

El Convenio de Bruselas de 1910 reguló, tras conocer la opinión de las delegaciones al respecto[807], ambas operaciones bajo el régimen jurídico del salvamento marítimo[808]. Así, su artículo 1 comenzaba exponiendo que: «El auxilio y el salvamento de buques de mar en peligro, de objetos que se encuentren a bordo, del flete y del precio del pasaje, así como los servicios de la misma naturaleza (...)»[809]. Pese a ello, algunos países seguían manteniendo diferencias en sus Ordenamientos jurídicos; por ejemplo, en Francia, donde esta distinción ha sido especialmente acentuada. Así, el salvamento —*sauvetage*— se corresponde con la recuperación de pecios, mientras que la asistencia —*assistance*— alude a la prestación de «salvamento global» o auxilio de cualquier clase[810].

---

se reguló la obligación de prestar asistencia en la *Loi du 10 mars* de 1891 *sur les accidents et collisions en mer*, aunque desde una perspectiva del Derecho penal; por todos, *vid.* Ripert, *Droit Maritime*, III, *op.cit.*, págs. 99-100.

806 *Vid.* Gabaldón García, Ruiz Soroa, *Manual de Derecho de la Navegación* Marítima, *op. cit.*, pág. 713.

807 Para lo que el CMI, durante el proceso de elaboración del Convenio, distribuyó un cuestionario a los Estados Parte. Una de las preguntas del cuestionario hacía referencia a si era conveniente distinguir entre salvamento y asistencia; *vid.* Berlingieri, «The Draft of a New Salvage Convention and the Salvage of Wrecks», en *The Travaux Préparatoires of the Convention on Salvage, 1989*, Amberes, 2003, págs. 76-81, pág. 76.
Conviene destacar a este respecto la respuesta de la delegación francesa debido a que, tradicionalmente, en este país se había distinguido entre estos dos términos. No obstante, como respuesta, la delegación consideró que era inútil, e incluso peligroso, mantener la distinción entre salvamento y asistencia; por tanto, era preferible adoptar los principios seguidos en el Derecho inglés. En el texto original: *«Association thought that it was useless and even dangerous to maintain the old distinction between salvage and assistance, and that it was preferable to adopt the principles followed in England»*; *ibid.*, pág. 77. De este modo, y debido a que la mayoría de los países aceptó seguir el criterio de Reino Unido, se optó por unificar estos términos bajo el de «salvamento».

808 La regulación del Convenio de Bruselas de 1910 siguió la tradición anglosajona que no distinguía entre las operaciones de «asistencia» y «salvamento»; *vid.* Celle, «Note sull'applicazione della Convenzione di Londra del 1989 sul soccorso in mare», en *Scritti in onore di Francesco Berlingieri*, vol. I, Génova, págs. 328-336, pág. 329. En relación con ello debe señalarse que el «Imperio Británico» aún existía y que controlaba el 40 % del tonelaje mundial, *vid.* Kerr, «The International Convention on Salvage 1989: how it came to be», en *ICLQ*, *cit.*, pág. 531, lo que contribuye a explicar esta influencia del Derecho anglosajón en la Convención de Bruselas de 1910.

809 De hecho, la unificación de ambos términos fue uno de los primeros objetivos que se planteó el CMI en la formulación del Convenio de Bruselas de 1910 (véase *supra* en el capítulo primero el epígrafe 1.1 La Convención de Bruselas de 1910). Sobre el origen de la diferencia entre asistencia y salvamento en el contexto del Convenio de Bruselas puede consultarse Vincenzini, *International regulation of salvage at sea*, *op.cit.*, págs. 9-10.

810 *Vid.* Le Clère, *L'assistance aux navires...*, *op.cit.*, págs. 62-65; Villeneau, «Evènements de mer: abordage, collision et assistance», en *ADMA*, 1987, tomo IX, págs. 75-79, págs.

En cualquier caso, el criterio utilizado en el Convenio de Bruselas de 1910 se ha mantenido en el CISM 1989[811]. Pese a ello, algunos autores han mantenido que el salvamento y la asistencia atienden a conceptos distintos, aunque los argumentos que justifican esta distinción varían de un autor a otro. De un lado, URÍA[812] y BROSETA[813] consideraron que la asistencia hacía referencia a la ayuda que se prestaba a un buque cuando éste tenía todavía capacidad de maniobra o autopropulsión, de modo que «sólo precisa la ayuda de otro buque para superar la situación en que se encuentra». Mientras que, por el contrario, en el salvamento marítimo, el peligro es tal que el buque que requiere ayuda no tiene capacidad para colaborar, ni puede maniobrar o navegar, de modo que no puede hacer nada sin la intervención del buque salvador. A pesar de que esta posición se defendió cuando aún estaba vigente la LAS, probablemente una interpretación actualizada de la misma nos llevaría a la misma conclusión. También, algún autor de la doctrina italiana se ha pronunciado en este sentido, defendiendo la diferencia entre los dos términos. Para VOLLI[814], la asistencia se corresponde con un buque en peligro pero con capacidad aún de maniobra; y, de otro, el salvamento, que afectaba a una nave incapaz de navegar. Sin perjuicio de que sea tratado con mayor detalle a continuación, adelantamos que coincidimos con la postura doctrinal expresada por estos autores aunque con matices. De otro lado, RODRÍGUEZ GAYÁN[815] considera que tanto la asistencia como el salvamento «implican una lucha emprendida contra un peligro». Además, explica el autor que la «asistencia tiene por finalidad prevenir un siniestro inminente», mientras que el salvamento pretende «asegurar o atenuar» un

78-79; Elton, «Abordaje, Asistencia y Salvamento», en *Derecho PUCP*, 1946, vol. 5, págs. 43-57, pág. 50.

Algún autor ha considerado que la razón de la diferencia entre el salvamento y la asistencia en Francia se corresponde sin embargo con el objeto a auxiliar. De este modo, el salvamento hace referencia a la ayuda humanitaria de las personas que se encuentran en el buque en peligro o que se han visto forzadas a abandonarlo. Mientras tanto, la asistencia comprendería el auxilio de los buques y la carga; *vid.* GONZÁLEZ LEBRERO, *Curso de Derecho de la Navegación*, *op.cit.*, pág. 734.

Más recientemente, BONASSIES, SCAPEL, *Traité de Droit Maritime*, *op.cit.*, pág. 414, señalan que el problema de la distinción entre salvamento y asistencia persiste con la aprobación del CISM 1989, ya que amplía el dominio de *l'assistance* en perjuicio del *sauvetage*.

811 Aspecto que coincide con la mayoría de la doctrina; *vid.* GABALDÓN GARCÍA, RUIZ SOROA, *Manual de Derecho de la Navegación Marítima, op.cit.*, pág. 714; PULIDO, «El salvamento marítimo», en *Las averías y los accidentes…*, *op.cit.*, pág. 234; FARIÑA, ALFIN Y DELGADO, *Nueva ley sobre salvamentos…*, *op.cit.*, pág. 6, sujetos al régimen de la LAS. Desde la entrada en vigor de la LNM, *vid.* MORRAL, «Del salvamento», en *Comentarios a la Ley 14/2014…*, *op.cit.*, pág. 1.114.

812 *Vid. Derecho Mercantil*, *op.cit.*, pág. 1.223.

813 *Vid. Manual de Derecho Mercantil*, *op.cit.*, pág. 852.

814 *Vid.* «Assitenza, Salvataggio e Recupero», en *Il Diritto Marittimo*, 1987, julio-septiembre, págs. 644-653, pág. 644.

815 *Cfr. Salvamento Marítimo Internacional*, Valencia, 2003, pág. 66, nota al pie 89.

siniestro ya ocurrido; pudiendo interpretarse en una línea compatible con los autores anteriores. Por su parte, GONZÁLEZ LEBRERO[816] considera que la asistencia se produce en aquellos casos en los que, pese a estar el buque en peligro, se mantiene «la organización y el orden por la presencia de la tripulación a bordo y la vigencia de la autoridad del capitán». La afirmación anterior es la que explica, según el autor, que la asistencia realmente es «complementar la labor y los esfuerzos» de la tripulación del buque en peligro para disminuirlo o para mitigar sus consecuencias. A este respecto, entendemos que este autor podría seguir la línea doctrinal considerada en primer lugar, ya que parece deducirse que, en la asistencia, la nave puede salir por sus propios medios de la situación en peligro o, de algún modo, colaborar en ello.

De otra parte, FERNÁNDEZ CUESTA Y MERELO[817] explica que la asistencia se prestaba a un buque en peligro con la pretensión de evitar un accidente; es una tentativa que podría resultar o no existosa, por lo que la asistencia se identificaba con la ayuda. Por su lado, el salvamento, envolvía un peligro mayor o grave, siendo su objetivo evitar un accidente mayor del que se ha producido. En nuestra opinión, consideramos que este último argumento para justificar la diferencia entre asistencia y salvamento es equívoco. La tripulación que esté a bordo no tiene por qué garantizar en todas las situaciones la organización ni orden en el buque, ya que puede encontrarse en condiciones no aptas para la navegación, para salvaguardar el buque, etc. El autor explica que el salvamento se configura, no sólo para los buques, sino también respecto de aquellas cosas que aun perdiendo —o no teniendo— esta condición jurídica, se encuentran en una situación de peligro. Además, la operación de salvamento «presupone la ausencia de tripulantes, total o parcial, o la total desorganización a bordo por la inexistencia, o la imposibilidad de su ejercicio, de la autoridad del capitán»; argumento que, de nuevo, nos parece poco oportuno porque, en caso de que el capitán no esté a bordo, la autoridad se mantiene en la siguiente persona en el orden jerárquico de la tripulación, quien mantendrá el orden en el buque.

ARROYO[818], con la expresión «asistencias *marítimas»*, hace referencia a las operaciones de auxilio o asistencia, salvamento, remolque, recuperación de restos y hallazgos marítimos. Difiere así el autor de la corriente general en la legislación y en la doctrina de incluir estos conceptos en los accidentes de la navegación. En su opinión, la asistencia o el auxilio es «cualquier tipo de asistencia en el mar», mientras que el salvamento es «el auxilio prestado a un buque en peligro»; esto es, cuando el peligro ya se ha producido. Parece que este autor establece una categoría «doctrinal» en la que agrupar las distintas operaciones: auxilio o asistencia, salvamento, remolque, recuperación de restos y hallazgos marítimos. De hecho, hemos visto en el capítulo anterior que

816 *Vid. Curso de Derecho de la Navegación*, *op.cit.*, págs. 733-734.

817 *Vid.* FERNÁNDEZ CUESTA Y MERELO, «Notas histórico-jurídicas sobre asistencia y salvamento», en *V Semanas Valencianas de Derecho Marítimo*, Madrid, págs. 7-21, pág. 15.

818 *Vid.* «Accidentes marítimos y contaminación», en *Lecciones de Derecho Mercantil*, vol. II, dirs. A. MENÉNDEZ, Á. ROJO, Cizur Menor, págs. 927-961, págs. 939-940.

la LNM también aplica el régimen legal del salvamento a los hallazgos[819]. No obstante, a nuestro modo de ver, realiza esta «agrupación» de todas las operaciones marítimas señaladas sin base legal para ello, de modo que parece rechazar la diversidad que hay entre ellas. Llevado al extremo, si todas estas operaciones se pudieran reconducir, finalmente, al salvamento marítimo, conllevarían el derecho a un premio, lo que no procede.

En ocasiones, algún autor, utiliza indistintamente los términos «auxilio» y «asistencia»[820], aunque, como señala PADILLA, «ambos conceptos no coinciden exactamente»[821]. En este trabajo se ha optado por utilizar el término «asistencia» y no «auxilio» debido a dos razones principales. La primera de ellas es que, a los efectos de este trabajo, siguiendo el criterio defendido por URÍA y por BROSETA, se utilizará la palabra «asistencia» para definir una operación marítima en la que no existe un peligro que afecte a la nave asistida de tal manera que la incapacite para navegar o maniobrar. Además, en el Derecho francés se utiliza el término «assistance», siendo «asistencia» una traducción más próxima a este concepto que «auxilio».

La segunda razón atiende a que, en los textos legales, el término «auxilio» suele ir ligado al salvamento de vidas humanas en el mar. Así, en el artículo 10 del CISM 1989[822] se recoge la obligación de prestar auxilio a cualquier persona que se halle en peligro en la mar. Igualmente, en el Convenio SAR, además de utilizar el término «salvamento» en relación con la búsqueda y salvamento de personas en el mar, también se utiliza el de «auxilio»; no así el de «asistencia». El artículo 98 del UNCLOS hace referencia a la obligación de prestar «auxilio» a personas en peligro[823]. En la legislación española, el artículo 183.3 de la LNM[824]

819 Véase *supra* en el capítulo tercero el epígrafe 1.1.2 El salvamento privado no contractual.

820 *Vid.* ARROYO, *Curso de Derecho de la Navegación, op.cit.*, págs. 733-734.

821 *Vid.* PADILLA, «Las averías, los riesgos y los accidentes de la navegación marítima y aérea», en *Derecho Mercantil, op.cit.*, pág. 1.130.

822 Cuyo contenido es el siguiente: «Obligación de prestar auxilio. 1. Todo capitán tiene el deber de prestar auxilio a cualquier persona que se halle en peligro de desaparecer en la mar, siempre que ello no entrañe grave peligro para su buque y para las personas que se encuentren a bordo. 2. Los Estados Partes adoptarán las medidas necesarias para dar efectividad al deber enunciado en el párrafo 1. 3. El propietario del buque no incurrirá en responsabilidad en caso de incumplimiento por el capitán del deber estipulado en el párrafo 1».

823 Artículo 98 del UNCLOS: «*Deber de prestar auxilio* 1. Todo Estado exigirá al capitán de un buque que enarbole su pabellón que, siempre que pueda hacerlo sin grave peligro para el buque, su tripulación o sus pasajeros: a) Preste auxilio a toda persona que se encuentre en peligro de desaparecer en el mar; b) Se dirija a toda la velocidad posible a prestar auxilio a las personas que estén en peligro, en cuanto sepa que necesitan socorro y siempre que tenga una posibilidad razonable de hacerlo; c) Caso de abordaje, preste auxilio al otro buque, a su tripulación y a sus pasajeros y, cuando sea posible, comunique al otro buque el nombre del suyo, su puerto de registro y el puerto más próximo en que hará escala. 2. Todo Estado ribereño fomentará la creación, el funcionamiento y el mantenimiento de un servicio de búsqueda y salvamento adecuado y eficaz para garantizar la seguridad marítima y aérea y, cuando las circunstancias lo exijan, cooperará para ello con los Estados vecinos mediante acuerdos mutuos regionales».

824 Cuya redacción establece lo siguiente: «El capitán está obligado a acudir en auxilio de las

establece la obligación del capitán de acudir en auxilio de las vidas humanas que se encuentren en peligro en el mar.

En nuestra opinión, existen algunas situaciones que podrían encajar en esta definición de asistencia: ocasiones en las que hay un siniestro, en el que la intensidad del peligro no parece justificar una operación de salvamento marítimo «clásica». De hecho, el Tribunal Supremo ha reconocido en algunas sentencias las diferencias entre el «auxilio»[825] y el «salvamento marítimo». Entre otras, destaca la Sentencia de 30 de noviembre de 1962[826] que fija la diferencia en el «elemento» del peligro: «Que si bien en derecho marítimo la noción de peligro, con mayor o menor intensidad, está implícita en todo supuesto de asistencia o auxilio a buque que sufra accidente de mar, el concepto de salvamento constituye especie muy cualificada en cuanto exige que el riesgo de cuyos efectos lesivos pretende librarse a la nave sea, no el potencial y genérico que conlleva la navegación efectuada en condiciones normales, sino el actual y concreto determinado por la concurrencia de circunstancias criticas e insólitas que pongan el barco en trance de perderse o de sufrir graves daños». En la misma línea, la Sentencia del Tribunal Supremo de 2 de junio de 1975[827] establece que los auxilios y salvamentos y constituyen «variedades de una ayuda extraordinaria más cualificada por su necesidad, riesgos y consecuencias en el último supuesto; pero sin que exista "a priori" barrera radical» entre ellas. En

vidas humanas que se encuentren en peligro en el mar, siempre que pueda hacerlo sin grave peligro para el buque, su dotación o sus pasajeros, y dejando en todo caso constancia de lo actuado en el Diario de Navegación».

825 A los efectos de este trabajo, «asistencia».

826 Sala Cuarta, de lo Contencioso Administrativo (Arz. 4.589). Los hechos que da lugar a esta sentencia involucran a dos buques pesqueros del mismo armador (*Romil* y *Perlón*), que formaban pareja en el Gran Sol el 4 de septiembre de 1980. El buque *Perlón* sufrió la rotura del piñón intermedio de distribución del motor principal, quedando inmovilizado y sin posibilidad de reparar la avería con sus propios recursos y medios. El patrón del *Perlón* lo comunicó al del *Romil*, decidiendo remolcar la nave averiada hasta el puerto de Vigo. Ambos llegaron a puerto cinco días después, «con buenas condiciones de tiempo y mar al realizar la maniobra de recogida de cables y durante la travesía y sin que sobrevinieran riesgos de ninguna clase para los buques y sus respectivas dotaciones».

827 Sala Cuarta, de lo Contencioso-Administrativo (Arz. 3.257).
La Sentencia del Tribunal Supremo de 25 de mayo de 1973, Sala Cuarta, de lo Contencioso-Administrativo, ponente: Adolfo Suárez Manteola (Arz. 2.190) también recoge la idea expresada en la sentencia que se cita en el texto, distinguiendo así entre asistencia y salvamento. En esta sentencia se plantean si los servicios prestados por la embarcación *Arrentela* constituían un salvamento o un remolque. El Tribunal Supremo sentencia en este caso que el peligro es un elemento presente tanto en la asistencia como en el salvamento —por el contrario, ausente en el remolque— y que «el concepto de salvamento exige, como especie muy cualificada, que el riesgo lesivo no sea el potencial que conlleva la navegación ordinaria sino el concreto por la circunstancia de circunstancias críticas que pongan al barco en trance de pérdida o riesgo, *de suerte que entre la asistencia y el salvamento existen sólo diferencias de grado y momento; en el primero se procura evitar un siniestro posible y en el salvamento a evitar las consecuencias catastróficas de un siniestro ya producido»*, cursiva añadida.

este caso se interpuso un recurso contra la resolución de 27 de octubre de 1972 del Ministerio de Marina sobre los servicios prestados al buque *Puente de García Rodríguez*, planteándose si la operación era un auxilio o un salvamento o, por otro lado, un remolque extraordinario. Aclara el tribunal, «lo que inicial o externamente puede empezar reputándose como auxilio, es susceptible de transformarse fácilmente en salvamento» dependiendo de las circunstancias de cada caso concreto.

En la Sentencia del Tribunal Supremo de 27 de octubre de 1993[828] el buque pesquero *Río Galdiz* sufrió una avería en la máquina principal, quedando sin propulsión. A ello se le añadió que las condiciones meteorológicas no eran favorables, con mar gruesa y muy escasa visibilidad. Otro buque pesquero, el *Adubu*, acudió en su ayuda, respondiendo la llamada de socorro del *Río Galdiz*. Por esta actuación, el Tribunal Supremo confirmó lo ya dispuesto en las sentencias anteriores: la calificación de los servicios como auxilio marítimo y el premio de tres millones de pesetas. El alto Tribunal explica en esta sentencia que la asistencia marítima es un concepto jurídico indeterminado en función de las siguientes realidades:

> «Que un buque, con ocasión de la navegación, se encuentre en situación de peligro, bien por las circunstancias del mar (que presupongan un peligro para el buque, cuyo peligro sólo puede ser superado por ayuda de otro), bien porque el buque se encuentre en situación tal que no pueda navegar sin la ayuda de otro. La primera objetiva realidad da origen al concepto "auxilio marítimo"; la segunda (...) al concepto "salvamento marítimo"».

Más recientemente, el Tribunal Supremo ha sentenciado que

> «entre la asistencia y el salvamento existen solo diferencias de grado y momento, pues en el primero se procura evitar un siniestro posible mientras que en el salvamento se quieren evitar las consecuencias catastróficas de un siniestro ya producido».

Esta idea ha sido reproducida literalmente en las sentencias del Tribunal Supremo, número 6815/2008, de 10 de diciembre de 2008[829], la número 7085/2010, de 13 de diciembre de 2010[830] y la número 6541/2011, de 18 de octubre de 2011[831]. Igualmente, en la Sentencia de la Audiencia Nacional de 27 mayo de 2009[832].

---

828 ECLI: ES:TS:1993:18599.

829 ECLI: ES:TS:2008:6815. Esta sentencia se analizará más adelante en este capítulo en el epígrafe 2.3 El reparto del premio, en especial nota al pie número 1.095.

830 ECLI: ES:TS:2010:7085. Esta sentencia resuelve el recurso contencioso-administrativo que se interpuso contra la resolución del TMC declarando el derecho a obtener un premio por la actuación de la entidad *Associacio D'Empreses Parc Quimic de Seguretat del Poligon de Tarragona* calificada de auxilio prestado al buque *Josef Möbius*.

831 ECLI: ES:TS:2011:6541. Esta sentencia resuelve el recurso interpuesto contra la misma resolución del TMC de la sentencia citada en la nota al pie anterior —Sentencia del Tribunal Supremo número 7085/2010, de 13 de diciembre de 2010, ECLI: ES:TS:2010:7085— donde la parte recurrente es entidad REMOLCADORES DE PUERTO Y ALTURA, S.A. (REPASA).

832 ECLI:ES:AN:2009:2553. Los hechos que dan lugar a esta sentencia involucran al buque

Se puede entender que en la postura defendida por URÍA y por BROSETA, afirmada también por la doctrina italiana[833], sobre la asistencia —una operación marítima en la que no existe un peligro que afecte a la nave asistida de tal manera que la incapacite para navegar o maniobrar— podrían, además, *encajar* las situaciones de «socorro potencial»; esto es, una situación en la que el buque al que se le ha solicitado ayuda únicamente acompaña, dispuesto a intervenir, a aquel buque que se encuentra en riesgo, sin que finalmente se necesite nada más de él. No se trata de un mero acompañamiento, sino que se encuentra próximo al buque por si necesitara su intervención[834]; existe, por tanto, una labor técnica que ha de ser reconocida con el pago de alguna contraprestación económica[835].

Juan J. Sister, que recibió asistencia del remolcador *V.B. Canarias* los días 28 y 29 de noviembre de 2005. Los servicios prestados por el buque remolcador fueron calificados por el TMC como de auxilio marítimo en virtud del artículo 1 de la LAS, fijando una «retribución total» de 90.303,36 €, a pagar por el armador del buque *Juan J. Sister*, ésta es, Transmediterránea S.A. Según los hechos probados, el buque *Juan J. Sister* se encontraba atracado en el muelle de Ribera del puerto de Santa Cruz de Tenerife, con estachas a proa a popa y reforzado, en previsión de las adversas condiciones meteorológicas que se preveían. A consecuencia del viento huracanado, se produjo la rotura de las estachas de popa, decidiendo entonces su capitán, y a la vista de cómo se desarrollaba la situación, cortar las amarras de proa para librar al buque, buscando la salida al mar abierto, lo que no consiguió. La fuerza del viento, superior a ochenta nudos, aconchó el buque por su amura de estribor contra el remolcador *Tarifa*, golpeando la popa contra el muelle y produciendo daños al remolcador y al buque. Se solicitaron servicios de auxilio de un práctico y de remolcadores, acudiendo dos de ellos. Aprovechando que la velocidad del viento era más baja, los remolcadores consiguieron atracar al buque en el muelle.

833 Por todos, *vid.* ZUNARELLI, COMENALE, *Manuale di diritto della navigazione e dei trasporti*, *op.cit.*, pág. 595.

834 La doctrina italiana, por todos, *vid.* GAETA, «La convenzione di Londra 1989 sul soccorso in acqua», en *Il Diritto Marittimo*, *cit.*, pág. 298, explica que la operación de salvamento puede consistir en la mera presencia en las proximidades de la nave en riesgo; aunque, como defendemos, desde nuestra posición esto consistiría realmente en una asistencia y no en un salvamento.

835 También bajo el ámbito de la «asistencia» deberían incluirse aquellas situaciones de «salvamento pasivo», aunque sean operaciones muy excepcionales. En estas operaciones, el salvador (asistente) no ha efectuado un salvamento *per se*, pero ha llevado a cabo actos preparatorios, ha dado seguridad a la nave en peligro, etc.; puede que no haya corrido peligro, pero ha llegado a prestar una asistencia.
Esta operación excepcional se dio con el buque *Alraigo*. En junio de 1983 este barco se encontraba en el Océano Atlántico a la altura de Oporto, a unas 120 millas de la costa. Aproximadamente a las 11 de la noche, el British Aerospace Sea Harrier FRS.1, de la Marina Real británica procedente del portaaeronaves HMS Illustrious, se posó en la cubierta del buque *Alraigo*, pues le quedaban pocos minutos de combustible. El capitán del *Alraigo* paró el motor del buque, permitiendo que el piloto pudiera aterrizar; el avión aplastó una furgoneta y dañó algunos contenedores que transportaba el buque. Por el acto realizado por el capitán —disminuir la velocidad del buque por el que se celebró incluso un contrato LOF; *vid.* KENNEDY, ROSE, *Law of Salvage*, *op.cit.*, pág. 148— recibió un premio que alcanzó las 570.000 libras; *vid.* WRIGHT, «Oldies and Oddities: The Alraigo Incident», *Air Space*, 2008.

Esta situación es la que se recoge en la Sentencia del Tribunal Supremo de 20 de mayo de 1968[836]. En este supuesto, el buque pesquero *Félix Villar* quedó a la deriva por un fallo en el motor, por lo que solicitó auxilio. El buque *Camporrojo* acudió en su ayuda, para lo que le lanzó tres cohetes lanzacabos con el propósito de atarlos al buque y remolcarlo hasta el puerto. No obstante, no consiguieron remolcar el buque debido a las condiciones meteorológicas; de modo que el *Camporrojo* permaneció próximo al buque pesquero porque su capitán así se lo solicitó, por si era necesario un ulterior salvamento. El tribunal explica que, aunque no se produjera ningún «resultado útil» en la operación vinculado a la actividad del salvador, el buque *Camporrojo* realizó lo que el otro le había pedido; esto es, «que aguantase el *Camporrojo* por si faltaba el fondeo y era preciso efectuar el salvamento». Así, se produjo una situación de socorro potencial durante varias horas, hasta que llegó otro pesquero remolcador. Esta situación de socorro potencial consiste en la presencia en un lugar próximo a donde está el buque en riesgo con la finalidad de auxiliarlo en previsión de un empeoramiento de la situación de riesgo. Se prestaría así asistencia, debido a que se asegura al buque en riesgo «la recogida o asistencia necesaria (...) y, ulteriormente, su salvamento»[837]. Por estos servicios, finalmente el Tribunal Supremo reconoció una indemnización en concepto de salvamento al buque *Camporrojo*[838].

Si bien es cierto que podríamos estar ante dos operaciones marítimas distintas, pues existen diferencias en su objeto, lo que dependerá de la complejidad, la dificultad, igualmente del riesgo y de los servicios prestados (socorro potencial), en la actualidad y bajo el régimen actual conformado por el CISM 1989 y la LNM, la mayoría de estas operaciones podrían redirigirse a un contrato de remolque o, en dependiendo de las circunstancias de peligro, a un salvamento.

1.2. El objeto de la operación de salvamento marítimo: el buque y otros bienes en peligro

La operación de salvamento se produce para ayudar a «un buque o para salvaguardar cualesquiera otros bienes», según el artículo 1, letra a), del CISM 1989 que se encuentren en peligro[839]. El objeto de salvamento marítimo será

836 Sentencia del Tribunal Supremo de 20 de mayo de 1968, Sala Cuarta, de lo Contencioso-Administrativo (Arz. 2.895).

837 Considerando 4.° de la Sentencia del Tribunal Supremo de 20 de mayo de 1968, Sala Cuarta, de lo Contencioso-Administrativo (Arz. 2.895).

838 También en la jurisprudencia inglesa en el caso *The Tower Bridge* [1936] P 30 18 Asp MLC. En este supuesto, el buque salvador permaneció próximo al buque *The Tower Bridge*, que había quedado paralizado por el hielo en el norte del océano Atlántico. El tribunal consideró la recompensa no sólo por las indicaciones que el salvador había dado al otro buque, sino también por haber permanecido con él.

839 Elemento del salvamento que se analizará a continuación en *infra* este capítulo, el epígrafe

el buque, la mercancía a bordo y el flete por su transporte, aunque existen matices, como se verá a continuación. A los efectos de este trabajo, se utilizará el término «propiedad» para hacer referencia a todos los objetos que pueden salvarse en una operación de salvamento. De nuevo, se pone de manifiesto el principio *no cure-no pay* por el cual, para obtener un premio por el salvamento, debe haberse salvado alguna «propiedad».

Desde una perspectiva meramente formal, en el formulario LOF 2020 el objeto del salvamento debe advertirse en la *box* o casilla número 2 del contrato («the *property*»). Este modelo recoge una regulación específica de la «propiedad» objeto de salvamento: «El buque: su bodega y cualquier otro bien que se encuentre en él, excluyendo los efectos personales y el equipaje de los pasajeros, del capitán o de la tripulación»[840]. A este respecto, compartimos lo expuesto por PENDÓN y ROMERO MATUTE[841], quienes explican que esta delimitación del LOF frente al CISM 1989[842] es acertada en tanto en cuanto que el salvamento que «regulan» tanto el CISM 1989 como el LOF 2020 es el salvamento mercantil, privado, cuya finalidad comercial explica que los bienes se consideren «bienes salvados» debido a que «contribuyen en la proporción que corresponda al abono» del premio, y no porque sean «sujetos pasivos» del salvamento (por encontrarse en una situación de peligro).

1.2.1. El buque como objeto de salvamento marítimo

El Convenio internacional sobre salvamento de 1989 define en su artículo 1, letra b), el buque como «toda nave o embarcación, o toda estructura apta para la navegación»[843]. Con esta definición, el propósito del CISM 1989 fue proporcionar una definición amplia y generalizada para que cualquier «buque» en peligro pudiera solicitar un salvamento y para que los salvadores pudieran efectuarlo, sin detenerse a valorar si, efectivamente, estaban ante un objeto

1.3 El riesgo.

840 *Box* número 2 del LOF 2020: «*Property to be salved: The vessel: her cargo freight bunkers stores and any other property thereon but excluding the personal effects or baggage of passengers master or crew (referred to in this agreement as "the property")* ».

841 *Vid.* PENDÓN, ROMERO MATUTE, «La Special Compensation P&I Club Clause 2014 (Cláusula SCOPIC 2014)...», en *Estudios sobre la responsabilidad..., op.cit.*, págs. 527-573.

842 Artículo 1 del CISM 1989: «A los efectos del presente Convenio regirán las siguientes definiciones: (...) b) Buque: toda nave o embarcación, o toda estructura apta para la navegación. c) Bienes: cualesquiera bienes no fijados de manera permanente e intencional a la costa; el término incluye el flete sujeto a riesgo (...)».

843 A diferencia del Convenio de 1910, el Convenio de 1989 incluyó estas definiciones relativas al buque y a la carga. La razón fue especificar qué podía ser objeto de salvamento debido a las numerosas modificaciones y avances tecnológicos que se habían producido desde 1910 hasta la elaboración del siguiente convenio internacional sobre salvamento; *vid.* BRICE, *Brice on Maritime Law of Salvage, op.cit.*, pág. 220.

«salvable» o no en el ámbito del Convenio[844]. El objetivo, por tanto, del CISM 1989 cuando define «buque» es que este concepto sea omnicomprensivo, de tal modo que se incluya como «buque» todo aquello que tenga aptitud para navegar.

Como se ha comentado previamente, la LNM considera en su artículo 358.1 salvamento marítimo «todo acto emprendido para auxiliar o asistir a un buque, embarcación o artefacto naval (...)». La LNM, en su artículo 56, define buque como «todo vehículo con estructura y capacidad para navegar por el mar y para transportar personas o cosas, que cuente con cubierta corrida y de eslora igual o superior a veinticuatro metros». En relación con lo anteriormente explicado, también en esta definición de buque de la LNM, consideramos que lo relevante en la nave es que sea «apta para navegar»[845], en el sentido de la explotación comercial del buque.

El buque, en sentido jurídico, es una *cosa* o bien material (artículo 333 CC[846]) que se encuentra en el comercio y que puede constituir el objeto de negocios jurídicos y de derechos reales[847]; siendo, en consecuencia, un objeto de derecho. El buque puede considerarse como *cosa compuesta* por cuanto lo forman

---

844 Esto se debe a que existen embarcaciones que, siendo capaces de transportar, realmente no «navegaban», como es el caso de las gabarras. Con el paso del tiempo, empezaron a aparecer otros objetos que, teniendo capacidad para moverse —es decir, son aptos para navegar—, no tenían «navegabilidad»; por ejemplo, las plataformas petrolíferas. La navegabilidad es la «especial aptitud e idoneidad que, desde todos los puntos de vista, debe reunir el buque para realizar con seguridad y eficacia la actividad o el transporte marítimo particularmente propuesto»; *vid.* NAVAS, *La navegabilidad del buque en el Derecho marítimo internacional*, Vitoria-Gasteiz, 2013, pág. 113.
El concepto de navegabilidad, por tanto, se relaciona con el concepto del *common law* de *seaworthiness*, que la doctrina inglesa —entre otros, *vid.* GARCÍA-PITA Y LASTRES, «Las sentencias "Prestige": último acto (¿una gloriosa primavera, un breve estío o el invierno de nuestro descontento?)», en *RDT*, *cit.*, pág. 20; HILL, KULKARNI, *Maritime Law*, *op.cit.*, pág. 172; WILSON, *Carriage of Goods by Sea*, Essex, 2010, pág. 9— suele definir en los mismos términos del *case Kopitoff v Wilson* (1876) 1 QBD 377 at p 380; esto es, que el buque está preparado para hacer frente a los peligros del mar y a los demás riesgos a los que, por necesidad, se exponga en el curso de un viaje. En el *case*, *«fit to meet and undergo the perils of the sea and other incidental risks to which of necessity she must be exposed in the course of a voyage»*. La doctrina Española ha definido la *seaworthiness* como «el acondicionamiento para la navegación del buque»; *vid.* NAVAS, *La navegabilidad del buque...*, *op.cit.*, pág. 92.

845 A los efectos de este trabajo, se seguirá la expresión «apta para la navegación» respetando así la literalidad de la LNM, aunque el término «apta» deba entenderse en su sentido más amplio, de acuerdo con la evolución del CISM 1989. Así, deben tenerse en mente que el término «apto» también hace referencia a que sea «capaz» o «susceptible» de navegar.

846 Cuya redacción es la siguiente: «Todas las cosas que son o pueden ser objeto de apropiación se consideran como bienes muebles o inmuebles. También pueden ser objeto de apropiación los animales, con las limitaciones que se establezcan en las leyes».

847 *Vid.* GARCÍA-PITA Y LASTRES, *Arrendamientos de buques y derecho marítimo con especial referencia al Derecho de Formularios*, Valencia, 2005, pág. 286.

diversas partes integrantes (aquéllas inherentes a la estructura del buque, en virtud del artículo 60 LNM[848]) y pertenencias (elementos destinados al servicio del buque permanentemente, aunque no integran su estructura, recogido en el artículo 60.3 LNM)[849]. Tanto el buque como su equipamiento —incluso sus elementos accesorios: combustible, provisiones, aparejos, grúas, etc.— son objeto susceptible de salvamento. Igualmente, los diques secos flotantes serían admisibles como objeto de salvamento pues no se encuentran anclados de manera permanente a la costa[850]. Así como quedan excluidos del salvamento los muelles, embarcaderos y las tuberías o cañerías que se utilicen para el transporte de materiales, como por ejemplo el crudo[851], ya que se encuentran sujetos a la tierra y por tanto excluidos del salvamento en virtud del artículo 358.2 de la LNM[852].

El artículo 60 de la LNM establece la naturaleza jurídica del buque, identificándolo como un bien mueble, lo que se fundamenta en una característica esencial del buque: su movilidad. Aunque es cierto que, quizá, puedan apreciarse ciertas reminiscencias de que antes era un bien inmueble[853], el buque es un bien mueble a todos los efectos; inscribible, en todo caso, en el Registro de

848 Cuyo contenido es el siguiente: «1. El buque es un bien mueble registrable, compuesto de partes integrantes y pertenencias. 2. Son partes integrantes aquellos elementos que constituyen la estructura del buque, de modo que no pueden separarse del mismo sin menoscabo de su propia entidad. 3. Son pertenencias los elementos destinados al servicio del buque de un modo permanente, pero que no integran su estructura. 4. El buque conserva su identidad aun cuando sus partes integrantes o pertenencias sean sucesivamente sustituidas».

849 Por ejemplo, la bodega o el depósito de combustible y este mismo son partes salvables del buque. De hecho, se mencionan en la propiedad a salvar en el LOF 2020 (casilla número 2): «The vessel: her cargo freight bunkers stores (...)».

850 *Vid.* GASKELL, «The 1989 Salvage Convention and the Lloyd's Open Form (LOF) Salvage Agreement 1990», en *Tul. Mar. L.J.*, *cit.*, pág. 30.

851 Bajo la denominación de bienes objeto de salvamento, las tuberías no estarían excluidas de su aplicación; no obstante, dependerá de si están ancladas de manera permanente de la costa o no. En relación con ello, el borrador preparado por la IMO para el Convenio de 1989 en el artículo destinado a las reservas de los Estados incluyó las tuberías petrolíferas. En la discusión de dicho artículo, la delegación de Suecia explicó que dichas tuberías eran un método de transporte, considerando así que estas *estructuras* podían ser objeto de salvamento marítimo; De GASKELL, «The 1989 Salvage Convention and the Lloyd's Open Form (LOF) Salvage Agreement 1990», en *Tul. Mar. L.J.*, *cit.*, págs. 33-34.

852 Cuya redacción dispone lo siguiente: «No se considerará salvamento la asistencia prestada a bienes fijados de manera permanente e intencional a la costa».

853 Así, PADILLA, BAENA, GUERRERO LEBRÓN, MARTÍN CASTRO, GÓMEZ PRIETO, «Medios de transporte. En particular, buques y aeronaves», en *Derecho Mercantil*, coords. G. JIMÉNEZ SÁNCHEZ, A. DÍAZ MORENO, vol. 8.° Transportes mercantiles, Madrid, 2013, págs. 137-216, pág. 144, consideraron que las exigencias de seguridad en el comercio habían atenuado su condición de bien mueble, aplicándole al buque características propias de los bienes inmuebles.

Bienes Muebles para que produzca efectos respecto de terceros (artículos 65 y siguientes de la LNM).

Además del buque, la LNM especifica que podrán ser objeto de salvamento, la embarcación y el artefacto naval, *ex* artículo 358.1 de la LNM[854]. Ambos se definen respectivamente en los artículos 57 y 58 de la LNM[855]. Mientras que, *a priori*, la embarcación no plantea problemas de coherencia con lo establecido en el CISM 1989, el artefacto naval puede plantear ciertas dudas.

En virtud del artículo 58 de la LNM, el artefacto naval es «toda construcción flotante con capacidad y estructura para albergar personas o cosas, cuyo destino no es la navegación, sino quedar situada en un punto fijo de las aguas». Con este destino o finalidad del artefacto naval, la LNM podría plantear discordancias con el CISM 1989, en tanto en cuanto dispone que todo aquello dentro de la categoría de «buque» ha de ser «apto para la navegación»[856]. Así, algún autor de nuestra doctrina[857] excluye el artefacto naval del concepto de buque, aunque la LNM lo «equipara» a éste a los efectos de salvamento y a la embarcación en el artículo 358.1 de la LNM: «Se considera salvamento todo acto emprendido para auxiliar o asistir a un buque, embarcación o artefacto naval (...)».

Aunque el destino del artefacto naval no sea la navegación —esto es, en el sentido de la explotación comercial del buque—, no quiere decir que no tenga esta aptitud, siendo posible su salvamento. La ley española debe interpretarse, por tanto, de modo que cuando el artefacto naval se encuentre fijo, no sería objeto de salvamento pues, para ello, tiene que poder navegar (tener aptitud de navegabilidad). Por ende, los artefactos navales podrían ser objeto de salvamento siempre y cuando no se encuentren fijos; por ejemplo, cuando se trasladan, ya que, aunque su destino no sea la navegación[858], sí tienen esta capacidad; *ergo*, son salvables.

---

854 Cuyo comienzo establece lo que sigue: «1. Se considera salvamento todo acto emprendido para auxiliar o asistir a un buque, embarcación o artefacto naval (...)».

855 En concreto, la embarcación se define en el artículo 57 de la LNM como «el vehículo que carezca de cubierta corrida y el de eslora inferior a veinticuatro metros, siempre que, en uno y otro caso, no sea calificado reglamentariamente como unidad menor en atención a sus características de propulsión o de utilización».

856 Véase *supra* la nota al pie número 845.

857 *Vid.* RUEDA, «De los buques, embarcaciones y artefactos navales», en *Comentarios a la Ley 14/2014, de 24 de julio, de navegación marítima*, dirs. I. ARROYO MARTÍNEZ, J.A. RUEDA MARTÍNEZ, Cizur Menor, 2016, págs. 207-253, pág. 222.

858 El concepto de navegación es un concepto amplio, que comprende la navegación extendida también al ámbito aéreo y a las aguas interiores; la navegación, entendida en un sentido técnico, se manifiesta a través del transporte de cosas y personas con finalidad lucrativa; *vid.* URÍA, *Derecho mercantil*, *op.cit.*, págs. 1.087-1.088; PADILLA, «El Derecho de la navegación: Introducción. Estatuto jurídico del buque y de la aeronave», en *Derecho Mercantil*, II, *op.cit.*, págs. 900-905; ANTONINI, *Trattato breve di diritto marittimo*, vol. 1, Milán, 2007, págs. 2-6. Sobre el concepto de navegación, igualmente, *vid.* ARROYO,

Lo anterior es aplicable para aquellos buques que han perdido su aptitud para navegar. Así, la LNM en su artículo 58.2 igualmente considera como artefacto naval aquellos buques que hayan perdido su condición como tales por haber quedado amarrados, varados o fondeados en un lugar fijo, «y destinado, con carácter permanente, a actividades distintas de la navegación», entendida ésta como la navegabilidad; por ejemplo, buques destinados a una actividad de visita turística. En estos casos, estos buques —a todos los efectos, artefactos navales en virtud del artículo 58.2 de la LNM— podrán ser objeto de salvamento siempre y cuando no se encuentren anclados en lugar fijo.

En el proceso de elaboración del CISM 1989, pueden señalarse otros supuestos que plantearon dudas sobre si los buques debían considerarse o no objeto de salvamento: cuando el buque se encontrase hundido o abandonado. El artículo del Borrador del Montreal relativo a la definición de los buques, que sirvió de base para la posterior redacción del CISM 1989, incluía también aquellos abandonados o hundidos: *«including any vessel which is stranded, left by its crew or sunk»*[859].

Aunque finalmente lo anterior no se incluyó en el artículo del Convenio de 1989, dio lugar a un extenso debate entre las delegaciones sobre si los buques abandonados o los buques hundidos debían ser objeto de salvamento. El CMI, ante la redacción del artículo propuesta por el Borrador Montreal, recordó a la Asamblea que la extracción de pecios estaba excluida del ámbito del Convenio sobre salvamento, aplicándose la legislación nacional en su caso: *«removal of wrecks* ***is not governed by the Convention*** *and is thus left for regulation at national level»*[860]. Asimismo, el CMI matizó que la diferencia entre las operaciones de extracción de buques que sí se consideraban salvamento y aquéllas que no quedaban sujetas al CISM 1989, debía determinarse en función de las circunstancias de cada caso[861].

A pesar de que excede del tema de este trabajo, lo anterior nos obliga a diferenciar entre un «pecio» en sentido estricto, es decir, los restos de un buque que ha naufragado[862], y un buque hundido, esto es, buques «situados en el fondo de las zonas de navegación (...) sin perjuicio de que puedan ser objeto de salvamento (...)», *ex* artículo 369 de la LNM[863]. En el proceso de elabora-

Curso de Derecho Marítimo, *op.cit.*, págs. 1-42; González Lebrero, *Curso de Derecho de la Navegación*, *op.cit.*, págs. 27-29.

859 Artículo 1.1.2 del Documento LEG 52/4-Annex 1 (Montreal Draft).

860 Artículo1-2.2.(d) del Documento LEG 52/4-Annex 2 (Informe del CMI a la OMI), en negrita añadida.

861 Vid. CMI, *The Travaux Préparatoires of the Convention on Salvage, 1989*, *op.cit.*, pág. 68.

862 *Vid.* Arroyo, «Asistencias, salvamento, extracciones y hallazgos», en *Curso de Derecho mercantil*, *op.cit.*, II, pág. 1.710.

863 Cuya redacción completa dispone lo siguiente: «1. Las normas de este capítulo serán de aplicación a toda operación dirigida a la recuperación de buques naufragados o de otros

ción del Convenio sobre salvamento, la ISU consideró que, en la industria de salvamento, los pecios eran objetos sin valor, *ergo*, no debían ser considerados objeto de salvamento[864]. En principio, según lo recogido en las actas del CISM 1989[865], las operaciones relacionadas con los pecios de un buque estarían excluidas del ámbito del Convenio sobre salvamento, mientras que las operaciones relacionadas con los buques hundidos quedarían incluidas en su ámbito de aplicación.

Lo anterior manifiesta que, desde sus inicios, el salvamento de buques abandonados o hundidos ha planteado incertidumbres. De un lado, el CMI puso de manifiesto que, mientras que en algunas legislaciones nacionales los buques hundidos sí podían ser objeto de salvamento, en otras, no. En consecuencia, el CMI abogaba por incluir en la definición de «buque» también aquellos abandonados o hundidos, ya que no se esperaba por parte del salvador que decidiera sobre si el buque a salvar sería capaz de navegar tras su reflotamiento; es decir, el CMI consideró que no se debía imponer a los salvadores unos requisitos demasiado estrictos en cuanto a lo que constituía o no un objeto de salvamento[866]. La opinión del CMI fue defendida por algunas delegaciones, que expresaron que preferían optar por una mayor flexibilidad del concepto «buque», de modo que se incluyera en el ámbito del CISM 1989 el salvamento de un buque hundido sin tener que determinar si era o no capaz de navegar después[867]. Para ello se basaban en que estos buques, aun hundidos, podían tener valor para sus *«owners»* y también podía ser de interés para el Estado ribereño a los efectos de la seguridad de la navegación o de la protección del medioambiente. En una opinión similar, el representante de FOEI, expuso que debía hacerse una referencia expresa a los buques hundidos en la definición de «buque» del Convenio, ya que eso sería un incentivo para realizar operaciones de salvamento de buques hundidos que tuvieran una carga peligrosa a bordo[868].

De otro lado, las delegaciones de España, Países Bajos, Canadá y Dinamarca consideraban que los buques hundidos podían ser objeto de salvamento, pero no por ser considerados como buques, sino porque se incluían dentro del concepto *«property»* («propiedad» o bienes). Lo anterior puede apreciarse en la

bienes situados en el fondo de las zonas de navegación señaladas en cada caso, sin perjuicio de que puedan ser objeto de salvamento, en cuyo caso las relaciones entre el titular y el salvador se regirán por las normas del capítulo anterior. 2. Serán en todo caso de aplicación preferente las normas sobre remoción de buques naufragados o hundidos. 3. Salvo previsión expresa en otro sentido en las normas de este capítulo, sus normas no serán de aplicación al patrimonio cultural subacuático, que se regirá por su normativa específica».

864 *Vid*. CMI, *The Travaux Préparatoires of the Convention on Salvage, 1989, op.cit*., pág. 70.

865 *Ibid*., pág. 68.

866 *Ibid*., pág. 69.

867 Aunque no se especifica cuáles; *ibid*.

868 *Ibid*., págs. 68, 81.

intervención de la delegación de Países Bajos: *«We are with the delegation of Spain of the opinion that sunken ships already fall under the concept of* ***property*** *and are covered by the convention (...)»*[869].

En este debate, una delegación —aunque no se especifica cuál en las actas del Convenio[870]— se encargó de recordar que una de las características esenciales del salvamento es la ayuda a un buque en peligro y que, en el caso de los buques hundidos, éste no se encuentra en dicha situación. Sin embargo, en nuestra opinión, la anterior afirmación es demasiado tajante debido a que un buque hundido puede encontrarse en situación de riesgo, de modo que tanto éste como su carga y el flete puedan ser objeto de salvamento; por ejemplo, un portacontenedores que acaba de hundirse, en el que dichos contenedores pueden aún salvarse. En esta situación habría una operación de salvamento marítimo para salvar la carga y el flete ligado a ella. Hay que distinguir, de un lado, aquellas situaciones en las que, a pesar de encontrarse el buque hundido, aún pueda salvarse éste o los bienes que se encuentren a bordo y, de otro lado, aquellas situaciones en las que ya el buque sea considerado un pecio, en las que no habrá salvamento, sino una operación de extracción o remoción de restos.

Esta situación en la que el buque hundido aún se encuentra en riesgo es distinta de aquélla en la que el buque hundido supone el riesgo para la navegación, lo que puso de manifiesto la delegación de Yemen en el proceso de elaboración del CISM 1989[871]. Así, esta delegación explicó que, aunque ya no haya riesgo para un buque hundido, sí podría suponerlo para otros buques o para el medioambiente. La delegación puso de manifiesto que las medidas adoptadas con respecto al buque hundido no podían considerarse «salvamento» en tanto en cuanto el riesgo no le afecta a él, sino a la navegación o a la protección del medioambiente marítimo; extremo en el que estamos de acuerdo, aunque se puedan llevar a cabo otras operaciones para evitar riesgos en la navegación, como un remolque.

Para superar este debate sobre la inclusión o no de los buques hundidos o abandonados como objeto de salvamento, la Secretaría de la OMI solicitó un informe al profesor Berlingieri para dilucidar este dilema[872]. La conclusión de dicho informe fue que los buques varados o hundidos debían incluirse en

869 En negrita añadida; ibid., págs. 82-84. Asimismo, en palabras de la delegación danesa: *«We agree completely with our Dutch colleagues that it is covered by property in (c) (...)»*; *y la delegación canadiense: «(...) I would simply take on board the observation that has been made by the delegation of the Netherlands that it appears that "sunken vessels" is already contained in the definition of property, and for that reason, I believe that we should not re-open this debate»*.

870 *Ibid.*, pág. 70.

871 *Ibid.*, pág. 84.

872 Documento LEG 58/INF.2.

el ámbito de aplicación del CISM 1989 por dos razones[873]. En primer lugar, debido a que las operaciones de reflotamiento de estos buques podían ser relevantes para evitar o limitar los daños al medioambiente. En consecuencia, el autor consideró que era importante que el salvamento de tales buques estuviera sujeto a las disposiciones del Convenio de Londres. En segundo lugar, en opinión del autor, era esencial establecer claramente cuál era el ámbito de aplicación del nuevo Convenio, lo que, además, evitaría las incertidumbres que existían en relación con el anterior Convenio de Bruselas de 1910. Además, aunque el Comité Jurídico de la OMI hubiera decidido eliminar las palabras «incluido cualquier buque varado, abandonado por su tripulación o hundido» de la definición de «buque», el autor cuestionó el acierto de esta decisión ya que, de haber mantenido estos términos, se hubiera conseguido una interpretación más clara sobre el ámbito de aplicación del Convenio. Por el contrario, la supresión de dichas palabras no favorecería, desde su punto de vista, la uniformidad de la interpretación del nuevo Convenio, debido a que, seguramente algunos Tribunales aplicarían las normas uniformes al salvamento de buques varados y a los pecios[874].

Pese a la petición de dicho informe y a las conclusiones escritas en él, finalmente se optó por eliminar dichos términos del concepto de buque, modificándose la redacción del artículo relativo a este extremo. De este modo, el artículo cuyo tenor en el Borrador de Montreal era *«Vessel means any ship, craft or structure capable of navigation, including any vessel which is stranded, left by its crew or sunk»*, se modificó bajo la siguiente redacción: *«Vessel means any ship, craft or any structure capable of navigation»*. Este cambio en la redacción del artículo del Borrador de Montreal junto con la inclusión de la palabra «any» en la definición de buque en el artículo del Convenio de 1989 —lo cual fue un añadido posterior a propuesta de la delegación de Yemen con el propósito de incluir aquellos buques varados, hundidos y abandonados[875]—, permitió aclarar las dudas que las delegaciones tenían sobre si los buques abandonados o hundidos estaban incluidos en el ámbito del Convenio de 1989. Así, la versión enmendada del artículo se aprobó por 47 votos a favor y uno en contra[876], considerándose dentro del ámbito del CISM 1989 todo tipo de buque, también aquellos hundidos y abandonados.

---

873 *Vid.* BERLINGIERI, «The Draft of a New Salvage Convention and the Salvage of Wrecks», en *The Travaux Préparatoires of the Convention on Salvage, 1989*, *op.cit.*, págs. 80-81.

874 Lo que también se puso de manifiesto por la República Federal de Alemania al indicar su delegación que se sentía decepcionada cuando, casi 90 años después del anterior Convenio de 1910, aún no existía una solución unificada sobre la cuestión de si los buques hundidos estaban incluidos en el concepto de salvamento.

875 *Vid.* CMI, *The Travaux Préparatoires of the Convention on Salvage, 1989*, *op.cit.*, págs. 87-89.

876 *Ibid.*, pág. 89.

Sin embargo, más adelante, cuando en el proceso de elaboración del Convenio sobre salvamento se debatió el artículo referente a los «bienes» —artículo 1, letra c) del CISM 1989[877]—, la OMI realizó una nueva intervención en relación con los buques abandonados o hundidos, especificando que, incluso si un barco hundido no se incluyera en la definición de «buque», podría incluirse en el concepto de «bienes» en el caso de que tuviera algún valor. En este caso, en opinión de la OMI, el salvamento debería decidirse sobre la base de si los bienes pueden ser o no recuperados, siendo «irrelevante si la propiedad se encuentra bajo agua, abandonada o incapaz de flotar en el momento del salvamento»[878]. Desde nuestro punto de vista, ésta sería la última opción para considerar que los bienes hundidos quedan dentro del ámbito de CISM 1989, ya que, sin querer adelantar nuestra posición, un buque hundido, a los efectos del salvamento, debe considerarse un buque y quedar amparado por la definición que el Convenio da para el buque, no para los bienes.

Por otro lado, en la doctrina no es posible apreciar una opinión unánime sobre si los buques abandonados pueden ser objeto de salvamento, encontrándose opiniones tanto a favor[879] como en contra[880].

En nuestra opinión, tanto los buques abandonados como los buques hundidos pueden ser objeto de salvamento en tanto en cuanto, aunque hayan perdido su aptitud de navegabilidad, pueden ser capaces de navegar una vez reflotados y, en su caso, reparados[881]. A los efectos de salvamento, un buque hundido no pierde su condición de buque, por lo que entraría dentro de la definición del artículo 1, letra b), del CISM 1989: «Buque: toda nave o embarcación, o toda estructura apta para la navegación»; ya que, no es lo mismo que un objeto nunca haya tenido ni vaya a tener aptitud para navegar que un buque hundido que, la tuvo, pero la ha perdido. En consecuencia, si se produce una operación para salvar un buque hundido y se lleva a un lugar seguro —casilla número 3 del LOF 2020[882]—, se habrá producido un resultado útil, de modo que nace el derecho a cobrar un premio por la operación efectuada.

---

877 Cuya redacción establece lo siguiente: «Bienes: cualesquiera bienes no fijados de manera permanente e intencional a la costa; el término incluye el flete sujeto a riesgo».

878 LEG 55/11, paragraph 94.

879 *Vid.* Brice, *Brice on Maritime Law of Salvage*, *op.cit.*, págs. 223-224.

880 *Vid.* Ferrarini, Il *Soccorso in mare. Assistenza - Salvataggio - Ricupero*, Milán, 1964, pág. 9; Gutiérrez de la Cámara, *Ley reguladora de los auxilios…*, *op.cit.*, pág. 113; Reuter, *La notion d'assistance en mer*, *op.cit.*, pág. 93 y ss.

881 En el mismo sentido, *vid.* Morral, «De los bienes naufragados o hundidos», en *Comentarios a la Ley 14/2014…*, *op.cit.*, pág. 1.153.

882 Box 3: «*Agreed place of safety*»; o «Lugar de seguridad acordado». Véase *infra* en el capítulo quinto el epígrafe 1 La prestación profesional del salvamento marítimo: la "debida diligencia" y los *best endevours*.

En una línea similar se ha pronunciado el Juzgado de lo Mercantil número 1 de Palma de Mallorca en su sentencia de 12 de marzo de 2020[883], en la cual se explicó que «aunque un buque resulte hundido o varado no excluye la (...) utilidad para el propietario»[884].

Así, que un buque hundido —o con cualquier impedimento que le inhabilite su aptitud para navegar; por ejemplo, un buque encallado o varado—, podría ser objeto de salvamento. De hecho, esto sería coherente con lo establecido en el artículo 369.1 de la LNM, que dispone que las operaciones dirigidas «a la recuperación de buques naufragados o de otros bienes situados en el fondo de las zonas de navegación señaladas en cada caso», podrán ser objeto de salvamento, en cuyo caso las relaciones entre el titular y el salvador se regirán por las normas del salvamento marítimo[885]. Por lo tanto, cabe delimitar la diferencia en estos supuestos entre salvamento y extracción de bienes o pecios, lo que dependerá del peligro y del valor para su «owner»[886]. De hecho, en virtud del artículo 358.4 LNM[887], contempla la posibilidad de que la recuperación de los bienes abandonados se rija por el régimen de salvamento marítimo, lo que ya se ha estudiado en este trabajo[888].

883 Sentencia número 00173/2020, ECLI:ES:JMIB:2020:1319. Los hechos del caso se basan en que el día 7 de agosto de 2015, la embarcación TAKABANQUE, propiedad del demandado, a consecuencia de un golpe contra el fondo rocoso de la que se produjeron diversas vías de agua, tuvo una varadura o encalladura voluntaria a decisión del patrón quedando parcialmente sumergida a escasos metros de las rocas de la costa.

884 En el mismo sentido, se encuentra la Sentencia número 151/2018, de 23 mayo de 2018, del Juzgado de lo Mercantil número 5 de Barcelona (JUR 2022\385213), en la que se afirma que: «Lo cierto es, que aunque el buque se encuentre hundido o varado ello no excluye la existencia del peligro para su conservación o utilidad para el propietario; y por tanto nos permite hablar de operaciones propias de salvamento en los términos del artículo 369.1 de la Ley de Navegación Marítima».

885 En relación con lo anterior, *vid.* Morral, «De los bienes naufragados o hundidos», en *Comentarios a la Ley 14/2014..., op.cit.*, pág. 1.152, consideran que esto atiende a la amplia concepción de salvamento que adopta el CISM 1989. Así, explican que «en ningún caso se exige que tales objetos [de salvamento] floten o naveguen. (...) Basta con que se encuentre en una situación de peligro». Si bien estamos de acuerdo en que este último es el requisito esencial, debemos matizar que el CISM 1989 sí exige que la estructura sea apta para la navegación en el sentido de navegabilidad.

886 *Ibid.*, pág. 1.153. *Cfr.* Martín Osante, «Los accidentes de la navegación», en *Comentarios a la Ley de navegación marítima, op.cit.*, pág. 405, quien establece que el criterio para diferenciar entre salvamento y recuperación de pecios es que haya verificado efectivamente o no el siniestro. En caso de que éste no se haya materializado aún, será un salvamento y, en caso contrario, cuando el siniestro ya ha tenido lugar y «ha ocasionado lo oportunos daños», la operación será una recuperación.

887 Cuya redacción dispone lo siguiente: «El hallazgo y recuperación inmediata de bienes abandonados en las aguas o sus costas se considerará como salvamento, salvo que sean producto del mismo mar o de las aguas navegables».

888 Véase *supra* en el capítulo tercero el epígrafe 1.1.2 El salvamento privado no contractual.

De este modo, además de los buques hundidos se encuentran los pecios, que ya hemos diferenciado de los primeros. A este respecto, hubo ciertas intervenciones en el proceso de elaboración del CISM 1989. Así, algunas delegaciones[889] consideraron necesario separar los conceptos de «buque» y «pecio» («*wreck*»)[890].

El debate sobre los buques hundidos se encontraba, en opinión de la delegación de la República Federal de Alemania (RFA en adelante), relacionado con la dualidad entre salvamento y asistencia que, aunque teóricamente superada en el Convenio de Bruselas de 1910, seguía estando defendida por la doctrina de algunos países, como Italia y especialmente en Francia[891]. La delegación de RFA recordó que en 1910 ya se había *superado* este sistema dual y el Derecho internacional había adoptado un «concepto unitario de salvamento»[892]; sobre la base de lo anterior, esta delegación no veía motivos por los que los buques

889 Aunque no se especifica cuáles; *vid.* CMI, *The Travaux Préparatoires of the Convention on Salvage, 1989*, *op.cit.*, pág. 69.

890 En el *common law*, el término «*wreck*» tiene varias connotaciones; por todos, *vid.* BRICE, *Brice on Maritime Law of Salvage, op.cit.*, pág. 261. A los efectos del Derecho de salvamento puede hacer referencia a los buques que hayan encallado y se han abandonado; a buques que se han semi hundido y de los que aún se aprecia parte en la superficie; o a buques que se han hundido y suponen un riesgo para la seguridad de la navegación. Por otro lado, este término también hacer referencia a aquellos buques sumergidos con un valor histórico o cultural.
A los efectos de este trabajo, se adelanta que el término *wreck* o pecio, en nuestra traducción, se corresponderá con todos aquellos casos en los que estemos ante los restos de un buque, de modo que ya no tenga valor para su «owner» (salvo aquél relativo al desguace). Sin embargo, se excluyen de este concepto aquellos bienes que tienen un valor histórico o cultural, lo cual es coherente con el *Convenio Internacional de Nairobi Sobre la Remoción de Restos de Naufragios*, hecho en Nairobi el 18 de mayo de 2007 (WRC 2007 en adelante), cuyo artículo 1.4 establece que son «Restos de naufragio» tras un siniestro marítimo: «a) un buque varado o hundido; o b) cualquier parte de un buque varado o hundido, incluido cualquier objeto que esté o haya estado a bordo de tal buque; o c) todo objeto que haya caído al mar de un buque y que esté varado, hundido o a la deriva en el mar; o d) un buque que esté a punto de hundirse o de quedar varado o del que pueda razonablemente esperarse que se hunda o quede varado, siempre que no se hayan adoptado ya medidas eficaces para auxiliar al buque o salvaguardar cualesquiera otros bienes que se encuentren en peligro».

891 *Vid.* VOLLI, «Assitenza, Salvataggio e Recupero», en *Il Diritto Marittimo*, 1987, julio-septiembre, págs. 644-653, pág. 644; RIPERT, *Droit Maritime*, III, *op.cit.*, págs. 118-119; LE CLÈRE, *L'assistance aux navires...*, *op.cit.*, págs. 62-65; VILLENEAU, «Evènements de mer: abordage, collision et assistance», en *ADMA*, *cit.*, págs. 78-79; y, más recientemente, *vid.* MONTAS, *Le quasi-contrat d'assistance*, *op.cit.*, págs. 23-27.

892 La posición de la RFA puede cuestionarse en tanto en cuanto no hay un concepto que unifique asistencia y salvamento, sino que ambas operaciones, tras el Convenio de Bruselas de 1910, son equivalentes a todos los efectos jurídicos y se rigen por las disposiciones de salvamento. Esta reflexión está desarrollada en *supra* este capítulo, el epígrafe 1.1.1 La diferencia entre la asistencia y el salvamento.

hundidos debieran quedar totalmente excluidos del concepto de salvamento. En palabras de la delegación de la RFA,

> *«But it was the progress made already in 1910 that this dual system had been abolished and international law, following the model of English maritime law, adopted a unitary concept of salvage. This unitary concept is the reason why the present draft convention does not make any difference between salvage and assistance, and having abolished this difference between salvage and assistance our delegation does not see any reason why sunken ships should be totally excluded from the salvage concept»*[893].

En relación con dicha intervención, estamos de acuerdo en que los buques hundidos pueden ser objeto de salvamento, ya que pueden tener valor para su *«owner»* o para los titulares de la carga que aún pueda salvarse. Sin embargo, creemos que la delegación de la RFA incluyó en su intervención dos operaciones muy distintas: el salvamento y la recuperación o la remoción de pecios. En este sentido, consideramos que sí tiene relevancia cuál es el bien material —entiéndase, la cosa— objeto de la operación, si un buque o un pecio ya que, en función del anterior, se producirá una operación u otra. Dicho de otro modo, un pecio no podría ser objeto de salvamento, lo que no impide que un buque hundido lo sea, debido a que el pecio se corresponde con los restos del buque que no tienen valor —más allá de el del desguace—. Si para el *«owner»* del buque, éste sigue teniendo valor de modo que le interesa salvarlo, entonces no estaríamos ante un pecio, sino ante el buque —ya sea hundido o varado— objeto de una operación de salvamento.

---

893 La delegación, además añadió lo siguiente: *«But to make it very clear, we do not rely on an attempt to define whether a sunken ships can be still regarded being a ship and thus an object of salvage, and whether a sunken vessel has to be regarded as a wreck and subject to reclamation. We do not believe that salvage situations which call for a salvage contract and situations of a sunken vessel which is an obstacle and calls for a contract of wreck removal can be successfully divided by a clear cut definition of ship and wreck. It is the situation and the aim of the operation which makes the difference, whereas the difference between the terms ship and wreck seem to be of minor importance. If a sunken ship is regarded by the parties involved as an object which is worthwhile to be salved, why should there not be a salvage contract, and if a sunken ship is just removed as an obstacle without salving it, would it not be appropriate to deal with this case as wreck removal? »*. Para lo cual proponemos la siguiente traducción: «Pero para dejarlo bien claro, no nos basamos en un intento de definir si un barco hundido puede seguir considerándose un buque y, por tanto, objeto de salvamento, y si un buque hundido tiene que ser considerado como un pecio y objeto de recuperación. No creemos que las situaciones de salvamento que exigen un contrato de salvamento y las situaciones de un buque hundido que es un obstáculo y que exigen un contrato de remoción de pecios puedan dividirse con éxito mediante una definición clara de buque y pecio. Es la situación y el objetivo de la operación lo que marca la diferencia, mientras que la diferencia entre los términos buque y pecio parecen tener poca importancia. Si un barco hundido es considerado por las partes implicadas como un objeto que merece la pena ser salvado, ¿por qué no va a haber un contrato de salvamento, y si un barco hundido se retira simplemente como un obstáculo sin ser salvado, ¿no sería apropiado tratar este caso como una remoción de pecios?».

En conclusión, desde nuestro punto de vista, el pecio se corresponde con aquellos restos de un buque que no tengan valor —como para realizar una operación de salvamento— que podrán ser objeto de operaciones de remoción, extracción o recuperación. En virtud del artículo 369.3 de la LNM, «Salvo previsión expresa en otro sentido en las normas de este capítulo, sus normas no serán de aplicación al patrimonio cultural subacuático, que se regirá por su normativa específica». Estas operaciones se encuentras reguladas en la escala internacional en el WRC 2007, que entró en vigor el 14 de abril de 2015. España no es Estado Parte de este Convenio, por lo que el régimen legal lo comprende el ya estudiado Real Decreto 371/2020.

Para esta operación, lo habitual es que se utilicen algunos de los modelos internacionales más extendidos en la práctica. A este respecto caben ser destacados los tres modelos *ad hoc* desarrollados por BIMCO cuyas últimas versiones datan de 2010[894]. En primer lugar, el WRECKHIRE se basa en el pago de un alquiler diario por los servicios prestados. En segundo lugar, el WRECKSTAGE se diferencia del anterior en que el pago se realiza a través de un pago único *(lump sum)* en etapas o fraccionado. En tercer lugar, el WRECKFIXED se basa en un precio fijo y teniendo como base el principio *no cure-no pay*.

En relación con lo anterior, cabe destacar que en el proceso de elaboración del CISM 1989 Francia introdujo una propuesta de exclusión del Convenio sobre los pecios con carácter histórico o cultural[895], lo que finalmente se aprobó por la Asamblea. En consecuencia, el artículo 30.1, letra d), del CISM 1989 regula la reserva de los Estados Parte a bienes marítimos «de carácter cultural que presente un interés prehistórico, arqueológico o histórico y que se encuentre en el fondo del mar». Por lo tanto, a los efectos del CISM 1989, estas operaciones se considerarían salvamento salvo para aquellos Estados que hayan realizado una reserva a este respecto[896]. Por tanto, el resto de los países que no han realizado dicha reserva aplicarán las disposiciones del CISM 1989 en estos supuestos. Se recuerda que España realizó una reserva a este respecto y que el régimen legal para estos bienes tan característicos lo comprenden la LPHE y la Convención sobre la protección del Patrimonio cultural subacuático de 2001[897].

---

894 Todos ellos accesibles en la página web de BIMCO: https://www.bimco.org/contracts-and-clauses/bimco-contracts.

895 Para consultar el debate de esta propuesta en el proceso de elaboración del Convenio de Londres, *vid.* CMI, *The Travaux Préparatoires of the Convention on Salvage, 1989*, *op.cit.*, págs. 73-74; Berlingieri, «The Draft of a New Salvage Convention and the Salvage of Wrecks», en *The Travaux Préparatoires…*, *op.cit.*, pág. 76.

896 A saber: Alemania, Arabia Saudí, Australia, Bulgaria, Canadá, China, Croacia, Ecuador, España, Estonia, Finlandia, Francia, Irán, Jamaica, México, Países Bajos, Noruega, Nueva Zelanda, Polonia, Rusia, Suecia, Túnez, Turquía, Ucrania, Reino Unido; https://treaties.un.org/Pages/showDetails.aspx?objid=08000002800a58b3&clang=_en.

897 Véase *supra* en el capítulo primero el epígrafe 2.2 El CISM 1989 en España.

Como conclusión, ha podido apreciarse que aspectos como el salvamento de buques de bienes hundidos, abandonados y pecios suscitaron mucho debate en el proceso de elaboración del CISM 1989. Hoy en día, tras la aprobación de la LNM, así como teniendo en mente el concepto de navegabilidad, este debate se encuentra, en nuestra opinión, superado. Serían objeto de salvamento todo buque —entendido por éste, a los efectos de salvamento, cualquier «estructura» que tenga aptitud para navegar—, a excepción de aquellos fijos o anclados a la costa, los pecios *(wrecks)* y los buques que tengan un carácter histórico o cultural.

El Convenio de Londres de 1989 excluye de su ámbito de aplicación tanto los buques de guerra como aquellos que sean propiedad de Estado o utilizados por éste, siempre que gocen de inmunidad soberana (artículo 4)[898]; lo cual se inspira en el artículo 11 del anterior Convenio de Bruselas de 1910[899]. Este artículo fue objeto de revisión en la Conferencia de Rijeka celebrada en 1959 por el CMI, en la cual se puso de manifiesto que los buques de guerra o soberanos de un Estado deberían poder recibir salvamento, así como prestarlo. En consecuencia, el 27 de mayo de 1967 se aprobó el *Protocolo de Bruselas por el que se modificó el Convenio de Bruselas de 1910 para su aplicación a buques adscritos a un servicio público*. Así, tras la aprobación del Protocolo de 1967, quedaron incluidos bajo su aplicación.

La exclusión de la aplicación del CISM 1989 a los buques de guerra como a aquellos que gocen de inmunidad soberana se configuró con la propuesta de redacción de la RFA, la República Democrática Alemana y Grecia[900]. Este

898 Aunque la propiedad del buque y su inmunidad soberana se correspondan con términos jurídicos distintos, a efectos de salvamento marítimo hacen referencia al mismo concepto; *vid.* Arroyo, «Comentarios al Convenio de Salvamento de 1989», en *ADM*, *cit.*, pág. 150. El régimen básico de los buques de Estado se regula en otros convenios, independientemente de las especialidades de cada Estado. Cabe destacar, en primer lugar, el *Convenio Internacional sobre el embargo preventivo de buques*, hecho en Ginebra el 12 de marzo de 1999; el Instrumento de Adhesión de España a este Convenio se encuentra publicado en el *BOE* núm. 104, de 2 de mayo de 2011, disponible en el siguiente enlace: https://www.boe.es/eli/es/ai/1999/03/12/(1). En segundo lugar, el *Convenio internacional sobre Arqueo de Buques*, hecho en Londres el 23 de junio de 1969, publicado en España en el *BOE* núm. 221, de 15 de septiembre de 1982, disponible en: https://www.boe.es/diario_boe/txt.php?id=BOE-A-1982-23300.

899 Cuya redacción es la siguiente: «El presente Convenio no es aplicable a los buques de guerra y a los buques del Estado exclusivamente adscritos a un servicio público».

900 *Vid.* CMI, *The Travaux Préparatoires of the Convention on Salvage, 1989*, *op.cit.*, págs. 157-158. Previamente, se había manifestado la discrepancia de opiniones respecto a la aplicación del Convenio sobre salvamento a los buques de guerra y otros que el Estado utilizase para fines no comerciales.
En opinión de Arroyo, «Comentarios al Convenio de Salvamento de 1989», en *ADM*, *cit.*, págs. 148-150, la razón de este debate se halla en las diferencias entre los regímenes económicos capitalistas y comunistas. Mientras que los países de economía capitalista poseen un porcentaje escaso de buques soberanos, el dato contrario se produce en aquellos países comunistas donde la propiedad de *todo* es del Estado. Literalmente, Arroyo

artículo sigue el artículo 14 del anterior Convenio sobre salvamento de 1910[901], que excluía de su ámbito de aplicación los buques de guerra o los buques propiedad del Estado exclusivamente destinados a un servicio público. El artículo 4.2 del CISM 1989 «Cuando un Estado Parte decida aplicar el Convenio a sus buques de guerra o a otros buques de los mencionados en el párrafo 1, lo notificará al Secretario General especificando las modalidades y condiciones de dicha aplicación».

En el caso de España, el artículo 3.2 de la LNM define los buques de Estado como aquellos «afectos a la Defensa Nacional u otros de titularidad o uso público, siempre que presten con carácter exclusivo servicios públicos de carácter no comercial». A continuación, el artículo 3.3 de la LNM define los buques de guerra como aquellos

> «adscritos a las Fuerzas Armadas, que lleven los signos exteriores distintivos de los buques de guerra de su nacionalidad y que se encuentren bajo el mando de un oficial debidamente designado por el Gobierno de su Estado, cuyo nombre esté inscrito en el escalafón de oficiales o en un documento equivalente y cuya dotación esté sometida a la disciplina de las Fuerzas Armadas regulares».

La LNM regula el salvamento de estos buques en su artículo 359[902], aunque diferencia entre el salvamento que se efectúa a estos buques (apartado 1) y el salvamento que se realiza por ellos (apartado 2).

Cuando el objeto de salvamento comprende estos buques, el artículo 359.1 de la LNM especifica que el premio al que tienen derecho los salvadores se solicitará «mediante el oportuno procedimiento administrativo»[903]; sin que puedan

---

afirma que «No hay buques propiedad de navieros privados chinos», sino del Estado. En consecuencia, la inmunidad soberana se extiende mucho más en estos países que en los capitalistas. Esto supondría una ventaja señalada por la Delegación de Estados Unidos en la elaboración del Convenio de 1989: la carga y el buque salvados no tendrían que someterse a los privilegios marítimos de los salvadores o a su derecho de retención; *vid.* CMI, *The Travaux Préparatoires of the Convention on Salvage, 1989*, *op.cit.*, pág. 161.

901 Cuya redacción establecía lo siguiente: «Esta Convención no es aplicable a los buques de guerra o a los buques de Estado, exclusivamente destinados a un servicio público».

902 Este artículo dispone que: «1. Las normas sobre salvamento serán aplicables al prestado a los buques y embarcaciones de Estado tal como se definen en el artículo 3. Sin embargo, en estos casos el premio deberá solicitarse mediante el oportuno procedimiento administrativo, sin que sean de aplicación las normas sobre retención o embargo de los buques o bienes salvados. 2. Asimismo se regirán por estas normas los salvamentos efectuados por los buques y embarcaciones de Estado, en cuyo caso el premio que corresponda se pondrá a disposición de la administración u organismo de que dependan, que proveerán a su equitativa aplicación».

903 La doctrina que se ha pronunciado a este respecto, *vid.* Portales, «El contrato de salvamento y la compensación especial» en *El derecho marítimo de los nuevos tiempos*, dirs. J.L. García-Pita y Lastres, M.R. Quintáns-Eiras, A. Díaz de la Rosa, Madrid, 2018, págs. 979-999, pág. 981; Pulido, «Accidentes de la navegación: abordaje, avería gruesa, salvamento y bienes hundidos o naufragados», en *Comentarios sobre la Ley de navegación*

acudir a la jurisdicción civil ordinaria. Respecto a cuál es este procedimiento administrativo, podría pensarse que fueran de aplicación las normas relativas a los expedientes de auxilio, salvamento y remolque de la LAS aún vigente (artículos 35 a 46). No obstante, dicha regulación no parece ser la adecuada para este supuesto, ya que no hace referencia al procedimiento que ha de seguirse para obtener el premio. Así pues, el procedimiento administrativo oportuno será aquél que se sustancia ante los órganos competentes para la determinación de los premios y remuneraciones por salvamentos y remolques son el Consejo de Arbitrajes Marítimos y los Auditores de Arbitrajes Marítimos, en virtud de la disposición adicional segunda de la LNM[904]. Cuando estos buques sean objeto de salvamento, no serán de aplicación las normas sobre retención o embargo de los buques o bienes salvados, lo cual se explica debido a que la titularidad de estos buques corresponde al Estado soberano.

El segundo apartado del artículo 359 de la LNM dispone que los salvamentos efectuados por los buques y embarcaciones de Estado se someterán a las normas de salvamento de la LNM[905]. Este salvamento se efectúa por la Autoridad pública, por lo que no se corresponde con el salvamento privado objeto de este trabajo como ya se ha analizado anteriormente[906].

1.2.2. Los bienes objeto de salvamento

Según la ya mencionada definición de «operación de salvamento» que dispone el CISM 1989, en su artículo 1, letra a), es salvamento «todo acto o actividad emprendido para auxiliar o asistir a un buque o para salvaguardar cualesquiera otros bienes (...)»[907]. En este epígrafe se estudiará el régimen de estos bienes, la «property» en el LOF 2020 y en la versión auténtica del Convenio.

---

marítima, *op.cit.*, pág. 551; MORRAL, «Del salvamento», en *Comentarios a la Ley 14/2014...*, *op.cit.*, págs. 1.126-1.127, ha criticado en líneas generales lo establecido por la LNM, aunque sin llegar a conclusiones claras.

904 Nótese que en la actualidad estos órganos aún no se encuentran en funcionamiento. Cabe esperar que cuando se apruebe el reglamento que desarrolle la LNM, éste se pronunciará sobre los órganos competentes para la determinación de los premios y remuneraciones por salvamentos y remolques.

905 El artículo 359.2 de la LNM establece lo siguiente: «Asimismo se regirán por estas normas los salvamentos efectuados por los buques y embarcaciones de Estado, en cuyo caso el premio que corresponda se pondrá a disposición de la administración u organismo de que dependan, que proveerán a su equitativa aplicación».
Evidentemente, el buque es un bien, de modo que no es sujeto de derechos en cuanto es objeto de los mismos. Cuando se indica que el buque es «sujeto» de la acción de salvamento se expresa en un sentido metafórico, otorgándole cierta personificación, aunque verdaderamente referido al naviero o al capitán como su representante.

906 Véase *supra* el epígrafe del capítulo tercero 1.1.1 El salvamento público.

907 El término «cualesquiera» o en la versión inglesa, *«any»* se incluyó para *ampliar* el objeto del salvamento marítimo. En consecuencia, no debían salvarse exclusivamente los

El Convenio de Londres define los «bienes» susceptibles de salvamento como «cualesquiera bienes no fijados de manera permanente e intencional a la costa; el término incluye el flete sujeto a riesgo», *ex* artículo 1, letra c) del CISM 1989. El objetivo, una vez más, del Convenio, es proporcionar una amplia definición de modo que se reduzcan los conflictos acerca de qué se considera una operación de salvamento y qué no. La única excepción es, por tanto, la de aquellos bienes que no se encuentran fijados de manera permanente e intencional a la costa; estos bienes deben ser susceptibles de valoración económica[908].

Siguiendo la línea del CISM 1989, el artículo 358.2 de la LNM establece que: «No se considerará salvamento la asistencia prestada a bienes fijados de manera permanente e intencional a la costa». Por otro lado, el artículo 358.3 de la LNM no considerará que se efectúa una operación de salvamento marítimo sobre aquellos bienes que componen el patrimonio cultural subacuático. Como ya se ha analizado[909], este apartado del artículo se ampara en la posibilidad que tienen los Estados firmantes del CISM 1989 —entre ellos, España— para hacer reserva de su derecho a no aplicar las disposiciones del Convenio de Londres «cuando se trate de un bien marítimo de carácter cultural que presente un interés prehistórico, arqueológico o histórico y que se encuentre en el fondo del mar», *ex* artículo 30, letra d) del CISM 1989. Las operaciones sobre estos bienes no quedarán reguladas por la LNM, sino por su legislación específica; a saber, la LPHE y la Convención sobre la protección del Patrimonio cultural subacuático de 2001, en especial su artículo 4[910].

Por otro lado, como se ha visto en el epígrafe anterior, el CISM 1989 excluía de su ámbito de aplicación a los buques propiedad del Estado o que gocen de inmunidad soberana «a menos que ese Estado decida otra cosa», en virtud de su artículo 4[911]. Lo anterior debe entenderse también en relación con la carga

---

buques, sino también otras estructuras aptas para la navegación, tales como plataformas petrolíferas, muelles flotantes, boyas y equipos de pesca *(oil rigs, floating docks, buoys, and fishing gear)*; *vid.* CMI, *The Travaux Préparatoires of the Convention on Salvage, 1989, op.cit.*, pág. 44.

908 *Vid.* Arroyo, *Estudios de derecho marítimo*, pág. 349.

909 Véase *supra* en el capítulo primero el epígrafe 2.2 El CISM 1989 en España.

910 «Artículo 4. Relación con las normas sobre salvamento y hallazgos. Ninguna actividad relacionada con el patrimonio cultural subacuático a la que se aplica la presente Convención estará sujeta a las normas sobre salvamento y hallazgos, a no ser que: a) esté autorizada por las autoridades competentes, y b) esté en plena conformidad con la presente Convención, y c) asegure que toda operación de recuperación de patrimonio cultural subacuático se realice con la máxima protección de éste».

911 Cuya redacción es la siguiente: «1. Sin perjuicio de lo dispuesto en el artículo 5, el presente Convenio no será aplicable a los buques de guerra ni a otros buques de propiedad del Estado, o utilizados por éste, que gocen de inmunidad soberana en el momento de las operaciones de salvamento, de conformidad con los principios generalmente reconocidos de derecho internacional, a menos que ese Estado decida otra cosa. 2. Cuando un Estado

que sea propiedad del Estado o que goce de inmunidad, en virtud del artículo 25 del CISM 1989:

> «Ninguna actividad relacionada con el patrimonio cultural subacuático a la que se aplica la presente Convención estará sujeta a las normas sobre salvamento y hallazgos, a no ser que: a) esté autorizada por las autoridades competentes, y b) esté en plena conformidad con la presente Convención, y c) asegure que toda operación de recuperación de patrimonio cultural subacuático se realice con la máxima protección de éste».

Por su parte, el artículo 26 del CISM 1989 hace referencia a la carga[912] con fines humanitarios[913], cuya redacción es lo siguiente:

> «Nada de lo dispuesto en el presente Convenio servirá de base para incautar, embargar preventivamente o retener las cargas donadas por un Estado para fines humanitarios si ese Estado ha convenido en pagar por los servicios de salvamento prestados en relación con esas cargas».

La operación de salvamento descrita en el artículo 26 del CISM 1989 alude a un salvamento público, ya que está costeado por un Estado. El fundamento, en este caso, es evitar posibles retrasos en unas mercancías tan necesarias[914].

Parte decida aplicar el Convenio a sus buques de guerra o a otros buques de los mencionados en el párrafo 1, lo notificará al Secretario General especificando las modalidades y condiciones de dicha aplicación».

912 Como en el caso anterior, por este término deberá entenderse toda mercancía o cargamento. El Convenio de 1989 recoge en su versión original el término «cargoes».

913 En virtud de la Declaración conjunta del Consejo y los Representantes de los Gobiernos de los Estados miembros reunidos en el seno del Consejo, del Parlamento Europeo y de la Comisión Europea (2008/C 25/01), *Consenso Europeo sobre la ayuda humanitaria*, podríamos enunciar que los fines o principios humanitarios son neutralidad, imparcialidad, humanidad e independencia de la acción humanitaria. Los fines humanitarios definen lo que es la ayuda humanitaria; esto es, la asistencia vital a las personas que la necesitan, sin ninguna distinción o discriminación. La ayuda humanitaria se encuentra fundamentada en el *Convenio de Ginebra para aliviar la suerte de los heridos y enfermos de las fuerzas armadas en campaña*, de 12 de agosto de 1949; el *Convenio de Ginebra para aliviar la suerte de los heridos, enfermos y náufragos de las fuerzas armadas en el mar*, de 12 de agosto de 1949; el *Convenio de Ginebra sobre el trato a los prisioneros de guerra*, de 12 de agosto de 1949; y el *Convenio de Ginebra sobre la protección de personas civiles en tiempo de guerra*, de 12 de agosto de 1949 (Convenios de Ginebra de 1949) y sus Protocolos adicionales.
En el proceso de elaboración del CISM 1989, la delegación de Estados Unidos especificó que el término «fines humanitarios» debía ser determinado conforme a la *lex fori*; *vid.* CMI, *The Travaux Préparatoires of the Convention on Salvage, 1989*, *op.cit.*, pág. 496; Volli, «Il soccorso marittimo», en *Trattato breve di Diritto Marittimo*, III, coord. A. Antonini, Milán, 2010, págs. 163-186, pág. 165.

914 Como puso de manifiesto la delegación de Estados Unidos en la elaboración del Convenio de 1989; *vid.* CMI, *The Travaux Préparatoires of the Convention on Salvage, 1989*, *op.cit.*, pág. 495.

Con ello, se insinúa, desde una perspectiva distinta, el principio básico del salvamento marítimo: la solidaridad humana.

Finalmente, el contrato LOF 2020 excluye de la «propiedad» a salvar los efectos personales o el equipaje de los pasajeros y la dotación. Esta exclusión se establece en la *box* número 2 del LOF 2020, en el que se especifica que la «propiedad» a salvar incluye el buque (su carga, combustible, provisiones y cualquier otro bien que se encuentre en él) y excluye los efectos personales o el equipaje de los pasajeros, el capitán y la tripulación[915]. Mientras que, *a priori*, la exclusión anterior no debería plantear problemas, KENNEDY[916] la cuestiona en tanto en cuanto considera que los interesados de estos bienes se benefician del servicio de salvamento, por lo que deberían contribuir en el importe del premio[917], opinión que no compartimos.

---

915 La redacción de la box número 2 es la siguiente: «*Property to be salved: The vessel: her cargo freight bunkers stores and any other property thereon but excluding the personal effects or baggage of passengers master or crew (referred to in this agreement as "the property")*». Esta exclusión hace referencia a todos aquellos bienes que el pasajero, el capitán o el miembro de la tripulación tengan en su camarote o estén de otro modo en su posesión, custodia o control, incluyendo cualquier vehículo de motor privado que acompañe al pasajero y cualquier efecto personal o equipaje que se encuentre en dicho vehículo, según lo dispuesto en el artículo 3.3 de las LSAC: «*In the Agreement and these clauses and unless there is an express provision to the contrary: (...) "personal effects or baggage" as referred to in Box 2 of the Agreement means those which the passenger, Master and crew member have in their cabin or are otherwise in their possession, custody or control and shall include any private motor vehicle accompanying a passenger and any personal effects or baggage in or on such vehicle*».

916 *Vid.* KENNEDY, ROSE, *Law of Salvage*, *op.cit.*, pág. 78, considera que «*(...) the property preserved would seem to benefit from the service provided and should arguably contribute to the salvage reward*». Conviene matizar que en la última versión de este libro —KENNEDY, ROSE, *Law of Salvage*, 10.ª ed., *op.cit.*— ya no se realiza esta afirmación.

917 Para lo anterior cita el *case Heye* v. *North German Lloyd* (36F, no.11-45, 1888). Antes de analizar el supuesto, conviene realizar dos matizaciones. La primera es que el *case* realmente versa sobre un caso de avería gruesa, no de salvamento. La segunda es que los hechos datan de finales del siglo XIX, de modo que hay que tener en cuenta el contexto de este *case*.
En este supuesto, se había producido un incendio a bordo del buque de vapor *Ems*; al intentar extinguirlo, el compartimento de equipajes del buque quedó dañado. En consecuencia, se planteó al tribunal si el equipaje y los efectos de los pasajeros podían ser objeto de la avería gruesa, teniendo en cuenta que se sacrificaron en condiciones de necesidad y de riesgo —siendo condiciones que caracterizan esta operación—. El tribunal consideró que la razón de esta exclusión sobre los efectos personales de los pasajeros se debía a que estos bienes, al llevarlos los pasajeros, no corren el mismo riesgo que la mercancía que se traslada en el buque. Sin embargo, lo anterior sólo se aplicaría a los bienes que los pasajeros llevaran consigo, no aquellos que estuvieran en un compartimento. Por ello, el tribunal sentencia que los efectos personales de los pasajeros no se tendrían en cuenta en la avería gruesa por diversas razones, como las dificultades para evaluar los bienes y la gran molestia e inconvenientes que supondrían para los pasajeros la larga detención de sus equipajes hasta que se pudiera realizar la valoración de la avería gruesa. Además, por la imposibilidad práctica de cualquiera de las dos razones anteriores cuando los pasajeros

1.2.3. El flete

Como «objeto» de salvamento también debe hacerse referencia al flete, por cuanto es un derecho de crédito derivado del porte y susceptible de salvarse en un sentido amplio, ya que tiene valor para su *«owner»*. Así, el contrato LOF 2020 lo considera incluido en la «Property *to be salved»*, identificada en la *box* número 2 del contrato[918].

El flete es el precio que se paga por el transporte de mercancías de un sitio a otro en un contrato de transporte de mercancías (fletamento), *ex* artículo 203 de la LNM[919].

El flete será considerado objeto de salvamento marítimo dependiendo de cuándo se ha pagado[920]. Si el flete ya ha sido pagado en origen, el flete no será objeto de salvamento[921], puesto que no habrá ningún importe relativo al flete que salvar.

---

con equipaje suben y bajan en puertos intermedios en el transcurso del viaje, las dificultades que conllevan las valoraciones que se han de hacer de tales artículos y en los cobros de los mismos, el carácter inquisitorial y ofensivo de tales exámenes, el escaso valor de muchos de estos bultos, las insignificantes sumas que se obtienen de la mayoría de los equipajes, etc. Por todo lo anterior, el tribunal consideró que parecía haber suficientes razones prácticas —que no jurídicas, aunque desde nuestro punto de vista, lógicas—, para aceptar dicha excepción tanto en la práctica como en los textos legales. Tal y como se recoge en la sentencia: *«(...) when we consider how great annoyance and inconvenience to passengers would attend the long detention of their trunks and clothing until a general average adjustment could be had, or an average bond be given; the practical impossibility of either, where passengers with their baggage are taken on and off at intermediate ports in the course of the voyage; the difficulties attending the valuations to be put upon such articles in average adjustments, and in the collections thereon; the inquisitorial and offensive nature of such examinations; the small value of many such packages, such as those of the steerage passengers; the insignificant sums to be derived from most of the trunks and boxes, often, perhaps, less than the cost of adjustment; and the difficulty of making any distinction in the mode of dealing with the travellers in the rivalries of competing lines, —in all these considerations there seem to be practical reasons enough without reference to the legal right, to have led, first, to the mission in practise of any assessment of passengers' baggage, and, next, to the adoption of that practice in many of the recent Codes (...)»*.
Hoy en día, las RYA 2016 establecen en la regla número XVII, letra (e), lo siguiente: *«Contributory Values (...) Mails, passengers' luggage and accompanied personal effects and accompanied private motor vehicles shall not contribute to general average»*.

918 Cuyo contenido hace referencia a: «*The vessel: her cargo freight bunkers stores and any other property thereon but excluding the personal effects or baggage of passengers master or crew*».

919 Cuya redacción dispone que: «Por el contrato de transporte marítimo de mercancías, también denominado fletamento, se obliga el porteador, a cambio del pago de un flete, a transportar por mar mercancías y entregarlas al destinatario en el puerto o lugar de destino».

920 *Vid.* Pulido, «El salvamento marítimo», en *Las averías y los accidentes..., op.cit.*, pág. 263, especifica que lo anterior dependerá de la culminación del viaje.

921 *Vid.* Kennedy, Rose, *Law of Salvage*, *op.cit.*, pág. 111.

En el caso de que el flete sea pagadero en destino *(to be paid)*, dependerá de la culminación de viaje; pues, en el supuesto de que exista un accidente y se necesite salvamento, si las mercancías se salvan, pueden llevarse al puerto de destino, pero también pueden llevarse a otro lugar seguro[922]. En el primer caso, el flete será objeto de salvamento, puesto que la parte correspondiente al trayecto desde donde se produjo el salvamento hasta el puerto de destino ha sido realizada por el salvador. En el segundo caso, el flete también será objeto de salvamento, porque este importe se ha salvado, pero sólo en tanto en cuanto se acerque al puerto de destino, pagándose en este caso proporcionalmente a la distancia recorrida (prorrata[923]). Si la carga se envía, posteriormente, desde el lugar seguro designado por las partes o elegido por los salvadores, hasta el que se había designado como puerto de destino, al valor del flete pactado en el contrato de transporte habría que deducirle los gastos por el transporte efectuado[924].

El importe relativo al flete pagadero en destino se evalúa habitualmente de manera conjunta con las mercancías[925], lo que puede plantear dificultades por cuanto en un mismo buque puede resultar que las mercancías queden sujetas a distintos fletes. En consecuencia, para calcular el flete de la mercancía salvada habrá que acudir generalmente a la póliza de fletamento, conocimiento de embarque, carta de porte marítima u otro documento que indiquen dicha información.

1.2.4. Las plataformas y las unidades de perforación: el artículo 3 del CISM 1989

En el proceso de elaboración del CISM 1989, se debatió si el salvamento de las plataformas (igualmente entendemos las unidades de perforación) debía considerarse incluido o, por el contrario, excluido del ámbito de aplicación del Convenio[926].

El observador procedente del *Oil Industry International Exploration and Production Forum* (*E&P Forum* en adelante) se posicionó en contra de considerar como objeto de salvamento aquellas plataformas de producción fijadas permanentemente al lecho marino y dedicadas a la producción, almacenamiento

922 Véase *infra* en el capítulo quinto el epígrafe 1 La prestación profesional del salvamento marítimo: la "debida diligencia" y los *best endevours*.

923 *Vid.* Kennedy, Rose, *Law of Salvage*, *op.cit.*, pág. 111.

924 *Vid.* Ferrarini, *Il Soccorso in mare...*, *op.cit.*, págs. 192-193, *apud*. García Luengo, *La remuneración en el salvamento marítimo*, *op.cit.*, pág. 271.

925 *Vid.* Brice, *Brice on Maritime Law of Salvage*, *op.cit.*, pág. 229; CMI, *The Travaux Préparatoires of the Convention on Salvage, 1989*, *op.cit.*, págs. 92-93.

926 *Vid.* CMI, *The Travaux Préparatoires of the Convention on Salvage, 1989*, *op.cit.*, págs. 136-137.

o transporte de hidrocarburos, incluidos sus dispositivos auxiliares. Incluso, propuso que esta exclusión figurase como uno de los supuestos de reserva del artículo 30 del CISM 1989[927] —lo cual fue apoyado por las delegaciones de Francia, Noruega y Estados Unidos—, aunque finalmente no se aceptó.

Los motivos principales para excluir este tipo de plataformas petrolíferas fijadas al lecho marino se centraron en que estas operaciones solían llevarse a cabo bajo la estricta supervisión y control de un Estado ribereño, quedando enmarcadas, generalmente, en un «plan de contingencia»[928] detallado y aprobado previamente por las Autoridades pertinentes. Esta razón también fue apoyada por la *International Association of Drilling Contractors* (IADC en adelante)[929], que explicó que, en la mayoría de los casos, estas plataformas cuentan con procedimientos de seguridad y planes de respuesta propios en los que podrían interferir los salvadores, especializados más en buques que en las propias plataformas[930]. La delegación de Estados Unidos[931] argumentó así que era muy improbable que los salvadores pudieran lograr algún resultado útil en estas instalaciones en alta mar; y, debido a su naturaleza, podían causarse graves daños a la «property» o al medioambiente. En virtud de lo anterior, esta delegación consideró que no bastaba con permitir una reserva de aplicación del Convenio, sino que debían excluirse completamente del ámbito de aplicación del CISM 1989.

Frente a lo anterior, la delegación de China expuso que, teniendo en cuenta que el propósito del Convenio de Londres era fomentar el salvamento y pro-

---

927 Cuya redacción se recuerda que es la siguiente: «1. Todo Estado, en el momento en que se produzcan la firma, la ratificación, la aceptación, la aprobación o la adhesión, podrá hacer reserva de su derecho a no aplicar las disposiciones del presente Convenio: a) cuando la operación de salvamento se desarrolle en aguas interiores y todos los buques afectados sean de navegación interior; b) cuando las operaciones de salvamento se desarrollen en aguas interiores y no se vea afectado ningún buque; c) cuando todas las partes interesadas sean nacionales de ese Estado; d) cuando se trate de un bien marítimo de carácter cultural que presente un interés prehistórico, arqueológico o histórico y que se encuentre en el fondo del mar. 2. Las reservas hechas en el momento de la firma quedarán sujetas a confirmación al producirse la ratificación, la aceptación o la aprobación. 3. Todo Estado que haya hecho una reserva respecto del presente Convenio podrá retirarla en cualquier momento mediante una notificación dirigida al Secretario General. Tal retiro surtirá efecto en la fecha en que se reciba la notificación. Si en la notificación se especifica que el retiro de una reserva va a surtir efecto en una fecha dada y ésta es posterior a la fecha en que el Secretario General reciba la notificación, el retiro surtirá efecto en la fecha posterior».

928 Véase la nota al pie número 756.

929 *Vid.* SHAW, «The 1989 Salvage Convention and English law», en *LMCLQ*, *cit.*, pág. 210. Argumento que también se propuso por la delegación de Reino Unido; *vid.* CMI, *The Travaux Préparatoires of the Convention on Salvage, 1989*, *op.cit.*, pág. 93.

930 *Vid.* GASKELL, «The 1989 Salvage Convention and the Lloyd's Open Form (LOF) Salvage Agreement 1990», en *Tul. Mar. L.J.*, *cit.*, pág. 32.

931 *Vid.* CMI, *The Travaux Préparatoires of the Convention on Salvage, 1989*, *op.cit.*, págs. 143-144.

teger el medioambiente marino, parecía oportuno incluirlas en su ámbito de aplicación[932]. Así, la delegación china reconocía que las operaciones de salvamento a las plataformas de perforación necesitarían técnicas muy especializadas; sin embargo, consideraban que pocos países en el mundo contaban con los medios necesarios para realizar este tipo de operaciones de salvamento. Por ello, propusieron que las plataformas quedaran incluidas en el ámbito del Convenio[933], aunque finalmente no se aceptó, quedando excluidas en virtud del artículo 3 del CISM 1989.

Así, el artículo 3 del CISM 1989 establece que

> «El presente Convenio no será aplicable a las plataformas fijas o flotantes ni a las unidades móviles de perforación mar adentro cuando tales plataformas o unidades estén en estación y realizando operaciones de exploración, explotación o producción de recursos minerales en los fondos marinos».

La redacción del artículo 3 del CISM 1989 sugiere que las plataformas petrolíferas e instalaciones en alta mar que no se encuentren fijas o flotantes o que no se dediquen a las actividades descritas en dicho artículo, se reconocerían como objetos susceptibles de salvamento. Por tanto, las plataformas podrán ser objeto de salvamento cuando no estén fijas al lecho marino; por ejemplo, cuando se transportan[934]. De hecho, en el *case The Key Singapore*[935], se reconoce que una plataforma podía ser objeto de salvamento, aunque el objeto del proceso versaba realmente sobre la supuesta mala conducta de los salvadores.

Consideramos que esta excepción del artículo 3 del CISM 1989 es matizable en tanto en cuanto el contexto de 1989 no es el mismo que el actual. Las características de las plataformas petrolíferas han cambiado de manera sustancial en las últimas tres décadas, lo que nos lleva a considerar que éstas sí pueden ser objeto de salvamento marítimo[936]. En el momento de aprobación

---

932 *Ibid.*, pág. 140.

933 En las actas del CISM 1989: «*The second point concerns the application of the Convention to drilling platforms. We believe salvage operations concerning drilling platforms will need special techniques. However, at the moment in the world there are not so many countries which have such an emergency force to do such a salvage. For the purpose of this Convention, that is to encourage assistance and to protect the marine environment, we believe it is not necessary to exclude such properties from the scope of application of this convention*», *ibid*.

934 En la misma opinión, *vid.* MANDARAKA-SHEPPARD, *Modern Maritime Law*, *op.cit.*, pág. 490; KASHUBSKY, *Offshore Oil and Gas Installations Security: An International Perspective*, Oxon, 2016, pág. 229; ROMERO, ESTEVE, *Transporte marítimo de mercancías…*, *op.cit.*, pág. 177; SHAW, «The 1989 Salvage Convention and English law», en *LMCLQ*, *cit.*, pág. 207; BRICE, *Brice on Maritime Law of Salvage*, *op.cit.*, pág. 223.

935 [2005] 1 Lloyd's Rep 91.

936 En la misma opinión, *vid.* BONASSIES, SCAPEL, *Traité de Droit Maritime*, *op.cit.*, pág. 419; GASKELL, «The 1989 Salvage Convention and the Lloyd's Open Form (LOF) Salvage Agreement 1990», en *Tul. Mar. L.J.*, *cit.*, págs. 32-33; ALLEN, «The International Convention on

del CISM 1989, cuando la mayoría de las plataformas eran fijas, podía ser lógico que se excluyesen de su ámbito de aplicación por los motivos señalados anteriormente; se encontraban permanente e intencionalmente fijadas al lecho marino, lo que era coherente con la exclusión del concepto de «bienes» de su artículo 1, letra c)[937]. Entendemos que el Convenio dispuso un régimen legal conforme a la realidad de ese momento.

Consideramos, por tanto, que sí podría celebrarse un contrato de salvamento marítimo para salvar una plataforma fija; y, si la voluntad de las partes es aplicarle el régimen del CISM 1989, debe respetarse la elección de las partes de la ley aplicable a su contrato.

1.3. Las situaciones de peligro

El CISM 1989 define operaciones de salvamento como «todo acto o actividad emprendido para auxiliar o asistir a un buque o para salvaguardar cualesquiera otros bienes *que se encuentren en peligro* en aguas navegables o en cualesquiera otras aguas», *ex* artículo 1, letra a)[938]. Se indica en cursiva el «elemento» del salvamento marítimo que se va a analizar en este epígrafe: el riesgo y el peligro.

Generalmente, la doctrina[939] reclama como «elemento» del salvamento la situación de *peligro*; aunque, desde nuestro punto de vista, el requisito para que exista un salvamento es *riesgo*[940]: esto es, la posibilidad de suceda un

---

Salvage and LOF 1990», en *JMLC*, 1991, vol. 22, núm. 1, págs. 119-129, pág. 122; SHAW, «The 1989 Salvage Convention and English law», en *LMCLQ*, *cit.*, pág. 210.

937 Cuya redacción dispone lo siguiente: «Bienes: cualesquiera bienes no fijados de manera permanente e intencional a la costa; el término incluye el flete sujeto a riesgo».

938 De hecho, así también figura en el artículo 358 de la LNM: «Se considera salvamento todo acto emprendido para auxiliar o asistir a un buque, embarcación o artefacto naval, o para salvaguardar o recuperar cualesquiera otros bienes que se encuentren en peligro (...)».

939 *Vid.* ARROYO, «Accidentes marítimos y contaminación», en *Lecciones de Derecho Mercantil*, II, *op.cit.*, pág. 943; MORRAL, «Del salvamento», en *Comentarios a la Ley 14/2014...*, *op.cit.*, pág. 1.116; GABALDÓN GARCÍA, RUIZ SOROA, *Manual de Derecho de la Navegación* Marítima, *op.cit.*, pág. 724 y ss.; PULIDO, «El salvamento marítimo», en *Las averías y los accidentes...*, *op.cit.*, pág. 236 y ss.; FARIÑA, ALFIN Y DELGADO, *Nueva ley sobre salvamentos...*, *op.cit.*, pág. 19 y ss.; GARCÍA LUENGO, *La remuneración en el salvamento marítimo*, *op.cit.*, pág. 73 y ss.; MORRAL, *El salvamento marítimo*, *op.cit.*, pág. 214 y ss; GAETA, «La convenzione di Londra 1989 sul soccorso in acqua», en *Il Diritto Marittimo*, *cit.*, pág. 298.

940 En esta misma opinión, *vid.* FERNÁNDEZ-NOVOA, «Auxilio y salvamento de buques en el mar», en *Foro gallego*, *cit.*, pág. 13, «El peligro o, por mejor decir, el riesgo (probabilidad de peligro) (...)». Por ello, es posible apreciar que «riesgo» sea una traducción más acertada para «*danger*» que «peligro». Probablemente, la disciplina del Derecho mercantil donde se haya analizado con mayor detalle el riesgo es el seguro. En ella, el riesgo puede definirse como «la posibilidad de que surja un evento capaz de dañar al interés asegurado»; *vid.* PENDÓN, ROMERO MATUTE, «Los seguros marítimos y aéreos», en *Derecho Mercantil*, vol.

determinado evento más allá del previsible para toda navegación marítima[941]. Frente al riesgo, es decir, la posibilidad de que se produzcan tanto daños como pérdidas en las vidas humanas, así como, en un plano empresarial, en los objetos del salvamento —el buque, la mercancía y el flete[942]—, puede distinguirse el peligro; esto es, la situación en la que se materializa el riesgo y se producen estos daños y perjuicios.

En el artículo 755 del CCom, derogado en la actualidad por la aprobación de la LNM, se establecía una lista de *numerus apertus* sobre los «riesgos de mar». Aunque concebido en el ámbito del seguro marítimo, este artículo parte de la base de que esta noción de riesgo no sólo sirve para calificar el seguro marítimo, sino también para delimitar el ámbito de aplicación de los riesgos en general[943]. Entre los riesgos enunciados por el artículo 755 del CCom, algunos estaban relacionados con el medio marino propiamente dicho —varada del buque, naufragio, abordaje fortuito—, mientras que otros no guardaban aparente relación directa con él —temporal, incendios y explosiones, embargo por orden del Gobierno—[944]. Por lo tanto, aunque el artículo del CCom los iden-

9, *op.cit.*, pág. 339. Así, por ejemplo, lo utiliza la Ley 50/1980, de 8 de octubre, *de Contrato de Seguro* (LCS en adelante) para su definición del seguro en su artículo 1; no mencionándose en dicha ley la palabra «peligro».

941 *Vid.* LEFEBVRE, PESCATORE, TULLIO, *Manuale di Diritto della navigazione*, Milán, 2000, pág. 652, explican el riesgo en el salvamento marítimo como aquel riesgo de pérdida que aún no se ha producido, en la que es necesaria la intervención de los salvadores.

942 En ocasiones la carga puede estar expuesta al peligro sin que el buque llegue a ser objeto de salvamento marítimo; por ejemplo, cuando el buque encalla pero la carga sigue intacta. A este respecto, la doctrina inglesa, (*vid.* BRICE, *Brice on Maritime Law of Salvage*, *op.cit.*, pág. 405; Marsden, *Marsden on Collisions at Sea*, ed. S. GAULT, S.J. HAZELWOOD, A.M. TETTENBORN, Londres, 2003, págs. 177-178), sigue citando el *case The Velox* [1906] P. 263. En este supuesto, el buque *The Velox* que transportaba bienes perecederos (pescado fresco) sufrió un fallo que provocó que quedase a la deriva en el Mar del Norte. El buque necesitó servicios de remolque para ser trasladado a puerto, salvando la carga de un peligro que nunca llegó a afectar al barco, ya que el verdadero riesgo concernía a la mercancía, siendo su pérdida total inmediata. El presidente del tribunal arbitral ante el que se sustanció el procedimiento redactó un laudo para el buque y otro distinto para la carga y el flete.

943 *Vid.* ARROYO, *Curso de Derecho Marítimo*, *op.cit.*, págs. 605-606.

944 Lo cual también ha sido objeto de debate en el *common law*, donde la doctrina cita el *case The Xantho* (1887) 7 HL Cas 504; *vid.* CHITTY, BEALE, *Chitty on Contracts*, II, *op.cit.*, párr. 15-161; WILSON, *Carriage of Goods by Sea*, *op.cit.*, pág. 266; Sassoon, «Damage Resulting from Natural Decay under Insurance, Carriage and Sale of Goods Contracts», en *Mod. L. Rev.*, 1965, vol. 28, págs. 180-192, pág. 180; UÇAR, *Perils of the Seas and Inherent Vice in Marine Insurance Law*, Oxon, 2021, pág. 104; LÓPEZ BUSTABAD, «El riesgo en el seguro marítimo», en *El derecho marítimo de los nuevos tiempos*, dirs. J.L. GARCÍA-PITA Y LASTRES, M.R. QUINTÁNS-EIRAS, A. DÍAZ DE LA ROSA, Madrid, 2018, páginas 1.123-1.143, pág. 1.127. En este caso, el buque de vapor *Xantho* se hundió tras una colisión —debido a que había mucha niebla— con otro buque mientras realizaba un viaje de Kronstadt (Rusia) a Hull (Reino Unido). Como la pérdida del buque se había debido a una colisión, los propietarios del buque *Xantho* (los recurrentes en el caso) consideraron que se encontraban ante un riesgo exceptuado *(peril of the seas)*, de modo que no tenían que pagar a los propietarios

tificara como «riesgos de mar» en realidad se trataba de una lista diversa de riesgos cuyo factor común era que se producían en el entorno del mar[945].

Toda navegación marítima conlleva un riesgo, siendo el mar un medio hostil[946]. No obstante, el riesgo inherente a la navegación, el de la *aventura marítima*, no es el mismo que el que caracteriza el salvamento. Así lo expresa tanto la doctrina[947] como la jurisprudencia en la Sentencia del Tribunal Supremo de 30 de noviembre de 1962[948]:

---

de la carga por su pérdida, quedando así excluida su responsabilidad. La Cámara de los Lores, de hecho, al revocar la decisión del Tribunal de Apelación, decidió que la colisión era un peligro del mar *(peril of the seas)* y falló a favor de los recurrentes.
El juez distingue entre los riesgos que suceden en el mar (*«perils on the sea»*) de los riesos causados por la acción del mar (*«perils of the sea»*). De ahí que Lord Herschell incidiera en la preposición «de» (*«of»*) de la expresión «peligros del mar» (*«perils of the sea»*). La argumentación del juez explicaba lo siguiente: *«I think it clear that the term 'perils of the sea' does not cover every accident or casualty which may happen to the subject matter of the insurance on the sea. It must be a peril "of" the sea»*.

945 Así, la LNM ha propuesto en el ámbito del seguro marítimo una nueva denominación: los «riesgos de la navegación» (artículos 417 y siguientes de la LNM).

946 En la misma opinión se pronuncian CLIFT, GAY, «The Shifting Nature of Salvage Law: A View from a Distance», en *Tul. L. R.*, *cit.*, pág. 1.356, quienes para lo anterior, citan el *case Mason* v. *The Ship Blaireau*, 6 U.S. 240 (1804) —véase la nota al pie número 1.011—. En esta sentencia se expone lo siguiente: *«If the property of an individual on land be exposed to the greatest peril, and be saved by the voluntary exertions of any person whatever; if valuable goods be rescued from a house in flames, at the imminent hazard of life by the salvor, no remuneration in the shape of salvage is allowed. The act is highly meritorious, and the service is as great as if rendered at sea. Yet the claim for salvage could not, perhaps, be supported. It is certainly not made. Let precisely the same service, at precisely the same hazard, be rendered at sea, and a very ample reward will be bestowed in the courts of justice»*. Con ello se expone por qué existe salvamento en el mar y no en la tierra, pues la hostilidad del medio lo hace una actividad mucho más peligrosa.

947 *Vid.* GARCÍA-PITA Y LASTRES, *Arrendamientos de buques...*, *op.cit.*, pág. 37 y bibliografía allí citada.
Por su parte, señalamos también el artículo 299 de la LPEMM, «criterio legal» más concreto que puede ayudar a delimitar cuándo se produce el peligro en el salvamento en el artículo 299 de la LPEMM, el cual especifica que los buques necesitados de asistencia son aquellos «que, por su propia situación o por circunstancias externas, se encuentren en peligro de naufragar o que, en general, supongan una amenaza para la navegación o la integridad del medio ambiente marino». Si bien es cierto que es una normativa de Derecho público y que haga referencia a un riesgo para la navegación, puede facilitar la comprensión del riesgo en el salvamento marítimo.

948 Sentencia ya citada en la nota al pie 815. Igualmente, véanse la Sentencia del Tribunal Supremo de 1 de abril de 1968, Sala de lo Contencioso Administrativo, RJ 1968/2024, ponente: Enrique Amat Casado y la Sentencia del Tribunal Supremo de 26 de mayo de 1973 citada en la Sentencia número 00173/2020 del Juzgado de lo Mercantil número 1 de Palma de Mallorca, de 12 de marzo de 2020, ECLI:ES:JMIB:2020:1319, sobre la que puede encontrarse más información en la nota al pie número 229.

«en derecho marítimo la noción de peligro, con mayor o menor intensidad, está implícita en todo supuesto de asistencia o auxilio a buque que sufra accidente de mar, el concepto de salvamento constituye especie muy cualificada en cuanto exige que el riesgo de cuyos efectos lesivos pretende librarse a la nave sea, no el potencial y genérico que conlleva la navegación efectuada en condiciones normales, sino el actual y concreto determinado por la concurrencia de circunstancias criticas e insólitas que pongan el barco en trance de perderse o de sufrir graves daños».

En el concepto de peligro FERNÁNDEZ NOVOA[949] diferencia dos perspectivas. En primer lugar, una objetiva, cuando «el buque esté sujeto a un riesgo real»; y, en segundo lugar, una perspectiva subjetiva del peligro, que «tiene su origen en las circunstancias puramente personales de la oficialidad y tripulación del buque»[950].

---

949 *Cfr.* FERNÁNDEZ-NOVOA, «Auxilio y salvamento de buques en el mar», en *Foro gallego, cit.*, pág. 13; ABANGWU, «The maritime salvor as a volunteer adventurer», en *International Journal of Law, cit.*, pág. 24.

950 Frente a esta posición pueden señalarse dos casos de la jurisprudencia inglesa que recogen que la concurrencia del peligro en el salvamento sólo es objetiva. El primero de ellos es el de *The Tramp* [2007] 2 Lloyd's Rep. 363. En este supuesto, el capitán del buque *Tramp* se dirigía a Washer Wharf (un pequeño puerto situado en la isla de Sheppey, Reino Unido) donde el buque atracó el 20 de marzo. Aunque no era habitual el uso de un remolque para atracar o desatracar en el puerto, el práctico recomendó su uso debido al fuerte viento cuando el buque *Tramp* quiso atracar. No obstante, el capitán del buque (tras haberlo consultado con el representante del armador) se opuso a dicha ayuda. Cuando el buque entró en el puerto, la proa se elevó debido al viento. El buque *Tramp* realizó diversas maniobras para volver a bajar la proa y se solicitó la ayuda de un remolque (aunque al principio se hubiera rechazado). Con la ayuda del remolcador *Sea Tractor*, se consiguió estabilizar al buque y volver a «asentar» la proa sobre el mar. Lo que se planteó en este supuesto por la *England and Wales High Court (Admiralty Division)* fue si el buque *Tramp* se encontraba en una situación de peligro que diera lugar a una operación de salvamento. El tribunal consideró que, mientras que la perspectiva del capitán tiene cierta influencia para determinar las circunstancias de un salvamento, deben valorarse principalmente sus aspectos objetivos. Por ello, se determinó que el buque *Tramp* se enfrentó a una situación en la que se hubiera expuesto a daños en caso de no haberse solicitado y practicado el servicio, de modo que ninguna «persona razonable» encargada del buque hubiera rechazado la ayuda del salvador aun con la condición de pagar un premio («*such that no reasonable person in charge of the venture would refuse a salvor's help if it was offered to him upon the condition of paying a salvage award*»). Analizando los hechos, el tribunal concluyó que se necesitaban los servicios de remolque en términos de salvamento, por lo que se concedió el premio valorado en 12.500 libras.
El segundo caso que puede citarse es *The St. John* [1999] 1 Lloyd's Rep.883. En este supuesto, el buque *St. John* estaba atracado en el puerto de Southampton a la espera de ser desguazado. Debido al fuerte viento, el cable de popa se rompió y el remolcador *Hamtun* procedió a prestarle servicios. Finalmente, se consiguió colocar al buque en la posición inicial y éste pudo realizar su viaje desde Southampton hasta el desguace incluso antes de lo que se había previsto. Lo que se planteó al tribunal (High Court of Justice, Queen's Bench Division, Admiralty Court) fue si los servicios que se prestaron podían considerarse salvamento. El tribunal dictaminó que la evaluación del peligro era esencialmente objetiva *(the test for the existence of danger is essentially objective)* y que las opiniones de los miem-

De acuerdo con este autor, consideramos que el riesgo en el salvamento marítimo se evaluará desde una perspectiva tanto objetiva como subjetiva. Subjetiva, ya que será valorada por las propias personas que estén en el lugar del siniestro; y objetiva, ya que, aunque el peligro se valore por personas, estas personas son profesionales y sus valoraciones atienden a criterios técnicos[951]. Así, ambas perspectivas —objetiva y subjetiva— contribuyen a una visión más completa del riesgo en una operación de salvamento; la opinión del personal experimentado a bordo del buque es relevante en la medida en que ayudan a dilucidar sobre la cuestión objetiva del riesgo. Las valoraciones de los profesionales del sector atienden a un criterio técnico, de personas cualificadas en la *aventura marítima*[952].

---

bros de la dotación no serían decisivas. El tribunal sentenció que para prevenir al buque de la situación de peligro fueron necesarios los servicios de los remolcadores, por lo que finalmente se reconoció un premio por salvamento de 25.000 libras.

951 Como caso anecdótico, cabe mencionarse *The Pendragon Castle*, 5 F.2d 56 (2d Cir. 1924). En este supuesto el buque mercante *The Sapinero* que partió de Filadelfia hasta Falmouth, en Reino Unido, cargado de grano. Cinco días después de la salida del puerto, el buque *The Pendragon Castle* que iba en dirección a Le Havre (Francia) comenzó a recibir mensajes del capitán del *Sapinero* solicitando ayuda; aunque la situación no era grave, según el capitán, consideró que era mejor requerir asistencia. *The Pendragon Castle* no fue el único buque en acudir en su auxilio, ya que un crucero había llegado primero, pero debido al carbón con el que contaba el *Pendragon Castle*, no pudo llegar tan rápido como el capitán del *Sapinero* solicitaba. Finalmente, el buque *Pendragon Castle* asistió al *Sapinero* en lo que pedía y llegaron al puerto de Plymouth. Lo que se planteó en la sentencia fue que si la percepción del peligro del capitán era suficiente para solicitar y prestar salvamento. El tribunal (Court of Appeals for the Second Circuit) dictaminó en primer lugar, que la indudable aprehensión del riesgo del capitán del *Sapinero* fue resultado de su incompetencia como capitán, ya que estaba indebidamente asustado, por lo que obró mal en consecuencia («*The undoubted apprehension of danger by the Sapinero's master, which induced him to cover the North Atlantic with calls for aid, was the result of incompetence on his part. Whether that incompetence resulted from drink or disease, or both, we are not sure, but the man was unduly frightened and behaved accordingly*»). En segundo lugar, el tribunal sentenció que no encontraba razón para justificar el miedo del capitán de que el buque se hundiera. No obstante, *The Pendragon Castle* prestó servicios de salvamento por lo que se reconoció un premio de 35.000 dólares estadounidenses.

952 Lo que quedó reflejado en la Sentencia del Tribunal Supremo número 8327/2012, Sala Tercera, de lo Contencioso, Sección: 6, de 4 de diciembre de 2012, ECLI: ES:TS:2012:8327, ponente: Wenceslao Francisco Olea Godoy. En ella, el alto tribunal critica a la Sala de instancia que «desprecie el relato de los hechos que se ofrece por el testigo al que expresamente se hace referencia en la sentencia cuando, a juicio de la asistencia de la recurrente, por su conocimiento de la mar y su profesión se trataba de un testigo especializado cuya relevancia debería haber llevado a la Sala de instancia a acoger el relato de hechos ofrecido y, en concreto, el deficiente servicio prestado por Salvamento Marítimo». También puede consultarse la Sentencia número 00173/2020 del Juzgado de lo Mercantil número 1 de Palma de Mallorca, de 12 de marzo de 2020, ECLI:ES:JMIB:2020:1319; para más información sobre esta sentencia, véase supra la nota al pie número 229.
Uno de los supuestos en los que se pone en valor la percepción del capitán para la valoración del peligro es en el salvamento de vidas humanas en el mar, pues será éste quien deba tomar la decisión de salvar o no a la persona en virtud de la situación de peligro a

A lo largo de décadas, la jurisprudencia de nuestro país ha realizado un esfuerzo para proporcionar criterios «objetivos» con el propósito de calificar si una determinada situación de peligro constituye un «elemento» de salvamento marítimo y, por ende, puede calificarse como tal; a saber, peligro «real, grave, inminente»[953] y de «cualquier naturaleza y origen»[954]. Sin perjuicio de lo anterior, desde nuestro punto de vista, estos términos resultan indeterminados y, por tanto, insuficientes, para describir el peligro en el salvamento.

Mientras que coincidimos en que, en efecto, el peligro ha de ser real y grave, cabe cuestionarse la cuestión de su inminencia. La Sentencia del Tribunal Supremo número 1754/1966, de 12 de febrero de 1966[955] analiza los hechos relacionados con el buque pesquero *Corcón*. Tras salir del puerto de Vigo, este buque perdió una hélice, de modo que el armador solicitó que otros dos buques pesqueros que trabajaban en la zona lo remolcaran hasta Vigo. En esta sentencia, el Tribunal establece que el «riesgo o peligro» en el salvamento marítimo se caracteriza «por la contingencia inminente o próxima de un acaecimiento dañoso»; igualmente por «una situación amenazadora por factores de inminente peligro debido a circunstancias extraordinarias que la provocan», lo que no sucedió en este supuesto, por lo que se negó el premio por el salvamento. Que el riesgo sea inminente implica que, de no evitar la situación peligro, podrían ocasionarse consecuencias aún más gravosas para el buque, las mercancías o el flete. Entiende la doctrina que la inminencia del peligro no hace referencia a que el daño o el perjuicio se produzca de manera inmediata, sino que es necesario que sea meramente previsible[956]. Compartiendo la opi-

---

la que se expongan el buque, la tripulación y la carga; *vid.* RODRÍGUEZ CARRIÓN, «El salvamento marítimo de vidas humanas en el Convenio Internacional de Naciones Unidas de 1989», en *Estudios de Derecho Mercantil...*, *op.cit.*, pág. 3.225.

953 Estas tres primeras características han sido señaladas por la jurisprudencia española, entre otras, por la Sentencia número 1473/1979 del Tribunal Supremo, de 5 de diciembre de 1979, ECLI:ES:TS:1979:1473, la Sentencia del Tribunal Supremo número 948/1988, de 15 de febrero de 1988, ECLI: ES:TS:1988:948 y, más recientemente, la Sentencia número 76/2007 del Tribunal Superior de Justicia de Madrid de 19 de enero de 2001, número de recurso 89/2001.
En este sentido la doctrina señala que la entidad del peligro ha de ser suficiente para causar la pérdida del bien que se pretende salvar; *vid.* URÍA, *Derecho mercantil*, *op.cit.*, pág. 1.224; DE JUGLART, VILLENEAU, *Répertoire méthodique...*, *op.cit.*, pág. 256 y ss; GARCÍA LUENGO, *La remuneración en el salvamento marítimo*, *op.cit.*, pág. 78; MONTAS, ORTIZ DE ZÁRATE, «La forcé créatrice de Droit du fait de la nature: le risque de mer, fondement du Droit maritime», en *Revue de la Recherche Juridique - Droit prospectif*, 2010, *cit.*, pág. 2.089.

954 *Vid.* PULIDO, «El salvamento marítimo», en *Las averías y los accidentes...*, *op.cit.*, pág. 237 y ss. bajo el régimen del salvamento marítimo regulado en la LAS.

955 ECLI: ES:TS:1966:1754.

956 *Vid.* FARIÑA, ALFIN Y DELGADO, *Nueva ley sobre salvamentos...*, *op.cit.*, pág. 19; TSIMPLIS, «The liabilities of the vessel», en *Maritime Law*, *op.cit.*, pág. 243.
Aunque FARIÑA, *Auxilios y salvamentos en la mar*, *op.cit.*, pág. 79, también lo califica de

nión anterior, consideramos que el peligro debe ser inminente, entendiendo por inminencia la amenaza real de que se produzca el daño. Además, el Tribunal Supremo considera que el peligro puede ser de cualquier naturaleza y origen: puede provenir del mar, de actos o elementos humanos; igualmente, puede estar originado dentro del buque (avería de máquinas, incendios) o en su exterior (condiciones meteorológicas adversas u orografía[957]).

Algunos autores[958] recogen la línea jurisprudencial del Tribunal Supremo[959] por la que el alto Tribunal defiende que las circunstancias de peligro que deben darse para considerar una operación salvamento marítimo deben amenazar también al buque asistente o a su dotación[960]. Esta línea jurisprudencial parece tener su origen en la Sentencia del Tribunal Supremo de 16 de abril de 1974[961], que resolvía un caso de remolque y salvamento marítimo. En este supuesto, el vapor *Virgen de Lluch* comunicó a la Comandancia de Marina de Vigo que se encontraba averiado su motor principal y solicitaba remolque. El buque pes-

«probable» y de «posible»; igualmente, *vid.* FARIÑA, ALFIN Y DELGADO, *Nueva ley sobre salvamentos...*, *op.cit.*, pág. 19; VOLLI, *Assistenza e salvataggio*, Padua, 1957, pág. 20; KENNEDY, ROSE, *Law of Salvage, op.cit.*, pág. 130.

957 En la Sentencia 1562/1979 del Tribunal Supremo de 13 de diciembre de 1979 (ECLI: ES:TS:1979:1562) se pone de manifiesto que circunstancias «imposibles de soslayar o ignorar tales como la índole rocosa y extensa zona de acusado riesgo (...)» dejaron al buque *Monteveo* sin gobierno, lo que provocó su internamiento y encalladura en dicha zona y su posterior petición de auxilio.

958 *Vid.* GABALDÓN GARCÍA, RUIZ SOROA, *Manual de Derecho de la Navegación Marítima*, *op. cit.*, pág. 725.

959 Basada en las sentencias del Tribunal Supremo como las del 15 de junio de 1982 Sala Cuarta, de lo Contencioso-Administrativo, ponente: Rafael Pérez Gimeno (RJ 1982\4790); de 15 de febrero de 1988, ECLI: ES:TS:1988:15656;

960 Entre ellas, la Sentencia del Tribunal Supremo número 19162/1992, de 22 de diciembre de 1992, ECLI: ES:TS:1992:19162. Aun desconociendo los hechos concretos del caso, de la sentencia se deduce que el patrullero *Tabarca*, un buque propiedad del Ministerio de Defensa, participó en una operación de salvamento. El Tribunal Supremo aceptó los fundamentos de derecho de la sentencia recurrida, en los que se afirmaba que la «participación del "Tabarca" se limitó a observar toda la maniobra del remolcador por si fuese precisa su ayuda directa, al tiempo que actuaba de enlace con las autoridades marítimas, remitiendo a éstas información y notificación el patrón del remolcador las órdenes recibidas calificándose más adelante en la propia resolución como una mera prestación de cobertura a la asistencia a la que conllevó y, sin embargo, concluye que tal conducta le convertía en sujeto activo del salvamento efectuado». No obstante, el alto Tribunal explica que de los hechos se deduce que no hubo en ningún momento hubo una ayuda directa («limitándose a una mera observación y acompañamiento»), no obteniéndose ningún resultado útil de la intervención de este buque. El Tribunal Supremo además expone que otro de los requisitos para reconocer un salvamento y, por ende, un premio, son «unos servicios excepcionales prestados con riesgo para el asistente», circunstancias que no concurrieron en la actuación del patrullero de la Armada Española *Tabarca*. En virtud de lo anterior, a este buque no se le reconoció ningún premio por el salvamento.

961 ECLI: ES:TS:1974:1306.

quero *La Isla* remolcó al anterior hasta el puerto de Vigo, donde llegaron al día siguiente, con un recorrido aproximado de 100 millas. El TMC calificó el servicio prestado como de remolque, asignándosele un importe de 20.000 pesetas y decidiendo que el armador del *Virgen de Lluch* debía abonar los daños y perjuicios por deterioro de los elementos de remolque, por exceso de consumo de combustible y lubricantes y por pérdida de dos días de pesca. No obstante, los demandantes consideraron que los servicios prestados habían sido un salvamento y no un remolque. El Tribunal Supremo consideró lo siguiente:

> «son notas características del salvamento la situación de un peligro real, inminente y grave en cuanto al buque asistido y la existencia de unos servicios excepcionales prestados con riesgo por el salvador, ninguna de los cuales, como resulta manifiesto, cabe apreciar concurran en el caso actual, que acertadamente se califica de remolque».

Esta argumentación es la que posteriormente ha sido asumida en otras sentencias del Tribunal Supremo y que ha dado lugar a la exigencia de que el riesgo en el salvamento afecte también a la nave asistente.

Desde nuestro punto de vista, no es posible aceptar este argumento[962] sin criticarlo, ya que puede haber supuestos en los que no exista peligro para el salvador, pero sí riesgo. De hecho, se recuerda que existen situaciones de «socorro potencial» que el Tribunal Supremo ha calificado como salvamento marítimo, en las que el buque salvador no está en peligro, pero sí en riesgo. De hecho, es habitual que, en las operaciones de salvamento marítimo, la nave asistente se vea afectada por las circunstancias de peligro que caracterizan esta operación[963]. Así, el artículo 13.1, letra d), del CISM 1989, considera como uno de los criterios para determinar la cuantía del premio «la naturaleza y el grado del peligro» —objeto de análisis más adelante[964]—, apreciación también señalada por la doctrina[965].

---

962 En la misma opinión, *vid.* Bonassies, Scapel, *Traité de Droit Maritime*, *op.cit.*, pág. 437; Montas, Ortiz de Zárate, *«La forcé créatrice de Droit du fait de la nature: le risque de mer, fondement du Droit maritime»*, en *Revue de la Recherche Juridique - Droit prospectif*, 2010, *cit.*, pág. 2.086.

963 En la misma opinión, *vid.* de Juglart, Villeneau, *Répertoire méthodique…*, *op.cit.*, pág. 94, *«L'assistant accepte de s'unir aux périls courus par l'assisté en s'exposant lui-même au danger»*.

964 Véase *infra* en este capítulo el epígrafe 2.2 Los criterios para determinar el premio.

965 Por todos, *vid.* Gabaldón García, Ruiz Soroa, *Manual de Derecho de la Navegación Marítima*, *op.cit.*, pág. 725.
Otra de las sentencias que se citan en esta línea jurisprudencial es la sentencia del Tribunal Supremo número 5963/1996, de 30 de octubre de 1996, ECLI: ES:TS:1996:5963. Esta sentencia recoge el caso de un yate que se había averiado y, en consecuencia, había solicitado auxilio. Dos embarcaciones que estaban próximas se acercaron y una de ellas le facilitó un bote salvavidas, de modo que parte de las personas que iban a bordo pudo llegar a puerto. Un tiempo después, un remolcador consiguió trasladar el yate averiado a

En la doctrina anglosajona[966] suele citarse el *case The Charlotte*[967], pese a datar de mediados del siglo XIX y que debiera revisarse en el contexto actual. Este buque viajaba desde Bombay hasta Liverpool. A la altura de Irlanda, el capitán del buque confundió un faro con otro[968], desorientándose y equivocándose de posición, lo que provocó un cambio —erróneo— en su ruta; como consecuencia, el buque encalló en la bahía de Roaring Water. Las circunstancias meteorológicas eran adversas —lluvia, vendaval, niebla y mala mar—, lo que se reconoce en la sentencia: «*the wind at such time blowing a violent gale, with fog and rain, and a tremendous sea running*». Además, los mástiles y todo el aparejo se habían deteriorado y quebrado. En estas circunstancias, el tribunal observó una situación de peligro claramente real y reconoció el premio a los salvadores que habían auxiliado el buque hasta la costa. Este tribunal sentenció que el peligro no tenía por qué consistir en un peligro inmediato, inminente o absoluto, si no que era suficiente con que, al tiempo de prestar el salvamento, el buque se enfrentase con la posibilidad de sufrir daños o perjuicios que pudieran exponerlo a su destrucción en caso de que no se prestara la ayuda[969]. Cabe mencionar que se trata de un caso de mediados del siglo XIX, cuando los buques utilizados eran mayoritariamente de vela. No obstante, se hace alusión a la misma por su relevancia en el sistema *common law* y su referencia aún actual en la doctrina anglosajona. En nuestra opinión, este caso se produjo en un contexto en el que aún se pensaba en el naufragio y no tanto en la posibilidad de recuperar los bienes en peligro (salvamento); y, en este contexto y tras analizar los hechos del caso, es claro que el buque se encontraba en una situación de peligro característica del salvamento.

---

puerto, pero éste terminó por hundirse. El Tribunal Supremo debía determinar si la operación consistió en un salvamento o en un remolque. En concreto, el tribunal valoró que la nave asistente pudo correr un riesgo, pero sólo lo consideró como criterio para la determinación del premio reconocido a los remolcadores, no como requisito para constituir un salvamento marítimo.

966 *Vid.* Brice, *Brice on Maritime Law of Salvage*, *op.cit.*, pág. 45; Chorley, Giles, *Derecho Marítimo*, *op.cit.*, pág. 375; Robinson, «Admiralty Law of Salvage», en *Cornell L. Rev.*, 1938, vol. XXIII, núm. 2, págs. 229-268, pág. 236; Jarret, «The life salvor problem in admiralty», en *Yale LJ*, *cit.*, pág. 780.

967 (1848), 3 W. Rob. 68, 166 Eng. Rep. 888 (1848).

968 El faro de Crookhaven Harbour con el de Old Head of Kinsale, situado a unos 100 kilómetros de distancia.

969 En concreto, el juez Lushington afirmó que «*that the distress should he actual or immediate, or that the danger should be imminent and absolute, it will be sufficient if, at the time the assistance is rendered, the ship has encountered any damage or misfortune which might possibly expose her to destruction if the services were not rendered*». En la misma opinion, *vid.* de Juglart, Chasseriaux, «Assistance», en *RDTcom*, 1950, vol. III, págs. 483-487, pág. 483.

En relación con la distinción entre asistencia y salvamento ya planteada[970], es oportuno traer a colación la reflexión del peligro contenida en la Sentencia del Tribunal Supremo número 1473/1979, de 5 de diciembre de 1979[971], la cual dictaminó que un buque corría peligro por encontrarse en una situación de «riesgo de su hundimiento si no se acudía en su auxilio». En este supuesto, el buque pesquero *Laca y Burgoa* sufrió una avería en el motor, de modo que fue abandonado por su tripulación, siendo arrastrado por la corriente hacia el interior de la ría de Muros, donde quedó detenido cerca del faro de Monte Louro (A Coruña). El armador del buque solicitó ayuda con el fin de recuperarlo, de modo que, con los servicios prestados, se consiguió que llegara al puerto de Muros. El tribunal tuvo que calificar el auxilio prestado al buque averiado y, como consecuencia de ello, si la indemnización a percibir era en concepto de salvamento o de remolque. El Tribunal Supremo sentenció que se trataba de un salvamento, «al encontrarse el buque averiado a la deriva, con abandono total de su tripulación y en condiciones marítimas nada propicias». De este modo, se reconoció un premio de 792.000 pesetas a los salvadores. En este supuesto apreciamos que el buque realmente corría el riesgo de hundirse, sin que esa situación de peligro llegara a efectuarse finalmente y sin que se dieran otras circunstancias que podían agravar la situación (por ejemplo, mal tiempo). En situaciones como las descritas en el caso analizado, la intensidad del peligro es menos tangible que en otras ocasiones. De hecho, se plantea en el caso si se está ante un salvamento o un remolque, pues la gravedad de la situación no permite pensar, *a priori*, que se trata de un salvamento. La posición intermedia de la asistencia es, desde nuestro punto de vista, la respuesta a estas situaciones, en las que, como defendían Uría[972] y Broseta[973], la nave afectada tiene cierta capacidad para maniobrar y sólo necesita «ayuda de otro buque para superar la situación en que se encuentra».

Sobre el riesgo y el peligro, podemos concluir que para determinar si una operación supone un salvamento marítimo, habrá que valorar —con criterios técnicos y objetivos[974]— que el peligro no sea el genérico vinculado a navegación marítima y que amenace con la pérdida o la producción de graves daño a los bienes a salvar (el buque, la mercancía y el flete). Así, la situación de peligro será tan «real, inminente y grave» que ningún capitán rechazaría la ayuda del que presta el salvamento, aun sabiendo que ha de aceptarla a cambio del pago de un premio. Pese a ello, conviene recordar el artículo 19 del CISM 1989[975], ya

970 Véase *supra* en este capítulo el epígrafe 1 La operación de salvamento marítimo.

971 Sala de lo Contencioso, ECLI: ES:TS:1979:1473.

972 *Vid. Derecho Mercantil, op.cit.*, pág. 1.223.

973 *Vid. Manual de Derecho Mercantil, op.cit.*, pág. 852.

974 *Cfr.* Arroyo, *Curso de Derecho Marítimo, op.cit.*; Morral, *El salvamento marítimo, op.cit.*, García Luengo, *La remuneración en el salvamento marítimo, op.cit.*

975 Cuya redacción dispone que «Los servicios que se presten no obstante la prohibición

analizado anteriormente[976], que recoge la posibilidad de que tanto el capitán como el «*owner*» del buque y los titulares de la mercancía puedan rechazar los servicios de salvamento. La relevancia de valorar el peligro en una operación está, de nuevo, relacionada con el premio del salvamento marítimo; ya que, de no haber peligro, la operación no sería un salvamento, lo que determinaría que no debe reconocerse un premio. En este caso, será el tribunal el que deba valorar con criterios técnicos y objetivos, el peligro que amenazaba el buque para calificar la operación, o no, de salvamento marítimo[977].

1.4. El salvamento «en cualesquiera aguas»

En virtud del CISM 1989, la operación de salvamento marítimo es aquélla que se realiza en aguas navegables o en cualesquiera otras aguas[978] («*navigable waters or in any other waters whatsoever*»). Con el empleo del término «cualesquiera» («*any*»), el Convenio de 1989 expone de nuevo su objetivo de proporcionar una regulación del salvamento marítimo a escala internacional, sin tener que distinguir en qué aguas sí y en cuáles no una operación puede considerarse salvamento[979].

Algún autor en la doctrina anglosajona[980] ha criticado la expresión utilizada por el CISM 1989, de modo que considera que sería más razonable entender

---

expresa y razonable del propietario o del capitán del buque, o del propietario de cualesquiera otros bienes en peligro que no estén ni hayan estado a bordo del buque, no darán lugar a pagos en virtud del presente Convenio».

976 Véase *supra* el epígrafe del capítulo tercero 1.1.2 El salvamento privado no contractual.

977 En la misma opinión, *vid.* MONTAS, ORTIZ DE ZÁRATE, «La forcé créatrice de Droit du fait de la nature: le risque de mer, fondement du Droit maritime», en *Revue de la Recherche Juridique - Droit prospectif*, 2010, *cit.*, pág. 2.087.

978 El CISM 1989 modificó así lo inicialmente propuesto en el borrador del CMI que hacía referencia exclusivamente a las aguas navegables (*navigable waters*). En el Borrador de Montreal (véase la nota al pie número 191) esta expresión se cambió por «*whatever waters the act or activity takes place*»; esto es, cualesquiera aguas en las que la acto o actividad tenga lugar. El objetivo de utilizar esta terminología (cualesquiera otras aguas o *any other waters whatsoever*) se fundamentó en acercar las posturas de los diferentes Estados en relación con las operaciones de salvamento en aguas navegables que no tienen mareas (*non-tidal navigable waters*). Dicha propuesta fuera rechazada por algunos países, entre ellos, Reino Unido; por ello se incluyeron las reservas del artículo 30.1 apartados a) y b); *vid.* SHAW, «The 1989 Salvage Convention and English law», en *LMCLQ*, *cit.*, pág. 207.

979 El debate se suscitó especialmente en ocasión de la zona de los Grandes Lagos en América del Norte, que eran considerados como «aguas interiores» por Canadá; *vid.* CMI, *The Travaux Préparatoires of the Convention on Salvage, 1989, op.cit.*, pág. 45 y 542. Según lo dispuesto en el Convenio, las operaciones que se realizaran en dichos lagos se considerarían salvamento.

980 Tratándolo con cierto sarcasmo, explica que así se eliminarían algunas «ridiculeces», puesto que con la expresión del Convenio «cualesquiera otras aguas» el salvamento sería aplicable hasta a los «barcos de juguete en una bañera o en un lago» (considerando que

por la expresión «cualesquiera otras aguas», en realidad sólo aquellas «aguas navegables». Desde nuestro punto de vista, la redacción del Convenio es oportuna, en tanto en cuanto su objetivo es que el salvamento se pueda producir en cualquier tipo de agua, sin distinciones entre los diversos Ordenamientos jurídicos de cada Estado.

De hecho, en el proceso de elaboración del CISM 1989 este precepto también planteó cierto debate, pues las delegaciones de Reino Unido y Francia consideraban que la redacción recogida *a priori* por el Convenio planteaba algunos inconvenientes[981]. La redacción original establecía que los Estados Parte podían reservarse el derecho a no aplicar el Convenio cuando todos los buques implicados fueran de navegación interior («*when all vessels involved are vessels of inland navigation*»[982]). Frente a lo anterior, estas dos delegaciones, excluyendo lo anterior, propusieron cambiar este apartado por cualquiera de las dos alternativas siguientes[983]: o bien, cuando las operaciones de salvamento se realizasen en aguas interiores, excepto cuando al menos afectase a

estos pudieran clasificarse como un buque en virtud del artículo 1.A, apartado b) del Convenio de Londres); *vid.* GASKELL, «The 1989 Salvage Convention and the Lloyd's Open Form (LOF) Salvage Agreement 1990», en *Tul. Mar. L.J.*, *cit.*, pág. 27.

981 Así, la delegación francesa consideraba que se aprobaría un Convenio «marítimo», pero que se aplicaría a cualquier operación para salvar la «propiedad» independientemente del agua donde se encontrase: mar, lagos, ríos, etc. La delegación de Francia criticaba que, entonces, cualquier objeto que hubiera caído en las aguas podría dar lugar a un salvamento marítimo. En la intervención recogida en las actas: *« (...) this would mean that we would have a convention which would be so called maritime but would apply to any operation with a view to recovering any property in any type of waters, in lakes, in rivers. Any sort of object which had fallen into the waters could give rise to maritime salvage and this is absolutely unthinkable (...)»*; *vid.* CMI, *The Travaux Préparatoires of the Convention on Salvage,* 1989, *op.cit.*, pág. 523.

982 El texto de este artículo estaba redactado en los siguientes términos: «*Reservations 1 Any State may, at the time of signature, ratification, acceptance, approval or accession,* ***reserve the right not to apply the provisions of this Convention: (a) when all vessels involved are vessels of inland navigation****; (b) when all interested parties are nationals of that State; (c) whenever the property is permanently attached to the sea-bed for hydrocarbon production, storage and transportation. 2 Reservations made at the time of signature are subject to confirmation upon ratification, acceptance or approval. 3 Any State which has made a reservation to this Convention may withdraw it at any time by means of a notification addressed to the Secretary-General. Such withdrawal shall take effect on the date the notification is received. If the notification states that the withdrawal of a reservation is to take effect on a date specified therein, and such date is later than the date the notification is received by the Secretary-General, the withdrawal shall take effect on such later date*», en negrita añadida.

983 Documento LEG/CONF.7/CW/WP.22 «*Submission by the delegation of the United Kingdom Amendment to Article 24. This proposal is put forward for consideration only if the joint proposal of the delegations of the United Kingdom and France in WP.11 is not adopted. Alternative 1 Replace sub-paragraph 1(a) by the following: (a) to salvage operations in inland waters except where at least one sea-going vessel is involved. Alternative 2 Amend the existing text of paragraph 1(a) to read: (a) when all vessels involved are vessels of inland navigation or when no vessel is involved and the salvage operations take place in inland waters*».

un buque marítimo (Alternativa 1); o bien, cuando todos los buques implicados fueran buques de navegación interior o cuando no estuviera implicado ningún buque y las operaciones de salvamento tuvieran lugar en aguas interiores (Alternativa 2). Para justificar su propuesta conjunta con Francia, Reino Unido explicó que con la modificación se evitarían algunas situaciones «absurdas» que podrían considerarse salvamento si se mantenía la redacción original del artículo; por ejemplo, el salvamento de un vehículo que cae a un río o un canal y que es recogido por otro que lo remolca o por una grúa, no utilizándose ningún buque. Finalmente, la Asamblea aprobó sustituir el texto original por la segunda alternativa que habían propuesto las dos delegaciones, aunque cabe destacar que fue una votación muy disputada[984].

En el ámbito nacional, el artículo 358.1 de la LNM[985] excluye algunos lugares de la actividad del salvamento, a saber: las aguas continentales que no están en comunicación con el mar y no son utilizadas por buques de navegación marítima. Esta exclusión, ajena al texto del Convenio, se ampara en el artículo 30.1, letras a) y b), del CISM 1989[986], que permite el establecimiento de reservas por parte de los Estados parte. Esta exclusión se ha acogido favorablemente por la doctrina[987], que consideraba que el Convenio de Londres era más «acuático» que «marítimo».

Desde nuestro punto de vista, la redacción del precepto es de difícil comprensión, ya que el supuesto de hecho que supone la exclusión es inadecuado. La exclusión del artículo 358.1 de la LNM requiere tres requisitos: en primer lugar, que sean aguas continentales; en segundo lugar, que no tengan comunicación con el mar; y, en tercer y último lugar, que no sean utilizadas por buques de navegación marítima. A nuestro modo de ver, resulta difícil encontrar una

---

984 Con 19 votos a favor de la Alternativa 1 y 21 a favor de la Alternativa 2; *vid*. CMI, *The Travaux Préparatoires of the Convention on Salvage*, 1989, *op.cit.*, pág. 545.

985 Cuya redacción completa es la siguiente: «Se considera salvamento todo acto emprendido para auxiliar o asistir a un buque, embarcación o artefacto naval, o para salvaguardar o recuperar cualesquiera otros bienes que se encuentren en peligro en cualesquiera aguas navegables, *con excepción de las continentales que no están en comunicación con las aguas del mar y no son utilizadas por buques de navegación marítima*», cursiva añadida.

986 En virtud de la letra a) de dicho artículo, se permite a los Estados Parte reservarse la aplicación del CISM 1989 «cuando la operación de salvamento se desarrolle en aguas interiores y todos los buques afectados sean de navegación interior»; según la letra b), «cuando las operaciones de salvamento se desarrollen en aguas interiores y no se vea afectado ningún buque».

987 *Vid.* Arroyo, «Comentarios al Convenio de Salvamento de 1989», en *ADM*, *cit.*, pág. 82; Pulido, «Accidentes de la navegación: abordaje, avería gruesa, salvamento y bienes hundidos o naufragados», en *Comentarios sobre la Ley de navegación marítima*, *op.cit.*, pág. 549. También en el Derecho inglés la descripción del Convenio es más amplia de lo que tradicionalmente se ha Morral, previamente limitadas a las *tidal waters* o «aguas afectadas por las mareas».

masa de agua que reúna estos tres requisitos, máxime cuando la doctrina[988] que ha tratado el tema no se ha pronunciado sobre el alcance de esta definición. Llama la atención que se utilice un término que no es habitual ni en los convenios internacionales sobre este extremo (UNCLOS, Convenio SOLAS), ni en la legislación marítima anterior en España (CCom, LAS) y que la doctrina actual tampoco llega a explicar en los más recientes comentarios legislativos.

En el Ordenamiento jurídico español existen normas ajenas a la materia mercantil y al salvamento marítimo, como el Real Decreto 817/2015, de 11 de septiembre, *por el que se establecen los criterios de seguimiento y evaluación del estado de las aguas superficiales y las normas de calidad ambiental*, que recoge en su artículo 3 un conjunto de definiciones relacionadas con las diversas masas de agua. Ninguna de ellas, sin embargo, aclara qué puede entenderse por las «aguas» en las que no se puede efectuar una operación de salvamento marítimo según la LNM y que cumplan los tres requisitos ya enunciados: una masa de agua que sea continental, que no tenga comunicación con el mar y que no sea utilizada por buques de navegación marítima[989]. En nuestra opinión, si se intenta aplicar la exclusión, se conformaría una casuística que, opinamos, es innecesaria en nuestra LNM porque no aporta claridad en la regulación del salvamento marítimo, ya que este medio acuático que describe la ley es difícil encontrarlo en España[990].

---

988 *Vid.* Morral, «Del salvamento», en *Comentarios a la Ley 14/2014..., op.cit.*, pág. 1.120; Martín Osante, «Los accidentes de la navegación», en *Comentarios a la Ley de navegación marítima, op.cit.*, pág. 387; Pulido, «El salvamento en la nueva LNM», en *Estudios sobre el futuro Código Mercantil..., op.cit.*, págs. 274-275; Peleteiro, «El salvamento en la Ley de Navegación Marítima», en *Comentarios a la Ley de Navegación Marítima, op.cit.*, pág. 330.

989 Todas ellas —aguas continentales, costeras, de transición, superficiales y superficiales continentales— parecen encajar con los requisitos exigidos por la LNM, a excepción de las aguas subterráneas o acuíferos, donde las operaciones de salvamento, en el dudoso caso de que se produjeran, no quedarían reguladas por el régimen legal del CISM 1989 y la LNM.

990 En el caso *Provost* v. *Huber* (1979) 594 F.2d 717 (8th Cir.) se plantea una situación que podría encajar en la exclusión planteada por la LNM. En el supuesto, Huber compró una casa móvil de dos módulos en Bayfield County, Wisconsin; su intención era trasladarla desde tierra firme a un terreno situado en Madeline Island, una isla situada en el Lago Superior, uno de los Grandes Lagos de Estados Unidos. Para ello, Huber contrató un transportista que utilizó un camión articulado con el que circuló por la superficie helada del Lago Superior hasta alcanzar el destino. Cuando llevaba recorridas aproximadamente tres cuartas partes del trayecto, el hielo se rompió y el camión y su carga cayeron al agua helada.

Mientras que la casa se hundió parcialmente, un «contratista de submarinos» («underwater contractor») —Provost— se acercó a Huber y le sugirió hundir la estructura por completo para preservarla y protegerla del daño que pudiera hacerle el hielo. Cuando mejorara el tiempo, podrían alzarla a la superficie. Tanto Huber como su aseguradora aceptaron la sugerencia y en consecuencia hundieron la casa colocándole algunos sacos de arena para añadirle peso. Dos meses después, el demandante asistió a Huber para sacar la casa del lago, aunque los servicios prestados no tuvieron éxito, pues la casa terminó por romperse.

A priori, el salvamento puede practicarse en aguas portuarias atendiendo a la legislación internacional[991] y nacional[992]. De hecho, en el proceso de elaboración del CISM 1989 el representante de la IAPH declaró que los puertos y sus aguas no son ajenos a los siniestros marítimos. Por tanto, las autoridades portuarias deseaban tener el régimen más uniforme y claro posible para actuar en las operaciones de salvamento marítimo[993].

No obstante, la jurisprudencia española ha defendido en diversas ocasiones que la operación de ayuda que se realiza en una zona estrictamente portua-

Pese a ello, el demandante le tramitó una factura a Huber por la asistencia valorada en 500 dólares pero ésta no llegó a pagarse. En consecuencia, Provost planteó una demanda por salvamento marítimo donde pidió un pago de 10.000 dólares por los servicios prestados. El caso se sustanció ante la Corte del Distrito, que desestimó la demanda por no tener conexión alguna con el salvamento marítimo; posteriormente, la *Supreme Court* rechazó la existencia de salvamento marítimo, pues el objeto de la asistencia no había sido un buque. Frente a lo anterior, el demandante consideró que aun así podría ser considerado objeto de salvamento tanto el camión como la casa y lo que había en ella, por lo que planteó el caso ante la jurisdicción marítima en las cortes federales. Ante ello, la Corte determinó que esa operación no podía considerarse salvamento marítimo, puesto que no existía relación con ninguna «aventura marítima». En este caso, fue necesario que existiera un nexo con las «actividades marítimas tradicionales»; por lo que el medio donde se desarrolló el salvamento debía ser considerado y fue, en este caso, incluso decisivo para determinarlo.

991 En virtud del artículo 18 del UNCLOS, los puertos hacen referencia a «las construcciones portuarias permanentes más alejadas de la costa que formen parte integrante del sistema portuario». Éstas se consideran parte de la costa donde el Estado ribereño ejerce soberanía plena; *vid.* Klein, *Maritime security and the Law of the Sea*, Nueva York, 2011, pág. 65.

992 En España, el dominio público portuario está integrado por los puertos de interés general, el dominio público marítimo-terrestre afecto a los puertos e instalaciones portuarias de titularidad estatal y el dominio público marítimo-terrestre ocupado por un puerto de competencia autonómica al que estará adscrito. Así, el artículo 67 de la LPEMM dispone que: «1. Los puertos de interés general forman parte del dominio público marítimo-terrestre e integran el dominio público portuario estatal, el cual se regula por las disposiciones de esta ley y, supletoriamente, por la legislación de costas. Pertenecen al dominio público portuario estatal: a) Los terrenos, obras e instalaciones portuarias fijas de titularidad estatal afectados al servicio de los puertos. b) Los terrenos e instalaciones fijas que las Autoridades Portuarias adquieran mediante expropiación, así como los que adquieran por compraventa o por cualquier otro título cuando sean debidamente afectados por el Ministro de Fomento. c) Las obras que el Estado o las Autoridades Portuarias realicen sobre dicho dominio. d) Las obras construidas por los titulares de una concesión de dominio público portuario, cuando reviertan a la Autoridad Portuaria. e) Los terrenos, obras e instalaciones fijas de ayudas a la navegación marítima, que se afecten a Puertos del Estado y a las Autoridades Portuarias para esta finalidad. f) Los espacios de agua incluidos en la zona de servicio de los puertos. 2. Se considera dominio público portuario estatal el dominio público marítimo-terrestre afecto a los puertos e instalaciones portuarias de titularidad estatal. 3. El dominio público marítimo-terrestre ocupado por un puerto de competencia de una Comunidad Autónoma mantiene su titularidad estatal, si bien tiene la condición de adscrito a dicha Comunidad».

993 *Vid*. CMI, *The Travaux Préparatoires of the Convention on Salvage, 1989*, *op.cit.*, pág. 71.

ria no podría considerarse salvamento, en tanto en cuanto no se produciría una situación de peligro como la que califica el salvamento; o que, en caso de producirse esta circunstancia, ésta quedaría solventada con los medios portuarios[994].

La Sentencia del Tribunal Supremo de 16 de mayo de 1978[995] dispone lo siguiente:

> «(...) la jurisprudencia de esta Sala (...) [Sentencias de 8 de marzo de 1971 y de 27 de junio de 1973] ha entendido que el peligro marítimo no puede ocurrir dentro del puerto y que la situación de la nave en zona portuaria, dada la inexistencia de peligro en la navegación marítima, (...) no lo es menos».

Tras la afirmación anterior, la Sentencia da tres argumentos. En primer lugar, la distinción entre aguas de puerto y mar libre[996] que se había producido generalmente en supuestos de remolque[997]: «en cuanto que la proximidad de la nave auxiliada o remolcada a puerto determina la aplicación de tarifas portuarias al efecto preestablecidas». En segundo lugar, considera la sentencia que

> «para que la situación de la nave en puerto haga inoperante la circunstancia de "peligro en la mar" (...) es razonable entender que el buque auxiliado se halle, si no amarrado a muelle del puerto, sí al menos, en aguas de la estricta zona portuaria

994 Entre otras, pueden consultarse la Sentencia del Tribunal Supremo número 3469/1978, de 31 de mayo de 1978, Sala de lo Contencioso, ECLI: ES:TS:1978:3469, la Sentencia del Tribunal Supremo número 5638/1987, de 18 de septiembre de 1987, Sala de lo Contencioso, ECLI: ES:TS:1987:5638, y la Sentencia del Tribunal Supremo, número 5770/1991, de 28 de octubre de 1991, Sala de lo Contencioso, ECLI: ES:TS:1991:5770. Igualmente, algún autor ha afirmado que el peligro marítimo no puede ocurrir dentro del puerto, sino en la navegación en la mar abierta; *vid*. Blanco, «Notas: Contencioso-administrativo: En general», en *RAP*, 1976, núm. 81, págs. 213-285, págs. 226-228.

995 Sala Tercera, de lo Contencioso-Administrativo, ECLI:ES:TS:1978:3216.

996 En la Sentencia del Tribunal Supremo, número 5770/1991, de 28 de octubre de 1991, Sala de lo Contencioso, ECLI: ES:TS:1991:5770, se consideró salvamento el auxilio a un buque que inicialmente estaba en el puerto pero que, posteriormente, fue trasladado fuera de él debido al «fracaso» de la Capitanía del mismo, de los servicios contraincendios de tierra y del potencial peligro a otros buques situados en él. Por lo tanto, las operaciones realizadas por los remolcadores, si bien se realizaron, inicialmente en el puerto, se llevaron a cabo fuera de sus límites. Consideró así el tribunal que las operaciones de salvamento del buque siniestrado se realizaron casi en su totalidad en aguas exteriores al citado puerto y a una distancia de alrededor de cuatro millas marítimas, por lo que se reconoció el premio.

997 La sentencia cita a este respecto el artículo 15 de la LAS, entonces en vigor: «Fuera de los casos en que el remolque constituya auxilio o salvamento, el remolque prestado a un buque que lo pida hallándose en la mar dará derecho a la indemnización de los gastos, daños y perjuicios sufridos como consecuencia del mismo por el buque que efectúa el remolque y el abono de un precio justo por el servicio prestado. Se exceptúan los remolques que, aun prestados en la mar, tengan únicamente por objeto facilitar la entrada en puerto de un buque que se encuentre en sus proximidades, cuando hubiera tarifas establecidas».

de tal modo que sean los servicios ordinarios del puerto los que puedan prestar el auxilio o salvamento»;

ergo hay servicios de salvamento marítimo (prestados por los servicios portuarios). En tercer lugar,

> «que aun cuando, a efectos de su delimitación como pertenencias del dominio marítimo, en cuanto zonas del mar, litoral, los puertos y las bahías se engloban conjuntamente, como zonas de abrigo, (...) lo cierto es que sólo las instalaciones y servicios de que se halla dotado el puerto, en sentido estricto, permiten una racional eliminación de los riesgos de los buques surtos en sus aguas, mientras que los anclados en aguas de las bahías, alejados de los servicios e instalaciones del puerto y sin presumible utilización de éstos en forma más o menos inmediata (...) siguen afectados por el peligro en la mar»,

de modo que son susceptibles de ser objeto de salvamento marítimo y de obtener, por ello, un premio[998].

Más recientemente, destaca la Sentencia del Tribunal Supremo de 28 de octubre de 1991[999]. En este supuesto, se produjo un incendio en el buque de pesca *ASON* en aguas del Puerto de Las Palmas de Gran Ganaría. Desembarcada la tripulación del buque *ASON*, la Capitanía del puerto ordenó que éste fuera sacado del puerto. Esta operación y la extinción del incendio fue realizada por los remolcadores *Arucas*, *Orotava* y *Bandama* con éxito. En esta sentencia, el Tribunal Supremo en virtud de las sentencias anteriores de ese mismo órgano —cita en concreto las de 8 de marzo de 1971, 17 de diciembre de 1975, 31 de mayo de 1978 y 18 de septiembre de 1987— afirma lo siguiente:

> «La Ley 60/1962, de 24 de diciembre, constituye un singular ordenamiento (...) por consecuencia de las especiales circunstancias y riesgos que lleva consigo la navegación y las operaciones de auxilio a los siniestros producidos en ella a los que, si en algún supuesto de excepción podrían ocurrir dentro de puerto (...) deben ceñirse en general a su ámbito propio (...), por ello la Jurisprudencia reiterada de la antigua Sala Cuarta de este Tribunal Supremo (...) ha venido entendiendo que el sometimiento a la Ley 60/1962, de las acciones de auxilio y salvamento prestados por los buques de navegación marítima a otros de la misma fase, y los de navega-

998 En consonancia con lo anterior, cabe destacar la Sentencia de la Audiencia Provincial de Pontevedra, número 340/2000, Sección 2.ª, de 16 de noviembre del 2000, JUR 2001\32729, los salvadores —demandantes— consideraron que los servicios prestados a los buques en peligro integraron un acto de salvamento marítimo, por lo que pedían un premio mayor a la cantidad pagada por sus servicios. La Audiencia Provincial de Pontevedra —y, previamente, el Tribunal Marítimo Central— dictaminó que el salvamento, para considerarse como tal, debía producirse en mar abierto «excluyendo el supuesto de que el auxilio tenga lugar dentro del puerto en que se encuentran amarrados los buques».

999 Número 5770/1991, Sala de lo Contencioso, ECLI: ES:TS:1991:5770.

ción interior, presupone el que los buques intervinientes se hallen en mar abierto, excluyendo de los supuestos contemplados en la Ley citada aquéllos en los que los servicios de asistencia tengan lugar dentro de un puerto en el que se hallen amarrados los buques que sean objeto de la misma, interpretación resultante de la literalidad del art. 1.° de la Ley especial ya expresada»[1000].

No obstante, en este supuesto y aunque el buque se encontraba atracado en el muelle portuario cuando se originó el incendio, no pudo ser auxiliado por los servicios del puerto. Los servicios contraincendios de tierra fueron insuficientes, a lo que se le añadió y el peligro para otros buques y elementos existentes en el puerto, de tal modo que por ello se procedió a remolcar al buque *ASON* a mar abierto —a una distancia de alrededor de cuatro millas

1000 Cuando establece: «El auxilio o salvamento de los buques de navegación marítima o aeronaves en la mar que se encuentren en peligro, de las cosas que se hallen a bordo» que conforme con el Convenio de Bruselas de 23 de septiembre de 1910 , contempla aquellos actos que con resultado útil de auxilio o salvamento se produzca durante la navegación en la mar, por cuanto la causa, en que se funda la regulación legal indicada viene determinada para prevenir, evitar o atenuar las consecuencias de los riesgos de la navegación en la mar que no son los que afectan a los buques atracados en puerto, sin que a esta interpretación sea óbice el criterio sustentado por la Sentencia de 27 de marzo de 1985, que entiende "que la sola circunstancia del buque auxiliado se encuentre en puerto elimina, automáticamente, y sin más matices la aplicación de la repetida Ley sino que es imprescindible además la ausencia de situación peligrosa o de riesgo, pues ésta es la que constituye el presupuesto esencial que contempla el art. 1 de la Ley, cuyo inciso final ordena prescindir de la naturaleza de las aguas en que hayan sido prestados los servicios...", en razón a que si bien el presupuesto esencial de riesgo o peligro del buque auxiliado es la razón de ser del auxilio o salvamento, no puede ser compartido el criterio de indistinción de las aguas en que hayan sido prestados los servicios, a que alude el inciso final del art. 1,°, porque la expresión, «no ha de tener en cuenta la naturaleza de las aguas en que hayan sido prestados», no parece que deba referirse a aguas portuarias, en los que por la propia naturaleza de los puertos y sus servicios, la situación de riesgo o peligro del buque no se ofrece con la plenitud deseada por la Ley, sino que la indiferencia de las aguas a que alude está relacionada con las diferentes clases de aguas marítimas (interiores, exteriores, jurisdiccionales o internacionales). (...) Cuarto: Aplicada la anterior doctrina jurisprudencial (...) parecería que estando el buque siniestrado amarrado o atracado en el muelle del Generalísimo del puerto de Las Palmas, esto es, desarrollándose las operaciones de auxilio en aguas portuarias no procedería la aplicación de la Ley 60/1962. Sin embargo del resultado de las actuaciones está acreditado que si bien el incendio se originó al tiempo de estar el buque en puerto, la Capitanía de éste, ante el fracaso -reconocido por las partes- de los servicios contraincendios de tierra y el peligro para otros buques y elementos existentes en el puerto, ordena sacar al buque "ASON" del mismo, de donde se infiere que las operaciones realizadas por los remolcadores de la sociedad actora, si bien se realizaron, inicialmente dentro del puerto, desde las 17.40 horas hasta las 9.30 horas del día siguiente, se llevaron a cabo fuera de los límites del puerto de Las Palmas (véanse folios 70 y 71 del expediente) por lo que las operaciones de auxilio y salvamento del buque siniestrado se realizaron casi en su totalidad en aguas exteriores al citado puerto, y a una distancia de alrededor de cuatro millas marítimas del mismo, pareciendo evidente que en tal caso se han dado los presupuestos objetivos del ámbito de aplicación de la Ley 60/1962, procediendo en consecuencia calificar las operaciones realizadas por los remolcadores (...)» de salvamento marítimo.

marítimas—. En virtud de lo anterior, el Tribunal consideró que el salvamento se había efectuado finalmente en aguas exteriores, siendo aplicable por tanto la LAS, en vigor en dicho año.

Coincidimos con esta línea jurisprudencial española, también respaldada por la doctrina francesa[1001], por la que, *a priori*, un buque que se encuentre en el recinto portuario, no se encontrará en una situación de peligro tal que necesite un salvamento marítimo.

En relación con lo anterior, también hay que analizar si las operaciones de auxilio efectuadas en un pantalán se califican como salvamento marítimo, puesto que es una estructura que se adentra en el mar y que cuenta con cierto abrigo. A este respecto se pronuncia la Sentencia del Tribunal Supremo de 27 de marzo de 1985[1002], que explica que la jurisprudencia tradicionalmente había considerado que un buque, por hallarse al abrigo de las instalaciones portuarias, no podía hallarse en una situación de peligro. No obstante, esto no suprimirá *automáticamente* toda posibilidad de peligro o riesgo. Habrá que atenerse a las circunstancias concretas del caso pues, si en éstas se constata una situación de peligro, deberá calificarse la prestación de salvamento. En la sentencia citada, el Considerando 2.º especifica que el pantalán en concreto se encontraba a casi cuatro kilómetros del puerto, no pudiendo beneficiarse de su protección[1003]. De este modo, es posible efectuar una operación de salvamento cuando el buque a auxiliar se encuentra en peligro «y no es incompatible con la seguridad y abrigo que ofrecen las instalaciones portuarias», aun encontrándose próximo al puerto[1004].

En este sentido, cuando la situación de peligro pueda sobrepasar la calificación de un servicio portuario, los servicios habrían de calificarse como salvamento y originarían derecho a su premio[1005]. En la misma línea se encuentra la Sentencia del Tribunal Supremo, de 16 mayo de 1991[1006], dónde tuvo lugar la asistencia a un gasero que se encontraba en el antepuerto de Barcelona, a dos kilómetros del puerto. El Tribunal consideró que se trataba de un salvamento y de no un servicio portuario por cuanto se estaba ante una auténtica ayuda,

1001 Por todos, *vid.* Bonassies, Scapel, *Traité de Droit Maritime*, *op.cit.*, pág. 427.

1002 Sala Tercera, de lo Contencioso-Administrativo, ponente Eugenio Díaz Eimil (RJ 1985/1670).

1003 En el mismo sentido véase la Sentencia del Tribunal Supremo, Sala Tercera, de lo Contencioso-Administrativo, de 26 de marzo de 1991, ponente, Manuel Garayo Sánchez, RJ\1991\2069.

1004 Sentencia de la Audiencia Nacional de 27 mayo de 2009, Sala de lo Contencioso-Administrativo, Sección 5.ª, ECLI:ES:AN:2009:2553. Los hechos de esta sentencia se describen en la nota al pie número 832.

1005 Sentencia de la Audiencia Nacional de 7 de mayo de 2008, Sala de lo Contencioso-Administrativo, Sección 5.ª, ponente: Fernando Benito Moreno (RJCA\2008\284).

1006 Sala de lo Contencioso-Administrativo, Sección 6.ª, ponente: Diego Rosas Hidalgo (RJ\1991\3899).

pues había un incendio en la sala de máquinas y el cargamento del buque era de gas, encontrándose en una situación de «alto riesgo».

En virtud de lo anterior, puede concluirse que el Tribunal Supremo no fija unos criterios claros entre qué puede considerarse amparado por un salvamento y qué por una operación portuaria. Intenta respetar unos principios generales, de proximidad al puerto, en relación con que los servicios ordinarios del puerto sean los que puedan prestar el auxilio, pero estos principios son tan flexibles y tan poco precisos que en realidad le permiten adaptar sus fallos a las circunstancias de cada caso. De este modo, se reserva la discrecionalidad en estas situaciones. No se niega el valor de la jurisprudencia de las últimas décadas, que ha hecho lo que estaba en su mano para juzgar los casos de salvamento marítimo con los medios de los que disponía, sin que en España hubiera suficientes ejemplos de salvamento marítimo, ni normas con la claridad adecuada para evaluar estas situaciones. Lo anterior le ha llevado a establecer algunas reglas que ha ido aplicando caso por caso. No obstante, esto ha dado como resultado una sucesión de casos en los que el Tribunal Supremo, con un amplio margen de discrecionalidad, ha valorado las circunstancias del peligro y, en relación con ellas, las del lugar donde se produce el salvamento, sin que puedan seguirse unos criterios claros para el futuro.

A nuestro modo de ver, además, consideramos que, con base en el CISM 1989 y la LNM, las operaciones que se realicen a un buque en peligro en zonas portuarias podrán considerarse, en ocasiones, salvamento, debido a que el puerto, *per se*, no excluye automáticamente el peligro. Por tanto, cuando se cumplan los requisitos que exige el salvamento marítimo, se reconocerá esta operación como tal y, en consecuencia, su premio.

2. El premio

En el salvamento marítimo privado, el ánimo de lucro es un «elemento» consustancial, en la medida en que es una actividad mercantil. El salvamento —incluso la asistencia, cuando se diferenciaban— es una actividad «base de una industria y de un negocio mercantil»[1007]. Así, es un *principio universal*[1008] que los salvadores obtengan un «premio» por los servicios prestados. El artículo 1, letra e), del CISM 1989 utiliza el término «pago» para referirse a «toda recompensa, remuneración o compensación pagaderas en virtud» del Convenio[1009].

1007 *Vid*. Estasén, *Cuestiones de Derecho Marítimo*, *op.cit.*, pág. 174.

1008 *Vid.* Gamechogoicoechea y Alegría, *Tratado de Derecho Marítimo Español*, III, *op.cit.*, pág. 505.

1009 En la versión auténtica del CISM 1989, *«Payment means any reward, remuneration or compensation due under this Convention»*.

El ánimo de lucro en el salvamento marítimo se traduce en el precio del contrato a cambio de la operación realizada por los salvadores. Al mismo tiempo, el pago del precio supone una de las obligaciones de los salvados y supone un derecho para los salvadores. La LNM no establece ninguna definición precisa de esta obligación de pago, aunque el artículo 362.1 establece lo siguiente: «Las operaciones de salvamento que hayan producido un resultado útil darán derecho a un premio a favor de los salvadores, cuyo importe no podrá exceder del valor del buque y demás bienes salvados».

La otra «cara» de la obligación del pago del precio es el derecho de los salvadores a cobrar este premio. Este derecho al premio es el derecho más relevante de la parte salvadora. Cuenta tanto con una vertiente pública como con una privada. Su propósito no es únicamente pagar al salvador por los servicios prestados, sino también proporcionar un incentivo económico para que éste asuma el riesgo de afrontar una situación de peligro para salvar los bienes de otro[1010]. Esta segunda vertiente del premio se lleva reconociendo en la jurisprudencia anglosajona al menos desde principios del siglo XIX[1011].

1010 *Vid.* MANDARAKA-SHEPPARD, *Modern Maritime Law*, *op.cit.*, pág. 483.

1011 En concreto, el caso *The Industry* (1835) 3 Hag.Adm. 203. En este supuesto, el *«owner»* del buque salvado se negaba a pagar la fianza como garantía del premio por los servicios prestados. El tribunal consideró que el premio por el salvamento dependía de diversos factores (las condiciones meteorológicas, el *grado* del daño y el riesgo para la «propiedad», el tiempo empleado, etc.) que debían ser valorados. Además, debía tenerse en cuenta otro principio: el de fomentar la empresa, el esfuerzo y *ser generoso* con los intereses generales del comercio y los intereses particulares de los *«owners»* y aseguradores —en la versión original de la sentencia, *«to encourage enterprise, reward exertion, and to be liberal in all that is due to the general interests of commerce, and the general benefit of «owners» and underwriters (...)»*—.
Por ello, algún autor (por todos, *vid.* ROSE, «Restitution for the Rescuer», en *Oxford Journal of Legal Studies*, 1989, vol. 9, núm. 2, págs. 167-204, pág. 171) consideran que el premio incluye igualmente una parte correspondiente al interés público —además, en nuestra opinión, del salvamento de vidas humanas en el mar; véase *supra* en el capítulo tercero el epígrafe 1.1.1 El salvamento público — de la protección del comercio; lo que también se ha recogido desde principios del siglo XIX en la jurisprudencia norteamericana, en el caso *Mason v. The Ship Blaireau* 6 U.S. 240 (1804).
En este supuesto, el buque francés *Blaireau*, cargado de azúcar y café y que se dirigía de Martinica a Burdeos, chocó con el buque español *San Julián* resultando el primero muy dañado. El capitán español, no pudiendo esperar a que se intentara reparar el *Blaireau*, llevó a su tripulación y pasajeros a bordo de su barco, a excepción de un marinero ya que, supuestamente, no pudieron encontrarlo (aunque en su versión, este marinero alegó que se la dotación se lo impidió en primer lugar por la fuerza y que después permaneció voluntariamente a bordo del *Blaireau*). Al quedarse solo con el buque naufragado, este marinero se esforzó por reparar el bergantín e izó una señal de socorro. En esta situación fue encontrado al día siguiente por el barco *Firm*, que permaneció con el *Blaireau* dos días mientras se dirigía a Baltimore, sacó parte de su carga y le prestó toda la ayuda posible, por lo que se le reconoció un premio. El tribunal explicó que el premio de los salvadores se justifica sobre diversos factores y, entre ellos, se encuentra el de ser un incentivo para prestar el servicio. Esto atiende realmente al interés público y al interés general de la humanidad de proteger a aquellos que navegan el mar. En la sentencia, *«If we search for*

Tradicionalmente, cuando una persona por iniciativa propia se arriesgaba a salvar la vida o los bienes de otra, esto no implicaba que tuviera derecho a una recompensa o, ni siquiera, a una compensación por las pérdidas y los gastos incurridos en dicho acto. La actividad marítima podía considerarse sin embargo una excepción a lo anterior, reconociéndose una recompensa por el salvamento de bienes —según algunos autores, desde «tiempos de Roma» o incluso antes[1012]; aunque, en nuestra opinión, esta afirmación tiene matices[1013]—. El derecho al premio es probablemente el «derecho» más relevante de los salvadores, reconociéndose incluso de manera independiente a la existencia de un contrato de salvamento marítimo[1014], como se constata desde el caso *The Five Steel Barges*[1015].

Como se ha indicado, el artículo 1, letra e), del CISM 1989 define lo que es «pago» como «toda recompensa, remuneración o compensación pagaderas en virtud del presente Convenio», identificándose tres conceptos distintos. Sin embargo, a lo largo del texto del Convenio se puede apreciar que los dos primeros términos se utilizan indistintamente para hacer referencia al «premio» al

---

the motives for the very ample reward for services rendered at sea in saving property from peril, we shall find them in a liberal and enlarged policy. The allowance for such services (one very much exceeding the mere risk encountered and labor employed in effecting them) is intended as an inducement to render them, which it is for the public interests and for the general interests of humanity to hold forth to those who navigate the ocean».

1012 *Vid.* CHORLEY, GILES, *Derecho Marítimo*, *op.cit.*, pág. 370; D.K., «The Nature of Salvage Service», en *Harvard Law Review*, 1920, vol. 33, núm. 3, págs. 453-454, pág 453; BRICE, *Brice on Maritime Law of Salvage*, *op.cit.*, pág. 5; BENEDICT, *Benedict on Admiralty*, *op.cit.*, pág. 1-2; PINK, «Differences between LOF 80, LOF 90 and LOF 95», en *IJSL*, *cit.*, pág. 72; CHIU, LIU, CHANG, TSENG, CHEN, «Cost of salvage–a comparative form approach», en *J. Mar Sci Technol*, *cit.*, pág. 742; ATKINSON, PARK, TENTERDEN, *The shipping-laws...*, *op.cit.*, págs. 49-50.
La primera demanda —en el sentido «moderno» o actual de salvamento marítimo— de la que se tiene constancia en Inglaterra es en 1663. Antes de esa fecha, el derecho al premio de los salvadores parece haber sido un derecho precario basado en la mitad del valor (o menos de la mitad) de los restos o de los bienes abandonados. En los casos más cercanos al salvamento, esto es, prestados a la «propiedad» que no eran *épaves*, no se podría hablar realmente de un derecho al premio, sino, en todo caso, de un pago por el trabajo y la mano de obra por parte de los *«owners»* o del almirante o vicealmirante, que los empleó; *vid.* MARSDEN, *Select pleas in the Court of Admiralty*, volumen II: The High Court of Admiralty (A.D. 1547-1602), Londres, 1894-1897, pág. xxxvi: *«In 1663 occurs the first clear suit for salvage in the modern sense. Up to that date the right of salvors seems to have been a precarious right to a half or some other share of findalls, derelict, or waifs, and in the case of services rendered to property that was not wreck, in the legal sense, a still more precarious right to a recompense in the nature of payment for work and labour from the «owners» of the property, or from the Admiral or Vice-Admiral, who employed them. Sir Henry Marten was the first judge who recognised their right to sue in Admiralty for salvage».*

1013 Véase *supra* en el capítulo primero el epígrafe 1 *El Derecho marítimo y el salvamento marítimo*.

1014 *Vid.* BRICE, *Brice on Maritime Law of Salvage*, *op.cit.*, págs. 38-39, 321.

1015 Para más información de este caso, véase nota al pie número 338.

que tienen derecho los salvadores. En cuanto al tercer término, compensación, consideramos que no ha sido apropiado incluirlo en este precepto en tanto en cuanto puede confundirse con la «compensación especial», independiente, aunque relacionada, con el premio de los salvadores[1016]. Que la definición de «pago» sea la que consta en el artículo 1, letra e), del CISM 1989 atiende a introducir un concepto general que cubriera tanto el resarcimiento de los gastos del salvador, como el abono de un premio por el salvamento, tal y como se manifestó en el proceso de elaboración del CISM 1989[1017].

En resumen, «pago» sería toda contraprestación económica por los servicios de salvamento marítimo. Aunque el artículo del CISM 1989 establece diversos términos para definir lo que es un pago, desde nuestro punto de vista existen, en todo caso, al menos dos: el premio y la compensación especial. En primer lugar, aunque la versión española del CISM 1989 hace referencia al término «recompensa» como una traducción literal de «*reward*», la contraprestación económica por las operaciones de salvamento marítimo «tradicional» —esto es, basadas en el principio *no cure-no pay*—[1018] es el «premio», como también constata la doctrina española[1019]. En el CISM 1989, el «premio» en sentido estricto se regula en los artículos 12 a 16. Cabe adelantar que el importe del premio no podrá superar el importe del valor de los bienes salvados, *ex* artículo 13.3 del CISM 1989: «La recompensa, excluidos los intereses y las costas judiciales exigibles en virtud del fallo, no excederá del valor del buque y demás bienes salvados»[1020].

1016 Véase el artículo 14 del CISM 1989 e, *infra*, en este capítulo el epígrafe 2.4 El «salvamento medioambiental» y la compensación especial.

1017 *Vid*. CMI, *The Travaux Préparatoires of the Convention on Salvage, 1989*, *op.cit.*, pág. 122: «*The purpose of this definition is to introduce a general word covering payment in respect of expenses as well as payment in respect of a property award*».

1018 Entiéndase por salvamento tradicional aquél que surge como actividad profesional, a finales del siglo XIX; en la misma opinión, *vid.* Bonassies, Scapel, *Traité de Droit Maritime*, *op.cit.*, pág. 431, quien sitúa el resultado útil como «elemento» del salvamento en esta fecha.

1019 Entre otros, *vid.* Morral, «Del salvamento», en *Comentarios a la Ley 14/2014...*, *op.cit.*, pág. 1.129; Peleteiro, «El salvamento en la Ley de Navegación Marítima», en *Comentarios a la Ley de Navegación Marítima*, *op.cit.*, pág. 332; Gabaldón García, Ruiz Soroa, *Manual de Derecho de la Navegación Marítima*, *op.cit.*, pág. 728.

1020 La razón de ello se debe a que, tradicionalmente, el límite máximo del premio ha sido el valor de la «propiedad» salvada. De haberse incluido las costas y los intereses ello podría desincentivar la valoración de lo salvado para determinar el premio; CMI, *The Travaux Préparatoires of the Convention on Salvage, 1989*, *op.cit.*, pág. 303.
En la doctrina inglesa, este principio de proporcionalidad entre el premio y el valor de la «propiedad» salvada, se conoce como la regla de *The Amerique* (1874) LR 6 PC 468. Los hechos del caso se resumen en que el buque *Amerique* fue abandonado por su capitán, tripulación y pasajeros cuando realizaba un viaje de Nueva York a Havre. Dos remolcadores acudieron en su ayuda y consiguieron remolcar el hasta un lugar seguro. El valor de la «propiedad» salvada servía —y sirve— como máximo valor de la cuantía del premio, además de como referencia para calcularlo por los daños causados en ella. Sin embargo, el premio no podía tampoco corresponderse con una cantidad totalmente desproporcionada

En segundo lugar, la compensación especial es la contraprestación económica por las operaciones de salvamento en las que existe una amenaza de daños al medioambiente, regulándose en el artículo 14 del CISM 1989.

2.1. El resultado útil: el principio *no cure-no pay*

En las páginas que siguen se estudia el premio del contrato; sin embargo, antes de adentrarnos en el mismo, es preciso que nos detengamos en el aná-

con respecto a los servicios realmente prestados. En el supuesto en concreto, el premio inicialmente calculado en 30.000 libras —sobre un valor de 190.000 libras correspondiente a lo que se había salvado— se redujo a 18.000 libras sobre la base del argumento anterior. Con el paso de los años, los buques han ido aumentando su capacidad de transporte y, generalmente, su valor. Según la regla de *The Amerique*, esto no implica que el premio de los salvadores sea proporcional a lo salvado si con ello se reconociera un premio desproporcionado. Por ejemplo, se podría comprar un buque de modelo triple E de Maersk cargado en gran parte de vainilla y azafrán con un buque pequeño con una carga de tomates. Si en ambos casos los esfuerzos —sean escasos o abrumadores— por salvar la carga y el buque son los mismos, puede entenderse que el importe de lo salvado, aunque significativo, no debería restarle valor (o incrementar en exceso) al servicio prestado por el salvador. Se trata, por tanto, de primar la actividad del salvamento sobre la carga transportada o sobre el buque utilizado para su transporte.
En el caso *The Ocean Crown* [2010] 1 Lloyd's Rep. 468 (en la jurisprudencia inglesa se conoce como la versión *moderada* del principio de proporcionalidad del *case The Amerique*), se puso de manifiesto que, el principio de proporcionalidad en el salvamento era especialmente relevante en aquellos casos en los que el salvamento fuera sencillo («straightforward») o no fueran especialmente complejos. No obstante, cuando los salvadores tuvieran que demostrar diversas habilidades para realizar con éxito la operación, el tribunal debería ser *generoso* al reconocer el premio que recompensara estos esfuerzos. En consecuencia, se consideraron por el tribunal algunos criterios para tener en cuenta para la valoración del premio; no obstante, se adelante que estos criterios son, en la actualidad, principios inherentes al salvamento. En primer lugar, el valor de lo salvado es un aspecto fundamental para tener en cuenta en el cálculo del premio. Además, y en relación con la finalidad de motivar a los salvadores, cuando el valor de la «propiedad» salvada sea muy alto y exista un riesgo de daño o pérdida evitable gracias a la operación de salvamento, es justo reconocer un efecto o premio al salvar a esa propiedad. En segundo lugar, el valor total de lo salvado no puede incrementar la recompensa a una cifra desproporcionada a los servicios realmente prestados; esto es, el principio *no cure-no pay*. En tercer lugar, estos criterios pueden aplicarse a cualquier tipo de asistencia, sea más sencilla o, por el contrario, más compleja en el desarrollo de la operación. En cuarto y último lugar, el valor total de lo salvado no puede, por sí mismo, desproporcionar la recompensa; aunque sí podría, considerarse para aumentar el premio en aquellos casos especialmente complejos.
Algún autor ha considerado que el premio está restringido a una porción del valor de lo salvado; *vid.* WAYNE, «Liability Salvage-By Private Ordering», en *J. Legal Stud.*, *cit.*, pág. 97. No obstante, no existe este límite expresamente en el CISM 1989, aunque por el momento no se ha pagado un premio por el valor total del buque u otras propiedades salvadas.
Conviene destacar a este respecto la Sentencia del Tribunal Supremo de 30 de noviembre de 1962, Sala Cuarta, de lo Contencioso Administrativo (Arz. 4.589), que resuelve sobre la resolución de la Autoridad Judicial del Departamento Marítimo de El Ferrol que fijaba el premio correspondiente con un 0.25 por ciento del valor del buque y de la carga salvada.

lisis del principio *no cure-no pay* que, desde el siglo XIX, ha sido base y fundamento del derecho al premio por salvamento.

El artículo 12.1 del CISM 1989 dispone que aquellas operaciones de salvamento que hayan producido un resultado útil[1021] darán lugar a un premio para los salvadores[1022]. El éxito de la operación o resultado útil es un principio esencial en el salvamento, pues, para que los salvadores obtengan un premio, la operación debe haberse desarrollado con éxito[1023]; es decir, haber producido algún beneficio a los «interesados» en el sentido de que se haya recuperado total o parcialmente la «propiedad».

Este principio es el que ha sustentado el salvamento tradicional, de modo que cuando se conseguía salvar algo, los salvadores obtenían un premio. El principio *no cure-no pay* ha sido un principio presente desde el origen histórico del salvamento marítimo[1024]: tener una perspectiva de éxito en la operación gracias a las mejoras técnicas de la navegación permitió, en efecto, salvar el buque y la mercancía en peligro[1025].

En el contrato LOF 2020, el resultado útil se menciona en el mismo encabezamiento del formulario, destacando el principio *no cure-no pay*. El contrato LOF recoge, desde su primera versión publicada en 1892[1026] hasta la actualidad, el principio *no cure-no pay* que ha caracterizado el salvamento marí-

1021 También denominado por GAMECHOGOICOECHEA Y ALEGRÍA, *Tratado de Derecho Marítimo Español*, III, *op.cit.*, pág. 508, como «resultado positivo».

1022 No existe una «regla fija» que determine la cuantía de los premios por salvamento, aunque, aproximadamente, en la práctica se reconoce entre un cinco y un 25 % del valor de lo salvado; al respecto puede consultarse la guía de Brais & Associates, P.A.: *Marine salvage at a glance*.

1023 Es por el resultado útil por lo que tradicionalmente se ha hablado de «premio», ya que no se estaría ante una remuneración como tal; *vid.* MANDARAKA-SHEPPARD, *Modern Maritime Law*, II, *op.cit.*, pág. 483.
Cabe mencionar que, para algún autor (WADDAMS, *Dimensions of Private Law*, Nueva York, 2003, pág. 217), el premio de los salvadores podría considerase como una especie de «impuesto» (*«taxation»*) a los *«owners»* del buque y los titulares de la mercancía, basándose en la influencia del Derecho público en la institución del salvamento marítimo. No obstante, en nuestra opinión considera que el salvamento marítimo es mercantil, donde da lugar a que haya un premio, un precio del contrato, no estando de acuerdo con este concepto de *«taxation»*.

1024 *Vid.* FUJIMOTO, «The essential features of voluntary salvage», en *The Annals of the Hitotsubashi Academy*, *cit.*, pág. 6.

1025 Como se verá más adelante —*infra* en este capítulo el epígrafe 2.4 El «salvamento medioambiental» y la compensación especial—, tras la aparición de la «conciencia medioambiental» en la industria del salvamento, la aprobación del LOF 80, la compensación especial del artículo 14 del CISM 1989 y, posteriormente, la «Cláusula» SCOPIC, podríamos decir que este principio se encuentra «en revisión».

1026 *Vid.* ANSIETA, «El salvamento marítimo. Análisis del formulario del Lloyd's sobre convenio de salvamento. LOF. 1980», en *RDPUCV*, *cit.*, págs. 152-153.

timo. En la versión de 2020 también se regula en su Cláusula D[1027], en la cual se especifica que los servicios de salvamento marítimo prestados se realizan bajo este principio: las operaciones que queden sujetas a las disposiciones del CISM 1989 serán prestadas y aceptadas como servicios de salvamento bajo el principio *no cure-no pay*; cualquier premio de salvamento a la que los salvadores tengan derecho no se verá disminuida por razón de la compensación especial o por la «Cláusula» SCOPIC[1028].

En España, este principio ya se recogía, en términos generales, en el artículo 717 del Código de Comercio de 1829:

> «(...) En caso de haber trabajado para recoger las reliquias de la nave naufragada, se les abonará sobre el valor de lo que hayan salvado una gratificación proporcionada á sus esfuerzos y al riesgo á que se expusieron para salvarlas (sic)»[1029].

Como se ha adelantado, el principio *no cure-no pay* se fundamenta en que el derecho a obtener un premio por el salvador —una vez efectuada la prestación de salvamento— necesita la obtención de un resultado al menos parcialmente útil —pese a los posibles esfuerzos extraordinarios de los salvadores[1030]—.

La LNM que regula el concepto sobre salvamento marítimo; sin embargo, no considera el resultado útil como uno de los requisitos que constituyen esta

---

1027 Que establece lo siguiente: «*Effect of other remedies: Subject to the provisions of the International Convention on Salvage 1989 as incorporated into English law ("the Convention") relating to special compensation and to the Scopic Clause if incorporated the Contractors services shall be rendered and accepted as salvage services upon the principle of "no cure - no pay" and any salvage remuneration to which the Contractors become entitled shall not be diminished by reason of the exception to the principle of "no cure-no pay" in the form of special compensation or remuneration payable to the Contractors under a Scopic Clause*».

1028 Esta Cláusula D finaliza estableciendo que lo anterior no impide que reconozca otros pagos derivados de la compensación especial o de la «Cláusula» SCOPIC, independientes del principio *no cure-no pay*; lo que se respalda por la casilla número 7 y la Cláusula C relativas a la inclusión de la «Cláusula» SCOPIC en el contrato LOF 2020.
Se recuerda que la traducción de los artículos del LOF 2020 y la «Cláusula» SCOPIC son libres, pues no existen traducciones «oficiales».

1029 Este principio reconoció la «profesionalización» del salvamento marítimo; *vid.* Pendón, Romero Matute, «La Special Compensation P&I Club Clause 2014 (Cláusula SCOPIC 2014)...», en *Estudios sobre la responsabilidad...*, *op.cit.*, pág. 522. Pese a que este principio haya existido antes de la aprobación del Convenio de Bruselas de 1910, internacionalmente se ha reconocido a través del mencionado convenio. En los trabajos preparatorios del Convenio de Bruselas de 1910 la inclusión del principio *no cure-no pay* fue origen de un debate muy conceptual, como se ha reflejado varias veces, entre una concepción más anglosajona (defendida por Reino Unido, Alemania y Bélgica) y una posición más civilista (defendida por Francia e Italia principalmente); *vid.* Brunetti, *Derecho Marítimo Privado*, Tomo III, Segunda Parte, versión española por Gay de Montellá, Barcelona, 1951, pág. 291.

1030 *Vid.* Wayne, «Liability Salvage-By Private Ordering», en *J. Legal Stud.*, *cit.*, pág. 97.

operación, *ex* artículo 358.1 de la LNM[1031]. En cualquier caso, en el contrato de salvamento marítimo, la mención del resultado útil es, *a priori*, necesaria para su formación, pues el ánimo de lucro es un requisito fundamental en un contrato mercantil[1032]. Se puede afirmar que, cuando la LNM regula el concepto de «salvamento marítimo» al margen de cualquier éxito o resultado útil, lo que hace no es regular el salvamento en general, sino la «operación de salvamento marítimo»[1033]. Compartimos la opinión de Arroyo[1034] a este respecto, quien considera que esto puede justificarse porque el resultado útil —pese a su trascendencia en el Derecho marítimo— es irrelevante desde el punto de vista operacional, ya que existen casos en los que esta utilidad no se da, como en el salvamento realizado por particulares para auxiliar a personas o bien cuando intervienen las autoridades públicas.

El resultado útil permitió asentar las bases del premio de los salvadores bajo un enunciado *sencillo*[1035]: el salvador podía optar a un premio que se evaluaba sobre la base del valor de la «propiedad» salvada. Pese a los riesgos sufridos por el salvador y el importe invertido en los recursos para realizar el salvamento[1036], el premio se consideraba *suficiente* para cubrir el desembolso realizado además de un beneficio.

Con el paso del tiempo, un nuevo factor se incluyó en esta ecuación[1037]: el transporte de mercancías peligrosas y, en especial, del crudo. El principio *no*

1031 Cuya redacción es la que sigue: «Se considera salvamento todo acto emprendido para auxiliar o asistir a un buque, embarcación o artefacto naval, o para salvaguardar o recuperar cualesquiera otros bienes que se encuentren en peligro en cualesquiera aguas navegables, con excepción de las continentales que no están en comunicación con las aguas del mar y no son utilizadas por buques de navegación marítima».

1032 Al margen, claro está, de cualquier otro tipo de contraprestación económica que suponga un lucro en el contrato.

1033 Se recuerda que, en este trabajo, diferenciaremos entre «salvamento» y «operación de salvamento». En primer lugar, cuando hablamos del «salvamento», lo haremos en términos generales, es decir, refiriéndonos a todo el salvamento en abstracto. En segundo lugar, cuando nos referimos a «operación de salvamento», hacemos referencia a la operación marítima; es decir, a todos los actos que se producen para efectuar esa operación.

1034 *Vid.* Arroyo, *Curso de Derecho Marítimo, op.cit.*, pág. 737.

1035 Lord Mustill en la sentencia sobre el Nagasaki Spirit —The Nagasaki Spirit [1997] 1 Lloyds Rep 323— establece lo siguiente: «The law of maritime salvage is old, and for much of its long history it was simple. The reward for successful salvage was always large; for failure it was nil». Esta sentencia será objeto de estudio más adelante —*infra* el epígrafe 2.4.1 El artículo 14 del CISM 1989—.

1036 Así lo recoge la Sentencia del Tribunal Supremo de 18 enero de 1982, Sala Cuarta, de lo Contencioso-Administrativo, ponente: Paulino Martín Martín (RJ\1982\347): «el premio remuneratorio es condicionado técnicamente por el resultado útil de la operación, ya que por grande que haya sido la ayuda, o el riesgo corrido, por sí solos no atribuyen legalmente y dentro del salvamento, crédito alguno al auxiliador».

1037 En la sentencia *The Nagasaki Spirit* [1997] 1 Lloyds Rep 323, Lord Mustill también pone de manifiesto otro factor: algunas empresas de salvamento no habían podido hacer frente a

cure-no pay había impulsado a los salvadores a realizar salvamentos marítimos durante décadas[1038]. Sin embargo, ante los accidentes con daños al medioambiente, el salvamento tradicional era «insuficiente», ya que, en ocasiones, no se conseguía salvar nada; *ergo*, sin resultado útil, no había premio. Así, desde la aprobación del LOF 80, que impulsó la «conciencia medioambiental» y, posteriormente, del artículo 14 del CISM 1989 y de la «Cláusula» SCOPIC, el resultado útil no sólo contempla la «propiedad» en peligro y su valor salvado, sino también el medioambiente.

El resultado útil, conocido como *requirement of success* o simplemente *success*[1039], implica que reporte alguna utilidad económica para el «propietario» salvado *—success—* a través del salvamento de los bienes[1040]. Según el principio *no cure-no pay*, los salvadores no tienen derecho a un premio cuando hubieran tomado medidas preventivas con la finalidad de evitar un riesgo, ya que realmente no se ha conseguido salvar nada. En opinión de BENEDICT[1041], el éxito en el salvamento se consigue cuando se restituya la seguridad sobre parte o toda la «propiedad» a su legítimo *«owner»*. De este modo debe existir una relación de causalidad entre el servicio de salvamento prestado y los bienes salvados[1042]. Éste requiere que los servicios prestados por los salvadores contribuyan *eficazmente* a la obtención del resultado útil[1043]. Es decir, que gra-

los costes de esta industria. Como se refleja en la sentencia, *«It was however an expensive business and in recent years the capital and running costs have been difficult for the traditional salvage concerns to sustain. A number of these were absorbed into larger enterprises, less committed perhaps to the former spirit, and unwilling to stake heavy outlays on the triple chance of finding a vessel in need of assistance, of accomplishing a salvage liable to be more arduous and prolonged than in the days of smaller merchant ships, and of finding that there was sufficient value left in the salved property at the end of the service to justify a substantial award»*.

1038 *Vid*. VINCENZINI, *International regulation of salvage at sea*, *op.cit*., pág. 93.

1039 *Vid.* SHAW, «The 1989 Salvage Convention and English law», en *LMCLQ*, *cit.*, pág. 214.

1040 *Vid.* KENNEDY, ROSE, *Law of Salvage*, *op.cit.*, pág. 313; también recogidos en la Sentencia número 00173/2020 del Juzgado de lo Mercantil número 1 de Palma de Mallorca, de 12 de marzo de 2020, ECLI:ES:JMIB:2020:1319, cuyos hechos se encuentra en la nota al pie número 229.

1041 *Vid*. BENEDICT, *Benedict on Admiralty*, *op.cit.*, pág. 7-17.

1042 *Vid.* KENNEDY, ROSE, *Law of Salvage*, *op.cit.*, pág. 313.
A este respecto también se ha pronunciado algún autor de la doctrina española, explicando que debe existir el nexo causal entre la actuación de los salvadores y el resultado positivo de la operación; no pudiendo deberse éste a fuerzas de la naturaleza. Por ejemplo, un velero que, encallado, aprovecha la fuerza del viento para salir de esta situación y volver a tomar el mar por sí mismo; *vid*. GARCÍA LUENGO, *La remuneración en el salvamento marítimo*, *op.cit.*, pág. 106 y nota al pie número 189.

1043 *Vid*. GABALDÓN GARCÍA, RUIZ SOROA, *Manual de Derecho de la Navegación Marítima*, *op. cit.*, pág. 727.
Como situación contraria a la que los salvadores contribuyan eficazmente al salvamento, puede citarse el caso *The Cheerful* (1885) 11 P.D. 3. En este supuesto, el buque *Cheerful*

cias a la operación del salvamento y la intervención de los salvadores se ha conseguido (o mantenido) algún valor —económico[1044]— frente a la pérdida del buque y los otros bienes en peligro[1045]. El salvamento tiene lugar cuando se evita la pérdida —económicamente evaluable[1046]—total o parcial del buque o su carga[1047].

No obstante, existen operaciones en las que, a pesar de no salvar nada en sentido estricto, se consigue prestar una ayuda; por ejemplo, en los casos de «socorro potencial»[1048]. En estos supuestos el resultado útil no se produce, pero los salvadores tendrían derecho a un «premio» por los servicios prestados. Esta misma idea ya se recogía en la anterior Ley de Enjuiciamiento de la Marina de 1925 —analizada previamente[1049]— cuyo artículo 18 disponía que

> «El Capitán o patrón de un buque que con él preste auxilio (...) tendrá derecho a que se le resarzan los gastos ocasionados y se le indemnicen los perjuicios que acredite haber sufrido con motivo o a consecuencia del auxilio. El buque que los preste, consiguiendo resultado positivo, tendrá derecho, además, a un premio que no podrá exceder de la décima parte del valor del buque salvado y de su cargamento (...)».

La primera idea de este artículo de la Ley de Enjuiciamiento de la Marina de 1925 es que la operación de auxilio —salvamento— *per se*, y sin necesitar de un resultado útil, daría lugar, al menos, a la compensación por los gastos e indemnización por los perjuicios ocasionados. La segunda idea es que, si además existiese resultado útil —«resultado positivo»[1050]—, se reconocería un beneficio, esto es, el premio. Nuestro planteamiento coincide con el de esta

fue rescatado, comenzando su remolque hacia la costa cuando en este trayecto la guindaleza se partió, dejando al buque auxiliado en unas circunstancias de mayor peligro que las originales. Así, el buque *Cheerful* terminó por hundirse en el mar a 33 kilómetros de St Ives. Como resulta evidente, el buque que acudió al auxilio de *The Cheerful* no obtuvo ninguna recompensa por los servicios prestados.

1044 *Vid.* LE CLÈRE, *L'assistance aux navires*..., *op.cit.*, pág. 221; GUTIÉRREZ DE LA CÁMARA, *Ley reguladora de los auxilios*..., *op.cit.*, pág. 44; FERRARINI, *Il Soccorso in mare*..., *op.cit.*, pág. 53.

1045 *Vid.* LE CLÈRE, *L'assistance aux navires*..., *op.cit.*, pág. 213.

1046 *Vid.* GUTIÉRREZ DE LA CÁMARA, *Ley reguladora de los auxilios*..., *op.cit.*, pág. 46.

1047 *Vid.* GARCÍA LUENGO, *La remuneración en el salvamento marítimo*, *op.cit.*, pág. 107. En este sentido, podrá salvarse únicamente la carga aunque el buque no se encuentre en una situación de peligro si así lo piden sus titulares a los salvadores; *vid.* BAUGHEN, *Shipping Law*, *op.cit.*, pág. 298.

1048 Véase *supra* en este capítulo el epígrafe 1 La operación de salvamento marítimo.

1049 Véase *supra* en el capítulo primero el epígrafe 2.1 La regulación previa a la Ley de Navegación Marítima.

1050 Esto es, la «liberalización efectiva del buque del peligro que le amenazaba», es decir, el salvamento realmente efectuado; *vid.* GAMECHOGOICOECHEA Y ALEGRÍA, *Tratado de Derecho Marítimo Español*, III, *op.cit.*, pág. 508.

ley, pues reiteramos en la idea de que existen operaciones en las que no se consigue ningún resultado útil, pero el despliegue de medios y recursos de la empresa salvadora merece, en nuestra opinión, un resarcimiento por los gastos ocasionados.

A mayor abundamiento, tras la introducción de la «conciencia medioambiental» en el salvamento marítimo y, en especial, de la compensación especial del artículo 14 del CISM 1989, objeto de análisis más adelante[1051], no podemos afirmar que el resultado útil sea un «elemento» inherente e imprescindible en el salvamento marítimo. Desde nuestro punto de vista, el resultado útil es *conditio iuris* para exigir el premio «tradicional», no para que una operación sea salvamento marítimo. En palabras de URÍA[1052], «no es indispensable que el salvamento haya de producir un "resultado útil". El resultado útil funciona solamente como condición legal *(conditio iuris)* del derecho a exigir la remuneración del servicio (art. 2 de la Ley de Auxilios)»[1053]; no siendo el único autor de la doctrina española que defiende esta postura[1054].

Aunque el resultado útil sea una condición necesaria para el derecho a obtener un «premio» tradicional, no podría afirmarse que el resultado útil sea una condición *sine qua non* para que exista el salvamento marítimo. Así, la compensación especial es otro tipo de «payment» —en términos del artículo 1, letra e), del CISM 1989— en determinadas operaciones que siguen siendo salvamento marítimo[1055].

1051 Véase *infra* en este capítulo el epígrafe 2.4.1 El artículo 14 del CISM 1989.

1052 *Vid*. URÍA, *Derecho mercantil, op.cit.*, pág. 1.224.

1053 Que se expone a continuación: «Todo acto de auxilio o salvamento que haya producido un resultado útil dará lugar a una remuneración equitativa. *No se deberá ninguna remuneración si el socorro prestado no llegase a producir resultados útiles*. La suma que deba pagarse no podrá exceder, en ningún caso, del valor de las cosas salvadas. La remuneración exigible a consecuencia de las operaciones de auxilio o salvamento corre a cargo del armador del buque o explotador de la aeronave objeto de aquéllas, sin perjuicio del derecho de repetición que pueda corresponderle», cursiva añadida.

1054 *Vid.* ARROYO, «Accidentes marítimos y contaminación», en *Lecciones de Derecho Mercantil*, II, *op.cit.*, pág. 943, considera que en la LNM el salvamento marítimo se define al margen del resultado útil, que es imprescindible desde el punto de vista mercantil, aunque innecesario en la operación de salvamento. En el mismo sentido, *vid.* Rivero, *El salvamento marítimo*, Madrid, 2003, pág. 29.

De hecho, la definición que proporciona el Convenio de 1989 en su artículo 1, letra a), no recoge que deba producirse un resultado útil para que la operación sea calificada como salvamento; *vid.* CHIU, LIU, CHANG, TSENG, CHEN, «Cost of salvage–a comparative form approach», en *J. Mar Sci Technol*, *cit.*, pág. 743. Cfr. GONZÁLEZ LEBRERO, *Curso de Derecho de la Navegación*, *op.cit.*, pág. 741.

1055 De hecho, en la versión del *Montreal Draft* del Convenio sobre salvamento también se incluía como uno de los términos del *payment* el de «reembolso» *(reimbursment)*, aunque posteriormente fue eliminado sin que se recojan en las actas los motivos de esta decisión; *vid.* CMI, *The Travaux Préparatoires of the Convention on Salvage, 1989*, *op.cit.*, pág. 123.

Lo anterior no impide, desde nuestro punto de vista, que el éxito de la operación pueda concebirse no sólo en los salvamentos «tradicionales», sino también en aquellos «medioambientales»[1056]. El éxito es un elemento necesario en el salvamento marítimo, al menos en su concepción mercantil. Como se apreciará más adelante, en determinadas ocasiones el salvamento puede dar lugar a una contraprestación económica sin haber producido un resultado útil (compensación especial del artículo 14, «Cláusula» SCOPIC). El éxito podrá estar relacionado con la «propiedad», el medioambiente[1057] o cualquier otra prestación que se haya fijado en el contrato[1058]. También la intención del CISM 1989 muestra que, si los salvadores consiguen evitar daños o responsabilidades de otros, esto debe ser considerado también como resultado útil integrado en el principio *no cure-no pay*[1059]. En consecuencia, el salvamento no puede referirse únicamente a la «propiedad», sino también al «interés del buque en evitar responsabilidades de terceros *(liability-salvage)*»[1060].

1056 Se recuerda que, a los efectos de este trabajo, este concepto nos resulta útil para explicar las situaciones en las que la operación de salvamento se realiza con el propósito de proteger el medioambiente, pero el «salvamento medioambiental» no existe hoy en día como si fuera una categoría de salvamento marítimo.

1057 En el proceso de elaboración del Convenio de Londres, la delegación francesa propuso una compensación especial, tenga o no derecho al premio previsto en el actual artículo 13 del CISM 1989, que se reconocería cuando se hubieran llevado a cabo medidas preventivas específicas para proteger el medioambiente. Dicha propuesta, finalmente, no fue aprobada; *vid.* CMI, *The Travaux Préparatoires of the Convention on Salvage, 1989*, *op.cit.*, págs. 348-350.
En la actualidad, la ISU ha propuesto que la Convención incluya una enmienda que cree una «recompensa» exclusiva para el «salvamento medioambiental». Frente a esta posición se encuentran principalmente los Clubs de P&I, considerando que la Cláusula SCOPIC retribuye adecuadamente a los salvadores. Igualmente, sostienen que esta «recompensa» para el «salvamento medioambiental» sería difícil de cuantificar; y, por otro lado, plantean cuestiones sobre quién debe asumir el pago de esa «recompensa». Como respuesta, la ISU sostiene que la determinación de la «recompensa» de este «salvamento medioambiental» sería calculada por los tribunales, aunque los Clubs de P&I consideran que esa tasación estaría basada en numerosas incertidumbres; *vid.* Hare, *Shipping law and admiralty jurisdiction in South Africa*, Kenwyn, 2009, pág. 447.

1058 Nótese que este principio caracteriza los primeros modelos de contratos de Lloyd's desde finales del siglo XIX cuando el salvamento era, en muchas ocasiones, operaciones de recuperación de buques naufragados; *vid.* Fariña, Alfin y Delgado, *Nueva ley sobre salvamentos...*, *op.cit.*, pág. 84.

1059 En los trabajos preparatorios del Convenio se recoge que: *«The salvors should be entitled to a reward on the ground that liability for damage to third party interests outside the ship has been prevented or minimized. This should be considered to be "a useful result" within the meaning of the principles of "no cure and no pay" of the 1910 Convention art. 2»*: vid. CMI, *The Travaux Préparatoires of the Convention on Salvage*, 1989, op.cit., pág. 297.

1060 En estos supuestos, cuando los salvadores hubieran evitado daños de los que hubiera sido responsable el buque —su *«owner»* o sus aseguradoras— sólo tendrán derecho a recuperar el coste de las medidas preventivas que hubieran tomado para evitarlos; *ibid.*, págs. 296-297. Se recuerda que dicho concepto ha sido tratado previamente en *supra* el capítulo primero epígrafe 1.3 El LOF 80 y la *safety net*.

Frente a la imperatividad que parece tener el principio *no cure-no pay* —especialmente en el *common law*—, algunos ordenamientos jurídicos, como el italiano, han promovido la compensación a los salvadores por los daños ocasionados y gastos producidos, aunque de su ayuda no se haya derivado éxito alguno. Así lo dispone el artículo 491[1061] del *Codice della navigazione*, cuando establece que la asistencia y el salvamento de un buque o de una aeronave, que no se realicen contra la negativa expresa y razonable del capitán, darán derecho, dentro de los límites del valor de los bienes salvados, a la indemnización de los daños sufridos y al reembolso de los gastos efectuados y, cuando hayan conseguido un resultado útil, aunque sea parcialmente, a una recompensa; recogiéndose la misma regla para el salvamento de bienes en su artículo 492[1062]. En aquellos casos en los que, además, se produzca un resultado útil, tendrá lugar una remuneración adicional, considerada como un premio[1063].

En el Derecho inglés también existe la posibilidad de pagar al salvador pese a no haber obtenido un resultado útil. Esta operación se conoce como «*engaged services*» o «*services at request*» por la que, si en el contrato de salvamento se pacta que la obligación consiste en una operación de salvamento, se entenderá cumplido si así los han desarrollado; lo que sería, realmente, un contrato de arrendamiento de servicios[1064].

1061 Cuya redacción establece lo siguiente: «*L'assistenza e il salvataggio di nave o di aeromobile, che non siano effettuati contro il rifiuto espresso e ragionevole del comandante, danno diritto, entro i limiti del valore dei beni Assistiti o salvati, al risarcimento dei danni subiti e al rimborso delle spese incontrate, nonché, ove abbiano conseguito un risultato anche parzialmente utile, a un compenso. Il compenso è stabilito in ragione del successo ottenuto, dei rischi corsi dalla nave soccorritrice, degli sforzi compiuti e del tempo impiegato, delle spese generali dell'impresa se la nave è armata ed equipaggiata allo scopo di prestare soccorso; nonché del pericolo in cui versavano i beni assistiti o salvati e del valore dei medesimi*».

1062 El artículo 492 del Codice della navigazione dispone lo siguiente «*il salvataggio di cose, che Non sia effettuato contro il rifiuto espresso e ragionevole del comandante della nave o dell'aeromobile in pericolo o del proprietario delle cose, dà diritto, nei limiti stabiliti nell'articolo precedente, al risarcimento dei danni, al rimborso delle spese, nonché, ove abbia conseguito un risultato anche parzialmente utile, a un compenso determinato a norma del predetto articolo*».

1063 *Vid.* Volli, *Assistenza e salvataggio*, *op.cit.*, pág. 27; Righetti, *Trattato di Diritto Marittimo*, III, Milán, 1994, pág. 649; Gaeta, «La convenzione di Londra 1989 sul soccorso in acqua», en *Il Diritto Marittimo*, *cit.*, págs. 306-307. Por este motivo, la adopción del CISM 1989 al Ordenamiento jurídico italiano ha sido criticada en este extremo; *vid.* Celle, «Note sull'applicazione della Convenzione di Londra del 1989 sul soccorso in mare», en *Scritti in onore di Francesco Berlingieri*, *op.cit.*, pág. 329.

1064 Así, y de manera excepcional, podía recibirse una compensación aunque no hubiera existido resultado útil que se pagaba de algún fondo nacional como el que previó el *Mercantile Marine Fund* en Reino Unido, *ex* artículo 544, apartado 3 de la *Merchant Shipping Act* de 1894 en relación con el salvamento de vidas humanas: «*Where the vessel, cargo, and apparel are destroyed, or the value thereof is insufficient, after payment of the actual*

2.2. Los criterios para determinar el premio

El artículo 13 del CISM 1989 establece, en su apartado 1, una serie de «Criterios para determinar la recompensa», según la rúbrica de este artículo. Sin perjuicio de que en este epígrafe analicemos uno por uno estos criterios legales, conviene adelantar la siguiente reflexión. Los criterios que se recogen en este precepto son, por lo general, muy flexibles y, en ocasiones, se solapan unos con otros. Son criterios abiertos que permiten al tribunal competente, en su caso, que conozca de un supuesto, tenga principios suficientes para calcular el premio correspondiente a los salvadores. En nuestra opinión, la «lista» de criterios que aparecen enunciada no es una lista de *numerus clausus*[1065], sino que debe interpretarse como una «guía» que ayuda a valorar y cuantificar el premio. Estos criterios prácticamente reiteran el artículo 8 del anterior Convenio de Bruselas de 1910[1066].

---

expenses incurred, to pay the amount of salvage payable in respect of the preservation of life, the Board of Trade may, in their discretion, award to the salvor, out of the Mercantile Marine Fund, such sum as they think fit in whole or part satisfaction of any amount of salvage so left unpaid».

Este supuesto excepcional se dio en el caso *The Undaunted* (1860) Lush. 90 at 92. El buque *Undaunted* debido a un fuerte vendaval, perdió su ancla. Un barco mercante acudió a la llamada de auxilio y el capitán del *Undaunted* le solicitó que la trajera. Mientras tanto, el *Undaunted* consiguió ponerse a salvo. En consecuencia, se le reconoció un premio por el servicio prestado, aunque realmente su colaboración no consiguiera salvar al buque en peligro. Estos servicios deben ser más complejos que una simple *«distress call»*. Lo anterior se manifiesta en el método para calcular el premio que, el Derecho inglés (Brice, *Brice on Maritime Law of Salvage*, *op.cit.*, pág. 438) clasifica en tres supuestos o tipos: que el contrato se celebre bajo el principio *no cure-no pay*, por horas o días de trabajo o por una suma total o pago único (*Lumpsum contract*, cuyo modelo más conocido es el SALVCON de la ISU, al cual se puede acceder en https://www.marine-salvage.com/isu-documents/). El respetado principio de autonomía contractual, especialmente en el Derecho marítimo, les permitiría diseñar el contrato de salvamento marítimo con flexibilidad siempre que no sea contrario a la ley, la moral o el orden público.

Igualmente, en la doctrina francesa (por todos, *vid.* Ripert, *Droit Maritime*, III, *op.cit.*, pág. 134) se admite que las partes pueden optar por contratar unos servicios de salvamento, de modo que los salvadores podrían obtener un premio en caso de realizar algunas operaciones.

Nótese que, en el *common law*, los contratos se caracterizan por su *binding force* (Chitty, Beale, *Chitty on Contracts*, I, *op.cit.*, párr. 1-036); esto es, su fuerza vinculante que se *asemeja* a la de la ley en países del *civil law*. Así, el Artículo 1.091 del CC dispone que «Las obligaciones que nacen de los contratos tienen fuerza de ley entre las partes contratantes, y deben cumplirse a tenor de los mismos».

1065 En la misma opinión, *vid.* Mudrić, Vio, «CMI Beijing Conference and 1989 Salvage Convention», en *Il Diritto Marittimo*, 2014, vol. II-IV, págs. 412-425, pág. 414.

1066 Que establecía lo siguiente: «La remuneración la fijará el juez según las circunstancias, tomando por base: (a), en primer lugar, el éxito obtenido, los esfuerzos y el mérito de los que prestaron el auxilio; el peligro que corrió el buque auxiliado, sus pasajeros, su tripulación, su carga, sus salvadores y el navío salvador; el tiempo empleado, los gastos y daños sufridos y los riesgos de responsabilidad y otros que hayan corrido los salvadores; el valor del material expuesto por ellos, teniendo en cuenta, en caso necesario, la adecuación

El artículo 13 del CISM 1989 tiene un objetivo finalista, pues establece que el premio se determinará «con miras a alentar las operaciones de salvamento». Con esta expresión, el CISM 1989 intenta destacar que el salvamento es una actividad arriesgada y de que los salvadores han de ser recompensados equitativamente en proporción al esfuerzo realizado. Con ello, además, se pone en valor la industria del salvamento marítimo. Consiste en un *toque de atención* sobre el interés general que para el comercio ostenta la prestación del salvamento marítimo[1067].

Los criterios para determinar el premio que establece el Convenio de 1989 en su artículo 13.1, podrían seguir la siguiente clasificación, si fuera útil: criterios que tienen relación con los bienes salvados; otros relacionados con la actuación de los salvadores; y otros con las circunstancias en las que se realiza la operación. Aunque los criterios estén enumerados en el artículo 13.1 del CISM 1989, se advierte que el orden en el que aparecen no es relevante a la hora de determinar el premio; es decir, que el primero de ellos no es más relevante que sus sucesivos[1068], por lo que en este aspecto los jueces y árbitros contarán con una significativa discrecionalidad[1069]. De manera evidente, estos criterios, objeto de análisis a continuación, no tienen por qué tenerse en cuenta en un mismo caso ni tampoco con la misma intensidad.

El artículo 13.1, letra a), del CISM 1989 establece como «primer criterio»[1070] para determinar el premio por el salvamento efectuado «el valor del buque y

especial del buque de auxilio; (b), en segundo lugar, el valor de las cosas salvadas». Lo anterior tampoco comprendía una lista cerrada de criterios, ya que, por ejemplo, en el caso The Buffalo [1937] 58 Ll L Law Rep 302, se valoró como criterio para determinar el premio el haber evitado los daños a otros. En este supuesto, cinco barcazas de acero que habían sido amarradas se soltaron y quedaron a la deriva por el río Támesis. Los salvadores rápidamente se ocuparon de ellas volviendo a ponerlas en un lugar seguro y a amarrarlas debidamente, lo cual fue una operación compleja debido a las circunstancias meteorológicas de la noche en la que se efectuaron las operaciones. Igualmente, estos impidieron que las barcazas causaran daños de los que hubieran sido responsables sus *«owners»*. El tribunal consideró la responsabilidad evitada como un factor para determinar la cuantía de la indemnización por salvamento.

1067 *Vid.* Gabaldón García, Ruiz Soroa, *Manual de Derecho de la Navegación Marítima*, *op. cit.*, pág. 731.

1068 *Cfr.* Friedell, «Salvage», en *JMLC*, 2000, vol. 31, núm. 2, págs. 311-316, págs. 311-312, quien afirma que son tres criterios los finalmente relevantes: el valor de lo salvado, el servicio prestado y el riesgo de fracaso de la operación.

1069 Lo que algún autor señala como «controvertido»; *vid.* Tsimplis, «The liabilities of the vessel», en *Maritime Law*, *op.cit.*, pág. 245: *«The amount awarded is at the discretion of the arbitrators and can be controversial»*.

1070 Algunos autores han considerado, por el contrario, que el primer criterio para determinar el premio debiera ser la acción de valentía y la decisión de los salvadores de aventurarse a un mar en peligro y arriesgar sus vidas para salvar la «propiedad» de otros; por todos, *vid.* Chorley, Giles, *Derecho Marítimo*, *op.cit.*, pág. 388. Sin perjuicio de la consideración de este autor, en este trabajo se seguirá el orden dispuesto en el artículo 13.1 del CISM 1989.

otros bienes salvados». En este sentido, el premio se calculará sobre la base del valor de la «propiedad» salvada[1071]. A este respecto, deberá tenerse en cuenta, aun así, la proporcionalidad entre las operaciones efectuadas y el premio que le corresponde a los salvadores, respetándose, en todo caso la *equity* entre las partes[1072]. El fundamento de este criterio es la equidad entre las partes, es decir, que el salvador no pueda cobrar más de lo que ha salvado, de modo que el auxiliado no se vea perjudicado por solicitar el salvamento.

El segundo criterio es el que figura en la letra b) del artículo 13.1 del CISM 1989: «la pericia y los esfuerzos desplegados por los salvadores para evitar o reducir al mínimo los daños al medio ambiente». El propósito de este apartado fue incentivar a los salvadores a realizar el «salvamento medioambiental»[1073] que, como se ha visto a lo largo de este trabajo, fue uno de los objetivos clave de este Convenio; pues, el buque, por sí mismo y en su caso, además, por la carga que transporta, es un riesgo para el medioambiente. Con la inclusión de este criterio para evaluar el premio de los salvadores, se inició el camino ideado en la Conferencia de Montreal sobre el reconocimiento de algún tipo de compensación a los salvadores que hubieran prevenido o minimizado los daños al medioambiente, a cargo de los *«owners»* del buque, los titulares de la carga y los Clubs de P&I[1074].

Con respecto al criterio de la letra b) del artículo 13.1 del CISM 1989, la ISU propone[1075] de modo que se elimine este precepto, quedando incorpo-

1071 *Vid.* DARLING, SMITH, *LOF 90 and the new salvage Convention*, *op.cit.*, pág. 5 y págs. 28-31. En aquellos supuestos en los que la propiedad salvada no tenga valor económico alguno, por regla general los salvadores no prestarán su servicio o no reclamarán el premio por dicho objeto salvado; *vid.* KENNEDY, ROSE, *Law of Salvage*, *op.cit.*, pág. 192. No obstante, no pueden obviarse otras retribuciones como la compensación especial del artículo 14 del CISM 1989 o la invocación de la «Cláusula» SCOPIC.

1072 Recuérdese a este respecto lo dispuesto en el artículo 7 del CISM 1989 respecto a la anulación o modificación de los contratos de salvamento con motivo de que el pago pactado en el contrato sea excesivamente alto o bajo en relación con los servicios prestados; véase *supra* en el capítulo primero el epígrafe 1.4.1 La autonomía de la voluntad de las partes y el CISM 1989.

1073 En la misma opinión, *vid.* BISHOP, «The Development of Environmental Salvage and Review of the London Salvage Convention 1989», en *Tul. L. R.*, *cit.*, pág. 66.

1074 *Vid.* CMI, *The Travaux Préparatoires of the Convention on Salvage*, 1989, *op.cit.*, pág. 295.

1075 *Vid.* BUSCH, «Fair Reward for protecting the environment – The salvor's perspective, by Todd Busch», en *YEARBOOK 2010 ANNUAIRE*, 2010, Amberes, págs. 493-498, págs. 494-498. Así, argumentó que el contexto ha cambiado mucho desde 1979 cuando se estudió por primera vez la forma de incentivar la protección medioambiental en la industria del salvamento. En especial, se basó en las cuestiones medioambientales que, según él, dominaban todos los casos de salvamento. Lo que antes era una motivación satisfactoria para los salvadores, ya no lo era en la actualidad. La protección del medioambiente tenía un mayor peso en la actualidad que hacía 40 años debido a la mayor implicación de las insitituciones públicas a este respecto. Así, hay autores que afirman que desde 1990 el salvamento en los Estados Unidos se ha «moldeado» por las tendencias sobre la protección

rado al artículo 14 del CISM 1989 que regula la compensación especial[1076]. Sin perjuicio de que este tema sea tratado más adelante, consideramos que, con su propuesta, la ISU pretende diferenciar por completo los salvamentos medioambientales de aquellos «tradicionales», de ahí que pretenda eliminar el criterio de evaluar en el premio la pericia y los esfuerzos desplegados por los salvadores para evitar o reducir al mínimo los daños al medioambiente. No obstante, lo anterior nos parece poco coherente con el otro planteamiento de la ISU que establece que, en toda operación de salvamento, el medioambiente queda afectado[1077].

El tercer criterio es el del artículo 13.1, letra c), del CISM 1989: «la medida del éxito logrado por el salvador». Pocos autores se han pronunciado sobre este criterio[1078], sin proponer, además, una interpretación concreta del mismo. A nuestro modo de ver, el tercer criterio del artículo 13.1, letra c), del CISM 1989 se encuentra íntimamente relacionado con el resultado útil, para lo que nos remitimos a lo expuesto en el apartado anterior. Para que haya un resultado útil debe haberse producido un éxito, total o parcial, en relación con el salvamento de los bienes y la contaminación, y un nexo causal que lo vincule a los servicios prestados por los salvadores. En este sentido, y no existiendo una base en las actas del CISM 1989 —pues no se realizó mención alguna a este criterio en concreto—, consideramos que es una reiteración del principio *no cure-no pay* o resultado útil que ya se encuentra regulado en el previo artículo 12 del CISM 1989; sin embargo, la finalidad en ambos supuestos es distinta. Mientras que en el artículo 12 del CISM 1989 el principio *no cure-no pay* matiza

---

del medioambiente; *vid.* AA VV, *Reassessment of the Marine Salvage Posture of the United States*, Washington D.C., 1994, pág. 8.

1076 Propuesta que se analizará a continuación tras el estudio de la compensación especial del CISM 1989; véase *infra* el epígrafe en este capítulo 2.4 El «salvamento medioambiental» y la compensación especial.
El artículo 13 del CISM 1989, con esta propuesta, quedaría redactado del siguiente modo: «1. La recompensa se determinará con miras a alentar las operaciones de salvamento, teniendo en cuenta los siguientes criterios sin atender al orden en que aparecen enumerados: a) el valor del buque y otros bienes salvados; b) la medida del éxito logrado por el salvador; c) la naturaleza y el grado del peligro; d) la pericia y los esfuerzos desplegados por los salvadores para salvar el buque, otros bienes o vidas humanas; e) el tiempo empleado, los gastos efectuados y las pérdidas sufridas por los salvadores; f) el riesgo de incurrir en responsabilidad y demás riesgos que hayan corrido los salvadores o su equipo; g) la prontitud con que se hayan prestado los servicios; h) la disponibilidad y la utilización de buques o de otro equipo destinados a operaciones de salvamento; i) el grado de preparación y la eficacia del equipo del salvador, así como el valor del mismo».

1077 *Vid.* Busch, «Fair Reward for protecting the environment – The salvor's perspective, by Todd Busch», en *YEARBOOK 2010 ANNUAIRE*, *cit.*, pág. 494.

1078 *Vid.* Gabaldón García, Ruiz Soroa, *Manual de Derecho de la Navegación Marítima, op. cit.*, pág. 731, quienes consideran que el éxito «no se está refiriendo a una valoración económica del resultado final de la operación, sino a una comparación entre el resultado logrado y la situación inicial del buque asistido en riesgo, incluyendo una evaluación del resultado hipotéticamente obtenible».

el requisito para obtener un premio en una operación de salvamento «tradicional», en el artículo 13 del CISM 1989 figura como criterio para determinar este premio.

El cuarto criterio es «la naturaleza y el grado del peligro», *ex* artículo 13.1, letra d), del CISM 1989[1079]. Desde nuestro punto de vista, con este criterio sucede algo similar al criterio anterior relacionado con el resultado útil. De este modo, cuando aparece mencionado en el artículo 1, letra a), del CISM 1989, lo hace como «elemento» del salvamento marítimo; mientras que, en el artículo 13.1, letra d), del CISM 1989 hace alusión la naturaleza y el grado del peligro como criterios para determinar el premio.

El quinto criterio es el contemplado en la letra e) del artículo 13.1 del CISM 1989: «la pericia y los esfuerzos desplegados por los salvadores para salvar el buque, otros bienes o vidas humanas». Este criterio puede recordar en su redacción al de la letra b) de este mismo artículo, pero atiende a dos operaciones distintas, pues en la primera hablamos de «salvamento medioambiental», mientras que, en la segunda, hablamos de salvamento de personas en el mar. Consideramos relevante que estos dos criterios figuren de manera separada pues con ello se aprecia de nuevo la dinámica del CISM 1989 en relación con la protección medioambiental. De esta forma, la protección del medioambiente se valora de manera distinta, separada, a la del salvamento «tradicional» sobre bienes, pero también del salvamento tradicional —no mercantil— de vidas humanas en el mar. La enunciación de estos tres elementos en el artículo —personas, medioambiente, bienes— no guarda una relación de primacía o exclusión, pero permite apreciar la evolución del salvamento hacia la protección del medioambiente en el Convenio de 1989. Es indicativo que, valorándose todos los criterios al mismo nivel, se ha querido destacar la novedad que supone al medioambiente.

Mientras que algún autor ha propuesto definiciones para los conceptos de «esfuerzo» y «pericia»[1080], desde nuestro punto de vista, describir cada uno de

1079 *Vid.* KENNEDY, ROSE, *Law of Salvage*, *op.cit.*, pág. 180, lo considera como el criterio más relevante para determinar la recompensa, aunque sin especificar el porqué.

1080 *Vid.* GARCÍA LUENGO, *La remuneración en el salvamento marítimo, op.cit.*, pág. 191, define el *esfuerzo* como la «resistencia física» empleada por el salvador que, a través de su trabajo, emplea en la operación de salvamento.

Igualmente, cabe señalar la Resolución del Tribunal Marítimo Central, de 25 de noviembre de 1969, recogida en el *DOMM*, año LXIII, número 34, 10 de febrero de 1970, págs. 364-365, pág. 365 y la Resolución del Tribunal Marítimo Central de 2 de mayo de 1970, recogida en el *DOMM*, LXIII, número 100, 2 de mayo de 1970, págs. 1.107-1.108, pág. 1.108.

Entre otros criterios que pueden ser referentes para evaluar la pericia y los esfuerzos de los salvadores se encuentran: el lugar donde se presta el salvamento (Resolución del TMC de 2 de mayo de 1970, recogida en el *DOMM*, *cit.*, pág. 1.107) donde se indica que el buque siniestrado necesitaba asistencia ya que se encontraba en una zona próxima a arrecifes, un riesgo agravado por situaciones de incendio o explosión (*vid.* «Sommaires de jurisprudence britannique», en *RDMC*, págs. 178-237, pág. 201), la nocturnidad de

estos conceptos por separado puede ser muy complejo, sin que en general parezca que lo anterior ayude a interpretar la finalidad del mandato.

El sexto criterio del artículo 13.1 del CISM 1989 —que algún autor[1081] relaciona con aquellos de las letras b) y e) de dicho artículo—, es el descrito en su letra f): «el tiempo empleado, los gastos efectuados y las pérdidas sufridas por los salvadores». El Convenio, con este criterio, regula un aspecto relacionado con los costes de la operación[1082]. Si bien es cierto que el anterior Convenio de Bruselas hacía referencia a «los gastos y daños sufridos» por los salvadores[1083], no hubo ninguna mención en las actas del Convenio de 1989 sobre por qué se eligió este criterio relacionado con las pérdidas sufridas por los salvadores. En nuestra opinión, se busca que la operación de salvamento no resulte gravosa para el salvador. Así también se pronuncia la doctrina anglosajona[1084], al considerar que el principal fundamento de este criterio es compensar a los salvadores cuyos servicios no hayan producido resultados suficientes en virtud del principio *no cure-no pay*.

El séptimo criterio del artículo 13.1 del CISM 1989 se recoge en su letra g): «el riesgo de incurrir en responsabilidad y demás riesgos que hayan corrido los salvadores o su equipo». Este precepto parece repetir, *a priori*, lo ya comentado en relación con el riesgo en el salvamento marítimo. Sin embargo, atiende a finalidades distintas, como ya hemos visto.

Desde nuestro punto de vista, el «riesgo de incurrir en responsabilidad» se relaciona con el ya mencionado *«liability salvage»*; es decir, que gracias a que se ha realizado la operación de salvamento marítimo, se evita el riesgo de responsabilidad en la que incurriría el buque en peligro. En este tipo de salvamento,

---

la prestación de salvamento (Sentencia del Tribunal Supremo de 30 de octubre de 1970, Salta Cuarta, de lo Contencioso-Administrativo, Arz. 4.735), sobre el salvamento al buque *Aquilina*, donde se indican los hechos del salvamento durante la noche pues su pérdida podía ser inminente, etc.

1081 *Vid*. FERRARINI, *Il Soccorso in mare…*, *op.cit.*, pág. 178.
También por la jurisprudencia, como en el caso del *Saint-Michel*, un buque cerca de Orán, con un fuerte viento que le guiaba hacia la costa y mar revuelto. La operación de salvamento por el *Goeland III* no sólo fue destacada por el tribunal por la dificultad de sus maniobras, sino también por la velocidad en la prestación del servicio, lo que influyó en la recompensa; Sentencia arbitral francesa de 19 de junio de 1931, Léopold Dor, Louis Bigard, George Ripert, recogida en *DMF*, 1931, tomo 9, núm. 8, págs. 364-369.

1082 La delegación de Reino Unido consideró en el debate de dicho artículo del Convenio lo siguiente: «(…) *It seems to me strange that one should talk about expenses and time, losses incurred in exercising a duty of care, which is cast upon one. Such references, time, expense and losses refer to activities and not to the carrying out of activities subject to a standard of care (…)*».

1083 Artículo 8, letra a), del Convenio de Bruselas: «La remuneración se fijará por el Juez según las circunstancias, tomando por base: a) (…) los gastos y daños sufridos, y los riesgos de responsabilidad y de otras clases que hayan corrido los salvadores (…)».

1084 Por todos, *vid*. BRICE, *Brice on Maritime Law of Salvage*, *op.cit.*, pág. 165.

el premio tiene su fundamento tanto en el valor de la «propiedad» salvada como en la responsabilidad civil del *«owner»* del buque accidentado[1085]. Con la expresión «demás riesgos que hayan corrido los salvadores o su equipo» consideramos que el CISM 1989 pretende ampliar este ámbito de responsabilidad de modo que se pueda obtener un premio por el *liability salvage* en un amplio sentido, con el propósito de favorecer a los salvadores y que no incurran en pérdidas[1086].

Así se constata en las actas del Convenio de Londres, que explican que esta responsabilidad a la que hace alusión el artículo 13.1, letra g), del CISM 1989 se refiere a la responsabilidad en la que pueden incurrir el *«owner»* del buque. Así se deduce del Informe del Subcomité Internacional del CMI[1087]:

> *«Inclusion of the liability interest within the concept of salvage will undoubtedly provide a more equitable distribution of the overall cost of salvage. It may also provide a beneficial encouragement to salvors to engage in salvage operations where third party interests outside the ship are in danger, particularly in cases where the chance of saving ship and cargo is rather remote (...)».*

La finalidad, por tanto, de este artículo era reconocer un premio a los salvadores por haber evitado o minimizado la responsabilidad por daños a los intereses de terceros[1088].

El noveno criterio para determinar la cuantía del premio se establece en la letra i) del artículo 13.1 del CISM 1989: «la disponibilidad y la utilización de buques o de otro equipo destinados a operaciones de salvamento». Este criterio hace referencia, de nuevo, a la *profesionalidad* de los salvadores. Gabaldón y Ruiz Soroa consideran que este criterio se justifica por el interés general del salvamento marítimo y por el fomento de esta industria[1089]; y explican que, generalmente, para considerar que un buque se destina al salvamento marítimo se tienen en cuenta dos factores: su adecuación para la prestación del servicio y el establecimiento de este destino por parte de su empresa naviera.

1085 *Vid.* Brough, «Liability Salvage-By Private Ordering», en *J Legal Stud*, *cit.*, pág. 103; Binney, «Protecting the Environment with Salvage Law: Risks, Rewards, and the 1989 Salvage Convention», en *Wash. Law Rev.*, *cit.*, pág. 646.

1086 *Cfr.* Arroyo, «Asistencias, salvamento, extracciones y hallazgos», en *Curso de Derecho mercantil*, II, *op.cit.*, pág. 1.693, quien menciona alguno de estos riesgos; por ejemplo, el riesgo que haya corrido el buque y la tripulación de perderse «arriesgando más de lo debido». Igualmente, Le Clère, *L'assistance aux navires...*, *op.cit.*, pág. 215, quien considera como tal el riesgo de colisión o abordaje con el buque que se asiste.

1087 Report by the Chairman of the International Sub-Committee, Documento Salvage 5/IV-80, recogido en CMI, *The Travaux Préparatoires of the Convention on Salvage, 1989*, *op.cit.*, pág. 296.

1088 *Ibid.*, pág. 297.

1089 *Vid.* Gabaldón García, Ruiz Soroa, *Manual de Derecho de la Navegación Marítima*, *op. cit.*, pág. 732.

Basándose en esta situación y en las grandes inversiones que realizan las empresas de salvamento marítimo, el CISM 1989 prevé como último criterio para determinar el premio «el grado de preparación y la eficacia del equipo del salvador, así como el valor del mismo», *ex* artículo 13.1, letra j), del CISM 1989. La razón de este criterio reside, en nuestra opinión, en el incentivo de la industria del salvamento marítimo[1090].

2.3. El reparto del premio

El artículo 15 del CISM 1989, bajo la rúbrica «Reparto entre los salvadores», dispone en su primer apartado que: «El reparto entre los salvadores de la recompensa contemplada en el artículo 13 se hará con arreglo a los criterios establecidos en dicho artículo». Este primer apartado del precepto regula el reparto del premio entre todos los salvadores que hayan intervenido en una operación de salvamento, por lo que podremos distinguir dos situaciones. La primera, cuando una operación sea realizada por una sola empresa de salvamento, por lo que el reparto se realizará entre el personal de esa misma empresa. La segunda, cuando en la operación de salvamento intervengan distintas empresas salvadoras.

1090 En la misma opinión, *vid.* RUIZ SOROA, *Manual de derecho de accidentes de la navegación*, *op.cit.*, pág. 143.

La ISU realizó otra propuesta sobre este artículo del CISM 1989, ya que propone la inclusión un nuevo criterio, con el siguiente texto: *«Any reward under the revised Article 14»*, esto es, «cualquier recompensa en virtud del artículo 14». Igualmente, un cuarto apartado en el artículo 13 con la siguiente redacción: *«For the avoidance of doubt no account shall be taken under this article of the skill and efforts of the salvor in preventing or minimising damage to the environment»*; esto es, «Para evitar cualquier duda, no se tendrá en cuenta, en virtud de este artículo la habilidad y los esfuerzos del salvador para prevenir o minimizar los daños al medioambiente». La ISU especifica que estas modificaciones no son realmente necesarias pero que se proponen con la intención de aportar claridad al CISM 1989; *vid.* BUSCH, «Fair Reward for protecting the environment–The salvor's perspective, by Todd Busch», en *YEARBOOK 2010 ANNUAIRE*, *cit.*, pág. 498.

Desde nuestro punto de vista, consideramos que es mejor mantener el artículo 13 como está, ya que pese a estar de acuerdo en la división entre el salvamento tradicional (artículo 13) y el medioambiental (artículo 14) y a que en toda operación de salvamento puede verse potencialmente afectado el medioambiente, habrá supuestos en los que esto no ocurra. Por ejemplo, una operación de salvamento sobre un buque que no transporta sustancias nocivas, de modo que lo más perjudicial para el medioambiental pueda ser su combustible. Si éste está seguro, en principio no habría daños medioambientales por lo que se podría solicitar el premio tradicional con base en el artículo 13 del CISM 1989. No obstante, eso no impide que los salvadores lleven a cabo esfuerzos para evitar que ese combustible se vierta al mar, por lo que sería un factor a tener en cuenta en el premio, aunque el salvamento no sea medioambiental y nunca llegue a serlo. Por otro lado, hemos considerado que los criterios son amplios y genéricos, pero no creemos que esto sea un error, sino, insistimos, la posibilidad de flexibilizar los criterios con el fin de que el CISM 1989 pueda aplicarse en todos los Ordenamientos jurídicos.

En la primera de estas situaciones, es decir, cuando reparto del premio se efectúa entre los empleados de una misma empresa, éste se realizará conforme la legislación del Estado del pabellón del buque salvador, según lo dispuesto en el segundo apartado del artículo 15 del CISM 1989:

> «El reparto entre el propietario, el capitán y las demás personas que haya al servicio de cada uno de los buques salvadores se regulará por la ley del país cuyo pabellón enarbole el respectivo buque salvador. Si el salvamento no se ha efectuado desde un buque, el reparto se regulará por la ley que rija el contrato celebrado entre el salvador y sus empleados»[1091].

Con respecto a las «demás personas que haya al servicio» de los buques salvadores, conviene resaltar que el reparto del premio también incluye a aquellos casos en los que el buque esté fletado, correspondiendo, por tanto, una parte del premio al armador-fletador[1092]. Igualmente, se han planteado dudas acerca del alcance de estas personas al servicio del buque; por ejemplo en caso de cocineros, músicos, peluqueros, personal de limpieza, de restauración, etc. Como resulta evidente, cuando estas personas no intervengan en las operaciones de salvamento se les negará el derecho al premio[1093].

1091 Este artículo recuerda al artículo 6 del anterior Convenio de Bruselas de 1910, cuya redacción establecía lo que sigue: «El importe de la remuneración será fijado por convenio de las partes, y en su defecto, por el juez. Lo mismo se observará respecto a la proporción en que deba hacerse el reparto de la remuneración entre los que prestaron auxilio en el salvamento. La repartición entre el propietario, el Capitán y las otras personas al servicio de cada uno de los navíos salvadores, se regirá por la ley nacional del buque».
Como dato anecdótico, se comenta que a principios del siglo XIX los tribunales marítimos ingleses consideraban que el premio correspondía exclusivamente a aquellas personas que, efectivamente, hubieran realizado la operación de salvamento, como se reflejó en el caso *The Vine* (1825) 2 Hag Adm 1 at 2-3. Antes incluso, en el caso *The San Bernardo* (1799) 165 E.R. 140 (Sir W. Scott), se había dejado constancia de que los salvadores eran única y realmente el capitán y la tripulación. No obstante, años más tarde, especialmente a partir de la segunda mitad del siglo XIX con la aparición del barco de vapor, este aspecto cambió, pues antes de ese momento los barcos seguían propulsándose gracias a las velas y los remos, de modo que la inversión del *«owner»* del buque no tenía tanto valor como la pericia de la dotación. Sin embargo, el barco de vapor relegó la fuerza y la hazaña personales a un segundo plano, primando la tecnología y la técnica del buque. Los buques a vapor eran más caros, pero garantizaban un mayor éxito en la recuperación y salvamento de otros buques y bienes. Los tribunales reconocieron que el *«owner»* era quien invertía entonces en el equipamiento y maquinaria y, en consecuencia, quien aseguraba el salvamento; *vid.* BRICE, *Brice on Maritime Law of Salvage*, *op.cit.*, pág. 59.

1092 *Ibid.*, págs. 62-63; BENEDICT, *Benedict on Admiralty*, *op.cit.*, pág. 4-15; FARIÑA, ALFIN Y DELGADO, *Nueva ley sobre salvamentos...*, *op.cit.*, pág. 17; DEWELL, «The Laws of Salvage», en *The Yale Law Journal*, 1912, vol. 21, núm. 6, págs. 493-499, págs. 497-499; GAMECHOGOICOECHEA Y ALEGRÍA, *Tratado de Derecho Marítimo Español*, III, *op.cit.*, pág. 530.

1093 En la misma opinión, *vid.* BRUNETTI, *Derecho Marítimo Privado*, III, *op.cit.*, pág. 792.
En algunos casos se ha reconocido el derecho al premio de la dotación que no sea de tipo náutico como en *The Spree* (1893) 7 Asp. M.L.C. 197, 198; *The Dunottar Castle*, [1902] W. N. 70; *apud.* HALSBURY, *The laws of England: being a complete statement of the whole law*

En el Derecho español, las reglas del reparto del premio por salvamento se regulan en el artículo 363.1 de la LNM, que dispone que

> «El premio por el salvamento, excluida la parte que corresponda al resarcimiento de daños, gastos o perjuicios del salvador, se repartirá entre el armador del buque salvador y su dotación en la proporción de un tercio y dos tercios respectivamente, salvo pacto en contrario. La distribución de la parte de la dotación entre sus componentes se efectuará en proporción al sueldo base de cada categoría»[1094].

El criterio que sigue la LNM es el reparto del premio en función de los salarios[1095]; aunque el artículo 363.1 de la LNM supone una norma de carácter disposi-

---

of England, volumen XXVI, Londres, 1914, pág. 666. Para lo demás, véanse las reflexiones realizadas sobre la ajenidad.

1094 A este respecto, véase la Resolución de 8 de enero de 2021, de la Dirección General de Trabajo, por la que se registra y publica el I Convenio colectivo del Personal de Flota de la Entidad Pública Empresarial Sociedad de Salvamento y Seguridad Marítima, disponible en: https://www.boe.es/diario_boe/txt.php?id=BOE-A-2021-881.
En el Derecho inglés, el premio del capitán se calcula de manera independiente, por cuanto es el que ha tenido mayor responsabilidad en la operación de salvamento; *vid.* BRICE, *Brice on Maritime Law of Salvage*, *op.cit.*, pág. 61.
En el Derecho inglés no existe ninguna norma sobre el reparto del premio entre los salvadores —a excepción de lo recientemente señalado para el capitán—, por lo que se determinará caso por caso; *ibid.*, pág. 203. El hecho de que el premio se distribuya entre los miembros de la dotación se realice en proporción al sueldo base de cada categoría ya se encuentran en *cases* de la jurisprudencia inglesa del siglo XIX, como *The Earl Grey* (1837) 166 E.R. 440. El buque *Earl Grey* fue atacado en el Canal de San Jorge durante su viaje de Liverpool a África. El barco *Solway* vio la señal de socorro y acudió en su auxilio, remolcándolo hasta Liverpool. Por estos servicios se reconoció un premio de 900 libras esterlinas. De dicha cantidad, la mitad se le dio a los «propietarios» del buque, 50 libras al capitán y lo restante —400 libras— se dividió entre la tripulación en proporción a sus respectivos salarios semanales.
Así mismo, el tribunal podrá determinar un premio distinto a aquellos miembros de la dotación que hayan desempeñado tareas más dificultosas que otros, dependiendo de sus propios méritos, como en el *case The Oscar* (1829) 166 E.R. 238, donde este buque sueco encalló en la costa de Harwich. En su auxilio acudieron al principio dos naves —*Whiting* y *Aid*—, a las que se le sumaron otras tres dos días después, ya que se necesitó más ayuda. En la sentencia que se recurría, el tribunal había reconocido el mismo premio —90 libras esterlinas— a cada barco que había intervenido. No obstante, el tribunal sentenció en este caso que los dos primeros merecían un mayor premio, debido a que habían trabajado durante mayor tiempo y con unos mayores esfuerzos que los otros tres buques restantes. Así, les concedió un premio al *Whiting* y al *Aid* de 75 libras a cada uno a diferencia de los otros tres que recibieron 30 libras o 20 en función de las tareas realizadas en la operación de salvamento.

1095 La Sentencia del Tribunal Supremo, número 6815/2008, de 10 de diciembre de 2008, Sala de lo Contencioso, ECLI:ES:TS:2008:68, puso de manifiesto que sólo tendrán derecho al premio aquellos miembros de la tripulación que estuvieran embarcados, no a la totalidad de la empresa, lo que resulta lógico.
En este supuesto, el yate a motor *Constellation* (propiedad de STARGATE), quedó varado en una roca, embarrancando en los bajos rocosos del Cabo Tiñoso (Cartagena). Las hélices del barco quedaron enrocadas y el buque inmóvil. El remolcador *V.B. Cartagena* (propie-

tivo, en tanto en cuanto las partes pueden pactar otro reparto del premio distinto al contemplado en el precepto legal; lo que permitiría, en opinión de algún autor[1096], la posibilidad de que a algunos miembros de la dotación no se les otorgue premio por los servicios prestados. Este aspecto, que en *common law* estaría fundamentado en la idea de la *equity*, en España resulta más complejo aplicar este principio tal y como se entiende en el Derecho *anglosajón* sobre el que no existe un fundamento legal. A nuestro modo de ver, si bien es cierto que en una interpretación literal del precepto podría suceder que algunos miembros de la dotación pudiesen no cobrar un premio, consideramos que, en una interpretación útil de la norma, el personal de la empresa que haya desempeñado la operación de salvamento tiene derecho a su premio. En caso de que las partes negasen dicha posibilidad a parte de la dotación, esto supondría que el contrato no sería equitativo entre las partes y, por ende, nulo o modificable en virtud del artículo 7 del CISM 1989.

Por su parte, el segundo apartado del artículo 363 de la LNM dispone que

> «La regla establecida en el apartado anterior no se aplicará a los buques remolcadores ni a los armados y equipados para el salvamento, en los que los derechos de la

dad de RECASA) y la lancha *Salvamar Alcor* auxiliaron al *Constellation* en unas condiciones meteorológicas adversas (viento muy fuerte, visibilidad reducida y fuerte marejada); además, el yate estaba con la popa sobre las rocas, tocando fondo. Entre los diversos recursos interpuestos contra la resolución del Almirante Jefe del Estado mayor de la Armada, que calificó los servicios anteriores como salvamento marítimo —mientras que RECASA solicitaba la totalidad del premio (y no el tercio correspondiente según la resolución, ya que sus tripulantes no tenían derecho a obtener ninguna cantidad), STARGATE solicitaba al Tribunal Supremo que calificara la operación como remolque y no como salvamento— interesa el interpuesto por los miembros de la tripulación del remolcador *V.B. Cartagena* por el que pedían que se tuviera en cuenta no sólo a los cinco salvadores que hubieron participado, sino a todos los miembros de la base de Cartagena. En este supuesto aún era de aplicación la LAS, ya que la LNM no entraría en vigor hasta 2014. No obstante, el reparto del premio seguía el mismo fundamento en la anterior ley que en la actualidad, aunque con algunos matices que se examinarán a continuación.
La redacción de ambos artículos es distinta pues, en virtud del artículo 7 de la LAS, un tercio correspondía al armador y los otros dos tercios correspondían a los miembros de la dotación, las personas ajenas a la misma que hubieran cooperado con ella eficazmente y a los salvadores de vidas humanas (aunque no pertenecieran al buque o aeronave auxiliadores), sin que se estableciera una ratio determinada para dividir el premio entre ellos. En la actualidad, el artículo 363.1 de la LNM dispone, como hemos visto, que el premio por el salvamento se repartirá entre el armador del buque salvador y su dotación en la proporción de un tercio y dos tercios respectivamente, salvo pacto en contrario; el artículo 363.1 de la LNM no dispone nada al respecto de aquellas personas ajenas. La sentencia dispone que por la redacción del artículo 7 de la LAS, el factor relevante era «la actividad material en la salvación marítima, circunstancia que no se da en el personal que, aun afecto al buque, no se encuentra prestando servicios en el mismo en el momento del auxilio o salvamento». Por tanto, el premio debía concederse a los miembros de la tripulación que efectivamente hubieran participado en el salvamento.

1096 *Vid*. Pulido, «Accidentes de la navegación: Abordaje, avería gruesa, salvamento y bienes hundidos y naufragados», en *Ley de Navegación Marítima: balance de su aplicación práctica*, dirs. A. Emparanza Sobejano, J.M. Martín Osante, Madrid, 2019, págs. 507-541, pág. 533.

> dotación se regularán por lo establecido en sus respectivos contratos de embarque o en convenio colectivo»[1097].

Con ello, se observa la primacía de la voluntad de las partes, expresada bien en el contrato de embarque, bien en convenio colectivo[1098].

En la segunda de estas situaciones, es decir, cuando intervienen varias empresas salvadoras en la operación de salvamento y hay que repartir el premio entre ellas, la ISU declaró en el proceso de elaboración del CISM 1989 que a menudo existían reclamaciones de salvamento de empresas que trabajaban bajo la dirección de un salvador principal (subcontratación). Por ello, estaban a favor de insertar alguna disposición que garantizara que cualquier contrato realizado por una empresa de salvamento vinculase a sus empleados, representantes y empresas subcontratadas para realizar la operación[1099].

Lo que subyace, tanto en uno como en otro supuesto, es fundamentar que el reparto del premio se realice siguiendo el principio de equidad entre las partes.

El pago del premio, en virtud del artículo 13.2 del CISM 1989,

> «se efectuará por todos los intereses vinculados al buque y a los demás bienes salvados en proporción a sus respectivos valores. No obstante, un Estado Parte podrá estipular en sus leyes nacionales que el pago de una recompensa ha de ser efectuado por uno de esos intereses, a reserva del derecho de ese interés a repetir contra los otros intereses por sus respectivas partes. Nada de lo dispuesto en el presente artículo irá en perjuicio del derecho a oponer excepciones».

Se observa, en este precepto, que estamos ante una obligación solidaria de todos los interesados[1100]. Igualmente, se aprecia que este artículo no impide

---

1097 Lo que recuerda a la redacción del artículo 7 de la LAS que disponía lo siguiente: «No estará sujeta a las reglas precedentes la distribución de la remuneración que por asistencia o salvamento *se atribuya a los buques armados y equipados especialmente para prestar socorro*. En este caso, los derechos de la tripulación se ajustarán a lo establecido en los respectivos contratos de embarque», cursiva añadida.

1098 En la misma opinión, *vid.* Morral, «Del salvamento», en *Comentarios a la Ley 14/2014...*, *op.cit.*, pág. 1.138.
Se recuerda, a este respecto, el artículo 3.3 del Real Decreto Legislativo 2/2015, de 23 de octubre, *por el que se aprueba el texto refundido de la Ley del Estatuto de los Trabajadores*, que dispone que «Los conflictos originados entre los preceptos de dos o más normas laborales, tanto estatales como pactadas, que deberán respetar en todo caso los mínimos de derecho necesario, se resolverán mediante la aplicación de lo más favorable para el trabajador apreciado en su conjunto, y en cómputo anual, respecto de los conceptos cuantificables».

1099 *Vid.* CMI, *The Travaux Préparatoires of the Convention on Salvage, 1989*, *op.cit.*, pág. 417.

1100 Regulada en el artículo 1.137 y siguientes del Código Civil junto con las mancomunadas. Artículo 1.137 del CC: «La concurrencia de dos o más acreedores o de dos o más deudores en una sola obligación no implica que cada uno de aquéllos tenga derecho a pedir, ni que cualquiera de estos interesados presente una reclamación por otra vía procesal en la tutela de su crédito ya sea como parte demandante o demandada.

En virtud del artículo 363.3 de la LNM, «En el caso de buques extranjeros se aplicarán las anteriores reglas de distribución salvo que la ley del pabellón disponga otra cosa», lo que se encuentra en consonancia con el artículo 15.2 del CISM 1989[1101]. El artículo 363.3 de la LNM establece un régimen sobre las reglas del reparto del premio para aquellos supuestos en los que el Estado del pabellón del buque salvador no prevean una regulación a este respecto. Lo anterior ha sido acogido positivamente por la doctrina que ha tratado el tema en España, calificándolo como una «mejora» con respecto al régimen de la ley anterior, «ya que contribuirá notablemente a eliminar problemas que se dan con frecuencia en la práctica judicial»[1102].

2.4. El «salvamento medioambiental» y la compensación especial

Como ya se ha comentado, a partir de la segunda mitad del siglo XX, con el desarrollo de la «conciencia medioambiental», entró un nuevo factor en la ecuación del salvamento marítimo: el medioambiente. Esto fue el origen de lo que podríamos denominar «salvamento medioambiental» entendiéndose por éste el salvamento en una operación en la que el objetivo clave es proteger o minimizar los daños al medioambiente.

Los contratos de salvamento representan el esfuerzo de las empresas privadas y organizaciones del sector marítimo por establecer unas condiciones contractuales equitativas entre las partes. De este modo, el salvamento privado se preocupa también por un aspecto de interés general como es el medioambiente[1103]. En el ámbito contractual, el primer modelo de contrato que tiene en cuenta la protección medioambiental es el LOF 80, ya analizado previamente; y continuaría, en el ámbito convencional[1104], con la aprobación del CISM 1989,

cada uno de éstos deba prestar íntegramente las cosas objeto de la misma. Sólo habrá lugar a esto cuando la obligación expresamente lo determine, constituyéndose con el carácter de solidaria».

1101 Que comienza diciendo «El reparto entre el propietario, el capitán y las demás personas que haya al servicio de cada uno de los buques salvadores se regulará por la ley del país cuyo pabellón enarbole el respectivo buque salvador (...)».

1102 *Vid.* Pulido, «Accidentes de la navegación: abordaje, avería gruesa, salvamento y bienes hundidos o naufragados», en *Comentarios sobre la Ley de navegación marítima*, *op.cit.*, pág. 555.

1103 En la misma opinión, *vid.* Cupido, «The environment in shipping incidents: salvage contracts and the public interest», en *Corporate Social Responsibility...*, *op.cit.*, pág. 208.

1104 Se recuerda que antes de la aprobación del CISM 1989, ya existían otros convenios relacionados con la protección del medioambiente, como el CRC 1969 y el Convenio del

en especial a través de la compensación especial regulada en su artículo 14. Sin perjuicio de que sea analizada con más detalle a continuación, la compensación especial es una contraprestación económica que se reconoce a los salvadores cuando han efectuado una operación de salvamento a un buque que por sí mismo o por su carga, constituya una amenaza al medioambiente.

El objetivo de la compensación especial del artículo 14 del CISM 1989 responde al mismo que el del LOF 80: motivar e incentivar a los salvadores a intervenir en supuestos en los que un buque cargado con petróleo necesita salvamento[1105]; aunque, posteriormente, esa compensación incluyera a todo tipo de buque, sin la necesidad de que la carga que transportase fuera el petróleo, como exigía el LOF 80 para la aplicación de la *safety net*. Se recuerda que, en estos casos los salvadores podían reclamar los «gastos razonables» en los que hubieran incurrido, más un 15 % de la cantidad de dichos gastos —sólo en la medida en que los gastos, junto con el incremento, fueran superiores a cualquier otra cantidad recuperable en virtud del contrato LOF 80—[1106].

El origen de la compensación especial en un convenio internacional data de la Conferencia de Montreal de 1981[1107], cuando se planteó extender la *safety net* original del LOF 80 a todos los buques, independientemente de su carga o tipo[1108]. La propuesta de la Conferencia de Montreal se conoció como el «compromiso de Montreal» *(Montreal compromise)*[1109], compromiso que se respaldó

Fondo de 1971; véase *supra* en el capítulo primero el epígrafe 1.2 Los inicios de la «conciencia medioambiental».

1105 *Vid.* Darling, Smith, *LOF 90 and the new salvage Convention*, *op.cit.*, pág. 34.

1106 El contenido de dicha cláusula en su versión original establecía que: «(...) *The Contractor further agrees to use his best endeavours to prevent the escape of oil from the vessel while performing the services of salving the subject vessel and/or her cargo bunkers and stores. The services shall be rendered and accepted as salvage services upon the principle of "no cure—no pay" except that where the property being salved is a tanker laden or partly laden with a cargo of oil and without negligence on the part of the Contractor and/or his Servants and/or Agents (1) the services are not successful or (2) are only partially successful or (3) the Contractor is prevented from completing the services the Contractor shall nevertheless be awarded solely against the «owners» of such tanker his reasonably incurred expenses and an increment not exceeding 15 per cent of such expenses but only if and to the extent that such expenses together with the increment are greater than any amount otherwise recoverable under this Agreement. Within the meaning of the said exception to the principle of "no cure—no pay" expenses shall in addition to actual out of pocket expenses include a fair rate for all tugs craft personnel and other equipment used by the Contractor in the services and oil shall mean crude oil fuel oil heavy diesel oil and lubricating oil»*.

1107 Véase *supra* en el capítulo primero el epígrafe 1.4 El Convenio Internacional sobre Salvamento Marítimo de 1989 y en especial la nota al pie número 190.

1108 A diferencia del LOF 80, que afectaba únicamente a los petroleros; véase *supra* el epígrafe 1.3 El LOF 80 y la *safety net*.

1109 *Vid.* Brice, «The new Salvage Convention: green seas and grey areas», en *LMCLQ*, 1990, parte 1, págs. 32-63, pág. 42; Shaw, «The 1989 Salvage Convention and English law», en *LMCLQ*, *cit.*, pág. 206.

por los Clubes de P&I. El pago nacido en virtud del *Montreal compromise* sería responsabilidad del *«owner»* del buque salvado; de modo que, generalmente, los Clubs de P&I se harían cargo del abono de la cantidad correspondiente al concepto de *safety net* siempre y cuando las aseguradoras de los cascos de los buques y de la carga asumieran el pago de los premios «tradicionales» por el salvamento[1110].

Pese a los acuerdos logrados, en ese año no llegó a introducirse dicha compensación en el documento fruto de la Conferencia de Montreal (Borrador de Montreal)[1111], teniendo que esperar hasta la Conferencia Diplomática celebrada en Londres, que tuvo lugar en abril de 1989[1112]. En ella se aprobó la regulación de la compensación especial, conocida como el «compromiso de Londres» *(London compromise)*, plasmado finalmente en el artículo 14 del CISM 1989. Este compromiso por la protección del medioambiente se observa también en otros artículos del Convenio, como por ejemplo el mencionado el artículo 13.1, letra b), del CISM 1989[1113] o el artículo 1, letra d), del CISM 1989 sobre los daños al medioambiente.

Con la regulación de la compensación especial, el CISM 1989 consiguió reorientar el principio *no cure-no pay* en el salvamento marítimo[1114]. Como se ha dicho, supuso la revisión del resultado útil en virtud del cual, si la operación no tiene éxito, el salvador no tiene derecho a cobrar un premio. Tras la aprobación de la compensación especial, ésta puede pagarse a los salvadores cuando el buque —por sí, por su carga o por ambos— constituya una amenaza al medioambiente, sin que sea necesario que se produzca un resultado útil en el salvamento para abonarla. Nacerá la obligación de pagar al salvador por parte del *«owner»* del buque, aun no habiendo conseguido el salvador realizar la prestación a la que estaba obligado por el contrato, por haber conseguido un bien merecedor de protección: el medioambiente.

1110 *Vid.* WOODER, «The New Salvage Convention: A Shipowner's Perspective», en *JMLC, cit.*, pág. 82.

1111 *Vid.* SHAW, «The 1989 Salvage Convention and English law», en *LMCLQ, cit.*, pág. 206.

1112 Véase *supra* en el capítulo primero el epígrafe 1.4 El Convenio Internacional de Salvamento Marítimo de 1989, en especial nota al pie número 190.

1113 Cuya redacción establece lo siguiente: «1. La recompensa se determinará con miras a alentar las operaciones de salvamento, teniendo en cuenta los siguientes criterios sin atender al orden en que aparecen enumerados: (...) la pericia y los esfuerzos desplegados por los salvadores para evitar o reducir al mínimo los daños al medio ambiente».

1114 *Vid.* GABALDÓN GARCÍA, RUIZ SOROA, *Manual de Derecho de la Navegación Marítima, op. cit.*, pág. 738. *Cfr.* FERNÁNDEZ-GUERRA, «El salvamento marítimo ambiental», en *RGD, cit.*, pág. 6.040, considera que debe conseguirse un *resultado útil* para con el medioambiente, debiendo tener «un cierto éxito pues o bien suprime el daño o en el peor de los casos lo reduce al mínimo tolerable». Véase lo comentado sobre el resultado útil en *supra* el epígrafe 2.1 El resultado útil y el principio *no cure-no pay*.

La compensación especial, en principio, no debe entenderse como un premio a los salvadores por haber realizado un «salvamento medioambiental», sino como una compensación por los gastos en los que el salvador ha incurrido en razón de la prestación de salvamento a un buque que causa o puede causar un perjuicio al medioambiente[1115]. El término «especial» pretende así poner cierta «distancia» conceptual con el premio «tradicional», alejándose del concepto propio del resultado útil e introduciendo un nuevo escenario en el que la contraprestación económica se basaría en proteger el medioambiente[1116].

En el contrato LOF 2020 se hace referencia a la compensación especial en dos de sus cláusulas. En primer lugar, en la Cláusula D[1117], se menciona el principio *no cure-no pay* que ya aparecía enunciado en el encabezamiento del formulario, expresando así la relevancia de este principio en el contrato. En virtud de esta Cláusula, se enuncian como «excepciones» al principio *no cure-no pay* dos: la compensación especial y la cantidad que se pagaría a los salvadores en virtud de la «Cláusula» SCOPIC. Según lo estipulado en la Cláusula D del LOF 2020, cualquier premio sobre salvamento (tradicional) no debe verse dismunuido por la aplicación de cualquiera de estas dos «excepciones», en tanto en cuanto sus objetivos son incentivar al salvador y abonarle, al menos, los gastos causados. Esta Cláusula es así coherente con lo dispuesto en el artículo 14.4 del CISM 1989, objeto de análisis más adelante, pero cuya redacción adelantamos aquí: «La compensación especial total calculada en virtud del presente artículo se pagará solamente en el caso de que ésta exceda de

1115 *Vid.* MANDARAKA-SHEPPARD, *Modern Maritime Law*, *op.cit.*, pág. 571. Por su parte, RUIZ SOROA, «Público y privado en el salvamento marítimo», en *X Jornadas de Derecho Marítimo...*, *op.cit.*, pág. 118, quien sostiene que «El Convenio de 1989 contempla por primera vez el beneficio medioambiental, aunque no como objeto autónomo e independiente de salvamento. Sólo cuando existe un salvamento de bienes puede tomarse en consideración un beneficio al medio ambiente, a efectos de incrementar el premio o de retribuir los gastos pagados».

1116 Aunque algunos autores prefieren definirlo como un beneficio del «salvamento medioambiental»; *vid.* CHEN, «Salvage—Recent Developments in the Law of the Salvage of the Marine Environment», en *IJMCL*, 2001, vol. 16, núm. 4, págs. 686-698, pág. 687.

1117 Cláusula D: *«Effect of other remedies: Subject to the provisions of the International Convention on Salvage 1989 as incorporated into English law ("the Convention") relating to special compensation and to the Scopic Clause if incorporated the Contractors services shall be rendered and accepted as salvage services upon the principle of "no cure - no pay" and any salvage remuneration to which the Contractors become entitled shall not be diminished by reason of the exception to the principle of "no cure - no pay" in the form of special compensation or remuneration payable to the Contractors under a Scopic Clause»*. Cuya traducción en español sería: «Los servicios de los salvadores bajo las disposiciones del Convenio Internacional de Salvamento de 1989 —incorporado a la legislación inglesa ("Convenio")— relativas a la indemnización especial y a la "Cláusula" SCOPIC, serán prestados y aceptados como servicios de salvamento bajo el principio no cure-no pay y cualquier premio de salvamento al que los Salvadores tengan derecho no se verá disminuido por la excepción al principio no cure-no pay en forma de compensación especial o premio pagadero a los salvadores en virtud de la "Cláusula" SCOPIC».

cualquier recompensa que el salvador pueda exigir en virtud del artículo 13, y en la medida de ese exceso». En segundo lugar, la Cláusula I del contrato LOF 2020[1118] establece que el premio de los salvadores o la compensación especial será determinado en un arbitraje en Londres en virtud de las LSAC.

El artículo 14 del CISM 1989 es un artículo complejo[1119], de difícil interpretación. Por eso, en el epígrafe siguiente se estudiará cada apartado de este precepto. Antes de comenzar con dicho estudio, conviene realizar una matización. La compensación especial regulada por el artículo 14.1 del CISM 1989 es distinta a la que aparece regulada en el segundo apartado de dicho artículo. Para simplificar, a los efectos de este trabajo, denominaremos la compensación especial del 14.1 del CISM 1989 como «básica», mientras que a la del segundo apartado, la denominaremos «complementaria».

2.4.1. El artículo 14 del CISM 1989

El artículo 14.1 del CISM 1989 dispone que:

> «Cuando el salvador haya efectuado operaciones de salvamento en relación con un buque que directamente o por la naturaleza de su carga constituía una amenaza de daños al medio ambiente y no haya logrado obtener, en virtud de lo dispuesto en el artículo 13, una recompensa al menos equivalente a la compensación especial calculable de conformidad con el presente artículo, tendrá derecho a recibir del propietario de ese buque una compensación especial que sea equivalente a sus gastos, tal como éstos se definen en el presente artículo».

Para la aplicación de la compensación especial que se regula en este primer apartado del artículo 14 del CISM 1989, deben concurrir dos condiciones señaladas en cursiva en el párrafo anterior. La primera es que se efectúen las operaciones de salvamento a buques que directamente o por la naturaleza

1118 Cláusula I: *«Arbitration and the LSA Clauses: The Contractors' remuneration and/or special compensation shall be determined by arbitration in London in the manner prescribed by Lloyd's Salvage Arbitration Clauses ("the LSAC") in force at the date of this agreement. The provisions of the said LSAC are deemed to be incorporated in this agreement and form an integral part hereof. Any other difference arising out of this agreement orthe operations hereunder shall be referred to arbitration in the same way»*. En español podría entenderse: «Arbitraje y las cláusulas del LSAC: El premio y/o compensación especial de los Salvadores serán determinadas mediante arbitraje en Londres en la forma prescrita por las Lloyd's Salvage Arbitration Clauses ("las LSAC") en vigor en la fecha de este acuerdo. Las disposiciones de dichas LSAC se consideran incorporadas al presente contrato y forman parte integrante del mismo. Cualquier otra diferencia que surja de este contrato o de las operaciones realizadas en virtud del mismo se someterá a arbitraje de la misma manera.

1119 Como aprecian Pendón, Romero Matute, «La Special Compensation P&I Club Clause 2014 (Cláusula SCOPIC 2014)...», en *Estudios sobre la responsabilidad..., op.cit.*, pág. 551; Rodríguez Gayán, *Salvamento Marítimo Internacional, op.cit.*, pág. 84.

de su carga constituyan una amenaza de daños al medioambiente. Cabe resaltar que estos son la inmensa mayoría de los buques mercantes[1120], pues casi todos los buques utilizan motores de combustión interna para su propulsión, consumiendo combustibles fósiles derivados del petróleo, siendo estos una sustancia contaminante —además de las operaciones de avituallamiento o *bunkering* que se realicen para el buque, quedando el crudo almacenado en el buque—. Desde nuestro punto de vista, debe entenderse que la amenaza no tiene su origen únicamente en el petróleo, sino en tantos otros productos contaminantes que se transportan[1121]. Por ello, casi todos los buques, por sí mismos, pueden suponer una amenaza para el medioambiente.

Además, según el artículo 14.1 del CISM 1989, para que la compensación especial sea aplicable no se necesita que el daño al medioambiente tenga que producirse, sino que se reconocería su aplicación porque la operación de salvamento involucrase a un *buque que, por sí mismo o por su carga*, constituya una amenaza al medioambiente[1122]. Cabe añadir que el concepto amenaza es «indeterminado»[1123].

1120 Las más recientes investigaciones en este sector han permitido que una muy reducida minoría de buques sean propulsados con fuentes de energía más «verde». En cuanto a buques mercantes, cabe destacar el *Auriga Leader*, el primer carguero que utiliza energía solar. Cuenta con 328 paneles solares en su cubierta. Aun así, la energía solar producida en este buque cubre, aproximadamente, el 0,05 % de la propulsión del buque, de modo que también utiliza un combustible bajo en azufre (LSFO o *Low content Sulphur Fuel Oil*). Entiéndanse, por tanto, buques con maquinaria destinados al transporte de mercancías, con las escasas salvedades de buques que puedan utilizar otro tipo de métodos de propulsión. Evidentemente, existirán otro tipo de buques, no generalmente, destinados al transporte de carga, que no utilicen sustancias contaminantes para su propulsión; por ejemplo, un velero. Pero en el salvamento mercantil de bienes, objeto de estudio en este trabajo, la inmensa mayoría de buques objeto de salvamento, serán buques mercantes que utilizan métodos de propulsión de combustión interna.

1121 En la misma opinión, *vid.* BONASSIES, SCAPEL, *Traité de Droit Maritime*, *op.cit.*, pág. 436.

1122 En la misma opinión, *vid.* BRICE, *Brice on Maritime Law of Salvage*, *op.cit.*, pág. 425; PENDÓN, ROMERO MATUTE, «La Special Compensation P&I Club Clause 2014 (Cláusula SCOPIC 2014)...», en *Estudios sobre la responsabilidad...*, *op.cit.*, pág. 555.

1123 *Vid.* PENDÓN, ROMERO MATUTE, «La Special Compensation P&I Club Clause 2014 (Cláusula SCOPIC 2014)...», en *Estudios sobre la responsabilidad...*, *op.cit.*, pág. 553.
Por su parte, BISHOP, «The Development of Environmental Salvage and Review of the London Salvage Convention 1989», en *Tul. L. R.*, *cit.*, pág. 68, afirma que *«In the UK the LOF arbitrators have found that a reasonably perceived threat, as opposed to an actual threat, is sufficient»*.
A los efectos de este trabajo, el término «amenaza» será analizado en relación con el artículo 1, letra d), del CISM 1989 relativo a los daños al medioambiente: «Daños al medio ambiente: daños materiales que afecten considerablemente a la salud del ser humano, a la flora o la fauna marinas o a los recursos marinos que se encuentren en aguas costeras o interiores o en las aguas adyacentes a éstas, ocasionados por contaminación, impurificación, incendio, explosión u otros sucesos graves de análoga importancia». Véase *infra* en el capítulo quinto el epígrafe 1.2 Obligaciones en relación con la protección del medioambiente.

La segunda condición para que pueda darse la compensación especial del artículo 14 del CISM 1989 es que los salvadores no hayan logrado obtener un premio «tradicional» —esto es, en virtud del principio *no cure-no pay*— cuyo importe no alcance al de la compensación especial del artículo 14 del CISM 1989. De modo que, se «desplazaría» el premio del artículo 13 por la compensación especial del 14 cuando ésta sea mayor, aspecto que veremos más detalladamente cuando se explique la compensación especial —que denominamos en este trabajo «complementaria»— regulada en el artículo 14.2 del CISM 1989.

Cuando concurran los dos requisitos señalados, los salvadores tendrán derecho a la compensación especial del artículo 14.1 del CISM 1989. Su importe se corresponderá con el importe de los gastos en los que haya incurrido el salvador, calculados de acuerdo con el artículo 14 del CISM 1989[1124]. Con ello se manifiesta que, en efecto, este pago es una compensación y no un premio, pues únicamente pretende abonar al salvador los gastos que hubiera efectuado en esa operación de salvamento. Con la aprobación de este artículo, se incentivó al salvador a realizar «salvamentos medioambientales» pues, aunque no consiguiera salvar el buque o la carga —es decir, aunque no cumpliera con el principio *no cure-no pay*—, no iba a soportar pérdidas por la operación realizada.

Nótese que, para que tenga lugar, la compensación especial del artículo 14.1 del CISM 1989, *bastará* con que el salvador haya efectuado un salvamento a un buque que constituía una amenaza al medioambiente. Según la reflexión anterior por la que casi todos los buques utilizan combustibles fósiles para su propulsión y que estos quedan almacenados en el buque, casi cualquier buque podría ser por sí o por su carga una amenaza al medioambiente, pudiéndose aplicar la compensación especial. Siguiendo este razonamiento, no existirían las circunstancias «excepcionales» que justificaban la aplicación de una compensación especial ya que, si se aplica a «todos» los buques, no parecería haber nada especial en ello. Sin embargo, lo «especial» de la compensación es que rompe con el principio *no cure-no pay*. Con la compensación especial del artículo 14 del CISM 1989 se excepciona el principio *no cure-no pay* por un «valor» superior: la protección del medioambiente.

1124 *Cfr*. Righetti, Rimaboschi, *Le convenzioni internazionali della navigazione marittima, interna e aerea*, vol. 1, Milán, 2008, pág. 2.837, quienes consideran que: «La *«fair rate»* (equa cifra) di cui all'art. 14.3 della Convenzione sul Salvataggio del 1989 non si identifica *«tout court»* con le spese sostenute, ma constituisce oggeto di valutazione equitativa del giudice che deve tener conto dei criteri indicati dall art. 13, comma 1, della Convenzione».
Estos gastos son los que se describen en el artículo 14.3 del CISM 1989. Sin perjuicio de que ese apartado sea objeto de análisis a continuación, se transcribe ya su contenido: «A efectos de lo dispuesto en los párrafos 1 y 2, por gastos del salvador se entenderá los gastos personales que razonablemente haya tenido el salvador en la operación de salvamento y una cantidad equitativa correspondiente al equipo y al personal que efectiva y razonablemente se hayan empleado en la operación de salvamento, tomando en consideración los criterios establecidos en el artículo 13, párrafo 1. h), i) y j)».

A continuación, el artículo 14.2 del CISM 1989 dispone que

> «Cuando, en las circunstancias indicadas en el párrafo 1, *el salvador haya logrado mediante sus operaciones de salvamento evitar o reducir al mínimo los daños al medio ambiente*, la compensación especial pagadera por el propietario al salvador en virtud del párrafo 1 podrá incrementarse hasta un máximo del 30 por 100 de los gastos efectuados por el salvador. No obstante, *el tribunal, si lo considera equitativo y justo* y teniendo presente los criterios pertinentes establecidos en el párrafo 1 del artículo 13, podrá aumentar aún más esa compensación especial, sin que en ningún caso el aumento total sea superior al 100 por 100 de los gastos efectuados por el salvador»[1125].

Es posible apreciar dos situaciones o «tipos» de compensación especial «complementaria»[1126] regulada en el artículo 14.2 del CISM 1989, señaladas en cursiva en el párrafo anterior.

El primero de estos dos «tipos» de compensación especial «complementaria» se produce cuando el salvador haya conseguido evitar o reducir al mínimo los daños al medioambiente. En esta primera situación, el importe de la compensación especial estará compuesto por dos partidas; la primera relativa a los gastos en los que haya incurrido el salvador (artículo 14.3 del CISM 1989) y la segunda correspondiente a un incentivo calculado por un porcentaje de hasta el 30 % de dichos gastos. Por ejemplo, en una operación el importe de los gastos en los que ha incurrido el salvador (en una operación de salvamento en la que haya conseguido evitar o reducir al mínimo los daños al medioambiente) es 100. Consideremos que la corte arbitral que conoce del supuesto estima que el porcentaje a aplicar como incentivo es del 20 %. Así pues, el importe total de la compensación especial del artículo 14.2 del CISM 1989 (tipo 1), será 20; y la cantidad total que recibe el salvador será 120 (100 por los gastos y 20 en concepto de compensación especial).

El segundo «tipo» de compensación especial «complementaria» se produce exclusivamente si el tribunal —entiéndase también la corte arbitral— porque «lo considera equitativo y justo» considera «insuficiente» el porcentaje anteriormente señalado sobre los gastos efectuados por los salvadores (correspondiente a un 30 %). En consecuencia, el tribunal decidirá aumentar dicho por-

---

1125 En la versión en inglés del CISM 1989: Cursiva añadida *«If, in the circumstances set out in paragraph 1,* ***the salvor*** *by his salvage operations* ***has prevented or minimized damage to the environment****, the special compensation payable by the owner to the salvor under paragraph 1 may be increased up to a maximum of 30 % of the expenses incurred by the salvor. However, the tribunal, if it deems it fair and just to do so and bearing in mind the relevant criteria set out in article 13, paragraph 1, may increase such special compensation further, but in no event shall the total increase be more than 100 % of the expenses incurred by the salvor»*, en negrita añadida.

1126 Se recuerda que, a los efectos de este trabajo, distinguimos entre compensación especial «básica», regulada en el 14.1 del CISM 1989; y compensación especial «complementaria», regulada en el artículo 14.2 del CISM 1989.

centaje, que en ningún caso podrá superar el 100 % de los gastos efectuados. Dependerá, por tanto, de la discrecionalidad del tribunal el porcentaje finalmente aplicable y, por ende, la cuantía de la compensación especial. Por ejemplo, en una operación de salvamento —en la que el salvador haya conseguido evitar o reducir al mínimo los daños al medioambiente— los salvadores incurren en gastos por valor de 100. En este supuesto, el tribunal considera porque es equitativo y justo que los salvadores deberían recibir el máximo incentivo posible. Sabiendo que nunca podrán los salvadores obtener una cuantía superior a la totalidad de los gastos, el tribunal estima que el porcentaje a aplicar es del 100 %. Así pues, el importe total de la compensación especial del artículo 14.2 del CISM 1989 (tipo 2), será 200.

Como valoración del artículo 14.2 del CISM 1989, consideramos que estructura la compensación especial «complementaria» en dos tipos o situaciones que no facilitan su aplicación. Por ello, proponemos, *de lege ferenda*, que este artículo se simplifique del siguiente modo:

> «Cuando el salvador haya logrado mediante una operación de salvamento evitar o reducir los daños al medioambiente, se le reconocerá una compensación especial a pagar por el "*owner*" del buque. Esta compensación especial se corresponderá con el importe de los gastos en los que haya incurrido el salvador en esa operación, más un porcentaje adicional a discreción del tribunal, calculado sobre la base de dichos gastos, que no podrá superar la totalidad de los gastos efectuados».

2.4.2. Los gastos sobre los que se calcula la compensación especial

Una vez analizadas las distintas «categorías» de compensación especial —básica y complementaria—, conviene analizar cuáles son los gastos efectuados por el salvador sobre los que se calcula la compensación especial. Según lo dispuesto en el artículo 14.3 del CISM 1989,

> «A efectos de lo dispuesto en los párrafos 1 y 2, por gastos del salvador se entenderá los gastos personales que razonablemente haya tenido el salvador en la operación de salvamento y una cantidad equitativa correspondiente al equipo y al personal que efectiva y razonablemente se hayan empleado en la operación de salvamento, tomando en consideración los criterios establecidos en el artículo 13, párrafo 1. h), i) y j)»,

estudiados anteriormente[1127].

La compensación especial se calcula sobre la base de los gastos en los que haya incurrido el salvador; por ello, éste debe haber realizado previamente un

1127 Véase *supra* en este capítulo, el epígrafe 2.2 Los criterios para determinar el premio.

desembolso[1128]. Desde nuestra perspectiva, mientras que conocer cuáles son los gastos en los que «efectiva y razonablemente» el salvador haya incurrido en el desarrollo de la operación de salvamento marítimo puede realizarse sin complejidades, resulta difícil determinar qué debe entenderse por «gastos personales».

Teniendo en cuenta que no se hace referencia a este extremo en las actas del Convenio de Londres, creemos que se trata de una traducción equívoca. En la versión auténtica del Convenio, el artículo 14.3 del CISM 1989, dispone lo siguiente:

> *«Salvor's expenses for the purpose of paragraphs 1 and 2 means the out-of-pocket expenses reasonably incurred by the salvor in the salvage operation* ***and a fair rate for equipment and personnel*** *actually and reasonably used in the salvage operation, taking into consideration the criteria set out in article 13, paragraph 1 (h), (i) and (j)»*[1129].

La versión española de este artículo define los gastos del salvador como «los gastos personales», sin que lo anterior se diga en la versión auténtica del CISM 1989. La versión francesa, por ejemplo, no incluye este término: «*Les dépenses de l'assistant visent, aux fins des paragraphes 1 et 2, les débours raisonnablement engagés par l'assistant (...)*». En conclusión, consideramos que se trata de un error en la traducción[1130], siendo por tanto los gastos del salvador aquellos

> «gastos que razonablemente haya tenido el salvador en la operación de salvamento y una cantidad equitativa correspondiente al equipo y al personal que efectiva y razonablemente se hayan empleado en la operación de salvamento».

Tal y como está redactado el artículo, parece que, a la cantidad relativa a los gastos, además de los «*out-of-pocket expenses*», debe añadírsele una «una cantidad equitativa correspondiente al equipo y al personal que efectiva y razonablemente se hayan empleado en la operación de salvamento»[1131]. No obstante, teniendo en cuenta que esta *fair rate* hace referencia a gastos que

1128 Cabe matizar que estos gastos no se prevén habitualmente de manera precisa. Por lo tanto, el salvador debe haber gastado una cantidad pero ésta puede no estar determinada al inicio de la operación de salvamento. Dicha cantidad no incluye el lucro cesante; *vid.* SHAW, «The 1989 Salvage Convention and English law», en *LMCLQ, cit.*, págs. 218-220,

1129 Cursiva en negrita añadida con el fin de señalar qué parte del precepto estamos analizando.

1130 En la misma opinión, *vid.* PENDÓN, ROMERO MATUTE, «La Special Compensation P&I Club Clause 2014 (Cláusula SCOPIC 2014)...», en *Estudios sobre la responsabilidad..., op.cit.*, pág. 556.

1131 El término de la traducción española «cantidad equitativa» es desafortunado para el concepto inglés «*fair rate*», siendo preferible «tarifa justa»; *vid.* PENDÓN, ROMERO MATUTE, «La Special Compensation P&I Club Clause 2014 (Cláusula SCOPIC 2014)...», en *Estudios sobre la responsabilidad..., op.cit.*, pág. 557.

efectivamente se hayan efectuado en la operación de salvamento, consideramos que están ya incluidos en el concepto anterior gastos del salvador[1132]. En conclusión, realizada las apreciaciones anteriores, los gastos del salvador son aquellos en los que realmente se haya incurrido al efectuar la operación de salvamento[1133]. Sin embargo, por lo general, esta cantidad no podrá ser determinada con precisión de manera previa a la operación[1134].

Sobre el artículo 14.3 del CISM 1989, cabe destacar el *case Nagasaki Spirit*[1135]. En este caso se planteó si la compensación especial comprendía exclusivamente los gastos del salvador o bien cabía incluir algún margen de beneficio. Este caso fue el primero en el que se alegó la compensación especial ante un tribunal[1136].

Los hechos que dieron lugar a la sentencia son los siguientes. El 19 de septiembre de 1992 el petrolero *Nagasaki Spirit* colisionó contra el portacontenedores *Ocean Blessing* en el Estrecho de Malaca. El *Nagasaki Spirit* llevaba una carga de 40.154 toneladas de petróleo crudo y como resultado de la colisión, unas 12.000 se derramaron al mar y se incendiaron. El fuego también alcanzó a los buques. Toda la tripulación del *Ocean Blessing* perdió la vida, mientras que de la del *Nagasaki Spirit* sólo sobrevivieron dos personas.

El 20 de septiembre, la empresa Semco Salvage and Marine Pte. Ltd. (Semco en adelante) aceptó realizar los servicios de salvamento al *Nagasaki Spirit* y a su carga en los términos del LOF 1990. Ese mismo día, aunque más tarde, aceptaron rescatar al *Ocean Blessing* también bajo los términos del LOF 1990.

Desde ese día, Semco comenzó las operaciones de salvamento, movilizando varios remolcadores y comenzando la extinción del incendio del *Nagasaki Spirit*, que consiguieron extinguir seis días después. El 26 de septiembre, la policía de Malasia expresó su preocupación por que el accidente causara contaminación, de modo que ordenaron a Semco que remolcase el buque lejos de la costa malaya. El 3 de octubre, el *Nagasaki Spirit* quedó fondeado frente a Belawan (Indonesia) —sin que se recoja en la sentencia a qué distancia de la costa—, donde permaneció hasta el 24 de octubre. Ese día, después de

---

1132 En la versión española del CISM 1989, «gastos personales».

1133 En la misma opinión, *vid.* Berlingieri, *Le convenzioni internazionali di Diritto marittimo e il Codice della Navigazione*, Milán, 2009, págs. 577-578.

1134 *Ibid.*, pág. 577; Pendón, Romero Matute, «La Special Compensation P&I Club Clause 2014 (Cláusula SCOPIC 2014)...», en *Estudios sobre la responsabilidad…, op.cit.*, pág. 557; Bishop, «The Development of Environmental Salvage and Review of the London Salvage Convention 1989», en *Tul. L. R.*, *cit.*, pág. 73.

1135 *The Nagasaki Spirit* [1997] 1 Lloyds Rep 323. Dicha sentencia puede consultarse en la página web del Parlamento del Reino Unido: https://publications.parliament.uk/pa/ld199697/ldjudgmt/jd970206/semco01.htm.

1136 *Vid.* Bonaisses, «L'arrêt nagasaki spirit une première application de l'indemnité spéciale de la Convention de 1989 sur l'assistance», en *DMF*, *cit.*, pág. 691.

haber recibido autorización por parte de las autoridades indonesias, Semco trasladó el *Nagasaki Spirit* a una nueva posición para desembarcar su carga; ésta sería cargada, posteriormente al buque *Pacific Diamond*. Finalmente, el 12 de diciembre se entregó el buque a sus *«owners»*.

En el escrito interpuesto por la empresa de salvamento Semco contra el *«owner»* del *Nagasaki Spirit*, la principal cuestión versó sobre el alcance de la definición de «expenses» y, en particular, qué incluía la «cantidad equitativa correspondiente al equipo y al personal que efectiva y razonablemente se hayan empleado en la operación de salvamento» del artículo 14.3 del CISM 1989[1137]. A lo anterior, Lord Mustill dictamina que se habían identificado cuatro elementos como posibles «componentes» de la *fair rate*[1138]. En primer lugar, los costes directos en los que había incurrido el salvador para realizar la operación. En segundo lugar, los costes relativos por mantener los buques y el equipo de salvamento en *standby*. En tercer lugar, una cantidad adicional para que dichos gastos en los que se hubieran incurrido incluyeran un margen de beneficio. En cuarto y último lugar, una cantidad que eleve dicha cuantía hasta el nivel de un premio por salvamento. De estos cuatro «componentes» de la *fair rate* que el *Lord* señala, tenemos que realizar las siguientes matizaciones. La primera es que lo que el juez indica como «costes relativos por mantener los buques y el equipo de salvamento en *standby*», se subsumirían en el concepto de «costes directos» porque entran dentro de la categoría de costes que se producen durante la operación. La segunda matización es que no estamos de acuerdo en que deba incluirse un «margen de beneficio», ni tampoco una «cuantía hasta el nivel de un premio por salvamento». Ni los beneficios ni esa cantidad adicional entran en la categoría de gastos que, efectiva y razonablemente, el salvador ha soportado en la operación de salvamento en virtud del artículo 14.3 del CISM 1989.

1137 Cuya redacción es la siguiente: «A efectos de lo dispuesto en los párrafos 1 y 2, por gastos del salvador se entenderá los gastos personales que razonablemente haya tenido el salvador en la operación de salvamento y una cantidad equitativa correspondiente al equipo y al personal que efectiva y razonablemente se hayan empleado en la operación de salvamento, tomando en consideración los criterios establecidos en el artículo 13, párrafo 1. h), i) y j)». En la sentencia se especifica que el tribunal debía juzgar «*how much of the total expense incurred for equipment and personnel is fairly to be taken as applying to the equipment actually and reasonably used in the salvage operation*».

1138 Se facilita el texto de la sentencia que se estudia a continuación: «*Four elements have been identified as possible components of the "fair rate." The direct costs to the salvor of performing the service; the additional costs of keeping the vessels and equipment on standby; a further element to bring the recoverable "expenses" up to a rate capable of including an element of profit; and, a final element bringing the recovery up to the level of a salvage award. The respondent owners of ship and bunkers (whom I will call "the owners") accept that the first two elements are properly included. For their part, the appellants Semco concede that the fourth element cannot be included. In my opinion this understanding is plainly right, for reasons too plain to call for elaboration. The dispute revolves around the third element. Semco asserts, and the owners deny, that this too should feature in the calculation under article 14.3*».

En el *case*, el *«owner»* del *Nagasaki Spirit* —Lancer Navigation Co. Ltd.— aceptaba los dos primeros elementos incluidos en la definición de *fair rate*. De acuerdo con él, el salvador la empresa de salvamento Semco— admitía que el cuarto elemento no podía estar incluido en la *fair rate*; opinión que también compartía Lord Mustill. Por ende, la problemática versaba sobre el tercer «componente» de la *fair rate*: la cantidad adicional para que dichos gastos en los que se hubieran incurrido incluyeran un margen de beneficio. Respecto a este tercer «componente», la empresa de salvamento estaba a favor de incluirlo en la *fair rate* y el *«owners»* del buque salvado, en contra.

Lord Mustill argumentó que el concepto «*expenses*» hace referencia a cantidades desembolsadas o soportadas por los salvadores, no a un beneficio. Así, la expresión del CISM 1989, «*out-of-pocket expenses*» no hacía referencia a ninguna cantidad en concepto de beneficio. En opinión del juez, en el CISM 1989 seguramente no se pretendiera que los gastos de los salvadores contuvieran dos «elementos» tan dispares (gastos y beneficios). El juez defiende lo anterior fundamentándose también en que el artículo 14 del CISM 1989 hace referencia a una compensación, no a un premio, estando el concepto «compensación» más relacionado con un reembolso que con un beneficio.

Los demás jueces de la *House of Lords* se mostraron de acuerdo con los argumentos anteriores, por lo que, en opinión del tribunal —opinión que compartimos—, en los gastos en los que incurre el salvador al que hace referencia el artículo 14.3, no se incluye ningún margen de beneficio. Al contrario, únicamente se hace referencia a los gastos en los que, efectivamente, haya incurrido el salvador al efectuar la operación de salvamento. Las reacciones de los salvadores a lo dictaminado por la *House of Lords* en este *case*, fueron muy distintas[1139]. Además, debe tenerse en cuenta que la «indemnización» de la compensación especial incluye una parte relativa a un incentivo para el salvador; por lo que de admitirse lo anterior, se estaría pagando dos veces por el mismo concepto.

2.4.3. El cálculo de la compensación especial

Continuando con el siguiente de los apartados del artículo 14 del CISM 1989, su apartado cuarto establece lo siguiente: «La compensación especial total calculada en virtud del presente artículo se pagará solamente en el caso de que ésta exceda de cualquier recompensa que el salvador pueda exigir en virtud del artículo 13, y en la medida de ese exceso».

1139 *Vid.* DE LA RUE, ANDERSON, «Environmental salvage — Plus ça change...?», en *JIML*, *cit.*, pág. 286: «Salvors were disappointed by the decision of the House of Lords that the "fair rate" to be paid for equipment and personnel was to be a fair rate of expenditure, excluding any element of profit».

De este modo, calcular la compensación especial implica igualmente determinar el premio «tradicional» recogido en el artículo 13 del CISM 1989, existiendo una conexión entre ambos[1140]. En caso de que al salvador le corresponda una compensación especial —por el artículo 14.1 o 14.2—, ésta se pagará solamente si excede de cualquier premio que el salvador pueda exigir en virtud del artículo 13 del CISM 1989, y en la medida de ese exceso, *ex* artículo 14.4 del CISM 1989.

En primer lugar, habrá que calcular qué premio le correspondería al salvador según los criterios del artículo 13 del CISM 1989. En segundo lugar, se debe determinar cuál es la cantidad que el salvador ha efectuado en concepto de gastos tomando como referencia el artículo 14.3 del CISM 1989. En su caso (compensación especial «complementaria» del «tipo» segundo), en tercer lugar, si en la operación de salvamento el salvador ha conseguido evitar o reducir al mínimo los daños al medioambiente, el tribunal deberá fijar, en virtud de las circunstancias del caso, en qué porcentaje —en ningún caso superior al 100 % de los gastos incurridos por el salvador— se incrementará la compensación especial. En cuarto lugar, el tribunal deberá comparar el premio que se habría obtenido según los criterios del artículo 13 del CISM 1989 y la compensación especial calculada tomando como referencia el artículo 14.3 del CISM 1989. En quinto lugar, si el premio calculado con base en el artículo 13 del CISM 1989 es mayor que la compensación especial, entonces ésta no se aplicará, obteniendo los salvadores su premio. En el caso contrario —cuando la compensación especial sea superior al premio «tradicional»—, será pagadera la compensación especial; «desplazando» al premio del salvamento «tradicional».

El artículo 14.5 del CISM 1989 dispone que «Si el salvador ha sido negligente y por ello no ha logrado evitar o reducir al mínimo los daños al medio ambiente, se le podrá privar total o parcialmente de cualquier compensación especial debida en virtud del presente artículo». Lo anterior se relaciona con el

1140 La interpretación de los artículos 13 y 14 han sido controvertidos, ya que muchos países los han visto con bastante reticencia. Entre ellos, cabe destacar Estados Unidos, basado en el temor de que el premio a los salvadores se incrementara enormemente frente a los intereses sobre la «propiedad», ya que, en la actualidad, los valores tanto de la carga como del buque son mayores a los que se manejaban en el momento de aprobación del Convenio de Londres; *vid.* Watkins, «The Salvage Convention 1989 — Who pays?», en *LMCLQ*, 1989, parte 4, págs- 416-418, pág. 417. Debe recordarse que, en 1989, cuando tuvo lugar la conferencia diplomática de Londres, el buque portacontenedores más grande construido era el *Marchen Maersk*, con capacidad máxima para 4.640 TEUs; *vid.* Informe de la página *Cargo Vessels International*: http://www.cargo-vessels-international.at/MAERSK_MYKONOS_IMO8613308.pdf. En la actualidad, el portacontenedores más grande del mundo es el *Ever Alot*, con capacidad para 24.004 TEUs —siendo el primer portacontenedor en romper la barrera de los 24.000 TEUs—, más de cinco veces la capacidad del *Marchen Maersk* en 1989.

artículo 18 de este Convenio[1141], por lo que se estudiarán conjuntamente más adelante[1142].

El sexto y último apartado del artículo 14 del CISM 1989 establece expresamente el derecho de repetición que tiene el *«owner»* del buque sobre la compensación especial: «Nada de lo dispuesto en el presente artículo irá en perjuicio del derecho de repetición que pueda amparar al propietario del buque».

2.4.4. Modificaciones sobre la compensación especial

Una vez analizado el artículo 14 del CISM 1989, podemos señalar algunas críticas que se plantean sobre este artículo, así como las propuestas para su modificación.

En el año 2010 la ISU planteó una serie de propuestas sobre algunos artículos del CISM 1989. Con respecto al artículo 14 del CISM 1989, la ISU planteó una nueva redacción del mismo:

> *«14.1. If the salvor has carried out salvage operations in respect of a vessel which by itself, or its bunkers or its cargo, threatened damage to the environment he shall also be entitled to an environmental award, in addition to the reward to which he may be entitled under Article 13. The environmental award shall be fixed with a view to encouraging the prevention and minimisation of damage to the environment whilst carrying out salvage operations, taking into account the following criteria without regard to the order in which they are presented below: (a) any reward made under the revised Article 13; (b) the criteria set out in the revised Article 13.1(b) (c) (d) (e) (f) (g) (h) and (i); (c) the extent to which the salvor has prevented or minimised damage to the environment and the resultant benefit conferred»*[1143].

De esta propuesta consideramos realizar dos valoraciones.

1141 Cuya redacción es la que sigue: «El salvador podrá ser privado total o parcialmente del pago debido en virtud del presente Convenio en la medida en que la necesidad o la dificultad de las operaciones de salvamento fueran resultado de culpa o negligencia suyas o si ha sido culpable de fraude u otra forma de conducta ilícita».

1142 Véase *infra* en el capítulo quinto el epígrafe 1.5 La *misconduct* del salvador.

1143 Para la que se propone la siguiente traducción libre: «14.1. Si el salvador ha llevado a cabo operaciones de salvamento a un buque que por sí mismo, por su combustible o por su carga, amenazaba con causar daños al medioambiente, tendrá también derecho a una recompensa medioambiental, además del premio al que pueda tener derecho en virtud del artículo 13. La recompensa medioambiental se fijará con el fin de incentivar la prevención y la minimización de los daños al medioambiente durante la realización de las operaciones de salvamento, teniendo en cuenta los siguientes criterios, sin importar el orden en que se presentan a continuación (a) cualquier premio que se reconozca en virtud del artículo 13 revisado; b) los criterios establecidos en el artículo 13.1 b) c) d) e) f) g) h) e i) revisado; c) la medida en que el salvador haya evitado o minimizado los daños al medioambiente y el beneficio conseguido».

En primer lugar, resulta llamativo que la ISU proponga que los salvadores que hubieran realizado operaciones de salvamento a un buque que por sí mismo, por su combustible o por su carga, amenazaba con causar daños al medioambiente, tengan derecho no sólo a un premio «tradicional», sino también a una compensación especial. Consideramos que lo anterior podría constituir un enriquecimiento injusto por parte del salvador, a quien se le habría pagado por una misma operación, dos importes distintos. Por ello, nuestra propuesta se basa en la modificación del artículo 13 del CISM 1989, incluyendo un cuarto apartado que reconozca al salvador el derecho a un reembolso equivalente a los gastos en los que hubiera incurrido en la operación de salvamento cuando no hubiera conseguido éxito[1144].

En segundo lugar, si bien es cierto que existen cambios de redacción en la aplicación de la compensación especial, si seguimos la reflexión que hemos planteado acerca de que la compensación especial ya podría aplicarse a «todos» los buques[1145], esta propuesta pierde relevancia. No obstante, reconocemos que la redacción de la propuesta de la ISU es más clara que el artículo en vigor pues, expresamente hace referencia a que la compensación especial se aplicaría en las operaciones de salvamento en las que «el buque que por sí mismo, por su combustible o por su carga, amenace con causar daños al medioambiente».

2.5. La «Cláusula» SCOPIC

La «Cláusula»[1146] SCOPIC (*Special Compensation P&I Club Clause*) es el resultado del acuerdo entre los miembros de la ISU, el Grupo Internacional de Clubs de P&I y algunas aseguradoras proponiendo un método alternativo al de la compensación especial del artículo 14 del CISM 1989. Esta Cláusula sería aplicable a partir del 1 de agosto de 1999[1147].

1144 Se propone la siguiente redacción del artículo: «Artículo 13.4: Cuando el salvador haya efectuado una operación de salvamento y no haya logrado obtener un premio en virtud del artículo 13.1, tendrá derecho a recibir del *«owner»* de ese buque un reembolso equivalente a los gastos incurridos en dicha operación de salvamento».

1145 Véase lo dispuesto en la nota al pie número 1.120.

1146 Ciertamente, puede que el término «cláusula» no sea el más apropiado teniendo en cuenta su extensión a través de las 16 subcláusulas que la componen y sus tres apéndices que la acompañan. Además, no sólo por eso, sino también porque no es una cláusula en sentido estricto, sino un contrato, nacido para «complementar» a otro contrato, el LOF. En la misma opinión, *vid*. Pendón, Romero Matute, «La Special Compensation P&I Club Clause 2014 (Cláusula SCOPIC 2014) en los contratos de salvamento marítimo. Fundamento y contenido», en *Estudios sobre la responsabilidad... op.cit.*, pág. 562; Bishop, «The Development of Environmental Salvage and Review of the London Salvage Convention 1989», en *Tul. L. R.*, *cit.*, pág. 77.

1147 El texto del artículo 3.10 de las LSAC dispone lo siguiente: *«"Scopic Clause" refers to the agreement made between (1) members of the International Salvage Union (2) the Interna-*

Tras la decisión del laudo arbitral del *The Nagasaki Spirit*[1148], se observaron algunos de los problemas de interpretación del artículo 14 del CISM 1989[1149]. Entre otros, se planteó el que representaban las reclamaciones en virtud del artículo 14.2 del CISM 1989 que exigían la prueba de que el daño al medioambiente se habría producido de no haber sido por la intervención de los salvadores; igualmente se pedía valorar el alcance de dichos daños si la operación de salvamento no hubiera llegado a tener éxito. Igualmente, se plantearon dudas sobre la aplicación de la compensación especial del artículo 14.2 del CISM 1989; sobre todo porque en dicho laudo se les reconoció a los salvadores un porcentaje sobre el importe de los gastos efectuados del 65 %.

A raíz de lo anterior, un grupo de interesados en las operaciones de salvamento y en el seguro marítimo —la ISU, el Grupo Internacional de Clubs de P&I, miembros del mercado de aseguradores de Londres, la ICS y representantes del Grupo Internacional de P&I—, se reunieron en otoño de 1997 para adoptar una medida que permitiera «corregir» los inconvenientes de la compensación especial; y, además, para evitar futuros conflictos entre las partes que pudieran verse involucradas en un salvamento (*grosso modo*, salvadores y aseguradores)[1150].

En agosto de 1999 se redactó una «Cláusula», denominada SCOPIC. Inicialmente estaba ideada para ser utilizada durante un periodo de prueba durante los dos años siguientes a su elaboración; pero terminó por modificarse más rápidamente de lo inicialmente pensado, coincidiendo con la revisión del *Lloyd's Open Form*. En consecuencia, el LOF 2000 y la SCOPIC 2000 entraron en vigor simultáneamente el 1 de septiembre de ese año[1151].

La «Cláusula» SCOPIC está compuesta por 16 «subcláusulas» y acompañada por tres Apéndices —A, B y C—. La última versión data del año 2020, que no introduce cambios sustanciales con respecto a la anterior de 2014. A los

---

tional Group of P&I Clubs and (3) certain property underwriters which first became effective on 1st August 1999 and includes any replacement or revision thereof. All references to the Scopic Clause in the Agreement shall be deemed to refer to the version of the Scopic Clause current at the date the Agreement is made».

1148 [1997] 1 Lloyds Rep 323. Véase *supra* en este capítulo el epígrafe 2.4.1 El artículo 14 del CISM 1989.

1149 *Vid*. Report of the International Working Group on Review of the Salvage Convention. For consideration by delegates to the CMI Conference: Beijing 2012, pág. 7.

1150 *Vid.* Wetterstein, «Salvage and the Environment», en *Int.M.L.*, 1999, vol. 6, núm. 9, págs. 244-253, pág. 250; Browne, «Salvage—LOF and SCOPIC», en *IJSL*, 1999, parte 2, págs. 113-126, pág. 119; Bishop, «The Development of Environmental Salvage and Review of the London Salvage Convention 1989», en *Tul. L. R.*, *cit.*, págs. 76-77; Davies, «Likely Developments in the Law of Salvage and Wreck», en *A&NZ Mar LJ*, vol. 16 núm. 16, 1999, págs. 1-15, pág. 4; .

1151 *Vid.* Kennedy, Rose, *Law of Salvage*, *op.cit.*, pág. 418; Bishop, «The Development of Environmental Salvage and Review of the London Salvage Convention 1989», en *Tul. L. R.*, *cit.*, pág. 76.

efectos de este trabajo, la «recompensa» que pueden obtener los salvadores en virtud de la «Cláusula» SCOPIC la denominaremos «bono»[1152] para diferenciarla de otras contraprestaciones económicas que podría obtener el salvador (premio y compensación especial) en una operación de salvamento marítimo.

Antes de comenzar con el análisis del contenido de la «Cláusula» SCOPIC, cabe comentar que el salvamento marítimo se encuentra íntimamente relacionado con la avería gruesa, tal y como se ha comentado anteriormente en relación con el salvamento de bienes de propiedad desconocida[1153]. La avería gruesa tiene por finalidad compartir o asumir proporcionalmente algunos riesgos que afectan a un viaje marítimo. Actualmente en España se regula en los artículos 347 a 356 de la LNM. En el ámbito internacional destacan las ya mencionadas RYA 2016, que son las normas redactadas y fomentadas por el CMI que regulan la avería gruesa, siendo su última versión de 2016[1154]. Serán aplicables cuando las partes así lo dispongan en el contrato.

El artículo 348 de la LNM establece que «solo serán admisibles en la masa activa de avería gruesa los daños o gastos que sean consecuencia directa o previsible del acto de avería». En relación con el salvamento marítimo, los importes que derivan de la limitación o la prevención de los daños al medioambiente incluidos en el premio «tradicional» calculado en virtud del artículo 13 del CISM 1989 serían un coste de la avería gruesa[1155].

No obstante, la compensación especial no sería incluida como gasto, lo que se acordó inicialmente en la XXXIV Conferencia del CMI celebrada en París en 1990[1156]. Esta exclusión se regula en la actualidad en la regla VI de las RYA 2016, letra d); la cual dispone que la compensación especial pagada en virtud del artículo 14 del CISM 1989 —así como la compensación derivada de la «Cláusula» SCOPIC, lo que figura en su subcláusula número 15[1157]— no

---

1152 Tomando como referencia la denominación utilizada por PENDÓN, ROMERO MATUTE, «La Special Compensation P&I Club Clause 2014 (Cláusula SCOPIC 2014)...», en *Estudios sobre la responsabilidad..., op.cit.*, pág. 570.

1153 Véase *supra* en el capítulo tercero el epígrafe 1.1.2 El salvamento privado no contractual.

1154 A la cual puede accederse en la página web del CMI: https://comitemaritime.org/work/york-antwerp-rules-yar/.

1155 Regla VI, letra c), de las RYA: «*Salvage expenditures referred to in paragraph (a) above shall include any salvage remuneration in which the skill and efforts of the salvors in preventing or minimising damage to the environment such as is referred to in Article 13 paragraph 1(b) of the International Convention on Salvage, 1989 have been taken into account*».

1156 *Vid.* LATRON, «Révision des Régles d'York et d'Anvers», en *DMF*, 1990, vol. 493, págs. 231-235; FERNÁNDEZ-GUERRA, «El salvamento marítimo ambiental», en *RGD*, *cit.*, pág. 6.042.

1157 Ésta especifica que la compensación derivada de SCOPIC no será un gasto de ésta en tanto en cuanto exceda del premio «tradicional»: «*SCOPIC remuneration shall not be a General Average expense to the extent that it exceeds the Article 13 Award; any liability to pay such SCOPIC remuneration shall be that of the Shipowner alone and no claim whether direct, indirect, by way of indemnity or recourse or otherwise relating to SCOPIC remunera-*

se admitirá en la avería gruesa[1158]. Esta exclusión se fundamenta en que, en la avería gruesa, «Los daños o gastos ocasionados en acto de avería gruesa serán soportados por los titulares de los intereses en riesgo en el momento de la avería, en proporción y con el límite del valor salvado de cada uno de ellos», *ex* artículo 349 de la LNM. Lo que sucede con la compensación especial es que el medioambiente, que es lo que se protegería, no tiene titular y, en consecuencia, nadie puede contribuir a asumir ese importe.

2.5.1. El contenido de la «Cláusula» SCOPIC

La primera «subcláusula» tiene como título «*General*» y, como éste indica, hace referencia a aspectos generales de la «Cláusula» SCOPIC[1159]. En primer

tion in excess of the Article 13 Award shall be made in General Average or under the vessel's Hull and Machinery Policy by the owners of the vessel».

1158 Como en otros contratos y cláusulas, se propone una traducción libre de las RYA ya que no consta una versión oficial en español: «la compensación especial pagadera a una empresa de salvamento por el "*owner*" del buque en virtud del artículo 14 del CISM 1989 en la medida especificada en el apartado 4 de dicho artículo o en virtud de cualquier otra disposición similar (como el SCOPIC) no se admitirá en la avería gruesa y no se considerará un gasto de salvamento tal como se indica en el apartado a) de la presente regla».

1159 Como con el contrato LOF 2020 para facilitar la lectura de este trabajo se propone una traducción libre de dichas «subcláusulas». La primera de ellas en su versión original dispone lo siguiente: «*This SCOPIC clause is supplementary to any Lloyd's Form Salvage Agreement "No Cure-No Pay" ("Main Agreement") which incorporates the provisions of Article 14 of the International Convention on Salvage 1989 ("Article 14"). The definitions in the Main Agreement are incorporated into this SCOPIC clause. If the SCOPIC clause is inconsistent with any provisions of the Main Agreement or inconsistent with the law applicable hereto, the SCOPIC clause, once invoked under sub-clause 2 hereof, shall override such other provisions to the extent necessary to give business efficacy to the agreement. Subject to the provisions of sub-clause 4 hereof, the method of assessing Special Compensation under Convention Article 14(1) to 14(4) inclusive shall be substituted by the method of assessment set out hereinafter. If this SCOPIC clause has been incorporated into the Main Agreement the Contractor may make no claim pursuant to Article 14 except in the circumstances described in sub-clause 4 hereof. For the purposes of liens and time limits the services hereunder will be treated in the same manner as salvage*».

En la traducción propuesta, «La "Cláusula" SCOPIC es complementaria a cualquier Contrato de Salvamento de Lloyd's "No Cure - No Pay" ("Contrato Principal") que incorpore las disposiciones del Artículo 14 del Convenio Internacional de Salvamento de 1989 ("Artículo 14"). Las definiciones del Contrato Principal se incorporan a esta "Cláusula" SCOPIC. Si la "Cláusula" SCOPIC es incompatible con alguna de las disposiciones del Contrato Principal o con la legislación aplicable, la "Cláusula" SCOPIC, una vez incorporada en virtud de la "subcláusula" 2 del presente documento, anulará dichas disposiciones en la medida necesaria para dar eficacia comercial al acuerdo. Sin perjuicio de lo dispuesto en la "subcláusula" 4 del presente documento, el método de valoración de la Compensación Especial previsto en los apartados 1 a 4 del artículo 14 del Convenio, inclusive, será sustituido por el método de valoración que se establece a continuación. Si esta "Cláusula" SCOPIC se ha incorporado al Contrato Principal, el salvador no podrá interponer ninguna reclamación en virtud del Artículo 14, salvo en las circunstancias descritas en la "subcláusula" 4 de este documento.

lugar, establece que es complementaria a un contrato LOF (en realidad, de cualquier contrato de salvamento marítimo, aunque sea otro modelo) —que será denominado como «contrato principal» («*Main Agreement*»)—, que incluya lo establecido en el artículo 14 del CISM 1989; esto es, la compensación especial.

Si existe alguna discordancia entre la «Cláusula» SCOPIC incorporada al contrato de salvamento y éste en lo relativo a los artículos 14.1 a 14.4 del CISM 1989, lo dispuesto en SCOPIC tendrá primacía —suponiendo así una exclusión de la aplicación (parcial) de la compensación especial del artículo 14 del CISM 1989—. De este modo, las disposiciones de los apartados 5 y 6 de este artículo seguirán siendo aplicables en los términos establecidos en el Convenio.

Si la «Cláusula» SCOPIC se ha incorporado al LOF, el salvador no podrá interponer ninguna reclamación de la compensación especial en virtud del Artículo 14, salvo en las circunstancias descritas en la «subcláusula» 4 de SCOPIC. Esta *primacía* de la «Cláusula» SCOPIC frente al Convenio de Londres se ampara, precisamente, en el artículo 6 del CISM 1989[1160]. Así, el bono obtenible en virtud de la «Cláusula» SCOPIC se plantea como alternativa a la compensación especial del CISM 1989, creando un pago aún más «especial»[1161]. Finalmente, esta primera subcláusula 1 considera que el régimen relativo a los privilegios marítimos (*maritime liens*) y límites de tiempo, será el general establecido para el salvamento marítimo, aspectos que serán tratados más adelante[1162].

A los efectos de los embargos y los plazos, los servicios prestados en virtud de la presente cláusula se tratarán de la misma manera que el salvamento».

1160 Cuya redacción es la siguiente: «1. El presente Convenio será aplicable a todas las operaciones de salvamento, salvo en la medida que un contrato disponga otra cosa expresa o implícitamente. 2. El capitán estará facultado para celebrar contratos de operaciones de salvamento en nombre del propietario del buque. El capitán y el propietario del buque estarán facultados para celebrar tales contratos en nombre del propietario de los bienes que se encuentren a bordo del buque. 3. Nada de lo dispuesto en el presente artículo irá en perjuicio de la aplicación del artículo 7 ni de la obligación de evitar o reducir al mínimo los daños al medio ambiente»; véase *supra* en el capítulo primero el epígrafe 2.2 El CISM 1989 en España.

1161 *Vid.* Pendón, Romero Matute, «La Special Compensation P&I Club Clause 2014 (Cláusula SCOPIC 2014)...», en *Estudios sobre la responsabilidad...*, *op.cit.*, pág. 570, consideran así que la compensación derivada de la «Cláusula» SCOPIC se trata en realidad de una «aplicación especial» del régimen de cálculo de la compensación especial del artículo 14 del CISM 1989.

1162 Véase *infra* el epígrafe del capítulo quinto 3 Los derechos del salvador y sus garantías. Sin perjuicio de lo anterior, conviene adelantar la idea de que del derecho al premio que tienen los salvadores, surge un derecho de crédito que está garantizado con un privilegio marítimo sobre el buque. En cuanto a los «límites de tiempo» (*«For the purposes of (...) time limits...»*), la «Cláusula» SCOPIC hace referencia a la prescripción de las acciones que se pueden interponer para reclamar el pago del premio. A esto responde el artículo 23 del CISM 1989, que hace referencia a un plazo de prescripción de dos años, como estudiaremos más adelante.

Las partes que celebran un contrato de salvamento son libres de decidir si incorporan la «Cláusula» SCOPIC a su contrato, por lo que la aplicación de esta «Cláusula» es dispositiva[1163]. Para lo anterior, la casilla número 7 del contrato LOF 2020 establece lo siguiente: «¿está incorporada la "Cláusula" SCOPIC a este contrato? Manifieste alternativamente: sí/no»[1164]. También se menciona en la Cláusula C del contrato LOF[1165], aunque, en nuestra opinión, con una redacción bastante compleja:

> «A menos que se haya suprimido la palabra "No" en la casilla 7, este acuerdo se considerará hecho sobre la base de que la "Cláusula" SCOPIC no se incorpora y no forma parte de este contrato. Si la palabra "No" se borra en la casilla 7, lo anterior no se interpretará como una notificación de la "incorporación de la "Cláusula" SCOPIC" en virtud de su subcláusula 2».

Dicho de un modo más sencillo, debe quedar claramente acordado por las partes la incorporación de la «Cláusula» SCOPIC a su contrato manifestándolo en el impreso señalando la opción «Sí»[1166].

En la «Cláusula» SCOPIC, esta posibilidad que se le da a las partes de incorporarla en el contrato de salvamento marítimo se regula en su «subcláusula» 2[1167]. El salvador tendrá la opción de invocarla para su incorporación en el con-

---

1163 Considera BAUGHEN, *Shipping Law, op.cit.*, pág. 307, que la «Cláusula» SCOPIC necesita del contrato LOF o de un formulario tipo para que sea aplicable. No obstante, consideramos que las partes que celebren un contrato de salvamento «propio», esto es, no siguiendo los modelos de contrato preestablecidos, pueden invocarla y hacerla aplicable a su contrato.

1164 En su versión original: «*Is the Scopic Clause incorporated into this agreement? State alternative: Yes/No*».

1165 Que establece que: «*Unless the word "No" in Box 7 has been deleted this agreement shall be deemed to have been made on the basis that the Scopic Clause is not incorporated and forms no part of this agreement. If the word "No" is deleted in Box 7 this shall not of itself be construed as a notice invoking the Scopic Clause within the meaning of sub-clause 2 thereof*».

1166 Alternativamente, borrando la palabra «No» como señala DJADJEV, «The SCOPIC clause as a major development in salvage law», en *SSRN eLibrary*, 2015, págs. 1-6, pág. 4: «*done simply by deleting the word 'No' in box 7 of the LOF*».

1167 En la versión original de la «Cláusula» SCOPIC: «*The Contractor shall have the option to invoke by written notice to the owners of the vessel the SCOPIC clause set out hereafter at any time of his choosing regardless of the circumstances and, in particular, regardless of whether or not there is a "threat of damage to the environment". The assessment of SCOPIC remuneration shall commence from the time the written notice is given to the owners of the vessel and services rendered before the said written notice shall not be remunerated under this SCOPIC clause at all but in accordance with Convention Article 13 as incorporated into the Main Agreement ("Article 13")*»; para lo que se propone la siguiente traducción: «El salvador tendrá la opción de incorporar, mediante notificación escrita a los "*owners*" del buque, la "Cláusula" SCOPIC establecida a continuación, en cualquier momento a su elección, independientemente de las circunstancias y, en particular, independientemente de si existe o no una "amenaza de daño al medioambiente". La evaluación de la recomtrato de salvamento, además, *«by written notice to the owners of the vessel»* en cualquier momento, independientemente de las circunstancias y, en particular, de si existe o no una amenaza de daños al medioambiente. Por ello, la incorporación de la «Cláusula» SCOPIC es un derecho «unilateral, voluntario y opcional»[1168] del salvador. El momento en el que se manifieste a los *owners* del buque la voluntad del salvador de incorporar la «Cláusula» SCOPIC al contrato, marcará el inicio del cálculo del bono bajo los términos de esta «Cláusula», «abandonando» el sistema de «recompensa» —premio o compensación especial— del Convenio de Londres.

La «subcláusula» 3 se estructura en cuatro apartados y regula el depósito que se constituye en favor del salvador para garantizar el bono regulado en virtud de SCOPIC. El primero de estos apartados establece que los *«owners»* del buque deben proveer a los salvadores —en los dos siguientes días laborales, excluyendo sábados, domingos y festivos a la recepción de la notificación «invocando» la «Cláusula» SCOPIC— un aval bancario *(bank guarantee)* o una carta del Club P&I por un importe de tres millones de dólares para afrontar el futuro bono de SCOPIC; incluyendo los intereses y las costas que se pudieran derivar del procedimiento arbitral o judicial que eventualmente se diera en caso de conflicto[1169]. Esta cantidad provisional, sometida a revisión o liquidación se denominará *«Initial Security»*.

---

pensa de SCOPIC comenzará a partir del momento en que se dé la notificación escrita a los *"owners"* del buque y los servicios prestados antes de dicha notificación escrita no se remunerarán en absoluto en virtud de esta "Cláusula" SCOPIC, sino de conformidad con el artículo 13 del Convenio incorporado al Contrato Principal ("artículo 13")».

1168 *Vid.* Pendón, Romero Matute, «La Special Compensation P&I Club Clause 2014 (Cláusula SCOPIC 2014) en los contratos de salvamento marítimo. Fundamento y contenido», en *Estudios sobre la responsabilidad... op.cit.*, pág. 577.

1169 La ISU pone a disposición de los Clubs de P&I la «SALVAGE GUARANTEE FORM ISU 5 (SCOPIC REMUNERATION)» cuya última versión es de 2018 y se encuentra disponible en: https://www.marine-salvage.com/documents/ISU5July2018.pdf. En el primer apartado de este modelo, se dispone lo que sigue: *«In consideration of, and upon condition that, you refrain from arresting, re-arresting or otherwise detaining the Vessel or any other vessel, property or asset in the same beneficial or associated ownership or management in connection with your claim for SCOPIC remuneration for services rendered to the Vessel under the terms of the LOF, we hereby undertake to pay to you on demand any liability on the part of the Registered/Bareboat owners of the Vessel, ...[See Note 3] (the "owners of the Vessel") for SCOPIC remuneration, to the extent that it exceeds any actual or potential Article 13 award, together with interest and costs in relation thereto, which may be due to you whether by final un-appealable award or judgment or by written agreement between you, the undersigned and the owners of the Vessel»*; para lo que proponemos la siguiente traducción: «En consideración, y a condición de que ustedes se abstengan de arrestar, volver a arrestar o detener de cualquier otra manera el Buque o cualquier otro buque, propiedad o activo en la misma propiedad beneficiaria o asociada o gestión en relación con su reclamación del bono de SCOPIC por los servicios prestados al Buque en virtud de los términos del LOF, por la presente nos comprometemos a pagarles a petición cualquier responsabilidad por parte de los *"owners"* del Buque, ... [Véase la Nota 3] (los *'owners* del Buque') por el bono de SCOPIC, en la medida en que exceda cualquier premio real o

Esta «carta» del Club de P&I se corresponde con una *P&I Letter of Undertaking* o LOU[1170], frente a la *P&I Letter of Indemnity* o LOI. Por las primeras —LOU— el Club de P&I se compromete frente al receptor de la carta —en este caso, los salvadores— a reembolsar la pérdida económica que haya sufrido como consecuencia de un incidente en el transporte[1171].

El segundo apartado de esta «subcláusula» tercera analiza el supuesto en el que el bono —más los intereses y las costas— sea inferior a la cantidad (tres millones de dólares americanos) sobre la que los *«owners»* del buque han constituido el depósito. En este caso, los *«owners»* del buque tienen derecho a requerir a los salvadores que reduzcan el depósito de garantía hasta una nueva suma que sea razonable. De este modo, se adaptan las garantías a las nuevas circunstancias de la operación. Relacionado con lo anterior, el tercer apartado de la «subcláusula» 3 regula el supuesto contrario; esto es, si tras la provisión del depósito inicial, el salvador en la tasación de su bono encuentra que éste es superior a la cantidad constituida en depósito por los *«owners»* del buque. En este caso, los salvadores podrán requerirles para que aumenten la cantidad de esta garantía hasta alcanzar una suma razonable[1172].

El cuarto apartado de la «subcláusula» tercera establece que, en ausencia de acuerdo, cualquier disputa relativa al avalista o garante *(Guarantor)*, a la forma en la que se establece el depósito o a su modificación, será resuelta por el tribunal arbitral que conozca el caso. Como la «Cláusula» SCOPIC se incorpora al contrato de salvamento, es un aspecto contractual. De este modo, si hay desacuerdo al respecto, se resolverá por el procedimiento arbitral de Lloyd's en el caso del LOF o el tribunal que conozca de la operación de salvamento.

---

potencial del Artículo 13 [del CISM 1989], junto con los intereses y costas en relación con el mismo, que se le pueda deber a usted, ya sea por laudo o sentencia firme o por acuerdo escrito entre usted, el abajo firmante y los *"owners"* del Buque».

1170 *Code of practice between international salvage union and international group of P&I clubs*, cuyo apartado sexto establece lo siguiente: «*The Contractors will accept security for either special compensation or SCOPIC remuneration by way of a P&I Club* ***letter of undertaking*** *in the attached form - "Salvage Guarantee form – ISU 5" - and they will not insist on the provision of security at Lloyd's*»; en negrita añadida para señalar que esta carta se corresponde con una LOU según el Código de conducta entre la ISU y el Grupo Internacional de Clubs de P&I.

1171 *Vid.* Gard As, «LOI, LOU and BLG – Confused?», *Gard Loss Prevention Circulars*, núm. 01-10, 2013, pág. 97. En palabras de Hazelwood, Semark, *P&I Clubs Law and Practice*, *op.cit.*, pág. 121, «El objetivo de esta carta de compromiso es permitir al club hacer frente a las reclamaciones ordinarias del armador y cobrarlas, permitiendo así al miembro [del Club de P&I] comerciar con su buque de forma ordinaria y obtener la financiación con la que pagar su deuda hipotecaria. El efecto de esta cláusula (...) se limita a designar al acreedor hipotecario, o a otra persona en su nombre, como "beneficiario de la pérdida" en caso de que se produzca alguno de los eventos previstos en la cláusula».

1172 Que recibirá el nombre de «*Increased Security*», lo que ha supuesto una novedad en comparación con la SCOPIC anterior de 2014.

Con respecto a este apartado, conviene señalar que el conflicto que pudiere producirse sobre el depósito y la resolución del tribunal arbitral que conociera del caso puede haber un lapso temporal extenso (meses, probablemente). *Ergo* no procede resolver un conflicto en el momento de la operación de salvamento en el proceso arbitral. Desde nuestro punto de vista, la corte arbitral no debería cuestionar la constitución de la garantía, sino que lo que debe valorar es si la forma que ha utilizado el garante para constituir el depósito es suficiente para constituirlo; es decir, si es eficaz o suficiente para cumplir con este *deber*.

A continuación, la cuarta «subcláusula» de SCOPIC introduce en la versión de 2020 modificaciones significativas con respecto a la versión de la «Cláusula» SCOPIC de 2014. En ambas versiones esta «subcláusula» regula el derecho de desistimiento («*withdrawal*») del contrato. Mientras que, en la versión de 2014 exclusivamente se hacía referencia al desistimiento contractual, en la versión de 2020 se incluye un segundo apartado que concierne a la opción del salvador de aplicar el régimen de la compensación especial en lugar de la SCOPIC.

El primer apartado establece lo siguiente:

> «Si los "*owners*" del buque no proporcionan la *Initial Security* dentro de los dos días hábiles mencionados, el salvador, a su elección, y previa notificación a los "*owners*" del buque, tendrá derecho a desistir de todas las disposiciones de la "Cláusula" SCOPIC y a revertir sus derechos en virtud del Contrato Principal, incluido el artículo 14 del CISM 1989, que se aplicará como si la "Cláusula" SCOPIC no hubiera existido. CON LA CONDICIÓN DE QUE este derecho de "desistimiento" sólo podrá ejercerse si, en el momento dicha notificación, los "*owners*" del buque aún no hubieran proporcionado la *Initial Security* o cualquier otra garantía alternativa que los "*owners*" del buque y el salvador puedan acordar como suficiente»[1173].

Con este primer apartado se pone de manifiesto la relevancia que tiene el depósito de los *«owners»* del buque para que la «Cláusula» SCOPIC continúe aplicándose. Si bien es cierto que existen otras garantías que pudieran avalar el premio del salvador —como el derecho de retención objeto de análisis más adelante[1174]—, la constitución de este depósito es la garantía más inmediata que tiene el salvador de cobrar su bono.

El segundo apartado de la «subcláusula» 4, novedad de la versión de SCOPIC de 2020, dispone lo siguiente:

1173 En la versión auténtica de SCOPIC: «*(i) If the owners of the vessel do not provide the Initial Security within the said 2 working days, the Contractor, at his option, and on giving notice to the owners of the vessel, shall be entitled to withdraw from all the provisions of the SCOPIC clause and revert to his rights under the Main Agreement including Article 14 which shall apply as if the SCOPIC clause had not existed. PROVIDED THAT this right of withdrawal may only be exercised if, at the time of giving the said notice of withdrawal the owners of the vessel have still not provided the Initial Security or any alternative security which the owners of the vessel and the Contractor may agree will be sufficient*».

1174 Véase *infra* en el capítulo quinto el epígrafe 3 Los derechos del salvador y sus garantías.

«Si los "*owners*" del buque no proporcionan la *Increased Security* dentro de los dos días hábiles siguientes a la fecha en que el salvador y los "*owners*" del buque hayan acordado la suma razonable para dicha *Increased Security* o haya sido determinada de otro modo por el Árbitro, el salvador, a su elección, y previa notificación a los "*owners*" del buque, tendrá derecho a desistir, tanto de la "Cláusula" SCOPIC como del Contrato Principal. En ese caso, el salvador tendrá derecho al cobro del bono de SCOPIC adeudado hasta la fecha de dicho desistimiento inclusive. El cálculo del bono de SCOPIC tendrá en cuenta todas las sumas adeudadas con arreglo a las tarifas establecidas en el Apéndice A del presente documento, incluido un plazo razonable para la retirada después de la fecha de dicha finalización»[1175].

Con ello no sólo se le reconoce al salvador el derecho de desistir del contrato cuando el Club de P&I no constituya ese depósito inicial, sino también el depósito que se hubiera visto aumentado en virtud de la adaptación de las nuevas circunstancias de la operación que exigían una mayor garantía dineraria.

La «subcláusula» 5 de la «Cláusula» SCOPIC[1176] señala que la cantidad que puede pagarse al salvador en virtud de SCOPIC, esto es, el bono, se estructura

1175 En la versión de la «Cláusula» SCOPIC, «*(ii) If the owners of the vessel do not provide the Increased Security within 2 working days of the date upon which the reasonable sum for such Increased Security has been agreed between the Contractor and the owners of the vessel or has otherwise been determined by the Arbitrator, the Contractor, at his option, and on giving notice to the owners of the vessel, shall be entitled to terminate the services under both the SCOPIC clause and the Main Agreement. The Contractor will in that event be entitled to payment of all SCOPIC remuneration due up to and including the date of such termination. The assessment of SCOPIC remuneration shall take into account all monies due under the tariff rates set out in Appendix A hereof including a reasonable time for demobilisation after the date of such termination*».

1176 La versión original de esta «subcláusula» es la siguiente: «*(i) SCOPIC remuneration shall mean the total of the tariff rates of personnel; tugs and other craft; portable salvage equipment; out of pocket expenses; and bonus due. (ii) SCOPIC remuneration in respect of all personnel; tugs and other craft; and portable salvage equipment shall be assessed on a time and materials basis in accordance with the Tariff set out in Appendix "A". This tariff will apply until reviewed and amended by the SCOPIC Committee in accordance with Appendix B(1)(b). The tariff rates which will be used to calculate SCOPIC remuneration are those in force at the time the salvage services take place. (iii) "Out of pocket" expenses shall mean all those monies reasonably paid by or for and on behalf of the Contractor to any third party and in particular includes the hire of men, tugs, other craft and equipment used and other expenses reasonably necessary for the operation. They will be agreed at cost, PROVIDED THAT: (a) If the expenses relate to the hire of men, tugs, other craft and equipment from another ISU member or their affiliate(s), the amount due will be calculated on the tariff rates set out in Appendix "A" regardless of the actual cost. (b) If men, tugs, other craft and equipment are hired from any party who is not an ISU member and the hire rate is greater than the tariff rates referred to in Appendix "A" the actual cost will be allowed in full, subject to the Special Casualty Representative ("SCR") being satisfied that in the particular circumstances of the case, it was reasonable for the Contractor to hire such items at that cost. If an SCR is not appointed or if there is a dispute, then the Arbitrator shall decide whether the expense was reasonable in all in the circumstances. (c) Any out of pocket expense incurred during the course of the service in a currency other than US dollars shall for the purpose*

en tres partidas. La primera, correspondiente a las *«tariff rates»* —concepto que, por simplificar, vamos a traducir por «tarifas» aunque no sea una traducción exacta— de personal, equipos utilizados, embarcaciones, etc. Estas tarifas se encuentran detalladas en el Apéndice A que acompaña a dicha «Cláusula»[1177]. La segunda partida del bono es la cantidad de los gastos en los que el salvador haya incurrido al realizar la operación de salvamento. La tercera partida se corresponde con un «bonus» del 25 % de la cantidad relativa a las tarifas salvo que los gastos del salvador excedan de las tarifas. En este último caso, el salvador también tendrá derecho a un *bonus*, el que sea mayor de las siguientes dos cantidades: o bien, la cantidad relativa a los gastos más el 10 % de dichos gastos; o bien, la cantidad relativa de la tarifa más el 25 % de dicha tarifa. Con este *bonus*, la compensación derivada de SCOPIC se fundamenta también en un aspecto mercantil basado en no sólo ofrecerle al salvador un reembolso por los gastos en los que hubiera incurrido para efectuar el salvamento, sino también para garantizarle algún tipo de resultado económico como empresario[1178]. El sistema anterior permite a las partes conocer de antemano, aunque sea de manera aproximada, la cantidad a abonar por la prestación de salvamento en concepto de bono de SCOPIC. Lo anterior supone una mayor facilidad para calcular la cantidad relativa a los gastos, la garantía que deben realizar los *«owners»* de los buques y el importe del bono de la operación de salvamento marítimo. Además, este sistema encuentra otra ventaja: la de reducir el número de conflictos y posteriores arbitrajes entre las partes para determinar el premio por el salvamento.

---

of the SCOPIC clause be converted to US dollars at the rate prevailing at the termination of the services. (iv) In addition to the rates set out above and any out of pocket expenses, the Contractor shall be entitled to a standard bonus of 25 % of those rates except that if the out of pocket expenses described in sub-paragraph 5(iii)(b) exceed the applicable tariff rates in Appendix "A" the Contractor shall be entitled to a bonus such that he shall receive in total (a) The actual cost of such men, tugs, other craft and equipment plus 10 % of the cost, or (b) The tariff rate for such men, tugs, other craft and equipment plus 25 % of the tariff rate whichever is the greater».

1177 Estas tarifas se encuentran vigentes hasta que se revisen por un Comité de SCOPIC según lo dispuesto en el apartado 1, letra b), del Apéndice B de la «Cláusula» SCOPIC: «The SCOPIC Committee shall be responsible for a triennial review of the tariff rates as set out in Appendix A». Se aplicarán las tarifas que estuvieran en vigor cuando el salvamento tenga lugar y la moneda que se utilice será el dólar americano. Cuando los salvados o su equipo sean parte de la ISU o sus afiliados, se aplicarán los costes del Apéndice A. En caso de que no formen parte de la ISU y el precio sea superior a lo establecido en el Apéndice A, se permitirá este coste completo sujeto al *Special Casualty Representative* (SCR en adelante), siempre que en las circunstancias particulares del caso era razonable contratar por los salvadores estos ítems a dicho coste. En el caso de que no se nombre un SCR o existe alguna discordancia entre las partes, el tribunal arbitral deberá decidir si el coste era o no razonable. En virtud de la subcláusula 12 el SCR será determinado por los armadores de acuerdo con lo dispuesto en el Apéndice B.

1178 *Vid.* Brice, «Salvage and the role of the insurer», en *LMCLQ*, 2000, parte 1, págs. 26-41, pág. 30.

La «subcláusula» 6 de SCOPIC[1179] hace referencia al premio del artículo 13 del CISM 1989, pues, aunque se «invoque» la «Cláusula» SCOPIC, el premio deberá calcularse puesto que puede determinarse finalmente como el importe que tienen derecho a recibir los salvadores. Como se ha indicado anteriormente, para determinar qué importe obtendrá finalmente el salvador como «recompensa» por la operación de salvamento efectuada —premio, compensación especial o bono—, deben calcularse estas posibilidades y determinar cuál pagará al salvador. Así, el bono de SCOPIC sólo se abonará al salvador cuando su importe sea superior que el del premio del artículo 13 del CISM 1989, según lo dispuesto en esta «subcláusula» 6 de SCOPIC.

Conviene señalar, igualmente, que a diferencia del premio «tradicional» que se pagará por todos los intereses salvados, el bono de la «Cláusula» SCOPIC sólo será abonado por los *«owners»* del buque.

La «subcláusula» 7[1180] sigue explicando el cálculo de la «recompensa» que finalmente será pagadera al salvador por la operación realizada. Si se invoca la

1179 Cuya redacción es la siguiente: «Art*icle 13 Award (i) The salvage services under the Main Agreement shall continue to be assessed in accordance with Article 13, even if the Contractor has invoked the SCOPIC clause. SCOPIC remuneration as assessed under sub-clause 5 above will be payable only by the owners of the vessel and only to the extent that it exceeds the total Article 13 Award (or, if none, any potential Article 13 Award) payable by all salved interests (including cargo, bunkers, lubricating oil and stores) before currency adjustment and before interest and costs even if the Article 13 Award or any part of it is not recovered. (ii) In the event of the Article 13 Award or settlement being in a currency other than United States dollars it shall, for the purposes of the SCOPIC clause, be exchanged at the rate of exchange prevailing at the termination of the services under the Main Agreement. (iii) The salvage Award under Article 13 shall not be diminished by reason of the exception to the principle of "No Cure-No Pay" in the form of SCOPIC remuneration». Cuya traducción se propone a continuación: «Artículo 13 Premio (i) Los servicios de salvamento* bajo el Contrato Principal continuarán siendo evaluados de acuerdo con el Artículo 13 del CISM 1989, incluso si el salvador ha "invocado" la "Cláusula" SCOPIC. El bono de SCOPIC evaluado conforme a la "subcláusula" 5 anterior será pagadero únicamente por los *"owners"* del buque y sólo en la medida en que exceda del premio del Artículo 13 (o de cualquier premio potencial del Artículo 13), pagadero por todos los intereses salvados (incluyendo la carga, el combustible, el aceite lubricante y las provisiones), antes del ajuste de la divisa y antes de los intereses y costas, incluso si el premio del Artículo 13 o cualquier parte del mismo no se recupera. (ii) En el caso de que el Premio del Artículo 13 o la liquidación estén en una divisa distinta de los dólares de los Estados Unidos, se cambiarán, a efectos de la "Cláusula" SCOPIC, al tipo de cambio vigente a la terminación de los servicios en virtud del Contrato Principal. (iii) El premio de salvamento en virtud del Artículo 13 del CISM 1989 no se verá disminuido en razón de la excepción al principio de "No Cure-No Pay" por el bono de SCOPIC».

1180 En la versión original de la «Cláusula» SCOPIC, «*Discount. If the SCOPIC clause is invoked under sub-clause 2 hereof and the Article 13 Award or settlement (before currency adjustment and before interest and costs) under the Main Agreement is greater than the assessed SCOPIC remuneration then, notwithstanding the actual date on which the SCOPIC remuneration provisions were invoked, the said Article 13 Award or settlement shall be discounted by 25 % of the difference between the said Article 13 Award or settlement and the amount of SCOPIC remuneration that would have been assessed had the SCOPIC remuneration pro-*

«Cláusula» SCOPIC —sin importar cuándo—, y el premio «tradicional» es superior al bono de SCOPIC, entonces se descontará del premio «tradicional» un 25 % de la diferencia entre éste y el bono que habría resultado si la «Cláusula» SCOPIC se hubiera «invocado» desde el primer día de los servicios.

No es, como se aprecia, un cálculo sencillo pues, como se ha desarrollado en los párrafos precedentes, en una operación de salvamento en la que se invoque la «Cláusula» SCOPIC, en primer lugar, hay que calcular los importes del premio «tradicional» (artículo 13 del CISM 1989) y del bono («Cláusula» SCOPIC). En segundo lugar, hay que comparar las cantidades y ver cuál es la superior. En caso de que el bono sea superior al premio, será de aplicación el bono. En caso contrario, si el premio es superior al bono, se calculará la diferencia entre uno y otro y se descontará del premio «tradicional» un 25 % de dicha diferencia.

A todo lo anterior hay que añadir el hecho de que en caso de que existan dos situaciones en las que, pese a haberse invocado la aplicación de la «Cláusula» SCOPIC, ésta finalmente no se aplica. Ello sucede cuando no se hubiera prestado la *Initial Security* o la *Increased Security* en el plazo convenido. En estos supuestos, volveríamos a guiarnos por lo dispuesto en el Convenio de Londres, de modo que, si se cumplen las condiciones de aplicación de la compensación especial, en virtud del artículo 14.4 del CISM 1989, si el importe de la compensación especial es superior al del premio «tradicional», la primera será de aplicación.

La «subcláusula» 8 de SCOPIC[1181] se dispone bajo la rúbrica «Payment *of SCOPIC Remuneration»*. El primer apartado de esta «subcláusula» hace refe-

visions been invoked on the first day of the services». Para la cual se propone la siguiente traducción libre: «Si se invoca la "Cláusula" SCOPIC en virtud de la "subcláusula" 2 del presente documento y el Premio o liquidación del artículo 13 del CISM 1989 (antes del ajuste de divisas y antes de los intereses y costes) en virtud del Contrato Principal es superior al bono de SCOPIC, entonces, independientemente de la fecha real en la que se invocaron las disposiciones de bono de SCOPIC, dicho Premio o liquidación del artículo 13 se descontará en un 25 % de la diferencia entre dicho Premio o liquidación del artículo 13 y el importe del bono de SCOPIC que se habría evaluado si se hubieran invocado las disposiciones del bono de SCOPIC el primer día de los servicios».

1181 Cuya redacción es la siguiente: «*(i) The date for payment of any SCOPIC remuneration which may be due hereunder will vary according to the circumstances. (a) If there is no potential salvage award within the meaning of Article 13 as incorporated into the Main Agreement then, subject to Appendix B(5)(c)(iv), the undisputed amount of SCOPIC remuneration due hereunder will be paid by the owners of the vessel within 1 month of the presentation of the claim. Interest on sums due will accrue from the date of termination of the services until the date of payment at the US prime rate plus 1 %. (b) If there is a claim for an Article 13 salvage award as well as a claim for SCOPIC remuneration, subject to Appendix B(5)(c)(iv), 75 % of the amount by which the assessed SCOPIC remuneration exceeds the total Article 13 security demanded from ship and cargo will be paid by the owners of the vessel within 1 month and any undisputed balance paid when the Article 13 salvage award has been assessed and falls due. Interest will accrue from the date of termination of the*

rencia a la fecha del pago, que dependerá de si existe o no un premio calculable en virtud del artículo 13 del CISM 1989.

En primer lugar, si no hay un posible premio «tradicional» (artículo 13 del CISM 1989), el bono de SCOPIC será pagado por los *«owners»* del buque en el plazo de un mes a partir de la presentación de la reclamación por dicho bono. Todo ello sin perjuicio de lo dispuesto en el Apéndice B(5)(c)(iv)[1182]; es decir, que el *Special Casualty Representative* (SCR en adelante)[1183] —figura que analizaremos más abajo— emita un «informe disidente» en el que se muestre en desacuerdo con el capitán de la operación de salvamento[1184]. En este

---

services until the date of payment at the US prime rate plus 1 %. (ii) The Contractor hereby agrees to give an indemnity in a form acceptable to the owners of the vessel in respect of any overpayment in the event that the SCOPIC remuneration due ultimately proves to be less than the sum paid on account».

La traducción propuesta para esta «subcláusula» es la que sigue: «Pago del bono de SCOPIC. (i) La fecha para el pago de cualquier bono de SCOPIC que variará según las circunstancias. (a) Si no hay un posible Premio de salvamento en el sentido del artículo 13 incorporado en el Contrato Principal, entonces, sin perjuicio del Apéndice B(5)(c)(iv), el importe indiscutible del bono de SCOPIC debido en virtud del presente documento será pagado por los *"owners"* del buque en el plazo de 1 mes a partir de la presentación de la reclamación. Los intereses de las sumas adeudadas se acumularán desde la fecha de terminación de los servicios hasta la fecha de pago al tipo de interés preferencial estadounidense más el 1 %. (b) Si existe una reclamación del premio por salvamento en virtud del artículo 13, así como una reclamación del bono de SCOPIC, a reserva de lo dispuesto en el Apéndice B(5)(c)(iv), el 75 % de la cantidad en que el bono de SCOPIC evaluado supere el total de la garantía del artículo 13 exigida al buque y a la carga será pagado por los *"owners"* del buque en el plazo de 1 mes, y cualquier resto indiscutible se pagará cuando el premio por salvamento en virtud del artículo 13 haya sido evaluado y sea exigible. Los intereses se acumularán desde la fecha de finalización de los servicios hasta la fecha de pago al tipo de interés preferencial de los Estados Unidos más el 1 %. (ii) El salvador se compromete a dar una indemnización en una forma aceptable para los *"owners"* del buque con respecto a cualquier pago en exceso en el caso de que el bono de SCOPIC debido finalmente resulte ser inferior a la suma pagada a cuenta».

1182 Cuya redacción es la siguiente: «If the SCR gives a dissenting report to the Salvage Master in accordance with Appendix B(5)(c)(iii) to the SCOPIC clause, any initial payment due for SCOPIC remuneration shall be at the tariff rate applicable to what is in the SCR's view the appropriate equipment or procedure until any dispute is resolved by agreement or arbitration». En la traducción propuesta: «si el SCR emite un informe discrepante al Capitán de Salvamento de acuerdo con el Apéndice B(5)(c)(iii) de la "Cláusula" SCOPIC, cualquier pago inicial debido por el bono de SCOPIC se hará conforme a la tarifa aplicable en opinión del SCR hasta que cualquier disputa se resuelva por acuerdo o arbitraje».

1183 Que se estudiará en *infra* este capítulo el epígrafe 2.5.2 Sujetos relacionados con la «Cláusula» SCOPIC.

1184 De acuerdo con el Apéndice B(5)(c)(iii) de la «Cláusula» SCOPIC, que establece lo siguiente: «Si [el SCR] no está satisfecho con el Informe Diario de Salvamento, preparará un "informe disidente" en el que se exponga cualquier objeción o punto de vista contrario, que entregará al Jefe de Salvamento y transmitirá a Lloyd's, a los *"owners"* del buque, a sus aseguradoras de responsabilidad civil y a cualquier Representante Especial (designado en virtud de la "subcláusula" 12 de la "Cláusula" SCOPIC y el Apéndice C) o, si no se ha designado a uno

caso, cualquier pago inicial debido por el bono de SCOPIC se hará conforme a la tarifa aplicable en opinión del SCR hasta que la disputa se resuelva por acuerdo entre las partes o por arbitraje.

En segundo lugar, si existe una reclamación del premio por salvamento en virtud del artículo 13 del CISM 1989, así como una reclamación del bono de SCOPIC —sin perjuicio de lo dispuesto en el Apéndice B(5)(c)(iv)—, el 75 % de la cantidad en que el bono de SCOPIC supere el total de la garantía constituida para el premio del artículo 13 del CISM 1989, será pagado por los *«owners»* del buque en el plazo de un mes; mientras que la cantidad restante se pagará cuando el premio por salvamento en virtud del artículo 13 haya sido evaluado y sea exigible.

El segundo apartado de la «subcláusula» 8 de la «Cláusula» SCOPIC hace referencia a la situación en la que el bono de SCOPIC resulte, finalmente, inferior a la suma previamente pagada por los *«owners»* del buque. Si esto sucede, el salvador está obligado a devolver la cantidad que exceda a los *«owners»*, defendiendo así la *equity* entre las partes. Recuerda lo dispuesto en esta «subcláusula» 8 de SCOPIC a lo dispuesto en el artículo 7 del CISM 1989, por el que se puede modificar o anular un contrato de salvamento marítimo cuando el pago pactado en el contrato fuera excesivamente alto o bajo en relación con los servicios prestados por el salvador.

La siguiente «subcláusula» de SCOPIC, la «subcláusula» 9[1185], también se estructura, como la anterior, en dos apartados. El primero establece, literalmente, que «Los *"«owners»"* del buque podrán en cualquier momento dar por finalizada la obligación de pagar el bono de SCOPIC (...)». Lo que entendemos es que el *«owner»* del buque puede renunciar a la aplicación del SCOPIC en la operación de salvamento; en consecuencia, decidiría someter la operación de salvamento al régimen de la compensación especial del artículo 14 del

o ambos Representantes Especiales, al Suscriptor de Bienes Conocidos correspondiente». En la versión auténtica de la «Cláusula» SCOPIC, «*If not satisfied with the Daily Salvage Report, prepare a dissenting report setting out any objection or contrary view and deliver it to the Salvage Master and transmit it to Lloyd's, the owners of the vessel, their liability insurers and to any Special Representatives (appointed under clause 12 of the SCOPIC clause and Appendix C) or, if one or both Special Representatives has not been appointed, to the appropriate Known Property Underwriter*».

1185 Cuya redacción auténtica es la que sigue: «Ter*mination. (i) The owners of the vessel may at any time terminate the obligation to pay SCOPIC remuneration after the SCOPIC clause has been invoked under sub-clause 2 hereof provided that the Contractor shall be entitled to at least 5 clear days' notice of such termination. In the event of such termination the assessment of SCOPIC remuneration shall take into account all monies due under the tariff rates set out in Appendix A hereof including time for demobilisation to the extent that such time did reasonably exceed the 5 days' notice of termination. (ii) The termination provisions contained in Clause 4(ii) and sub-clause 9(i) above shall only apply if the Contractor is not prevented from demobilising his equipment by Government, Local or Port Authorities or any other officially recognised body having jurisdiction over the area where the services are being rendered*».

CISM 1989[1186]. La condición que impone la «subcláusula» 9 es que se notifique al salvador con al menos cinco días de antelación (denuncia); y, es irrelevante para este derecho de revocación del *«owner»* del buque que el salvador hubiera expresado su voluntad de aplicar SCOPIC al invocar la aplicación de esta «Cláusula».

Esta opción de «termination» del contrato el salvador también la tiene, regulada en la ya explicada «subcláusula» 4, apartado segundo, de la «Cláusula» SCOPIC; es decir, que la posibilidad del salvador de renunciar a la aplicación del SCOPIC en la operación de salvamento sólo podrá hacerse cuando los *«owners»* del buque aún no hubieran proporcionado la *Initial Security* o cualquier otra garantía que las partes hubieran acordado como suficiente. En la redacción de la «Cláusula» SCOPIC de 2014, el salvador tenía esta posibilidad en todos los casos, sin estar condicionada a la constitución del depósito o garantía. Sin embargo, la versión de 2020 de la «Cláusula» SCOPIC suprimió el primer apartado de la «subcláusula» 9 en el que quedaba regulada esta opción[1187].

El segundo apartado de la «subcláusula» 9 dispone que este derecho de revocación del contrato por parte del «owner» del buque —así como el supuesto previsto en la «subcláusula» 4, apartado ii, de la «Cláusula» SCOPIC[1188]—, sólo

1186 Para determinar la cuantía de la compensación especial del artículo 14 del CISM 1989 que al final le corresponda a los salvadores, se tendrá en cuenta todas las sumas adeudadas conforme a las tarifas establecidas en el Apéndice A de la «Cláusula» SCOPIC, según lo dispuesto en esta «subcláusula» 9 de SCOPIC.

1187 El contenido de este apartado era el siguiente: «The Contractor shall be entitled to terminate the services under the SCOPIC clause and the Main Agreement by written notice to *«owners»* of the vessel with a copy to the SCR (if any) and any Special Representative appointed if the total cost of his services to date and the services that will be needed to fulfil his obligations hereunder to the property (calculated by means of the tariff rate but before the bonus conferred by sub-clause 5(iii) hereof) will exceed the sum of: (a) The value of the property capable of being salved; and (b) All sums to which he will be entitled as SCOPIC remuneration». La traducción libre que se propone es la que sigue: «El salvador tendrá derecho a finalizar los servicios de salvamento bajo la "Cláusula" SCOPIC y el Contrato Principal mediante notificación a los *"owners"* del buque con copia al SCR (si lo hubiera) y a cualquier Representante Especial si el coste total de sus servicios hasta la fecha y de los servicios que fueran necesarios para cumplir con sus obligaciones (calculado por medio de las tarifas pero antes de la bonificación conferida por la "subcláusula" 5(iii) del presente documento) excede la suma de: (a) El valor de la "propiedad" susceptible de ser salvada; y (b) Todas las sumas a las que tendrá derecho en concepto de bono de SCOPIC».

1188 Se recuerda que el contenido del segundo apartado de esta «subcláusula» es el siguiente: «Si los *"owners"* del buque no proporcionan la *Increased Security* dentro de los dos días hábiles siguientes a la fecha en que el salvador y los *"owners"* del buque hayan acordado la suma razonable para dicha *Increased Security* o haya sido determinada de otro modo por el Árbitro, el salvador, a su elección, y previa notificación a los *"owners"* del buque, tendrá derecho a finalizar los servicios en virtud, tanto de la "Cláusula" SCOPIC como del Contrato Principal. En ese caso, el salvador tendrá derecho al pago de todo el bono de

se aplica si el Gobierno, las Autoridades locales o portuarias o cualquier otro organismo oficial que tenga jurisdicción en el área donde se presta el salvamento, no impiden al salvador «retirar» su equipo. Esta «subcláusula» se manifestó en el *case Edwinton Commercial Corp v Tsavliris Russ*[1189], en el que un buque *Sea Angel*, que iba cargado con crudo ligero se accidentó cerca del puerto de Karachi (Pakistán). Los salvadores no pudieron entregar la «propiedad» salvada a los *«owners»* del buque porque la Autoridad Portuaria de Karachi no les entregó el documento «No *Demand Certificate»*, necesario para la salida del puerto. El buque permaneció en Karachi durante 108 días, por orden de dicha Autoridad Portuaria (excediendo de los tres que se habían previsto para sus operaciones).

A continuación, la «subcláusula» 10 de SCOPIC establece que los deberes y obligaciones de los salvadores serán los mismos que los que se establezcan en el contrato de salvamento marítimo[1190]. Con lo anterior se pone de manifiesto la estrecha relación entre el contrato de salvamento y la «Cláusula» SCOPIC. En el caso de mala conducta o negligencia[1191], el salvador podrá ser privado total o parcialmente del bono de SCOPIC, según lo dispuesto en la «subcláusula» 11 de la «Cláusula» SCOPIC[1192].

SCOPIC adeudado hasta la fecha de dicha finalización inclusive. El cálculo del bono de SCOPIC tendrá en cuenta todas las sumas adeudadas con arreglo a las tarifas establecidas en el Apéndice A del presente documento, incluido un plazo razonable para la retirada después de la fecha de dicha finalización».

1189 *(Worldwide Salvage & Towage) (The Sea Angel)* [2007] 1 Lloyd's Rep 335 and CA [2007] 2 Lloyd's Rep 517.

1190 En la redacción de la «subcláusula», «The duties and liabilities of the Contractor shall remain the same as under the Main Agreement, namely to use his best endeavours to salve the vessel and property thereon and in so doing to prevent or minimise damage to the environment»; cuya traducción propuesta es: «Los deberes y responsabilidades del salvador seguirán siendo los mismos que en el Contrato Principal, a saber, hacer todo lo posible por salvar el buque y los bienes que se encuentran en él y, al hacerlo, evitar o reducir al mínimo los daños al medioambiente».

1191 Artículo 18 del CISM 1989: «El salvador podrá ser privado total o parcialmente del pago debido en virtud del presente Convenio en la medida en que la necesidad o la dificultad de las operaciones de salvamento fueran resultado de culpa o negligencia suyas o si ha sido culpable de fraude u otra forma de conducta ilícita». Véase *infra* en el capítulo quinto el epígrafe 1.5 La *misconduct* del salvador.

1192 Dicha «subcláusula» establece lo siguiente: «Article 18 – 1989 Salvage Convention. *The Contractor may be deprived of the whole or part of the payment due under the SCOPIC clause to the extent that the salvage operations thereunder have become necessary or more difficult or more prolonged or the salved fund has been reduced or extinguished because of fault or neglect on its part or if the Contractor has been guilty of fraud or other dishonest conduct»*. La traducción propuesta para esta «subcláusula» es: «El salvador podrá ser privado total o parcialmente del bono en virtud de la "Cláusula" SCOPIC en la medida en que las operaciones de salvamento se hayan vuelto necesariamente más difíciles o prolongadas o la provisión para el salvamento se haya reducido o extinguido por la culpa o negligencia del salvador o si éste ha sido culpable de fraude u otra forma de mala conducta».

Las siguientes «subcláusulas», 12 y 13, hacen referencia a dos sujetos que la «Cláusula» SCOPIC introduce en su funcionamiento: el SCR y los «Representantes Especiales» o *Special Representatives*, que serán analizados más adelante[1193].

La «subcláusula» 14 de la «Cláusula» SCOPIC[1194] dispone que el bono de SCOPIC se calculará también teniendo en cuenta la prevención y la eliminación de la contaminación en las zonas próximas del buque en tanto en cuanto sea necesario para realizar la operación de salvamento. Si la prevención o eliminación de la contaminación es «independiente» de la operación de salvamento, no se tendrá en cuenta para el bono de SCOPIC. Se manifiesta con esta «subcláusula» la relevancia de la protección medioambiental en el ámbito del salvamento marítimo, ya que, para el cálculo del bono, no se tendrá en cuenta únicamente la protección del medioambiente del buque que se pretende salvar, sino también las de sus zonas próximas. Lo anterior no sólo motivará a los salvadores —puesto que el valor de su bono puede verse aumentado—, sino que también consiste en un paso más a la protección del medioambiente; sobre todo cuando la definición de daños al medioambiente que se regula en el CISM 1989 y evaluable en la compensación especial afecta exclusivamente a los daños producidos «en aguas costeras o interiores o en las aguas adyacentes a éstas», mientras que la «Cláusula» SCOPIC puede invocarse en cualquier operación de salvamento, incluyendo aquéllas que se den fuera de estas aguas; por ejemplo, en alta mar.

A continuación, la «subcláusula» 15 de la «Cláusula» SCOPIC[1195] regula el concepto de gasto de la avería gruesa en una operación de salvamento en la que se invoque SCOPIC. Debido a que ésta ya se ha estudiado en relación con la compensación especial, simplemente se añadirá que, en virtud de esta «subcláusula» 15, el importe relativo al bono de SCOPIC no será considerado un gasto de avería gruesa en la medida en que supere el importe del premio «tradicional». *Ergo*, añade la «subcláusula», «No podrá realizarse ninguna

---

1193 Véanse *infra* en este capítulo el epígrafe 2.5.2 Sujetos relacionados con la «Cláusula» SCOPIC.

1194 Cuya redacción es la siguiente: «Pollution Prevention. *The assessment of SCOPIC remuneration shall include the prevention of pollution as well as the removal of pollution in the immediate vicinity of the vessel insofar as this is necessary for the proper execution of the salvage but not otherwise»*. La traducción propuesta es la siguiente: «El bono de SCOPIC incluirá la prevención de la contaminación, así como la eliminación de la contaminación en las inmediaciones del buque, en la medida en que sea necesario para la correcta ejecución del salvamento, pero no en otro caso».

1195 «Subcláusula» 15 de la «Cláusula» SCOPIC: *«General Average. SCOPIC remuneration shall not be a General Average expense to the extent that it exceeds the Article 13 Award; any liability to pay such SCOPIC remuneration shall be that of the Shipowner alone and no claim whether direct, indirect, by way of indemnity or recourse or otherwise relating to SCOPIC remuneration in excess of the Article 13 Award shall be made in General Average or under the vessel's Hull and Machinery Policy by the owners of the vessel»*.

reclamación, ya sea directa, indirecta, a modo de indemnización o recurso o de otra manera, relacionada con el bono de SCOPIC que exceda del Premio del Artículo 13 en concepto de Avería Gruesa o bajo la Póliza de Casco del buque por parte de sus *"owners"*».

Finalmente, la última «subcláusula» de la «Cláusula» SCOPIC[1196] considera que cualquier disputa que pudiera surgir entre las partes por esta «Cláusula» o por sus operaciones de salvamento, se resolverá mediante el oportuno procedimiento arbitral, como se dispone para el contrato de salvamento marítimo. Al considerar esta «Cláusula» como una más del contrato de salvamento, cualquier conflicto que pueda surgir de ella se resolverá en los términos del contrato y por el mismo árbitro ante el que se susciten las controversias entre las partes.

2.5.2. Sujetos relacionados con la «Cláusula» SCOPIC

El Apéndice B de la «Cláusula» SCOPIC menciona una serie de sujetos que tienen un papel en la operación de salvamento en la que se incorpore esta «Cláusula» al contrato de salvamento marítimo. Estos son el «Capitán del salvamento» o *Salvage Master*; el SCR *(Special Casualty Representative)* ya mencionado; los Representantes Especiales del buque y la mercancía; y el Comité de SCOPIC.

Según lo dispuesto en la «subcláusula» 3 del Apéndice B[1197], «El "Capitán del salvamento" estará en todo momento a cargo de la operación, tomará las decisiones finales según su mejor criterio y es el responsable de la operación». El «Capitán del salvamento» debe nombrarse específicamente para cada operación de salvamento[1198], sin que tenga que ser el capitán del buque salvador. Sobre la base de lo anterior, es posible que esta «capitanía» no recaiga sobre una sola persona, sino sobre un equipo técnico y especializado tanto en operaciones de salvamento como en la «Cláusula» SCOPIC.

El «Capitán del salvamento» debe consultar al SCR siempre que sea posible, ya que éste podrá ofrecerle su consejo o asesoramiento sobre la operación de salvamento[1199]. Así se aprecia que entre el «Capitán del salvamento» y el SCR

1196 «Subcláusula» 16 de la «Cláusula» SCOPIC *«Any dispute arising out of this SCOPIC clause or the operations thereunder shall be referred to Arbitration as provided for under the Main Agreement»; esto es, «Cualquier controversia que surja de esta "Cláusula" SCOPIC o de las operaciones que se realicen en virtud de la misma, se someterá a arbitraje según lo previsto en el Contrato Principal».*

1197 Cuya redacción establece lo siguiente: *«The Salvage Master shall at all times remain in overall charge of the operation, make all final decisions as to what he thinks is best and remain responsible for the operation».*

1198 *Vid.* PENDÓN, ROMERO MATUTE, «La Special Compensation P&I Club Clause 2014 (Cláusula SCOPIC 2014)...», en *Estudios sobre la responsabilidad..., op.cit.*, pág. 581.

1199 En virtud de lo dispuesto en la «subcláusula» 4 del Apéndice B de la «Cláusula» SCOPIC:

debe existir una comunicación de tal modo que éste pueda informar tanto al *«owner»* del buque como al Club de P&I que le ofrezca cobertura sobre el desarrollo de la operación. Igualmente, el SCR será el responsable de defender los intereses de estos sujetos en la operación de salvamento[1200]. En virtud de lo anterior, el SCR tendrá derecho a ser informado por el «Capitán del salvamento» o, en caso de que no haya, por el representante de los salvadores[1201].

El «Capitán del salvamento», en virtud de la «subcláusula» 5, apartado a), del Apéndice B de la «Cláusula» SCOPIC[1202], debe enviar informes diarios (*«Daily Salvage Reports»*) en los que tendrá incluir información relativa al plan que se pretende seguir en la operación de salvamento; las circunstancias del accidente y de la zona en la que se ha producido; el desarrollo de la operación y el personal, equipo, remolcadores y demás embarcaciones utilizadas en la operación en cada día. Estos informes se entregarán, hasta el nombramiento del SCR, a Lloyd's —en realidad, la *Salvage Arbitration Branch* de Lloyd's— y a los *«owners»* del buque. Una vez que el SCR haya sido nombrado, los *Daily Salvage Reports* se canalizarán a través de él.

Por lo general, el «Capitán del salvamento» mantendrá las comunicaciones con el SCR, quien está obligado a hacer todo lo posible para ayudar en el salvamento del buque y de los bienes que se encuentran en peligro, así como a evitar y minimizar los daños al medioambiente, en virtud de lo dispuesto en la «subcláusula» 2 del Apéndice B de la «Cláusula» SCOPIC[1203]. Nótese que la expresión utilizada por la «Cláusula» SCOPIC es la de «mejores esfuerzos», compartiéndose esta expresión con la del LOF 2020, aunque no con la del CISM 1989, idea que estudiaremos más adelante[1204].

«The SCR shall be entitled to be kept informed by or on behalf of the Salvage Master or (if none) the principal contractors' representative on site (hereinafter called "the Salvage Master"). ***The Salvage Master shall consult with the SCR during the operation if circumstances allow and the SCR, once on site, shall be entitled to offer the Salvage Master advice***», en negrita añadida.

1200 *Vid.* PENDÓN, ROMERO MATUTE, «La Special Compensation P&I Club Clause 2014 (Cláusula SCOPIC 2014)...», en *Estudios sobre la responsabilidad...*, *op.cit.*, págs. 580-581.

1201 Según la «subcláusula» 4 del Apéndice B de la «Cláusula» SCOPIC.

1202 Cuya redacción es la siguiente: «*(a) Once the SCOPIC clause is invoked the Salvage Master shall send daily reports (hereinafter called the "Daily Salvage Reports") setting out: • the salvage plan (followed by any changes thereto as they arise) • the condition of the casualty and the surrounding area (followed by any changes thereto as they arise) • the progress of the operation • the personnel, equipment, tugs and other craft used in the operation that day*».

1203 Cuya redacción en el texto original es la que sigue: *«The primary duty of the SCR shall be the same as the Contractor, namely to use his best endeavours to assist in the salvage of the vessel and the property thereon and in so doing to prevent and minimise damage to the environment».*

1204 Véase *infra* en el capítulo quinto el epígrafe 1 La prestación profesional del salvamento marítimo: la "debida diligencia" y los *best endevours*.

El SCR es nombrado por el *«owner»* del buque y el Club de P&I involucrado en el salvamento marítimo. Para ser elegido deberá ser un experto en operaciones de salvamento marítimo, de entre los que figuren en el «Panel SCR»[1205] que, a su vez, está nombrado por el Comité SCOPIC (que se analizará más adelante). A pesar de ser nombrado por acuerdo entre los sujetos anteriores, el SCR es independiente de las partes que participan en la operación del salvamento, de modo que pueda proporcionar un punto de vista objetivo y técnico[1206].

Como se ha indicado, los *Daily Salvage Reports* deben ser entregados al SCR una vez que éste haya sido nombrado. Una vez recibidos, el SCR tiene las siguientes obligaciones[1207]. En primer lugar, debe entregar una copia del informe a Lloyd's, a los *«owners»* del buque, a sus aseguradores de responsabilidad civil y, si los hubiera, a los Representantes Especiales; estos son, el Representante Especial del Casco *(Special Hull Representative)* y el Representante Especial de la Carga *(Special Cargo Representative)*.

En segundo lugar y siempre que las circunstancias lo permitan, debe avalar el *Daily Salvage Report* del «Capitán del salvamento». En caso contrario, es decir, cuando no esté de acuerdo con el «Capitán del salvamento», el SCR

1205 Los miembros de dicho Panel se encuentran en la página web de Lloyd's: https://www.lloyds.com/resources-and-services/lloyds-agency/salvage-arbitration-branch/contact/special-casualty-representatives.

1206 Chow, «SCOPIC and the SCR in the international context», conferencia en el *IV International Diving, Salvage and Ocean Engineering Technical Forum*, 4 de noviembre de 2017, Xiamen, disponible en: https://www.marine-salvage.com/media-information/conference-papers/scopic-and-the-scr-in-the-international-context/.

1207 Según lo dispuesto en el apartado c) de la «subcláusula» 5 del Apéndice B de la «Cláusula» SCOPIC: *«The SCR shall upon receipt of each Daily Salvage Report: (i) Transmit a copy of the Daily Salvage Report by the quickest method reasonably available to Lloyd's, the «owners» of the vessel, their liability insurers and (if any) to the Special Hull Representative and Special Cargo Representative (appointed under clause 12 of the SCOPIC clause and Appendix C) if they are on site; and if a Special Hull Representative is not on site the SCR shall likewise send copies of the Daily Salvage Reports direct to the leading Hull Underwriter or his agent (if known to the SCR) and if a Special Cargo Representative is not on site the SCR shall likewise send copies of the Daily Salvage Reports to such cargo underwriters or their agent or agents as are known to the SCR (hereinafter in this Appendix B such Hull and Cargo property underwriters shall be called "Known Property Underwriters"). (ii) If circumstances reasonably permit consult with the Salvage Master and endorse his Daily Salvage Report stating whether or not he is satisfied and (iii) If not satisfied with the Daily Salvage Report, prepare a dissenting report setting out any objection or contrary view and deliver it to the Salvage Master and transmit it to Lloyd's, the «owners» of the vessel, their liability insurers and to any Special Representatives (appointed under clause 12 of the SCOPIC clause and Appendix C) or, if one or both Special Representatives has not been appointed, to the appropriate Known Property Underwriter. (iv) If the SCR gives a dissenting report to the Salvage Master in accordance with Appendix B(5)(c)(iii) to the SCOPIC clause, any initial payment due for SCOPIC remuneration shall be at the tariff rate applicable to what is in the SCR's view the appropriate equipment or procedure until any dispute is resolved by agreement or arbitration».*

emitirá igualmente un «informe disidente» («*dissenting report*») exponiendo los extremos de su objeción. El «informe disidente» del SCR se entregará al «Capitán del salvamento», a Lloyd's, a los *«owners»* del buque, a sus aseguradores de responsabilidad civil y a los Representantes Especiales. Además, en estos supuestos en lo que exista el «informe disidente» del SCR, cualquier pago inicial debido por el bono de SCOPIC será baremado en función de la tarifa que deba aplicarse en opinión del SCR hasta que la disputa se resuelva por acuerdo o, en su caso, por un arbitraje. Tras la recepción de estos informes por parte de Lloyd's, en virtud del apartado d) de la «subcláusula» 5 del Apéndice B[1208], esta empresa tiene la obligación de distribuirlos, previa solicitud, a las partes del contrato y a cualquiera de sus aseguradoras para que estén informadas y puedan actuar en consecuencia.

Una vez finalizada la operación de salvamento y tan pronto como sea posible, el SCR emitirá un informe final («*SCR's Final Salvage Report*») en el que expondrá los siguientes datos: los hechos y circunstancias del accidente y de la operación de salvamento; los remolcadores, el personal y los equipos empleados por el salvador en la operación; y un cálculo del bono derivado de SCOPIC[1209].

Además del «Capitán del salvamento» y del SCR, existen otros sujetos que intervienen en la operación de salvamento cuando se haya «invocado» la «Cláusula» SCOPIC: los *Special Representatives* o Representantes Especiales. Así, la «subcláusula» 13 de la «Cláusula» SCOPIC establece que las aseguradoras de casco y maquinaria del buque *(Hull and Machinery underwriter)* y el titular o asegurador de toda o parte de la mercancía, pueden designar, cada una, a un representante[1210], que se denominarán *Special Hull Representative*[1211] y *Special Cargo Representative* (del que se podrá nombrar sólo uno

1208 Cuya redacción es la siguiente: *«Upon receipt of the Daily Salvage Reports and any dissenting reports of the SCR, Lloyd's shall distribute upon request the said reports to any parties to this contract and any of their property insurers of whom they are notified (hereinafter called "the Interested Persons") and to the vessel's liability insurers».*

1209 Según lo dispuesto en el apartado e) de la «subcláusula» 5 del Apéndice B de la «Cláusula» SCOPIC: *«As soon as reasonably possible after the Salvage services terminate the SCR shall issue a report (hereinafter call the "SCR's Final Salvage Report") setting out: • the facts and circumstances of the casualty and the salvage operation insofar as they are known to him. • the tugs, personnel and equipment employed by the Contractor in performing the operation. • A calculation of the SCOPIC remuneration to which the contractor may be entitled by virtue of this SCOPIC clause. The SCR's Final Salvage Report shall be sent to the «owners» of the vessel and their liability insurers and to Lloyd's who shall forthwith distribute it to the Interested Persons».*

1210 Dichos representantes deberán ser técnicos cualificados, no abogados.

1211 Literalmente, el Representante Especial del Casco o Representante Especial del Buque en la traducción realizada por Pendón, Romero Matute, «La Special Compensation P&I Club Clause 2014 (Cláusula SCOPIC 2014)...», en *Estudios sobre la responsabilidad..., op.cit.*, pág. 589.

pese a que haya diversas cargas en la nave[1212]). Todo ello sin perjuicio de que las *Hull and Machinery underwriters* y el titular o asegurador de toda o parte de la mercancía puedan enviar a otros expertos o peritos para inspeccionar el buque, la carga, y cualquier documentación relacionada con la operación de salvamento.

La función principal de estos Representantes Especiales es la de acudir al lugar del siniestro, observar e informar de la operación de salvamento a sus representados; de hecho, deberán aportar informes a sus interesados con el propósito de que todas las partes de la operación de salvamento se encuentren debidamente informadas[1213].

En virtud de lo dispuesto en el Apéndice C de la «Cláusula» SCOPIC[1214], en primer lugar, el «Capitán del salvamento», el SCR y los *«owners»* del buque tienen la obligación de cooperar con los Representantes Especiales. En concreto, «el Representante Especial tendrá derecho a ser informado de todos los hechos relacionados con la operación de salvamento, siempre que las circunstancias lo permitan razonablemente». En consecuencia, se les permitirá «tener pleno acceso al buque para observar la operación de salvamento e inspeccionar los documentos que sean pertinentes para dicha operación». En la «subcláusula» tercera de este Apéndice C de la «Cláusula» SCOPIC se reincide en la obligación del SCR de mantener informados a los Representantes Especiales y a consultarles. Como se ha indicado, los Representantes Especiales tendrán derecho a recibir una copia de los *Daily Salvage Report* directamente del «Capitán de Salvamento» o, si se ha nombrado, del SCR. La última «subcláusula» del Apéndice C de la «Cláusula» SCOPIC establece que «Si se nombra un SCR

1212 Así que, a menos que haya un acuerdo entre los diversos titulares de la carga para la designación del Representante Especial del Cargamento, actuará como tal el primero que haya sido nombrado para el cargo; *ibid.*, pág. 590.

1213 *Ibid.*, pág. 589.

1214 Cuyo contenido es el siguiente: *«1. The Salvage Master, the «owners» of the vessel and the SCR shall co-operate with the Special Representatives and shall permit them to have full access to the vessel to observe the salvage operation and to inspect such of the ship's documents as are relevant to the salvage operation. 2. The Special Representative shall have the right to be informed of all material facts concerning the salvage operation as the circumstances reasonably allow. 3. If an SCR has been appointed the SCR shall keep the Special Representatives (if any and if circumstances permit) fully informed and shall consult with the said Special Representatives. The Special Representatives shall also be entitled to receive a copy of the Daily Salvage Reports direct from the Salvage Master or, if appointed, from the SCR. 4. The appointment of any Special Representatives shall not affect any right that the respondent ship and cargo interests may have (whether or not they have appointed a Special Representative) to send other experts or surveyors to the vessel to survey ship or cargo and inspect the ship's documentation or for any other lawful purpose. 5. If an SCR or Special Representative is appointed the Contractor shall be entitled to limit access to any surveyor or representative (other than the said SCR and Special Representative or Representatives) if he reasonably feels their presence will substantially impede or endanger the salvage operation».*

o un Representante Especial, el salvador tendrá derecho a limitar el acceso a cualquier perito o representante (que no sean los citados SCR y Representantes Especiales) si razonablemente considera que su presencia puede obstaculizar o poner en peligro de forma sustancial la operación de salvamento». Se recogen en este Apéndice, por tanto, ciertas obligaciones y derechos de estos sujetos.

Específicamente, en primer lugar, las relaciones de colaboración entre unos y otros para asegurar el buen desarrollo de la operación; en segundo lugar, la transparencia a lo largo de toda la operación de salvamento, conseguida a través de la comunicación entre todos estos sujetos; en tercer lugar, la información necesaria para la defensa de sus intereses y derechos.

Como último sujeto a destacar en relación con el funcionamiento de la «Cláusula» SCOPIC se encuentra el Comité de SCOPIC, encargado de la revisión de las tarifas que figuran en el Apéndice A, que se realizan cada tres años[1215]. El Comité SCOPIC «se reunirá una vez al año en Londres para revisar, confirmar, reconfirmar o destituir a los miembros del Panel SCR»[1216].

El Comité SCOPIC es un órgano integrado por 12 miembros. Cada una de las siguientes instituciones nombra a tres miembros del Comité: el Grupo Internacional de Clubs de P&I, la ISU, la *International Union of Marine Insurance* (IUMI en adelante) y la *International Chamber of Shipping* (ICS en adelante)[1217].

Las reuniones y los asuntos del Comité SCOPIC serán organizados y administrados por la *Salvage Arbitration Branch* de Lloyd's —a la que en la «Cláusula» SCOPIC se la reconoce simplemente como «Lloyd's»—. Los miembros de este Comité no tienen derecho a ningún tipo de remuneración por sus servicios[1218].

Todo lo anterior nos lleva a considerar que la «Cláusula» SCOPIC consigue, al menos, dos objetivos. El primero, reconocer otro tipo de «recompensa» a los salvadores por la operación de salvamento: el bono de SCOPIC, aplicable en operaciones de «salvamento medioambiental». La «Cláusula» SCOPIC es un mecanismo mucho más detallado y completo que la compensación especial para los casos en los que el medioambiente se halle en peligro. Ciertamente,

1215 «Subcláusula» 1, letra b), del Apéndice B de la «Cláusula» SCOPIC: *«The SCOPIC Committee shall be responsible for a triennial review of the tariff rates as set out in Appendix A»*.

1216 En virtud de la «subcláusula» 1, letra c), del Apéndice B de la «Cláusula» SCOPIC: «*The SCOPIC Committee shall meet once a year in London to review, confirm, reconfirm or remove SCR Panel members*».

1217 Según la «subcláusula» 1, letra a), del Apéndice B de la «Cláusula» SCOPIC: «The *SCR shall be selected from a panel (the "SCR Panel") appointed by a Committee (the "SCOPIC Committee") comprising of representatives appointed by the following: 3 representatives from the International Group of P and I Clubs 3 representatives from the ISU 3 representatives from the IUMI 3 representatives from the International Chamber of Shipping*».

1218 Apartado f) del número 1 del Apéndice B de la «Cláusula» SCOPIC.

este tipo de operaciones de salvamento marítimo en las que pueden producirse daños medioambientales son muy complejas, siendo difícil distinguir entre aquellas actuaciones destinadas sólo a salvar la «propiedad» y aquéllas destinadas a salvar el medioambiente. SCOPIC está por encima de esa distinción que es poco útil, pues crea todo un sistema por el que el salvador va a cobrar un bono que no comprende únicamente los gastos del salvador —a diferencia de lo establecido en el artículo 14.1 del CISM 1989—, sino que le conferirá un porcentaje adicional en concepto de beneficio. El segundo, asegurar un buen desarrollo de este bono, ofreciendo seguridad a la relación entre las partes, especialmente a través del depósito que se debe constituir para garantizar el cobro del bono por parte de los salvadores. La buena gestión de la «Cláusula» SCOPIC también se hace patente al regular las relaciones de colaboración entre todos los sujetos que intervienen en ella, así como en señalar figuras responsables que se aseguren de mejorar la comunicación entre las partes implicadas. En este sentido, también se mejora la seguridad jurídica del contrato de salvamento, ya que las partes conocen de antemano el coste aproximado de la operación, así como la forma en la que se van a producir los pagos. Lo anterior se traduce en un menor número de conflictos, como se refleja en la práctica. En la década de 1999 a 2010, hubo 1.008 casos de salvamento marítimo que utilizaron un contrato LOF, de los cuales, 327 incorporaron la «Cláusula» SCOPIC. Sin embargo, de estos, sólo siete requirieron un arbitraje[1219].

1219 *Vid.* DJADJEV, «The SCOPIC clause as a major development in salvage law», en *SSRN eLibrary*, *cit.*, pág. 5.

CAPÍTULO QUINTO

CONTENIDO DEL CONTRATO DE SALVAMENTO MARÍTIMO

Del contrato de salvamento emanan una serie de obligaciones y derechos (contenido contractual) para las partes celebrantes. Como se ha indicado, el salvamento marítimo privado es eminentemente contractual —aunque pueda existir, con carácter residual, el salvamento extracontractual—. En el presente capítulo se analizarán los derechos y obligaciones derivadas del formulario LOF 2020, sin perjuicio de que se existan otras obligaciones inherentes a todo salvamento marítimo; por ejemplo, la obligación de prestar auxilio a cualquier persona que se halle en peligro en el mar, como se dispone en el artículo 10 del CISM 1989[1220] y en el 183.3 de la LNM[1221].

Cada una de las partes del contrato de salvamento marítimo tiene una obligación fundamental; en el caso del salvador, es la de llevar a cabo la prestación del salvamento y, en el caso del salvado, se corresponde con el pago del correspondiente premio, compensación especial o bono de SCOPIC. A estas obligaciones, que podríamos denominar, básicas del contrato (recogidas en el formulario, el LOF 2020), se les suman las recogidas en las normas jurídicas que regulan esta operación, es decir, el CISM 1989 y la LNM.

A diferencia del Convenio de Bruselas de 1910, que no contenía de manera expresa una lista de obligaciones —ni de derechos— de las partes[1222], encon-

1220 Cuya redacción es la siguiente: «1. Todo capitán tiene el deber de prestar auxilio a cualquier persona que se halle en peligro de desaparecer en la mar, siempre que ello no entrañe grave peligro para su buque y para las personas que se encuentren a bordo. 2. Los Estados Partes adoptarán las medidas necesarias para dar efectividad al deber enunciado en el párrafo 1. 3. El propietario del buque no incurrirá en responsabilidad en caso de incumplimiento por el capitán del deber estipulado en el párrafo 1».

1221 Que establece que «El capitán está obligado a acudir en auxilio de las vidas humanas que se encuentren en peligro en el mar, siempre que pueda hacerlo sin grave peligro para el buque, su dotación o sus pasajeros, y dejando en todo caso constancia de lo actuado en el Diario de Navegación».

1222 El Convenio de Bruselas regulaba principalmente aspectos relacionados con el premio;

tramos el artículo 8 del CISM 1989 cuya rúbrica establece «Obligaciones del salvador y del propietario y el capitán»[1223].

Las obligaciones del artículo 8 del CISM 1989 tienen carácter imperativo[1224], como ya se había mencionado al estudiar el artículo 6.1 de dicho Convenio[1225].

---

por ejemplo, la obligación del titular de los bienes salvados de pagar el correspondiente premio a los salvadores por la prestación del servicio. La razón de ello se debe principalmente a que en el contexto de 1910 el salvamento atendía principalmente a un ámbito privado, mientras que con el paso del tiempo —y, especialmente, a partir de los accidentes medioambientales marítimos— los gobiernos y poderes públicos quisieron tener una mayor participación en él. A falta de un contrato, en el caso de un accidente en el mar, la única obligación de las partes era actuar con la diligencia debida o *reasonable care*; *vid.* BRICE, «The new Salvage Convention: green seas and grey areas», en *LMCLQ*, *cit.*, pág. 38. Tras el accidente del *Amoco Cádiz* en 1974 quedó clara la relevancia de imponer obligaciones tanto a las partes públicas como privadas envueltas en un accidente. Por ello, además de a los Estados Parte del CISM 1989 en general, y a los Estados ribereños en especial, se impusieron obligaciones de proteger al medioambiente a salvadores y propietarios del buque y la carga; *vid.* CMI, *The Travaux Préparatoires of the Convention on Salvage*, 1989, *op.cit.*, pág. 221.

No obstante, las obligaciones que finalmente adoptó el CISM 1989 en su artículo 8 han sido las propias del Derecho privado, a diferencia de lo expuesto en el Informe del CMI al borrador del convenio sobre salvamento redactado por la IMO, que recogía obligaciones relacionadas con el Derecho público; *vid.* NIELSEN, «Report to the International Maritime Organisation —IMO on the draft international convention on salvage approved by the XXXII International Conference of the CMI held in Montreal, May 1981», en *The Travaux Préparatoires of the Convention on Salvage,* 1989, *op.cit.*, 1984, Anexo VI, págs. 33-36.

Sin perjuicio de que se estudie detalladamente a continuación, el contenido del artículo 8 del CISM 1989 es el siguiente: «Obligaciones del salvador y del propietario y el capitán. 1. El salvador tendrá obligación para con el propietario del buque o de otros bienes en peligro: a) de efectuar las operaciones de salvamento con la debida diligencia; b) de actuar, en el cumplimiento de la obligación especificada en a), con la debida diligencia para evitar o reducir al mínimo los daños al medio ambiente; c) de recabar, cuando las circunstancias razonablemente lo exijan, el auxilio de otros salvadores; y d) de aceptar la intervención de otros salvadores cuando razonablemente así lo pidan el propietario o el capitán del buque o el propietario de otros bienes en peligro; no obstante, la cuantía de su recompensa no resultará afectada si se demuestra que tal petición no era razonable. 2. El propietario y el capitán del buque o el propietario de otros bienes en peligro tendrán obligación para con el salvador: a) de colaborar plenamente con él mientras se desarrollen las operaciones de salvamento; b) de actuar, cuando presten su colaboración, con la debida diligencia para evitar o reducir al mínimo los daños al medio ambiente; y c) de aceptar, una vez llevados a lugar seguro el buque u otros bienes, la entrega de éstos, cuando así lo pida el salvador y ello sea razonable».

1223 Nótese que en la versión original del Convenio el título de este artículo es el siguiente: *«Duties of the salvor and of the owner and master»*. Se recuerda que, a los efectos de este trabajo, el término *«owner»* sigue un determinado concepto, con el que se hace referencia a todos los titulares de los intereses a salvar y no únicamente a los propietarios del buque o de otros bienes objeto de salvamento; véase la nota al pie número 13.

1224 Véase *supra* el epígrafe del capítulo primero 1.4.1 La autonomía de la voluntad de las partes y el CISM 1989.

1225 Cuyo contenido es el siguiente: «El presente Convenio será aplicable a todas las opera-

En virtud de este precepto, se reconoce la «primacía» del contrato sobre el Convenio, aunque con algunas salvedades, como la protección medioambiental y el principio de equidad entre las partes. De hecho, las partes tienen la obligación de actuar con la debida diligencia para evitar o reducir al mínimo los daños al medioambiente, como se expresa en el artículo 8.1, letra a), para los salvadores y 8.2, letra a), para «el propietario y el capitán del buque o el propietario de otros bienes en peligro». Es evidente que las obligaciones recogidas en el CISM 1989 no agotan el contenido obligacional que tiene un contrato de salvamento, pues aún serán de aplicación las normas generales para contratos y la sujeción de las partes al principio de legalidad y de jerarquía normativa. De hecho, en el proceso de elaboración del CISM 1989 se propusieron otras obligaciones de las partes que, finalmente, no fueron incluidas en el Convenio; por ejemplo, la de que el capitán del buque salvador tomara las medidas oportunas y razonables para organizar la operación de salvamento[1226].

Frente a las obligaciones, también estudiaremos los derechos de las partes recogidos en el contrato de salvamento, entre los que destaca, principalmente, el derecho a cobrar el premio, la compensación especial, el bono de SCOPIC o cualquier otro tipo de recompensa. Además del derecho al premio, también se estudiarán los medios que tiene el salvador para garantizar su cobro.

1. Obligaciones del salvador

La obligación *básica* del salvador es efectuar la operación de salvamento marítimo, aunque el artículo 8.1 del CISM 1989 especifica tres obligaciones principales del salvador: actuar con la debida diligencia en el desarrollo de la operación, proteger el medioambiente en dicho servicio y cooperar con otros salvadores. Esta última obligación incluye dos vertientes[1227]: de un lado, recabar el auxilio de otros salvadores y, de otro, aceptar la intervención de aquéllas en el salvamento. Se aprecia, por tanto, que las obligaciones que regula el CISM 1989 en su artículo 8.1 son, en realidad, obligaciones sobre cómo desarrollar su obligación principal: realizar la prestación de salvamento marítimo[1228].

---

ciones de salvamento, salvo en la medida que un contrato disponga otra cosa expresa o implícitamente».

1226 Dicha propuesta fue defendida por la delegación de la República Federal de Alemania y Francia. En concreto, la delegación alemana consideraba el deber del capitán de tomar las medidas oportunas y razonables para organizar la operación de salvamento (*«to take timely and reasonable action to arrange for salvage operation»*); *vid.* CMI, *The Travaux Préparatoires of the Convention on Salvage, 1989, op.cit.*, pág. 237. Para Francia, estas obligaciones debían extenderse también al «propietario»; *ibid.*, págs. 238-239.

1227 Esta última obligación aparece dividida en dos en el CISM 1989, aunque se ha considerado, para esta investigación, como una sola por la proximidad de ambas obligaciones.

1228 En este sentido, *vid.* GAETA, «La convenzione di Londra 1989 sul soccorso in acqua», en *Il Diritto Marittimo*, *cit.*, pág. 303, quien no las considera unas obligaciones reales, sino

1.1. La prestación profesional del salvamento marítimo: la «debida diligencia» y los *best endevours*

En virtud del artículo 8.1, letra a), del CISM 1989, el salvador tiene la obligación «para con el propietario del buque o de otros bienes en peligro» de «efectuar las operaciones de salvamento con la debida diligencia». La obligación principal del salvador es la de desempeñar, con la mayor diligencia posible, los servicios de salvamento; esto es, intentar salvar el buque, la carga y el flete que se encuentran en peligro. El Convenio de 1989 pone el acento en la debida diligencia del salvador, esto es, la profesionalidad del salvamento marítimo.

De acuerdo con este enfoque del CISM 1989, también el contrato LOF 2020 —desde su versión de 1980— en su cláusula A establece que la obligación de los salvadores es la de «*to use their best endeavours to salve the property specified in Box 2*»; esto es, la de prestar el salvamento con la mayor diligencia posible[1229]. La expresión en el contrato LOF 2020, *best endeavours*, se encuentra en algunos casos en la jurisprudencia anglosajona del siglo XIX sobre salvamento marítimo, probablemente para expresar aquellas situaciones en las que el salvador no había conseguido rescatar la «propiedad»[1230], pero había hecho todo lo posible para ello hacerlo[1231].

Antes de analizar estas dos perspectivas de la primera obligación del salvador —la del CISM 1989 y la del LOF 2020—, conviene recordar que el salvamento marítimo privado —a excepción de lo comentado sobre salvamento «espontáneo»[1232]— se corresponde con una actividad mercantil[1233] y que los salvadores que realizan la operación de salvamento son profesionales de esta actividad. Por lo tanto, el salvador debe obrar conforme a su diligencia profesional en cada circunstancia (*lex artis*)[1234].

---

que es el comportamiento de las partes o modos de realizar la operación de salvamento que afectan, positiva o negativamente, a la determinación del importe de la remuneración prevista en el artículo 13 CISM 1989.

1229 Ciertamente, la expresión «*best endevours*» no se corresponde literalmente con el término de la diligencia debida, sino que su traducción más próxima sería utilizar o llevar a cabo los «mejores esfuerzos». Ambos términos suponen diferencias como se verá en este epígrafe.

1230 Se recuerda que en este trabajo el término «propiedad» hace referencia a todos los objetos de salvamento, ya sean el buque, la mercancía, el flete asociado a ella u otros bienes en peligro en el mar.

1231 *Vid*. Brice, *Brice on Maritime Law of Salvage*, *op.cit.*, pág. 538.

1232 Véase *supra* en el capítulo tercero el epígrafe 1.1.2 El salvamento privado no contractual.

1233 Véase *supra* en el epígrafe del capítulo tercero 2 Las partes del contrato de salvamento marítimo.

1234 Aunque no sea lo más oportuno, si se quiere encontrar una definición del concepto diligencia profesional, quizá se pueda acudir a la normativa de la Unión Europea, donde el

Merece la pena comparar las expresiones utilizadas por el CISM 1989 y el LOF 2020, aunque cada una de ellas tienen una redacción y una terminología propias, pues el primero es un Convenio internacional, de rango superior, mientras que el segundo atiende a un ámbito privado, de la industria del salvamento. El primero responde al trabajo de las delegaciones de los distintos países y de los observadores que intervinieron, mientras que el segundo atiende a un modelo consagrado desde el LOF 80, que es deudor de un sistema legal específico, el del Derecho anglosajón con unos presupuestos específicos.

Las expresiones de la obligación del salvador utilizadas por el CISM 1989 y el LOF 2020 son diferentes. Mientras que la primera se refiere a que el salvador efectúe las operaciones de salvamento con la «diligencia debida» (*due care*), la segunda recoge que los servicios de salvamento se realizarán con los «mejores esfuerzos» *(best endeavours)*. De hecho, en el proceso de elaboración del Convenio se originó un debate en torno a la utilización de estas dos expresiones[1235]; optando finalmente por la «diligencia debida».

Algunos países —sin especificar cuáles en las actas del CISM 1989[1236]— consideraron que debía mantenerse el término «mejores esfuerzos», en tanto en cuanto ya era conocido en la industria del salvamento por su utilización en el contrato LOF 80, además de aplicarse tanto en el salvamento contractual como en el no contractual. Por otro lado, otras delegaciones explicaron que esta expresión era demasiado *gravosa* para los salvadores, desincentivándolos a realizar las operaciones de salvamento, especialmente a aquellos espontáneos o no profesionales[1237]. Se pensó que la expresión «mejores esfuerzos» implicaba un estándar de diligencia más alto que la «diligencia debida»[1238], de modo que esto podría desalentar a los salvadores, incluso aunque al final fueran los tribunales los que evaluaran las circunstancias de cada caso con-

---

término «diligencia profesional» ha quedado definido en la Directiva 2005/29/CE del Parlamento Europeo y del Consejo, de 11 de mayo de 2005, *relativa a las prácticas comerciales desleales de las empresas en sus relaciones con los consumidores en el mercado interior*, en su artículo 2, letra h), como «el nivel de competencia y cuidado especiales que cabe razonablemente esperar del comerciante en sus relaciones con los consumidores, acorde con las prácticas honradas del mercado o con el principio general de buena fe en el ámbito de actividad del comerciante». Esta definición expone las características de la diligencia profesional y aunque esté definida en un texto legal relativo a las relaciones entre las empresas y los consumidores, ayuda a esbozar qué se entiende por este término.

1235 *Vid.* CMI, *The Travaux Préparatoires of the Convention on Salvage*, 1989, *op.cit.*, págs. 227, 235.

1236 *Ibid.*, pág. 235.

1237 *Vid.* Gaskell, «The 1989 Salvage Convention and the Lloyd's Open Form (LOF) Salvage Agreement 1990», en *Tul. Mar. L.J.*, *cit.*, pág. 41. Siguiendo esta línea, Kerr, «The International Convention on Salvage 1989: how it came to be», en *ICLQ*, *cit.*, págs. 511-512, considera que ésta es una forma de reducir el número de reclamaciones por negligencia del salvador.

1238 Lo que también se ha compartido recientemente por Fogarty, *Merchant Shipping Legislation*, *op.cit.*, pág. 277.

creto[1239], pues no existía —ni existe— en el texto definición alguna para esta expresión, quedando finalmente a los tribunales su interpretación[1240]. Por todos los motivos anteriores, finalmente se optó en el articulado del CISM 1989 a introducir la expresión «diligencia debida».

En cuanto a la doctrina, algunos autores[1241] consideran que el término «diligencia debida» hace referencia a un estándar más objetivo, mientras que los «mejores esfuerzos» atienden a una perspectiva subjetiva. Otros mantienen que es el mismo estándar, aunque en diferentes grados de exigencia[1242]. Sobre la base de lo anterior, se han señalado matices que permiten diferenciar uno y otro concepto: mientras que la diligencia debida se corresponde con el estándar general de la profesión[1243], realizar los «mejores esfuerzos» en algo implica que el individuo se compromete a algo más, pues intenta superar ese estándar y proporcionar lo mejor que pueda otorgar[1244]. Desde nuestro punto de vista, tales afirmaciones pueden resultar incorrectas, por lo que preferimos ceñirnos a lo dispuesto en el CISM 1989 y en el contrato LOF y analizar el porqué de uno y otro término.

1239 *Vid*. CMI, *The Travaux Préparatoires of the Convention on Salvage, 1989*, *op.cit*., pág. 235.

1240 En opinión de algún autor, Carver, *Carriage by sea, op.cit.*, pág. 939, esto podía desincentivar la intervención de algunos salvadores a realizar operaciones de salvamento. Lo que también se consideró por varias delegaciones en la aprobación del CISM 1989, *vid*. Muchlinski, «The use of reasonable endeavours to save a vessel from sinking», en *LMCLQ*, 1989, parte 4, páginas 408-410, pág. 410; CMI, *The Travaux Préparatoires of the Convention on Salvage, 1989*, *op.cit.*, págs. 227, 235.

1241 *Vid.* Shaw, Tsimplis, «The Liabilities of the Vessel», *Southampton on Shipping Law*, Londres, 2008, págs. 155-226, pág. 173.

1242 *Vid.* Makins, Mcqueen, White, «Salvage and the environment», en *MLAANZ Journal*, *cit.*, pág. 227.

1243 Aunque no fue inicialmente de ese modo. Anteriormente se entendía la diligencia debida como actuar siguiendo un estándar de comportamiento basado en normas imperativas (*ius congens*) o en contratos; *vid.* Simpson, *Professional Negligence and Liability*, Essex, 2004, págs. 1-27. En la actualidad, este estándar se relaciona con la profesionalidad del salvador, por lo que está ligado a conceptos como el conocimiento y las aptitudes de su profesión; *vid.* Mudrić, «Standard salvage contract forms: The scope of best endeavours – reasonableness and foreseeability», *Marlus*, 2013, núm. 424, págs. 475-506, pág. 491.
Finalmente, en la doctrina francesa, consideran Rodière, du Pontavice, *Droit maritime*, París, 1996, pág. 458, que el artículo 8 del CISM 1989 es «superfluo» por cuanto la legislación nacional (francesa) tiene suficiente normativa sobre la diligencia debida y el deber de cuidado. En el Derecho español, artículo 1.104 del CC establece que «cuando la obligación no exprese la diligencia que ha de prestarse en su cumplimiento, se exigirá la que correspondería a un buen padre de familia»; esto, en términos mercantiles, se traslada a la diligencia de un buen empresario.

1244 *Vid.* Gaskell, «The 1989 Salvage Convention and the Lloyd's Open Form (LOF) Salvage Agreement 1990», en *Tul. Mar. L.J.*, *cit.*, pág. 41; Kerr, «The 1989 Salvage Convention: Expediency or Equity?», en JMLC, *cit.*, pág. 511.

Bajo el contrato LOF, en cualquier caso, los salvadores están obligados a llevar a cabo sus «mejores esfuerzos». En qué se concrete esta expresión desde el punto de vista jurídico es algo aún complejo, aunque algunos casos de la jurisprudencia anglosajona —no siempre relacionados con el salvamento marítimo— se han pronunciado al respecto. Por ejemplo, en *IBM UK Ltd* v. *Rockware Glass Ltd*[1245] se consideró que la parte realiza sus «mejores esfuerzos» cuando está obligada a tomar todas las medidas a su alcance que puedan producir los resultados deseados, siendo medidas que un empresario prudente, decidido y razonable, actuando en su propio interés y deseando alcanzar ese resultado, tomaría[1246]. En el salvamento podría aplicarse la anterior pauta[1247], por la que el salvador realizará todos los pasos en su poder para producir los resultados deseados —esto es, salvar el buque o cualesquiera otros bienes en riesgo—; como si fuera su propio buque el que debiera salvar.

La Cláusula F del contrato LOF 2020, apartado i), establece que

> «Cada uno de los titulares de los bienes salvados deberá cooperar plenamente con los salvadores. En particular: (i) los salvadores podrán hacer un uso razonable de la maquinaria y del equipo del buque sin coste alguno, siempre y cuando los salvadores no dañen, abandonen o sacrifiquen innecesariamente ningún bien a bordo»[1248].

Lo anterior posibilitará a los salvadores a realizar cualquier actividad necesaria y uso de los recursos que necesiten para conseguir su objetivo que es salvar la «propiedad». Como la operación de salvamento se hará con la mayor diligencia profesional, se regula en esta cláusula un «estado de necesidad» en el que el salvador se puede amparar en el fin último que es el salvamento marítimo. En este supuesto, no se le puede reclamar al salvador por los gastos en los que haya incurrido en el ejercicio de esta actividad.

Con base en los párrafos precedentes, la obligación de realizar el salvamento en el contrato LOF se entiende cumplida cuando los salvadores realizan los «mejores esfuerzos» para salvar el buque, la carga y el flete en peligro. Es decir, debemos distinguir, de un lado, el objeto del contrato —la opera-

---

1245 [1980] FSR 335. En este supuesto el tribunal considera el significado de una promesa de una de las partes de realizar sus «mejores esfuerzos» para obtener un permiso de una patente.

1246 En los términos literales de la sentencia: «*is bound to take all those steps in his power that are capable of producing the desired results, being steps that a prudent, determined and reasonable owner, acting in his own interests and desiring to achieve that result, would take*».

1247 *Vid.* MANDARAKA-SHEPPARD, *Modern Maritime Law*, *op.cit.*, pág. 528.

1248 Como todas las cláusulas de la forma LOF 2020 se propone una traducción libre del texto; su forma original, en inglés establece que: «*the Contractors may make reasonable use of the vessel's machinery gear and equipment free of expense provided that the Contractors shall not unnecessarily damage abandon or sacrifice any property on board*». Aspecto que sí podrían hacer los capitanes de los buques salvados cuando fuera estrictamente necesario; *vid.* CARTNER, FISKE, LEITER, *The International Law of the shipmaster*, Londres, 2009, pág. 191.

ción de salvamento y el premio[1249]— y su contenido contractual —emplear los «mejores esfuerzos» y pagarlo—. Así, la «*Contractors' basic obligation*» como se dispone en el LOF 2020, es la de «*to use their best endeavours to salve the property specified in Box 2*», es decir, emplear los «mejores esfuerzos» para salvar la «propiedad». El salvamento de esta «propiedad» se correspondería con el objeto del contrato, no con la obligación principal del salvador. Afirmar lo anterior implica que los salvadores no incurren en incumplimiento contractual si no salvan finalmente la «propiedad», pues de la falta de éxito no puede derivarse la responsabilidad por falta de diligencia[1250]. La consecuencia, en todo caso, es no obtener el premio. Se recuerda que este contrato se sustenta en el principio *no cure-no pay*, de modo que, si no se recuperan los bienes, no se tiene derecho a un premio, a excepción de lo comentado para la compensación especial o la «Cláusula» SCOPIC[1251].

Desde nuestra perspectiva, el propósito de tanto uno como otro término era expresar que los salvadores debían actuar de acuerdo con la diligencia profesional de su oficio. Se ha visto que la doctrina, en ocasiones, distingue entre un concepto y otro, lo que nos lleva a pensar que, desde el punto de vista jurídico anglosajón puedan existir ciertas diferencias o matices entre estos términos que habrán evolucionado con el tiempo. Ciertamente, el término «*best endeavours*» parece propio del salvamento, en tanto en cuanto se ha utilizado el contrato de salvamento marítimo más extendido en la práctica: el LOF, así como también en la «Cláusula» SCOPIC. Sin embargo, ya sea por la expresión utilizada en el CISM 1989 o en el LOF, todo salvador debe cumplir sus obligaciones de acuerdo con los estándares de la diligencia de los profesionales.

Consideramos que, aunque en el *common law* el debate pudo tener su relevancia, en el *civil law* lo anterior podría resumirse en el mismo concepto: la diligencia profesional del salvador. En cualquier caso, resulta llamativo que se produzca un cambio en la expresión utilizada en el CISM 1989 cuando toma como referencia, en muchos aspectos, el LOF 80. Recuérdese que el LOF 80 supuso un antecedente en la redacción de algunos aspectos del Convenio, que se utilizó para inspirar el régimen de la compensación especial, posteriormente regulada en su artículo 14.

1.2. Llevar lo salvado a un «lugar seguro»

La cláusula A del contrato LOF 2020, establece que la obligación fundamental de todo salvador es, como hemos señalado, la de emplear los «mejores

1249 Se recuerda que, además del premio «tradicional», habría que ver si en el caso concreto son pagables la compensación especial del artículo 14 del CISM 1989 o el bono de SCOPIC.

1250 *Vid*. MORRAL, *El salvamento marítimo*, *op.cit.*, pág. 349.

1251 Esta reflexión se encuentra íntimamente ligada con la naturaleza del contrato de salvamento marítimo que se analizará en el siguiente capítulo.

esfuerzos» para salvar la «propiedad». Sin embargo, esta cláusula continúa del siguiente modo *«and to take the property to the place stated in Box 3 or to such other place as may hereafter be agreed»*. Por lo tanto, no sólo es obligación del salvador efectuar el salvamento con la diligencia profesional debida, sino que también es su obligación trasladar esa «propiedad» a un lugar seguro. La cláusula A del contrato LOF 2020, por lo tanto, incluye dos obligaciones para el salvador.

Como se establece en la cláusula, las partes designarán cuál es este «lugar de seguridad» en la casilla número 3 del contrato; pero, en caso de que no lo hicieran en ese momento, las partes pueden determinar, en otro momento posterior, cuál es dicho lugar; sin que esto sea obligatorio para las partes[1252], aunque, en nuestra opinión eso podría simplificar o ayudar en el desarrollo de la operación de salvamento. En aquellos casos en los que no se hubiera especificado el lugar seguro en el contrato LOF, así como tampoco en ningún acuerdo posterior entre las partes[1253], la decisión corresponderá a los salvadores, que la tomarán con total libertad en el ejercicio de su profesión —esto es, atendiendo a la máxima diligencia profesional— tomando en consideración las circunstancias que engloben el salvamento. En consecuencia, se considerará que el salvador ha cumplido el contrato cuando la «propiedad» esté en condiciones seguras[1254].

El lugar seguro o *safety place* no está definido en el CISM 1989 ni en la LNM. La doctrina anglosajona[1255] cita a este respecto el *case The Troilus*[1256], en el que se determinó que el lugar de seguridad es aquél en que el barco pueda repararse. En este *case*, un barco con destino a Liverpool desde Australia que transportaba alimentos, perdió su hélice mientras cruzaba el océano Índico. El buque fue remolcado hasta Adén y los servicios fueron reconocidos como salvamento marítimo. No obstante, el lugar donde fue remolcado el barco en Adén no tenía instalaciones de reparación y un segundo buque lo remolcó hasta Reino Unido, por lo que se solicitó otro premio por salvamento por esta

1252 *Vid.* Brice, *Brice on Maritime Law of Salvage*, *op.cit.*, pág. 541.

1253 No existe obligación de completar la *box* número 3 del contrato LOF para que sea válido; *ibid*. Así, podrá acordarse ulteriormente por las partes.

1254 Como se ha analizado, la Cláusula H del contrato LOF 2020 establece que la «propiedad» estará en «condiciones seguras» aunque esté dañada o necesite mantenimiento siempre que los salvadores no estén obligados a permanecer en el «lugar seguro» para cumplir los requisitos de cualquier autoridad portuaria, organismo gubernamental o autoridad similar y no sea necesario realizar más servicios de salvamento para evitar que los bienes se pierdan o sufran daños significativos adicionales o se retrasen.

1255 *Vid.* Brice, *Brice on Maritime Law of Salvage*, *op.cit.*, págs. 104-105; Hill, Kulkarni, *Maritime Law*, *op.cit.*, pág. 341; Tsimplis, «The liabilities of the vessel», en *Maritime Law*, ed. Y. Baatz, 5.ª ed., Oxon, 2020, págs. 246-333, pág. 257; Abangwu, «The maritime salvor as a volunteer adventurer», en *International Journal of Law*, *cit.*, pág. 25.

1256 [1951] 1 Lloyd's Rep. 467.

última operación. La parte demandada alegó que el peligro para el *Troilus* había terminado en Adén y que, por lo tanto, el servicio entre Adén y Reino Unido era meramente de remolque.

Realmente, en el supuesto no se debate el concepto del *safety place* tal y como se describe en el LOF, sino que juzga los servicios que se prestaron a un buque que, en principio, no parecía estar en riesgo, sino que se encontraba en un lugar seguro. No obstante, esta sentencia da algunos argumentos para explicar qué debe entenderse por lugar seguro, objeto de análisis a continuación. El tribunal consideró, para comenzar, que para que la «propiedad» se encontrara «a salvo», debían valorarse todos los «intereses» por los que se había prestado el salvamento; es decir, para el buque era probable que bastase con llevarlo a un lugar donde pudiera ser reparado. No obstante, la mercancía también ha de llevarse a un lugar seguro, lo que supondrá, habitualmente, su almacenamiento o su traslado a otro buque para un ulterior transporte hasta el puerto de destino si no está dañada. De hecho, pueden existir diversos *safety places*, ya que no es necesario que todos los «bienes» salvados se dispongan en el mismo sitio[1257]. El tribunal en el caso *The Troilus* plantea tres posibilidades para definir qué es un lugar seguro. En primer lugar, un sitio donde el buque o la carga permanezcan seguros *físicamente*, aunque no puedan ser reparados y puedan permanecer por tiempo indefinido hasta que puedan ser trasladados a otro lugar para su reparación. En segundo lugar, puede tratarse también de un lugar donde el buque se repare y, mientras ello, la carga permanezca asegurada y almacenada hasta la reparación total del buque o su reemplazo por otro que la lleve a destino. En tercer lugar, se encuentra la del puerto de destino donde la carga sea finalmente entregada y el buque, en su caso, reparado.

Desde nuestro punto de vista, estamos de acuerdo en que el *safety net* puede ser cualquiera de esos lugares, pero el requisito para entender cumplida la obligación de los salvadores —trasladar los bienes y el buque en peligro a un lugar seguro— se cumpliría con la primera definición que proporciona el tribunal[1258]: un sitio donde los bienes que hubieran estado en peligro permanezcan seguros, independientemente de las operaciones de reparación que pudieran necesitarse. La obligación de los salvadores es poner en un lugar seguro el buque y los otros bienes, tal y como los han conseguido salvar de esa situación de peligro. Así pues, no estamos a favor del argumento del tribunal por el que

1257 *China Pacific S.A.* v. *Food Corporation of India (The Winson): HL 1982*. En este caso el buque que resultó accidentado llevaba un cargamento de trigo desde Estados Unidos a Bombay. El buque encalló en un arrecife del Mar de China Oriental; los salvadores acordaron utilizar una forma LOF con los propietarios del buque y de la carga. Durante la prestación del servicio, los salvadores aliviaron el peso del buque descargando parte de la carga, que fue trasladada a Manila como lugar seguro. La parte restante de trigo que quedó en el buque fue transportada en dos partes: una dirigida a un buque en el puerto y la otra a un almacén en la costa.

1258 En la misma opinión, *vid*. TSIMPLIS, «The liabilities of the vessel», en *Maritime Law*, 5.ª ed., *op.cit.*, pág. 258.

se entiende que este lugar no sólo debe comprender una situación «segura» en términos materiales o físicos, sino también que este lugar esté provisto de las instalaciones y los instrumentos necesarios para que el barco pueda repararse; argumento que se ha rechazado por algún autor en la doctrina anglosajona[1259].

Así también lo entiende la Cláusula H del LOF 2020, que establece cuándo se considera cumplida la prestación del salvador: «cuando la "propiedad" esté en condiciones seguras en el lugar seguro indicado en la casilla 3 o el acordado o el determinado de acuerdo con la cláusula A». Todo ello, incluso cuando

> «dicha "propiedad" (o parte de ella) esté dañada o necesite mantenimiento siempre que (i) los salvadores no estén obligados a permanecer en el lugar para satisfacer los requisitos de cualquier autoridad portuaria, organismo gubernamental o autoridad similar y (ii) la continuación de los servicios de salvamento cualificados de los salvadores u otros salvamentos ya no sean necesarios para evitar que los bienes se pierdan o sufran daños significativos adicionales o se retrasen»[1260].

Esta cláusula se incluyó en el contrato pues, en ocasiones, se planteaban dudas de cuándo se podía considerar realizada la operación de salvamento; esto es, cumplido el contrato. Ésta es lo esencial del contrato; es decir, cuándo se cumple, siendo este momento cuando la «propiedad» se pone *a salvo*. Dependerá de lo pactado en el contrato entre las partes. Si éstas designan un lugar seguro, el contrato de salvamento marítimo terminará una vez que la empresa salvadora lleve la «propiedad» hasta allí. Por ejemplo, en el *case The Winson*[1261], citado por la doctrina anglosajona[1262], un buque cargado de trigo en su viaje desde Estados Unidos a Bombay encalló en un arrecife en el sur del Mar de China. Los salvadores celebraron un contrato de salvamento —según el modelo LOF— con los *«owners»* del buque y los titulares de la carga. Para salvar el buque, los salvadores aligeraron el peso del buque,

1259 *Ibid.*, págs. 257-258, quien afirma que: «*Under pre-existing English law an interpretation requiring that the place of safety not only needed to be physically safe but also to have appropriate facilities to put de vessel back into service appeared to be the correct one. However, it is strongly arguable that the natural meaning of the term, on which its interpretation, within the Convention, should be based, only requires physical safety (...)* ».

1260 En el contrato: «*Deemed performance: The Contractors' services shall be deemed to have been performed when the property is in a safe condition in the place of safety stated in Box 3 or agreed or determined in accordance with clause A. For the purpose of this provision the property shall be regarded as being in safe condition even though that property (or part thereof) is damaged or in need of maintenance provided that (i) the Contractors are not obliged to remain in attendance to satisfy the requirements of any port or harbour authority, governmental agency or similar authority and (ii) the continuation of skilled salvage services from the Contractors or other salvors is no longer necessary to avoid the property becoming lost or significantly further damaged or delayed*».

1261 *China Pacific S.A.* v. *Food Corporation of India (The Winson)* [1982] A.C. 939.

1262 *Vid.* Brice, *Brice on Maritime Law of Salvage*, *op.cit.*, pág. 336; Burrows, *Principles of English Commercial Law*, Oxford, 2016, nota al pie 235.

descargando parte de la carga en gabarras que fueron enviadas a Manila, ya que había sido designado por las partes como «lugar seguro». Los salvadores enviaron una parte de la carga a un buque en dicho puerto y otra parte a un almacén en la costa, con el propósito de almacenarla en un lugar seguro.

Una vez finalizados los servicios de salvamento, los salvadores quisieron recuperar el coste pagado por dicho almacenaje —tanto el relativo a los costes de estiba del buque en el puerto como la tarifa por el almacenamiento de la carga—. La *House of Lords* dictaminó que había que diferenciar dos momentos en relación con el pago de dichos costes y con el derecho de retención de los salvadores. El primero, desde que se salvó la mercancía hasta que se constituyó garantía para el pago del premio; y el segundo, desde que la garantía se constituyó hasta que los titulares de la carga aceptaron las mercancías. En el primer caso, los gastos debían ser abonados a los salvadores, en tanto en cuanto, no la operación de salvamento, pero sí las operaciones derivadas de este contrato (custodia, almacenaje) no habían finalizado. En el segundo caso, los titulares no debían abonar a los salvadores el importe de estos gastos, en tanto en cuanto el derecho de retención había dejado de aplicarse cuando la garantía se había constituido.

Una situación distinta sería aquella operación de salvamento en la que no se designe un lugar seguro. En este supuesto, lo relevante es que la empresa salvadora haya puesto *a salvo* la «propiedad». Una vez cumplida esa obligación por el salvador, cualquier operación adicional será a cargo del salvado. Por ejemplo, piénsese que el «*owner*» del buque desea que ésta llegue a un determinado puerto una vez que la operación de salvamento haya finalizado; esta operación de remolque es posterior al contrato de salvamento marítimo y, por ende, queda fuera de su marco, por lo que correrá a cargo del «*owner*».

1.3. La protección del medioambiente

El artículo 8.1, letra b), del CISM 1989 establece que

> «El salvador tendrá obligación para con el propietario del buque o de otros bienes en peligro: (...) b) de actuar, en el cumplimiento de la obligación especificada en a), con la debida diligencia para evitar o reducir al mínimo los daños al medio ambiente».

La cláusula B del contrato LOF 2020[1263] obliga a los salvadores a actuar con la mayor diligencia posible para prevenir o minimizar los daños al medioam-

1263 En concreto, la cláusula dispone que: «*While performing the salvage services the Contractors shall also use their best endeavours to prevent or minimise damage to the environment*». La primera vez que se introdujo una cláusula de este tipo relativa al medioambiente por parte de Lloyd's en su contrato fue en la versión de 1980. Así, la cláusula 1 (a) del LOF 80 establecía que el salvador se comprometía, además, a hacer todo lo posible para evitar el

biente. En la «Cláusula» SCOPIC también figura esta obligación en su «subcláusula» 10, que establece que las obligaciones y responsabilidades del salvador seguirán siendo las mismos que en el contrato principal —(«*Main Agreement*») esto es, el contrato de salvamento marítimo—, a saber: «realizar los "mejores esfuerzos" para salvar el buque y los bienes que se encuentran en él y, al hacerlo, evitar o minimizar los daños al medioambiente»[1264].

La redacción de este artículo en el CISM 1989—«en el cumplimiento de la obligación especificada en a)— expresa la forma en la que debe cumplirse la obligación descrita en la letra a), es decir, efectuar las operaciones de salvamento con la debida diligencia en relación con la «propiedad»[1265]. De modo que el salvador debe efectuar las operaciones de salvamento, pero no *a cualquier coste*, ya que tendrá que mirar por la protección medioambiental.

Así, en el salvamento marítimo se aprecian dos obligaciones distintas, ya que el objeto de las mismas es diferente. En la primera se protege la «propiedad» y, en la segunda, el objeto de la obligación concierne al medioambiente. En el cumplimiento de esta obligación, el salvador está «confrontando» dos intereses distintos: el interés de los *«owners»* del buque y de las mercancías y el interés de proteger el medioambiente. La intención del CISM 1989 es que esta segunda obligación limite la primera, estableciendo con este precepto una línea de actuación, un propósito para los salvadores de tener siempre presente en la operación de salvamento marítimo la protección medioambiental. Así, las letras a) y b) del artículo 8.1 del CISM 1989 imponen al salvador dos obligaciones[1266] que, en ocasiones, podrían ser incompatibles, pudiendo provocar que surjan conflictos sobre el «objeto» a salvar: la «propiedad» o el medioambiente.

---

vertido de petróleo del buque que estaba asistiendo: *«The Contractor further agrees to use his best endeavours to prevent the escape of oil from the vessel (...)»*. En la versión posterior —LOF 90— se modificó el texto para incluir que la obligación del salvador fuera la de evitar o minimizar los daños «al medioambiente»; de este modo, la formulación de la cláusula es más próxima al texto del CISM 1989.

1264 La versión auténtica de esta «subcláusula» es la siguiente: *«The duties and liabilities of the Contractor shall remain the same as under the Main Agreement, namely to use his best endeavours to salve the vessel and property thereon and in so doing to prevent or minimise damage to the environment»*.

1265 Así lo considera también Berlingieri, *International Maritime Conventions*, vol. II: Navigation, Securities, Limitation of Liability and Jurisdiction, Oxon, 2015, págs. 91-92 cuando establece que: *«The separate reference in subparagraph (a) to the duty of care in the performance of the salvage operations and in subparagraph (b) to the duty of care in respect of the environment, linked by the initial phrase of subparagraph (b) 'in performing the duty specified in subparagraph (a)' clearly indicates that there is no obligation on the salvor towards the environment parallel to that in respect of the ship or property in danger, but that subparagraph (b) indicates the manner in which the obligation in respect of the ship or property in danger must be performed. It must be performed in such a manner as to prevent or minimise damage to the environment, such obligation being as that in respect of the ship and property in danger, an obligation to exercise due care»*.

1266 *Cfr.* Adascalitei, «The 1989 Salvage Convention and the protection of the environment –

Con esta obligación se reconoce la relevancia de la protección medioambiental, un interés general público. Así, sitúa en el mismo nivel la salvaguarda del medioambiente y la del buque, la carga y el flete, pues estos pueden verse perjudicados al favorecer la protección medioambiental[1267]. Ya se ha estudiado en este trabajo la relevancia de la «conciencia medioambiental» que nació especialmente después del accidente *Torrey Canyon*, convirtiéndose el cuidado del medioambiente en uno de los objetivos del CISM 1989. Así, en su preámbulo, el Convenio establece: «Tomando nota de que algunos acontecimientos importantes, en especial la preocupación creciente por la protección del medio ambiente (...)»[1268].

En relación con estas dos primeras obligaciones del salvador del artículo 8.1, letras a) y b), del CISM 1989 sobre actuar con la debida diligencia en el salvamento y proteger el medioambiente, cabe señalar el caso *Dezinsekcija d.o.o. v. Anomyo Maritime CO.S.A. (The Serine)*[1269]. En este supuesto, el buque *The Serine* encalló en la isla de Unije (Croacia) el 22 de enero de 2008; el capitán del buque alertó a las autoridades, que informaron al *County Operational Centre for the Prevention of Imminent Marine Pollution* (OCPIMP en adelante)[1270]. Debido

should the actual compromise continue?», en *Juridical Tribune (Tribuna Juridica)*, 2018, vol. 8, núm. especial, págs. 64-73, págs. 66-67, quien considera que *«The protection of the marine environment comes in the course of the salvage operations concerning the ship and its cargo.* ***There are not two distinct operations****, but ones which are connected by the "due care" necessary in performing the duty specified by the Convention»*, en negrita añadida.

1267 La delegación de Australia fue la que propuso esta medida; inclusó, sugirió una participación más activa de los Estados para la protección del medioambiente como un inciso en este artículo, lo que finalmente no se llevó a cabo; *vid.* CMI, *The Travaux Préparatoires of the Convention on Salvage, 1989, op.cit.*, pág. 223. Sin embargo, sirvió para impulsar el ya estudiado artículo 9 del CISM 1989, relativo a los derechos de los Estados ribereños, pues se entendió que ayudaría a la realización de la operación de salvamento por el salvador con el fin de proteger el medioambiente marítimo.

1268 Continuando este párrafo del preámbulo del siguiente modo «(...) en especial la preocupación creciente por la protección del medio ambiente, han demostrado la necesidad de adaptar las reglas internacionales que figuran actualmente en el Convenio internacional para la unificación de ciertas reglas en materia de auxilio y salvamento marítimos, hecho en Bruselas el 23 de septiembre de 1910».

1269 P-4900/09-7, *High Commercial Court of Republic of Croatia*, 19 de marzo de 2011. La sentencia de este conflicto se ha comentado especialmente por Mudrić, «Whether the duty to protect the marine environment takes precedence over the general duty to protect the imperiled object of salvage: article 8 of the 1989 salvage convention», en *JIML*, 2012, vol. 18, núm. 5, págs. 343-347.

1270 *County Operational Centre for the Prevention of Imminent Marine Pollution* (OCPIMP). Desafortunadamente no se cuentan con más datos que los aportados, aunque por el contexto del caso que se analiza, se trata de un Centro Regional Operacional para la Prevención de Contaminación Marítima Inmediata; esto sería, un órgano dependiente de la Autoridad marítima competente en estos supuestos de accidentes marítimos con posibles daños al medioambiente.

a la imposibilidad de contactar con el *«owner»* y a que el tiempo era inestable y se preveía tormenta, el OCPIMP ordenó a una empresa de salvamento (Dezinsekcija d.o.o.) rodear al buque en peligro con unas redes de protección para evitar la contaminación procedente de sus vertidos. La hendidura en el casco por el encallamiento provocó la entrada de agua en el buque, lo que significó su pérdida total (*total loss*).

En opinión del autor que ha analizado la sentencia de este caso[1271], el salvador actuó siguiendo las instrucciones de la OCPIMP, lo que se confirmaba con la cronología oficial de los hechos. En virtud de lo anterior, no se podía afirmar que el salvador hubiera actuado con la debida diligencia con respecto a la «propiedad», pues el hecho de que el salvador no evitase que el agua entrase por la hendidura en el casco, finalmente conllevó la pérdida del motor y de la carga.

El salvador interpuso demanda reclamando una compensación especial, pues al no haber salvado el buque o la carga —que, además, quedaron dañados— no podría haber recibido un premio calculable en virtud del artículo 13 del CISM 1989 y del principio *no cure-no pay*. Finalmente, y antes de que el Tribunal pudiera pronunciarse, las partes llegaron a un acuerdo por el que el demandado se comprometía a pagar al demandante 25.000 dólares estadounidenses. Este caso sirve para mostrar que el artículo 8.1, letras a) y b), del CISM 1989 constituyen dos obligaciones distintas que tiene el salvador[1272].

Esta obligación de actuar con la debida diligencia para evitar o reducir al mínimo los daños al medioambiente del artículo 8.1, letra b), del CISM 1989, se encuentra relacionada con la determinación del premio del salvador de acuerdo con el artículo 13.1, letra b), del CISM 1989[1273]. Se recuerda que este artículo establece como criterio para calcular el premio «la pericia y los esfuer-

1271 *Vid*. Mudrić, «Whether the duty to protect the marine environment takes precedence over the general duty to protect the imperiled object of salvage: article 8 of the 1989 salvage convention», en *JIML*, *cit.*, pág. 346: *«The salvor contented that he had performed as instructed by the OCPIMP, and the later official chronology of the events confirms that claim. In doing so, the salvor fulfilled the mandatory obligation to perform with due care while carrying out environmental services. The salvor, however, potentially failed to carry out the whole of the salvage operation with due care, as no effort was made to protect the vessel herself, allowing the ingress of the seawater to continue, which ultimately led to the destruction of the engine and part of the cargo, and produced further costs concerning the release, towage, and repair of the vessel's engine; costs which, taken together, surpass the amount of a salvage award as claimed by the salvor»*.

1272 Lo que también puede ser un reflejo de que el capitán debe obedecer a la autoridad sobre su propio criterio técnico.

1273 Cuya redacción establece lo siguiente: «La recompensa se determinará con miras a alentar las operaciones de salvamento, teniendo en cuenta los siguientes criterios sin atender al orden en que aparecen enumerados: (...) la pericia y los esfuerzos desplegados por los salvadores para evitar o reducir al mínimo los daños al medio ambiente».

zos desplegados por los salvadores para evitar o reducir al mínimo los daños al medio ambiente»[1274].

Con la expresión «daños al medioambiente» que el CISM 1989 dispone en el artículo 8.1, letra b), se hace referencia a lo dispuesto previamente en su artículo 1, letra d), en los siguientes términos: «daños materiales que afecten considerablemente a la salud del ser humano, a la flora o la fauna marinas o a los recursos marinos que se encuentren en aguas costeras o interiores o en las aguas adyacentes a éstas, ocasionados por contaminación, impurificación, incendio, explosión u otros sucesos graves de análoga importancia»[1275].

Antes de exponer las reflexiones de este precepto, conviene adelantar que, como sucede con otros extremos regulados en el CISM 1989 —por ejemplo, los criterios del artículo 13 para fijar el premio—, estamos ante una definición de daños al medioambiente muy amplia. En el CISM 1989 se opta por utilizar este tipo de expresiones para proporcionar tanto a los Estados Parte como a los órganos jurisdiccionales de dichos Estados la máxima flexibilidad, manteniendo un marco legal internacional para aplicar el Convenio. De hecho, los árbitros de Lloyd's en los procedimientos sobre salvamento marítimo han optado por utilizar una interpretación flexible de este término[1276], lo que puede suponer más inconvenientes que ventajas.

En primer lugar, la expresión «considerablemente» es sin duda ambigua. Acudiendo a la versión original del CISM 1989 para ver si nos encontramos en con una expresión más concreta, apreciamos que el Convenio utiliza el término «*substantial*», lo que plantea las mismas reflexiones. Lo que se pretende con este concepto no es proporcionar un contenido jurídico concreto, sino dar unas pautas para que pueda aplicarse en cualquier caso de salvamento marítimo. Sin embargo, no tenemos una referencia en el Convenio sobre qué puede considerarse como «un daño considerable».

Aunque no suponga una aportación totalmente esclarecedora, el CMI[1277] estableció que por el término «considerablemente» no se incluían daños a una persona en particular o instalación. Por el contrario, debía tratarse de daño

1274 Véase *supra* el epígrafe del capítulo cuarto 2.2 Los criterios para determinar el premio.

1275 La primera vez que se define en un convenio internacional la contaminación del medio marino responde al artículo 1.1, apartado 4), del UNCLOS de la siguiente forma: «la introducción por el hombre, directa o indirectamente, de sustancias o de energía en el medio marino incluidos los estuarios, que produzca o pueda producir efectos nocivos tales como daños a los recursos vivos y a la vida marina, peligros para la salud humana, obstaculización de las actividades marítimas, incluidos la pesca y otros usos legítimos del mar, deterioro de la calidad del agua del mar para su utilización y menoscabo de los lugares de esparcimiento».

1276 *Vid*. BISHOP, «The Development of Environmental Salvage and Review of the London Salvage Convention 1989», en *Tul. L. R.*, *cit.*, pág. 69.

1277 Report of the CMI to IMO on the draft convention on salvage, approved by the XXXII International Conference of the CMI held in Montreal, mayo de 1981.

material de una naturaleza genérica y que implicara un perjuicio significativo. El daño considerable o sustancial dependerá no sólo de su *extensión*, sino también de la importancia y particularidad de la vida y recursos marinos —entendemos también, en un sentido económico— que hayan quedado afectados[1278].

Esta expresión, como puede imaginarse por su flexibilidad o, incluso, *imprecisión*, ha sido muy criticada, también por los actores del sector. Especialmente, la ISU ha considerado que debe emplearse otro término mejor que el utilizado en el CISM 1989, por cuanto lo que puede ser un daño considerable en un sitio puede no serlo en otro[1279].

En el proceso de elaboración del CISM 1989, algunas delegaciones[1280] compartieron que el término *substantial* podía inducir a la confusión. De hecho, el CMI planteó en 2018 un cuestionario a sus Estados miembros para ver qué cambios debían introducirse en relación con la definición de daños al medioambiente que se recogía en el artículo 1, letra d), del CISM 1989. En este cuestionario, además, se preguntó a los países si sus órganos judiciales habían tratado algún caso en el que se hubiera analizado este término. La pregunta del cuestionario en la que centraremos nuestra reflexión es la siguiente: «*Have there been any reported cases in your jurisdiction in which the word "substantial" (which is contained in Article 1(d) of the Salvage Convention), as used in that definition, have been interpreted?*». Consideramos que este cuestionario resultó limitado si se pretendían conocer los argumentos jurídicos de cada país a favor o en contra de este término[1281]. Así, pensamos que debería haberse habilitado algún apartado en el que plantear propuestas por parte de las dele-

1278 *Vid*. Tsimplis, «The liabilities of the vessel», en *Maritime Law*, *op.cit.*, pág. 246. De hecho, se recuerda que en esta definición de daños al medioambiente, se exige que «afecten considerablemente a la salud del ser humano, a la flora o la fauna marinas o a los recursos marinos que se encuentren en aguas costeras o interiores o en las aguas adyacentes a éstas».

1279 Por ejemplo, en principio este daño no se produciría con un barril de petróleo que ha caído en alta mar (Shaw, «The 1989 Salvage Convention and English law», en *LMCLQ*, *cit.*, pág. 209), pero si cayera en Río de la Plata, sería, sin dudas, un daño sustancial; *vid*. Bishop, «Environmental salvage: time for a change?», en *Pollution at Sea...*, *op.cit.*, pág. 177.

1280 Lo anterior fue señalado inicialmente por el *Advisory Committee on Protection of the Sea* (ACOPS en adelante) y respaldado por la delegación de la República Federal Alemana, Australia, Kuwait y Zaire (actualmente, República Democrática del Congo); *vid*. CMI, *The Travaux Préparatoires of the Convention on Salvage, 1989*, *op.cit.*, págs. 117-118.

1281 Este cuestionario fue contestado por 25 países, de los cuales nueve consideraron que el término «substantial» planteaba dificultades: Alemania, Argentina (aunque no forma parte del CISM 1989), Brasil, China, Eslovenia, Grecia, Italia, México y Suecia. Pese a lo anterior, sólo tres países indicaron que el termino debía ser eliminado (Eslovenia, Grecia y Suecia). La mayoría de los países, por el contrario, contestaron que la redacción del CISM 1989 debía permanecer como estaba. En este sentido, algunas delegaciones defendieron que era función de los tribunales de cada país determinar en cada caso si un daño es «considerablemente» perjudicial para el medioambiente, como por ejemplo Alemania, Chile, Francia o Países Bajos.

gaciones, en el que, probablemente, hubieran intervenido más países cuyos regímenes legales fueran propios del *civil law* al poder incluir las reflexiones planteadas por la doctrina que analizase, en cada país, este concepto jurídico.

Las tres delegaciones que contestaron afirmativamente a la pregunta anterior fueron Australia, Reino Unido y Estados Unidos, cuyos *cases* son objeto de análisis a continuación. Se adelanta, sin embargo, que el cuestionario tampoco resulta satisfactorio en tanto en cuanto los *cases* aportados por las delegaciones que sí respondieron a la pregunta planteada por el CMI no aclaran el concepto.

La delegación australiana citó el caso *United Salvage Pty Ltd* v. *Louis Dreyfus Armateurs SNC*[1282]. En este supuesto, el buque *La Pampa* encalló en la costa de Queensland transportando más de 160.000 toneladas de carbón. Tres remolcadores acudieron a la llamada de socorro y realizaron una operación de salvamento. En consecuencia, los salvadores interpusieron una demanda reclamando el premio por el salvamento; ejerciendo, además, el privilegio marítimo de retención del buque[1283]. El buque *La Pampa* fue embargado por orden judicial; tras prestar la debida fianza quedó en libertad. Los demandantes determinaron que se les debía entre 4.4 y 6.6 millones de dólares australianos por la operación de salvamento (de los cuales sólo 35.000 correspondían a gastos efectuados y el resto, al premio); los demandados, por el contrario, consideraron que la cantidad debida por el premio se situaba en 750.000 dólares australianos, que redujeron más tarde a 500.000.

En este supuesto, el análisis del término «*substantial*» se realizó con ocasión de la aplicación del artículo 13.1, letra b), del CISM 1989[1284], de modo que el tribunal debía analizar la pericia y los esfuerzos realizados por los salvadores que previnieron el daño al medioambiente. Ciertamente, aunque la delegación australiana citó este caso, no es que en él se analice qué debe entenderse por «considerablemente», sino que se estudiaron qué eran los daños al medioambiente según el artículo 1, letra d), del CISM 1989. En relación con la prevención del «*substantial physical damage*», el tribunal sólo explicó que el artículo 1, letra d), del CISM 1989 no hacía referencia a un daño remoto, posible o hipotético, sino a aquél efectivamente real y considerable[1285].

1282 [2006] FCA *(Federal Court of Australia)* 1141 (1 September 2006).

1283 Aspecto que será analizado en este capítulo; véase *infra* 3 Los derechos del salvador y sus garantías.

1284 Se recuerda que este artículo establece como criterio para calcular el premio por la operación del salvamento «la pericia y los esfuerzos desplegados por los salvadores para evitar o reducir al mínimo los daños al medio ambiente».

1285 En su redacción literal: «*This provision is not concerned with remote, possible or hypothetical damage to those specified aspects of the environment, but with the prevention of substantial physical damage*».

Reino Unido aportó el *case Regina* v. *Monopolies and Mergers Commission*[1286], que realmente versa sobre un abuso de la posición del mercado[1287]— aunque menciona el término «sustancial», haciendo referencia a que significa algo «más de lo meramente nominal» («*more than merely nominal*»); lo que, evidentemente, no aporta demasiado para clarificar esta definición de daños al medioambiente, sobre todo porque versa sobre un tema ajeno al salvamento marítimo.

El *case* que propuso Estados Unidos fue *International Towing & Salvage, Inc.* v. *F/V Lindsey Jeanette*[1288], que analiza el término «sustancial» aunque no de manera expresa. La única mención de hecho a este concepto se produce cuando el tribunal admite que existió una amenaza de daños al medioambiente basándose en las pruebas aportadas por la parte, debido a que el buque y su carga suponían, precisamente, una amenaza medioambiental por el vertido de petróleo y otros contaminantes en la ZEE de Estados Unidos. No obstante, el tribunal no llegó a ninguna conclusión sobre la magnitud de la amenaza y no dictaminó si, finalmente, el daño considerado en el caso era «sustancial». Pese a lo anterior y con base en que el tribunal reconoció una compensación especial basada en el artículo 14 del CISM 1989, admitió implícitamente que el requisito de la «sustancialidad» se había cumplido. Sin duda, lo que destaca en este supuesto es que el tribunal consideró que los daños al medioambiente también incluían los producidos en la ZEE, zona no contemplada en la definición del CISM 1989 como se analizará a continuación.

En segundo lugar, en la definición de daños al medioambiente se especifica que deben afectar a «la salud del ser humano, a la flora o la fauna marinas o a los recursos marinos». Así, se distinguen tres aspectos. Primero la persona, siendo siempre la prioridad en el salvamento marítimo. Esta previsión también incluiría el daño a las personas que se encuentren en la costa ya sea por motivos turísticos, por trabajo o por residencia. Segundo, la vida marina —ya sea, animal o vegetal—. Relacionado con ello, también se incluye la contaminación que pueda afectar a la pesca y al estado natural del agua[1289]. Tercero, los recursos marinos; esto es, la explotación comercial de estos recursos.

En la anteriormente citada sentencia de la Corte Federal de Australia, *United Salvage Pty Ltd* v. *Louis Dreyfus Armateurs SNC*, la cercanía del buque siniestrado al Puerto de Gladstone fue relevante para determinar que se tra-

1286 [1993] 1 WLR 23 HL.

1287 Muy resumidamente, una empresa de autobuses absorbió a otra, lo que le dio lugar a un presunto monopolio efectivo en la región de Yorkshire. Se consideró que la zona en cuestión era lo suficientemente importante («substantial») como para preocuparse de que pudiera operar en contra del interés público.

1288 1999 AMC 2465 (M.D. Fla. 1999).

1289 Por ejemplo, en aquellos casos en los que esté siendo tratada en una planta de desalinización; *vid.* Brice, *Brice on Maritime Law of Salvage*, *op.cit.*, pág. 423.

taba de un daño al medioambiente como el que describe el artículo 1, letra d), del CISM 1989. En este puerto existen diversas especies y vida marina altamente sensible a sustancias contaminantes. La Corte también argumentó que el Muelle Boyne y otras estructuras cercanas al accidente podían considerarse como un «recurso marino» que el CISM 1989 recoge en la definición de daños al medioambiente; el motivo para argumentar lo anterior fue adoptar un «enfoque generoso» con el objetivo de incentivar el salvamento[1290].

En tercer lugar, el daño al medioambiente que se define en el Convenio de Londres debe producirse en un área o zona marítima más restringida que el salvamento en general. El CISM 1989 sólo incluye los daños provocados en «aguas costeras o interiores o en las aguas adyacentes a éstas»; no contemplando, por ejemplo, aquellos daños al medioambiente que se produzcan en alta mar.

Esta redacción, elaborada por el Comité Legal de la IMO, resultó controvertida especialmente por la propuesta de delegación de Australia (apoyada por Polonia y Países Bajos[1291]) que pretendía extender el límite de la zona en la que se consideraría el daño al medioambiente para que los salvadores pudieran obtener una recompensa en caso de haber mitigado o evitado dichos daños[1292]. No obstante, dicha moción no salió adelante[1293]. Poco tiempo después, se produjo el siniestro que involucró al buque *ABT Summer* que se incendió y explotó en el medio del Atlántico. Varios salvadores que habían firmado un contrato LOF 1990 enviaron remolcadores para ayudar al buque, pero para cuando llegaron, éste ya se había hundido. No obstante, aún quedaban restos de crudo en la superficie, por lo que trataron de eliminarlo. Los salvadores reclamaron una compensación especial por los gastos producidos «contra» el medioambiente, aunque fue denegada por cuanto el daño no se había producido en la costa ni en aguas adyacentes a ésta, por lo que no cobraron ninguna «recompensa»[1294]. Pese al caso anterior, conviene recordar el recientemente analizado *case International Towing & Salvage, Inc.* v. *F/V Lindsey Jeanette*[1295], en el que se admitió unos daños al medioambiente que se habían producido en la ZEE. Se deriva,

1290 En concreto, la sentencia dispone que «*It is arguable that the Boyne Wharf and other structures could also be encompassed in the term "marine resources" as outlined in Article 1. In the interests of taking a generous approach and bearing in mind the objective of encouraging salvage, I have adopted a broad interpretation and paid some regard to this possibility, insofar as there may have been the potential for physical damage to affect the wharf and other structures in the absence of the skill and efforts of the salvors*».

1291 *Vid.* CMI, *The Travaux Préparatoires of the Convention on Salvage, 1989*, *op.cit.*, págs. 119-120.

1292 *Ibid.*, pág. 118.

1293 *Ibid.*, pág. 120.

1294 *Vid.* SHAW, «The 1989 Salvage Convention and English law», en *LMCLQ*, *cit.*, pág. 209.

1295 Véase la nota al pie número 1.288.

por tanto, que el tribunal estadounidense optó por una interpretación distinta del concepto «daños al medio ambiente», ampliando su ámbito de aplicación.

En relación con la definición de daños al medioambiente, la ISU ha criticado que el daño al medioambiente se considere exclusivamente en un ámbito más restringido que para el salvamento marítimo, que se considerará en cualesquiera aguas[1296]. Entendemos la interpretación que hace ISU en defensa de los intereses de las empresas salvadoras; pero una interpretación técnica del CISM 1989 no nos lleva a la misma conclusión.

Desde nuestro punto de vista, lo anterior, no obstante, sería deseable. Sin embargo, se plantea el problema de determinar quién es el titular del bien protegido ya que, el medioambiente, no tiene un titular concreto. El problema de desconocer la titularidad del bien implica también desconocer quién es el responsable del pago en el caso de producir dichos daños. Pese a estos inconvenientes, después de 30 años de experiencia, consideramos que se dan las circunstancias para que se produzca una revisión del Convenio de 1989. Éste sería uno de los extremos que tendría que ser reevaluado en este nuevo convenio, debido a que es necesario darle mucha más relevancia a la protección medioambiental. Si bien es cierto que en 1989 era la primera vez que se regulaba en un convenio internacional algunos extremos relativos al «salvamento medioambiental» a través de la inclusión de la compensación especial, hoy en día el régimen no es lo suficientemente satisfactorio. En cualquier caso, el límite de la zona económica exclusiva ha aparecido como referencia en otros convenios internacionales, como el CRC 1992[1297] o el *Convenio internacional sobre responsabilidad civil nacida de daños debidos a contaminación por los hidrocarburos para combustible de los buques* (BUNKERS 2001 en adelante)[1298], por lo que podría ampliarse el concepto de daños al medioambiente a esta zona.

1296 La ISU considera que no es necesario establecer ningún límite geográfico para considerar un daño como «daño al medioambiente», pues cualquier tribunal será capaz de determinar si existe un daño al medioambiente teniendo en cuenta todas las circunstancias del caso. Aun así, también se han mostrado conformes con aceptar alguna limitación, como la ZEE; *vid.* ADASCALITEI, «The 1989 Salvage Convention and the protection of the environment – should the actual compromise continue?», en *Juridical Tribune*, *cit.*, pág. 65.

1297 Cuyo artículo 3 sustituye el artículo II del CRC 1969, por el siguiente texto: «El presente Convenio se aplicará exclusivamente a: a) Los daños ocasionados por contaminación: i) En el territorio de un Estado Contratante, incluido su mar territorial, y ii) En la zona económica exclusiva de un Estado Contratante establecida de conformidad con el derecho internacional, o, si un Estado Contratante no ha establecido tal zona, en un área situada más allá del mar territorial de ese Estado y adyacente a dicho mar territorial determinada por ese Estado de conformidad con el derecho internacional y que no se extienda más allá de 200 millas marinas contadas desde las líneas de base a partir de las cuales se mide la anchura del mar territorial de dicho Estado. b) Las medidas preventivas, dondequiera que se tomen, para evitar o reducir al mínimo tales daños».

1298 Este convenio se adoptó para asegurar que se pagara una adecuada y efectiva compensación a aquellas personas que hubieran sufrido daños causados por derrames de crudo

La ISU considera que el adjetivo «*significant*» es más realista que «*substancial*», y explican que, una pequeña cantidad de combustible a bordo podría ser un daño al medioambiente, en tanto en cuanto un Estado ribereño —que «desaparecen» en la propuesta— podría considerar lo anterior como una amenaza significativa para el medioambiente.

En nuestra opinión, el problema que suscita la palabra «*substantial*» se va a mantener aunque se cambie por «*significant*», pues seguimos estando ante un concepto indeterminado. Este debate sobre estos términos tiene escasa entidad en el *civil law*. Por lo tanto, la solución no vendrá de la mano de sustituir una palabra por otra, ya que consideramos que llegaremos a similares resultados; sino de explicar en qué consiste, efectivamente, ese concepto o qué alcance tiene. Como se ha comentado, el CMI planteó un cuestionario a diversos Estados sobre el CISM 1989 preguntando precisamente si esta definición conllevaba dificultades; de los cuales la minoría contestaron afirmativamente. La solución, como decimos, no se encuentra en cambiar un término por otro igualmente indeterminado. Aunque si se deseara, se podría concretar qué debe entenderse por un daño «sustancial», «significativo», serio, grave o cualquier otro adjetivo que en este sentido sirva para sustituir el anterior. Al final, el daño al medioambiente tendrá que evaluarse caso por caso, atendiendo a las circunstancias de cada supuesto.

En cuarto lugar, el CISM 1989 en su artículo 1, letra d), establece que estos daños al medioambiente deben estar causados por «contaminación, impurificación, incendio, explosión u otros sucesos graves de análoga importancia», sin que sean estos ejemplos una lista de *numerus clausus*. Pese a lo anterior, algún autor ha considerado que esto provoca una restricción en la definición de dichos daños[1299]; no obstante, teniendo en cuenta que el artículo precisa que pueden producirse «otros sucesos graves de análoga importancia», no parece razonable entender que se estaría ante una limitación real, sino que se pretendían, a modo de ejemplo, considerar algunas posibles causas de estos

procedentes de un buque. Este convenio se aplica en aquellos casos donde el daño se haya producido en el territorio de un estado, incluyendo el mar territorial y la zona económica exclusiva. El Instrumento de Ratificación de dicho Convenio se encuentra disponible en el siguiente enlace: https://www.boe.es/boe/dias/2008/02/19/pdfs/A09011-09017.pdf. El artículo 2 de este Convenio, que regula su ámbito de aplicación, establece que: «El presente Convenio se aplicará exclusivamente a: a) los daños debidos a contaminación ocasionados: i) en el territorio de un Estado Parte, incluido su mar territorial, y ii) en la zona económica exclusiva de un Estado Parte, establecida de conformidad con el derecho internacional, o, si un Estado Parte no ha establecido tal zona, en un área situada más allá del mar territorial de ese Estado y adyacente a dicho mar territorial determinada por ese Estado de conformidad con el Derecho internacional y que no se extienda más allá de 200 millas marinas contadas desde las líneas de base a partir de las cuales se mide la anchura del mar territorial de dicho Estado; b) las medidas preventivas, donde quiera que se tomen, para evitar o reducir al mínimo tales daños».

1299 *Vid.* Tsimplis, «The liabilities of the vessel», en *Maritime Law*, *op.cit.*, pág. 246.

daños. La verdadera restricción viene dada por la gravedad del daño, no por la causa que lo haya provocado o por su naturaleza.

En el capítulo anterior se han analizado algunas de las propuestas que realizó la ISU en 2010 en relación con el premio de los salvadores y la compensación especial[1300]. Otra de las propuestas planteadas por la ISU tenía relación con este artículo 1, letra d), del CISM 1989 sobre los daños al medioambiente. La propuesta de la ISU pasa por exponer una nueva redacción del artículo: «*means significant substantial physical damage to human health or to marine life or resources in coastal or inland waters or areas adjacent thereto, caused by pollution, contamination, fire, explosion or similar major incidents*». A modo de traducción, la propuesta sería la siguiente:

> «daños materiales que afecten *significativamente* a la salud del ser humano, a la flora o la fauna marinas o a los recursos marinos ocasionados por contaminación, impurificación, incendio, explosión u otros sucesos graves de análoga importancia»[1301].

La ISU también propone eliminar la restricción geográfica que establece la definición del artículo 1, letra d), del CISM 1989. Desde nuestro punto de vista y aunque fuera deseable, eliminar esta restricción en su totalidad podría plantear conflictos entre los Estados debido a que en la zona de alta mar no existe soberanía. El *mare liberum* en su concepción más clásica[1302] debe, en nuestra opinión, mantenerse «libre».

Sin embargo, consideramos que el ámbito de aplicación de los «daños al medioambiente» en el CISM 1989 es insatisfactorio[1303]. Así, podría extenderse hasta la zona económica exclusiva[1304], criterio que se ha mantenido en otros convenios internacionales relacionados con la contaminación de hidrocarburos, como en el CRC 1992[1305] y el *Convenio Internacional sobre responsabilidad*

1300 Véase *supra* en el capítulo cuarto el epígrafe 2.2 Los criterios para determinar el premio.

1301 Cursiva añadida. Se recuerda que la redacción de este artículo establece la definición de daños al medio ambiente como aquellos «daños materiales que afecten considerablemente a la salud del ser humano, a la flora o la fauna marinas o a los recursos marinos que se encuentren en aguas costeras o interiores o en las aguas adyacentes a éstas, ocasionados por contaminación, impurificación, incendio, explosión u otros sucesos graves de análoga importancia».

1302 Recuérdese la obra de Hugo Grocio, *Mare Liberum, sive de jure quod Batavis competit ad Indicana commercia dissertatio*, Leiden (Países Bajos), 1609.

1303 En la misma opinión, *vid.* de la Rue, Anderson, «Environmental salvage — Plus ça change...?», en *JIML*, *cit.*, pág. 286.

1304 Véase la nota al pie número 247.

1305 En virtud de su artículo 2, letra a), cuya redacción dispone que «El presente Convenio se aplicará exclusivamente a: a) los daños ocasionados por contaminación: i) *en el territorio de un Estado Contratante*, incluido su *mar territorial*, y ii) en la *zona económica exclusiva* de un Estado Contratante establecida de conformidad con el derecho internacional, o, si un Estado Contratante no ha establecido tal zona, en un área situada más allá del mar

civil nacida de daños debidos a contaminación por hidrocarburos para combustible de los buques (Convenio BUNKER en adelante), hecho en Londres el 23 de marzo de 2001[1306].

1.4. La colaboración con otros salvadores

El artículo 8.1 del CISM 1989 regula dos obligaciones para los salvadores adicionales a las estudiadas anteriormente: en la letra c) establece la de «recabar, cuando las circunstancias razonablemente lo exijan, el auxilio de otros salvadores»; y en la letra d) dispone la obligación de «aceptar la intervención de otros salvadores cuando razonablemente así lo pidan el propietario o el capitán del buque o el propietario de otros bienes en peligro; no obstante, la cuantía de su recompensa no resultará afectada si se demuestra que tal petición no era razonable».

Por desgracia, en algunas ocasiones, la competencia entre los salvadores ha llegado a extremos. Por ejemplo, en el caso *The Pergo*[1307], los salvadores habían llevado a cabo casi toda —si no la totalidad— la operación de salvamento durante la noche con las luces apagadas para evitar atraer la atención de otros buques que pudieran acercarse a colaborar en el salvamento y, en consecuencia, tener que repartir el premio. La obligación del artículo 8, letra c), del CISM 1989 intentaría reducir posibles comportamientos *perjuidiciales* en una industria en la que se aspira a que cada vez haya menos accidentes y, por ende, menos demanda del servicio.

La obligación de la letra c) del artículo 8 del CISM 1989 hace referencia a recabar el auxilio de otros salvadores «cuando las circunstancias razonablemente lo exijan»[1308]. Al igual que con otros términos descritos en el CISM 1989, la *razonabilidad* de las circunstancias es un concepto propio del *com-*

territorial de ese Estado y adyacente a dicho mar territorial determinada por ese Estado de conformidad con el derecho internacional y que no se extienda más allá de 200 millas marinas contadas desde las líneas de base a partir de las cuales se mide la anchura del mar territorial de dicho Estado», subrayado añadido. (no lo veo en el archivo original).

1306 Instrumento de Ratificación del Convenio por España disponible en: https://www.boe.es/eli/es/ai/2001/03/23/(1). Según lo dispuesto en su artículo 2, «El presente Convenio se aplicará exclusivamente a: a) los daños debidos a contaminación ocasionados: i) en el territorio de un *Estado Parte, incluido su mar territorial*, y ii) en la *zona económica exclusiva* de un Estado Parte, establecida de conformidad con el derecho internacional, o, si un Estado Parte no ha establecido tal zona, en un área situada más allá del mar territorial de ese Estado y adyacente a dicho mar territorial determinada por ese Estado de conformidad con el Derecho internacional y que no se extienda más allá de 200 millas marinas contadas desde las líneas de base a partir de las cuales se mide la anchura del mar territorial de dicho Estado (...)», subrayado añadido. (no lo veo en el archivo original).

1307 [1987] 1 Lloyd's Rep. 582. Ya analizado en *supra* el capítulo tercero epígrafe 1.1.2.1 El salvamento prescindiendo de la relación con los «interesados», en especial nota al pie número 545.

1308 En la versión auténtica del CISM 1989, «*whenever circumstances* ***reasonably*** *require, to seek assistance from other salvors; and*», en negrita añadida.

mon law[1309]. Las personas que participen en el salvamento deberán evaluar la situación de peligro en la que se encuentra el buque, los bienes o el flete y, en función de sus criterios técnicos como profesionales, deberán determinar si se debe solicitar la asistencia de otros salvadores o no[1310]. Desde la postura del *civil law*, consideramos que la *razonabilidad* se basará, al final, en el criterio de diligencia profesional. En caso de conflicto, serán los tribunales jurisdiccionales o las cortes arbitrales las que, *a posteriori*, consideren si las circunstancias eran o no «razonables» para pedir auxilio de otros.

La obligación de la letra d) del artículo 8 del CISM 1989 establece que los salvadores deben, en su caso, aceptar la intervención de otros salvadores en la operación[1311].

La «obligación» del artículo 8.1, letra d), del CISM 1989 no implicará la modificación de la cuantía del premio entre los salvadores si se demuestra que la petición de auxilio —a la otra empresa de salvamento— no era «razonable»[1312]. No obstante, el Convenio no menciona si, en estas situaciones, quien haya solicitado la ayuda no siendo razonable, sería responsable de los posibles daños y perjuicios causados; en nuestra opinión, sí deberían pagar, al menos, el importe correspondiente a los gastos efectuados.

1.5. La *misconduct* del salvador

En este apartado se estudiarán los efectos del incumplimiento de las obligaciones del salvador, regulados en el artículo 18 del CISM 1989 bajo la rúbrica «Efectos de la mala conducta del salvador».

1309 En el *common law* es un concepto utilizado para explicar que el «derecho depende de la consideración recíproca de los intereses de los demás —incluso y en particular de los que tienen puntos de vista morales, religiosos y políticos diferentes—»; *vid.* SOURGENS, «Reason and Reasonableness in the Common Law», en *SSRN*, 2013, págs. 1-70, pág. 4. Para un estudio más detallado sobre este concepto puede consultarse también FLETCHER, «The Right and the Reasonable», en *Harvard Law Review*, 1985, vol. 98, núm. 5, págs. 949-982; así como la tesis doctoral de Guillaume Weiszberg, *Le « Raisonnable » en Droit du Commerce International*, defendida en la Universidad Panthéon-Assas (Paris II) el 7 de noviembre de 2003, disponible en: https://www.lagbd.org/images/7/7b/Th%C3%A8se_de_Guillaume_Weiszberg_le_raisonnable_en_droit_du_commerce_international.pdf.

1310 *Cfr.* FOGARTY, *Merchant Shipping Legislation*, *op.cit.*, pág. 278, quien considera que lo anterior debe determinarse conforme a la legislación nacional.

1311 En la versión auténtica del CISM 1989, «*to accept the intervention of other salvors when* ***reasonably*** *requested to do so by the owner or master of the vessel or other property in danger; provided however that the amount of his reward shall not be prejudiced should it be found that such a request was unreasonable*», en negrita añadida. Por ejemplo, piénsese en situaciones en las que el «*owner*» contrate los servicios de salvamento de una empresa y, posteriormente, contrate a otra; de modo que le «impone» al primer salvador la intervención de otra empresa de salvamento. Por ende, todos los salvadores deben colaborar para cumplir con su obligación de efectuar la operación de salvamento con la debida diligencia profesional.

1312 Aunque el CISM 1989 utiliza el término «razonable» debe entenderse en el sentido, como siempre, de la de una prestación de un servicio entre profesionales, medido en niveles técnicos y objetivos.

En su virtud,

> «El salvador podrá ser privado total o parcialmente del pago debido en virtud del presente Convenio en la medida en que la necesidad o la dificultad de las operaciones de salvamento fueran resultado de culpa o negligencia suyas o si ha sido culpable de fraude u otra forma de conducta ilícita».

Desde nuestro punto de vista es inapropiado emplear el término «mala conducta» para traducir el concepto *misconduct* del inglés, pues no se refleja con ello la realidad jurídica del CISM 1989; el término más adecuado, por tanto, sería culpa.

El anterior Convenio de 1910 disponía en su artículo 8 que «el juez podrá reducir o suprimir la remuneración, si resulta que los salvadores, por defecto suyo, hicieron necesario el salvamento o auxilio, o que se han hecho reos de robo, encubrimiento o de otros actos fraudulentos». Puede apreciarse que el ámbito se ha ampliado desde este Convenio de 1910, pues en la actualidad se incluye cualquier acto culposo o negligente[1313].

BRICE explica que la «mala conducta» de los salvadores regulada en este artículo 18 del CISM 1989 hace referencia a comportamientos como producir daños durante el salvamento, evitando o dificultando que otros salvadores colaboren en la operación o «sustrayendo parte de la "propiedad" en peligro»[1314]. Sin embargo, consideramos que una y otra conductas son muy distintas. Actuaciones como evitar la intervención de otros salvadores o provocar daños durante la operación pueden constituir actitudes negligentes del salvador; no obstante, sustraer la «propiedad» en peligro constituiría, en España, un delito de apropiación indebida[1315]; esto es, una conducta

---

1313 Otro aspecto llamativo del artículo 18 del CISM 1989 es que mezcla conceptos muy distintos como son la culpa, la negligencia, el fraude y «otra forma de conducta ilícita». Podría distinguirse, *a priori*, al menos dos situaciones. La primera, derivada de que el salvador haya actuado negligentemente, en el sentido de que no ha actuado con la diligencia debida en la operación de salvamento (culpa y negligencia). La segunda, serían aquellas situaciones de fraude u otras conductas ilícitas, apreciándose una actuación que va más allá de las anteriores; incluso, conductas que podrían ser penalmente sancionables.
En opinión de ARROYO, «Comentarios al Convenio de Salvamento de 1989», en *ADM*, *cit.*, pág. 133, el artículo 18 del CISM 1989 parece contemplar todas las posibles actitudes ilícitas del salvador: dolo —directo o indirecto—, culpa o negligencia —leve, grave o muy grave— o cualquier otro tipo de negligencia.

1314 *Vid*. BRICE, *Brice on Maritime Law of Salvage*, *op.cit.*, pág. 178.

1315 Así, el artículo 253 del CP establece que: «1. Serán castigados con las penas del artículo 249 o, en su caso, del artículo 250, salvo que ya estuvieran castigados con una pena más grave en otro precepto de este Código, los que, en perjuicio de otro, se apropiaren para sí o para un tercero, de dinero, efectos, valores o cualquier otra cosa mueble, que hubieran recibido en depósito, comisión, o custodia, o que les hubieran sido confiados en virtud de cualquier otro título que produzca la obligación de entregarlos o devolverlos, o negaren haberlos recibido. 2. Si la cuantía de lo apropiado no excediere de 400 euros, se impondrá una pena de multa de uno a tres meses».

tipificada[1316], más agravada que una falta de diligencia profesional o, incluso, una actuación negligente.

En cualquier caso, la consecuencia, como indica el artículo 18 del CISM 1989 es la pérdida en todo o en parte del premio; lo que en opinión de algún autor[1317] dependerá de si por dicha actuación negligente el salvador ha impedido el éxito total o parcial de la operación.

El caso de referencia citado ampliamente por la doctrina es el *Tojo Maru*[1318]. Este buque japonés abordó al italiano *Fina Italia* en el Golfo Pérsico, resultando dañados ambos barcos, causando una fisura en el casco del primero. Debido a lo anterior, los salvadores prepararon al *Tojo Maru* para su remolque hasta un lugar seguro. Para reparar la grieta en el casco, el equipo de salvadores tenía intención de colocar una plancha de metal sobre la fisura producida en el casco por medio de una *Cox Bolt gun*[1319]. Al jefe de los salvadores se le advirtió del peligroso uso de estas pistolas en compartimentos que no habían sido desgasificados, como en el caso del *Tojo Maru*. Aparentemente dicha advertencia «no fue atendida» por el salvador, por lo que, al disparar el tornillo para asegurar la plancha de metal que cerraría un compartimento contaminado, éste explotó. El daño provocado por este acto se cuantificó en un millón de dólares.

1316 Como en el caso *The Clan Sutherland* [1918] P. 332. En este supuesto los salvadores que habían cometido el delito quedaron privados del pago de su recompensa por el salvamento prestado. Existen más casos similares en la jurisprudencia inglesa, como en *The Kenora* [1921] P.90 at 96 o en *The Kadah* (1948) 81 Ll. L. Rep. 217; *apud*. Brice, *Brice on Maritime Law of Salvage*, *op.cit.*, pág. 179.
Por su parte, Morral, *El salvamento marítimo*, *op.cit.*, págs. 431-432, expone diversos ejemplos en los que puede enmarcarse la conducta del artículo 18 del CISM 1989: puede deberse a una medida tomada por el salvador de manera errónea que provoca una dificultad o incluso una dilatación del tiempo previsto en el salvamento, provocando con ello un riesgo o también a una maniobra realizada por el capitán del buque, que provoque un abordaje y, posteriormente, un salvamento. Igualmente, otros ejemplos pueden ser un accidente provocado por el propio salvador con el fin de originar la necesidad de solicitar un salvamento más arriesgado (y, en consecuencia, más costoso) o prolongar éste durante mayor tiempo para conseguir un mejor premio, etc.

1317 *Vid.* Force, *Admiralty and Maritime Law*, Washington, 2004, pág. 159.

1318 [1971] 1 Lloyd's Rep. 341. Entre la doctrina, *vid.* Berlingieri, *International Maritime Conventions...*, II, *op.cit.*, pág. 366; Mandaraka-Sheppard, *Modern Maritime Law*, *op.cit.*, págs. 531-539; Gold, «Marine Salvage: Towards a New Regime», en *JMLC*, *cit.*, pág. 14; Baughen, *Shipping Law*, *op.cit.*, págs. 311-313; Mudrić, «Liability Salvage – Environmental Award: A New Name for an Old Concept», en *PPP*, *cit.*, págs. 478-479; Binney, «Protecting the Environment with Salvage Law: Risks, Rewards, and the 1989 Salvage Convention», en *Wash. Law Rev.*, *cit.*, pág. 643.

1319 Esta herramienta actúa como una pistola de tornillos en una plancha de metal; para atravesarla y provocar la penetración del tornillo en el parche suelen utilizarse explosivos. Puede obtenerse más información de esta pistola en la página web de *The Diving Museum* de Reino Unido: https://www.divingmuseum.co.uk/news/exhibit-of-the-month-4/.

Los salvadores, a excepción del buzo jefe que había disparado la pistola, solicitaron su premio pues, al haber firmado un contrato LOF y haber recuperado cierta «propiedad», tenían derecho al premio según el principio *no cure-no pay*. Por su parte, el salvado se negó a pagar el importe del premio, pues el daño provocado por los salvadores era superior al provocado a raíz de la colisión con el *Fina Italia*. Después del procedimiento arbitral, el caso se recurrió en apelación en la *House of Lords*, en la que se rechazó el argumento de los salvadores. Además, el tribunal consideró que el salvador era responsable de los daños causados, pues había actuado negligentemente, así que debía pagar una indemnización, no siendo relevante si era superior al hipotético premio que hubieran podido recibir. El tribunal consideró que el premio por el salvamento debía evaluarse en la hipótesis de que no hubiera habido negligencia y luego deducirse el importe por los daños causados[1320].

Además, el tribunal estableció que los salvadores profesionales debían someterse a un más alto estándar de diligencia que aquellos otros salvadores no profesionales. Ello supuso una novedad, pues, aproximadamente durante, aproximadamente, dos siglos, los salvadores habían gozado de un «*status* especial»[1321] que les reconocía como *voluntarios adentrándose en una situación de peligro*. Durante el siglo XIX los tribunales ingleses habían sido *permisivos* con los salvadores que hubieran actuado de manera negligente, debido a la situación de riesgo a la que se enfrentaban[1322]. Como consecuencia se les reducía el pago o, en casos más extremos, podían perder su premio; pero nunca se les había expuesto frente a los daños que habían causado en caso de negligencia grave[1323]. No obstante, en el caso del *Tojo Maru*, debido a la falta de diligencia profesional y a que el importe del daño causado fue superior al premio que hubieran obtenido, los salvadores no recibieron premio alguno, teniendo que compensar, además, a los «*owners*» por el perjuicio causado.

Este caso inglés inspiró en parte el artículo 18 del CISM 1989. No obstante, el Convenio no menciona qué «sanciones» corresponderían por haber incumplido las obligaciones recogidas en dicho precepto, salvo la de la reducción total o parcial del premio. Cuando las obligaciones entre las partes se recogen en un contrato y alguna las incumple, las consecuencias estarán establecidas en dicho contrato o en la ley. Cabe esperar igualmente que, en aquellos casos en los que medie negligencia del salvador, los salvados tendrían derecho a interponer una reclamación por la indemnización de los daños y perjuicios causados; ello no precluye el resultado en relación con el premio[1324].

1320 *Vid.* Baughen, *Shipping Law*, *op.cit.*, pág. 312.

1321 *Vid.* Kerr, «The 1989 Salvage Convention: Expediency or Equity?», en *JMLC*, *cit.*, pág. 517.

1322 *Vid.* Mandaraka-Sheppard, *Modern Maritime Law*, *op.cit.*, pág. 530.

1323 *Vid.* Kerr, «The 1989 Salvage Convention: Expediency or Equity?», en *JMLC*, *cit.*, pág. 517; Mandaraka-Sheppard, *Modern Maritime Law*, *op.cit.*, pág. 530.

1324 En la misma opinión, *vid*. Force, *Admiralty and Maritime Law*, *op.cit.*, pág. 159; Gabaldón

En caso de culpa o negligencia del salvador, el artículo 18 del CISM 1989 establece un efecto: que aquél sea «privado total o parcialmente del pago». Por lo anterior, consideramos que el salvador no se vería realmente privado del premio, sino que puede suceder, que el importe del daño causado sea mayor que el del premio y, por ende, tras compensar dichas cantidades, el salvador tenga que pagar la diferencia; aunque no por ello pierde su derecho al premio. En caso de que se produzca una reducción del premio, lo anterior podría calificarse de «sanción», pero no es necesario que el contrato se resuelva, ya que éste sigue desplegando sus efectos. Una vez más, serán los jueces y árbitros los que determinen este aspecto.

El régimen de la culpa o negligencia del salvador también se aplica en aquellos casos en los que se reconozca una compensación especial del artículo 14 del CISM 1989 a los salvadores y también en aquellos casos en los que se acuerde el bono de la «Cláusula» SCOPIC. Así, el artículo 14.5 del CISM 1989 establece que «si el salvador ha sido negligente y por ello no ha logrado evitar o reducir al mínimo los daños al medioambiente, se lo podrá privar total o parcialmente de cualquier compensación especial (...)». Por su parte, en lo referente a la «Cláusula» SCOPIC, dispone su «subcláusula» 11 que

> «El salvador podrá ser privado total o parcialmente del bono en virtud de la "Cláusula" SCOPIC en la medida en que las operaciones de salvamento se hayan vuelto necesariamente más difíciles o prolongadas o la provisión para el salvamento se haya reducido o extinguido por la culpa o negligencia del salvador o si éste ha sido culpable de fraude u otra forma de mala conducta»[1325].

Todo ello es lógico si tenemos en cuenta que tanto el premio «tradicional», como la compensación especial, como el bono de SCOPIC entran dentro del concepto «pago» (artículo 1, letra e) del CISM 1989) que puede obtener el salvador.

En relación con la protección del medioambiente, la delegación francesa[1326] propuso en el debate sobre el CISM 1989 lo siguiente:

> «En efecto, [el artículo 18 del CISM 1989] indica que en algunos casos la falta del salvador puede ser una falta grave que le privará de la totalidad o de una parte del premio, ya sea por una falta o por ser culpable de fraude o de otra conducta deshonesta, y creemos que hay que añadir a esto el caso en que el salvador no haya cumplido su deber de evitar o limitar los daños al medioambiente. Así que [en la

---

García, Ruiz Soroa, *Manual de Derecho de la Navegación Marítima*, *op.cit.*, pág. 732.

1325 En la versión original de la Cláusula SCOPIC: «*The Contractor may be deprived of the whole or part of the payment due under the SCOPIC clause to the extent that the salvage operations thereunder have become necessary or more difficult or more prolonged or the salved fund has been reduced or extinguished because of fault or neglect on its part or if the Contractor has been guilty of fraud or other dishonest conduct*».

1326 *Vid.* CMI, *The Travaux Préparatoires of the Convention on Salvage, 1989*, *op.cit.*, pág. 436.

redacción del artículo] añadiríamos (...) "o si el salvador ha incumplido su deber de evitar o limitar el daño al medioambiente"».

Para justificar lo anterior, la delegación de Francia argumentaba que era muy grave que un salvador que hubiera podido haber tomado medidas para evitar o minimizar el daño al medioambiente, hubiera causado el daño igualmente, de manera deliberada, y luego pidiera un premio por sus servicios prestados cuando la protección del medioambiente exigía ciertas medidas que no llegaría a tomar.

En nuestra opinión, lo más relevante de la propuesta de la delegación francesa —que finalmente fue rechazada— es que plantea la situación (teórica) en la que el salvador puede haber actuado de manera diligente con un «objeto» de salvamento, por ejemplo, la «propiedad», pero haya sido negligente con el otro «objeto» de salvamento, es decir, el medioambiente. También puede suceder la situación contraria: un salvador que, debido a su actitud negligente haya causado un daño a un buque con carga contaminante y, sin embargo, actúa con la diligencia debida para la protección medioambiental. Existe, por tanto, escenarios en los que no existen reglas claras de resolución, en los que el tribunal o la corte arbitral tendrán que evaluar las circunstancias de cada caso. Tomando en consideración el artículo 18 del CISM 1989, «El salvador podrá ser privado total o parcialmente del pago». Bien es cierto que, por «pago» en el Convenio debe entenderse cualquier tipo de contraprestación económica que se pague a cambio de los servicios de salvamento marítimo: premio, compensación especial; incluso el bono de la «Cláusula» SCOPIC. En estos supuestos consideramos, que se calcularía, de un lado, la indemnización de daños y perjuicios pagadera por el salvador y, de otro, —como ha habido una amenaza de daños al medioambiente— se calcularía la compensación especial, pagadera al salvador —ya que el premio y la compensación especial no pueden pagarse simultáneamente—. Posteriormente, se podrían compensar dichas cantidades.

El CISM 1989 no hace mención alguna sobre la limitación de la responsabilidad del salvador por las operaciones de salvamento que se hayan efectuado por su culpa o negligencia u otra forma de conducta ilícita[1327].

1327 Lo que, al contrario, fue planteado en los debates previos a la aprobación del concreto. Así, Nielsen, «Report to the International Maritime Organisation —IMO on the draft international convention on salvage approved by the XXXII International Conference of the CMI held in Montreal, May 1981», en *The Travaux Préparatoires of the Convention on Salvage, 1989*, *op.cit.*, pág. 36, consideró que los salvadores debían acudir al auxilio sin temor a caer en una responsabilidad ilimitada. Sin embargo, las propuestas de incluir una mención a la limitación de la responsabilidad del salvador en el CISM 1989 se rechazaron. Entre otros motivos, destaca que algunos países no habían firmado el Convenio de 1976 —como Canadá; *vid.* Kerr, «The 1989 Salvage Convention: Expediency or Equity?», en *JMLC*, *cit.*, pág. 518— lo que permitía considerar que tampoco firmarían el Convenio Internacional sobre salvamento en caso de que incluyera dicha limitación.
En cualquier caso, como señala Redgwell, «The Greening of Salvage Law», en *Mar. Policy*, *cit.*, pág. 146, esta «laguna» se resuelve con lo dispuesto en el CLR 1976.

Para ello, habrá que acudir a la propia legislación nacional; el artículo 392 de la LNM establece que

> «el derecho a limitar la responsabilidad ante las reclamaciones nacidas de un mismo accidente se regirá por lo dispuesto en el Protocolo de 1996 que enmienda el Convenio Internacional sobre la Limitación de Responsabilidad por Reclamaciones de Derecho Marítimo, hecho en Londres el 19 de noviembre de 1976, con las reservas hechas por España en el Instrumento de Adhesión, y en este título».

El CLR 1976 se aprobó tras el caso recientemente comentado *Tojo Maru*[1328]. En dicho caso el tribunal estableció que los salvadores no tenían derecho a limitar su responsabilidad por el daño causado por el acto negligente que había cometido el buzo que estaba auxiliando al buque. A raíz de lo anterior, los salvadores lucharon por incluirse dentro de los sujetos que podrían limitar su responsabilidad en virtud del Convenio de 1976[1329].

Dicho Convenio recoge que el salvador tiene derecho a limitar su responsabilidad extracontractual[1330] según su artículo 1.1[1331]. Específicamente, los salvadores se describen en el artículo 1.3 del CLR 1976 como: «(...) toda persona que preste servicios directamente relacionados con operaciones de auxilio o salvamento (...)», así como otras operaciones descritas en el artículo 2.1, letras d), e) y f)[1332].

1328 Véase *infra* en este capítulo el epígrafe 1.5 La *misconduct* del salvador. Cuando se produjo este accidente aún no existía un convenio internacional que limitase la responsabilidad de los salvadores, aprobándose en 1976.

1329 De hecho, en el artículo 6.4 del Convenio de 1976 se establece que «los límites de responsabilidad aplicables al salvador que no opere desde un buque o al salvador que opere exclusivamente en el buque al cual o en relación con el cual este prestando servicios de auxilio o salvamento, se calcularan sobre la base de un arqueo de 1.500 toneladas».

1330 El artículo 2.1, letra c), establece lo siguiente: «Reclamaciones sujetas a limitación 1. A reserva de lo dispuesto en los artículos 3 y 4, estarán sujetas a limitación las reclamaciones enumeradas a continuación, sean cuales fueren los supuestos de responsabilidad: (...) c) reclamaciones relacionadas con otros perjuicios derivados de la violación de derechos que no sean contractuales, irrogados en directa vinculación con la explotación del buque o con operaciones de auxilio o salvamento».

1331 Cuya redacción es la siguiente: «Los propietarios de buques y los salvadores, tal como se les define a continuación, podrán limitar la responsabilidad nacida de las reclamaciones que se enumeran en el artículo 2, acogiéndose a las disposiciones del presente Convenio».

1332 En concreto, «d) Reclamaciones relacionadas con la puesta a flote, remoción, destrucción o eliminación de la peligrosidad de un buque hundido, naufragado, varado o abandonado, con inclusión de todo lo que esté o haya estado a bordo de tal buque; e) Reclamaciones relacionadas con la remoción o la destrucción del cargamento del buque o la eliminación de la peligrosidad de dicho cargamento; f) Reclamaciones promovidas por una persona que no sea la persona responsable, relacionadas con las medidas tomadas a fin de evitar o aminorar los perjuicios respecto de los cuales la persona responsable pueda limitar su responsabilidad de conformidad con lo dispuesto en el presente Convenio, y los ocasionados ulteriormente por tales medidas».

No obstante, cuando la operación se enmarque en un contrato de salvamento, esta responsabilidad contractual no podrá verse limitada, según lo dispuesto en el artículo 3, letra e), del CLR 1976:

> «Las reglas del presente Convenio no serán de aplicación en los casos de: e) Reclamaciones promovidas por los empleados del propietario o del salvador cuyo cometido guarde relación con el buque o con las operaciones de auxilio o salvamento, (...) si, en virtud de la ley que regule el contrato de servicio concertado entre el propietario del buque o el salvador y dichos empleados, el propietario o el salvador no tienen derecho a limitar su responsabilidad respecto de dichas reclamaciones o si la mencionada ley solo les permite limitar su responsabilidad a una cuantía que sea superior a la estipulada en el artículo 6».

2. Obligaciones del salvado

2.1. El pago y sus especializaciones

La principal obligación del «*owner*» del buque y de los titulares de la mercancía salvada es la del pago a los salvadores por la operación de salvamento marítimo. Como se ha explicado, el objeto del contrato de salvamento comprende, de un lado, su prestación y, de otro, el pago por dichos servicios. El segundo apartado del artículo 12 del CISM 1989 recoge que la obligación de pago nace cuando las operaciones de salvamento hayan producido un resultado útil «salvo que se disponga otra cosa». Así pues, las partes podrán exceptuar el «elemento» del resultado útil, de modo que se pague una «recompensa» a los salvadores por la operación efectuada, aunque no hayan conseguido salvar la «propiedad» en peligro[1333].

Los obligados al pago del premio o de la compensación especial son aquellos que tienen un «interés» en el objeto salvado, *ex* artículo 13.2 del CISM 1989. En virtud de la regla de prorrata *(pro-rata rule)*, los titulares de los inte-

1333 En opinión de Ruiz Soroa, *Manual de derecho de accidentes de la navegación, op.cit.*, pág. 134, las partes tienen libertad para pactar un esquema contractual distinto que no incluya el principio *no cure-no pay*. Sin embargo, en opinión de este autor, lo anterior no sería un contrato de salvamento. Si bien es cierto que se comparte la visión de este autor en lo referente a que el principio *no cure-no pay* es esencial para el pago de un premio «tradicional» del salvamento marítimo, la ausencia de este principio en la operación no descarta automáticamente que el objeto del contrato celebrado por las partes sea de salvamento, en tanto en cuanto existen otras formas de pago a los salvadores, como la compensación especial del artículo 14 del CISM 1989 o el bono de SCOPIC. Lo relevante para determinar que el objeto de un contrato es el salvamento es, precisamente, el desempeño de esta operación y el pago o «recompensa», ya sea en forma de premio «tradicional», compensación especial, bono de SCOPIC o cualquier otro pago acordado entre las partes.

reses de la «propiedad» salvada deberán pagar a los salvadores proporcionalmente en función de lo salvado.

Puede suceder en la práctica que el *«owner»* del buque haya abonado el pago correspondiente a intereses distintos del buque, por lo que tendrá derecho a repetir contra el resto, *ex* artículo 13.2 del CISM 1989. Por otro lado, lo habitual en la práctica es que el *«owner»* del buque, recupere los gastos relativos al salvamento porque estos conceptos estén cubiertos por las compañías aseguradoras. Así, el premio «tradicional» estará generalmente cubierto por la aseguradora del casco, mientras que la compensación especial y el bono derivado de la «Cláusula» SCOPIC lo estarán por el Club de P&I, como se analizó previamente[1334].

2.2. La colaboración con el salvador

Además de la anterior obligación de realizar el pago por los servicios prestados de salvamento marítimo, los salvados también están obligados, en virtud del artículo 8.2 del CISM 1989, letra a), a «colaborar plenamente con [el salvador] mientras se desarrollen las operaciones de salvamento».

De modo similar, la Cláusula F del LOF 2020 establece que cada uno de los *«owners»* del buque y de los bienes salvados tiene la obligación de cooperar plenamente con el salvador mientras se desarrollen las operaciones de salvamento[1335]. Esta cláusula establece que todos los *«owners»* deben cooperar con los salvadores y en particular considera tres aspectos. En primer lugar, los salvadores podrán hacer un uso razonable de la maquinaria del buque y del equipamiento provisto por los *«owners»* sin coste alguno. En ocasiones, el salvador

1334 Véase *supra* en el capítulo cuarto el epígrafe 2.5.1 El contenido de la «Cláusula» SCOPIC.

1335 Cláusula F: «*Duties of property owners: Each of the owners of the property shall cooperate fully with the Contractors. In particular: (i) the Contractors may make reasonable use of the vessel's machinery gear and equipment free of expense provided that the Contractors shall not unnecessarily damage abandon or sacrifice any property on board; (ii) the Contractors shall be entitled to all such information as they may reasonably require relating to the vessel or the remainder of the property provided such information is relevant to the performance of the services and is capable of being provided without undue difficulty or delay; (iii) the owners of the property shall co-operate fully with the Contractors in obtaining entry to the place of safety stated in Box 3 or agreed or determined in accordance with Clause A*»; que traducida sería «Deberes de los "propietarios" del buque y de la carga: Cada uno de los propietarios de los bienes salvados deberá cooperar plenamente con los Salvadores. En particular: (i) los Salvadores podrán hacer un uso razonable de la maquinaria y del equipo del buque sin coste alguno, siempre y cuando los Salvadores no dañen, abandonen o sacrifiquen innecesariamente ningún bien a bordo; (ii) los Salvadores tendrán derecho a obtener toda la información que razonablemente puedan requerir en relación con el buque o cualquier otro bienes a salvar, siempre que dicha información sea relevante para la ejecución de la operación y pueda ser proporcionada sin dificultades o retrasos indebidos; (iii) los "propietarios" cooperarán plenamente con los Salvadores para obtener la entrada al lugar seguro indicado en la casilla 3 o acordado o determinado de acuerdo con la cláusula A».

tendrá que utilizar la maquinaria del buque salvado, por ejemplo, para asegurar la carga o para reflotar el buque. Evidentemente, en el uso de esta maquinaria y equipo, los salvadores deberán actuar con la debida diligencia profesional, no pudiendo dañar, abandonar o sacrificar ninguna «propiedad» a bordo salvo que sea necesario (avería gruesa)[1336]. En segundo lugar, los *«owners»* deben proveer a los salvadores de toda la información relacionada con el buque y las mercancías que pudieran razonablemente requerir para el desarrollo de la operación de salvamento. En tercer lugar, los titulares de la carga también tienen la obligación de cooperar con los salvadores para obtener el acceso al lugar que hayan designado las partes como seguro para entregar o depositar la mercancía[1337].

El CISM 1989 no dispone expresamente como obligación del salvador la de cooperar con los salvados; aunque, en nuestra opinión, tampoco es necesario en tanto en cuanto el salvador está obligado a «efectuar las operaciones de salvamento con la debida diligencia» (artículo 8.1, letra a), del CISM 1989), lo que también requerirá que el salvador coopere con los salvados en la operación. Además, la buena fe se presume en todo contrato[1338]. Sin embargo, en opinión de BRICE[1339], que no se recoja ni en el texto convencional ni en el LOF 2020 esta obligación, implica que el salvador no está obligado a ello. De este modo, sólo los sujetos a los que expresamente se le reconozca la obligación de cooperar, son los que la ostentan, no presumiéndose, al contrario. En opinión de este autor, la razón de que se reconozca exclusivamente esta obligación al *«owner»* del buque y los titulares de la carga hacia el salvador y no al revés se justifica en que el fundamento de esta obligación es permitirle al salvador que realice la operación de salvamento. Así, los intereses del *«owner»* del buque y de los titulares de las mercancías podrían no coincidir, dificultándole al salvador el desarrollo de la operación. Por ejemplo, cuando los salvados no pueden acordar un solo lugar seguro para la entrega de las mercancías[1340]. Concluye el autor diciendo que el servicio del salvador podría verse muy perjudicado u obstaculizado si se le requiere «acomodarse a los deseos de cada "*owner*" en cada paso de la operación de salvamento»[1341].

1336 Véase *supra* en este capítulo el epígrafe 1.1 La prestación profesional del salvamento marítimo: la "debida diligencia" y los *best endevours*.

1337 Se recuerda que este lugar de seguridad se determinaba por las partes en la *box* número 3 del contrato LOF 2020; pero, si no se establece, se podrá acordar *a posteriori*.

1338 Artículo 57 del CCom: «Los contratos de comercio se ejecutarán y cumplirán de buena fe, según los términos en que fueren hechos y redactados, sin tergiversar con interpretaciones arbitrarias el sentido recto, propio y usual de las palabras dichas o escritas, ni restringir los efectos que naturalmente se deriven del modo con que los contratantes hubieren explicado su voluntad y contraído sus obligaciones».

1339 *Vid.* BRICE, *Brice on Maritime Law of Salvage*, *op.cit.*, pág. 547.

1340 *Ibid.*, pág. 548.

1341 *Ibid.*

2.3. Obligaciones en relación con el medioambiente

La segunda obligación establecida por la letra b) del artículo 8.2 del CISM 1989 es la de «actuar, cuando presten su colaboración, con la debida diligencia para evitar o reducir al mínimo los daños al medio ambiente». Se recuerda que, de forma paralela, los salvadores tienen también la obligación de actuar con la «debida diligencia para evitar o reducir al mínimo los daños al medio ambiente» en el artículo 8.1, letra b), del CISM 1989.

En el proceso de elaboración del Convenio de Londres no hay apenas referencias a esta obligación de los salvados. Sin embargo, la relevancia de la obligación es notoria cuando en la redacción de este Convenio se *tenía en mente* la protección medioambiental[1342]. A lo largo de este trabajo se ha puesto de manifiesto en numerosas ocasiones la relevancia de lo anterior, de forma que se reiteran las reflexiones anteriores sobre el medioambiente en este apartado. Como se ha comentado, la protección medioambiental tiene carácter imperativo[1343] en el Convenio de Londres según lo dispuesto en su artículo 6.3: «Nada de lo dispuesto en el presente artículo irá en perjuicio de la aplicación del artículo 7 ni de la obligación de evitar o reducir al mínimo los daños al medio ambiente». Se recuerda que el artículo 6 es el que regula el contrato de salvamento marítimo y, en especial, a la libertad contractual de las partes[1344].

La relevancia de la protección medioambiental se extiende más allá de las partes del contrato, pues abarca también, como se ha comentado, a los Estados ribereños[1345]. El propósito del CISM 1989 fue, entre otros, el de conseguir hacer frente a la contaminación marítima, un aspecto no exclusivo de los salvadores y extensible a todas las partes que pudieran intervenir no sólo

---

1342 Se recuerda lo dispuesto en el preámbulo, ya mencionado en este trabajo: «Tomando nota de que algunos acontecimientos importantes, en especial la preocupación creciente por la protección del medio ambiente en especial la preocupación creciente por la protección del medio ambiente, han demostrado la necesidad de adaptar las reglas internacionales que figuran actualmente en el Convenio internacional para la unificación de ciertas reglas en materia de auxilio y salvamento marítimos, hecho en Bruselas el 23 de septiembre de 1910.

1343 Pese al rechazo de algunas delegaciones en el proceso de elaboración del Convenio de Londres, finalmente se impuso el deber de proteger el medioambiente no podía ser excluido de un contrato de salvamento marítimo; *vid.* CMI, *The Travaux Préparatoires of the Convention on Salvage, 1989*, *op.cit.*, pág. 207.

1344 Cuya redacción es la siguiente: «Artículo 6. Contratos de salvamento. 1. El presente Convenio será aplicable a todas las operaciones de salvamento, salvo en la medida que un contrato disponga otra cosa expresa o implícitamente. 2. El capitán estará facultado para celebrar contratos de operaciones de salvamento en nombre del propietario del buque. El capitán y el propietario del buque estarán facultados para celebrar tales contratos en nombre del propietario de los bienes que se encuentren a bordo del buque. 3. Nada de lo dispuesto en el presente artículo irá en perjuicio de la aplicación del artículo 7 ni de la obligación de evitar o reducir al mínimo los daños al medio ambiente».

1345 Véase *supra* en el capítulo tercero el epígrafe 3.1 Los Estados ribereños.

en el contrato, sino en la operación de salvamento en general. Lo anterior se consiguió, entre otros aspectos, por la inclusión de una «recompensa» a parte del premio «tradicional»: la compensación especial regulada en el artículo 14 del CISM 1989; a través de la obligación impuesta tanto al salvador como a los salvados de actuar con la debida diligencia para evitar o reducir al mínimo los daños al medioambiente (artículo 8 del CISM 1989); en virtud del reconocimiento expreso y de la regulación de que los Estados ribereños pueden intervenir (tomar medidas) en las operaciones de salvamento cuando la contaminación o la amenaza de contaminación resultante de un siniestro pudiera tener graves consecuencias perjudiciales para sus costas o sus intereses conexos (artículo 9 del CISM 1989); por la obligación imperativa de proteger el medioambiente en los contratos de salvamento entre las partes (artículo 6.3 del CISM 1989); etc.

2.4. La recepción de los bienes salvados

El *«owner»* del buque, el capitán y el titular la carga tendrán la obligación «de aceptar, una vez llevados a lugar seguro el buque u otros bienes, la entrega de éstos, cuando así lo pida el salvador y ello sea razonable», *ex* artículo 8.2, letra c), del CISM 1989. Esta obligación se introdujo en el LOF 1980[1346].

En opinión de algún autor[1347], la razón por la que se incluyó esta obligación en el LOF 80 era que, en ocasiones, los *«owners»* se negaban a aceptar que la operación de salvamento había finalizado. El citado autor pone como ejemplo un buque encallado que haya sido reparado lo suficiente como para que pueda entrar en el lugar seguro designado; sin embargo, los *«owners»*

1346 Cláusula 2, que establecía lo siguiente: «*The owners their Servants and Agents shall co-operate fully with the Contractors in and about the salvage including obtaining entry to the place named in Clause 1 of this Agreement or such other place as may be agreed or if applicable the place of safety to which the salved property is taken, the owners shall promptly accept redelivery of the salved property at such place. The Contractors may make reasonable use of the vessel's machinery gear equipment anchors chains stores and other appurtenances during and for the purpose of the operations free of expense but shall not unnecessary damage abandon or sacrifice the same or any property the subject of this Agreement*». Para la cual se propone la siguiente traducción: «Los *"owners"*, sus empleados y representantes cooperarán plenamente con los salvadores en el salvamento, incluida la obtención de la entrada en el lugar mencionado en la cláusula 1 del presente contrato o en cualquier otro lugar que se acuerde o, en su caso, en el lugar seguro al que se lleven los bienes salvados; los *"owners"* aceptarán sin demora la devolución de los bienes salvados en dicho lugar. Los salvadores podrán hacer un uso razonable de la maquinaria, el equipo, las anclas, las cadenas y otros accesorios del buque durante las operaciones y a efectos de las mismas, sin coste alguno, pero no dañarán ni sacrificarán innecesariamente los bienes objeto de este Contrato».

1347 *Vid.* GASKELL, «The 1989 Salvage Convention and the Lloyd's Open Form (LOF) Salvage Agreement 1990», en *Tul. Mar. L.J.*, *cit.*, pág. 47.

pueden querer realizar más reparaciones y, en concreto, que el buque pueda llegar hasta un puerto donde estas reparaciones sean más baratas. Con la entrada en vigor del CISM 1989, en virtud de la obligación descrita en el artículo 8.2, letra c), los *«owners»* tendrían que aceptar la entrega en el lugar seguro y, en su caso, reparar el buque en dicho lugar o contratar el remolque hasta un nuevo puerto donde sea más barato efectuarlas[1348].

En el proceso de elaboración del CISM 1989, la ISU puso de manifiesto que los salvadores en ocasiones tenían dificultades en la finalización de la operación de salvamento porque los *«owners»* se negaban a aceptar la entrega de los buques salvados; sin embargo, no especifican por qué o debido a qué razones[1349]. La ISU solicitó que se aclararan las condiciones en las que debía encontrarse el buque para que la solicitud de entrega se considerara «razonable». Respecto a lo anterior, propusieron[1350] que

> *«Such request shall not be made by the salvor until the vessel or property has been preserved from the danger from which it was required to be salved and has been brought to a place where a prudent owner would reasonably be expected to be able to preserve such vessel or property on a non-salvage basis».*

Es decir, que el salvador planteara la entrega una vez que el buque o los bienes se hubieran protegido del peligro que *exigía* la operación de salvamento y se hubieran llevado a un lugar en el que el *«owner»* pudiera *salvaguardarlos*. La propuesta anterior no prosperó en el CISM 1989 pero, en cualquier caso, Lloyd's incluyó en su modelo de contrato de salvamento marítimo una cláusula relativa a la finalización del contrato, incluyendo cuándo se consideraba el contrato terminado, objeto de estudio más adelante[1351].

Relacionado con la aceptación de los bienes salvados, conviene señalar el derecho del salvador de retención. Sin perjuicio de que sea tratado más adelante[1352], este derecho faculta al salvador a retener los objetos salvados hasta que se otorgue a su favor garantía suficiente por el importe del premio que reclama.

2.5. La «obligación» de constituir fianza

En virtud del artículo 20.2 del CISM 1989, «El salvador no podrá hacer valer su privilegio marítimo si, en debida forma, se le ha ofrecido o ha sido consti-

---

1348 Véase el ya analizado *case The Winson China Pacific S.A.* v. *Food Corporation of India (The Winson)* [1982] A.C. 939 (nota al pie número 1.257).

1349 *Vid*. CMI, *The Travaux Préparatoires of the Convention on Salvage, 1989*, *op.cit*., pág. 226.

1350 Documento LEG 53/3/1.

1351 Véase *infra* en este capítulo el epígrafe 4 *Rights of termination*.

1352 Véase *infra* en este capítulo el epígrafe 3 Los derechos del salvador y sus garantías.

tuida en su favor fianza bastante respecto de su reclamación, incluso intereses y costas». Estudiaremos esta última obligación de constituir fianza en este epígrafe, aunque los privilegios marítimos sean estudiados a continuación[1353]. Esta garantía se regula en el artículo 21 del CISM 1989, que bajo la rúbrica «Obligación de constituir fianza», en su primer apartado se dispone que, «A petición del salvador, toda persona responsable de un pago en virtud del presente Convenio habrá de constituir fianza bastante respecto de la reclamación del salvador, incluidos intereses y costas»[1354].

Hay que señalar que, aunque la rúbrica del artículo 21 del CISM 1989 es «Obligación de constituir fianza», realmente no estamos ante una obligación propiamente dicha. De hecho, en la versión auténtica del Convenio, se establece «*Duty to provide security*»; siendo más oportuno traducir *duty* por *deber*. De hecho, el artículo 21.1 del CISM 1989 establece que la fianza se constituirá «a petición del salvador».

En cuanto al concepto «fianza bastante» planteó ciertos problemas de interpretación en el proceso de elaboración del CISM 1989. A este respecto, una delegación —que no se especifica en las actas[1355]— planteó que si la «fianza bastante», debía determinarse por criterios que se establecerían en el Convenio o, por el contrario, si debía dejarse a la discreción de los tribunales y cortes arbitrales. Finalmente, se estableció que, a menos que hubiera acuerdo entre las partes, la cuantía de la fianza sería determinada por el juez o el árbitro[1356]. De hecho, como hemos visto en la «Cláusula» SCOPIC, la fianza se fija en sus condiciones en una cantidad de tres millones de dólares.

En relación con la fianza, el artículo 22 del CISM 1989 regula los «Pagos provisionales», estableciendo lo siguiente:

> «El tribunal competente para entender de la reclamación del salvador podrá, mediante resolución, ordenar provisionalmente que al salvador se le pague a cuenta la cantidad que se juzgue equitativa y justa, en las condiciones, incluidas, cuando corresponda, las relativas a fianza, que sean también equitativas y justas según las circunstancias del caso. 2. Cuando se haga un pago provisional en virtud del presente artículo se reducirá proporcionalmente la fianza constituida en virtud del artículo 21».

El objetivo de dicho artículo, novedoso en relación con el Convenio de Bruselas de 1910, fue facilitar la operación de salvamento marítimo ya que,

---

1353 *Ibid.*

1354 Se recuerda que con el término «pago» el Convenio de 1989 hace referencia a «toda recompensa, remuneración o compensación» por salvamento marítimo, *ex* artículo 1, letra e), del CISM 1989; esto es, cualquier tipo de contraprestación económica que se le pague al salvador por haber realizado la operación de salvamento.

1355 *Vid*. CMI, *The Travaux Préparatoires of the Convention on Salvage, 1989*, *op.cit.*, pág. 467.

1356 Documento LEG 55/11, párrafos 13 y 14.

en ocasiones, implicaban gastos relevantes a los que los salvadores tenían que hacer frente[1357].

La inclusión de este artículo en el CISM 1989 no estuvo exenta de crítica en el proceso de elaboración del Convenio, aunque, desafortunadamente, las actas no recogen con detalle el debate sobre este artículo[1358]. Sin embargo, pueden señalarse las dos posiciones principales: a favor y en contra de incluir el artículo relativo a estos pagos provisionales en el Convenio de Londres[1359]. De un lado, varias delegaciones se habían opuesto a mantener la propuesta de este artículo en el Convenio ya que consideraban que podría ser contraproducente, pues podía inferir en las normas procesales internas de los Estados Parte. Por ello, algunas de estas delegaciones afirmaron que la disposición sería menos cuestionable si su aplicación se limitase a los procedimientos de arbitraje. De otro lado, otras delegaciones y también algunos observadores expresaron su apoyo a mantener este artículo. Para lo anterior, explicaron que la experiencia había demostrado que existía una necesidad práctica de incluir una disposición de este tipo. Los partidarios de mantener el artículo argumentaron que estos «adelantos» estaban justificados, sobre todo cuando el salvador había incurrido en un gasto importante. Finalmente, el Comité de la OMI decidió mantener el artículo.

Por su parte, la posibilidad de adelantar parcial o totalmente el pago del premio del salvamento se recoge en la cláusula 6.5 de las LSAC 2020[1360], disponiendo lo siguiente: *«The Arbitrator shall have power to make a provisional or partial award or awards including payments on account on such terms as may be fair and just»*[1361].

Retomando la figura de la fianza, se recuerda que, en el contrato LOF se recogen cuatro «avisos» importantes o *important notices*[1362]. El primero de ellos hace referencia a que tanto el *«owner»* del buque como los titulares de las mercancías deben proporcionar a los salvadores una garantía o fianza[1363].

1357 *Vid.* CMI, *The Travaux Préparatoires of the Convention on Salvage, 1989, op.cit.*, pág. 474.

1358 *Ibid.*, págs. 474-476.

1359 *Ibid.*, págs. 474.

1360 Se recuerda que las LSAC 2020 son el conjunto de reglas diseñado por Lloyd's relativo al procedimiento de arbitraje para las reclamaciones de salvamento; véase *supra* en el capítulo segundo el epígrafe 4 El contrato LOF y el arbitraje de Lloyd's.

1361 Para la que se propone la siguiente traducción: «El árbitro estará facultado para dictar uno o varios laudos provisionales o parciales que incluyan pagos a cuenta en los términos que consideren justos y equitativos».

1362 Véase *supra* en el capítulo segundo el epígrafe 3 El contrato LOF 2020.

1363 Important notice 1: «*Salvage security. As soon as possible the «owners» of the vessel should notify the «owners» of other property on board that this agreement has been made. If the Contractors are successful the «owners» of such property should note that it will become necessary to provide the Contractors with salvage security promptly in accordance with Clause 4 of the LSAC referred to in Clause I. The provision of General Average security does*

Por su parte, la «Cláusula» SCOPIC establece en su «subcláusula» 3 regula el régimen de la fianza para garantizar el cobro del bono de SCOPIC, ya analizado previamente[1364].

El artículo 21.1 del CISM 1989 se establece que «toda persona responsable de un pago» tiene que constituir la fianza. A mayor abundamiento, el segundo apartado de este artículo establece que

> «Sin perjuicio de lo dispuesto en el párrafo 1, el propietario del buque salvado hará todo lo posible para asegurarse de que los propietarios de la carga constituyan fianza bastante respecto de las reclamaciones presentadas contra ellos, incluidos intereses y costas, antes de que la carga sea liberada».

Este precepto nos resulta llamativo ya que «impone» al *«owner»* del buque no una obligación, pero sí una carga, en tanto en cuanto, debe hacer todo lo posible para que los titulares de la carga constituyan fianza[1365]. De hecho, algunas delegaciones[1366] sugirieron la supresión de este apartado, ya que consideraron que se imponía una obligación al *«owner»* del buque que no siempre podría cumplir. La razón de este segundo apartado del artículo 21 del CISM 1989 atiende a que en la industria del salvamento se consideraba un problema grave la cuestión de la fianza sobre la carga que se había salvado[1367], por lo que este artículo satisfizo a estos sectores de la industria salvamentística preocupados por dicho problema. Si bien es cierto que comprendemos la inquietud de los salvadores a este respecto, consideramos que este apartado no es apropiado. Coincidimos con la reflexión anterior de algunas delegaciones de suprimirlo ya que, aunque realmente el artículo 21.2 del CISM 1989 no contempla una obligación propiamente dicha, sí le «impone» una «carga»

not relieve the salved interests of their separate obligation to provide salvage security to the Contractors». En una traducción libre al español, este primer aviso importante establece que «Tan pronto como sea posible, los "propietarios" del buque deberán notificar a los "propietarios" de otros bienes a bordo que han celebrado el contrato LOF. Si los salvadores tienen éxito, los "propietarios" de dichos bienes deben tener en cuenta que será necesario proporcionarles una garantía o fianza con rapidez, de acuerdo con la Cláusula 4 de la LSAC mencionada en la Cláusula I del LOF 2020. La provisión de la garantía de Avería Gruesa no exime a los intereses salvados de su obligación separada de proporcionar una garantía de salvamento a los salvadores».

1364 Véase *supra* en el capítulo cuarto el epígrafe 2.5.1 El contenido de la «Cláusula» SCOPIC.

1365 En la misma opinión; *vid*. Gaeta, «La convenzione di Londra 1989 sul soccorso in acqua», en *Il Diritto Marittimo*, *cit.*, pág. 315, que realiza la siguiente reflexión: «È una norma strana, perché e formulata in modo da sembrare rivolta a suggerire al proprietario della nave come deve comportarsi per soddisfare il proprio interesse: in effetti, la norma prevede un onere per i proprietari del carico, subordinando la liberazione del carico al rilascio della garanzia».

1366 Sin que se especifique cuáles en las actas del CISM 1989; *vid*. CMI, *The Travaux Préparatoires of the Convention on Salvage, 1989*, *op.cit.*, pág. 467.

1367 *Ibid.*, pág. 466.

al *«owner»* del buque, que puede interferir en otras relaciones con terceros al contrato de salvamento; por ejemplo, en un contrato de transporte de mercancías (fletamento).

Por último, con respecto a la fianza, debemos comentar que el régimen legal en España no sólo lo conforman lo dispuesto en el CISM 1989 y la LNM —artículo 365 con respecto al derecho de retención del salvador—, sino que también sigue vigente el artículo 40 de la LAS: «Los propietarios podrán disponer de los efectos salvados antes de la terminación del expediente, constituyendo fianza bastante a criterio del Juez para garantizar el pago de la remuneración debida por el salvamento», por el que se aprecia el mismo funcionamiento de la fianza y del derecho de retención del salvador[1368].

3. Los derechos del salvador y sus garantías

El derecho más relevante del salvador es el derecho a cobrar el premio, aunque podemos mencionar, al menos, otro más recogido en la LNM: el derecho a exigirle al armador que, a su vez, exija a los destinatarios la garantía suficiente para responder del premio que pudiera afectar a los salvadores. En este apartado se estudiarán ambos derechos del salvador y, también en el caso del primero, se estudiarán las garantías más relevantes para asegurar el cobro del premio: la fianza, el derecho de retención y el embargo.

El derecho al premio se corresponde con la obligación del salvado de pagar, bien el premio «tradicional», bien la compensación especial, el bono de la «Cláusula» SCOPIC o cualquier otra contraprestación económica que hayan pactado a cambio de los servicios del salvador. Los extremos del pago por la operación de salvamento prestada relacionados con el principio *no cure-no pay*, los criterios para fijar la cantidad, la compensación especial, etc. se han explicado con anterioridad en este trabajo[1369], por lo que en este epígrafe nos centraremos en las garantías que tiene el salvador para ejercer su derecho al cobro del premio al que tiene derecho.

1368 Sin embargo, en el Congreso Nacional 2017 de la Asociación Española de Derecho Marítimo, algún profesional criticó el —supuesto— conflicto legal entre la LNM y la LAS, considerando que «[este conflicto] crea situaciones como el desajuste que puede surgir en la cuantificación de la fianza. Según la LNM, ésta debe ser suficiente para garantizar el servicio, mientras que según la LAS, se debe determinar a criterio del Juez Marítimo Permanente»; *vid. AEDM*, «Resumen del Congreso Nacional 2017 de la Asociación Española de Derecho Marítimo», https://aedm.es/es/resumen-del-congreso-nacional-2017-de-la-asociacion-espanola-de-derecho-maritimo.
No obstante, consideramos que lo anterior no tiene por qué suponer un conflicto ya que el juez del TMC tendrá que atenerse a lo dispuesto en la LNM, es decir, que la garantía sea suficiente para cubrir el importe del premio que se reclame por salvamento.

1369 Véase *supra* en el capítulo cuarto el epígrafe 2 El premio.

Del derecho al premio nace un derecho de crédito que está garantizado con un privilegio marítimo sobre el buque[1370]. Es habitual, en el Derecho marítimo, que los créditos marítimos sean preferentes o privilegiados, frente a aquellos créditos no marítimos, esto es, que siguen el régimen general. Los privilegios marítimos se regulan en el *Convenio internacional sobre los privilegios marítimos y la hipoteca naval*, hecho en Ginebra el 6 de mayo de 1993[1371] (Convenio de Ginebra de 1993 en adelante), cuyo artículo 5 expone el orden de prelación de los privilegios marítimos[1372]. Los créditos garantizados con un privilegio marítimo gozan de preferencia sobre la hipoteca y demás cargas y gravámenes inscritos, «sin que ningún otro crédito pueda anteponerse a tales privilegios, a excepción de los mencionados en el artículo 486 y de los gastos que hayan de abonarse a la Administración Marítima por la remoción de buques naufragados o hundidos», *ex* artículo 122.2 de la LNM.

1370 Es privilegiado por cuanto garantiza a su acreedor el cobro del crédito con prevalencia sobre otros acreedores ordinarios. Este carácter se ha recogido en los convenios internacionales que han regulado los privilegios marítimos. Por ejemplo, en el artículo 3.2 del *Convenio Internacional para la unificación de ciertas reglas relativas a privilegios e hipotecas marítimas*, hecho en Bruselas el 10 de abril de 1926 o en el artículo 4.1.v del *Convenio Internacional para la unificación de ciertas reglas relativas a los créditos privilegiados e hipotecas marítimas*, hecho en Bruselas el 27 de mayo de 1967; *vid.* Arroyo, «Comentarios al Convenio de Salvamento de 1989», en *ADM*, *cit.*, pág. 137; Baena, *Tratado de Derecho Mercantil: Privilegios, hipotecas y embargos preventivos sobre el buque y la aeronave*, tomo XLVIII, vol. 2.°, Paracuellos de Jarama, 2002, pág. 68; Arroyo, Rueda, *Comentarios a la Ley 14/2014…*, *op.cit.*, pág. 368.
En práctica inglesa consta que, desde finales del siglo XVIII, a los salvadores se les reconoce un *maritime lien* o privilegio marítimo que garantizaba el crédito del premio por el salvamento prestado a un buque u otros bienes en peligro; *vid.* Alonso, *Los privilegios marítimos*, Madrid, 1995, pág. 405.

1371 El Instrumento de Adhesión de España al Convenio Internacional sobre los privilegios marítimos y la hipoteca naval, 1993, hecho en Ginebra el 6 de mayo de 1993, se publicó en el «BOE» núm. 99, de 23 de abril de 2004, cuyo contenido se encuentra disponible en: https://www.boe.es/eli/es/ai/1993/05/06/(1).

1372 El contenido de este artículo es el siguiente: «1. Los privilegios marítimos enumerados en el artículo 4 tendrán preferencia sobre las hipotecas, mortgages y gravámenes inscritos y ningún otro crédito tendrá preferencia sobre tales privilegios marítimos ni sobre tales hipotecas, mortgages o gravámenes que se ajusten a lo prevenido en el artículo 1, sin perjuicio de lo dispuesto en los párrafos 3 y 4 del artículo 12. 2. Los privilegios marítimos tendrán prelación por el orden en que se enumeran en el artículo 4; no obstante, los privilegios marítimos que garanticen créditos por la recompensa pagadera por el salvamento del buque tendrán preferencia sobre todos los demás privilegios marítimos a que se halle afecto el buque antes de efectuarse las operaciones que dieron origen a aquellos privilegios. 3. Los privilegios marítimos enumerados en cada uno de los apartados a), b), d) y e) del párrafo 1 del artículo 4 concurrirán entre ellos a prorrata. 4. Los privilegios marítimos que garanticen los créditos por la recompensa pagadera por el salvamento del buque tendrán prelación entre sí por el orden inverso al de la fecha de nacimiento de los créditos garantizados con esos privilegios. Esos créditos se tendrán por nacidos en la fecha en que concluyó cada operación de salvamento».

El estudio de los privilegios marítimos es extenso en nuestra doctrina[1373], por lo que, en este trabajo, únicamente se estudiarán en relación con el salvamento marítimo. Además de poder instar la venta del buque o la realización de su derecho de crédito por vía ejecutiva[1374], y de que la realización de estos tenga preferencia sobre otros créditos, los privilegios tienen otras características.

En España, según dispone el artículo 122 de la LNM, el régimen legal de los privilegios marítimos privilegios marítimos se dispone en el Convenio de Ginebra de 1993. En virtud del artículo 20.1 del CISM 1989, «Nada de lo dispuesto en el presente Convenio irá en perjuicio del privilegio marítimo de que sea acreedor el salvador en virtud de un convenio internacional o de una ley nacional».

Según lo dispuesto en el artículo 4.1, letra c), del Convenio de Ginebra, queda claro que el crédito que nace del premio por el salvamento —premio, compensación especial del artículo 14 del CISM 1989, bono de la «Cláusula» SCOPIC—, queda garantizado con un privilegio marítimo sobre el buque[1375]. Además, el privilegio marítimo que garantiza el crédito por la «recompensa» del salvamento tiene preferencia sobre todos los demás privilegios marítimos a que se halle afecto el buque, *ex* artículo 5.2 del Convenio de Ginebra[1376].

1373 *Vid.* Baena, *Tratado de Derecho Mercantil: Privilegios..., op.cit.*, págs. 25-105; Alonso, *Los privilegios marítimos, op.cit.*; Gabaldón García, «El Convenio Internacional de Ginebra sobre privilegios marítimos e hipoteca naval, del 6 de mayo de 1993», en *II Jornadas de Derecho Marítimo de San Sebastián*, coord. J.M. de Eizaguirre Bermejo, Donostia-San Sebastián, 1994, págs. 15-129; Arroyo, Rueda, *Comentarios a la Ley 14/2014..., op. cit.*, págs. 367-406; Alonso, «Viejos y nuevos problemas de los privilegios marítimos», en *Estudios de Derecho marítimo*, eds. M.R. Quintáns Eiras, A. Díaz de la Rosa, Cizur Menor, 2012, págs. 293-315; Lozano, «Los vehículos de la navegación. Estatuto jurídico del buque y demás vehículos de la navegación», en *Comentarios a la ley de navegación marítima*, dirs. A.B. Campuzano, E. Sanjuán, Valencia, 2016, págs. 97-152, págs. 136-143; Gabaldón García, «Estatuto jurídico del buque: privilegios marítimos e hipoteca naval», en *La reforma de la Legislación Marítima*, dirs. I. Arroyo Martínez, E.M. Beltrán Sánchez, coords. A.B. Campuzano Laguillo, R. Lobeto Lobo, Elcano, 1999, págs. 93-118; Casas Robla, «Los privilegios marítimos», en AA VV, *Comentarios a la ley de navegación marítima*, 2015, Madrid, págs. 91-108.

1374 *Vid.* Gabaldón García, «Estatuto jurídico del buque: privilegios marítimos e hipoteca naval», en *La reforma de la Legislación Marítima, op.cit.*, pág. 111; Arroyo, Rueda, *Comentarios a la Ley 14/2014..., op.cit.*, pág. 370; Lozano, «Los vehículos de la navegación. Estatuto jurídico del buque y demás vehículos de la navegación», en *Comentarios a la ley de navegación marítima, op.cit.*, págs. 142-143.

1375 Artículo 4.1, letra c), del Convenio de Ginebra de 1993: «Los siguientes créditos contra el propietario, el arrendatario a casco desnudo, el gestor o el naviero del buque estarán garantizados con un privilegio marítimo sobre el buque (...) c) los créditos por la recompensa pagadera por el salvamento del buque».

1376 Cuya redacción es la siguiente: «Los privilegios marítimos tendrán prelación por el orden en que se enumeran en el artículo 4; no obstante, los privilegios marítimos que garanticen créditos por la recompensa pagadera por el salvamento del buque tendrán preferencia sobre todos los demás privilegios marítimos a que se halle afecto el buque antes de efec-

En su día se planteó si la compensación especial a la que hace referencia el artículo 14 del CISM 1989, podía ser causa para establecer un privilegio[1377]. No obstante, desde la aprobación del Convenio Internacional sobre el embargo preventivo de buques de 1999 —cuya entrada en vigor data del 14 de septiembre de 2011—, se ha establecido que el privilegio marítimo también puede tener como causa la compensación especial del artículo 14 del CISM 1989. Así lo declara su artículo 1.1, letra c), cuando dispone lo siguiente «Por "crédito marítimo" se entiende un crédito que tenga una o varias de las siguientes causas: (...) operaciones de asistencia o salvamento o todo contrato de salvamento, *incluida, si corresponde, la compensación especial* relativa a operaciones de asistencia o salvamento respecto de un buque que, por sí mismo o por su carga, amenace causar daño al medio ambiente»[1378]. La compensación especial es también una forma de pago del salvador, por lo es acertada la redacción de este Convenio a este respecto.

También hay que incluir en este capítulo el privilegio que se deriva del bono de la «Cláusula» SCOPIC, aunque el Convenio sobre el embargo preventivo de buques no lo mencione. De hecho, la «subcláusula» 1 de la «Cláusula» SCOPIC establece que, a los efectos de privilegios marítimos, los servicios que se presten en virtud de dicho documento —«Cláusula» SCOPIC— se tratarán de la misma manera que un salvamento marítimo («*For the purposes of liens and time limits the services hereunder will be treated in the same manner as salvage*»). No obstante, debe tenerse en cuenta que lo anterior es un aspecto contractual, entre las partes que celebren un contrato, no «legal».

El privilegio marítimo le otorga al salvador —como acreedor marítimo privilegiado— un derecho de *persecución* sobre el buque, la carga y el flete hasta cobrar su crédito, pues el privilegio marítimo es accesorio del crédito garantizado. En virtud del artículo 8 del Convenio de Ginebra[1379] y como dispone la LNM en su artículo 122.2[1380], los privilegios «siguen» al buque «a pesar del

---

tuarse las operaciones que dieron origen a aquellos privilegios». Además, el apartado 4 de este artículo establece que «Los privilegios marítimos que garanticen los créditos por la recompensa pagadera por el salvamento del buque tendrán prelación entre sí por el orden inverso al de la fecha de nacimiento de los créditos garantizados con esos privilegios. Esos créditos se tendrán por nacidos en la fecha en que concluyó cada operación de salvamento».

1377 *Vid.* Tsimplis, «The liabilities of the vessel», en *Maritime Law, op.cit.*, pág. 248; Brice, *Brice on Maritime Law of Salvage, op.cit.*, pág. 428; Baena, *Tratado de Derecho Mercantil: Privilegios..., op.cit.*, pág. 68; Bishop, «The Development of Environmental Salvage and Review of the London Salvage Convention 1989», en *Tul. L. R., cit.*, págs. 74-76.

1378 Cursiva añadida.

1379 Artículo 8 del Convenio de Ginebra de 1993, «Características de los privilegios marítimos. Sin perjuicio de lo dispuesto en el artículo 12, los privilegios marítimos siguen al buque no obstante cualquier cambio de propiedad, matrícula o pabellón».

1380 Cuya redacción establece lo siguiente: «Los privilegios marítimos gravan el buque sin necesidad de publicidad registral, le siguen a pesar del cambio de propiedad, matrícula

cambio de propiedad, matrícula o pabellón». Este derecho se mantendrá pese al cambio de titularidad en la propiedad de la mercancía y pese a que ésta haya sido retirada de su «gabarra»[1381].

Frente a estas ventajas, el CISM 1989 establece un «freno» a la realización del crédito. El artículo 20.2 del CISM 1989 dispone que «El salvador no podrá hacer valer su privilegio marítimo si, en debida forma, se le ha ofrecido o ha sido constituida en su favor fianza bastante respecto de su reclamación, incluso intereses y costas», estudiado previamente. Así, el privilegio queda supeditado a la garantía que el bien supone en relación con dicho crédito[1382]. En relación con ello, el artículo 21.3 del CISM 1989 establece que

> «Sin el consentimiento del salvador, el buque y otros bienes salvados no podrán ser retirados del primer puerto o lugar al que hayan llegado tras la terminación de las operaciones de salvamento hasta que se haya constituido fianza bastante respecto de la reclamación del salvador presentada en contra del buque o bienes de que se trate».

Este apartado 3 del artículo 21 del CISM 1989 impide además que se «duplique» la garantía que tiene el salvador sobre su derecho de crédito derivado del premio[1383]. De este modo, si el salvador ya ha obtenido fianza, ésta actuará como garantía de su premio. La fianza conformaría un «mecanismo sustitutorio»[1384] o una «garantía alternativa»[1385] del privilegio marítimo.

Además de la constitución de la fianza en su favor, los salvadores gozan de un derecho de retención sobre los bienes salvados hasta que se les pague el premio o se les constituya la fianza suficiente para pagarles. El artículo 21.3 del CISM 1989 hace referencia al derecho de retención que tiene el salvador respecto del buque y los otros bienes salvados. RODRÍGUEZ-CARRIÓN define el derecho de retención como «una garantía concedida por la ley a ciertos acreedores, consistente en la facultad de conservar la cosa debida hasta que

---

o pabellón y gozan de preferencia sobre las hipotecas y demás cargas y gravámenes inscritos, cualquiera que sea la fecha de su inscripción, sin que ningún otro crédito pueda anteponerse a tales privilegios, a excepción de los mencionados en el artículo 486 y de los gastos que hayan de abonarse a la Administración Marítima por la remoción de buques naufragados o hundidos».

1381 *Vid.* BRICE, *Brice on Maritime Law of Salvage*, *op.cit.*, pág. 227.

1382 Por ello, en numerosas ocasiones, el privilegio marítimo aparece vinculado con otras herramientas jurídicas que permiten asegurar dicha garantía, como por ejemplo derechos reales de garantía, derecho de retención, anotaciones preventivas de embargo, etc.; *vid.* DÍEZ SOTO, *Concurrencia y prelación de créditos: Teoría general*, Madrid, 2006, pág. 50.

1383 *Vid.* ARROYO, «Comentarios al Convenio de Salvamento de 1989», en *ADM*, *cit.*, pág. 139.

1384 *Ibid.*

1385 *Vid.* LOZANO, «Los vehículos de la navegación. Estatuto jurídico del buque y demás vehículos de la navegación», en *Comentarios a la ley de navegación marítima*, *op.cit.*, pág. 150.

sean satisfechos determinados créditos con ella relacionados»[1386]. El derecho de retención también se regula en la LNM, en su artículo 365, cuya redacción establece que:

> «1. El salvador tendrá derecho a retener el buque y otros bienes salvados bajo su control, en el puerto o lugar a que se hayan conducido tras la terminación de las operaciones de salvamento mientras no se constituya a su favor garantía suficiente por el importe del premio que se reclame».

Este artículo, por tanto, reitera lo dispuesto en el 21.3 del CISM 1989 cuando dispone que el buque y los otros bienes salvados «no podrán ser retirados (...) hasta que se haya constituido fianza bastante respecto de la reclamación del salvador».

El derecho de retención constituye, por tanto, otra garantía —además del privilegio marítimo y de la fianza— para asegurar la efectividad del crédito[1387] que se deriva del premio de salvador. El derecho de retención es también un derecho *erga omnes*[1388] por el que los bienes no podrán ser retirados hasta que sus titulares no cuenten con el consentimiento del salvador que podrá retenerlos físicamente. Parece posible entender que el salvador pueda solicitar depósito judicial de dichos bienes[1389], sin que tenga que ser él personalmente quien los custodie.

Algunos autores[1390] plantean quién debe soportar los gastos derivados de este derecho de retención —por ejemplo, gastos a favor del depositario de la mercancía—, llegando a la conclusión de que estos gastos ya no forman parte del premio del salvamento. Estos autores, además, consideran que serán de aplicación las disposiciones sobre los depósitos en el Derecho común[1391], regulado en el artículo 1.785 y siguientes del Código Civil. Habrá que resolver esta cuestión en función de si ha terminado o no el contrato de salvamento marítimo. En el primer caso, nos acogemos a lo expuesto por la doctrina, mientras que en el segundo supuesto, se enmarcarían aún en el contrato de salvamento marítimo, repercutiéndose finalmente en el premio.

En nuestra opinión, sin embargo, entendemos que la LNM admite otra interpretación más propicia al salvamento marítimo. Para ello retomaremos

---

1386 *Vid.* Rodríguez Carrión, «El derecho de retención en el Derecho Marítimo español y la "lien clause" en la práctica de la contratación», en *ADM*, 1982, tomo II, págs. 151-165, pág. 152.

1387 Ibid.

1388 *Vid.* Morral, «Del salvamento», en *Comentarios a la Ley 14/2014...*, *op.cit.*, pág. 1.141.

1389 *Vid.* Arroyo, «Comentarios al Convenio de Salvamento de 1989», en *ADM*, *cit.*, pág. 143.

1390 *Vid.* Morral, «Del salvamento», en *Comentarios a la Ley 14/2014...*, *op.cit.*, pág. 1.142; Lozano, «Los vehículos de la navegación. Estatuto jurídico del buque y demás vehículos de la navegación», en *Comentarios a la ley de navegación marítima*, *op.cit.*, pág. 149.

1391 *Vid.* Morral, «Del salvamento», en *Comentarios a la Ley 14/2014...*, *op.cit.*, pág. 1.142.

la diferencia que hicimos al comienzo de este trabajo entre «salvamento» y «operación de salvamento»; mientras que el primer término se corresponde a todo el salvamento en general y a su régimen jurídico, el segundo concepto comprende todos los actos que se producen para efectuar ese salvamento marítimo. Teniendo presente esta distinción, puede entenderse que la operación de salvamento termine cuando los salvadores dejan en un lugar seguro la «propiedad» salvada, pero el salvamento aún no ha tenido por qué finalizar. Todo el salvamento terminará cuando los salvadores hayan obtenido su premio y los salvados recuperen lo salvado, cuando las partes queden «satisfechas» en sus prestaciones y no tengan que cumplir más obligaciones. En consecuencia, los gastos derivados de este derecho de retención formarían parte del salvamento, *ergo*, deberían ser soportados por los interesados en los bienes salvados.

Otra de las garantías que tienen los salvadores para proteger el premio por la operación de salvamento marítimo efectuada consiste en el embargo; cuyo régimen legal viene dado por el Convenio Internacional *sobre los privilegios marítimos y la hipoteca naval*, hecho en Ginebra el 6 de mayo de 1993[1392], lo que se recoge expresamente en el artículo 470.1 de la LNM[1393].

Se distingue entre el embargo preventivo del buque, como medida cautelar, y el embargo, ya efectuado, como medida de ejecución de un crédito[1394]. El embargo preventivo de buques (y embarcaciones navales[1395]) consiste en una medida cautelar que puede decretase sobre un buque cuando se alegue el derecho o el crédito reclamado, la causa que los motive y la embargabilidad del buque, *ex* artículo 472 de la LNM[1396]. Al embargo como ejecución del cré-

1392 El Instrumento de Adhesión de España al Convenio Internacional sobre los privilegios marítimos y la hipoteca naval, hecho en Ginebra el 6 de mayo de 1993 fue publicado en el *BOE* núm. 99, de 23 de abril de 2004, páginas 16350 a 16354, disponible en el siguiente enlace: https://www.boe.es/eli/es/ai/1993/05/06/(1).

1393 El contenido del precepto establece que: «La medida cautelar de embargo preventivo de buques, tanto nacionales como extranjeros, se regulará por el Convenio Internacional sobre el Embargo Preventivo de Buques, hecho en Ginebra el 12 de marzo de 1999, por lo dispuesto en esta ley y, supletoriamente, por lo establecido en la Ley 1/2000, de 7 de enero, de Enjuiciamiento Civil. Dicha medida conllevará necesariamente la inmovilización del buque en el puerto donde se encuentre».

1394 *Vid.* Arroyo, Ramos, «Capítulo II: Del embargo preventivo de buques», en *Comentarios a la Ley 14/2014 de 24 de julio, de navegación marítima*, dirs. I. Arroyo Martínez, J.A. Rueda Martínez, Madrid, 2016, págs. 1.420-1.434, pág. 1.424.

1395 Según lo dispuesto en el artículo 470.3 de la LNM: «Las disposiciones previstas en este capítulo son de aplicación a las embarcaciones».

1396 Cuyo contenido es el siguiente: «1. Para decretar el embargo preventivo de un buque por crédito marítimo que se define en el artículo 1 del Convenio Internacional sobre el Embargo Preventivo de Buques, bastará que se alegue el derecho o créditos reclamados, la causa que los motive y la embargabilidad del buque. 2. El juez exigirá en todo caso garantía en cantidad suficiente para responder de los daños, perjuicios y costas que puedan ocasionarse. Esta fianza podrá ser de cualquiera de las clases que reconoce el

dito le sería aplicable lo dispuesto en el artículo 477 de la LNM, bajo la rúbrica «Ejecución del embargo»[1397].

Centrándonos en el embargo preventivo como garantía que tiene el salvador para obtener el premio, se señalan los dos presupuestos para decretarlo[1398]. En primer lugar, la alegación del crédito que dé lugar al embargo, indicando la causa que lo motive y la embargabilidad del buque; y, en segundo lugar, la fianza.

El primero de estos presupuestos, se corresponde en el salvamento marítimo, con el derecho de crédito que se deriva del premio (premio «tradicional», compensación especial, bono de SCOPIC) por el salvamento. Se recuerda que, como recientemente se ha señalado, el derecho al premio constituye un premio marítimo privilegiado según el artículo 4.1, letra c), del Convenio de Ginebra de 1993[1399]. Más aún, que este privilegio grava el buque sin necesidad de publicidad registral, *ex* artículo 122.2 de la LNM[1400]. En cuanto a la causa que

---

Derecho, incluido el aval bancario.

Una vez fijada esa garantía, que como mínimo será del 15 por ciento del importe del crédito marítimo alegado, el tribunal podrá revisar su cuantía, de oficio o a instancia de parte, en atención al porte y a las dimensiones del buque, al coste derivado de la estancia del buque en el puerto, a su precio de mercado por día, a si está o no sujeto a línea regular, a si está o no cargado, así como a sus compromisos contractuales».

1397 Este precepto dispone que: «1. Acordado el embargo, el tribunal dará traslado de la resolución por el medio más rápido al capitán marítimo del puerto en que se encuentre el buque o al que se espera que arribe, quien adoptará las medidas necesarias para la detención y prohibición de salida del buque. A tal fin, dicha Administración Marítima podrá retirar y retener la documentación del buque, así como recabar la colaboración de la Autoridad Portuaria, de las Fuerzas y Cuerpos de Seguridad y de las entidades públicas dedicadas a la vigilancia de costas, quienes vendrán obligados a prestar la colaboración requerida con arreglo a sus respectivas atribuciones.

2. Lo dispuesto en este capítulo no afecta a los derechos o facultades que, con arreglo a la legislación administrativa y a los convenios internacionales aplicables, correspondan a las Administraciones públicas y portuarias para retener un buque o impedir de otro modo que se haga a la mar dentro de su jurisdicción».

1398 *Vid.* Arroyo, Ramos, «Capítulo II: Del embargo preventivo de buques», en *Comentarios a la Ley 14/2014…*, *op.cit.*, pág. 1.426.

Contrasta lo anterior con los presupuestos procesales característicos de las medidas cautelares, recogidas en el artículo 728 de la Ley 1/2000, de 7 de enero, *de Enjuiciamiento Civil* (LEC): *fumus boni iuris*, *periculum in mora* y fianza; *vid.* Moreno Catena, Cortés Domínguez, *Derecho Procesal Civil: Parte general*, Valencia, 2021, págs. 470-471; AA VV, *Lecciones de Derecho Procesal Civil*, coords. J. Martín Ostos, M.Á., Pérez Marín, Sevilla, 2022, págs. 476-479.

1399 Cuyo contenido es el siguiente: «Los siguientes créditos contra el propietario, el arrendatario a casco desnudo, el gestor o el naviero del buque estarán garantizados con un privilegio marítimo sobre el buque (…) c) los créditos por la recompensa pagadera por el salvamento del buque».

1400 Este precepto establece que: «Los privilegios marítimos gravan el buque sin necesidad de publicidad registral, le siguen a pesar del cambio de propiedad, matrícula o pabellón y gozan de preferencia sobre las hipotecas y demás cargas y gravámenes inscritos, cualmotive este crédito, se formula unitariamente con la alegación del crédito que da lugar al embargo[1401]. Respecto a la embargabilidad del buque, el artículo 475 de la LNM dispone que «Todo buque respecto al cual se alegue un crédito marítimo podrá ser embargado en los términos y con el alcance del Convenio Internacional sobre el Embargo Preventivo de Buques». Por tanto, los supuestos que darán lugar al embargo serán por los créditos recogidos en el Convenio de Ginebra de 1993, entre los que hemos citado los créditos derivados del premio por salvamento marítimo.

El segundo de los presupuestos atiende a lo dispuesto en el primer párrafo del artículo 472.2 de la LNM, por el que «El juez exigirá en todo caso garantía en cantidad suficiente para responder de los daños, perjuicios y costas que puedan ocasionarse. Esta fianza podrá ser de cualquiera de las clases que reconoce el Derecho, incluido el aval bancario»[1402]. A este respecto, ya hemos realizado las reflexiones pertinentes sobre la fianza en el salvamento marítimo, a lo que nos remitimos, con la particularidad de que la LNM exige que dicha fianza sea, de al menos, el 15 % del importe del crédito marítimo que se alega.

Una vez analizadas las garantías sobre el derecho de crédito del salvador que se deriva de su derecho al premio, conviene centrarnos en otro derecho que tiene el salvador. Éste consiste en obligar al armador a condicionar la entrega de las mercancías hasta que sus titulares respondan del premio que deben al salvador. Realmente, esto viene enfocado como una obligación del *«owner»* del buque a petición del salvador; aun así, también constituye un derecho del salvador como parte contratante.

El segundo apartado del artículo 365 de la LNM establece lo siguiente:

> «El armador del buque salvado, a petición y a costa del salvador, estará obligado a condicionar la entrega de las mercancías transportadas por dicho buque a la constitución por los destinatarios de garantía suficiente para responder del premio que les pudiera afectar. En caso de incumplimiento de esta obligación será responsable de los perjuicios que por ello sufra el salvador».

---

quiera que sea la fecha de su inscripción, sin que ningún otro crédito pueda anteponerse a tales privilegios, a excepción de los mencionados en el artículo 486 y de los gastos que hayan de abonarse a la Administración Marítima por la remoción de buques naufragados o hundidos».

1401 *Vid.* ARROYO, RAMOS, «Capítulo II: Del embargo preventivo de buques», en *Comentarios a la Ley 14/2014..., op.cit.*, pág. 1.426.

1402 El artículo continúa estableciendo que: «Una vez fijada esa garantía, que como mínimo será del 15 por ciento del importe del crédito marítimo alegado, el tribunal podrá revisar su cuantía, de oficio o a instancia de parte, en atención al porte y a las dimensiones del buque, al coste derivado de la estancia del buque en el puerto, a su precio de mercado por día, a si está o no sujeto a línea regular, a si está o no cargado, así como a sus compromisos contractuales».

Lo anterior implica que la obligación de la entrega (puesta a disposición) de las mercancías transportadas por el *«owner»* del buque, queda condicionada a la constitución de la garantía del premio del salvador, aunque no sea el único sujeto que tenga que constituir dicha garantía. Con este precepto, el *«owner»* del buque se ve obligado a mantener en suspenso una obligación del contrato de transporte (incluso a incumplirla) so pena de responder por los perjuicios que se le causen al salvador. La LNM convierte la posibilidad de constituir fianza en una obligación exclusiva del *«owner»* del buque, a diferencia de lo establecido en el CISM 1989, por el que tendrá que hacer «todo lo posible para asegurarse de que los propietarios de la carga constituyan [la] fianza»[1403]. Así, se antepone la obligación de la constitución de garantía a la obligación de entrega de las mercancías del contrato de transporte. En caso de que no la cumpla, convierte al *«owner»* del buque en responsable solidario de todos los perjuicios que por ello sufra el salvador.

Imaginamos que la fundamentación que subyace a este artículo es favorecer o facilitar que el salvador cobre su premio[1404]. Sin embargo, dicha obligación nos parece inoportuna teniendo en cuenta que tanto el CISM 1989 como la LNM regulan las garantías suficientes —privilegio marítimo, fianza, derecho de retención— para que el salvador cobre su premio. No es necesario, por tanto, imponer esta obligación al armador, sobre todo cuando haya pagado la parte relativa del premio que le corresponde o, en otro caso, haya constituido la garantía para pagarlo.

En cuanto a la ejecución de los derechos del salvador, conviene hacer mención, siquiera brevemente, sobre la prescripción de las acciones y los intereses, recogidos en los artículos 23 y 24 del CISM 1989. El artículo 23 del CISM 1989[1405] fija un plazo de prescripción para interponer las reclamaciones por

1403 Además, hay que matizar dos situaciones. De un lado, cuando las mercancías han sido salvadas pero devueltas al barco siendo el porteador quien las transporta hasta el lugar de destino o el lugar seguro establecido en el contrato. De otro lado, cuando las mercancías han sido salvadas por el salvador y es éste quien las lleva a un lugar seguro. En el primer caso, cuando se trate de mercancías referidas en el conocimiento de embarque, el *«owner»* del buque es quien tiene la custodia y la posesión, por lo que sí podrá decidir sobre ellas. En el segundo caso, cuando es el salvador quien ha depositado las mercancías en el puerto, el *«owner»* del buque no tiene su posesión, por lo que no podrá decidir sobre ellas.

1404 En la misma opinión, *vid.* Morral, «Del salvamento», en *Comentarios a la Ley 14/2014…, op.cit.*, pág. 1.143, quien resalta que «Nadie mejor que el armador sabe quiénes son los destinatarios y por tanto a quién debe exigirse la constitución de la garantía».

1405 Cuya redacción es la siguiente: «1. Toda acción relativa a los pagos que se originen en virtud del presente Convenio prescribirá si no se ha iniciado un procedimiento judicial o arbitral en el plazo de dos años. El plazo de prescripción comenzará a correr el día en que hayan concluido las operaciones de salvamento. 2. La persona contra la cual se haya presentado una reclamación podrá, en cualquier momento mientras corre el plazo de prescripción, prorrogar éste mediante declaración dirigida al reclamante. Ese plazo podrá prorrogarse nuevamente de esta misma manera. 3. La persona en quien recaiga responsabilidad podrá incoar una acción de repetición incluso después de transcurrido

salvamento que se originen en virtud del CISM 1989 de dos años; dicho plazo empezará a contar el día en que hayan concluido las operaciones de salvamento. El artículo 23 del CISM 1989 toma como referencia el anterior artículo 10 del Convenio de Bruselas de 1910 que también fijaba un plazo de prescripción de dos años[1406].

Igualmente, en virtud del apartado segundo de este artículo 23 del CISM 1989 se permite al demandado —en el artículo del CISM 1989 «La persona contra la cual se haya presentado una reclamación», es decir, los salvados— prorrogar dicho plazo. Lo anterior fue objeto de debate en el proceso de elaboración del CISM 1989 debido a que no se especificaban cuántas prórrogas podían solicitarse. El representante del CMI explicó que se podían realizar varias prórrogas del plazo, a discreción del demandado, con el objetivo de beneficiarlo[1407]. Por otro lado, la delegación francesa propuso que solicitar la prórroga no fuera una opción únicamente del demandante, sino que fuera por acuerdo entre las partes; sin embargo, dicha propuesta no salió adelante[1408].

En el análisis de este artículo, Arroyo[1409] considera que se regula una «prescripción especial», basada en dos aspectos. El primero de ellos es que la prescripción sólo se podrá interrumpir por la causa establecida en el Convenio: la interposición de la demanda judicial o arbitral, *ex* artículo 23.1 del CISM 1989. Así pues, no se atenderán las razones que fundamentan otras leyes o normas para la prescripción de las acciones. En segundo lugar, el artículo 23.2 del CISM 1989 regula la posibilidad de ampliar el plazo de la prescripción; igualmente, de solicitar, a través de una declaración dirigida al reclamante una o varias prórrogas.

Lo que, precisamente, cabe señalar de este precepto es que la prórroga debe ser solicitada por «persona contra la cual se haya presentado una reclamación» —a quien podríamos denominar, reclamado—, no por quien haya presentado la reclamación —el reclamante—. Lo anterior carece de sentido en

el plazo de prescripción estipulado en los párrafos precedentes, siempre que la acción se interponga dentro de los plazos señalados por la ley del Estado en que se haya iniciado el procedimiento».

1406 El contenido de este artículo era el siguiente: «La acción para exigir el pago de la remuneración, *prescribirá a los dos años, a contar del día en que terminaron las operaciones de auxilio o de salvamento*. Las causas de suspensión y de interrupción de esta prescripción., se determinarán por la ley del Tribunal que conozca del caso. Las Altas Partes Contratantes se reservan el derecho de admitir en sus legislaciones, como motivo de prórroga del plazo arriba fijado, el hecho de que al navío auxiliado o salvado no se le haya podido detener en las aguas territoriales del Estado en que el demandante tiene su domicilio o su establecimiento principal», cursiva añadida.

1407 *Vid*. CMI, *The Travaux Préparatoires of the Convention on Salvage, 1989*, *op.cit*., págs. 479-481.

1408 *Ibid*., pág. 482.

1409 *Vid.* Arroyo, «Comentarios al Convenio de Salvamento de 1989», en *ADM*, *cit.*, pág. 147.

tanto en cuanto un deudor no tendría ningún interés en prorrogar el plazo para que se le reclame su pago. Lo lógico sería que esta posibilidad de prórroga le fuera concedida al reclamante, pues es quien tiene interés en disponer de todo el tiempo posible para hacer valer su derecho.

La versión auténtica del CISM 1989 se expresa en el mismo sentido que la versión española: «*The person against whom a claim is made may at any time during the running of the limitation period extend that period by a declaration to the claimant. This period may in the like manner be further extended*», por lo que se descartan posibles errores en la traducción del CISM 1989. De hecho, en las actas del CISM 1989 consta expresamente lo siguiente: «*It is made clear that the limitation period may be extended by declaration to the claimant*», estableciendo, además, que lo anterior es una práctica muy extendida[1410].

De hecho, dos delegaciones —en las actas del Convenio únicamente consta Francia, desconociéndose del otro país[1411]— compartían la posición que defendemos, afirmando que «la facultad de la ampliación del plazo de prescripción únicamente por la declaración de la persona contra de la persona contra la que se presentó la reclamación, no era aceptable»[1412]. La propuesta que realizaron estas delegaciones fue que el plazo de prórroga pudiera ampliarse si así las partes lo acordasen después de que hubiera surgido la causa de la reclamación; pero esta propuesta no prosperó[1413].

Por otro lado, este artículo 23.2 del CISM 1989 permite la posibilidad de una prórroga indefinida —aun manteniendo que consideramos que el reclamado no tendría interés en prorrogar este plazo ninguna vez—. Lo anterior también se planteó en el proceso de elaboración del CISM 1989, a lo que el representante del CMI respondió que se podían realizar varias prórrogas del plazo, a discreción del demandado[1414]. Por lo tanto, sí cabría una prórroga indefinida.

El último apartado de este artículo 23 del CISM 1989 establece que

> «La persona en quien recaiga responsabilidad podrá incoar una acción de repetición incluso después de transcurrido el plazo de prescripción estipulado en los párrafos precedentes, siempre que la acción se interponga dentro de los plazos señalados por la ley del Estado en que se haya iniciado el procedimiento».

1410 *Vid.* CMI, *The Travaux Préparatoires of the Convention on Salvage, 1989*, *op.cit.*, pág. 478.

1411 *Ibid.*, pág. 482.

1412 *Ibid.*, pág. 479.

1413 Con cuatro votos a favor y 25 en contra; *ibid.*, pág. 482.

1414 *Ibid.*, págs. 479, 481. Además, el representante del CMI argumentó que: «*The provision was in the interest of the claimant and there was, therefore, no need to restrict its application to cases where the claimant had agreed to an extension of time granted by the defendant*».

lo que ha de leerse conjuntamente con el anteriormente comentado artículo 13.2 del CISM 1989 por el que el pago del premio podrá realizarse por una de las personas que tenga algún interés vinculado al buque y a los demás bienes salvados. Posteriormente, esa persona tendrá el derecho a repetir contra los otros intereses por sus respectivas partes. La novedad de este precepto es que cuando ya ha pasado el plazo de prescripción y, en teoría, no debiera haber posibilidad para reclamar ninguna acción relacionada con el salvamento, se abre un nuevo plazo extraordinario. Lo anterior va en contra del principio de seguridad jurídica que, precisamente, trata de proteger la prescripción extintiva.

En cuanto al artículo 24 del CISM 1989, confía a la ley nacional donde tenga competencia el tribunal o la corte arbitral todos los aspectos relativos a los intereses que se originen en virtud de dicho Convenio. Concretamente en España, desde que se dicte la sentencia en primera instancia, se devengará interés legal que se incrementará en dos puntos, *ex* artículo 576.1 de la LEC[1415].

4. *Rights of termination*

En el contrato LOF 2020, la cláusula G se dispone bajo la rúbrica «*Rights of termination*». Sin embargo, en Derecho español no podríamos hablar propiamente de un derecho, si no de la terminación del contrato. Esta cláusula dispone lo siguiente:

> «Cuando ya no hay perspectivas razonables de obtener un resultado útil que conduzca a un premio de salvamento de conformidad con los artículos 12 y/o 13 del Convenio, los "*owners*" del buque o los salvadores tendrán derecho a poner fin a los servicios que se prestan en virtud del presente contrato mediante una notificación previa razonable a la otra parte»[1416].

La cláusula describe la situación en la que no existe ninguna perspectiva de conseguir un resultado útil que dé lugar al derecho al premio[1417]. En virtud

1415 Cuyo contenido es el siguiente: «Desde que fuere dictada en primera instancia, toda sentencia o resolución que condene al pago de una cantidad de dinero líquida determinará, en favor del acreedor, el devengo de un interés anual igual al del interés legal del dinero incrementado en dos puntos o el que corresponda por pacto de las partes o por disposición especial de la ley».

1416 En la versión auténtica del LOF 2020: «*Rights of termination: When there is no longer any reasonable prospect of a useful result leading to a salvage reward in accordance with Convention Articles 12 and/or 13 either the owners of the vessel or the Contractors shall be entitled to terminate the services hereunder by giving reasonable prior written notice to the other*».

1417 En relación con lo anterior, conviene hacer una mención a la *frustration of contract*, doctrina inglesa por la cual se explica que, en ocasiones, alguna de las partes queda imposibilitada para cumplir las obligaciones del contrato. En la Ley inglesa, un contrato de

del principio *no cure-no pay*, si no se consigue salvar nada, los salvadores no tienen derecho a obtener un premio «tradicional».

En virtud de la cláusula G del LOF 2020, este «derecho» —mejor dicho, esta posibilidad— podrá ejercerse por los *"owners"* del buque o los salvadores, excluyendo así a los titulares de la carga. No obstante, consideramos que los titulares de las mercancías también podrían resolver el contrato que tengan con los salvadores —o, en su caso, alegar esta posibilidad—.

Atendiendo a las reflexiones y propuestas planteadas en relación con la compensación especial[1418], y teniendo en cuenta que esta cláusula del contrato LOF regula este «derecho» de las partes en relación con el premio «tradicional», la compensación especial podría seguir teniendo lugar debido a que sería aplicable a «todos» los buques[1419]. En una opinión similar, Brice considera que este «*right of termination*» puede ejercerse siempre y cuando no exista un perjuicio al medioambiente[1420]; ya que, las partes tienen la obligación inexcusable de protegerlo[1421].

Durante el proceso de elaboración del CISM 1989 el representante de OCIMF propuso que este «derecho» de las partes de finalizar la operación de salvamento figurase en el Convenio como un párrafo adicional del artículo 8, que versa sobre las obligaciones de las partes[1422]. En concreto, la propuesta era la siguiente: «El *"owner"* y el capitán tendrán derecho a poner fin a los servicios del salvador si el capitán considera que no hay justificación para continuarlos, sin perjuicio del derecho del salvador a ser indemnizado por los servicios prestados»[1423]. El observador de OCIMF explicó que su propuesta tenía por objeto *proteger* el «derecho» del capitán a controlar las operaciones de salvamento, y garantizar la coherencia con el contrato estándar de Lloyd's (el LOF 80 en ese momento). Frente a lo anterior, el observador de la ISU se pronunció explicando que el LOF 80 reconocía al salvador el derecho a continuar la operación de salvamento hasta que el buque se encontrara en un *lugar seguro*. Por ello,

salvamento terminará automáticamente cuando su cumplimiento se vea frustrado o se haga imposible. Por ejemplo, en aquellos casos en los que se haga imposible llevar los bienes salvados al lugar de seguridad establecido; *vid.* Kennedy, Rose, *Law of Salvage, op.cit.*, págs. 414-417; Brice, *Brice on Maritime Law of Salvage, op.cit.*, págs. 385-395.

1418 Véase *supra* en el capítulo cuarto el epígrafe 2.4.1 El artículo 14 del CISM 1989.

1419 Véase *supra* la nota al pie número 1.120.

1420 *Vid.* Brice, *Brice on Maritime Law of Salvage, op.cit.*, pág. 540.

1421 Artículo 6.3 del CISM 1989: «Nada de lo dispuesto en el presente artículo irá en perjuicio de la aplicación del artículo 7 ni de la obligación de evitar o reducir al mínimo los daños al medio ambiente».

1422 *Vid.* CMI, *The Travaux Préparatoires of the Convention on Salvage, 1989, op.cit.*, pág. 230.

1423 La propuesta auténtica es la que sigue: «*The owner or master shall have the right to terminate the salvor's services if the owner or master believes there is no justification for the continuance of such services, without prejudice to the salvor's right to compensation for the services rendered*».

explicó que la propuesta sugerida por el observador del OCIMF podría obligar a un salvador a poner fin a las operaciones de salvamento incluso cuando no fuera razonable hacerlo; lo que sería contrario a la diligencia profesional. Así mismo insistió en que lo anterior daría al *«owner»* del buque o al capitán un derecho unilateral a resolver el contrato a su voluntad. En virtud de lo anterior, dicha propuesta no figuró en el texto final del CISM 1989 de modo que no se recogió dicho derecho a finalizar el contrato en el Convenio.

Distinto a la finalización del contrato encontramos la terminación de la operación de salvamento marítimo. Existen operaciones de salvamento reguladas por un contrato y otras extracontractuales. Respecto a la terminación de la operación, BRICE[1424] plantea que este momento puede ser difícil de determinar debido principalmente a dos circunstancias. La primera atiende a que, en ocasiones, los *«owners»* del buque salvado rechazan su buque por cuanto queda dañado o, en el peor de los casos, se ha sufrido una pérdida total. La segunda se produce cuando un buque queda gravemente dañado, por lo que su remolque al lugar seguro puede resultar altamente costoso, a lo que se debe añadir los trámites y el tiempo que ello implica. En este último supuesto, el autor señala que se desconoce exactamente cuándo finalización la operación[1425].

Desde nuestro punto de vista, la operación de salvamento termina en el momento en el que se rescata la «propiedad» en peligro y se lleva a un lugar seguro para su posterior recepción por los interesados (puesta a disposición). En efecto, este momento puede no coincidir con la finalización del contrato, pues se recuerda el derecho del salvador a retener las mercancías hasta que haya obtenido el premio.

1424 *Vid.* BRICE, «Salvage: Present and future», en *LMCLQ,* 1984, parte 3, págs. 394-402, pág. 395.

1425 En opinión de este autor, se plantean dudas en aquellos casos en los que la «propiedad» ha sido transportada a un lugar seguro, pero no ha sido aceptada, por lo que se requieren más actuaciones por parte de los salvadores. Igualmente, en aquellos supuestos en los que el *«owner»* del buque intente alargar los servicios de salvamento hasta acordar las condiciones con su aseguradora por el accidente ocurrido, mientras que los salvadores consideran ya concluido su trabajo, pero tienen la incertidumbre sobre si habrán cumplido con sus obligaciones o no; *vid.* BRICE, *Brice on Maritime Law of Salvage*, *op.cit.*, pág. 542.

CAPÍTULO SEXTO

LA NATURALEZA JURÍDICA DEL CONTRATO DE SALVAMENTO MARÍTIMO

La naturaleza jurídica del contrato de salvamento marítimo ha sido un aspecto muy debatido en la doctrina, sin que se haya llegado a una opinión unánime[1426]. Su estudio es, *a priori*, relevante, ya que determinar una u otra naturaleza del contrato puede tener consecuencias jurídicas distintas sobre su régimen o permitir resolver conflictos de leyes[1427]. Por tanto, determinar la naturaleza jurídica del contrato de salvamento marítimo no es tan importante como las consecuencias que se derivan de su naturaleza, pues la elección de una u otra tendrá consecuencias en la práctica, en tanto en cuanto permitiría proporcionar un marco normativo a este contrato[1428].

El modelo de investigación tradicional se basa en una estructura que parte de un esquema clásico: concepto, fuentes, naturaleza jurídica, etc.; por lo que existen numerosos estudios sobre este último aspecto[1429]. Podríamos clasificar las propuestas doctrinales en tres grandes grupos, según qué categoría contractual se ha considerado más próxima al salvamento marítimo: el contrato

---

1426 *Vid.* RIPERT, *Droit Maritime*, III, *op.cit.*, pág. 132, resulta tajante cuando afirma que «*La nature de ce contrat a été discutée et celle discussion apparaît assez vaine*».

1427 *Vid.* MARTIN, «La nature juridique de l'assistance en mer», en *Revue Trimestrielle de Droit Comparé*, *cit.*, pág. 555.

1428 *Vid.* GONZÁLEZ LEBRERO, *Curso de Derecho de la Navegación*, *op.cit.*, pág. 740.
En cualquier caso, consideramos que este debate no debe extenderse más de lo necesario, por lo que dedicaremos este breve capítulo a hacer una valoración de la naturaleza jurídica, estudiando las principales posturas y aportando una posición de cuál debe ser la naturaleza jurídica del contrato de salvamento marítimo, en la actualidad teniendo en mente que la evolución de esta operación está orientada a un salvamento cada vez más proteccionista con el medioambiente.

1429 Resulta interesante la opinión de LOIS ESTÉVEZ, «Sobre el concepto de "Naturaleza jurídica"», en *Anuario de Filosofía del Derecho*, 1956, págs. 159-182, págs. 159-160, que considera que la doctrina ha empleado mucho tiempo y energía en el estudio de la naturaleza de las instituciones sin explicar qué necesidad justifica dicho estudio.

de arrendamiento de obra, el contrato de arrendamiento de servicios y el contrato *sui generis*.

La naturaleza jurídica del contrato de salvamento marítimo se ha estudiado especialmente en Francia cuya doctrina[1430] planteó el debate entre el arrendamiento de obra y de servicios. Al no haber una posición claramente dominante, se planteó que el contrato de salvamento marítimo fuera un contrato *sui generis*.

Aunque como veremos en España prima la concepción del contrato de salvamento marítimo como arrendamiento de obra, algunos autores tomaron la posición francesa del contrato *sui generis*. En el caso en el que se optase por considerar que el contrato de salvamento marítimo es un contrato *sui generis*, tanto el contenido como los efectos del contrato serían, *a priori*, los propios. En la doctrina española[1431] se encuentra como defensor de esta posición a RUIZ SOROA, quien considera este contrato como «típico y nominado, aunque de carácter "*sui generis*"». Igualmente, MORRAL[1432] considera que el contrato de salvamento marítimo es *sui generis*, ya que el salvador no se obliga a conseguir un resultado (con ello descarta el autor que el contrato de salvamento marítimo sea un arrendamiento de obra); respecto al arrendamiento de servicios, en opinión del autor, tampoco encaja con el contrato de salvamento, en tanto en cuanto la prestación de servicio *per se* no es suficiente para obtener un premio. Finalmente, GARCÍA LUENGO afima que «no se puede encuadrar en las específicas figuras contractuales reguladas por nuestros códigos», por lo que reflexiona sobre el contrato de salvamento como contrato *sui generis*[1433]. Sin embargo, posteriormente este autor, basándose en el principio *no cure-no pay*, defiende que el contrato de salvamento marítimo se corresponde con un contrato de arrendamiento de obra[1434].

Aunque el contrato de salvamento marítimo no encaja por completo en las categorías del Derecho común, descartamos que sea un contrato *sui generis*, ya que tiene su propia regulación en la LNM, en el CISM 1989 y, aunque responda a una naturaleza distinta, en los formularios o contratos-tipo como el LOF 2020.

1430 *Vid.* DEMOGUE, *Traité des Obligations en Géneral*, V, París, 1925, págs. 538 y ss.

1431 *Vid.* RUIZ SOROA, Manual de derecho de accidentes de la navegación, op.cit., pág. 171; MORRAL, «Del salvamento», en Comentarios a la Ley 14/2014..., op.cit., pág. 1.117; GARCÍA LUENGO, *La remuneración en el salvamento marítimo, op.cit.*, pág. 65.

1432 *Vid.* MORRAL, «Del salvamento», en *Comentarios a la Ley 14/2014..., op.cit.*, pág. 1.117.

1433 Cuya redacción dispone que «Todo convenio de auxilio y de salvamento estipulado en el momento y bajo el influjo del peligro podrá ser, a petición de una de las partes, modificado por el Tribunal Marítimo Central, si se estima que las condiciones estipuladas no son equitativas (...)».

1434 *Vid.* GARCÍA LUENGO, *La remuneración en el salvamento marítimo*, *op.cit.*, págs. 63-65.

1. El contrato de salvamento marítimo como arrendamiento de obra

En virtud del artículo 1.544 del CC, «En el arrendamiento de obras o servicios, una de las partes se obliga a ejecutar una obra o a prestar a la otra un servicio por precio cierto». El CC regula ambas modalidades contractuales en un mismo artículo pese a sus distintos objetos, lo que no está exento de crítica[1435].

Centrándonos en este apartado en el contrato de arrendamiento de obra, el Tribunal Supremo lo define como aquél por el cual «una persona (contratista o empresario) se obliga respecto de otra (comitente) mediante precio a la obtención de un resultado *(opus)*, al que (...) se encamina la actividad creadora del primero»[1436]. Parte de la doctrina[1437] ha considerado que el contrato de salvamento se corresponde con un contrato de arrendamiento de obra, siendo el principal argumento de esta postura, precisamente, la obtención del resultado.

1435 Por todos, *vid.* Díez-Picazo, *Fundamentos del Derecho Civil Patrimonial, IV: Las particulares relaciones obligatorias*, Cizur Menor, 2010, pág. 375.

1436 Sentencia del Tribunal Supremo, de 23 de noviembre de 1964 (RJ 1964/5453), ponente: Federico Rodríguez Solano y Espín. Los hechos que dan lugar a esta sentencia no se encuentran relacionados con el salvamento marítimo, aunque sí el Tribunal Supremo menciona la diferencia entre el arrendamiento de obras y de servicios. En este supuesto, las empresas «Altos Hornos de Vizcaya» y «Basconia» proyectaban construir en Echévarri (Vizcaya) un edificio. Para la impermeabilización de la cubierta del mencionado edificio se pusieron en contacto con la empresa «Cauco». Tras una respuesta afirmativa, «Cauco» formuló una oferta-presupuesto para la impermeabilización de la cubierta proyectada donde se preveían dos clases de impermeabilización, tipo A y tipo B. Igualmente, se informaba de los materiales que habían de emplearse en cada una y las manipulaciones de que serían objeto, se precisaban qué gastos correrían de cuenta del contratista y cuáles otros eran por cuenta de los dueños de la obra, etc. A instancia de «Altos Hornos» y de «Basconia», «Cauco» complementó su oferta-presupuesto, garantizando por un plazo de 20 años la impermeabilización tipo B y comprometiéndose a su reparación por su exclusiva cuenta en «caso de producirse filtraciones por defecto de nuestros materiales o mano de obra». En el proceso de impermeabilización de la cubierta, «Altos Hornos» y «Basconia» advirtieron una serie de grietas que fueron apareciendo, sobre las que informaron a la empresa «Cauco». Los trabajos de «Cauco» cesaron por completo y otras empresas se hicieron cargo de su continuación. «Altos Hornos» y «Basconia» ratificaron la resolución unilateral del contrato, mientras que la otra empresa afectada entendió que el artículo 1.124 del CC, invocado por «Altos Hornos» y de «Basconia» para resolver unilateralmente el contrato de autos, no era aplicable al caso.

1437 *Vid.* Fernández-Novoa, «Auxilio y salvamento de buques en el mar», en *Foro gallego, cit.*, pág. 14; Padilla, «Las averías, los riesgos y los accidentes de la navegación marítima y aérea», en *Derecho Mercantil, op.cit.*, pág. 1.131; Pulido, «El salvamento marítimo», en *Las averías y los accidentes..., op.cit.*, pág. 316, aunque este último autor explica que la concepción del contrato de salvamento como arrendamiento de obras «no está exenta de dificultades»; sujeta esta opinión a la LAS. También en la doctrina italiana, *vid.* Russo, «Per una costruzione unitaria dei rapporti di assistenza, salvataggio, ricupero e ritrovamento», en *Riv. dir. nav.*, 1950, vol. XI, año XVI, parte I, págs. 5-34, págs. 8, 17.

Ciertamente, el contrato de arrendamiento de obra presenta puntos en común con el contrato de salvamento marítimo, aunque consideramos que existen algunas incompatibilidades entre ambos tipos contractuales.

Como se ha estudiado, uno de los *principios rectores* del salvamento marítimo ha sido el principio *no cure-no pay*, por el que los salvadores únicamente obtienen un premio si han conseguido un resultado en la operación. Si bien es cierto que esta afirmación se sostiene en el salvamento con premio «tradicional», no puede decirse lo mismo en otros supuestos de salvamento marítimo: situaciones en las que se aplique la compensación especial regulada en el artículo 14 del CISM 1989 o el bono de SCOPIC y no se consigan resultados útiles; en el hallazgo marítimo que, a los efectos de la LNM, «se considerará como salvamento»; o en situaciones en las que existe una asistencia pero no se consigue, propiamente, salvar nada, pero sí efectuar operaciones que puedan ayudar al buque en riesgo o, incluso, peligro[1438].

En el contrato de arrendamiento de obra, la obra objeto del contrato se realizará conforme a la *lex artis*[1439] del contratista, lo que también es común con el contrato de salvamento marítimo. De hecho, una de las obligaciones del salvador es prestar el salvamento con la diligencia debida o atendiendo a sus «mejores esfuerzos», fruto de la especialización como profesional y de la especialización de la propia empresa, que lo convierte en verdadero empresario. En el contrato de arrendamiento de obra, «la impericia es sinónimo de culpabilidad (*spondet peritiam artis*)»[1440]. Este requisito se evidencia en una situación de salvamento marítimo teniendo en cuenta que en este contrato la operación es llevada a cabo por profesionales, técnicos y náuticos, capacitados para realizarla. En el salvamento marítimo, conviene recordar el artículo 18 del CISM 1989, que regulan «los efectos de la mala conducta» del salvador marítimo[1441].

En opinión de MORRAL[1442], el resultado necesario en el contrato de obra, en el caso del salvamento marítimo, «es una finalidad que pasa mediatamente por la prestación de un servicio». En nuestra opinión, lo anterior es algo evidente, en tanto en cuanto toda obra necesitará de un proceso previo hasta conseguir su resultado; para conseguir dicho resultado, el contratista ha debido realizar una tarea o actividad[1443]. A este respecto matiza el autor que en el contrato

1438 Véase *supra* en el capítulo cuarto el epígrafe 1 La operación de salvamento marítimo.

1439 *Vid.* LASARTE, *Contratos. Principios de Derecho Civil* III, *op.cit.*, pág. 281.

1440 *Vid.* DÍEZ-PICAZO, GULLÓN BALLESTEROS, *Sistema de Derecho civil...*, *op.cit.*, II, 2, pág. 133.

1441 Véanse las matizaciones correspondientes a este artículo en *supra* el capítulo quinto epígrafe 1.5«Mala conducta» o negligencia del salvador.

1442 *Vid.* MORRAL, *El salvamento marítimo*, *op.cit.*, pág. 183.

1443 Se recuerda el artículo 1 del CISM 1989 que dispone que: «A los efectos del presente Convenio regirán las siguientes definiciones: a) Operación de salvamento: todo acto o actividad emprendido para auxiliar o asistir a un buque o para salvaguardar cualesquiera otros bienes que se encuentren en peligro en aguas navegables o en cualesquiera otras aguas».

de salvamento el salvador no se obliga a salvar el buque, la carga o el flete ligado a ella, sino a disponer todos los medios necesarios para efectuar el salvamento[1444]. Si bien es cierto que la obligación principal del salvador puede ser la de realizar la operación de salvamento con la máxima diligencia[1445], será necesario que el salvador la preste con la expectativa de conseguir un premio «tradicional». Lo anterior, sin embargo, no implica que el salvador reciba un premio por haber cumplido con dicha obligación, sino por conseguir un resultado útil. La posición defendida por este autor, por tanto, se enfrenta con el resultado útil y el principio *no cure-no pay*; por lo que no parece válida[1446].

En el contrato de arrendamiento de obra, la obra debe realizarse en el plazo convenido en el contrato[1447], aunque las partes pueden optar por prorrogarlo. Sin embargo, en el contrato de salvamento marítimo las partes no fijan un plazo para realizar la operación de salvamento, sino que éste dependerá de las circunstancias, del peligro presente en la operación de salvamento y de otras cuestiones (como la puesta a disposición de los bienes salvados). A este respecto, conviene recordar que la duración de la operación de salvamento es precisamente uno de los criterios para determinar el premio de los salvadores, *ex* artículo 13.1, letra f), del CISM 1989[1448]; así como la prontitud con la que se

1444 *Vid.* MORRAL, *El salvamento marítimo*, *op.cit.*, pág. 183.

1445 Véase *supra* en el capítulo quinto 1.1 La prestación profesional del salvamento marítimo: la "debida diligencia" y los *best endevours*.

1446 Por su parte, DE JUGLART, VILLENEAU, *Répertoire méthodique...*, *op.cit.*, pág. 94, se mostraron reticentes a aceptar que el contrato de salvamento marítimo tuviera la naturaleza jurídica de un contrato de arrendamiento de obra, sobre la base de que el premio por el salvamento era *«très élevée»*; es decir, muy elevado en comparación el precio de un contrato de arrendamiento de obra debido principalmente a la situación de peligro en la que se encontraba el buque. En nuestra opinión, este argumento presenta débiles fundamentos por dos motivos. De un lado, porque es habitual que existan contratos de arrendamiento de obra en los que el precio sea más elevado que en un salvamento; piénsese, por ejemplo, en obras artísticas, construcciones arquitectónicas, ingenieriles, etc. De otro lado, porque los premios que se reconocen por haber prestado la operación de salvamento marítimo se basan en el valor del buque, la carga y el flete salvados pudiendo ser el valor de estos muy elevados. Recuérdese, a este respecto, que el importe del premio no podrá superar el importe del valor de los bienes salvados, *ex* artículo 13.3 del CISM 1989: «La recompensa, excluidos los intereses y las costas judiciales exigibles en virtud del fallo, no excederá del valor del buque y demás bienes salvados». Por lo tanto, el argumento de estos autores no resulta suficiente para determinar que el contrato de salvamento no pudiera, en su caso, ampararse en la categoría de arrendamiento de obra. Quizás, los autores realizaran este posicionamiento desde un preludio de análisis económico del Derecho. Sin embargo, no aporta al debate.

1447 *Vid.* ALBADALEJO, *Derecho Civil, II. Derecho de obligaciones*, Fuenlabrada, 2013, pág. 742; ORTEGA, *El contrato de obra en la jurisprudencia*, Madrid, 2007, pág. 166.

1448 Cuya redacción establece lo siguiente: «La recompensa se determinará con miras a alentar las operaciones de salvamento, teniendo en cuenta los siguientes criterios sin atender al orden en que aparecen enumerados: (...) el tiempo empleado, los gastos efectuados y las pérdidas sufridas por los salvadores». Véase *supra* en el capítulo cuarto el epígrafe 2.2

realiza dicha operación en virtud del artículo 13.1, letra h), del CISM 1989[1449]. Por tanto, se deduce que, en el contrato de arrendamiento de obra, el plazo es un elemento esencial del contrato, mientras que en el contrato de salvamento marítimo se trataría de un elemento natural.

El Código Civil no regula una responsabilidad distinta por incumplimiento, ni en el arrendamiento de obra ni en el de servicios[1450]. En el caso del arrendamiento de obra, se entiende que la responsabilidad nace por culpa[1451]; para exonerarse de su responsabilidad, el contratista tiene que probar que el daño se ha producido por causas ajenas a él en el proceso de realización de la obra[1452].

El Tribunal Supremo descartó la posibilidad, ya desde principios del siglo XX, de que el contrato de salvamento marítimo fuese un contrato de arrendamiento de obra. Así, la Sentencia número 308/1925 del Tribunal Supremo, de 14 de noviembre de 1925[1453] dictamina en relación con una operación de salvamento que «no es posible admitir que las relaciones contractuales de ello nacidas le sean propias del arrendamiento de cosas, ni de comisión mercantil». Tomando como base los artículos 1.254[1454] y 1.278[1455] del CC, relacionados con los artículos 50[1456] y 51[1457] del CCom, el Tribunal considera que

Los criterios para determinar el premio.

1449 Artículo 13.1, letra h), del CISM 1989: «La recompensa se determinará con miras a alentar las operaciones de salvamento, teniendo en cuenta los siguientes criterios sin atender al orden en que aparecen enumerados: (...) la prontitud con que se hayan prestado los servicios». Véase *supra* el epígrafe del capítulo cuarto 2.2 Los criterios para determinar el premio.

1450 A excepción de lo dispuesto en el artículo 1.591 de esta norma en relación con la responsabilidad decenal por ruina del edificio.

1451 *Vid.* Jiménez Horwitz, «La distinción entre los contratos de obras y servicios en el derecho español (estudio comparado con el derecho alemán)», en *ADC*, 2012, vol. 65, núm. 2, págs. 551-584, pág. 565.

1452 *Ibid.*

1453 Véase la nota al pie número 368.

1454 Cuya redacción dispone lo siguiente: «El contrato existe desde que una o varias personas consienten en obligarse, respecto de otra u otras, a dar alguna cosa o prestar algún servicio».

1455 Artículo 1278 del CC: «Los contratos serán obligatorios, cualquiera que sea la forma en que se hayan celebrado, siempre que en ellos concurran las condiciones esenciales para su validez».

1456 Cuyo contenido establece que: «Los contratos mercantiles, en todo lo relativo a sus requisitos, modificaciones, excepciones, interpretación y extinción y a la capacidad de los contratantes, se regirán, en todo lo que no se halle expresamente establecido en este Código o en las Leyes especiales, por las reglas generales del Derecho común».

1457 Cuya redacción dispone lo siguiente: «Serán válidos y producirán obligación y acción en juicio los contratos mercantiles, cualesquiera que sean la forma y el idioma en que se celebren, la clase a que correspondan y la cantidad que tengan por objeto, con tal que conste su existencia por alguno de los medios que el Derecho civil tenga establecidos. Sin

«de haber requerido el Capitán del buque "DIRECCION000", a la Sociedad demandante para que le prestase los auxilios necesarios a evitar su pérdida inminente por el peligro en que se hallaba, la aceptación y compromiso de efectuarlo, como lo hizo la misma, originó un contrato perfecto (...), contrato que si bien no se encuentra regulado su desenvolvimiento en nuestras leyes con denominación especial, puede llamarse de salvamento según lo designa la sentencia por el significado gramatical de esta palabra».

En conclusión sobre el arrendamiento de obra, el contrato de salvamento marítimo es un contrato que ha ido evolucionando desde el siglo XIX hasta la actualidad. En el siglo XIX, cuando se aprueban los primeros contratos estandarizados de salvamento marítimo (hasta el LOF 80), el premio de los salvadores quedaba supeditado únicamente a la obtención de un resultado útil (principio *no cure-no pay*) y podría haber encajado con el arrendamiento de obra.

No obstante, a lo largo de este trabajo se ha constatado la evolución que ha experimentado, no sólo el contrato de salvamento, sino también la operación. A partir del LOF 80 y, especialmente, desde la aprobación del CISM 1989 y la posterior «Cláusula» SCOPIC, no podemos afirmar que todos los contratos de salvamento marítimo necesiten, para la obtención de una «recompensa», haber salvado todo o parte de la «propiedad». De este modo, el resultado en el contrato de obra, como ocurrió con el principio *no cure-no pay*, o bien se reinterpreta (por ejemplo, admitiendo que los salvadores consigan proteger el medioambiente y que esto sea el resultado del contrato), o bien no tiene lugar en todos los contratos de salvamento marítimo. Se recuerda lo ya dicho anteriormente[1458]; consideramos que el resultado útil no es un requisito *sine qua non* para que un contrato sea considerado de salvamento marítimo. De esta forma, categorizar el contrato de salvamento marítimo como un contrato de arrendamiento de obra, entre otras cosas, obvia una realidad que cada vez adquiere más protagonista en la industria salvamentística: el «salvamento medioambiental».

2. El contrato de salvamento marítimo como arrendamiento de servicios

Como se ha adelantado, el contrato de arrendamiento de servicios se regula junto con el contrato de obra en el artículo 1.544 CC, siendo aquél en el que una de las partes presta un servicio o actividad[1459] por un precio cierto.

embargo, la declaración de testigos no será por sí sola bastante para probar la existencia de un contrato cuya cuantía exceda de 1.500 pesetas, (...) a no concurrir con alguna otra prueba. La correspondencia telegráfica sólo producirá obligación entre los contratantes que hayan admitido este medio previamente y en contrato escrito, y siempre que los telegramas reúnan las condiciones o signos convencionales que previamente hayan establecido los contratantes, si así lo hubiesen pactado».

1458 Véase *supra* en el capítulo cuarto el epígrafe 2.1 El resultado útil: el principio *no cure-no pay*.

1459 Sentencia del Tribunal Supremo de 3 de noviembre de 1983 (RJ 1983/5953).

El contrato de arrendamiento de servicios se caracteriza por tres rasgos[1460]: producir obligaciones de hacer, ser oneroso y tener por objeto cualesquiera servicios. En este sentido, se desarrollaría una actividad determinada a cambio de un precio. A lo que se compromete el arrendador es a realizar esa actividad (*operae*), sin comprometerse a conseguir su resultado[1461]. La diferencia, por tanto, entre el contrato de arrendamiento de obra y de servicios es que en el primero «se promete el *resultado*»[1462] («*opus consumatum et perfectum*»[1463]) independientemente de la actividad[1464] o tiempo para realizarlo[1465]; mientras que en el contrato de arrendamiento de servicios se busca ejercer dicha actividad[1466]. Sin embargo, el contrato de servicios no excluye la obtención de un resultado pues, «al contratar un servicio [el acreedor] persigue un resultado»[1467]. Lo que diferencia, por tanto, el arrendamiento de obra del de servicios es que, en los segundos, el resultado no es determinante del cumplimiento del contrato y quien realiza la prestación no asume «la obligación fundamental de obtenerlo»[1468]; aunque consideramos, en todo caso, que el contratista está obligado a obtener un resultado[1469], lo que no obsta para que éste no cum-

1460 *Vid.* García-Pita y Lastres, «El contrato mercantil de servicios», en *Anuario da Facultade de Dereito da Universidade da Coruña*, 1997, núm. 1, págs. 291-336, pág. 315.

1461 *Vid.* Díez-Picazo, *Fundamentos del Derecho Civil Patrimonial*, IV: Las particulares relaciones obligatorias, Cizur Menor, 2010, pág. 460; Traviesas, «Contrato de arrendamiento», en *RDP*, núm. 64, tomo VI, 1919, págs. 34-49, pág. 36. Desde el principio de la actividad mercantil, podría definirse como «la "compra" del trabajo ajeno»; *vid.* García-Pita y Lastres, *Adscripción ordinamental y régimen jurídico aplicable a la relación de servicios de los agentes de la propiedad industrial: entre el derecho estatutario y el derecho de contratos*, Valencia, 2018.

Este servicio ha de ser material, aspecto que lo distingue del mandato; *vid.* Lasarte, *Contratos. Principios de Derecho Civil III..., op.cit.*, pág. 229.

1462 *Vid.* Díez-Picazo, Gullón Ballesteros, *Sistema de Derecho civil..., op.cit.*, II, 2, pág. 131; García-Pita y Lastres, «El contrato mercantil de servicios», en *Anuario da Facultade de Dereito da Universidade da Coruña, op.cit.*, pág. 315.

1463 Sentencia del Tribunal Supremo de 19 de octubre de 1995 (RJ 1995/7524), Sala de lo Civil, ponente: Teófilo Ortega Torres.

1464 Sentencia del Tribunal Supremo núm. 196/1997, de 13 de marzo, Sala de lo Civil, ponente: Xavier O'Callaghan Muñoz (RJ 1997/1934); Sentencia del Tribunal Supremo de 29 de mayo de 1987, Sala de lo Civil, ponente: Rafael Pérez Gimeno (RJ 1987\3848).

1465 *Vid.* Gullón, *Curso de Derecho Civil. Contratos en especial*, Madrid, 1968, pág. 272; Espín, *Manual de Derecho Civil*, Madrid, 1959, pág. 563.

1466 *Vid.* Díez-Picazo, Gullón Ballesteros, *Sistema de Derecho civil..., op.cit.*, II, 2, pág. 152; Lasarte, Contratos. *Principios de Derecho Civil* III..., *op.cit.*, pág. 229; Gabaldón García, Ruiz Soroa, *Manual de Derecho de la Navegación Marítima*, *op.cit.*, pág. 730; Sierra Noguero, «Tercero. El contrato de salvamento», en *Contratos..., op.cit.*, pág. 1.057.

1467 *Vid.* Díez-Picazo, Gullón Ballesteros, *Sistema de Derecho civil..., op.cit.*, II, 2, pág. 151.

1468 Sentencia del Tribunal Supremo 86/1995, Sala de lo Civil, Sección 1.ª, de 7 de febrero (RJ 1995/745).

1469 En la misma opinión, *vid.* García-Pita y Lastres, «El contrato mercantil de servicios», en

pla las expectativas de la otra parte del contrato. Teniendo en cuenta que, en el arrendamiento de servicios, el arrendador no queda obligado a garantizar el resultado de la actividad desarrollada, el contrato de salvamento marítimo cuyo derecho a la «recompensa» no quede supeditado al principio *no cure-no pay*, tendría la naturaleza de arrendamiento de servicios. A este respecto, conviene destacar la reflexión de PADILLA[1470], quien matiza que, en la operación de salvamento «desde luego, si se pacta exclusivamente la ejecución de ciertas maniobras independientemente del resultado, existirá un contrato de arrendamiento de servicios».

En efecto, no debe entenderse que el contrato de arrendamiento de servicios esté completamente desligado de la obtención de un resultado, pues la intención y los esfuerzos del salvador tienen como objetivo obtener el resultado, aunque éste no constituya la obligación contractual, como de hecho ocurre en el contrato del LOF 2020, cuando el salvador se compromete a realizar sus «mejores esfuerzos» para salvar el buque, la carga o el flete.

En el contrato de arrendamiento de servicios, el deudor debe actuar con la máxima diligencia, por lo que responde en caso de no cumplir las reglas de su profesión (*lex artis ad hoc*)[1471] y, por supuesto, por culpa[1472], siendo esto más grave que una falta de diligencia[1473].

Han sido menos frecuentes los autores que han defendido que el contrato de salvamento marítimo se encuadra en la categoría de arrendamiento de servicios[1474]; sin que existan extensas reflexiones al respecto. Destaca, en cual-

---

Anuario da Facultade de Dereito da Universidade da Coruña, *op.cit.*, pág. 315; e, igualmente en GARCÍA-PITA Y LASTRES, *Adscripción ordinamental y régimen jurídico...*, *op.cit.*: «cabe que el compromiso de dedicación temporal determinada incluya el logro de *"operæ perfectæ"*, o que no las incluya, según que lo que se promete realizar pueda hallarse, o no, en el marco de la esfera de control del sujeto-agente».

1470 *Vid.* PADILLA, «Las averías, los riesgos y los accidentes de la navegación marítima y aérea», en *Derecho Mercantil*, *op.cit.*, pág. 1.131.

1471 *Vid.* DÍEZ-PICAZO, GULLÓN BALLESTEROS, *Sistema de Derecho civil...*, *op.cit.*, II, 2, pág. 148.

1472 *Vid.* JIMÉNEZ HORWITZ, «La distinción entre los contratos de obras y servicios en el derecho español (estudio comparado con el derecho alemán)», en *ADC*, *cit.*, pág. 565.

1473 A este respecto, son numerosas las sentencias del Tribunal Supremo en asuntos relacionados con las prestaciones de los médicos; por ejemplo, en la Sentencia del Tribunal Supremo número 4468/2003, de 25 de junio de 2003, en la cual se establece que: «La obligación médica (...) se concreta en proporcionar al enfermo los cuidados que requiera, según el estado de la ciencia y de la denominada *"lex artis ad hoc"*, es decir, tomando en consideración el caso concreto en que se produce la actuación médica y las circunstancias en que tenga lugar - sentencia de 31 de julio de 1996-. Asimismo, que la obligación contractual o extracontractual del médico, es una obligación de medios y en la valoración de su conducta queda descartada toda clase de responsabilidad más o menos objetiva».

1474 *Vid.* RIPERT, *Droit Maritime*, III, *op.cit.*, pág. 132, explica que se trata simplemente y en realidad del arrendamiento de servicios; DANJON, *Tratado de Derecho Marítimo*, Madrid, 1936, pág. 66 y ss; VOLLI, «Riflessioni sulla natura giuridica dell'istituto della assistenza

quier caso, esta cierta uniformidad doctrinal entre los autores franceses. De hecho, BONASSIES y SCAPEL[1475], estudiando el peligro en el salvamento marítimo, afirman que en aquellas operaciones en las que se haya prestado un salvamento, pero, finalmente, no exista peligro, el contrato celebrado entre las partes debe reconducirse «*sur la théorie de l'assistance*», a un contrato de arrendamiento de servicios.

Por el contrario, son más precisos los argumentos en contra de esta consideración sobre la naturaleza jurídica como arrendamiento de servicios. En concreto, se señala[1476] que el contrato de arrendamiento de servicios «no está sometido al régimen especial de modificación o anulación como el específico» del artículo 8 de la LAS[1477], que en la actualidad sería el artículo 7 del CISM 1989, ya analizado previamente[1478]. Sin embargo, a este respecto conviene matizar que el régimen de modificación y anulación de los contratos de salvamento se corresponde con una regulación «especial» para este tipo de contratos, independientemente de la naturaleza jurídica con la que se le califique, *ergo*, siempre aplicable en el contrato de salvamento marítimo.

e salvataggio», en *Il Diritto Marittimo*, 2004, vol. 106, núm. 3, págs. 826-833, pág. 828, donde la remuneración es consecuente a la obtención del resultado: «*Deve tenersi conto che il rapporto instaurato è locatio operis di servizi (con corrispettiva remunerazione conseguente al conseguimiento del risultato), ove si riscontra una marcata efficienza causalle dell'alea*».

Por su parte, MARTIN, «La nature juridique de la assistance», en *Revue Trimestrielle de Droit Comparé*, *cit.*, pág. 559, explica que los servicios son característicos del contrato de trabajo o del *contrat d'entreprise* (contrato de obras), por lo que analiza ambos casos. Considera que es el contrato de salvamento es más próximo a la figura del *contrat d'entreprise* porque no existe una continuidad en la relación entre las partes como sí existe en el *contrat du travail*. Asimismo, explica este autor que en el contrato *d'entreprise* los riesgos corren a cargo del contratista mientras que, en el contrato de trabajo, el trabajador obtendrá su salario sea cual sea el resultado de su trabajo, algo que no ocurre en el salvamento marítimo cuando se basa en el principio *no cure-no pay*. Aunque el contrato de salvamento marítimo guarda mayor relación con el *contrat d'entreprise*, el autor francés afirma que no existe una identidad entre ambos contratos debido a que en el contrato de salvamento marítimo el premio puede ser modificado por el tribunal o la corte arbitral.

1475 *Vid*. BONASSIES, SCAPEL, *Traité de Droit Maritime*, *op.cit.*, pág. 427.

1476 *Vid*. GARCÍA LUENGO, *La remuneración en el salvamento marítimo*, *op.cit.*, págs. 57-58.

1477 Cuya redacción, actualmente no en vigor, disponía que: «Todo convenio de auxilio y de salvamento estipulado en el momento y bajo el influjo del peligro podrá ser, a petición de una de las partes, modificado por el Tribunal Marítimo Central, si se estima que las condiciones estipuladas no son equitativas. En todos los casos en que se pruebe que el consentimiento de una de las partes ha sido viciado por dolo o engaño, o, cuando la remuneración esté, por exceso o por defecto, fuera de proporción con el servicio prestado, el convenio podrá ser anulado o modificado por el Tribunal a requerimiento de la parte interesada».

1478 Véase, *supra* en el capítulo primero el epígrafe 1.4.1 La autonomía de la voluntad de las partes y el CISM 1989.

Desde nuestro punto de vista, de tener que encajar la naturaleza del contrato de salvamento marítimo en alguna de las categorías iusprivatista, sería en el contrato de arrendamiento de servicios.

En el Derecho español, como se ha señalado, no puede obviarse la relevancia del estudio de la naturaleza jurídica de los contratos. No obstante, las distintas «categorías» de naturaleza jurídica que se regulan en el Código Civil, que data de 1889, no son suficientes para caracterizar la realidad de los contratos que hoy en día existen[1479]. Nótese que estas disposiciones decimonónicas se desarrollaron en el seno de una economía eminentemente agraria[1480], lo que justifica en parte que no alcancen a «explicar» el contrato de salvamento marítimo. Especialmente, porque este contrato es propio de una industria que se ha desarrollado desde el siglo XIX hasta la actualidad, con notorios cambios a partir de la segunda mitad del siglo XX en general y en el salvamento marítimo en particular (primeros indicios del «salvamento medioambiental»). Así, muchos de los contratos mercantiles no aparecen regulados ni son fáciles de encajar en los esquemas normativos del Código Civil o del Código de Comercio, porque la realidad contractual del siglo XIX y la de la actualidad son muy distintas. Lo anterior ha llevado a que el criterio de Gabaldón y Ruiz Soroa[1481], así como de Padilla[1482], sea considerar que el contrato de salvamento marítimo es un contrato con características compartidas entre el arrendamiento de obra y el de servicios.

1479 Así también lo expresa García-Pita y Lastres, «El contrato mercantil de servicios», en *Anuario da Facultade de Dereito da Universidade da Coruña*, 1997, *op.cit.*, pág. 305: «la regulación original de nuestro Código civil adolece de inadecuación e insuficiencia, porque las disposiciones referentes al Arrendamiento de servicios son enormemente escasas (...) al tiempo que esa escasa regulación, se lleva a cabo en términos arcaicos, (...) [cuando] el legislador era predominantemente agrario»; y pág. 308 «Las normas aplicables [al contrato de arrendamiento de servicios] (...) en su redacción originaria, se refieren al supuesto de la contratación del servicio doméstico, de criados de labranza, menestrales, artesanos y demás trabajadores asalariados; regulación verdaderamente insuficiente y anticuada, cuyo objeto se centra, básicamente, en la regulación de la "duración" del contrato».

1480 *Vid.* Capilla, «Contrato de servicios (I): prestación de servicios y ejecución de obra», en *Derecho de obligaciones y contratos*, dir. R. Valpuesta Fernández, Valencia, 1995, págs. 705-727, pág. 706.

1481 *Vid.* Gabaldón García, Ruiz Soroa, *Manual de Derecho de la Navegación Marítima*, *op. cit.*, pág. 746, afirman así que el «contrato de salvamento presenta caracteres de ambos»: arrendamiento de obra y de servicios.

1482 *Vid.* Padilla, «Las averías, los riesgos y los accidentes de la navegación marítima y aérea», en *Derecho Mercantil*, *op.cit.*, pág. 1.131. No obstante, en la edición posterior de 2009, Padilla, «Las averías, los riesgos y los accidentes de la navegación marítima y aérea», en *Derecho Mercantil*, coord. G.J. Jiménez Sánchez, décimo tercera edición, Barcelona, 2009, págs. 1.221-1.235, págs. 1.227-1.228, se produce un cambio de criterio doctrinal abogando por el contrato de arrendamiento de obra.

En primer lugar, Gabaldón y Ruiz Soroa[1483] señalan el «esquema mínimo diseñado legalmente» para el contrato de salvamento marítimo: «prestación de ayuda, situación de peligro y remuneración condicionada al resultado útil». En el caso de que falte alguno de estos requisitos, en opinión de estos autores no se estaría ante un contrato de salvamento «en sentido estricto». Conviene señalar que, a este respecto, a lo largo de este trabajo se ha afirmado que existen ocasiones en las que, pese a no haber un resultado útil, seguiría existiendo salvamento[1484].

En segundo lugar, Padilla[1485] opina que la naturaleza jurídica del contrato de salvamento marítimo podrá ser más próxima a una u otra de las modalidades contractuales citadas anteriormente según lo que pacten las partes en el contrato. En opinión del autor, el contrato de salvamento, *a priori*, ha de considerarse como un arrendamiento de obra en virtud del resultado útil y el principio *no cure-no pay*[1486]. Por el contrario, en aquellos casos en los que las partes pacten la ejecución de maniobras con independencia del resultado, existirá un contrato de arrendamiento de servicios[1487]. En el caso de que la obligación asumida por el salvador sea la obtención del resultado, sin duda, tendrá una mayor correspondencia con el contrato de arrendamiento de obra.

En nuestra opinión, bajo el marco legal vigente en la actualidad, que el contrato de salvamento produzca un resultado no lo convierte en un contrato de arrendamiento de obra, porque el arrendamiento de servicios también pretende un resultado. Por ello, no puede afirmarse que en la totalidad de los contratos de salvamento marítimo la prestación del salvador sea la obtención del resultado útil, por cuanto habrá ocasiones en las que se comprometa a realizar el salvamento con la mayor diligencia posible y con los medios y esfuerzos de los que se disponga con independencia del éxito de la operación; en este caso, será más cercano al arrendamiento de servicios[1488]. Este aspecto se basa

1483 *Vid.* Gabaldón García, Ruiz Soroa, *Manual de Derecho de la Navegación Marítima*, *op. cit.*, pág. 747.

1484 Véase *supra* el epígrafe en el capítulo cuarto 2.1 El resultado útil: el principio *no cure-no pay*.

1485 En principio el autor considera que los conceptos de salvamento y asistencia no son exactamente coincidentes, aunque su diferencia en la actualidad no tiene relevancia en la práctica marítima, estando sometidos, en ese momento, a la misma regulación: la LAS. Hoy en día, en un primer momento el Convenio de 1910, posteriormente el de 1989 y más tarde la LNM unifican estos conceptos.

1486 *Vid.* Padilla, «Las averías, los riesgos y los accidentes de la navegación marítima y aérea», en *Derecho Mercantil op.cit.*, pág. 1.130.

1487 *Ibid.*, pág. 1.131.

1488 No obstante, debemos matizar que, previo a la regulación de estas dos normas, el contrato salvamento marítimo se asemejaba más al arrendamiento de obra, compartiendo la tesis de Pulido, «El salvamento marítimo», en *Las averías y los accidentes…*, *op.cit.*, págs. 316-317, en el marco de la LAS, especialmente al considerar el criterio del resultado útil como requisito necesario para la obtención de (todo tipo de) premio.

principalmente en el artículo 12.2 del CISM 1989 por el que no nace obligación de pago alguno si no han producido un resultado útil «salvo que se disponga otra cosa», permitiendo que exista algún tipo de pago —cualquier contraprestación económica, no el premio— pese a no haber habido un resultado útil. Asimismo, cuando sea aplicable el artículo 14 del CISM 1989 que regula la compensación especial o las partes hayan pactado el bono de SCOPIC.

En el mismo sentido se pronuncia la Sentencia número 00173/2020 del Juzgado de lo Mercantil número 1 de Palma de Mallorca, de 12 de marzo de 2020[1489], cuando fundamenta que

> «En este sentido, nada obsta a calificar como salvamento el acto de auxilio realizado por un particular en cumplimiento de un contrato, que obviamente es un arrendamiento de obra en cuanto es un contrato de resultado útil, en tanto si en un contrato de salvamento se introduce el derecho a recibir una remuneración a pesar de que no se haya dado un resultado útil, la figura dejará de ser salvamento puesto que el objeto será el propio de un mero arrendamiento de servicios».

haciendo alusión, en este último caso, a la compensación especial regulada en el artículo 14 del CISM 1989.

Tradicionalmente, el salvamento marítimo se ha fundamentado en el principio *no cure-no pay*, por el que, si no se salva nada, el salvador no obtiene ningún premio. El resultado útil, por tanto, era necesario para que se produjese un salvamento marítimo. En este momento, el contrato de salvamento marítimo no podía encajar en la categoría de arrendamiento de servicios de nuestro Derecho civil, siendo más próximo al arrendamiento de obra. Sin embargo, después de la entrada en vigor del CISM 1989 (y antes también, en la práctica) no se puede afirmar que el resultado útil sea un requisito *sine qua non* para considerar una operación como de salvamento marítimo[1490]. A este respecto, caben señalarse las situaciones en las que tiene lugar la compensación especial del artículo 14 del CISM 1989, el bono de la «Cláusula» SCOPIC, los contratos de «asistencia» marítima[1491] y cualquier otro contrato en el que las partes pacten una operación de salvamento a cambio de un premio sin atención al resultado, según el artículo 12.2 del CISM 1989[1492]. Además, tras el estudio

1489 ECLI:ES:JMIB:2020:1319. Los hechos de esta sentencia ya han sido analizados previamente en el capítulo primero el epígrafe 1.4.1 La autonomía de la voluntad de las partes y el CISM 1989.

1490 Se recuerda, a este respecto, las reflexiones planteadas en el capítulo cuarto el epígrafe 2.1 El resultado útil: el principio *no cure-no pay*.

1491 Véase *supra* en el capítulo cuarto el epígrafe 1 El Derecho marítimo y el salvamento marítimo.

1492 Cuya redacción establece que: «*Salvo que se disponga otra cosa*, no nace obligación de pago alguno en virtud del presente Convenio si las operaciones de salvamento no han producido un resultado útil», cursiva añadida.

del artículo 14.1 del CISM 1989[1493], se ha considerado que la compensación especial sería aplicable a las operaciones de salvamento a buques que directamente o por la naturaleza de su carga constituyan una amenaza de daños al medioambiente; lo que, en la práctica, son la inmensa mayoría de los buques mercantes[1494].

Por ende, sabiendo que el resultado útil no es un «elemento» necesario en el salvamento marítimo, la naturaleza jurídica de este contrato no se tiene que limitar necesaria y exclusivamente al arrendamiento de obra.

De hecho, algún autor[1495] ha afirmado que, en aquellos supuestos de salvamento marítimo en los que se reconozca una compensación especial del artículo 14 del CISM 1989, estos contratos encajarían en la figura del arrendamiento de servicios. No obstante, desde nuestro punto de vista, ya hemos comentado la «especialidad» que supone la compensación especial en el salvamento marítimo, no siendo el salvamento «tradicional». Aunque podamos coincidir con el planteamiento del autor, no creemos que éste sea el argumento por el que se afirme que el contrato de salvamento marítimo es un arrendamiento de servicios.

Este contrato no es reconducible por completo a ninguna de las figuras que regula el Código Civil ni el Código de Comercio; aunque si hubiera que escoger un contrato que sirva de referencia genérica, el salvamento marítimo se aproximaría más a un arrendamiento de servicios; aunque esta necesidad de determinar la naturaleza del contrato de salvamento conforme a las categorías del Derecho común no aporta ninguna utilidad.

En nuestra opinión, lo relevante es que el contrato de salvamento marítimo es un contrato típico y propio del Derecho marítimo, lo que le hace tener un régimen propio que no está previsto en la ley, pero sí se verifica en la práctica[1496].

Todo esto nos lleva a concluir que el contrato de salvamento marítimo ha sido, en su origen, un contrato generalmente sometido a una concepción y una

1493 Cuya redacción es la siguiente: «Cuando el salvador haya efectuado operaciones de salvamento en relación con un buque que directamente o por la naturaleza de su carga constituía una amenaza de daños al medio ambiente y no haya logrado obtener, en virtud de lo dispuesto en el artículo 13, una recompensa al menos equivalente a la compensación especial calculable de conformidad con el presente artículo, tendrá derecho a recibir del propietario de ese buque una compensación especial que sea equivalente a sus gastos, tal como éstos se definen en el presente artículo».

1494 Véase *supra* la nota al pie número 1.120.

1495 *Vid.* MORRAL, «Del salvamento», en *Comentarios a la Ley 14/2014...*, *op.cit.*, pág. 1.117.

1496 *Vid.* DÍEZ-PICAZO, GULLÓN BALLESTEROS, *Sistema de Derecho civil. El contrato en general. La relación obligatoria*, II, 1, Madrid, 2017, pág. 27 que consideran que la «labor de creación de nuevas figuras contractuales no puede, en verdad, ir muy lejos en los ordenamientos jurídicos desarrollados». Así, explican los autores, suelen aprovecharse los contratos típicos o los esquemas que las leyes proporcionen, introduciendo nuevos pactos o prestaciones que, en consecuencia, *desfiguran* el contrato típico inicial para crear uno nuevo.

práctica anglosajona, en la que las cuestiones sobre la naturaleza jurídica del contrato tienen menor relevancia que en nuestro país y que, evidentemente, no están estudiadas por la doctrina. Así, coincidimos con algunos autores de la doctrina francesa[1497] cuando consideran que las nociones tradicionales del Derecho deben adaptarse a la realidad actual en la que nos encontramos y no al revés. Por ende, parece que en el escenario internacional y en la práctica profesional, no reporta utilidad el debate de la naturaleza jurídica del contrato de salvamento a las «categorías» decimonónicas del Código Civil que no podían prever la realidad del salvamento marítimo[1498].

1497 *Vid*. De Juglart, Villeneau, *Répertoire méthodique et pratique... op.cit.*, pág. 95, *«En définitive, que l'assistance se présente dans le cadre d'un contrat ou en dehors de tout contrat, les notions traditionnelles de notre droit doivent être aménagées pour s'adapter à la situation en présence de laquelle nous nous trouvons. Ces adaptations sont nécessaires. Aucune des règles classiques du droit des obligations ne peut être admise ici sans réserve»*.

1498 Incluso, González Lebrero, *Curso de Derecho de la Navegación*, *op.cit.*, pág. 741, cuando considera que el contrato de salvamento no puede ni debe ser tipificado conforme a los criterios civilistas.

BIBLIOGRAFÍA

AA VV, *Lecciones de Derecho Procesal Civil*, coords. **J. Martín Ostos, M.Á., Pérez Marín**, Astigi, Sevilla, 2022.

Abangwu, N.E., «The maritime salvor as a volunteer adventurer», en *International Journal of Law*, 2017, volumen 3, número 5, páginas 24-28.

Abecassis, D.W., Jarashow, R.L., *Oil Pollution from Ships*, Stevens & Sons, Londres, 1985.

Adascalitei, O., «The 1989 Salvage Convention and the protection of the environment – should the actual compromise continue?», en *Juridical Tribune (Tribuna Juridica)*, 2018, volumen 8, número especial, páginas 64-73.

Alba Fernández, M., «Las normas sobre el capitán del buque en la Ley de Navegación Marítima», en AA VV, *Comentarios a la Ley de Navegación Marítima*, Dykinson, Madrid, 2015, páginas 109-126.

Albadalejo, M., *Derecho Civil, II. Derecho de obligaciones*, Edisofer, Fuenlabrada, 2013.

Alcántara González, J.M., «Proyecto de Ley General de la Navegación Marítima (I y II)», en *Diario La Ley*, 2013, número 8157, páginas 1.555-1.562.

Allen, M., «The International Convention on Salvage and LOF 1990», en *Journal of Maritime Law and Commerce*, 1991, volumen 22, número 1, páginas 119-129.

Alonso Ledesma, C., «Viejos y nuevos problemas de los privilegios marítimos», en *Estudios de Derecho marítimo*, eds. M.R. Quintáns Eiras, A. Díaz de la Rosa, Thomson Reuters Aranzadi, Cizur Menor, 2012, páginas 293-315.

Alonso Ledesma, C., *Los privilegios marítimos*, Civitas, Madrid, 1995.

Anderson, W., A dictionary of law: consisting of judicial definitions and explanations of words, phrases, and maxims: and an exposition of the principles of law: comprising a dictionary and compendium of American and English jurisprudence, T.H. Flood and Company, Chicago, 1889.

ANDRÉS SANTOS, F.J., «Los riesgos del mar en el *Nomos Rhodion Nautikos*», en *e-Legal History Review*, 2019, número 30.

ANSIETA NÚÑEZ, A., «El salvamento marítimo. Análisis del formulario del Lloyd's sobre convenio de salvamento. LOF. 1980», en *Revista de Derecho de la Pontificia Universidad Católica de Valparaíso*, 1981, número 5, páginas 151-164.

ANSIETA NÚÑEZ, A., «Las grandes líneas de la historia del derecho marítimo», en *Revista de Derecho de la Pontificia Universidad Católica de Valparaíso*, 1983, número 7, páginas 95-125.

ANTONINI, A., *Trattato breve di diritto marittimo*, volumen 1, Giuffrè, Milán, 2007.

ARROYO MARTÍNEZ, I., «Accidentes marítimos y contaminación», en *Lecciones de Derecho Mercantil*, volumen II, dirs. A. MENÉNDEZ, Á. ROJO, Aranzadi, Cizur Menor, páginas 927-961.

ARROYO MARTÍNEZ, I., «Asistencias, salvamento, extracciones y hallazgos», en *Curso de Derecho mercantil*, dirs. R. URÍA, A. MENÉNDEZ, tomo II, Aranzadi, Cizur Menor, 2007, páginas 1.687-1.717.

ARROYO MARTÍNEZ, I., «Comentarios al Convenio de Salvamento de 1989», en *Anuario de Derecho Marítimo,* 1993, volumen X, páginas 75-171.

ARROYO MARTÍNEZ, I., «La Ley de Navegación Marítima: Consideraciones generales», en *Anuario de Derecho Marítimo*, 2014, número XXXI, páginas 23-35.

ARROYO MARTÍNEZ, I., *Curso de Derecho Marítimo*, Aranzadi, Cizur Menor, 2015.

ARROYO MARTÍNEZ, I., *Protection and indemnity club*, Harvard University, Cambridge Massachusetts, 1975.

ARROYO MARTÍNEZ, I., **RAMOS ROMEU, F.**, «Capítulo II: Del embargo preventivo de buques», en *Comentarios a la Ley 14/2014 de 24 de julio, de navegación marítima*, dirs. I. ARROYO MARTÍNEZ, J.A. RUEDA MARTÍNEZ, Thomson Reuters Civitas, Madrid, 2016, páginas 1.420-1.434.

ARROYO MARTÍNEZ, I., **RUEDA MARTÍNEZ, J.A.**, *Comentarios a la Ley 14/2014 de 24 de julio, de navegación marítima*, Thomson Reuters Civitas, Madrid, 2016.

ATKINSON, G., **PARK, J.A.**, **TENTERDEN, C.A.**, *The shipping-laws of the British empire: consisting of Park on marine insurance and Abbott on shipping*, Longman, Brown, Green, and Longmans, Londres, 1854.

BACARDÍ Y JANER, A., *Diccionario del Derecho marítimo de España en sus relaciones con la marina mercante*, escrito en vista de la legislación marítima, mercantil, rentística e internacional, Establecimiento tipográfico de Narciso Ramírez, Barcelona, 1861.

BAENA BAENA, P.J., *Tratado de Derecho Mercantil: Privilegios, hipotecas y embargos preventivos sobre el buque y la aeronave*, tomo XLVIII, volumen 2.º, Marcial Pons, Paracuellos de Jarama, 2002.

BAPTIST, C.N.T., *Salvage operations*, Stanford Maritime, Londres, 1979.

BAUGHEN, S., *Shipping Law*, Routledge-Cavendish, Oxon, 2009.

BECKER, G.L., «A Short Cruise on the Good Ships TOVALOP AND CRISTAL», en *Journal of Maritime Law and Commerce*, 1974, volumen 5, número 4, páginas 609-632.

BEDERMAN, D.J., SPIELMAN, B.D., «Refusing Salvage», en *Loyola Maritime Law Journal*, 2008, volumen 6, páginas 31-58.

BEKIASHEV, K.A., SEREBRIAKOV, V.V., *International Marine Organizations*, Martinus Nijhoff Publishers, La Haya-Boston-Londres, 1981.

BENEDICT, E.C., *Benedict on Admiralty*, volumen 3A, ed. M. NORRIS, Matthew Bender, Nueva York, 1992.

BENSING, R.C., «The Law of Admiralty-A Primer», en *Case Western Reserve Law Review*, 1959, volumen 11, número 1, páginas 21-53.

BERCOVITZ RODRÍGUEZ-CANO, R., «Introducción al derecho de contratos», en *Tratado de Contratos*, dir. R. BERCOVITZ RODRÍGUEZ-CANO, coords. N. MORALEJO IMBERNON, S. QUICIOS MOLINA, Tirant Lo Blanch, Valencia, 2013, páginas 107-138.

BERLINGIERI, F., «The Draft of a New Salvage Convention and the Salvage of Wrecks», en *The Travaux Préparatoires of the Convention on Salvage, 1989*, Comité Martímo Internacional, Amberes, 2003, páginas 76-81.

BERLINGIERI, F., *International Maritime Conventions, volumen II: Navigation, Securities, Limitation of Liability and Jurisdiction*, Informa Law, Oxon, 2015.

BERLINGIERI, F., *Le convenzioni internazionali di Diritto marittimo e il Codice della Navigazione*, Giuffré, Milán, 2009.

BESSEMER CLARK, A.F., «The role of Lloyd's Open Form», en *Lloyd's Maritime and Commercial Law Quarterly*, 1980, parte 3, páginas 297-303.

BETANCOR RODRÍGUEZ, A., *Responsabilidad y aseguramiento por daños medioambientales. El caso Prestige*, Boletín Oficial del Estado, Madrid, 2018.

Beyer, J., Trannum, H.C., Bakke, T., Hodson, P.V., Collier, T.K., «Environmental effects of the Deepwater Horizon oil spill: A review», en *Marine Pollution Bulletin*, 2016, volumen 110, número 1, páginas 28-51.

Binney, B.F., «Protecting the Environment with Salvage Law: Risks, Rewards, and the 1989 Salvage Convention», en *Washington Law Review*, 1990, volumen 65, número 3, páginas 639-656.

Bishop, A., «Environmental salvage: time for a change?», en *Pollution at Sea, Law and liability*, eds. B. Soyer, A. Tettenborn, Informa, Londres, 2012, páginas 175-180.

Bishop, A., «The Development of Environmental Salvage and Review of the London Salvage Convention 1989», en *Tulane Law Review*, 2012, número 67, páginas 65-105.

Blanco Esteve, A., «Notas: Contencioso-administrativo: En general», en *Revista de Administración Pública*, 1976, número 81, páginas 213-285.

Bockrath, J., «The American Law of Lite Salvage», en *Journal of Maritime Law and Commerce*, 1975-1976, volumen 7, páginas 207-216.

Bonassies, P., «La Convention internationale de 1989 sur l'assistance», en *Le Droit Maritime Français*, número 635, 2003, páginas 239-259.

Bonassies, P., Scapel, C., *Traité de Droit Maritime*, Lextenso, París, 2016.

Bonnecase, J., Le Particularisme du droit commercial maritime. Aperçu d'ensemble sur la nature spécifique, le domaine d'application et la méthode d'interprétation du droit commercial maritime, Delmas, París, 1921.

Bourne, W.R.P., «The Christos Bitas Affair», en *Marine Pollution Bulletin*, 1979, volumen 10, número 5, páginas 122-123.

Bouvier, J., *Bouvier's Law Dictionary*, The Boston Book Company, Boston, 1897.

Boyle, A.E., «Marine pollution under the Law of the Sea Convention», en *American Journal of International Law*, 1985, volumen 79, número 2, páginas 347-372.

Brice, G., «Salvage and enhanced awards», en *Lloyd's Maritime and Commercial Law Quarterly*, 1985, parte 1, páginas 32-41.

Brice, G., «Salvage and the role of the insurer», en *Lloyd's Maritime and Commercial Law Quarterly*, 2000, parte 1, páginas 26-41.

Brice, G., «Salvage: Present and future», en *Lloyd's Maritime and Commercial Law Quarterly*, 1984, parte 3, páginas 394-402.

Brice, G., *Brice on Maritime Law of Salvage*, ed. J. Reeder, Sweet & Maxwell, Londres, 2011.

Broseta, M., *Manual de Derecho Mercantil*, Tecnos, Madrid, 1991.

Brough, W.T., «Liability Salvage--By Private Ordering», en *The Journal of Legal Studies*, 1990, volumen 19, número 1, páginas 95-111.

Brown, D.W., «Compensation for Life Salvage at Sea», en *Hastings Law Journal*, 1951, volumen 2, número 2, páginas 53-56.

Browne, B., «Salvage—LOF and SCOPIC», en *The International Journal of Shipping Law*, 1999, parte 2, páginas 113-126.

Brunetti, A., *Derecho Marítimo Privado*, Tomo III, Segunda Parte, versión española por GAY DE MONTELLÁ, Bosch, Barcelona, 1951.

Buie, G.W., «Some thoughts on salvage operations during oil spills», en *International Oil Spill Conference*, American Petroleum Institute, Washington, 1999, páginas 1.205-1.209.

Burgherr, P., «In-depth analysis of accidental oil spills from tankers in the context of global spill trends from all sources», en *Journal of Hazardous Materials*, 2007, volumen 140, número 1-2, páginas 245-256.

Burrows, P., Rowley, C., Owen, D., «Torrey Canyon: A Case Study in Accidental Pollution», en *Scottish Journal of Political Economy*, 1974, volumen 21, número 3, páginas 237-258.

Burstein, S.M., «Saving Steel over Souls: The Human Cost of U.S. Salvage Law», en *Tulane Maritime Law Journal*, 2002-2003, volumen 27, páginas 307-333.

Busch, T., «Fair Reward for protecting the environment – The salvor's perspective, by Todd Busch», en *YEARBOOK 2010 ANNUAIRE*, 2010, Comité Marítimo Internacional, Amberes, páginas 493-498.

Caballero, M., «El aseguramiento de la responsabilidad civil marítima. Los clubes de Protección e Indemnización (P & I)», en *Los contratos sobre el buque en Derecho español: análisis práctico*, 2018, Dykinson, Madrid, páginas 493-504.

Cahill, R.A., *Stranding and their causes*, Fairplay Publications, Norwich, 1985.

Camarda, G., «Passato e futuro del diritto. Spunti e riflessioni sparse nell'ottica del marittimista», en *Rivista di Diritto dell'Economia, dei Trasporti e dell'Ambiente*, 2009, volumen VII, páginas 1-47.

Camarda, Corrieri, Wagner, Pappenheim, *Handbuch des Seerechts*, vol. 1, Leipzig, 1884.

CAMPUZANO, A.B., SAN JUÁN, E., «El derecho marítimo en España. La Ley de Navegación Marítima», en *Comentarios a la Ley de Navegación Marítima*, dirs. A.B. CAMPUZANO, E. SAN JÚAN, Tirant Lo Blanch, Valencia, 2016, páginas 5-28.

CAPILLA RONCERO, F., «Contrato de servicios (I): prestación de servicios y ejecución de obra», en *Derecho de obligaciones y contratos*, dir. R. VALPUESTA FERNÁNDEZ, Tirant lo Blanch, Valencia, 1995, págs. 705-727.

CARRERO RAMOS, J., «Carácter del Tribunal Marítimo Central y su encuadramiento en la justicia administrativa», en *Revista de Administración Pública*, 1965, número 48, páginas 377-390.

CARTNER, J.A.C., FISKE, R.P., LEITER, T.L., *The International Law of the shipmaster*, Informa, Londres, 2009.

CARVER, T.G., «International Maritime Committee-Hamburg Conference», en *Journal of the Society of Comparative Legislation*, 1902, volumen 4, número 2, páginas 156-163.

CARVER, T.G., *Carriage by sea*, volumen 1, por R. COLINVAUX, 13.ª edición, Stevens & Sons, Londres, 1982.

CASAS ROBLA, J., «Los privilegios marítimos», en AA VV, *Comentarios a la ley de navegación marítima*, 2015, Dykinson, Madrid, páginas 91-108.

CECCARELLI, «Norme anti-pirateria nell'Impero Romano d'Oriente? Il "caso" del Nomos Rhodion Nautikos (Νόμος Ῥοδίων Ναυτικός)», en *Rivista Marittima*, 2021, noviembre, páginas 64-73.

CELLE, P., «Note sull'applicazione della Convenzione di Londra del 1989 sul soccorso in mare», en *Scritti in onore di Francesco Berlingieri*, Génova, volumen I, número especial de *Il Diritto Marittimo*, 2010, páginas 328-336.

CHEN, L., «Salvage—Recent Developments in the Law of the Salvage of the Marine Environment», en *The International Journal of Marine and Coastal Law*, 2001, volumen 16, número 4, páginas 686-698.

CHINER, «Del "Consolat de mar" al "Libro llamado Consulado de mar": aproximación histórica», en *Libro llamado Consulado de Mar*, Valencia, 2003.

CHITTY, J., BEALE, H., *Chitty on Contracts*, volumen I, Sweet & Maxwell, Londres, 32.ª edición, 2017.

CHIU, C.S., LIU, C.P., CHANG, K.Y., TSENG, W.J., CHEN, Y.W., «Cost of salvage–a comparative form approach», en *Journal of Marine Science and Technology*, 2017, volumen 25, número 6, páginas 742-751.

Chiu, J., «The challenges to Lloyd's Open Form salvage contract – from a shipowner's perspective», en *Gard*, 24 de febrero de 2020, disponible en http://www.gard.no/web/updates/content/29246093/the-challenges-to-lloyds-open-form-salvage-contract-from-a-shipowners-perspective.

Chorley, L., Giles, O.C., *Derecho Marítimo*, traducido por Fernando Sánchez Calero, Bosch, Barcelona, 1961.

Chow, «SCOPIC and the SCR in the international context», conferencia en el *IV International Diving, Salvage and Ocean Engineering Technical Forum*, 4 de noviembre de 2017, Xiamen, disponible en: https://www.marine-salvage.com/media-information/conference-papers/scopic-and-the-scr-in-the-international-context/.

Civiletti, P., «La Convenzione Internazionale di Bruxelles del 23 de settembre 1910 nella storia del Comité Maritime International», en *Studi in onore di Francesco Berlingieri*, Publicazione dell'Associazione italiana di diritto marittimo, Roma, 1933, páginas 183-188.

Clavero Ternero, M., *Clubs de P. & I.*, Instituto Europeo de Estudios Marítimos, Madrid, 1992.

Clift, R., Gay, R., «The Shifting Nature of Salvage Law: A View from a Distance», en *Tulane Law Review*, 2005, volumen 79, números 5-6, páginas 1.355-1.360.

Cohen, L.G., «Revisions of TOVALOP and CRISTAL: Strong Ships for Stormy Seas», en *Journal of Maritime Law and Commerce*, 1987, volumen 18, número 4, páginas 525-539.

Cohen, M., « Travails of the flying Dutchmen: Lloyd's Standard Form of Salvage Agreement and the US salvage industry», en *Marine Policy*, 1982, volumen 6, número 4, páginas 265-286.

Comité Marítimo Internacional, *The Travaux Préparatoires of the Convention on Salvage, 1989*, Comité Marítimo Internacional, Amberes, 2003.

Coniglio, «La societa di Trani e gli "ordinamenta"», en *Archivio storico pugliese*, 1981, volumen 24, páginas 75-88.

Coulthard, P., «A new cure for Salvors?—A comparative Analysis of the LOF 1980 and the C.M.I. Draft Salvage Convention», en *Journal of Maritime Law and Commerce*, 1983, volumen 14, número 1, páginas 45-67.

Crowley, J.I., «In the Wake of the *Exxon Valdez*: Charting the Course of Pilotage Regulation», en *Journal of Maritime Law and Commerce*, 1991, volumen 22, número 2, páginas 165-224.

Cupido, D.M., «The environment in shipping incidents: salvage contracts and the public interest», en *Corporate Social Responsibility in Developing and*

Emerging Markets: Institutions, Cambridge University, Cambridge, 2019, páginas 206-231.

D.K., «The Nature of Salvage Service», en *Harvard Law Review*, 1920, volumen 33, número 3, páginas 453-455.

Dalaklis, D., «Safety and security in shipping operations», en *Shipping operations management*, eds. I.D. Visvikis, P.M. Panayides, Springer Cham, Suiza, 2017, páginas 197-213.

Daly, M.J., «Has the Antiquities Act Gone Down With the Ship? A Preemption Analysis of Rhode Island's Shipwreck Laws», en *Roger Williams University Law Review*, 2001, volumen 6, número 2, páginas 539-564.

Danjon, D., *Tratado de Derecho Marítimo*, Tomo IV, Reus, Madrid, 1936.

Darling, G., Smith, C., *LOF 90 and the new salvage Convention*, Lloyds of London Press, Londres, 1991.

Davies, M., «Whatever Happened to the Salvage Convention 1989?», en *Journal of Maritime Law and Commerce*, 2008, volumen 39, número 4, páginas 463-504.

Davies, P., «Likely Developments in the Law of Salvage and Wreck», en *Australian and New Zealand Maritime Law Journal*, volumen 16, número 16, 1999, páginas 1-15.

de Eizaguirre, J.M., «Las fuentes del Derecho marítimo proyectado (Título Preliminar. Disposiciones Generales), en *Estudio sistemático de la Propuesta de Anteproyecto de Ley General de la Navegación Marítima*, coords. A. Emparanza Sobejano, J.M. Martín Osante, Administración de la Comunidad Autónoma del País Vasco, Departamento de Transportes y Obras Públicas, San Sebastián-Vitoria, 2006, páginas 25-36.

de Juglart, M., Chasseriaux, J. «Assistance», en *Revue trimestrelle de Droit Commercial*, 1950, volumen III, páginas 483-487.

de Juglart, M., Villeneau, J., *Répertoire méthodique et pratique de l'assistance en mer*, Librairie générale de droit et de jurisprudence, París, 1962.

de la Rue, C., «TOVALOP and CRISTAL—a purpose fulfilled», en *The International Journal of Shipping Law*, 1996, parte 5, páginas 285-295.

de la Rue, C., Anderson, C.B., «Environmental salvage — Plus ça change...?», en *Journal of International Maritime Law*, 2012, volumen 18, número 4, páginas 279-292.

de la Rue, C., Anderson, C.B., «The Role of the P&I Clubs in Marine Pollution Incidents», en *Tulane Law Review*, 2011, volumen 85, números 5 & 6, páginas 1.258-1.303.

de la Rue, C., Anderson, C.B., *Shipping and the environment*, Informa, Londres, 2009.

de Melo Rodríguez, G., «Artículo 33. Obligación de notificar actos de contaminación.», en *Comentarios a la Ley 14/2014 de 24 de julio, de navegación marítima*, dirs. I. Arroyo Martínez, J.A. Rueda Martínez, Thomson Reuters Civitas, Madrid, 2016, páginas 174-178.

de Montagut, «El llibre del consolat de mar y el ordenamiento jurídico del mar», en *Anuario de Historia del Derecho Español*, 1997, número 67, páginas 201-217.

Dean, W.L., Crick, L.L., «Marine salvage: new laws affecting the jettisoning of oil», en *Purposeful Jettison of Petroleum Cargo*, National Research Council, Washington, 1994, páginas 58-97.

Delebecque, P., *Droit Maritime*, Dalloz, París, 2014.

Demogue, R., *Traité des Obligations en Géneral*, tomo V, Arthur Rousseau, París, 1925.

Desjardins, A., *Introduction historique à l'étude du droit commercial maritime*, volumen 9, Pedone-Lauriel, París, 1890.

Dewell, J.D., «The Laws of Salvage», en *The Yale Law Journal*, 1912, volumen 21, número 6, páginas 493-499.

Díez Soto, C.M., *Concurrencia y prelación de créditos: Teoría general*, Reus, Madrid, 2006.

Díez-Picazo, L., *Fundamentos del Derecho Civil Patrimonial, I: Los contratos, Teoría general de obligaciones y contratos, consentimiento, objeto y causa. Vicios contractuales, interpretación y eficacia negocial*, Thomson Reuters-Civitas, Cizur Menor, 2010.

Díez-Picazo, L., *Fundamentos del Derecho Civil Patrimonial, IV: Las particulares relaciones obligatorias*, Thomson Reuters-Civitas, Cizur Menor, 2010.

Díez-Picazo, L., Gullón Ballesteros, A., *Sistema de Derecho civil. El contrato en general. La relación obligatoria*, volumen II, tomo 1, Tecnos, Madrid, 2017.

Díez-Picazo, L., Gullón Ballesteros, A., *Sistema de Derecho civil. Contratos en especial. Cuasi contratos. Enriquecimiento sin causa. Responsabilidad extracontractual*, volumen II, tomo 2, Tecnos, Madrid, 2017.

Djadjev, I., «The SCOPIC clause as a major development in salvage law», en *SSRN eLibrary*, 2015, páginas 1-6.

Dubais, B.A., «The Liability of a Salvor Responsible for Oil Pollution Damage», en *Journal of Maritime Law and Commerce*, 1977, volumen 8, páginas 375-386.

Duerden, F.C., *Spill in Portugal: A Report of the Jakob Maersk Incident*, Environment Canada, Environmental Protection Service, Ottawa, 1976.

Ekhator, E.O., «Protection of the Environment and the International Salvage Convention, 1989: An Assessment», en *Mizan Law Review*, 2016, volumen 10, número 1, páginas 73-99.

Elton, G., «Abordaje, Asistencia y Salvamento», en *Derecho PUCP*, 1946, volumen 5, páginas 43-57.

Enescu, R., «The juridical regime of the salvage agreement LOF 2000», en *Scientific Bulletin of Naval Academy*, 2010, volumen XIII, páginas 63-67.

Espín Cánovas, D., *Manual de Derecho Civil*, Revista de Derecho Privado, Madrid, 1959.

Estasén, P., *Cuestiones de Derecho Marítimo*, Reus, Madrid, 1911.

Falcón Tella, M.J., *Equidad, Derecho y Justicia*, Editorial Universitaria Ramón Areces, Madrid, 2005.

Fariña, F., Alfin y Delgado, F., *Nueva ley sobre salvamentos y hallazgos en la mar*, Instituto Francisco de Vitoria, Consejo Superior de Investigaciones Científicas, Ministerio de Marina, Madrid, 1964.

Fariña, F., *Auxilios y salvamentos en la mar*, Instituto Francisco de Vitoria, Madrid, 1960.

Fernández Cuesta y Merelo, R., «Notas histórico-jurídicas sobre asistencia y salvamento», en *V Semanas Valencianas de Derecho Marítimo*, Instituto Francisco de Vitoria, CSIC, Ministerio de Marina, Madrid, páginas 7-21.

Fernández-Guerra Fernández, R., «El salvamento marítimo ambiental», en *Revista general de derecho*, 1993, número 585, páginas 6.033-6.043.

Fernández-Guerra Fernández, R., *El contrato de practicaje*, Bosch, Barcelona, 1997.

Fernández-Novoa, C., «Auxilio y salvamento de buques en el mar», en *Foro gallego*, 1966, número 129, páginas 11-19.

Ferrarini, S., «Assistenza e salvataggio senza mezzi nautici», en *Scritti giuridici in onore di Francesco Carnelutti*, volumen III, CEDAM, Padua, 1950, páginas 223-240.

Ferrarini, S., *Il Soccorso in mare. Assistenza - Salvataggio - Ricupero*, Giuffrè, Milán, 1964.

Fiore, P., *Tratado de Derecho Internacional Público*, Tomo II, traducido al castellano por A. GARCÍA MORENO, Góngora y Compañía, Madrid, 1879.

Fletcher, G.P., «The Right and the Reasonable», en *Harvard Law Review*, 1985, volumen 98, número 5, páginas 949-982.

Fogarty, A.R.M., *Merchant Shipping Legislation*, Taylor & Francis, Oxon, 2017.

Force, R., *Admiralty and Maritime Law*, Federal Judicial Center, Washington, 2004.

Franco, M.Á., «Consideraciones relativas a los salvamentos, remolques de fortuna y extracciones, tras la aprobación de la Ley de navegación marítima», en *Revista Española de Derecho Administrativo*, 2014, número 167, páginas 231-265.

Friedell, S.F., «Compensation and Reward for Saving Life at Sea», en *Michigan Law Review*, 1979, volumen 77, número 5, páginas 1.218-1.289.

Friedell, S.F., «Salvage and the public interest», en *Cardozo Law Review*, 1983, volumen 4, páginas 431-455.

Friedell, S.F., «Salvage», en *Journal of Maritime Law and Commerce*, 2000, volumen 31, número 2, páginas 311-316.

Frutos Ruiz, I., **Antequera Becerra, G.**, «La Administración Marítima, alcance y dimensiones: *"ut omnes unum sint"*», en *bie3: Boletín IEEE*, 2017, número 5 (enero - marzo), páginas 924-936.

Fuentes Gómez, J.C., «El largo proceso de elaboración de la Ley de Navegación Marítima», en *Comentarios a la Ley de Navegación Marítima*, Dykinson, Madrid, 2015, páginas 29-44.

Fujimoto, K., «The essential features of voluntary salvage», en *The Annals of the Hitotsubashi Academy*, 1956, volumen 7, número 1, páginas 1-9.

Gabaldón García, J.L., «El Convenio Internacional de Ginebra sobre privilegios marítimos e hipoteca naval, del 6 de mayo de 1993», en *II Jornadas de Derecho Marítimo de San Sebastián*, coord. J.M. De Eizaguirre Bermejo, Librería Carmelo, Donostia-San Sebastián, 1994, páginas 15-129.

Gabaldón García, J.L., «Estatuto jurídico del buque: privilegios marítimos e hipoteca naval», en *La reforma de la Legislación Marítima*, dirs. I. Arroyo Martínez, E.M. Beltrán Sánchez, coords. A.B. Campuzano Laguillo, R. Lobeto Lobo, Aranzadi, Elcano, 1999, páginas 93-118.

Gabaldón García, J.L., Ruiz Soroa, J.M., *Manual de Derecho de la Navegación Marítima,* Marcial Pons, Madrid, 2006.

Gaeta, D., «La convenzione di Londra 1989 sul soccorso in acqua», en *Il Diritto Marittimo*, 1991, volumen 93, número 2, páginas 291-317.

Gamechogoicoechea y Alegría, F., *Tratado de Derecho Marítimo Español, Tomo Tercero: Accidentes Marítimos. Averías. Arribadas. Abordajes. Naufragios. Salvamentos*, Grijelmo, Bilbao, 1941.

García Arias, L., «El primer Congreso hispano-luso-americano de Derecho internacional», en *Revista Española de Derecho Internacional*, 1950, volumen 3, número 3, páginas 933-966.

García i Sanz, «Estudio sobre los orígenes del Derecho marítimo hispano-mediterráneo», en *Anuario de Historia del Derecho Español*, 1969, número 39, páginas 213-316.

García Luengo, R.M., *La remuneración en el salvamento marítimo*, Universidad de Salamanca, Salamanca, 1976.

García-Parreño y López, G., *Diccionario de derecho marítimo*, Sociedad Levantina de Artes Gráficas, Cartagena, 1908.

García-Pita y Lastres, J.L., *Arrendamientos de buques y derecho marítimo. Con especial referencia al Derecho de Formularios*, Tirant lo Blanch, Valencia, 2005.

García-Pita y Lastres, J.L., Díaz de la Rosa, A., «Los sujetos de la navegación en la Ley de Navegación Marítima», en *Comentarios a la Ley de navegación marítima*, dirs. A.B. Campuzano, E. San Juán, Tirant Lo Blanch, Valencia, 2016, páginas 153-238.

Gard As, «LOI, LOU and BLG – Confused?», *Gard Loss Prevention Circulars*, número 01-10, 2013, página 97.

Garrigues, J., «En torno a la reforma del Derecho Mercantil», en *La reforma de la legislación mercantil*, Civitas, Madrid, 1979, páginas 371-392.

Garrigues, J., «Última lección como catedrático pronunciada el día 6 de mayo de 1970», en *Hacia un nuevo derecho mercantil: Escritos, Lecciones y Conferencias*, Tecnos, Madrid, 1971, páginas 333-352.

Garrigues, J., *Temas de Derecho vivo*, Tecnos, Madrid, 1978.

Gaskell, N.J.J., «The 1989 salvage Convention and the Lloyd's Open Form (LOF) Salvage Agreement», en *Tulane Maritime Law Journal*, 1991, volumen 16, número 1, páginas 1-103.

Gaskell, N.J.J., «The Lloyd's Open Form and contractual remedies», en *Lloyd's Maritime and Commercial Law Quarterly*, 1986, parte 3, páginas 306-349.

Girgado Perandones, P., «Reforma del Derecho de la navegación en España (i). Normativa aplicable y fuentes», en *Actualidad Jurídica Iberoamericana,* 2016, número 5, páginas 365-373.

Goddard, K.S., «Salvage agreements: the master's authority», en *Lloyd's Maritime and Commercial Law Quarterly*, 1984, parte 2, páginas 255-262.

Gold, E., «Marine Pollution Liability After "Exxon Valdez": The U.S. "All-Or-Nothing" Lottery!», en *Journal of Maritime Law and Commerce*, 1991, volumen 22, número 3, páginas 423-444.

Gold, E., «Marine Salvage: Towards a New Regime», en *Journal of Maritime Law and Commerce*, 1989, volumen 20, número 4, páginas 487-503.

González Lebrero, R.A., *Curso de Derecho de la Navegación,* Letras de Autor, Madrid, 2018.

Griggs, J.G.R., «An examination on Lloyd's Standard Form of Salvage Agreement», en *Lloyd's Maritime and Commercial Law Quarterly*, 1974, parte 2, páginas 138-150.

Griggs, P.J.S., *Obstacles to Uniformity of Maritime Law*, The Nicholas Healy Lecture en la Universidad de Nueva York, 29 de octubre de 2002, puede accederse a este texto en el Anuario de 2002 del CMI a través de su página web: https://comitemaritime.org/wp-content/uploads/2018/06/YBK_2002.pdf, páginas 158-173.

Grimaldi, M., «Oil Pollution e coperture assicurative P.&I.», en *Studi in memoria di Elio Fanara*, Tomo II, Giuffrè Editore, Milán, 2008, páginas 91-102.

Gullón Ballesteros, A., *Curso de Derecho Civil. Contratos en especial*, Tecnos, Madrid, 1968.

Gundlach, E.R., Boehm, P.D., Marchand, M., Atlas, R.M., Ward, D.M., Wolfe, D.A., «The fate of Amoco Cadiz oil», en *Science*, 1983, volumen 221, número 4606, páginas 122-129.

Gutiérrez Del Manzano, F.J., *El salvamento marítimo*, tesis dirigida por G.J. Jiménez Sánchez, Universidad de Sevilla, 1996.

Gutiérrez De La Cámara, J.M., Ley reguladora de los auxilios, salvamentos, remolques, hallazgos y extracciones marítimas, Santillana, Madrid, 1966.

Hall, M., «UK: Is The Salvage Industry In Terminal Decline? LOF v Commercial Contracts», en *mondaq*, 5 de diciembre de 2017, disponible en https://www.mondaq.com/uk/CorporateCommercial-Law/652920/Is-The-Salvage-Industry-In-Terminal-Decline-LOF-v-Commercial-Contracts.

Halsbury, E., *The laws of England: being a complete statement of the whole law of England*, volumen XXVI, Butterworth & Co., Londres, 1914.

Hare, J., *Shipping law and admiralty jurisdiction in South Africa*, Juta & Company, Kenwyn, 2009.

Hazelwood, S.J., **Semark, D.**, *P&I Clubs Law and Practice*, Informa, Londres, 2010.

Hesse, H., **Charalambous, N.L.**, «New security measures for the international shipping community», en *WMU Journal of Maritime Affairs*, 2004, volumen 3, número 2, páginas 123-138.

Hill PRADOS, M.C., Los Clubs de Protección e Indemnización en el campo del seguro marítimo, Bosch, Barcelona, 1992.

Hill, C., **Kulkarni, Y.**, *Maritime Law*, Taylor & Francis, Londres, 2017, 4.ª edición.

Hodges, S., **Hill, C.**, *Principles of Maritime Law*, LLP, Londres-Hong Kong, 2001.

Hooke, N., *Maritime casualties 1963-1996*, Professional Publishing, Londres, 1997.

Hudson, N.G., **Harvey, M.**, The York-Antwerp Rules: The Principles and Practice of General Average Adjustment, Taylor & Francis, Oxon, 2017.

Itopf, *Oil Tanker Spill Statistics 2021*, ITOPF Limited, Londres, 2022, disponible en: https://www.itopf.org/knowledge-resources/data-statistics/statistics/.

Jacobson, D.B., «Restitution for Life Salvage at Sea in the Wake of Peninsular & Oriental Steam Navigation Co. v. Overseas Oil Carriers, Inc.», en *Hastings Law Journal*, 1978, volumen 30, número 1, páginas 227-247.

Jar Torres, L., «Amoco Cádiz», en *Revista General de Marina*, 2000, número de julio, páginas 1-13.

Jar Torres, L., «Un paso complicado», en *Revista General de Marina*, 2018, número de enero, páginas 61-81.

Jarret, L., «The life salvor problem in admiralty», en *Yale Law Journal*, volumen 63, páginas 778-791.

Jarvis, R.M., «Salvage and General Average», en *Oil Pollution from Ships*, ed. D.W. ABECASSIS, Stevens & Sons, Londres, 1985, páginas 141-172.

Jézéquel, R., Guyomarch, J., Receveur, J., Le Floch, S., «Effect of long term natural weathering on oil composition: study of the 41-years-old Amoco Cadiz and 20-years-old Erika oil spills», en *International Oil Spill Conference*, 2021, páginas 1-18.

Jiménez García-Carriazo, Á., «Small Island, Big Issue: Malta and its Search and Rescue Region – SAR», en *Paix et Securite Internationales*, 2019, número 7, páginas 299-321.

Jiménez Horwitz, M., «La distinción entre los contratos de obras y servicios en el derecho español (estudio comparado con el derecho alemán)», en *Anuario de Derecho Civil*, 2012, volumen 65, número 2, páginas 551-584.

Jiménez Sánchez, G.J., Díaz Moreno, A., «Concepto del Derecho mercantil», en *Lecciones de Derecho Mercantil*, coords. G.J. Jiménez Sánchez, A. Díaz Moreno, Tecnos, Madrid, 2020, páginas 41-50.

Johansson, T.M., «An Exposé of Canadian "Abandoned Vessels & Derelicts" Through a Legal Analysis of Doctrinal Silos», en *Maritime Law in Motion*, eds. P.K. Mukherjee, M.Q. Mejia, J. Xu, Springer Nature, Cham, 2020, páginas 341-375.

Juda, L., «IMCO and the regulation of ocean pollution from ships», en *The International and Comparative Law Quaterly*, 1977, volumen 26, parte 3, páginas 558-584.

Juste-Ruíz, J., «Compensation for pollution damage caused by oil tanker accidents: from "Erika" to "Prestige"», en *Aegean Review of the Law of the Sea and Maritime Law*, 2010, volumen 1, páginas 37-60.

Kashubsky, M., *Offshore Oil and Gas Installations Security: An International Perspective*, Informa Law from Routledge, Oxon, 2016.

Kennedy, J., Carver, T.G., «The Antwerp Conference of the International Law Association, 1903», en *Journal of the Society of Comparative Legislation*, 1904, volumen 5, número 2, páginas 216-229.

Kennedy, W.R., Rose, F.D., *Law of Salvage*, décima edición, Sweet & Maxwell, Londres, 2021.

Kerr, M., «The International Convention on Salvage 1989: how it came to be», en *The International and Comparative Law Quarterly*, 1990, volumen 39, número 3, páginas 530-556.

Kifrier, «Wreck of the Amoco Cadiz Revives Issue of Safety in Transporting Oil», en *N.Y. TIMES*, 23 de marzo de 1978, disponible en https://www.

nytimes.com/1978/03/23/archives/wreck-of-the-amoco-cadiz-revives-issue-of-safety-in-transporting.html.

Klein, N., *Maritime security and the Law of the Sea*, Oxford University Press Inc, Nueva York, 2011.

Knauth, A.W., «Aviation and Salvage: The Application of Salvage Principles to Aircraft», en *Columbia Law Review*, 1936, volumen 36, número 2, páginas 224-249.

Landes, W.M., Posner, R.A., «Salvors, Finders, Good Samaritans, and Other Rescuers: An Economic Study of Law and Altruism», en *The Journal of Legal Studies*, 1978, volumen 7, número 1, páginas 83-128.

Lasarte, C., *Contratos. Principios de Derecho Civil III*, Marcial Pons, Madrid, 2021.

Latron, P., «Révision des Régles d'York et d'Anvers», en *Le Droit Maritime Français*, 1990, volumen 493, páginas 231-235.

Le Clère, J., *L'assistance aux navires et le sauvetage des* épaves, Librairie générale de droit et de jurisprudence, París, 1954.

Lefebvre D'ovidio, A., Pescatore, G., Tullio, L., *Manuale di Diritto della navigazione*, Giuffrè Editore, Milán, 2000.

Lejune, D., «Life salvage then and now», en *South Texas Law Journal*, 1982, volumen 22, número 3, páginas 579-586.

Lilar, A., Van Den Bosch, C., *Le Comité Maritime International 1897-1972*, Comité Marítimo Internacional, Amberes, 1972.

Lloyd, M., Boyle-Smith, C., «Is Lloyd's Open Form on borrowed time?», en *Kennedys*, publicado el 07 de mayo de 2021, disponible en: https://kennedyslaw.com/thought-leadership/article/is-lloyds-open-form-on-borrowed-time/.

Lohrey, T.E., «Sunker vessels, their cargoes, and the casual salvor», en *The JAG Journal*, 1965, volúmenes 20-21, páginas 25-31.

Lois Estévez, J., «Sobre el concepto de "Naturaleza jurídica"», en *Anuario de Filosofía del Derecho*, 1956, páginas 159-182.

Lombardo Pellegrino, E., *Il diritto marittimo di assistenza e salvataggio*, Unione Romana Edizioni Scientifiche, Tívoli, 1932.

López Bustabad, I.J., «El riesgo en el seguro marítimo», en *El derecho marítimo de los nuevos tiempos*, dirs. J.L. García-Pita y Lastres, M.R. Quintáns-Eiras, A. Díaz de la Rosa, Civitas, Madrid, 2018, páginas 1.123-1.143.

López Richart, J., *Los contratos a favor de terceros*, Dykinson, Madrid, 2003.

Louzán Lago, F., «La contaminación marina por hidrocarburos procedente de los buques ¿es necesario reducir las descargar permitidas por el Anexo I del Convenio MARPOL 73/78?», en *Estudios de Derecho Marítimo*, dir. J.L. García-Pita y Lastres, Aranzadi, Cizur Menor, 2012, páginas 817-837.

Lozano López, J.A., «Los vehículos de la navegación. Estatuto jurídico del buque y demás vehículos de la navegación», en *Comentarios a la ley de navegación marítima*, dirs. A.B. Campuzano, E. Sanjuán, Tirant lo Blanch, Valencia, 2016, páginas 97-152.

Lyon-Caen, C., Renault, L., *Traité de Droit Commerciale*, Tomo 6, F. Pichon et Durand-Auzias, Paris, 1912.

M'gonigle, R., Zacher, M., *Pollution, Politics and International Law*, University of California Press, Berkeley, 1979.

M'rabet Temsamani, R., *El Estrecho de Gibraltar: la protección internacional y nacional de su medio ambiente marino*, Dykinson, Madrid, 2018.

Makins, B., Mcqueen, P., White, B., «Salvage and the environment», en *MLAANZ Journal*, 1987, volumen 4, páginas 227-236.

Malster, R., *Wherries & Waterways*, Terence Dalton, Lavenham Suffolk, 1971.

Mandaraka-Sheppard, A., *Modern Maritime Law*, volumen 2: Managing Risks and Liabilities, 3.ª edición, Informa Law, Oxon, 2013.

Mandaraka-Sheppard, A., *Modern Maritime Law. With Risk Management Aspects*, Cavendish Publishing Limited, Londres, 2001.

Marsden, R.G., *Marsden on Collisions at Sea*, ed. S. Gault, S.J. Hazelwood, A.M. Tettenborn, Sweet & Maxwell, Londres, 2003.

Marsden, R.G., *Select pleas in the Court of Admiralty*, volumen II: The High Court of Admiralty (A.D. 1547-1602), B. Quaritch, Londres, 1894-1897.

Marten, B., «Third Party Agreements in the Salvage Context», en *Victoria University of Wellington Legal Research Papers*, 2018, volumen 8, número 1, páginas 1-14.

Martín Osante, J.M., «Los accidentes de la navegación», en *Comentarios a la Ley de navegación marítima*, dirs. A.B. Campuzano, E. San Juán, Tirant Lo Blanch, Valencia, 2016, páginas 351-415.

Martin, L.M., « La nature juridique de l'assistance en mer», en *Revue Trimestrielle de Droit Comparé*, 1961, volumen XI, páginas 555-576.

MATCZAK, M., «Maritime Safety in European Concept of the Internalization of External Costs of Transport», en *International Journal on Marine Navigation and Safety of Sea Transportation*, 2009, volumen 3, número 2, páginas 207-211.

MATILLA ALEGRE, R., *El naviero y sus auxiliares. El buque*, Bosch, Barcelona, 1995.

MAYO JAIMEZ, F., *Asistencias marítimas*, Editorial Naval, Madrid, 1980.

MEESON, N., KIMBELL, J., *Admiralty Jurisdiction and Practice*, Taylor and Francis, Londres, 2013.

MENÉNDEZ, A., «La unificación internacional del Derecho marítimo», en *Estudios de derecho internacional: homenaje al profesor Camilo Barcia Trelles*, Universidad de Santiago de Compostela, Santiago de Compostela, 1958, páginas 485-501.

MENÉNDEZ, A., *El contrato de remolque*, Tecnos, Madrid, 1964.

MILLER, A.R., «Lloyd's Standard Form of Salvage Agreement—"LOF 1980": A Commentary», en *Journal of Maritime Law and Commerce*, 1981, volumen 12, número 2, páginas 243-261.

MITCHELL, R.B., «Regime design matters: intentional oil pollution and treaty compliance. International organization», 1994, volumen 48, número 3, páginas 425-458.

MOLDAN, A.G.S., JACKSON, L.F., MCGIBBON, S., VAN DER WESTHUIZEN, J., «Some aspects of the Castillo de Bellver oil spill», en *Marine Pollution Bulletin*, 1985, volumen 16, número 3, páginas 97-102.

MONTAS, A., *Le quasi-contrat d'assistance*, Libraire Générale de Droit et de Jurisprudence, Paris, 2007.

MONTAS, A.**, ORTIZ DE ZÁRATE, Y.**, «La forcé créatrice de Droit du fait de la nature: le risque de mer, fondement du Droit maritime», en *Revue de la Recherche Juridique - Droit prospectif*, 2010, volumen 4, páginas 2.081-2.112.

MORENO CATENA, V., CORTÉS DOMÍNGUEZ, V., *Derecho Procesal Civil: Parte general*, Tirant lo Blanch, Valencia, 2021.

MORRAL SOLDEVILA, R., «De los bienes naufragados o hundidos», en *Comentarios a la Ley 14/2014 de 24 de julio, de navegación marítima*, dirs. I. ARROYO MARTÍNEZ, J.A. RUEDA MARTÍNEZ, Thomson Reuters Civitas, Madrid, 2016, páginas 1.151-1.171.

MORRAL SOLDEVILA, R., «Del salvamento», en *Comentarios a la Ley 14/2014 de 24 de julio, de navegación marítima*, dirs. I. ARROYO MARTÍNEZ, J.A.

RUEDA MARTÍNEZ, Thomson Reuters Civitas, Madrid, 2016, páginas 1.113-1.151.

MORRAL SOLDEVILA, R., *El salvamento marítimo*, Bosch, Barcelona, 1997.

MUCHLINSKI, P.T., «The use of reasonable endeavours to save a vessel from sinking», en *Lloyd's Maritime and Commercial Law Quarterly*, 1989, parte 4, páginas 408-410.

MUDRIĆ, M., «Liability Salvage – Environmental Award: A New Name for an Old Concept», en *Poredbeno pomorsko pravo*, 2010, volumen 49, número 164, páginas 471-492.

MUDRIĆ, M., «Standard salvage contract forms: The scope of best endeavours – reasonableness and foreseeability», *MarIus*, 2013, número 424, páginas 475-506.

MUDRIĆ, M., «Whether the duty to protect the marine environment takes precedence over the general duty to protect the imperiled object of salvage: article 8 of the 1989 salvage convention», en *Journal of International Maritime Law*, 2012, volumen 18, número 5, páginas 343-347.

MUDRIĆ, M., *The Professional Salvor's Liability in the Law of Negligence and the Doctrine of Affirmative Damages*, Lit Verlag Münster, Hamburgo, 2013.

MUDRIĆ, M., **VIO, I.**, «CMI Beijing Conference and 1989 Salvage Convention», en *Il Diritto Marittimo*, 2014, volumen II-IV, páginas 412-425.

MULQUEEN, M., **SANDERS, D.**, **SPELLER, I.**, *Small Navies: Strategy and Policy for Small Navies in War and Peace*, Corbett Centre for Maritime Policy Studies Series, Routledge, New York, 2014.

NAFZIGER, J.A.R., «Historic Salvage Law Revisited», en *Ocean Development & International Law*, 2000, volumen 31, número 1-2, páginas 81-96.

NANDA, V.P., «The Torrey Canyon disaster: some legal aspects», en *Denver Law Review*, 1967, volumen 44, número 3, páginas 400-425.

NAVAS GARATEA, M., *La navegabilidad del buque en el Derecho marítimo internacional*, Servicio Central de Publicaciones del Gobierno Vasco, Vitoria-Gasteiz, 2013.

NIELL, F.X., *Informe sobre el vertido de crudo de petróleo en la zona de La Coruña* - El Ferrol, a causa del accidente del petrolero "Urquiola" el día 12 de mayo de 1976, CSIC - Instituto de Investigaciones Pesqueras (IIP), Barcelona, págs. 1-15.

NIELSEN, B., «Report to the International Maritime Organisation —IMO on the draft international convention on salvage approved by the XXXII International Conference of the CMI held in Montreal, May 1981», en *The*

Travaux Préparatoires of the Convention on Salvage, 1989, *op.cit.*, 1984, Anexo VI, páginas 33-36.

Nisio, «Ordinamenta et consuetudo maris di Trani», en *Archivio Storico Pugliese*, 1963, volumen XVI, páginas 5-39.

Noble, J.M., «Salvage techniques: case histories of specific spills», en *International Oil Spill Conference*, American Petroleum Institute, Washington, 1999, páginas 137-141.

Nordquist, M.H., **Nandan, S.N.**, **Kraska, J.**, *UNCLOS 1982 Commentary: Supplementary Documents*, Leiden, Martinus Nijhoff Publishers, 2012.

O' connell, D.M., «Reflections on Brussels: IMCO and the 1969 Pollution Conventions», en *Cornell International Law Journal*, volumen 3, número 2, 1970, páginas 161-188.

O' may, D.R., «Lloyd›s Form and the Montreal Convention», en *Tulane Law Review*, 1983, volumen 57, número 5, páginas 1.412-1.456.

O' sullivan, A.J., «The AMOCO CADIZ oil spill», en *Marine Pollution Bulletin*, 1978, volumen 9, número 5, páginas 123-128.

Oldfield, P., *City and Community in Norman Italy*, Cambridge University Press, Cambridge, 2009.

Olivencia Ruiz, M., «La comisión de las Naciones Unidas para el Derecho mercantil internacional (UNCITRAL): balance de un decenio (1968-1977)», en *Estudios de derecho mercantil en homenaje al profesor Antonio Polo*, Editorial Revista de Derecho Privado, Madrid, 1981, páginas 753-782.

Olivencia Ruiz, M., «La tarea unificadora en materia de transporte», en *Derecho uniforme del transporte internacional: cuestiones de actualidad*, coord. A. Madrid Parra, McGraw Hill, Madrid, 1998, páginas 1-22.

Olivencia Ruiz, M., *De nuevo, la lección 1.ª Sobre el Concepto de la Asignatura*, Discurso leído en la Solemne Apertura del Curso Académico 1999-2000 en la Universidad de Sevilla, Secretariado de Publicaciones de la Universidad de Sevilla, Sevilla, 1999.

Oostdam, B.L., **«**Oil pollution in the Persian Gulf and approaches, 1978**»,** en *Marine Pollution Bulletin*, 1980, volumen 11, n**úmero** 5, p**áginas** 138-144.

Padilla González, R., «Aproximación a las figuras del práctico y del practicaje a la luz de la ley de Puertos del Estado y la Marina Mercante», en *Estudios de Derecho Mercantil en homenaje al profesor Manuel Broseta Pont*, volumen 3, Tirant Lo Blanch, Valencia, 1995, páginas 2.731-2.778.

Padilla González, R., «El Derecho de la navegación: Introducción. Estatuto jurídico del buque y de la aeronave», en *Derecho Mercantil*, II, coord. G.J. Jiménez Sánchez, Marcial Pons, Madrid, 2010, páginas 1.039-1.078.

Padilla González, R., «Las averías, los riesgos y los accidentes de la navegación marítima y aérea», en *Derecho mercantil*, coord. G.J. Jiménez Sánchez, Ariel, Barcelona, 2005, páginas 1.124-1.138.

Padilla González, R., **Baena Baena, P.J.**, **Guerrero Lebrón, M.J.**, **Martín Castro, M. De La P.**, **Gómez Prieto, M.T.**, «Medios de transporte. En particular, buques y aeronaves», en *Derecho Mercantil*, coords. G. Jiménez Sánchez, A. Díaz Moreno, volumen 8.º Transportes mercantiles, Marcial Pons, Madrid, 2013, págs. 137-216.

Padilla González, R., **Gómez Prieto, M.T.**, «El contrato de remolque. Otros contratos de asistencia para la explotación comercial del buque», en *Derecho Mercantil*, coords. G. Jiménez Sánchez, A. Díaz Moreno, volumen 8.º Transportes mercantiles, Marcial Pons, Madrid, 2013, páginas 449-462.

Padilla González, R., **Pendón Meléndez, M.Á.**, **Clavero Ternero, M.**, «Transportes», en *Lecciones de Derecho Mercantil*, coord. G.J., Jiménez Sánchez, A. Díaz Moreno, Tecnos, Madrid, 2019, páginas 637-716.

Palomar, A., «La ordenación administrativa de la navegación marítima», en *Comentarios a la Ley de Navegación Marítima*, dirs. A.B. Campuzano, E. San Juán, Tirant Lo Blanch, Valencia, 2016, páginas 41-95.

Papanicolopulu, I., «The duty to rescue at sea, in peacetime and in war: A general overview», en *International Review of the Red Cross*, 2016, volumen 98, número 2, páginas 491-514.

Pardessus, J.M., *Collection de Lois Maritimes antérieures au XVIII. Siècle, dédiée au Roi*, Tomo 1, imprimé, par autorisation du Roi, à l'Imprimerie Royale, MDCCCXXVIII (1828).

Parent, J., «No duty to save lives, no reward for rescue: is that truly the current state of International Salvage Law», en *Annual Survey of International and Comparative Law International*, 2006, volumen 12, páginas 87-139.

Parenthou, R., «La Convention Internationale du 28 avril 1989 sur l'assistance et ses incidences sur l'avarie commune», en *Le Droit Maritime Français*, 1990, volumen 497, páginas 459-463.

Pavone de la Rosa, A., *Studi sulla polizza di carico*, Giuffrè, Milán, 1958.

Pavone de la Rosa, A., «Appunti sull'evoluzione storica della polizza di carico», en *Rivista del Diritto della Navigazione*, 1955, vol. XVI, parte 1, páginas 137-178.

Peleteiro Gallego, F., «El salvamento en la Ley de Navegación Marítima», en AA VV, *Comentarios a la Ley de Navegación Marítima*, Dykinson, Madrid, 2015, páginas 327-337.

Pendón Meléndez, M.Á., «Preámbulo», en *Comentario a los Principios de Unidroit para los contratos del comercio internacional*, coord. D. Morán Bovio, Thomson Aranzadi, Cizur Menor, 2003, páginas 23-53.

Pendón Meléndez, M.Á., *La compraventa C.I.F.*, Aranzadi, Cizur Menor, 2011.

Pendón Meléndez, M.Á., *Los títulos representativos de la mercancía*, Marcial Pons, Madrid, 1994.

Pendón Meléndez, M.Á., Romero Matute, B., «La Special Compensation P&I Club Clause 2014 (Cláusula SCOPIC 2014) en los contratos de salvamento marítimo. Fundamento y contenido», en *Estudios sobre la responsabilidad de los operadores de transporte en la Ley de la Navegación Marítima*, dirs. P.J. Baena Baena, N. López Santana, Aranzadi, Cizur Menor, 2017, páginas 513-638.

Pendón Meléndez, M.Á., Romero Matute, B., «Los seguros marítimos y aéreos», en *Derecho Mercantil*, volumen 9, Transportes mercantiles, coords. G.J. Jiménez Sánchez, A. Díaz Moreno, Marcial Pons, Madrid, páginas 317-394.

Pérez Ramírez, E., *El Tribunal Marítimo Central: 1963-2017*, Ministerio de Defensa, Madrid, 2017.

Pérez-Serrabona González, J.L., Roca Fernández-Castanys, J.A., «El empresario mercantil», en *Lecciones de Derecho Mercantil*, coords. G.J. Jiménez Sánchez, A. Díaz Moreno, Tecnos, Madrid, páginas 103-123.

Petrinović, R., Skorupan Wolff, V., Mandić, N., «LOF 2011 – New revision of the Lloyd's Standard Form of Salvage Agreement», en *Book of Proceedings*, 5.ª International Maritime Science Conference, Faculty Of Maritime Studies Split, Split, 2013, páginas 254-261.

Piergiovanni, «Norme, scienza e pratica giuridica tra Genova e l'Occidente medievale e moderno», en *Atti della Società Ligure di Storia Patria*, 2012, volumen LII, número CXXVI, fascículo II, páginas 1.231-1.244.

Pierantoni, *Le Tradizioni Italiane e la riforma del codice di comercio*, Florencia, 1870.

Pink, S., «Differences between LOF 80, LOF 90 and LOF 95», en *The International Journal of Shipping Law*, 1997, parte 2, páginas 72-77.

PORTALES RODRÍGUEZ, J., «El contrato de salvamento y la compensación especial» en *El derecho marítimo de los nuevos tiempos*, dirs. J.L. GARCÍA-PITA Y LASTRES, M.R. QUINTÁNS-EIRAS, A. DÍAZ DE LA ROSA, Civitas, Madrid, 2018, páginas 979-999.

PULIDO BEGINES, J.L., «Accidentes de la navegación: Abordaje, avería gruesa, salvamento y bienes naufragados o hundidos», en *Estudio sistemático de la Propuesta de Anteproyecto de Ley General de la Navegación Marítima*, Administración de la Comunidad Autónoma del País Vasco, Departamento de Transportes y Obras Públicas, San Sebastián-Vitoria, 2006, páginas 483-519.

PULIDO BEGINES, J.L., «Accidentes de la navegación: abordaje, avería gruesa, salvamento y bienes hundidos o naufragados», en *Comentarios sobre la Ley de navegación marítima*, dirs. A. EMPARANZA SOBEJANO, J.M. MARTÍN OSANTE, Marcial Pons, Madrid, 2015, páginas 531-563.

PULIDO BEGINES, J.L., «Accidentes de la navegación: Abordaje, avería gruesa, salvamento y bienes hundidos y naufragados», en *Ley de Navegación Marítima: balance de su aplicación práctica*, dirs. A. EMPARANZA SOBEJANO, J.M. MARTÍN OSANTE, Marcial Pons, Madrid, 2019, páginas 507-541.

PULIDO BEGINES, J.L., «Del contrato de pasaje», en *Com*entarios a la Ley 14/2014, de 24 de julio, de navegación marítima, dirs. I. ARROYO MARTÍNEZ, J.A., RUEDA MARTÍNEZ, Thomson Reuters Civitas, Cizur Menor, 2016, páginas 923-961.

PULIDO BEGINES, J.L., «El salvamento en la nueva LNM», en *Estudios sobre el futuro Código Mercantil: libro homenaje al profesor Rafael Illescas Ortiz,* Universidad Carlos III de Madrid, Getafe, 2015, páginas 269-285.

PULIDO BEGINES, J.L., «El salvamento marítimo», en *Las averías y los accidentes de la navegación marítima y aérea*, *Tratado de Derecho Mercantil*, volumen 6, dirs. M. OLIVENCIA, C. FERNÁNDEZ-NÓVOA, R. JIMÉNEZ DE PARGA, R., coord. G.J. JIMÉNEZ SÁNCHEZ, Marcial Pons, Madrid, 2003, páginas 225-339.

PULIDO BEGINES, J.L., *Los contratos de remolque marítimo*, Bosch, Barcelona, 1996.

RAINEY, S., *The Law of Tug and Tow and Offshore Contracts*, Informa Law from Routledge, Londres, 2018.

REBORA, J-F., «Il était une fois l'Artemis», en *Gazette de la Chambre*, 2008, número 17, páginas 1-2.

RECALDE CASTELLS, A., «Nota crítica: Crédito, posesión mediata y tradición en la teoría de los títulos representativos», en *Anuario de Derecho Civil*, 1996, Fascículo 4, páginas 1.617-1.657.

Recalde Castells, A., *El conocimiento de embarque y otros documentos del transporte. Función representativa*, Civitas, Madrid, 1992.

Redgwell, C., «The Greening of Salvage Law», en *Marine Policy*, 1990, volumen 14, número 2, páginas 142-150.

Reuter, B.C., «Life salvage: another call for reimbursement», en *Loyola Law Review*, 1995, volumen 41, número 1, páginas 23-42.

Reuter, N., *La notion d'assistance en mer*, Librairies techniques, París, 1973.

Righetti, G., *Trattato di Diritto Marittimo*, III, Giuffrè, Milán, 1994.

Righetti, G., **Rimaboschi, M.**, *Le convenzioni internazionali della navigazione marittima, interna e aerea*, volumen 1, Giuffrè, Milán, 2008.

Ripert, G., *Droit Maritime*, Tomo III, Libraire Arthur Rousseau, París, 1930.

Rivero Alemán, S., *El salvamento marítimo*, Dijusa, Madrid, 2003.

Roberts, C.M., **Mcclean, C.J.**, **Veron, J.E.N.**, **Hawkins, J.P.**, **Allen, G.R.**, **Mcallister, D.E.**, **Mittermeier, C.G.**, **Schueler, F.W.**, **Spalding, M.**, **Wells, F.**, **Vynne, C.**, **Werner, T.B.**, «Marine biodiversity hotspots and conservation priorities for tropical reefs», en *Science*, 2002, número 295, volumen 5.558, páginas 1.280-1.284.

Robinson, G. H., «Admiralty Law of Salvage», en *Cornell Law Review*, 1938, volumen XXIII, número 2, páginas 229-268.

Rodière, R., **Du Pontavice, E.**, *Droit maritime*, Dalloz, París, 1996.

Rodière, R., Évenéments *de mer. Accidents de mer, assistance maritime et sauvage. Averies communes*, Dalloz, París, 1972.

Rodière, R., **Lureau, P.**, *Traité Général de Droit Maritime: Evénements de mer*, Tomo V, Dalloz, París, 1972.

Rodrigo de Larrucea, J., «El proyecto de Ley de navegación marítima: justificación y novedades de la reforma del derecho marítimo español», en *Actualidad administrativa*, 2009, número 20, páginas 1-9.

Rodríguez Carrión, J.L., «El derecho de retención en el Derecho Marítimo español y la "lien clause" en la práctica de la contratación», en *Anuario de Derecho Marítimo*, 1982, tomo II, páginas 151-165.

Rodríguez Carrión, J.L., «El salvamento marítimo de vidas humanas en el Convenio Internacional de Naciones Unidas de 1989», en *Anuario de Derecho Marítimo*, 1994, volumen XI, páginas 137-158.

Rodríguez Carrión, J.L., «El salvamento marítimo de vidas humanas en el Convenio Internacional de Naciones Unidas de 1989», en *Estudios de*

Derecho Mercantil en homenaje al profesor Manuel Broseta Pont, III, Tirant lo Blanch, Valencia, 1995, páginas 3.221-3.246.

RODRÍGUEZ GAYÁN, E., *Salvamento Marítimo Internacional*, Tirant lo Blanch, Valencia, 2003.

ROJO, A., «El Código Mercantil», en *Revista Otrosí*, 2012, número 12, octubre-diciembre, páginas 17-21.

ROMERO, R., ESTEVE, A., Transporte marítimo de mercancías: los elementos clave, los contratos y los seguros, Marge Books, Sabadell, 2017.

ROSCOE, E.S., *Admiralty Jurisdiction and Practice*, 5.ª edición por Geoffrey Hutchinson, Stevens & Sons y Sweet & Maxwell, Londres, 1931.

ROSE, F. D., «Restitution for the Rescuer», en *Oxford Journal of Legal Studies*, 1989, volumen 9, número 2, páginas 167-204.

RUEDA MARTÍNEZ, J.A., «De los buques, embarcaciones y artefactos navales», en *Comentarios a la Ley 14/2014, de 24 de julio, de navegación marítima*, dirs. I. ARROYO MARTÍNEZ, J.A. RUEDA MARTÍNEZ, Thomson Reuters Civitas, Cizur Menor, 2016, páginas 207-253.

RUIZ SOROA, J.M., «Público y privado en el salvamento marítimo», en *X Jornadas de Derecho Marítimo de San Sebastián 2002*, Marcial Pons, Donostia-San Sebastián, 2003, páginas 105-121.

RUIZ SOROA, J.M., «Reforma del Derecho español en materia de accidentes de la navegación marítima», en *Estudios jurídicos en homenaje al profesor Aurelio Menéndez*, coord. J.L. IGLESIAS PRADA, Civitas, Madrid, 1996, páginas 4.117-4.133.

RUIZ SOROA, J.M., *Manual de derecho de accidentes de la navegación*, Escuela de Administración Marítima del Gobierno Vasco, Vitoria-Gasteiz, 1992.

RUSSO, R., «Per una costruzione unitaria dei rapporti di assistenza, salvataggio, ricupero e ritrovamento», en *Rivista di diritto della navigazione*, 1950, volumen XI, año XVI, parte I, páginas 5-34.

SALVIOLI, «Consolato di mare», en Il *Digesto Italiano*, volumen VIII, parte II-2, Turín, 1895-1898.

SALVIOLI, *L'assicurazione e il cambio marittimo nella storia del Diritto italiano*, Bolonia, 1884.

SASSOON, D.M., «Damage Resulting from Natural Decay under Insurance, Carriage and Sale of Goods Contracts», en *Modern Law Review*, 1965, volumen 28, páginas 180-192.

Schlechtriem, P., *Uniform Sales Law - The UN-Convention on Contracts for the International Sale of Goods*, Manz, Viena, 1986.

Schoenbaum, T.J., *Admiralty and Maritime Law*, West Publishing, Saint Paul, 1994.

Schupfer, *Manuale di Storia del Diritto italiano*, 1, S. Lapi, Castello, 1895.

Schwenzer, I., **Hachem, P.**, «The CISG—Successes and Pitfalls», en *The American Journal of Comparative Law*, 2009, volumen 57, número 2, páginas 457-78.

Scovazzi, *La formazione del diritto marittimo nella prospettiva storica*, Milán, 2010, pág. 34.

Scrutton, T.E., *Scrutton on Charterparties and Bills of lading*, 20.ª edición por S.C. BOYD, A.S. BURROWS y D. FOXTON, Sweet & Maxwell, Londres, 1996.

Selvig, E.C., «Report on the revision of the law of salvage», en *The Travaux Préparatoires of the Convention on Salvage, 1989*, *op.cit.*, 1984, Anexo IV, páginas 14-26.

Serrano Derqui, C., «La propiedad del hallazgo abandonado su atribución al estado con la Ley de Navegación Marítima», en *Revista Española de Derecho Militar*, 2016, número 106, páginas 155-185.

Shaw, R., «The 1989 Salvage Convention and English law», en *Lloyd's Maritime and Commercial Law Quarterly*, 1996, parte 2, páginas 202-231.

Shaw, R., «The 1989 Salvage Convention and Lloyd's Open Form 1990: Are they working?», en *Marine Policy*, 1992, volumen 16, número 2, páginas 127-129.

Shaw, R., **Tsimplis, M.**, «The Liabilities of the Vessel», *Southampton on Shipping Law*, Informa, Londres, 2008, páginas 155-226.

Sherman, K., «The Large Marine Ecosystems Approach for Assessment and Management of Ocean Coastal Waters», en *Sustaining Large Marine Ecosystems: The Human Dimension*, eds. T. Hennessey, J.G. Sutinen, Elsevier, Ámsterdam, 2005, páginas 3-16.

Sierra Noguero, E., «Tercero. El contrato de salvamento», en *Contratos: civiles, mercantiles, públicos, laborales e internacionales, con sus implicaciones tributarias, IV. Contratos de prestación de servicios y realización de obras* (I), Aranzadi, Cizur Menor, 2014, páginas 1.052-1.080.

Simpson, M., *Professional Negligence and Liability*, LLP, Essex, 2004.

Singh, A., «The Philosophy of Reasonability in Law», en *Journal of Professional Issues in Engineering Education and Practice*, 2006, volumen 132, número 2, páginas 145-148.

Smeesters, C., **Winkelmolen, G.**, *Droit maritime et droit fluvial: commentaire de la législation, de la jurisprudence et des usages applicables à la navigation maritime et à la navigation intérieure*, volumen II, 2.ª edición, F. Larcier, Bruselas, 1929.

Smythe, D.J., «Reasonable Standards for Contract Interpretations under the CISG», en *Cardozo Journal of International and Comparative Law*, 2016, volumen 25, páginas 1-28.

Sotelo Navalpotro, J.A., «Consecuencias medioambientales derivadas del hundimiento del Prestige en las Rías Baixas gallegas», en *Observatorio Medioambiental*, 2003, número 6, páginas 195-222.

Sourgens, F.G., «Reason and Reasonableness in the Common Law», en *SSRN*, 2013, páginas 1-70.

Souto, L., «El contrato de salvamento», en *Los contratos sobre el buque en derecho español: análisis práctico*, Dykinson, Madrid, 2018, páginas 413-430.

Stevenson, D.B., «Maritime Labour Law», en *The IMLI Manual on International Maritime Law*, volumen II: Shipping Law, ed. D.J. Attard, Oxford University Press, Oxford, 2016, páginas 209-236.

Stroud, F., *The judicial dictionary, of words and phrases judicially interpreted: to which has been added statutory definitions*, Sweet and Maxwell, Londres, 1903.

Tartufari, L., *Dei contratti a favore di terzi*, Tedeschi, Verona, 1889.

Tetley, W., *Maritime Liens and Claims*, Blais, Montreal, 1998.

Thomas, D.R., «Life salvage in anglo-american law», en *Journal of Maritime Law and Commerce*, 1978, volumen 10, número 1, páginas 79-104.

Thomas, R., «Lloyd's Standard Form of Salvage Agreement—A descriptive and analytical scrutiny», en *Lloyd's Maritime and Commercial Law Quarterly*, 1978, parte 2, páginas 276-283.

Traviesas, M., «Contrato de arrendamiento», en *Revista de Derecho Privado*, 1919, número 64, tomo VI, páginas 34-49.

Treves, T., «La navigation», en *Traité du Nouveau Droit de la mer*, dirs. R.J. Dupuy, D. Vignes, Économica, París, 1985, páginas 688-755.

Trevisanut, S., «The Principle of Non-Refoulement at Sea and the Effectiveness of Asylum Protection», en *Max Planck Yearbook of United Nations Law*, volumen 12, eds. A. Von Bogdandy, R. Wolfrum, Koninklijke Brill N.V., Países Bajos, 2008, páginas 205-246.

Tsimplis, M., «The liabilities of the vessel», en *Maritime Law*, ed. Y. BAATZ, Informa Law from Routledge, Oxon, 2018, páginas 232-313.

Tsimplis, M., «The liabilities of the vessel», en *Maritime Law*, ed. Y. BAATZ, 5.ª edición, Informa Law from Routledge, Oxon, 2020, páginas 246-333.

Tuck, I.N., «Salvage-What Effect Does a Towing Contract between *«owners»* Have on the Liability of a Vessel for Crew Salvage», en *Rutgers Law Review*, 1951, número 6, páginas 591-600.

Uçar, A., *Perils of the Seas and Inherent Vice in Marine Insurance Law*, Routledge, Oxon, 2021.

Uría González, R., *Derecho mercantil*, Marcial Pons, Madrid, 2001.

Utton, A.E., «Protective Measures and the *Torrey Canyon*», en *Boston College Law Review*, 1967, volumen 9, número 3, páginas 613-632.

Van der Wal, N., Lokin, J.H.A., *Historiae iuris Graeco-Romani delineatio*, Groningen, 1985.

Vialard, A., «La gratuité du sauvetage maritime des personnes. Étude critique d'un tabou», en *Annuaire de Droit Maritime et Aéro-Spatial*, 1989, tomo X, páginas 133-149.

Vigón Sánchez, A.M., *Guía del Archivo Museo* «D. Álvaro *de Bazán»*, Lormo, Madrid, 1985.

Villeneau, J., «Evènements de mer: abordage, collision et assistance», en *Annuaire de Droit Maritime et Aéro-Spatial*, 1987, tomo IX, páginas 75-79.

Vincenzini, E., *International Salvage Law*, Lloyd's of London Press, Londres, 1992.

Vincenzini, E., *Profili internazionali del soccorso in mare*, Giuffrè, Pisa, 1985.

Volli, E., «Assitenza, Salvataggio e Recupero», en *Il Diritto Marittimo*, 1987, julio-septiembre, páginas 644-653.

Volli, E., «Il soccorso marittimo», en *Trattato breve di Diritto Marittimo*, III, coord. A. Antonini, Giuffrè, Milán, 2010, páginas 163-186.

Volli, E., *Assistenza e salvataggio*, CEDAM, Padua, 1957.

Von Liszt, F., *Tratado de Derecho penal*, Tomo Primero, Hijos de Reus, Madrid, 1914.

Waddams, S.M., *Dimensions of Private Law,* Cambridge University Press, Nueva York, 2003.

Wardley-Smith, J., «The Castillo de Bellver», en *Oil and Petrochemical Pollution*, 1983, volumen 1, número 4, páginas 291-293.

Watkins, D.J.L., «The Salvage Convention 1989 — Who pays?», en *Lloyd's Maritime and Commercial Law Quarterly*, 1989, parte 4, páginas 416-418.

Wayne, T.B., «Liability Salvage--By Private Ordering», en *The Journal of Legal Studies*, 1990, volumen 19, número 1, páginas 95-111.

Wetterstein, P., «Salvage and the Environment», en *International Maritime Law*, 1999, volumen 6, número 9, páginas 244-253.

Wilbrahim, A.B., «The salvor's perspective», en *Proceedings of the International Symposium on Marine Salvage, New York*, ed. C.A. BOOKMAN, Marine Technology Society, Washington D.C., 1978, páginas 50-54.

Wildeboer, I.H., *The Brussels Salvage Convention: Its Unifying Effect in England, France, Germany, Belgium and the Netherlands*, A.W. Sythoff, Leyden, 1965.

Wilson, J.F., *Carriage of Goods by Sea*, Pearson Education Limited, 7.ª edición, Essex, 2010.

Wiswall, F.L., *A Brief History*, página web del Comité Marítimo Internacional, enlace disponible en https://comitemaritime.org/about-us/history/, páginas 1-10.

Wiswall, F.L., *The Development of Admiralty Jurisdiction and Practice Since 1800*, Cambridge University Press, Londres, 1970.

Wooder, J.B., «The New Salvage Convention: A Shipowner's Perspective», en *Journal of Maritime Law and Commerce*, 1990, volumen 21, número 1, páginas 81-98.

Wright, T., «Oldies and Oddities: The Alraigo Incident», *Air Space*, 2008, noviembre, acceso a través de su página web: https://www.airspacemag.com/military-aviation/oldies-amp-oddities-the-alraigo-incident-10366728/.

Zabaleta, «El salvamento marítimo: normativa vigente en España, nuevo Convenio Internacional y posible reforma de nuestro Derecho», en *La reforma del Derecho Marítimo, Congreso de Bilbao 1993*, País Vasco, Servicio Central de Publicaciones, Bilbao, 1995, páginas 185-212.

Zambonino Pulito, M., *Régimen jurídico de la marina mercante*, Tirant lo Blanch, Valencia, 2008.

Zhao, «Maritime salvage under contract: a comparative study of Chinese law and the International Salvage Convention», en *LMLCQ*, 2017, parte 2, páginas 286-302.

Zubic, R.E., «Pure versus Contract Salvage-Narrowing the Scope of an Agreement to Volunteer Bar to Pure Salvage», en *Loyola Maritime Law Journal*, 2011, volumen 10, páginas 145-171.

Zunarelli, S., **Comenale Pinto, M.M.**, *Manuale di diritto della navigazione e dei trasporti*, I, Wolters Kluwer CEDAM, Vicenza, 2016.

Zurutuza Arigita, I., «La Modernización del Derecho Marítimo Español: la Propuesta de Anteproyecto de Ley General de Navegación Marítima», en *Huarte de San Juan, Anales de Derecho*, Universidad Pública de Navarra, Pamplona, 2005, número 6, páginas 151-204.

JURISPRUDENCIA ESPAÑOLA

- Sentencia del Tribunal Supremo, de 14 de noviembre de 1925, Sala de lo Civil, Sección 1.ª, ponente: José García Valdecasas.
- Sentencia del Tribunal Supremo de 23 de noviembre de 1964, Sala de lo Civil, ponente: Federico Rodríguez Solano y Espín (RJ 1964/5453).
- Sentencia del Tribunal Supremo número 1754/1966, de 12 de febrero de 1966, Ponente: Pedro Fernández Valladares, ECLI: ES:TS:1966:1754.
- Sentencia del Tribunal Supremo de 20 de mayo de 1968, Sala Cuarta, de lo Contencioso-Administrativo (Arz. 2.895).
- Sentencia del Tribunal Supremo, de 30 de octubre de 1970, Sala Cuarta, de lo Contencioso-Administrativo (Arz. 4.735).
- Sentencia del Tribunal Supremo de 25 de mayo de 1973, Sala Cuarta, de lo Contencioso-Administrativo, ponente: Adolfo Suárez Manteola (Arz. 2.190).
- Sentencia del Tribunal Supremo de 1 de junio de 1973, Sala Cuarta, de lo Contencioso-Administrativo, ponente: Aurelio Botella y Taza (RJ 1973/2996).
- Sentencia del Tribunal Supremo de 16 de abril de 1974, Sala de lo Contencioso, ponente Manuel Gordillo García, ECLI: ES:TS:1974:1306.
- Sentencia del Tribunal Supremo de 2 de junio de 1975, Sala Cuarta, de lo Contencioso-Administrativo (Arz. 3.257).
- Sentencia del Tribunal Supremo de 17 de diciembre de 1975 Sala Cuarta, de lo Contencioso-Administrativo (Ref. 282).
- Sentencia del Tribunal Supremo, de 16 de mayo de 1978, Sala Tercera, de lo Contencioso-Administrativo, ponente: Pablo García Manzano, ECLI:ES:TS:1978:3216.
- Sentencia del Tribunal Supremo número 3469/1978, de 31 de mayo de 1978, Sala de lo Contencioso, José Gabaldón López, ECLI: ES:TS:1978:3469.

- Sentencia del Tribunal Supremo, número 1496/1979, de 20 de abril de 1979, Sala de lo Contencioso, ponente: José Luis Ponce de Leon y Belloso, ECLI: ES:TS:1979:1496.
- Sentencia del Tribunal Supremo, número 1473/1979, de 5 de diciembre de 1979, ECLI: ES:TS:1979:1473.
- Sentencia del Tribunal Supremo, número 1562/1979, de 13 de diciembre de 1979, ECLI: ES:TS:1979:1562.
- Sentencia del Tribunal Supremo de 18 enero de 1982, Sala Cuarta, de lo Contencioso-Administrativo, ponente: Paulino Martín Martín (RJ\1982\347).
- Sentencia del Tribunal Supremo de 15 de junio de 1982, Sala Cuarta, de lo Contencioso-Administrativo, ponente: Rafael Pérez Gimeno (RJ 1982\4790).
- Sentencia del Tribunal Supremo de 3 de noviembre de 1983 (RJ 1983/5953), Sala de lo Civil, ponente: José Luis Albácar López.
- Sentencia del Tribunal Supremo, de 27 de marzo de 1985, Sala Tercera, de lo Contencioso-Administrativo, RJ 1985/1670, ponente Eugenio Díaz Eimil.
- Sentencia del Tribunal Supremo de 29 de mayo de 1987, Sala de lo Civil, ponente: Rafael Pérez Gimeno (RJ 1987\3848).
- Sentencia del Tribunal Supremo número 5638/1987, de 18 de septiembre de 1987, Sala de lo Contencioso, ponente: Julian García Estartus, ECLI: ES:TS:1987:5638.
- Sentencia del Tribunal Supremo, Sala Tercera, de lo Contencioso-Administrativo de 15 de febrero de 1988, ponente: Francisco Javier Delgado Barrio, ECLI: ES:TS:1988:15656.
- Sentencia del Tribunal Supremo, número 1850/1991, de 26 de marzo de 1991, Sala Cuarta, de lo Contencioso-Administrativo, ponente, Manuel Garayo Sánchez, ECLI: ES:TS:1991:1850.
- Sentencia del Tribunal Supremo, de 16 mayo de 1991, Sala de lo Contencioso-Administrativo, Sección 6.ª, ponente: Diego Rosas Hidalgo (RJ\1991\3899).
- Sentencia del Tribunal Supremo, número 5770/1991, de 28 de octubre de 1991, Sala de lo Contencioso, ponente: Francisco José Hernando Santiago, ECLI: ES:TS:1991:5770.
- Sentencia del Tribunal Supremo número 19162/1992, de 22 de diciembre de 1992, ECLI: ES:TS:1992:19162.
- Sentencia del Tribunal Supremo de 27 de octubre de 1993, Sala de lo Contencioso, ponente: Eladio Escusol Barra, ECLI: ES:TS:1993:18599.

- Sentencia del Tribunal Supremo número 5963/1996, de 30 de octubre de 1996, ECLI: ES:TS:1996:5963.
- Sentencia de la Audiencia Provincial de Pontevedra, número 340/2000, Sección 2.ª, de 16 de noviembre del 2000, JUR 2001\32729.
- Sentencia del Tribunal Superior de Justicia de Madrid, número 76/2007, de 19 de enero de 2001 (número de recurso 89/2001).
- Sentencia del Tribunal Supremo, número 7251/2003, de 18 noviembre 2003, Sala de lo Contencioso-Administrativo, ponente: Juan Antonio Xiol Rios, ECLI: ES:TS:2003:7251.
- Sentencia del Tribunal Supremo, número 7981/2004, de 9 de diciembre de 2004, Sala de lo Contencioso, ponente: Antonio Martí García, ECLI: ES:TS:2004:7981.
- Sentencia del Tribunal Supremo, número 6255/2005, de 18 de octubre de 2005, Sala Tercera, Sección Cuarta, número del recurso: 1575/2003, ponente: Octavio Juan Herrero Pina, ECLI: ES:TS:2005:6255.
- Sentencia del Tribunal Supremo, número 939/2006, de 9 octubre de 2006, Sala de lo Civil, Sección Primera, número del recurso 3757/1999, ponente: Juan Antonio Xiol Ríos, (RJ 2006/7634).
- Sentencia del Tribunal Supremo, número 6815/2008, de 10 de diciembre de 2008, Sala de lo Contencioso, ponente: Celsa Pico Lorenzo, ECLI: ES:TS:2008:6815.
- Sentencia de la Audiencia Nacional de 27 mayo de 2009, Sala de lo Contencioso-Administrativo, Sección 5.ª, ponente: José María Gil Sáez, ECLI:ES:AN:2009:2553.
- Sentencia del Tribunal Supremo, número 7085/2010, de 13 de diciembre de 2010, Sala de lo Contencioso, ponente: Enrique Lecumberri Martí, ECLI: ES:TS:2010:7085.
- Sentencia del Tribunal Supremo, número 6541/2011, de 18 de octubre de 2011, Sala de lo Contencioso, ponente: Antonio Martí García, ECLI: ES:TS:2011:6541.
- Sentencia del Tribunal Supremo número 8327/2012, de 4 de diciembre de 2012, Sala Tercera, de lo Contencioso, Sección: 6, ECLI: ES:TS:2012:8327, Ponente: Wenceslao Francisco Olea Godoy.
- Sentencia de la Audiencia Provincial de A Coruña, de 13 de noviembre de 2013, ECLI:ES:APC:2013:2641.
- Sentencia del Tribunal Constitucional, número 207/2013, de 5 de diciembre de 2013.

- Sentencia del Tribunal Supremo número 11/2016, Sala de lo Penal, de 14 de enero de 2016, ECLI:ES:TS:2016:11, ponente: Ana María Ferrer García.
- Sentencia número 151/2018, de 23 mayo de 2018, del Juzgado de lo Mercantil número 5 de Barcelona (JUR 2022\385213).
- Sentencia número 00173/2020 del Juzgado de lo Mercantil número 1 de Palma de Mallorca, de 12 de marzo de 2020, ECLI:ES:J-MIB:2020:1319.
- Sentencia número 219/2021, de 31 de mayo de 2021, del Juzgado de lo Mercantil de Palma (JUR\2021\342182).

CASES

- *Albionic, The* [1941] 70 L1.L.Rep.257.
- *Africa, The* (1854) 1 Spinks E. & A. 299.
- *Amerique, The* (1874) LR 6 PC 468.
- *Arthur, The* (1862) 6 L.T. 556.
- *Buffalo, The* [1937] 58 Ll L Law Rep 302.
- *Bunge Corporation* v. *MJV Furness Bridge*, 558 F.2d 790, 1977 AMC 2109 (5th Cir. 1977).
- *Charlotte, The* (1848), 3 W. Rob. 68.
- *Cheerful, The* (1885) 11 P.D. 3.
- *China-Pacific SA v. Food Corp of India* (The Winson) [1982] A.C. 939.
- *Choko Star, The* [1990] 1 Lloyd's Rep 516.
- *Citos*, *The* (1925) 22 Ll.L.Rep. 275.
- *Dezinsekcija d.o.o.* v. *Anomyo Maritime CO.S.A. (The Serine)* P-4900/09-7, High Commercial Court of Republic of Croatia, 19 de marzo de 2011.
- *Dunottar Castle, The* [1902] W. N. 70
- *Earl Grey, The* (1837) 166 E.R. 440.
- *Five Steel Barges, The* (1890) 15 P.D. 142.
- *Florence, The* (1852)16 Jur. 572.
- *Great Eastern, The* (1864) F. Cas. 14.
- *Gregerso, The* [1971] 1 Lloyd's Rep. 220.
- *Hamtun, The* [1999] 1 LLR 883.
- *Houseman* v. *The Schooner North Carolina*, 40 U.S. (15 Pet.) 40 (1841).
- *Hudson Light, The* [1970] 1 Lloyd's Rep. 166
- *IBM UK Ltd v. Rockware Glass Ltd* [1980] FSR 335.

- *Industry, The* (1835) 3 Hag.Adm. 203.
- *International Towing & Salvage, Inc.* v. *F/V Lindsey Jeanette* 1999 AMC 2465 (M.D. Fla. 1999).
- *Key Singapore, The* [2005] 1 Lloyd's Rep 91.
- *Livettia, The* (1883) 8. P.D. 24.
- *Mason* v. *The Ship Blaireau*, 6 U.S. 240 (1804).
- *Neptune, The* (1824) 1 Hagg 227
- *Newman v. Walters* (1804) 3 Bos & P 612.
- *Oscar, The* (1829) 166 E.R. 238.
- *«owners» of Beaverford* v. *«owners» of Kafiristain* (1938), A.C. 136.
- *Pendragon Castle, The* 5 F.2d 56 (2d Cir. 1924).
- *Pergo, The* [1987] 1 Lloyd's Rep. 582.
- *Provost* v. *Huber* (1979) 594 F.2d 717 (8th Cir.)
- *Regina* v. *Monopolies and Mergers Commission* [1993] 1 WLR 23.
- *Sabine, The* 101 U.S. 384 (1879).
- *Samuel, The* (1851) 15 Jur. 407.
- *San "Bernardo", The - (Laretta Master)* [1799] EngR 605; (1799) 1 C Rob 177; 165 E.R. 140 (1 February 1799).
- *San Demetrio, The* (1941) 69 LIL Rep 5.
- *Sandefjord, The* [1953] 2 Lloyd's Rep. 557.
- *Sava Star, The* [1995] 2 Lloyd's Rep 134.
- *Spree, The* (1893) 7 Asp. M.L.C. 197, 198.
- *Tigre, Le* 15 F. Cas. 404 (C.C.D.N.J. 1820) (No. 8281).
- *Tojo Maru, The* [1971] 1 Lloyd's Rep. 341.
- *Troilus, The* [1951] 1 Lloyd's Rep. 467.
- *Tsavliris Salvage (International) Ltd*. v. *Guangdong Shantou Overseas Chinese Materials Marketing Co*. (The Pa Mar), [1999] 1 Lloyd's Rep. 338.
- *Unique Mariner, The* (No 1) [1978] 1 Lloyd's Rep 438.
- *United Salvage Pty Ltd* v. *Louis Dreyfus Armateurs SNC* [2006] FCA (Federal Court of Australia) 1141 (1 September 2006).
- *Velox, The* [1906] P. 263.
- *Vine, The* (1825) 2 Hag Adm 1 at 2-3.
- *West Coast Shipping Brokers Co.* v. *The Ferry* (Chuchequero), 582, F.2d 959 (5th Cir. 1978).

- *Whippingham, The* (1934) 48 Ll. L. Rep. 49.
- *Xantho, The* (1887) 7 HL Cas 504.
- *Zephyrus, The* 166 Eng. Rep. 596 (Adm. 1842).

COLECCIÓN
COMERCIO MARÍTIMO

COLEX

TÍTULOS PUBLICADOS

1. El comercio marítimo. Nuevas perspectivas jurídicas y de la práctica profesional
2. El contrato de salvamento marítimo

Made in United States
Orlando, FL
04 November 2026

90219986R00260